MEMORIAS DE UN MONJE BUDISTA

Título original: *Carnets d'un moine errant*

Publicado mediante el especial acuerdo con Allary Éditions
y 2 Seas Literary Agency

Primera edición: septiembre de 2022

ISBN: 978-84-18741-60-9
Depósito legal: B 15596-2022

Diseño de colección: Enric Jardí
Diseño de cubierta: Anna Juvé
Imagen de cubierta: © Raphaëlle Demandre
Maquetación: Àngel Daniel
Impresión y encuadernación: Romanyà Valls
Impreso en La Torre de Claramunt

Este libro está hecho con papel proveniente de Suecia, el país con la legislación más avanzada del mundo en materia de gestión forestal. Es un papel con certificación ecológica, rastreable, de pasta mecánica y con un gramaje de 60 gr/m². Si te interesa la ecología, visita arpaeditores.com/pages/sostenibilidad para saber más.

Arpa
Manila, 65
08034 Barcelona
arpaeditores.com

Matthieu Ricard

MEMORIAS DE UN MONJE BUDISTA

Traducción de Jordi Giménez Samanes

arpa

SUMARIO

«No olvides al maestro,
rézale continuadamente.
No dejes tu mente vagabundear,
observa su naturaleza.
No olvides la muerte.
No olvides a los seres,
reza por ellos con compasión».

DILGO KHYENTSE RINPOCHE

NOTA DEL AUTOR

Resulta algo extraño y poco natural escribir unas Memorias cuando alguien ha dedicado gran parte de su vida a alejarse de una visión centrada en uno mismo y a evitar el individualismo. Siempre he tenido el amor altruista por horizonte, una meta a la cual el ego nunca podría conducir. Es por este motivo por lo que el presente texto no pretende ser tanto una autobiografía en el sentido tradicional, como el testimonio de una vida inspirada en todo momento por los maestros espirituales a los que he conocido.

No veo qué interés podría tener hacer de mi persona el tema de un libro, de modo que no soy en estas páginas sino un intermediario, un transmisor, hacia aquellas y aquellos que han alimentado mi búsqueda espiritual, que me han guiado, me han iluminado, me han alentado a comprometerme a convertirme en un mejor ser humano y a contribuir, en la medida de mis capacidades, al bien de los demás.

De mi primer viaje a la India y de mi encuentro con mi maestro-raíz, conservo un pequeño cuaderno amarillo en el que había anotado desordenadamente mis reflexiones, así como también… algunas observaciones ornitológicas. Siguieron otros, antes de que los calendarios tibetanos acogieran mis sucintas anotaciones cotidianas. De ahí es de donde he extraído la materia prima, como refuerzo de mi memoria y de la de mis amigos, para evocar el mundo en el que vivieron los seres notables que fueron mis maestros. Me he esforzado por ofrecer una visión general de las enriquecedoras enseñanzas de las que he sido testigo y receptor privilegiado, y he trazado las grandes etapas de mi búsqueda interior, libre de posesiones y apegos a ningún lugar concreto. Soy desde hace cincuenta años un monje errante, en el sentido originario del término: errar, del latín *iterare*, que significa «caminar», «viajar», «ir en busca» de algo.

Espero que este testimonio os inspire y que la luz que he recibido de estas grandes personas os llegue a través de estas páginas.

PARTE I

AL ENCUENTRO DEL MAESTRO

CAPÍTULO 1

12 DE JUNIO DE 1967

Encuentro en Darjeeling, cerca de la frontera con el Tíbet, con el maestro espiritual que iba a orientar mi vida: Kangyur Rinpoche.

Nací el 12 de junio de 1967, a la edad de veintiún años. Ese día conocí a Kangyur Rinpoche, mi primer maestro espiritual.

Una carretera sinuosa y llena de baches, de más de tres kilómetros, conducía en pronunciada pendiente hasta Lebong, pequeño pueblo a los pies de Darjeeling. Al norte, en la frontera entre Sikkim, Nepal y el Tíbet, hasta cerca de los ocho mil seiscientos metros de altitud, se elevaban las cimas nevadas del Kanchenjunga, el «Gran Glaciar de los Cinco Tesoros».[1] El conductor desconectaba el contacto durante el descenso. En un país en el que la mayoría de la población vive con el equivalente de uno o dos euros al día, uno adquiere enseguida el sentido del ahorro. El trayecto se realizaba por tanto aquel día, como todos los demás días, principalmente en punto muerto, y tenía mucho de acrobacia. Una decena de aldeanos, junto conmigo, íbamos amontonados entre los fardos de mercancías, algunas gallinas y dos cabras en un Land Rover con un largo parte de reparaciones y que realizaba el servicio regular de lanzadera. Una pequeña placa cerca del volante, con la mención *Progressively manufactured by Mahindra and Mahindra*,[*] recordaba el modo en que se hacen las cosas en la India: poco a

---

* «Fabricado progresivamente por Mahindra y Mahindra».

poco y gracias al concurso del mayor número posible de personas. En el exterior, tres o cuatro pasajeros, de pie sobre el parachoques trasero, se agarraban como podían en las curvas, sin soltar sus paraguas multicolores con los que se protegían de los aguaceros.

Antes de apearnos en Lebong, pasamos por el mercado para comprar algo de fruta y otros productos con que poder obsequiar a Kangyur Rinpoche y su familia. Me acompañaba Tulku Pema Wangyal, el hijo mayor, que fue mi primer amigo e intérprete. Mi inglés rudimentario y mi total desconocimiento del tibetano no me permitían dialogar directamente con Kangyur Rinpoche, quien muy pronto se convertiría en mi maestro a pesar de la barrera de la lengua. Por fortuna, Tulku Pema había subido a Darjeeling para visitar al padre Vincent Curmi, un jesuita canadiense cuya dirección me habían facilitado y que me había ofrecido hospitalidad a mi llegada la noche anterior.

Tras atravesar un bosque de *Cryptomeria*, cuyos troncos majestuosos se elevaban a más de veinte metros de altura, el Land Rover nos dejó al borde de la carretera, unos kilómetros más adelante del pueblo de Lebong. Unas resbaladizas escaleras de piedra, verdes de musgo, y un pequeño camino erosionado por las inclemencias, nos llevaron hasta una aldea formada por una decena de casitas de madera recubiertas con tejadillos de chapa ondulada, pintada de marrón o verde, y bajo los cuales unos grandes toneles recogían el agua de lluvia que se vertía por los canalones. Al llenarse pronto con las lluvias torrenciales del monzón, se desbordaban sobre el arroyo. Unos niños corrían de un lado para otro con alegre bullicio. Sobre la puerta baja de una de aquellas casitas, un volante de cintas azules, rojas y amarillas indicaba la presencia de una familia tibetana, en una aldea poblada principalmente por nepalíes.

Una vez franqueada la puerta, descendí unos escalones de madera y penetré en una pequeña habitación con el suelo carcomido, que servía de cocina y de antecámara. Entreví a varias personas sonrientes, pero, con el espíritu absorto por el encuentro inminente que esperaba, guardo pocos recuerdos precisos de la acogida que recibí. En la segunda habitación, apenas más grande, estaba Kangyur Rinpoche, sentado en una cama someramente constituida por unos tablones y recubierta de una alfombra tibetana amarilla y roja de tonos descoloridos. A lo largo de las paredes, había una cincuentena de grandes fardos de cuero, apilados hasta el techo. Contenían, como había de enterarme más tarde, la preciosa biblioteca que Kangyur Rinpoche se había traído con grandes dificultades del Tíbet. La salvó así de una destrucción segura por parte de la guardia roja de la «Gran Revolución Cultural», de la «liberación pacífica del Tíbet», eslóganes de la propaganda china que designaban en realidad la invasión del Tíbet por la República Popular de China de Mao, en 1950, y que condujo al exilio del Dalai Lama en 1959. Una mesa cuadrada, varios baúles, una segunda cama y un gran reloj completaban el mobiliario. Presenté al maestro mis modestas ofrendas y, sin saber muy bien qué hacer, me senté a sus pies sobre una pequeña alfombra, en el suelo.

Así comenzó la aventura que iba a inspirar el resto de mi existencia.

*

Había leído biografías de sabios, de santos y de ermitaños, pertenecientes a diferentes filosofías y religiones; había visto fotografías de maestros contemporáneos y escuchado relatos de viajeros, y todo ese camino me había conducido a aquel aquí y aquel ahora: por primera vez, me hallaba en presencia de un maestro espiritual.

Emanaba de Kangyur Rinpoche, que estaba en oración, una apacible fuerza bienhechora, y su simple presencia confería al lugar una tranquilidad cuya existencia no sospechaba. Se habría dicho que cada objeto, cada instante, eran portadores de la serenidad del maestro. No se oía otra cosa más que el roce de las cuentas del *mala*, el rosario budista que se desgranaba lentamente entre sus dedos y que estaba compuesto por pequeños abalorios de madera, lustrosos por la recitación de millones de mantras.[2] La oración era algo tan natural en él como la respiración.

Con la distancia que proporcionan los años, me he dado cuenta de que aquel encuentro era de una naturalidad tan simple, de una evidencia tan clara, de una fuerza tan apacible, que las palabras son impotentes para describirlo. Hay acontecimientos cuya perfección se nos impone con tal poderío, que el lenguaje no puede sino traicionarlos. Es viviéndolos como uno les toma la medida, y aun así imperfectamente, según los límites de nuestro entendimiento. Sin embargo, para compartir esta parte ínfima que he podido aprehender de aquel instante ideal, no cuento más que con palabras, las cuales no son sino pálidos reflejos de la sustancia del encuentro: amor, sabiduría, conocimiento, belleza, nobleza, simplicidad, fuerza anímica, dignidad, coherencia... Tales eran, entre otras, las cosas que emanaban de aquel primer contacto con mi maestro «muy preciado», traducción del título honorífico «Rinpoche».

En presencia de un ser especial, lo mejor que podemos hacer es abrir nuestro corazón, nuestra alma, y dejarnos impregnar por sus cualidades, para luego perseverar durante meses, años, durante toda la vida... Ciertos textos budistas, que descubriría más tarde, hablan de un ordinario leño de árbol que yacía en medio de un bosque de árboles de sándalo: a fuerza de impregnarse de las gotas de lluvia que gotean de esta madera preciosa, terminaba por adquirir su fragancia.

El encuentro con un maestro auténtico expone en carne viva, en lo más profundo de nosotros, la vulnerabilidad y la perplejidad que sentimos ante la existencia. ¿Tiene la vida sentido? O, por decirlo más modestamente: ¿puedo dar yo un sentido a mi vida? En esta ocasión, no se trata de dar vueltas en la mente a oscuras preocupaciones, de hacer el inventario de viejas heridas, o de alimentar los fantasmas del porvenir, sino de saborear la dulzura de un bálsamo benefactor, aquí y ahora.

Es imposible agotar la presencia de un maestro como este. Uno querría fundirse con él y no separarse nunca. Aquello que durante tanto tiempo se había deseado sin llegar a concebirlo plenamente, se ofrece ante nosotros, a nuestro alcance. Se ha terminado el estéril pasar de los minutos y las horas: en una presencia tan luminosa, el tiempo nos llena hasta absorbernos, en un espacio inagotable. Un solo instante bastaría para colmarnos, pero, más aún que eso, se expande, se enriquece día tras día y se nos da para que podamos extraer de él la quintaesencia.

La esposa de Kangyur Rinpoche, a la que todos llamaban con respeto y afecto Amala, «madre», era la encarnación radiante de la dulzura. Su realización espiritual igualaba a la de los más grandes maestros. Si Kangyur Rinpoche brillaba como un sol, ella relucía como una luna serena. Nunca había visto una mirada tan dulce. Y después de que su mirada te penetrara, venía su sonrisa, que suspendía el tiempo en un espacio de benevolencia incondicional.

Su hijo mayor, Pema, joven de una amabilidad infinita, había de convertirse en intérprete, compañero, guía y más adelante en maestro espiritual de los discípulos de su padre, incluido yo mismo. Aunque sus cualidades fuesen evidentes, los primeros discípulos occidentales ignoraban que era la encarnación de un gran maestro del pasado, Taklung

Tsetrul Rinpoche. Este joven tan humilde, que estaba siempre sonriente a disposición de todos, habría sido en el Tíbet el abad venerado de un importante monasterio. Este anonimato temporal encajaba perfectamente con su modestia. Desde su más tierna edad, había recibido instrucciones espirituales de su padre y estudiado múltiples textos con él. Por la época de mis primeras visitas, pasaba una parte del año, junto con su hermano menor, Rangröl Dorje, en Sarnath, cerca de Varanasi, en el Instituto de Altos Estudios Tibetanos (*Tibetan Institute of Higher Studies*), donde varios centenares de estudiantes, refugiados como ellos, llevaban sobre sus hombros la frágil herencia de la filosofía y las ciencias tradicionales del budismo tibetano.

El benjamín, Jigme Khyentse, que entonces tenía tres años y medio de edad, y que había de convertirse también en uno de mis maestros más venerados, era un niño de una mirada asombrosamente viva. Pasaba una gran parte del tiempo en compañía de su padre, dormía incluso a su lado.

La hija mayor de Kangyur Rinpoche, Rigdzin Chödrön, vivía en una aldea vecina, con su marido, su hija de tres años, Dawa, y la recién nacida Dekyi. Venía todos los días a visitar a sus padres. Sus dos hermanas pequeñas, Yangchen Chözom y Pema Chökyi, estudiaban en la escuela tibetana del campo de refugiados de Darjeeling. La armonía que reinaba, y continúa reinando, en la familia de Kangyur Rinpoche siempre fue uno de los ejemplos más inspiradores de las enseñanzas que nos dispensaba. Los días pasaban, casi idénticos, y sin embargo tan ricos en descubrimientos.

Kangyur Rinpoche y su familia se despertaban bastante antes del alba y, durante una hora o dos, nadie se movía. Sentados en sus camas, susurraban sus oraciones, desgranaban su *mala*, o permanecían en contemplación silenciosa. A continuación resonaban las suaves crepitaciones del fuego que encendían en la cocina y, poco después, el ruido de moler el té. Con ayuda de un largo mango provisto de una contera que subía y bajaba como un pistón por el interior de un tubo de madera circundado de anillos de cobre, mezclaban una parte del producto de la molienda con agua hirviendo, a la que añadían mantequilla y sal. El té se acompañaba con tortas de trigo cocidas al fuego de leña en el hogar de tierra batida. De las paredes de la cocina, ennegrecidas por el hollín, colgaban cucharones de latón, algunas cazuelas y un calendario indio con la imagen de Krishna niño.

Mi maestro permanecía sentado, silencioso, sereno, como una montaña de sabiduría y de bondad, ciertamente impresionante, pero accesible. La mayor parte del día continuaba en meditación o en oración, susurrando mantras, junto a una ventana que se abría a un mar de nubes del que emergía en ocasiones la altanera cadena del Kanchenjunga. Su mirada, de una profundidad insondable, reflejaba una Iluminación inmutable. El tictac de un reloj subrayaba la calidad del silencio y desgranaba las horas que transcurrían, rebosantes de la disponibilidad del maestro y de la aspiración del discípulo.

En la estancia de entrada que servía también de cocina, sentado con las piernas cruzadas encima de una cama, a la altura de la ventana, Lama Wangchen, un maravilloso lama copista, caligrafiaba preciosos manuscritos con un bambú tallado y tinta fabricada a partir del hollín del hogar, finamente machacado y mezclado con un poco de cola. A menudo prorrumpía en una risa silenciosa que le hacía fruncir todo el rostro, antes de volver a colocar bien la cabeza entre los hombros y sacar ligeramente la lengua, como hacen a veces los tibetanos en señal de educación.

Desde los primeros días, mi meditación consistió principalmente en unir mi mente con la del maestro, una unión que iba a inscribirse en el corazón de mi práctica para el resto de mis días. Esta experiencia, simple y profunda, consiste en mezclar la propia mente, estrecha y confusa, con la del maestro, vasta, libre y clara, al modo en que el espacio confinado de una vasija se mezclaría con la inmensidad del cielo tan pronto como sus paredes desaparecieran. En mi entusiasmo de novicio, percibía a veces el ritmo apacible de la respiración de Kangyur Rinpoche e intentaba sincronizar con ella la mía. Pensaba ingenuamente que eso me ayudaría a hacerme uno solo con él. En otros momentos, mi mente reposaba en la simplicidad silenciosa que reinaba en la estancia. Pero todo ello no era apenas más que las probaturas de un espíritu balbuciente que daba sus primeros pasos vacilantes en el espacio de la conciencia. Iniciaba una búsqueda cuyo destino todavía ignoraba.

Solo con mi maestro, meditaba durante toda la mañana, o lo intentaba al menos, y una buena parte de la tarde. Hacia las once, la esposa del maestro, o una de sus hijas, traía una bandeja de madera que contenía un plato de arroz, un cuenco de verduras cocidas con aceite de mostaza y sazonadas con especias indias, y una taza de té. Esta irrupción señalaba el final de la meditación de la mañana.

Por la tarde, en ocasiones subía a Darjeeling, que no era por entonces más que un pueblo grande, pero la mayor parte de las veces me quedaba a meditar hasta el crepúsculo, con mayor motivo por encontrarnos en plena estación del monzón. Las horas que pasé sentado con las piernas cruzadas, postura a la que no estaba muy acostumbrado, terminaron por causarme unos dolores que muchas veces dominaban mi meditación. No obstante, advertía que, en el fondo del dolor, la naturaleza de la mente no cambiaba, que no dependía de la comodidad o la molestia, de la alegría o la tristeza. Estas sensaciones, y los pensamientos que desencadenan, no hacen más que colorear la periferia de la mente, cuya naturaleza esencial permanece inmutable, de la misma manera que la cualidad fundamental de la luz, su virtud de iluminar los objetos, no se modifica por el hecho de que aquello que ilumine sea una montaña de basura o un montón de piedras preciosas. Al caer la tarde, Kangyur Rinpoche recitaba unas oraciones en voz alta, y luego encendían una pálida bombilla que colgaba de un hilo clavado en el techo. Acto seguido servían la sopa para cenar. Hacia las nueve, los ocupantes de la casa se dormían. Me cedieron una de las camas sobrantes, que, como supe más tarde, era la de Pema, el hijo mayor. La familia dormía dispersa aquí y allá, sobre unos cojines aplanados, cuadrados, rellenos de salvado de arroz y unidos de dos en dos para formar colchones. Hoy me doy cuenta de que era muy poco educado por mi parte instalarme de aquel modo en la casa de mi maestro. Pero la hospitalidad tibetana es discreta, natural y sin límites.

La intensidad y la profundidad de aquellas jornadas vividas en presencia de Kangyur Rinpoche no excluían en modo alguno la simplicidad y el buen humor. A la hora de las comidas, o cuando entraba un miembro de la familia, o una visita, las conversaciones se animaban discretamente y las risas abundaban. En aquellas conversaciones, como en todas las actividades de la vida de cada día, uno se encontraba con la tranquilidad y la serenidad que nacían en el corazón de las meditaciones cotidianas. La huella que imprimían estas últimas era tan profunda, que el recogimiento parecía perpetuarse, dejando su marca de agua, en cada acción, en cada gesto y en cada palabra, como si no hubiera nada que pudiera apartar de la vía de la sabiduría.

Lo que más me sorprendía en aquellos momentos «ordinarios», era la armonía sutil, intemporal, deliciosa incluso, que reinaba en torno a Kangyur Rinpoche. La noción de «alimentos espirituales» adquiría todo su sentido: cada instante, cada gesto, cada palabra, parecía ayudar, inspirar, guiar, recordar, reconfortar.

El tiempo pasado en presencia de Kangyur Rinpoche actuaba como el alivio bienvenido del viajero que, tras años de errancia, descubre un remanso de paz y se descarga de su fardo. Yo tenía la impresión de encontrarme por fin en lo que era mi casa en el seno de la existencia. Todo ocupaba su lugar, se recomponía sin artificio ni complicación. Nunca sentí el peso del tiempo que transcurre lentamente, ni el aburrimiento que puede acarrear; allí tenía lugar algo esencial, rico y precioso. Hasta aquel momento, yo había sabido qué era lo que no quería: una vida vana, insípida, vacía de sentido, dispersa, desencantada; pero sin saber a lo que aspiraba verdaderamente. A partir de entonces, las cosas se hacían más claras: aspiraba a seguir el camino que conduce de la confusión a la claridad, de la ignorancia al conocimiento, del sufrimiento a la felicidad, y de la servidumbre a la libertad.

Me vienen a la memoria, con cincuenta años de distancia, algunas anécdotas que salpicaron mi primera estancia. Una tarde, Kangyur Rinpoche cogió una campana, la hizo sonar y la sostuvo en el aire hasta que su sonido cristalino se desvaneció en el silencio. Entonces, a través de su hijo mayor, me preguntó con una sonrisa traviesa en los ojos: «¿Quién produce el sonido? ¿La campana? ¿El badajo? ¿La mano?». Perplejo, pero consciente de que había allí algo importante que comprender, intenté formular una respuesta: «¿No es la mente la que produce el sonido?». No ignoraba que mi respuesta se mantenía en un plano muy intelectual y no traducía una comprensión íntima de lo que mis palabras adelantaban. Kangyur Rinpoche me dirigió una mirada alegre, rio y guardó silencio. En aquel momento, las cosas no estaban claras para mí, pero era de hecho la primera vez que Kangyur Rinpoche me introducía en la naturaleza de mi propia mente. Había querido indicarme el aspecto indescriptible de su naturaleza luminosa, desprovista de toda construcción conceptual y siempre presente detrás de la pantalla de los pensamientos.

En ciertas ocasiones, en el momento oportuno, el maestro le pide al discípulo que examine sus pensamientos, que los observe: ¿de dónde proceden? ¿Dónde permanecen? ¿Dónde desaparecen? Por fuerza debemos reconocer nuestra incapacidad para localizar el origen de nuestros pensamientos y para atribuirles características propias: forma, naturaleza, ubicación… Una vez desaparecidos, no se han ido a ninguna parte: se han disuelto simplemente en la vacuidad de donde surgieron en primer lugar, así como las olas surgen del mar y vuelven a él. Anoté en un pequeño cuaderno lo que un día me había venido a la mente: «La espuma aflora del mar sin que este deje de ser mar, y se reabsorbe de nuevo en la masa oceánica sin que esta se vea afectada en lo más mínimo». Aparte de estas instrucciones puntuales, pero ¡oh, cuán preciosas!, durante aquella estancia Kangyur Rinpoche no me dio ninguna enseñanza formal acerca del camino del budismo.

Otro día, sentí la omnipresencia del maestro en todo aquello que percibía y anoté en mi cuaderno de viaje algunas reflexiones: «La mente del maestro está en el fondo de todas las cosas y de cada ser; en el fondo de mí, de Pema, de la mesa, del mundo entero. Esta presencia no resulta modificada por el desarrollo de los acontecimientos de la vida ni de los pensamientos que la enmascaran. El ego no tiene más que la realidad que se le da, y el discípulo obtiene resultados en la medida de su fervor». Al releer hoy estas anotaciones, me doy cuenta de que había tenido algo así como la intuición de la práctica conocida como «visión pura», la percepción de la presencia del maestro en todas las cosas. Con el paso de los días, advertí que todas las meditaciones que comenzaban por la devoción, se desarrollaban con mayor naturalidad que las demás.

Con motivo de la ausencia, en cierta ocasión, del hijo mayor, desprovisto por tanto de intérprete, Kangyur Rinpoche me señaló varios objetos y me preguntó por gestos cuáles eran sus nombres en mi lengua materna. A medida que yo le respondía, él repetía, divertido, las palabras francesas. Cogió una libreta y las escribió de acuerdo con la fonética tibetana: *cuillère* («cuchara»), *fourchette* («tenedor»), *table* («mesa»), *soleil* («sol»), *lune* («luna»)...

Bastantes años más tarde, cuando Kangyur Rinpoche se había trasladado al monasterio de Orgyen Kunsang Chökhorling, al sur de Darjeeling, levantó la almohada, sacó la vieja libreta y, con el mismo humor, me leyó en voz alta aquel pequeño vocabulario francés.

Una tarde en que yo estaba absorto en mi meditación, Kangyur Rinpoche me golpeó de pronto en las manos para sacarme del limbo. Un maestro eminente, Pawo Rinpoche, acababa de llegar. Preocupado por no faltar a la etiqueta adecuada en tales circunstancias, me puse de pie al instante y me quedé discretamente apartado en un rincón de la estancia. El encuentro de dos grandes maestros ofrece siempre un espectáculo sorprendente, uno se siente maravillado al constatar la misma virtud del ser en rostros diferentes. Lejos de caer en una rígida solemnidad, tales reuniones chispean de alegría, de espontaneidad y de buen humor. Dos soles brillaban súbitamente en la habitación. Tan pronto se iluminaban el uno al otro, como se confundían. Para el discípulo, ser testigo de estos encuentros confirma que la Iluminación no constituye un caso aislado, una meta inaccesible, sino la culminación de un camino que otros ya han recorrido. Nos reconfortan en la convicción de que si uno se dedica con una determinación inamovible a la práctica espiritual, llegará al destino: la total libertad interior. En presencia uno del otro, los maestros rivalizan en una humildad perfectamente auténtica, así como las ramas de un árbol cargado de fruto se inclinan hacia el suelo. ¡Qué lección para aquellos que piensan que la adquisición de conocimientos y de virtudes justifica la vanidad, por no decir la arrogancia! Ni que decir tiene que esta lección aún es más pertinente de cara a la fama, al poder, a la riqueza, a la brillantez intelectual o a la belleza física, a cuya vara de medir se somete a veces el éxito. La humildad es una de las cualidades distintivas de un maestro verdadero. Si falta, mejor pasar de largo.

Tuve ocasión de visitar en diversas ocasiones a Pawo Rinpoche en el monasterio en el que residía, en Bhutia Basti. Hombre particularmente afable, reía con frecuencia, y cuando lo hacía, su rostro entero parecía no ser otra cosa más que una gran sonrisa, dominada por dos ojos chispeantes de gentileza.

Tulku Pema Wangyal, el hijo de Kangyur Rinpoche, me llevó a conocer a otro maestro eminentemente respetado, que vivía en Kalimpong, a dos horas por carretera de Darjeeling: Dudjom Rinpoche (Rinpoche es un apelativo respetuoso que se da a los maestros espirituales tibetanos, y que significa «muy preciado», «muy venerable»). La sinuosa carretera atravesaba bosques de inmensas *Cryptomeria*, para descender hasta el valle del poderoso río Tista, que se cruzaba por un puente colgante antes de volver a subir hacia Kalimpong, situado a 1.500 m de altitud, agradable enclave rural, generalmente más soleado que Darjeeling, y desde el que se distinguían a lo lejos los contrafuertes de Bután al este y de Sikkim al norte. Tulku Pema Wangyal manifestaba un respeto inconmensurable hacia Dudjom Rinpoche, uno de los maestros más impresionantes a los que he tenido ocasión de conocer, y todo ello con la gran simplicidad de la que no se desprendía jamás. Irradiaba bondad, como encarnación viviente de la presencia iluminada que se manifestaba a cada instante en su rostro. Me explicó que existían dos tipos de meditación, una de ellas activa, basada en la concentración, y la otra, desprovista de objeto de concentración, que purifica y clarifica la mente hasta el punto de asemejarla con un cielo inmaculado.

Aunque el budismo tibetano no esté organizado de acuerdo con una jerarquía formal, Dudjom Rinpoche estaba considerado como el patriarca de la tradición Nyingmapa, y los tibetanos le profesaban un gran respeto. Esta tradición, la más antigua del budismo tibetano, corresponde al primer periodo de traducción del sánscrito al tibetano de los textos canónicos del budismo, que tuvo lugar entre los siglos VIII y IX, con ocasión de la llegada al Tíbet de Gurú Padmasambhava, el «Maestro Nacido del Loto».

*

Habían pasado ya tres semanas. El momento de regresar a Darjeeling y de proseguir mi viaje a través de la India había llegado más deprisa de lo que a mí me habría gustado. Antes de despedirme, le planteé a Kangyur Rinpoche las preguntas que me acuciaban:

—¿Debo venir a vivir con usted?

—Termina primero los estudios que has comenzado —me contestó, antes de añadir—: No es deseable interrumpir una tarea que está a punto de concluirse.

—¿Debo fundar un hogar?

—No decidas nada antes de los treinta años, y las cosas se verán más claras —me aconsejó.

Me dijo que viviría entre setenta y ochenta años, con la condición de practicar la meditación. La despedida fue muy emotiva. Kangyur Rinpoche me dio su bendición: me sostuvo las manos, me tocó la cabeza con la suya durante unos diez segundos que parecieron escaparse del transcurso del tiempo, y a continuación me pasó una estola blanca alrededor del cuello y me conminó a continuar practicando. Me alejé caminando hacia atrás, con los ojos llenos de lágrimas. ¡Había recibido tanto! ¿Cómo asimilar todas aquellas nuevas riquezas? Finalmente, dije adiós a Amala y al lama copista.

No pasaba ningún coche, de modo que partí a pie con mi mochila a la espalda. Tulku Pema Wangyal me acompañó hasta el hipódromo de Lebong, a un kilómetro de distancia, donde debían de haberse celebrado carreras de caballos en la época del Raj británico. Me explicó que el maestro espiritual percibía el fervor del discípulo, aunque los separaran grandes distancias: «Ve a su discípulo como una pequeña llama más o menos brillante según su devoción». Esta indicación fue una gran fuente de inspiración y de quietud cuando yo residía muy lejos de allí, en la grisura de la vida parisina. En el momento de separarnos, cuando me disponía a tomar los atajos para llegar a Darjeeling a través del bosque, la última recomendación de Tulku Pema Wangyal fue: «Conserva constantemente al maestro en la mente, mezcla tu mente con la suya y nunca estará separado de ti». Acto seguido añadió: «¡No me olvides!». No había peligro de que tal cosa sucediera…

CAPÍTULO 2

DE BENARÉS A CACHEMIRA

Rostros de maestros tibetanos en un documental de exploración de Arnaud Desjardins por la India.

Unos meses antes, a comienzos de la primavera de 1967, Arnaud Desjardins y su esposa Denise me habían invitado a ver en su casa el documental «El mensaje de los tibetanos», que habían realizado en el transcurso de un periplo de seis meses en la India, acompañados por un intérprete del Dalai Lama, Sonam Kazi. Arnaud era amigo de mis padres, un productor de televisión apasionado por la espiritualidad y los maestros hindúes. Escribió posteriormente un buen número de obras que conmovieron a un gran número de lectores. Había filmado a los maestros tibetanos que habían huido de la invasión comunista china y se habían refugiado en las vertientes indias y butanesas del Himalaya. En la segunda parte de la filmación,[1] durante tres largos y silenciosos minutos, una veintena de rostros de ermitaños y maestros espirituales aparecían unos junto a otros, de cara a la cámara. Tuve la impresión de encontrarme de pronto ante veinte Sócrates o San Franciscos de Asís, vivos hoy en día. Aunque su rostro y su aspecto físico fuesen muy diferentes, emanaba de ellos la misma fuerza espiritual. Nunca una secuencia de imágenes había producido en mi espíritu una impresión tan fuerte. Frédérick Leboyer, médico obstetra famoso por su método de parto sin dolor llamado «nacimiento sin violencia», y amigo de Arnaud y de mi madre, había estado también en Darjeeling y me enseñó los retratos fotográficos que había realizado. Él y Arnaud me confiaron que, de todos los maestros a los que habían conocido, aquel que les había impresionado de un modo particular se llamaba Kangyur Rinpoche, y realmente, la visión de aquel rostro de una profundidad insondable y desbordante de bondad actuó en mí como una revelación: mi decisión de partir hacia la India estaba tomada.

Fueron por tanto aquel film y un retrato los elementos desencadenantes de mi cambio de vida. Resonaban en mi interior como una llamada. ¿Por qué había percibido de aquel modo la fuerza generosa y acogedora que emanaba particularmente de mi maestro, distinguiéndolo de todos los demás? Aprendí más tarde que, según las enseñanzas budistas, pueden existir afinidades profundas así entre un maestro y sus discípulos. Con el tiempo y la distancia, me he dado cuenta de que el rostro de un maestro expresa algo único, y la fotografía puede actuar como un revelador y convertirse por sí misma en la mediadora de un verdadero encuentro.

La belleza de aquellos seres excepcionales, que irradiaba del interior, está lejos de responder a los criterios estéticos del ideal griego o hollywoodiense. Según estos códigos, algunos de los rostros podrían incluso interpretarse como «feos», cuando sin embargo ofrecen a la mirada la más pura y esencial de las experiencias: una ventana a las cualidades de la Iluminación. Esa belleza no engaña, sería incapaz de ocultar un corazón de piedra tras unos rasgos angelicales. Ante la visión de un sabio, de un rostro que irradia la armonía de la sabiduría y del amor altruista, uno sabe intuitivamente que está en presencia de una persona capaz de conducirnos a realizar lo mejor de nuestra naturaleza, aquello que permanece dormido en cada uno de nosotros y de nosotras.

*

El 2 de junio de 1967, el gran día de la partida hacia la India había llegado. Una amiga, Christine O., me dejó en una de las puertas de París y yo me marché en autostop con destino a Múnich, de donde debía despegar el día 5 de junio un vuelo chárter de Syrian Arab Airlines para Delhi. Me demoré un poco por el camino, en especial una noche que pasé en un albergue de juventud a orillas del hermoso lago de Starnberg. En Múnich, visité el museo de la Pinacoteca, del que mi madre me había hablado a menudo, y a continuación me dirigí al establecimiento de un comerciante de clavicémbalos de gran reputación, que había fabricado el instrumento utilizado por Helmut Walcha, intérprete de J. S. Bach al que yo admiraba entre todos. El 5 de junio, al llegar al aeropuerto me enteré de que acababa de estallar la que se conocería como Guerra de los Seis Días. El vuelo había sido anulado. Dudé unos momentos, pensando en partir en autostop hacia la India, hasta que, después de una serie de vacilaciones, los pasajeros fuimos transferidos a la BOAC, la compañía nacional británica de la época. Tras partir el día 6 por la noche, aterrizamos en Delhi a primeras horas de la mañana del día 7 de junio. Con tan solo seiscientas cincuenta rupias en el bolsillo,[2] y aunque estábamos a 43° a la sombra, la necesidad se impuso: decidí atravesar la ciudad a pie, con la mochila a la espalda, para dirigirme a casa de Narayan Menon, un amigo indio de Frédérick, quien me había advertido de que aquel director de la radio nacional era un maravilloso intérprete de la vina, un instrumento de cuerdas emparentado con el sitar. Conseguí, no sin dificultades, dar con su dirección en el laberinto de calles de Delhi. Narayan me ofreció su hospitalidad y me ayudó a obtener un billete de tren para Darjeeling. La mañana de mi partida, a petición mía, tuvo la bondad de tocar, maravillosamente, un raga, forma tradicional de la música clásica hindú cuyo nombre significa «pasión», una pasión interiorizada en la profundidad de esa música de armonías tan complejas que yo había descubierto en Francia gracias a las grabaciones. La ejecución habitual de un raga se prolonga casi por una hora, tras comenzar muy lentamente y progresar *in crescendo*, permitiendo al intérprete demostrar brillantemente su virtuosismo.

Cuarenta y seis horas de tren más tarde, llegué hacia las once de la noche a Siliguri, ciudad comercial situada al pie de las montañas, punto de paso obligado entre la India, Nepal y Bután. El tren hacia Darjeeling salía a la mañana siguiente, de modo que pasé una noche algo así como espartana en el andén de la estación. Pero no estaba solo, ¡todo lo contrario!

Después de las tórridas planicies de la India, el lento ascenso hacia Darjeeling constituyó una experiencia de ensueño. El *toy train* («tren de juguete»), como algunos lo llamaban, era, según me dijeron, el tren en servicio más antiguo del mundo. Su antigüedad estaba orgullosamente grabada en gruesos caracteres en el cuerpo mismo de la locomotora:

«Fabricado en 1879». Rápidamente, el tren tomó altitud. Cuando la cuesta se acentuaba, uno de los ayudantes del conductor se sentaba a horcajadas sobre el parachoques delantero de la locomotora y, en los momentos en que se hacía necesario, derramaba arena sobre los raíles para que las ruedas no derrapasen en el ascenso. ¿Y si la pendiente se hacía demasiado pronunciada? Un pequeño cambio de agujas permitía al tren retroceder un centenar de metros por una rampa de suave desnivel para tomar impulso a toda máquina y salvar el repecho. La vía dominaba las ondulaciones aterciopeladas de las inmensas plantaciones de té, sobre las que pasábamos rozando pequeñas cascadas, por entre árboles inmensos y flores desconocidas. Un águila planeó unos instantes a la altura del tren, a diez metros de mi ventana. En ocasiones atravesábamos densos bancos de niebla de los que salíamos maravillados, de cara a las colinas que emergían de entre un mar de nubes.

El tren constaba de cuatro pequeños vagones. La gente subía y se apeaba en cualquier lugar, no solo en las estaciones: unos niños que volvían del colegio se encaramaban en marcha sobre los escalones exteriores e iban así aferrándose alegremente durante varios kilómetros. Anunciándose con gran despliegue de silbidos, el tren atravesaba los pueblos por el centro de la calle principal. Me llamó la atención lo apacible de los lugares y de sus habitantes, que contrastaba con la aspereza de sus condiciones de vida.

Llegado al final del trayecto, descubrí la pequeña estación de Darjeeling, situada en una plaza rodeada de casas, tiendas y almacenes. Aquí y allá se elevaban montones de carbón, destinado a alimentar a las locomotoras. Mi espíritu se centraba ahora por completo en el encuentro con Kangyur Rinpoche, finalidad de mi viaje a la India, en una espera a un tiempo tranquila e inspirada de un acontecimiento cuya importancia me costaba valorar, pero del que presentía que no sería semejante a ningún otro. Y en efecto, aquel encuentro excepcional, aquel tiempo precioso e inconmensurable que pasé en la serenidad de la «cabaña-ermita» de Kangyur Rinpoche, iba a provocar en mí un cambio ineluctable y decisivo.

En cuanto al periplo que emprendí a continuación por la India, iba a enriquecer mi espíritu de un modo por completo diferente. De una exploración interior, pasé a una inmersión intensa en el abigarrado torbellino de las culturas del subcontinente, de la ciudad santa de Varanasi (Benarés) a las montañas de Cachemira, pasando por el

Ganges en Haridwar, para terminar víctima de fiebre tifoidea en un hospital de Delhi. Había deseado ir al encuentro de otras tradiciones espirituales, pero esta aspiración había perdido su imperiosidad después de haberme sentido colmado más allá de todo lo esperable por el encuentro con Kangyur Rinpoche. Quedaba el descubrimiento fecundo de un país rico en novedades y enseñanzas para el joven occidental curioso y abierto que yo era. Fue por tanto con entusiasmo como partí a la aventura.

En la India, los viajes en tren constituyen el *summum* de la experiencia ferroviaria. Imaginad un periplo de dos días y dos noches (el tiempo que tardé en ir de Delhi a Darjeeling) en un vagón cuyos compartimentos carecen de puerta —la primera clase estaba por encima de mis posibilidades—, en donde todo el mundo habla con todo el mundo y ninguna plaza está nunca atribuida a nadie, aunque estés ocupándola. De manera que, por previsor que puedas ser, es posible que una banqueta reservada para pasar la noche permanezca disponible durante el día para quien quiera sentarse en ella. Una vez instalados, los viajeros empiezan por desenrollar su *bedding*, un fino colchón enrollado dentro de una funda de tela fuerte que contiene igualmente una almohada, un pijama, utensilios de higiene y otros objetos usuales. Incluso en tercera clase (no se abolió hasta 1977), en los servicios había generalmente un cabezal de ducha fijado en el techo, toda una bendición para los viajes largos, sobre todo ante la inminencia de la estación calurosa.

En esta atmósfera de alegre alboroto, las conversaciones se animan y se orientan rápidamente hacia la política, el tema favorito de las discusiones indias. Todo el mundo mete baza, interpelándose a veces de un compartimento a otro. Cada parada —¡y son largas y numerosas!— da ocasión a un sonoro caos de pasajeros que suben y bajan, no solo porque comiencen o terminen su viaje, sino para ir a tomar el aire, beber una taza de té o comer un bocado en el andén, atiborrado de pequeños puestos y de mercaderes ambulantes, con su hervidor de té ardiendo y sus tazas hechas a menudo de arcilla secada al sol, y que se tira después de usar. El *puri*, especie de deliciosas crepes cocidas en aceite, servidas con patatas y con una salsa sazonada de especias, constituye el mejor de los desayunos. La estación retumba de reclamos proferidos a voz en grito: *Chai garam!* («¡té caliente!»), *munphali!* («¡cacahuetes!»). El maquinista hace sonar finalmente la sirena que anuncia la partida. En 1967, las locomotoras todavía eran de vapor y, mientras el tren se ponía lentamente en movimiento, teníamos tiempo de sobra de montar a bordo.

Los andenes de tren son también lugares de estancia. No es raro que los trenes acumulen retrasos de seis o siete horas, y a veces hay que esperar media jornada para coger un enlace. Muchos pasajeros despliegan una tela sobre el suelo para tumbarse sobre ella, con el fardo a manera de almohada. La entrada en la estación de un tren, anunciada por los altavoces, representa un acontecimiento para quienes llevan tanto tiempo esperándola. Años más tarde, me encontraba en el andén de la estación de Gaya, esperando partir con destino a Delhi. El tren tenía que salir a las 16 h 30. Poco antes de esta hora, se anunció su llegada: el *Tinsukia Mail* procedente de Assam. Una súbita efervescencia se apoderó de los viajeros, quienes recogieron sus equipajes, dispuestos para el embarque, lo cual no era nunca un asunto baladí. Los comentarios iban de boca en boca acerca del hecho de que, por una vez, el tren llegaba a su hora. Al cabo de poco resonó un segundo anuncio. La agitación se calmó de golpe. Traté de informarme de lo que pasaba. «Es el tren de ayer», me dijeron. El nuestro se esperaba que llegase a última hora de la tarde.

Por la mañana, un encargado provisto de un bloc de notas va pasando por los vagones y tomando nota de las peticiones para la comida de mediodía. Se ofrecen diferentes opciones, menú vegetariano o no, arroz o *chapati* (tortas de trigo)… El encargado baja en la siguiente estación, desde la cual envía los pedidos a través de correspondencia telegráfica hasta la estación donde prepararán las comidas. Hacia la mitad del día, cuando el tren llega a la estación estipulada, un ejército de repartidores sube a los vagones. Llevan pilas de *thali*, bandejas de aluminio redondas o rectangulares cuyos compartimentos cóncavos contienen los alimentos, todo ello protegido por una tapadera. Siempre me pregunto cómo consiguen los empleados llevar a cada cual su pedido, sin equivocarse jamás.

*

La India… tan entrañable e inspiradora, como desconcertante. Por ella se transita entre el caos funcional de las metrópolis hormigueantes día y noche de personas, y la rusticidad de los pueblos que emergen de un pasado lejano; entre la coexistencia, la mayor parte de las veces pacífica, de innumerables tradiciones espirituales y la estricta observancia de reglas definidas un sistema de castas todavía muy presente entre la población hindú. «Crisol de civilizaciones», he ahí una expresión que se aplica por excelencia a la India. Las personas se interrelacionan, se frecuentan, ciertamente, pero no se mezclan. Los signos y modos de expresión de las diferentes culturas y religiones son omnipresentes, en todas sus variantes multicolores y ruidosas. Sería inconcebible en la India prohibir llevar turbante, velo, vestimenta religiosa, por no decir la desnudez pública que exhiben por ejemplo los sabios jainistas de la corriente *digambara* («vestidos de espacio») y ciertos sadhus hindúes. Vi un día a un hombre completamente desnudo paseándose por los andenes atestados de la estación de Calcuta, sin suscitar ningún tipo de atención particular. La noción de «vida privada» está por inventar. Me sucedió en cierta ocasión en que estaba leyendo una carta en una calle de la antigua Delhi, verme rodeado en apenas unos segundos por cinco o seis curiosos que descifraban la misiva al mismo tiempo que yo por encima de mi hombro. En cuanto a la dimensión sonora, en las calles de las ciudades y de los pueblos grandes, los altavoces rivalizan en intensidad para asegurarse de que todo el mundo oye, a menudo de forma simultánea, los himnos del templo hindú, la llamada a la oración del muecín (en los barrios musulmanes se oyen varios a la vez, procedentes de las mezquitas de los contornos) y las melopeas del *gurdwara* de los sijs; e instalad en las calles de esos barrios un altavoz que emita música de películas a todo trapo a las nueve de la noche, y os considerarán benefactores de la humanidad.

*

Mi primer destino tras regresar de Darjeeling fue Benarés, la famosa ciudad santa del hinduismo, que ha recuperado su verdadero nombre sánscrito de Varanasi. Me faltan las palabras para describir las maravillas de este lugar único y fascinante, la belleza majestuosa de los «ghats»,[3] las orillas del Ganges dispuestas en múltiples graderíos sagrados sobre los que se elevan los templos, mientras que a la salida del sol los fieles descienden hasta el río para bañarse en él, animados por un fervor sin igual. Los ghats son lugares de encuentro, de socialización, que presentan todo tipo de actividades: clubs de ajedrez al aire libre, gimnastas que realizan sus ejercicios matinales, o mercaderes del templo que venden multitud de baratijas con una insistencia bonachona. La ciudad vieja, la situada a orillas del Ganges, está recorrida por un dédalo de callejas que runrunean de actividad prácticamente día y noche: artesanos, que trabajan a veces en la misma calle, vendedores ambulantes, mendigos, sadhus (hombres santos del hinduismo que han renunciado a la sociedad y a toda posesión, y que viven únicamente de limosna), peregrinos, repartidores que tiran a toda velocidad de carretas cargadas de mercancías; todos ellos se mezclan en una multitud abigarrada y en un estrépito de lo más estimulante. Unas pequeñas tiendas ofrecen *lassi* al agua de rosas, el mejor de la India según dicen, una bebida hecha de yogur batido, jarabe de rosas y agua helada, o con té a la canela y otras especias. Inmensos telares, principalmente regentados por musulmanes, fabrican las famosas sedas preciadas en toda la India, como saris y chales, pero también magníficos brocados, que compran las poblaciones himalayas para decorar los templos budistas.

Bastante antes de la salida del sol, la multitud de peregrinos que se dirige a realizar sus abluciones sagradas en el río se pone en movimiento. En determinados puntos de los ghats, destacan algunos sadhus sentados con majestuosidad, particularmente venerados. Junto a ellos, un tridente plantado en el suelo y un pequeño cuenco de cobre son las señales de su pertenencia a la corriente shivaíta. Llevan su largo cabello recogido en forma de voluminoso moño en lo alto de la cabeza; su cuerpo, medio desnudo, está recubierto de ceniza, símbolo de la muerte y el renacimiento, y recordatorio constante de la mortalidad humana; unas líneas horizontales de polvo rojo, amarillo o negro les cruzan la frente.

Un poco más lejos, unas piras consumen los cadáveres de los difuntos, personas que con frecuencia han hecho el viaje hasta allí ante la inminencia de su muerte, con el fin de que la cremación tenga lugar en esta ciudad santa entre todas. Los delfines ciegos afloran a veces a la superficie entre los reflejos dorados del sol naciente.

A una decena de kilómetros de Varanasi, descubrí Sarnath, el Parque de las Gacelas donde Buda ofreció su primera enseñanza después de haber alcanzado la Iluminación. Allí enunció las Cuatro Nobles

Verdades a sus cinco antiguos compañeros de ascesis: la verdad del sufrimiento, que debe ser reconocido; la verdad de las causas del sufrimiento, que deben ser eliminadas; la verdad del cese del sufrimiento, que debe ser llevado a efecto, y la verdad de la vía hacia el cese del sufrimiento, que debe ser recorrida. Qué contraste, entre la perpetua actividad febril de Varanasi y la serenidad inmutable del parque, de la gran Estupa Dhamek que conmemora aquella primera enseñanza, un monumento cuya arquitectura simboliza el «cuerpo» o dimensión absoluta de Buda, su Iluminación.

Me mezclé entre los peregrinos que deambulaban o meditaban en silencio, mientras otros permanecían durante horas a la sombra de un árbol para estudiar los textos. Visité también el Instituto de Altos Estudios Tibetanos (*Tibetan Institute of Higher Studies*), donde los hijos mayores de Kangyur Rinpoche estudiaron durante años con algunos grandes eruditos tibetanos que habían podido huir de la invasión china y que hacían todo lo que estaba en sus manos por preservar la herencia filosófica del budismo tibetano. Volví a ver a Tarthang Tulku, al que había conocido en Darjeeling y que consagraría su vida, en la India y Estados Unidos, a reproducir centenares de valiosos volúmenes para ponerlos a disposición de todos.

Salí también en busca de un ashram, por curiosidad, para conocer a *swamis* de diferentes tradiciones filosóficas hindúes. La palabra sánscrita *swami*, que significa «aquel que es maestro de sí mismo», designa a un sabio hindú. Me presenté en el ashram de Ananda Marga, que se reveló, como supe más tarde, ser una organización algo sospechosa. Un joven discípulo con aire arrogante, impecablemente vestido con túnica naranja, con el largo cabello suelto sobre los hombros, reluciente de aceite de coco, se acercó a la puerta y me preguntó qué quería. «Recibir el *darshan*»,[4] respondí, esperando un encuentro inspirador con el maestro espiritual del lugar. *Darshan* significa «filosofía», me dijo el joven con un tono un punto condescendiente. Si solamente estaba de paso, concluyó, no podía conocer al *swami*. Me marché un poco decepcionado, pensando en la diferencia entre aquel frío recibimiento y la acogida tan cálida que me habían dispensado los tibetanos.

*

Después de Varanasi y Sarnath, decidí dirigirme a Cachemira, una provincia de una gran belleza, cuya capital, Srinagar, se extiende a orillas de un gran lago salpicado de campos de lotos.

Gracias a la indianista Lilian Silburn, una amiga de mi madre que residía en Srinagar en aquel momento, pude conocer a Swami Lakshmanjoo, especialista del shivaísmo de Cachemira, corriente filosófica hindú que incluye numerosos métodos de meditación fundados en la no-dualidad del sujeto y del objeto. El *swami*, un hombre afable y accesible, estaba inmerso en un estudio textual con algunos discípulos, entre ellos Lilian. No deseaba molestarle, por lo que, tras una breve presentación, le pedí permiso simplemente para sentarme en un rincón de la estancia y meditar en su presencia. No tuve ocasión, por tanto, de plantearle preguntas de orden espiritual, pero me sentí embargado por la atmósfera apacible del lugar.

Ciertas instrucciones meditativas inspiradoras descubiertas en los textos traducidos por Lilian Silburn —quien ha consagrado su vida al estudio y a la práctica de este enfoque, muy particular— recuerdan a técnicas del budismo tibetano, aunque estas dos tradiciones difieran en muchos otros aspectos. A la luz de las explicaciones de su maestro, comentaba así uno de los versículos que insta a meditar en el instante de la desaparición del sonido de un instrumento de cuerda: «En el momento en que se apaga el último sonido, prolongado al máximo, el pensamiento pierde todo soporte y se absorbe en la vacuidad».[5] Este principio hizo resonar en mí la pregunta que Kangyur Rinpoche me había hecho acerca del sonido de la campana.

Con el crepúsculo, el inmenso lago Dal refleja todos los matices de la luz cambiante. Una fina capa de niebla lo recubre en esos momentos, de la que surgió lentamente un pescador sonriente que me ofreció unos lotos... Esta escena cautivadora, de una poderosa simplicidad, describe muy bien la decena de días serenos que viví a orillas del lago, poco pobladas en aquella época nada más alejarse un poco de Srinagar. Llegó entonces el momento de descender hacia las planicies de la India. Tenía intención de ir a Haridwar, otra ciudad santa y lugar de peregrinación a orillas del Ganges. En el autobús que nos condujo a la siguiente estación, conocí a un simpático inglés, apasionado como yo por la música clásica, que deseaba también visitar esta ciudad. En Pathankot, nos anunciaron que no quedaban plazas disponibles en el tren antes de unos diez días. Abatidos ante la idea de no poder salir de aquel andén de estación en un futuro próximo, el oportunismo venció a la probidad y decidimos viajar sin billete, a la manera de los sadhus, y sentarnos en los pasillos del tren. Creímos que la suerte nos sonreía cuando encontramos un compartimento extrañamente vacío. Nos encerramos en él, entusiasmados con el resultado de nuestra jugada. Pero la alegría fue de corta duración. Al cabo de poco, unos golpes primero requisitorios y luego furiosos, seguidos de todo tipo de imprecaciones, nos indicaron de forma inequívoca que el revisor y sus acólitos no compartían nuestro entusiasmo. Algunas frases que pudimos captar de su conversación nos dieron a entender que la policía local nos esperaba en la siguiente estación. Cuando las voces se alejaron, decidimos aprovechar el momento de calma para salir del compartimento y saltar del tren en marcha en un lugar en que aminoró la marcha. Nos estiramos cuan largos éramos pegados a la grava del balasto. Tras recuperar nuestras mochilas, recorrimos la vía durante unos centenares de metros, antes de llegar a un paso a nivel donde varias decenas de rickshaws (los famosos triciclos para el transporte) esperaban a que se levantara la barrera. Hicimos una señal a uno de ellos, que aceptó llevarnos en el medio de transporte más tradicional existente hasta la ciudad más cercana, donde cogimos un autobús para Haridwar. Aquella incursión en el mundo de los polizones nos valió unos cuantos rasguños en las rodillas y los codos, así como una buena lección sobre la celeridad de las retribuciones kármicas de nuestros actos.

*

Haridwar es uno de los cuatro lugares sagrados de la India. Cada doce años, en alternancia con cada uno de los otros tres lugares, es escenario de una kumbhamela, peregrinación extraordinaria en el transcurso de la cual varios millones de devotos acuden para bañarse en el río. La más importante de las kumbhamelas, la de Allahabad, en la confluencia entre el Ganges y el Yamuna, tuvo una afluencia de sesenta millones de personas en 2001, considerada entonces como la mayor congregación de personas en la historia de la humanidad. Nos encontramos a poco más de cien kilómetros a vuelo de pájaro de las fuentes del Ganges, y el agua baja todavía gélida. Quise bañarme, pero había subestimado la fuerza de la corriente: en un abrir y cerrar de ojos, me vi arrastrado cien metros aguas abajo. En Rishikesh, situada a una veintena de kilómetros de Haridwar, visité el ashram de Swami Shivananda, el famoso maestro hindú que realizó una síntesis entre las diferentes formas de yoga y enseñó la filosofía del Vedanta.[6] En un pequeño templo del ashram, varios grupos de fieles cantaban himnos devocionales, los *bhayan*, al ritmo de panderetas. El *swami* responsable del lugar me informó de que el ashram no podía albergarme para pasar la noche y que no había enseñanzas por el momento. En el jardín había un busto de Swami Shivananda bajo el que se leía grabada la divisa: *Be good, do good*, cuya traducción, «sé bueno, haz el bien», no resulta tan sonora como la versión inglesa. Esas cuatro palabras me han parecido siempre la divisa más simple y mejor que uno pueda seguir.

Volví a Delhi y decidí regresar a Francia por carretera. Pero ya en Haridwar comencé a no sentirme bien y, al cabo de unos días, me vi aquejado por una intensa fiebre. Siguiendo los consejos de Adrien Dufour, ministro asesor de la embajada de Francia de quien unos amigos comunes me había facilitado el contacto, me dirigí al Holy Family Hospital.

—*Are you sick?* («¿Está usted enfermo?») —me preguntó el médico.

Como yo llevaba barba, creí entender que me preguntaba:

—*Are you Sikh?* («¿Es usted sij?»).[7]

A lo que yo respondí:

—*No, I am French.* («No, soy francés»).

Todo ello no le dio muy buena impresión acerca de mi estado de lucidez, pero no fue suficiente para alarmarle. El médico me aconsejó tomar vitaminas y me aclaró de paso que el hospital no era un hotel. Muy afortunadamente, al levantarme estuve a punto de desmayarme, y al tomarme la temperatura y comprobar que superaba los cuarenta grados, se convenció *in extremis* de que debía ingresarme. Las religiosas que trabajaban en el hospital me llevaron en silla de ruedas hasta una cama en una sala común. A la mañana siguiente, un sacerdote vino a preguntarme si quería recibir la comunión y los santos sacramentos. «Quizá podamos esperar», respondí. Al principio me aplicaron el tratamiento contra la malaria, para luego ponerme inyecciones contra el tifus, junto con otras para eliminar «gusanos en el hígado». El diagnóstico definitivo fue el de fiebre tifoidea. Si la experiencia de la enfermedad no fue muy agradable, las hermanas y los médicos me trataron en todo momento con una gran atención.

Presa de una fiebre ardiente, empapado en sudor e incapaz de comer, dormía con un sueño intermitente. Viví aquel episodio como una renovación, aunque curiosamente, en mi memoria, las dos semanas en el hospital se reducen a unos días difíciles pero borrosos y confusos, en marcado contraste con las dos semanas pasadas en Darjeeling, que, por su riqueza sustancial, parecían haberse prolongado en una duración infinita y señalaban el comienzo de mi verdadero renacer. Aligerado de una decena de kilos (pesaba cincuenta y cuatro kilos a la salida del hospital), me acogieron unos días en la residencia de Adrien Dufour, cuya familia me había gratificado con el apoyo más caluroso posible al visitarme en el hospital y traerme fruta y lectura. Me aconsejaron vivamente que regresara en avión.

El 12 de junio de 1967, a la edad de veintiún años, conocí en Darjeeling a Kangyur Rinpoche, mi primer maestro espiritual, que iba a inspirar el resto de mi existencia.

CAPÍTULO 3

DE DAMASCO A PARÍS

De regreso en Francia con mi familia, valoro la importancia de los días pasados en presencia de Kangyur Rinpoche. Mi madre emprende a su vez el viaje a la India.

El vuelo de regreso de Syrian Arab Airlines hacía escala en Damasco durante media jornada y teníamos que recoger el equipaje, lo que en mi caso se reducía a una mochila y un sitar que había comprado en Delhi, en la Lahore Music House. Al bajarme del avión, decidí aprovechar la ocasión para descubrir los países que habría debido sobrevolar a tan gran altitud. Habían renacido mis veleidades de viajar por carretera, de modo que dejé partir el vuelo hacia París para proseguir mi periplo por carretera y ferrocarril. En Damasco, donde todavía se hablaba corrientemente francés, me sorprendieron la amabilidad y la hospitalidad de sus habitantes. Visité la tumba del gran maestro sufí Ibn Arabi, cuya obra está considerada el culmen del esoterismo islámico sufí, y al que mi tío, el navegador Jacques-Yves Le Toumelin, hacía referencia a menudo. Tomé después el tren con destino a Estambul, que pasaba junto a la impresionante fortaleza del Crac de los Caballeros, y descubrí los soberbios paisajes de Siria y de Turquía. En Estambul, pasé unos apacibles momentos de meditación en la gran Mezquita Azul y visité las maravillas del museo Topkapi. Desde allí regresé a Francia en autostop.

Después de atravesar los Balcanes, un conductor que había tenido la amabilidad de cogerme en autostop me dejó en Tournus. Me encontraba todavía bastante débil por mi convalecencia de la fiebre tifoidea y saturado de experiencias vivas y variadas, embriagado de sensaciones intensas, acumuladas en dos meses y medio. Mis padres me habían hablado de la abadía románica de Tournus, de modo que decidí hacer una parada para descubrirla y reponer fuerzas. Estaba vacía, o casi, en perfecto silencio. Me recogí un largo espacio de tiempo sentado en una silla de iglesia, dejando reposar mi mente en la quietud de aquel lugar impregnado de una espiritualidad milenaria. Cuando este instante de dejarme llevar pasó, tuve el sentimiento de que mi viaje había concluido realmente. El resto del camino hasta París no era ya más que una formalidad. Opté por coger el tren. Al llegar, me enteré de que mi madre y mi hermana Ève estaban pasando unos días en la gran casa de nuestro amigo Gérard Godet, cerca de Nemours. Sin transición, cogí el tren con destino a esta ciudad, y al llegar recorrí la orilla del canal hasta la residencia de Fromonville, para presentarme de improviso en el porche de la casa con mi mochila y mi sitar envuelto en una funda de satén rojo. El reencuentro fue caluroso, y entre aquellos buenos amigos reunidos para pasar el fin de semana, se encontraba Frédérick Leboyer. No recuerdo cuáles fueron las cosas que les conté del viaje, pero lo importante en aquellos momentos era reencontrarme con ellos y compartir, más allá de las palabras, la riqueza de lo que había vivido.

De vuelta en París, me reintegré al apartamento familiar y me reencontré con mi hermana Ève, que continuaba con sus estudios de logopedia y se interesaba en la ortodoxia, inspirada por haber conocido a un monje de esta tradición. Al reincorporarme a la vida parisina, que me pareció en verdad insulsa, comencé a darme cuenta del impacto profundo que el encuentro con Kangyur Rinpoche había obrado en mí. Mis meditaciones cotidianas, todavía titubeantes, se llenaban continuamente de su presencia, vasta y luminosa. Fue entonces cuando estreché lazos con Frédérick Leboyer, que vivía cerca de casa y con quien quedaba a veces para realizar una meditación silenciosa en común.

Mi madre, Yahne Le Toumelin, siempre se había interesado por las diversas formas de espiritualidad, desde el Maestro Eckhart y otros místicos cristianos hasta el Vedanta. Todo ello alimentaba sus lecturas, así como las discusiones en el seno de su círculo de amistades. Pero no se había adherido directamente a ninguna tradición viva que poder llevar a la práctica. A mi regreso de la India, le dije que si deseaba practicar una vía espiritual, sería excelente para ella ir también a conocer a

Kangyur Rinpoche y a los demás grandes maestros que vivían en Darjeeling, en Kalimpong y en Sikkim. En 1968, emprendió el viaje, que duró varios meses y que marcó igualmente para ella un giro decisivo en su existencia. En la India, conoció a la Madre Teresa de Calcuta y a la gran sabia india Anandamayi Ma. Y, como yo, se convirtió en discípula de Kangyur Rinpoche. Cuando conoció al decimocuarto Karmapa, otro maestro eminente que vivía en el monasterio de Rumtek, en Sikkim, este le aconsejó que profesara los votos de monja. Mi madre le explicó que tenía una familia. «Si puede firmar una garantía de que el año que viene seguirá con vida, puede esperar», respondió el Karmapa. Mi madre comprendió que era preferible recibir los votos monásticos de inmediato, y así se hizo.

A su regreso, iba a interrumpir por bastantes años su carrera de pintora, que le había ayudado a emprender uno de los padres del surrealismo, André Breton, quien expuso sus obras en su galería y le dedicó un capítulo de su ensayo *El surrealismo en la pintura*. También Jean Cocteau apreciaba su trabajo, y le escribió: «Le doy las gracias por haber proporcionado un paisaje a mi ventana y un camino a mis paseos. Nada hay tan admirable como las bodas entre el azar y el talento». Los cuadros de mi madre se habían expuesto en diversas galerías y en salones de pintura que se celebraban cada año en París, como el Salón de Mayo. Su metamorfosis en monja budista perturbó a buen número de intelectuales y artistas de entre sus amigos, que por desgracia la desconsideraron más o menos abiertamente. Un famoso marchante de cuadros, Daniel Cordier, que le había predicho una brillante carrera en el mundo del arte, le espetó: «¡Está acabada!». Me contó también que un día el filósofo Cioran ¡cambió de acera al verla caminar en su dirección! Pero otras amistades comenzaron, a destacar la de Maurice Béjart, para quien pintó los decorados del ballet *Les Vainqueurs* («Los vencedores»), inspirado en el budismo, y quien siguió siendo un amigo muy cercano hasta su muerte, así como su principal bailarín, Jorge Donn. Por aquella época, incluso había pensado en partir con destino a Darjeeling con mi madre. Escribió a propósito de su pintura: «Las palabras "abstracción" y "realismo" dejan de existir ante la autenticidad de una pintura que vibra como una iluminación».

Cierto día (yo debía de tener unos quince años), al volver del instituto, vi a mi madre pintando como de costumbre en el suelo, en la única sala espaciosa del apartamento, que le servía a un tiempo de taller y de habitación. Provista de un trapo impregnado de trementina, se disponía a destruir un cuadro azul de dos metros de alto del que no estaba satisfecha. A mis ojos, sin embargo, la obra era de una belleza que merecía subsistir. Exclamé: «¡Lo compro...! Un franco». El cuadro sobrevivió. En la actualidad es el único gran cuadro que adorna la pequeña casa de una planta que mi madre ocupa en Dordoña. Me temo que nunca llegué a pagarle el franco en cuestión y, con los intereses, ¡seguramente hoy le debo una bonita suma a mi madre de noventa y ocho años!

CAPÍTULO 4

UNA INFANCIA NÓMADA

Saboya, Argelia, México, Valmondois, París. Mi tío, el navegador Jacques-Yves Le Toumelin, me da a probar un anticipo de espiritualidad.

La esencia de lo que quiero compartir no cabe buscarla en los acontecimientos ordinarios de una infancia al fin y al cabo normal. Como cualquier otro niño, aprendí a ir en bicicleta de pequeño. Por lo que respecta a la adolescencia, creo que sufrí sus tormentos en menor medida que otros jóvenes de mi edad. Era más romántico que apasionado, más idealista que víctima de la concupiscencia, más enamorado de la naturaleza que de las fiestas a las que asistían los jóvenes de mi edad. En una ocasión en que se me ocurrió entrar en una discoteca, salí al cabo de pocos minutos. Retrospectivamente, no distingo nada destacable en mis peripecias de jovenzuelo, tema este tan caro para muchos escritores con más talento que yo.

Mi recuerdo más antiguo es, curiosamente, el de una vaca. Una vaca muy grande en un establo saboyano. En mi visión de niño, alcanzaba las proporciones que ahora atribuyo a un elefante. Yo debía de tener dos o tres años, quizá. Y después, nada que yo recuerde durante cierto tiempo. Mi primer vacío en la memoria.

A mi padre lo llamaron para ser profesor en un pueblo de Argelia, cerca de Tremecén, durante un año creo, pero no conservo ningún recuerdo de aquel tiempo. Después de eso, mis primeras reminiscencias un poco más coherentes son las de la travesía del Atlántico en el buque *Île-de-France*, en compañía de mi madre y de Ève. Tenía cuatro años. Íbamos a reunirnos con mi padre, que había sido nombrado profesor de filosofía en el Liceo Francés de México. ¡Qué aventura! Había tantas cosas que descubrir en aquel barco: las lanchas de salvamento, las enormes bocas de aireación, los puentes de diferentes niveles y la inmensidad del océano, que se extendía indefinidamente, un día tras otro, ante mi mirada absorta… A la hora de cenar, en el restaurante, me parecía divertido que aquello que íbamos a comer estuviera ya pulcramente escrito en unas hojas de papel blancas colocadas sobre la mesa. Por la noche, con las luces apagadas en el camarote, permanecía largo rato con los ojos abiertos como platos escrutando todo tipo de nubecillas hechas de puntos luminosos multicolores, que desfilaban lentamente en la oscuridad, fascinado por las formas y matices nacidos de la persistencia retiniana.

Me había hecho a la idea de un viaje de larga duración, por la impresión que me infundía la inmensidad del océano. Al cabo de una semana, sin embargo, Nueva York apareció en el horizonte. Los rascacielos revelaron su majestuosa elevación en el momento de acercarnos. Hubo que desembarcar, para mi gran pesar. En la gran ciudad, aquello que más me llamó la atención fueron los incontables rótulos luminosos que recubrían las fachadas de las calles y de las grandes avenidas. Con motivo de mi miopía, que aún no me habían diagnosticado, aquella multitud de manchas de colores se fundían dando forma a magníficos cuadros impresionistas.

Despegamos rumbo a México a bordo de un Super Constellation. Este nombre me parecía muy bonito. Al llegar, mi padre vino a buscarnos en un largo coche rojo descapotable con los asientos de color crema, algo que nos impresionó mucho.

Permanecimos dos años en México. Yo iba a las aulas de preescolar del Liceo Francés. Vivíamos en una hermosa casa con jardín, que era nuestro territorio de juegos. Conservo de aquella época algunos recuerdos inconexos. Un día, armado con un tirachinas, lancé por una ventana, en dirección a los niños pobres que jugaban en la calle, las pocas joyas que mi madre había recibido de la suya. Esta necedad bienintencionada no provocó drama ni castigo alguno, tan solo sirvió para que yo conociera que me había tocado en suerte una madre comprensiva. Con ocasión de los cumpleaños, colgaban de una viga piñatas, especie de muñecos en forma de animal, fabricados con paja y con una vasija de barro, a los que los niños daban bastonazos en medio de la algarabía, hasta que la vasija se rompía y derramaba sobre la chiquillería una lluvia de caramelos de todos los colores. Me acuerdo también de un eclipse total de sol. Contemplamos su reflejo en la superficie de un cubo de agua a través de un cristal ahumado que hacía las veces de gafas de sol improvisadas.

Los domingos, mi padre me llevaba a veces a ver una corrida de toros en una plaza cercana. Entonces me gustaba el sonido de los clarines y los colores tornasolados del traje de luces de los toreros, pero mi joven espíritu no comprendía aún lo que tenía de barbarie esta fiesta macabra. El niño suele considerar normal aquello que sus padres hacen y le muestran. Así es como se le enseña a observar sin alterar su estado del alma cómo se tortura a un animal hasta la muerte. Todo el mundo parecía pasarlo muy bien. En cuanto al toro, ya no podía pensar nada. Lo habían matado, para el deleite de los espectadores. Es un arte, dicen algunos. El arte de hacer sufrir.

De entre las amistades de la familia, Leonora Carrington, pintora surrealista de renombre que estuvo casada con Max Ernst, se convirtió en la amiga más estrecha de mi madre, a quien inspiró su estilo pictórico de aquella época. Ambas habían imaginado partir juntas para el Tíbet, un proyecto que sus respectivos maridos, mi padre y Chiki Weisz, el marido de Leonora, desdeñaban como una encantadora locura de artista. Durante la Segunda Guerra Mundial, Chiki, fotógrafo húngaro, había salvado miles de negativos de los grandes fotógrafos Robert Capa —de quien realizaba el positivado—, David Seymour —que con el anterior fundaría la agencia Magnum— y Gerda Taro. Estos negativos, documentos exclusivos y de importancia capital para la Guerra Civil española y el nacimiento del fotoperiodismo, tuvieron una historia accidentada, y en parte oscura, que se conoció con el nombre legendario de «la maleta mexicana». Porque fue en efecto en México donde reapareció tres cuartos de siglo después de que Robert Capa, judío y comunista, la confiara al huir de París a Chiki Weisz. Tras vivir diversas peripecias, los preciados negativos retornaron a Cornell Capa, hermano de Robert.[1]

Estaban también Luis Buñuel, cuyos grandes ojos oscuros dominados por unas pobladas cejas negras me impresionaban un poco por disimulaban una gran gentileza, y Jomi Ascot, un joven poeta que gestionaba con mi padre la filmoteca del Instituto Francés y me llamaba por teléfono haciéndose pasar por el presidente de la República, Miguel Alemán. Yo mantenía conversaciones muy serias con él, ¡y no fue hasta años después cuando me revelaron que mi interlocutor no era el presidente! Había una vecina, Helen, que me invitaba a veces a su casa. Me pedía que cogiera entre mis manos una piedra en forma de huevo, me decía que cerrara los ojos, y ambos partíamos en un viaje espacial a través de la inmensidad del universo. A mí me gustaban mucho aquellas odiseas interplanetarias. Las únicas que no he llegado a hacer realidad hasta el momento.

En vacaciones, íbamos a la costa del Pacífico, a Acapulco. Ocupábamos una cabaña en las colinas, al pie de unas palmeras, junto a una piscina. Mi madre cuenta que por la noche, bajo las estrellas, le planteaba cuestiones filosóficas tales como: «A fin de cuentas, mamá, un día más es un día menos». O bien: «En el momento de la muerte, el cuerpo desaparece. La conciencia continúa, por supuesto. Pero, ¿y la palabra?». Mi carrera de filósofo llega hasta ahí.

Con la facilidad de asimilación propia de los niños, aprendí pronto español, lengua que utilizaba para hablar con mi hermana Ève. Lamento haberla olvidado rápidamente a mi regreso a Francia, en 1952, a pesar de algunas conversaciones con el tendero español de la esquina. A mi padre lo enviaron a Italia, a Florencia, donde se instaló con mi madre y con Ève. A mí me confiaron a mi abuela paterna, France Ricard, que vivía en Saboya, en un barrio de Chambéry. Era una abuelita consentidora a la que debo mucho en el plano afectivo, pero era también una señora muy «como es debido». Llevábamos, pues, una vida ordenada. La casa, por lo demás, estaba siempre impecable. Cuando me resfriaba, me aplicaba inhalaciones y me envolvía el pecho en ardientes cataplasmas de harina de mostaza, que debía aguantar más de una hora. Tratamiento que me he cuidado mucho de reproducir desde entonces.

Aunque creo yo que fui un niño de naturaleza más bien prudente, también se me puede achacar mi ración de travesuras. Algunas me marcaron, desde luego, como aquella vez en que, con mi compinche Jeannot, disparamos una pequeña carabina de aire comprimido cargada con pulpa de manzana contra el trasero de un señor gordo que estaba labrando el jardín, lo que nos valió las iras del susodicho señor y un buen correctivo en casa. Y aquella otra vez en que me gané la misma recompensa, cuando, sirviéndome de un arco fabricado con una rama de fresno y unas flechas artesanales, atravesé las sábanas heladas que colgaban del tendedero. Las flechas formaban unos agujeritos muy redondos que a mí me parecían muy monos, pero que a mi abuela no le hicieron tanta gracia. Recuerdo que Jeannot y yo sujetábamos en el cuadro de nuestras bicis trozos de cartón con pinzas de tender, que al golpear contra los radios de las ruedas producían un ruido que recordaba el petardeo de una motocicleta. Y también que, de vez en cuando, nos cruzábamos en la calle con una señora que empujaba una carretilla y gritaba: «¡Pieles de conejo! ¡Pieles de conejo!». Pero nunca supe si las vendía o si las compraba.

Mi abuela, aunque procedente de la burguesía, era viuda y tenía apuros económicos. A veces, un tío abuelo rico de quien había tomado prestado dinero, venía a visitarla desde Marsella. En esas ocasiones me mandaban a mi cuarto. «Tenemos que tratar de negocios», me decía mi abuela. Eso me impresionaba mucho.

*

En 1953, nos reunimos mi madre, Ève y yo y, junto con mi abuela paterna, nos mudamos al pueblo, bastante más pintoresco, de Valmondois, en el departamento de Seine-et-Oise. Vivíamos en una vieja casa de dos pisos. Mi padre, que se quedó en Florencia hasta 1957, volvía durante las vacaciones escolares. Él ocupaba una gran habitación en el primer piso, con todos sus libros. No había que molestarlo mientras trabajaba.

Valmondois fue el lugar privilegiado en que se desarrolló mi infancia. En aquel pueblo de otra época, se practicaban todavía todos los oficios de antaño. El herrero, que nos imponía muchísimo, martilleaba con sus poderosos brazos las herraduras al rojo sobre el yunque. Poco después de nuestra llegada, una vecina granjera vino a ofrecer sus productos a mi madre: «Soy la señora Poulet, vengo por los huevos». El vendedor de hortalizas pasaba cada dos días con su carreta entoldada, tirada por un caballo resignado a su suerte. Su primo se había marchado a América: «¡Si habrá descubierto territorios, ese Miguel Strogoff!», exclamaba con un gesto que le era peculiar.

A media tarde, íbamos a buscar la leche a la granja provistos de un recipiente de estaño. A orillas del riachuelo que atravesaba el valle, el Rû, había un lavadero alrededor del cual se congregaban las lavanderas, que golpeaban ruidosamente la colada con palas de madera. Una de ellas, la anciana Virgine, pronunciadamente encorvada por los años, nos profería, con una sonrisa resplandeciente: «¡Qué felicidad! ¡Mirad qué blanca me queda la ropa!».

Hacia el final del verano, el destilador instalaba su alambique ambulante al borde de un camino de tierra y extraía alcohol de las manzanas del valle, cuyos restos se amontonaban formando un amasijo que desprendía un olor de lo más raro. Los efluvios de aquellas destilaciones constituyen mi contacto más cercano y único con el alcohol.

Los inviernos eran rigurosos, y no teníamos calefacción central. Mi hermana y yo nos arrebujábamos en nuestras respectivas camas, frías y húmedas. Yo estaba aterido por el dolor en las articulaciones, un precoz reumatismo que el médico rural, un señor de aspecto muy formal, vestido siempre con abrigo y sombrero, achacaba doctamente al crecimiento. La cocina era el espacio de reunión, no en balde estaba bien caliente gracias a una gran cocina económica, en la que se vaciaban regularmente cubos de reluciente carbón, la antracita, o bien de coque, de menor calidad pero más asequible.

En el patio de la escuela municipal, nos gustaba deslizarnos sobre las placas de nieve congelada, antes de que el maestro echara arena o sal gruesa para evitar que uno de nosotros se rompiera un hueso. Durante el recreo, el patio estaba dominado por los tres hermanos Dague. Por encima de todo, había que evitar meterse con «el Dague pequeño», si uno no quería vérselas con «los Dague mayores», con los que valía más no gastar bromas. Al principio tuvimos a un viejo maestro cuya rubia hija, muy ufana de su estatus de hija del profe, era el objeto de adoración de los chicos. Le sucedió un profesor con gafas que nos pegaba en los dedos con una regla de roble cuando cometíamos faltas al escribir con nuestra pluma Sergent-Major. Con ocasión de su primera clase de canto, el tan serio profesor se puso muy rojo en el momento de entonar con voz de falsete: «*Ne pleure pas Jeannette...*» («No llores, Jeannette»), azorado probablemente por el hecho de verse obligado a entregarse a una actividad tan frívola como la canción, que no lo mostraba con una imagen tan ventajosa para él. También teníamos que aprendernos de memoria *La marsellesa*, himno guerrero que me dejó perplejo: no comprendía cómo una sangre podía ser «impura», ni tenía ningunas ganas de «formar batallones»... Debíamos igualmente recitar de memoria algunos poemas que sí que me gustaban, como: «*Petit bonhomme, gaule tes pommes. / Ah la bonne odeur de pomme! / Ah la bonne odeur d'automne!*».*

Había intentado escribir poesías, pero no mostraba muchas aptitudes, de modo que me pareció muy astuto por mi parte copiar algunos versos que encontraba en la biblioteca familiar. Hice reír de lo lindo a mi padre cuando le presenté una de mis «composiciones», que concluía así: «*Ou, penchés à l'avant de blanches caravelles, / Ils regardaient monter en un ciel ignoré / Du fond de l'Océan, des étoiles nouvelles*».** Él había leído a José María de Heredia antes que yo.

Ève no se quedaba atrás, solo que con un estilo más ingenuo, anunciador de su talento de poetisa: en uno de sus deberes de historia, escribió que «los galos vivían en colmenas y su jefe se llamaba Vingtcinq Hectorix»;*** o también que «Pasteur inoculaba la rabia a los *cowboys*». Además de su imaginación fecunda, que conservó toda su vida, Ève daba muestras de las admirables cualidades de generosidad y desprendimiento de sí misma que desarrollaría más tarde en su labor en el hospital de Sainte Anne. Se ocupaba espontáneamente de los «dejados de lado» y se hizo amiga de Boris, un niño al amparo de los servicios sociales, pensionista en casa de una empleada infantil. Boris estaba siempre rebosante de alegría y declaraba abriendo los brazos: «¡La vida es así de grande!»; o también, con una lógica implacable: «La vida no se puede morir, porque es la vida».

Las noches de verano, aprendía el nombre de las estrellas con el hijo mayor de los vecinos, que se convertiría más tarde en padre jesuita.

La familia más conocida del pueblo eran los Geoffroy de Chaume. En México, mis padres habían entablado amistad con uno de los hijos, François, diplomático, y con su esposa Nelita. Fueron ellos quienes les sugirieron ir a vivir a Valmondois. La matriarca era una abuela de voz

---

* «Hombrecito amable, recoge tus manzanas. ¡Ah, qué buen olor el de la manzana! ¡Ah, qué buen olor el del otoño!».

** Traducción de Andrés Holguín (del poema *Los conquistadores*, de José María de Heredia): «O, absortos en la proa / de las embarcaciones, / miraban ascender / a cielos ignorados / del fondo del océano / nuevas constelaciones». (N. del T.)

*** Veinticinco Héctorix», que en francés suena muy similar, para un niño, al nombre del famoso caudillo galo, Vercingetorix. (N. del T.)

cascada y fino rostro, coronado por un cabello blanco que se cubría con un pañuelo. Parecía directamente salida de una antigua pintura al óleo. Tenía diez hijos, que vivían en diferentes países pero que se reencontraban regularmente en la casa familiar. Un gran portón de madera maciza pintado de un azul descolorido daba acceso a esta. Se abría entre fuertes chirridos a un patio adoquinado, al final del cual se elevaban los diversos niveles de un jardín en terraza. En la entrada destacaba la regia presencia de un teléfono a manivela de latón, encastrado en una caja de madera, uno de los escasos aparatos telefónicos del pueblo (nosotros no teníamos), desde el que se podía llamar a la operadora del pueblo vecino, L'Isle-Adam, para conseguir comunicación con el destinatario deseado.

La estancia más interesante de aquella vasta vivienda, el salón de música, estaba situado al nivel de la primera terraza del jardín. Aquella inmensa sala con el suelo carcomido y cortinajes de terciopelo púrpura albergaba una multitud de instrumentos, desde un piano de cola hasta un cuerno de caza, pasando por una arpa y todo un abanico de flautas dulces, dispuestas un poco aquí y allá, o colgadas de la pared. Los hijos eran todos ellos excelentes músicos. La hija mayor, Cécile, que vivía en España, era concertista de piano. Antoine era un clavecinista y musicólogo de renombre. Otro de los hijos, Jean-Pierre, que había vivido y se había casado en Laos, tocaba la flauta dulce, pero también toda suerte de instrumentos curiosos, como arpas de boca de hierro y de bambú, flautas mexicanas de terracota en forma de tortuga, y otros muchos que escuchábamos embelesados. Yo asistía fascinado a los conciertos familiares, un poco triste e incómodo por no saber tocar ningún instrumento. Al volver años más tarde a Valmondois, ya adolescente, tuve el gozo de tocar por fin yo también para Jean-Pierre y otros amigos la transcripción de una suite para violonchelo de Bach, con la guitarra clásica que mi profesor y lutier Christian Aubin había fabricado para mí con sus propias manos. También me convertí en un adepto del arpa de boca.

Mi abuela paterna había prestado dinero a mis padres para comprar un pequeño apartamento en París. Lo alquilaron enseguida para poder devolver el préstamo. Una vez recuperada la mayor parte del coste, nos mudamos a él y mi abuela se instaló en Marsella, donde vivía su segundo hijo, Michel Ricard, que fue oficial en Indochina durante la guerra, y luego en Mauritania. Era fuente de constante preocupación para ella, y para otros miembros de la familia. Cuando aún vivíamos en Valmondois, el tío Michel, al que yo quería mucho, venía a visitarnos cuando estaba de permiso en Francia con su gran moto Puch, que me fascinaba. La mudanza representó un golpe para mí. Con tan solo diez años, tenía que abandonar la naturaleza en la que sentía expandirme por la grisura y el asfalto de la ciudad. Mi padre deseaba vivir en la capital, donde quería también que siguiéramos nuestros estudios. François Geoffroy-Dechaumes había dado hospitalidad recientemente durante unos meses, en una de sus casas de la colina de Valmondois, a dos monjes tibetanos refugiados en Francia, y cuando mi madre abogó por el campo, mi padre le hizo notar, refiriéndose a mí en tono sarcástico: «¡Sin duda querrás que aprenda tibetano!». No sabía hasta qué punto estaba en lo cierto.

En 1956, entré en el instituto Janson de Sailly, en sexto curso, donde no brillé demasiado. Me aburría. Encontraba a faltar el aire y la libertad de la vida en el campo. Aquí, todo parecía formal, desangelado y restrictivo. En cuarto, quisieron hacerme repetir. Mi madre fue a ver al tutor y le dijo: «Pero, óigame, ¡mi hijo es inteligente!». «Eso lo dicen todas las madres...», replicó el profesor, que añadió: «Cuando hablo, me mira entrecerrando los ojos». Mi padre, que era profesor de filosofía en el instituto Jean-Baptiste Say, hizo que me admitieran en este para evitar este problema en mi escolarización. En este nuevo establecimiento, destaqué más por mi talento como portero de fútbol que por mis proezas académicas. Al año siguiente, de regreso a Janson, hice, en el transcurso de mis últimos años de instituto, algunos progresos notables en determinadas materias, por el simple motivo de que apreciaba mucho a mis profesores de historia y geografía, y de física. De hecho, muchas veces quedé primero en estas asignaturas.

En vacaciones, íbamos a los Alpes o a Le Croisic, en la Bretaña. El hecho de que mi querida abuela fuera a pescar, en compañía de otras «buenas personas», entre ellas algunas bretonas de Bigouden, que todavía llevaban sus hermosos tocados blancos, alineadas en el muelle del puerto, me impulsaba a considerar esta actividad como respetabilísima. No fue hasta los trece años cuando caí en la cuenta de su carácter aberrante. Este cambio de opinión lo dictaminó la hermana de mi mejor amigo, de la que estaba grandemente prendado (aunque ella no prestara mucha atención a mi ardor no declarado). Un día, me miró directamente a los ojos y me preguntó: «¿Tú también pescas?». Fue como si una pared se viniera abajo: de pronto tomé conciencia del carácter aberrante de aquella actividad, que consistía en infligir sufrimiento y en interrumpir una vida, por el mero hecho de pasar un rato entretenido. Renuncié a la pesca por siempre jamás. Me había bastado ponerme unos instantes en el lugar del pez, imaginarme lo que yo sentiría si me extrajeran del agua con un anzuelo clavado en la boca. Acababa de descubrir, sin conocer todavía la palabra, lo que era «la empatía».

*

Durante mucho tiempo quise ser médico, cirujano además. Pero después de sacarme el bachillerato y ser admitido en matemáticas superiores,* dudé entre medicina y física. «Médicos no faltan», me dijo mi padre. «La biología es la ciencia del futuro». Por una vez, seguí su consejo y entré en la facultad de ciencias de Jussieu, en la licenciatura de biología, física y química. Mi padre me había transmitido el gusto por el rigor intelectual. Era un gran trabajador y un periodista que conocía y verificaba a conciencia sus fuentes. Si todavía dirigiera hoy en día *Le Point*, se mostraría implacable con las *fake news* y demás turbias concepciones. Poseía una memoria asombrosa y podía hacer referencia con precisión a un vasto número de artículos y libros que había consultado. Su nombre auténtico era Jean-François Ricard, y había adoptado su pseudónimo un día en que se encontraba en la terraza de un café con su gran amigo el historiador Pierre Nora. Deseaba un pseudónimo para escribir panfletos punzantes frente a los intelectuales de la época —publicó así *Pourquoi des philosophes* («¿Por qué los filósofos?») o *La Cabale des dévots* («La conjura de los devotos»)—, sin que tales polémicas influyeran en sus alumnos del instituto. El café se llamaba Chez Revel, de modo que el nombre ya estaba encontrado: Jean-François Revel.

Yo tenía dieciocho años cuando mi padre abandonó a mi madre. Fue la consecuencia lógica de un proceso que se había iniciado hacía ya un tiempo, por lo que el hecho no tuvo demasiado impacto sobre mí. Mi madre recuperó su nombre de soltera, Yahne Le Toumelin,

---

* Curso preparatorio para las carreras científicas y tecnológicas. (N. del T.).

lo cual explica que mi hermana y yo llevemos un apellido diferente al de nuestros padres. Poco antes de mi primer viaje a la India, mi padre volvió a casarse, con Claude Sarraute. Tuvieron un hijo, Nicolas. Nacido en 1966, era un niño pequeño por aquella época, y no vivíamos bajo el mismo techo. No fue, pues, hasta más tarde cuando estrechamos relaciones. Hoy, mi madre recuerda a mi padre con una ternura teñida de tristeza; él no le dispensó mucha consideración. Ella sin embargo acudió desde Dordoña para visitarlo en el hospital, poco antes de su muerte, cuando él prácticamente acababa de perder la conciencia, y le susurró algunas palabras de afecto. Mi madre, que fue siempre una persona benevolente y generosa, no expresaba nunca animadversión hacia nadie y hablaba de mi padre sin rencor. No obstante, fueron palabras menos amables las que, apuntando a todos los intelectuales del mismo género a través de él, descubrí escritas de su puño y letra en uno de sus cuadernos, cuando preparaba los textos del libro consagrado a su pintura, *Lumière, Rire du ciel*[2] («Luz, risa del cielo»): «Era un intelectual atiborrado de conceptos, que bebía demasiado y que dirigía una empresa de confituras de opinión: un gran periódico». Mi madre ha tenido siempre un arte para la fórmula. A la hora de lavar los platos, le gustaba decir: «Soy una ama de casa muy intelectual: pienso, luego seco».[*]

*

Mi tío por parte de mi madre, Jacques-Yves Le Toumelin, era para mí como un segundo padre. Uno de los pioneros de la navegación en solitario, entre 1949 y 1952 realizó una vuelta al mundo en un balandro noruego sin motor de diez metros de longitud. *Kurun autour du monde* («*Kurun* alrededor del mundo»), el relato de su odisea, permanece como un clásico de la literatura marítima de viajes en solitario. Varias décadas después de su «vuelta al mundo tranquila» se quedaba estupefacto cuando se enteraba de los récords de velocidad de los navegantes que daban la vuelta al mundo sin escalas, a velocidades poco

---

* Juego de palabras en francés, entre *je suis* («existo») y *j'essuie* («seco»), de pronunciación muy similar. (N. del T.).

concebibles en su época. Después de su segundo viaje, a las Antillas, había previsto navegar a la India, un sueño que por desgracia no habría de hacer realidad.

Fue para mí una gran fuente de inspiración y me incitó a leer buen número de escritos metafísicos y espirituales que ocupaban las estanterías de su biblioteca. Ferviente lector del Vedanta (los Upanishads de Sankaracharya), del sufismo (Ibn Arabi), del Maestro Eckhart y de la *Pequeña Filocalia de la oración del corazón*, profesaba una admiración particular por René Guénon y sus obras metafísicas. Amaba y respetaba los libros, y forraba cada nueva obra con papel cristal para proteger las cubiertas. Meticuloso en extremo, a Ève y a mí nos recordaba que un marino no podía permitirse descuidar ningún detalle del barco, si no quería ponerse a sí mismo en peligro. No contento con aplicar este principio al *Kurun*, lo extendía a las diez hectáreas de su propiedad de Gwenved, en la península de Pen-Bron. Nos pedíamos que aplicáramos con un pincel herbicida Roundup en las secciones de zarzas y aulagas que había cortado. Tristemente, es posible que ello tuviera alguna influencia en la enfermedad de mi hermana, afectada muy joven, con cuarenta y tres años, por la enfermedad de Parkinson. Hoy conocemos el carácter nocivo de tales productos y su relación con este mal. Fue en esa gran propiedad, adquirida a edad avanzada, donde mis abuelos maternos terminaron su vida. Mi abuelo, Victor Le Toumelin, era comandante de grandes travesías en veleros de tres mástiles, y mi abuela Yvonne, una mujer de gran personalidad que fue enfermera, junto con su hermana, durante la Primera Guerra Mundial. No le faltaba carácter y sabía hacerse obedecer. Con noventa años, seguía conduciendo su Citroën dos caballos y se saltaba en rojo de vez en cuando los semáforos de Guérande.

Conservo recuerdos memorables de las cenas en torno a la larga mesa familiar de roble macizo, frente a las aguas tranquilas de Le Traict du Croisic, en compañía de algunos buenos amigos de la región, en especial Jean y Nanie Desnos, con quienes yo salía a navegar todos los veranos en su velero, el *Altaïr*. La conversación se prolongaba hasta bien entrado el atardecer. Se evocaban parajes lejanos y se exploraba la diversidad de tradiciones espirituales.

Había una serie de viajeros y exploradores más o menos excéntricos que, regularmente, pasaban a ver a mi tío. Me acuerdo de Marcel Bardiaux, que cruzó cuarenta veces el Atlántico en solitario; de Bernard

Moitessier, el «vagabundo de los mares», como se apodaba a sí mismo; o del «Rey de la Balata», un hombrecillo jovial y bonachón, tatuado de pies a cabeza, que venía con toda su familia y que debía su sobrenombre a su arte de fabricar figuritas con el látex extraído del árbol de la balata, las cuales vendía después por todas las Antillas. O me vienen a la memoria también aquel gran energúmeno con una cicatriz en la cara, que llevaba un sombrero de *cowboy*, muñequeras y botas de cuero, y que llegaba de Mongolia al volante de un descapotable americano de color rojo vivo, con un perro pastor de Asia Central grande como un becerro sentado en el asiento trasero. Tal era la picaresca asamblea de los amigos de mi tío, quien cierto día que iba de paso hacia París, deseando visitar a otro de aquellos pintorescos personajes, descubrió este simple mensaje clavado en su puerta: «Me he ido a Tombuctú, a pie».

Todas las noches, mi tío anotaba con su bonita y esmerada caligrafía, en su agenda anual, los hechos relevantes del día: trabajos, visitas. Utilizaba una pluma estilográfica que cuidaba mucho y que conservó toda su vida. Sobre su mesa de trabajo había también un cronómetro de marina que daba la hora con precisión y una foto del gran sabio de la India Ramana Maharshi, cuyo rostro luminoso me inspiró a mí también. Por encima, una magnífica acuarela, realizada por el famoso pintor de marinas Marin-Marie, representaba al *Kurun* en pleno esfuerzo contra un mar bravío.

Con ya cierta edad, rompió con su vida de «navegador en solitario» tanto en el mar como en tierra y se casó. Su esposa, Josée, trajo al mundo a tres hijos, Marie-Ange, Victor y Lucie, que representaron una gran fuente de alegría para él y que velan hoy por el patrimonio único de Gwenved, que en bretón significa «el mundo blanco», en referencia al «círculo de la felicidad y de la plenitud», y que constituye un enclave de paz entre las diez mil hectáreas de marismas saladas de la península de Guérande, Le Traict du Croisic, los bosques de Pen-Bron y el océano Atlántico.

Después de mi viaje a Darjeeling, invité con frecuencia a mi tío a París con ocasión de las visitas de los grandes maestros tibetanos. Pudo así conocer a Kalu Rinpoche, uno de los primeros en enseñar en Occidente, y a Dudjom Rinpoche, el tan impresionante maestro al que yo había tenido la dicha de conocer durante mi primera estancia en la India. Profundamente marcado por este último encuentro, recitó todos los días, hasta el de su muerte, con la plena conciencia que le caracterizaba, el mantra que el maestro le había transmitido con el rosario que le había dado. Según sus propias palabras, había conocido a un «liberado viviente», es decir, a un ser que había alcanzado la más profunda realización espiritual.

En sus últimos años, mi tío decía a veces con tono pensativo, como si escrutara las profundidades de lo desconocido: «La vida es una historia bien curiosa, después de todo...», y guardaba silencio unos instantes. Nos sucedía a veces que permanecíamos largo rato sin pronunciar palabra, sentados uno al lado del otro, entre una conversación y la siguiente, en la gran habitación luminosa de su casa, de inmensos ventanales. En ella había una espaciosa biblioteca, su mesa de trabajo, unas magníficas maquetas de época de veleros de tres mástiles, un gran pez luna disecado, lleno de púas, una larga mesa maciza repleta de hermosos libros, una chimenea de granito y un catalejo con el que observábamos las aves acuáticas que abundaban por entonces, barnaclas y aves limícolas originarias de las regiones polares. Sesenta años más tarde, su declive generalizado es una evidencia que rompe el corazón. Los datos actuales nos dicen que, desde 1970, la población de animales salvajes en el mundo se ha reducido en dos terceras partes: tal es la impronta trágica que el superdepredador en que nos hemos convertido inflige en el mundo natural.

Yo estaba en Nepal cuando mi tío murió, con noventa años de edad. Su hija Marie-Ange me confió que, antes de exhalar su último aliento, pronunció el nombre del hijo mayor de Kangyur Rinpoche, Pema («Loto»), que había estado en Gwenved en diversas ocasiones. ¿Le habría hecho una visita en su percepción de moribundo?

*

Vuelvo a pensar en mi familia, en mis seres queridos, con emoción, y me doy cuenta de la suerte que tuve de vivir una infancia feliz, que ningún drama manchó, junto a unos parientes y allegados que me querían. Me apasioné por la ornitología (anillaba pájaros, uno de los cuales, un mosquitero musical, ¡se encontró en Sudáfrica!), tras conocer a André Fatras, pionero de la fotografía de animales, que me inició también a la fotografía; también por la astronomía (incluso comencé a construir un telescopio, proyecto que pronto abandoné), y por la música clásica, gracias a los discos que me regaló mi padre y a los que compraba con el dinero para mis gastos en la tienda que había justo enfrente del instituto Janson. Aunque mi carrera escolar no tuvo nada de especialmente brillante, recibí una educación sólida, en la que progresé a mi ritmo, hasta entrar en la facultad de biología, disciplina por la que sentía un interés sincero y profundo. No obstante, algo me faltaba, había en mí un vacío que ni los valores ni los objetivos vitales que nos propone la cultura occidental contemporánea podían llenar. En el momento de la elección decisiva que habría debido orientar mi existencia, carecía de un modelo de vida coherente y de una dirección clara con que dar sentido a mi vida. Sabía lo que no quería: un trabajo tranquilo y aburrido hasta el final de mis días. Experimentaba en el fondo de mí el presentimiento de que la vida encerraba un potencial inmenso, pero en aquel entonces habría sido totalmente incapaz de formular sus cualidades.

Bajar a primeras horas de la mañana por los campos inmaculados de nieve primaveral, sobre la que uno se desliza como sobre terciopelo; navegar en barco de vela con los amigos de mi tío marino, en medio de una suave brisa y de un azul luminoso, todo ello engendraba en mí sentimientos exaltantes de comunión con la naturaleza y a veces incluso con el mundo en su totalidad. En el fondo de mí mismo, estaba lejos de sentirme triste o desdichado, pero la dimensión espiritual que abre todas las posibilidades y hace que cada día valga la pena de ser vivido, estaba aún ausente.

Tuve la suerte de conocer en mi adolescencia a un gran número de personas notables en diferentes sentidos. En el apartamento familiar de la calle de La Tour, venían a visitar a mis padres bastantes intelectuales parisinos: escritores y filósofos como Stéphane Lupasco, Louis Althusser, André Fermigier, Olivier Todd, por citar solo a estos; o pintores, entre ellos Pierre Soulages y su mujer Colette, Georges Mathieu, Hans Hartung y Zao Wou-Ki. Mi madre cocinaba con talento para todo el mundo. Durante las vacaciones, nos acompañaba en ocasiones Jean Delsarte, eminente matemático del grupo Bourbaki. Conocía igualmente a buen número de grandes músicos. A la edad de dieciséis años, tuve el privilegio de almorzar en un restaurante parisino con Igor Stravinsky y su ayudante, invitado por una periodista del *New York Times*, amiga de mis padres, que tenía que entrevistarlo y conocía mi pasión por la música clásica. Me dedicó una partitura de su obra *Agon*, que yo había llevado conmigo, con estas palabras: «A Matthieu, *Agon*, que a mí también me gusta mucho». Hay en este ballet un breve solo de mandolina que evoca las más bellas gavotas de Bach.

Por fecundos e instructivos que fueran aquellos encuentros, me sentía perplejo, desconcertado, por el hecho de que no pareciera existir ninguna correlación entre el genio particular de aquellos individuos y la virtud de comportarse como un ser humano fundamentalmente bueno. Por brillante que uno pueda ser, la inteligencia, la creatividad, el saber, no parecen tener ninguna relación directa con la benevolencia o la malevolencia, con la dicha o el malestar. Había filósofos simpáticos y afables, y otros execrables; y lo mismo sucedía con los músicos, los jardineros, los eruditos o los carpinteros. Un día, alguien me preguntó a quién me gustaría tomar como modelo que seguir para la vida. No supe qué responder. La época no ofrecía muchos personajes ilustres en quienes proyectarse. Pelé era un magnífico referente para quien jugara al fútbol, Sviatoslav Richter para quien aspirara a tocar el piano, Dostoyevski para quien se entregara a la literatura y Bobby Fischer para el apasionado del ajedrez. En aquella época, quizá me habría gustado poseer el genio particular de estos personajes de excepción, pero no necesariamente su calidad humana. Raramente conocemos a alguien que nos haga pensar: «Me gustaría ser como él», «me gustaría ser como ella».

Todo iba a cambiar tras conocer a Kangyur Rinpoche. Su calidad humana me mostraba aquello que espera al final del camino, un camino de transformación que conduce del extravío a la sabiduría, del sufrimiento a la liberación y del egocentrismo a una bondad incondicional. Se había iniciado un proceso irreversible, pero el momento de cambiar de vida aún no había llegado.

UNA INFANCIA NÓMADA

Yahne y Jean-François, mis padres, hacia 1945.

Mi hermana Ève y yo, en Chambéry, al regreso de México, en 1952.

Mi tío Jacques-Yves Le Toumelin a bordo del *Kurun*, su balandro noruego de diez metros, sin motor, en el que realizó la vuelta al mundo en solitario entre 1949 y 1952.

Mi tío era para mí como un segundo padre. Me dio a conocer numerosos escritos metafísicos y espirituales. A veces me confiaba el timón de su barco. Hacia 1955.

CAPÍTULO 5

EN EL INSTITUTO PASTEUR

Cinco años de investigación en genética celular en el laboratorio del premio nobel François Jacob. Los comienzos de una carrera científica, dejada en suspensión después de mi tesis doctoral.

Al regresar de mi primer viaje a la India, a finales del verano de 1967, presenté mi candidatura para ingresar en el Instituto Pasteur, en el laboratorio de François Jacob. Por una feliz concurrencia de circunstancias, en el mismo momento, un amigo común, el profesor Pierre Aboulker, le había mencionado a François Jacob que yo estaba construyendo un clavicémbalo. Quién sabe si François Jacob no pensaría que tal cosa era muestra de poseer aptitudes variadas y si esta anécdota influiría en su decisión. El caso es que, tras una breve entrevista, me aceptó. A decir verdad, yo nunca había tenido ni la intención ni la capacidad de construir un clavicémbalo. Ciertamente deseaba adquirir uno, que tenían que traer de Inglaterra, construido por el famoso fabricante londinense William de Blaise, pero después de mi viaje a la India había renunciado a un proyecto que habría consumido todos mis ahorros. ¡Cabe la posibilidad de que al final mi ingreso en el Instituto Pasteur se beneficiara de un malentendido!

Yo no tenía más que veintiún años, en el momento de mi primera entrevista con François Jacob. Había aprobado el bachillerato a los dieciséis años y había seguido a continuación cuatro años y medio de estudios universitarios. Mi futuro director me aconsejó que obtuviera en primer lugar un diploma de posgrado en genética en Gif-sur-Yvette, para profundizar mis conocimientos en la materia antes de lanzarme a la investigación. Las cosas se desarrollaron de la mejor manera posible, gracias sobre todo a los sucesos de Mayo del 68: obtuve el diploma de genética por decisión de los docentes, sin tener que someterme al examen final. Con motivo de la agitación reinante, las universidades estaban en su mayor parte cerradas. En otoño de 1968, mi madre había vuelto a partir para un viaje de varios meses a la India, y nos quedamos ocupando solos el apartamento familiar mi hermana (que había emprendido estudios de logopedia), yo y Christine Machenaud, mi compañera, quien iba a compartir mi vida durante aquellos años de investigación.

Tuve mucha suerte en poder integrarme en aquella época en el prestigioso departamento de genética celular de François Jacob. Había recibido en 1965 el Premio Nobel de Medicina, junto con André Lwoff y Jacques Monod, por sus descubrimientos sobre el mecanismo de expresión y regulación de los genes. En contraste con su notoriedad, el laboratorio era pequeño, con cinco espacios en total: el despacho de François Jacob y el de su secretaria, una gran sala que constituía su lugar de trabajo junto con su técnica de laboratorio, un espacio cedido al investigador japonés Yukinori Hirota, con quien yo iba a trabajar, y otro ocupado por mi colega y amigo Maurice Hofnung, unos años mayor que yo, que había comenzado ya su trabajo de tesis. Jean-Pierre Changeux, neurobiólogo bien conocido entre los biólogos por el modelo Monod-Wyman-Changeux, disponía de un espacio un poco más alejado. El laboratorio de Jacques Monod, al final del pasillo, era apenas más grande. A mí me confiaron, pues, a mi tutor inmediato, Yukinori Hirota, un investigador exigente con quien me entendí muy bien. Dos técnicas de laboratorio, Chantal y Marie-Claude, a las que también apreciaba mucho, nos ayudaban en nuestros trabajos. Así fue como comencé una tesis doctoral y mi corta carrera como investigador.

En el Instituto Pasteur, en nuestra planta baja ocupada por los departamentos de biología molecular y de genética celular, reinaba una efervescencia intelectual de lo más estimulante. Se mantenían animadas discusiones en los laboratorios, en la biblioteca, y en cualquier momento en el largo pasillo al que daban las salas de trabajo.

Era una atmósfera propicia para el descubrimiento y la creatividad, pero también para el buen humor. Al pasar de un laboratorio a otro, François Jacob silbaba el tema del quinteto para clarinete de Mozart, mientras que Jean-Pierre Changeux tarareaba arias de ópera. David Perrin, por su parte, el hijo del físico François Perrin, llevaba dos relojes de pulsera, uno en cada muñeca. ¿Por qué? «Pues por ningún motivo...», me contestó cuando traté de informarme de la razón de aquella originalidad. Yo en la muñeca llevaba unas pulseras rojas de cuerda, bendecidas por Kangyur Rinpoche y otros maestros. En los laboratorios vecinos, circulaba el rumor de que me había convertido en el «jefe de una tribu de Cachemira».

La India estaba sin embargo muy lejos de mí, aunque cada día me desplazara a ella en pensamiento. Por la mañana temprano antes de salir hacia el Instituto Pasteur, y por la noche al volver, no dejaba nunca de dedicar al menos media hora a la meditación. La media hora matinal especialmente confería un tono particular a la jornada y permanecía como trasfondo de mis pensamientos, a modo de punto de referencia y de inspiración. Si las circunstancias hacían que me viera privado de esta presencia íntima, tenía la sensación de que a mi equilibrio espiritual le faltaba algo, como le habría faltado a mi higiene física si me hubiera descuidado de realizar mi aseo matutino y de caminar el kilómetro que tenía que recorrer para coger el metro que me llevaba hasta el Instituto Pasteur.

A la hora del almuerzo, André Lwoff, el patriarca discreto al que todos rendían el mayor respeto, Jacob, Monod, los investigadores extranjeros de visita y la mayor parte de los miembros de los dos laboratorios, se reunían alrededor de una larga mesa bajo un techo de cristal, detrás de la biblioteca. Cada cual llevaba su fiambrera, que traía preparada de casa, y las conversaciones no cesaban, centradas fundamentalmente en nuestras investigaciones.

François Jacob pasaba de vez en cuando por nuestro laboratorio para informarse de nuestros progresos, o bien asomaba la cabeza por la puerta para invitarme a su despacho. «¿Qué hay de nuevo?», solía prorrumpir para preguntar por las últimas novedades. Yo le contaba sucintamente el estado de mi investigación. Él planteaba preguntas y proponía sugerencias que iban directamente al meollo de la problemática, para a continuación, mientras exhalaba algunas bocanadas de humo de su pipa, inquirir: «¿Cómo va el inmenso Hirota?» (pues aunque de corta estatura, Yukinori Hirota desbordaba energía). Y concluía casi siempre con un: «Bueno... está bien». Yo tenía una buena relación personal con François Jacob, respetuosa y alimentada por una simpatía que, así me gusta creerlo, era mutua. Dotado de una grande y generosa inteligencia, podía parecer a veces algo distante, como si una sombra de tristeza planeara sobre él. Pero era un fino observador, y un hombre cordial provisto de un sólido sentido del humor. Se cuenta entre las personalidades que me han marcado.

Mis estudios versaban sobre la división celular de una bacteria muy utilizada en la investigación, la *Escherichia coli*, el «colibacilo» que se divide cada treinta minutos. La suerte me sonrió: no tardé en darme cuenta de que, al aumentar el contenido de sal del medio en el que se desarrollaban estas bacterias, algunas cepas mutantes, que dejaban de dividirse a alta temperatura y formaban largos filamentos, volvían a dividirse. Proseguí el estudio de este «efecto de la sal» y localicé también en el cromosoma cierto número de genes implicados en la división celular. Estos descubrimientos me permitieron defender mi tesis doctoral bastante pronto, a la edad de veintiséis años.

*

En la época de mis años en el Instituto Pasteur, estaba de moda ser trotskista, y yo, como tantos, era desconocedor de las atrocidades cometidas por los bolcheviques y sus sucesores, así como de los horrores del régimen maoísta. Estaba bien visto, incluso, entre algunos de mis jóvenes amigos investigadores tener encima de la mesa el *Pequeño libro rojo* de Mao, hasta que Simon Leys, amigo de mi padre, publicó en 1971 su apabullante obra sobre el Gran Timonel *Los trajes nuevos del presidente Mao*, que suscitó no obstante los gritos destemplados de la *intelligentsia* parisina. Aragon encontraba a Mao «genial» y Sartre estimaba que, «contrariamente a Stalin, Mao no ha(bía) cometido ninguna falta», ciegos como estaban a los cincuenta millones de muertos de los que fue directamente responsable. Mi mejor amigo, Pierrot, procedía de una familia de comunistas fervientes y yo mantenía animadas discusiones con sus padres. Me adherí por un tiempo a las «Juventudes» del Partido Socialista Unificado (PSU), del que mi padre también era miembro. Cierto día asistí a una reunión tan aburrida, que mi interés por la militancia política se desvaneció de golpe. Más tarde, durante la década de 1970, según se sucedían mis viajes, iba informando a mi padre de todas las atrocidades cometidas en el Tíbet, donde acabó pereciendo una quinta parte de la población en los campos de trabajos forzados chinos, los *laogais*, y del «genocidio cultural» que allí se perpetraba. Fue uno de los primeros pensadores en denunciar por radio o televisión, en especial con ocasión de sus crónicas en Europe 1, el control brutal impuesto por el régimen comunista chino sobre el Techo del Mundo, así como la ausencia de reacción por parte de la comunidad internacional. Más tarde, en el año 2000, publicó *La gran mascarada*, obra en la que denunciaba la extraña sumisión de buen número de pensadores y hombres de la política franceses a los regímenes estalinistas y maoístas.

*

Aquellos cinco años que pasé en el Instituto Pasteur, durante los que fui agregado de investigación en el CNRS,* se demostraron eminentemente formativos. Bajo la égida benevolente de François Jacob y Yukinori Hirota, me familiaricé con la metodología científica, que me resultaría luego preciosa.

Una hipótesis científica debe, no solo prestarse a verificación experimental, sino también presentar la posibilidad de ser refutada por hechos que, caso de producirse, probarán su falsedad. Si una teoría se formula de tal modo que resulte invariablemente verificada, sean cuales sean los hechos observados, entonces no hace avanzar el estado del conocimiento. Como explica Karl Popper, una teoría que no puede, en principio, ser desmentida —llamada «no falsable»—, no es una teoría científica, es una ideología.

Podría definirse la «ciencia» como el conjunto de los conocimientos y los medios de investigación que permiten adquirir una justa comprensión de la realidad. La ciencia puede aplicarse a dominios de investigación muy variados: la lógica y las matemáticas, los datos mensurables del mundo físico, la organización, las leyes y la dinámica de los sistemas interdependientes que constituyen nuestro universo,

* Centre National de la Recherche Scientifique (Centro Nacional de Investigación Científica). [N. del. T.].

la vida en general y el funcionamiento de nuestro cerebro en particular, los comportamientos de los seres vivos, así como las modalidades de sus experiencias vividas, etc. La ciencia incluye todos los campos de investigación posibles y concebibles, a condición de que esta investigación se lleve a cabo de una manera rigurosa y minuciosa que nos acerque a la realidad, que nos permita explicar la naturaleza. En ningún caso puede ni debe la ciencia alejarnos de lo real, ni ignorarlo o deformarlo mediante constructos mentales. Estos puntos de referencia son muy valiosos en un mundo en que tantas elucubraciones, unas más verosímiles, otra menos, inundan internet y acaparan las conversaciones.

Muchas veces me han preguntado —y yo desde luego también me he interrogado al respecto— si mi interés por el budismo, su filosofía y su práctica, no me había alejado de los caminos de la ciencia. Ciertamente podría haberse dado el caso, pero no fue así. Una de las metas principales enunciadas por la filosofía budista es la de «llenar el abismo entre las apariencias y la realidad», es decir, verificar si nuestras impresiones, nuestras percepciones y nuestras creencias se adecúan o no con la realidad. El budismo muestra cómo, por desorientación, al no preocuparnos por la validez de nuestras impresiones, aceptamos una visión deformada de la realidad: tomamos como permanente aquello que cambia continuamente y creemos ver entidades autónomas allí donde no hay más que un flujo dinámico de fenómenos interdependientes. También el budismo pone el acento en los medios de adquisición de una «conciencia válida», *pramana* en sánscrito. Así, el Dalai Lama no deja de insistir en la necesidad de analizar incesantemente los fenómenos, hasta llegar a una conclusión que no pueda ser invalidada por la lógica ni desmentida por un examen imparcial y crítico de la realidad.

El budismo invita a entregarse a un análisis de la realidad exterior y de la forma en que percibimos esta realidad, pero su principal campo de investigación es el funcionamiento de nuestra mente. ¿Cómo es posible que esta sea capaz de construir mundos de sufrimiento, o al contrario, contribuir a liberarnos de la confusión que conduce al sufrimiento? Los campos de investigación de la ciencia contemporánea y del budismo no coinciden por entero, pero comparten la aspiración común por comprender el mundo de los fenómenos físicos y mentales y por aprehender su naturaleza última.

De modo que nunca sentí tensiones entre mis investigaciones científicas en biología molecular en el laboratorio de François Jacob y su equipo, y mi aprendizaje del budismo con mis maestros. La única divergencia que me afectaba en aquellos comienzos de los años setenta nacía de la falta de coherencia vivida entre mis aspiraciones más profundas y la forma en que llevaba mi existencia. A medida que pasaban los años, jalonados por los viajes estivales a Darjeeling, me daba cuenta de que en el Instituto Pasteur mi mente volaba constantemente a Darjeeling, mientras que una vez llegaba a Darjeeling, olvidaba muy pronto el Instituto.

AÑOS DE TRANSICIÓN

Durante mi primer viaje a la India, en 1967, en Cachemira.

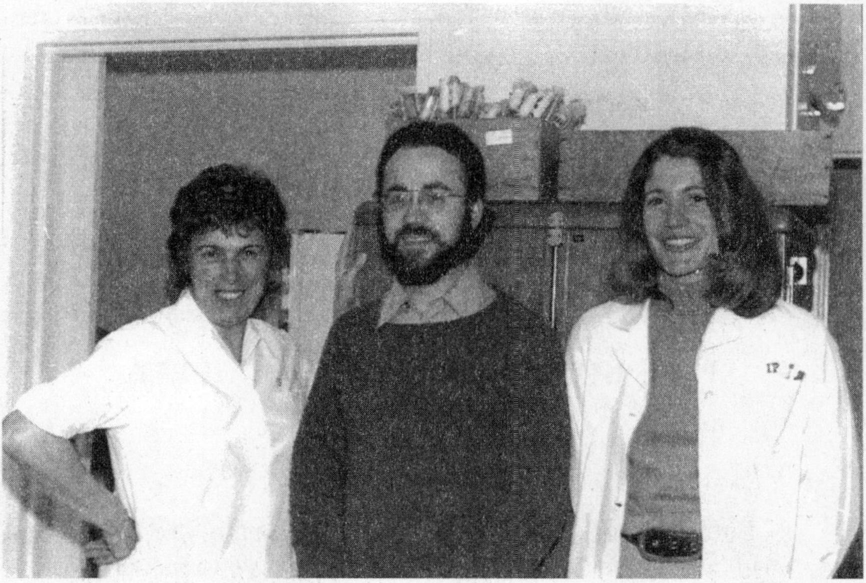

En el Instituto Pasteur, en 1970. En compañía de Paulette y Chantal, técnicas de laboratorio de Yukinori Hirota, con quienes trabajaba bajo la tutela del Premio Nobel François Jacob.

CAPÍTULO 6

SIETE BILLETES DE IDA Y VUELTA Y UNO DE IDA

Entre 1967 y el final de 1972, aprovecho mis vacaciones para encontrarme con mi maestro y seguir sus enseñanzas. Comunico a mi padre mi intención de pasar de la investigación en biología a la de la Iluminación.

Entre 1968 y 1972, cada vez que se acercaba el verano, sentía una alegría anticipada sin mezcla al pensar en que pronto volvería a estar con mi maestro Kangyur Rinpoche. Desde que despegaba el avión, cada hora, cada país que sobrevolaba, adquiría un sabor particular al saber que ello me hacía estar cada vez más cerca de Darjeeling. Reproducía mentalmente la vivienda de mi maestro, lo imaginaba sentado, luminoso y benevolente; me veía ya en su presencia. Cada viaje profundizaba mi vínculo con él y aumentaba mi deseo de consagrarme plenamente a la práctica espiritual bajo su égida.

Cuando en junio de 1968 llegué a Darjeeling, me enteré de que Kangyur Rinpoche se había trasladado a la aldea de Rose Bank, al sur de Darjeeling, a una pequeña casa de madera de dos habitaciones, encajada entre otras. El interior, no obstante, era similar al del hogar de mis recuerdos. ¡Qué emoción la de volver a ver a mi maestro! Reanudé mis meditaciones en su presencia y, aquel año, por intermediación de su hijo Tulku Pema Wangyal, me dio instrucciones para la meditación muy profundas que tenían por objetivo destruir el apego a la realidad sólida de los fenómenos. Tuvieron que pasar bastantes años, cuando las practicaba por segunda vez en el marco de la práctica gradual de la vía del budismo tibetano[1] —que permite al discípulo pasar etapas en función de sus progresos—, para tomar plenamente conciencia del privilegio que había tenido de recibirlas tan pronto. Las puse en práctica con asiduidad, sentado frente a mi maestro, en aquella pequeña habitación más bien oscura y de techo bajo. Rinpoche, por su parte, permanecía junto a una pequeña ventana. Llevaba una camisa roja y un grueso manto de lana ceñido a la cintura. Encima de la mesita de madera estaba siempre su taza de té, junto a diversos objetos.

Una tarde en que estaba meditando, Rinpoche lanzó de pronto su *mala* a través de la habitación. Fue a caer en mi regazo, entre las rodillas, que tenía cruzadas en la posición del loto. Tulku Rinpoche, su hijo mayor, me dijo simplemente: «Es el *mala* de Rinpoche». Yo no sabía qué pensar... Aquello superaba todo cuanto podía imaginar. Un poco incómodo, respondí educada y torpemente: «Pero Rinpoche lo utiliza constantemente. ¿Cómo recitará sus mantras?». Kangyur Rinpoche soltó una carcajada y me mostró por gestos cómo era capaz de contar los mantras con los dedos: se llevaba el pulgar sobre la primera falange del índice, luego sobre la segunda y así sucesivamente, hasta la última falange y la punta del anular, que sumaba diez. Tulku Rinpoche me explicó más tarde que Rinpoche había utilizado aquel rosario casi toda la vida y que había recitado no menos de trescientos millones de mantras de su deidad titular, Vajra Kilaya. Para dar una idea, un practicante que recitara mantras de la mañana a la noche podría alcanzar la cifra de cien millones de mantras (*tongyur* en tibetano) en tres años, como mínimo. El *mala* estaba hecho de *rudraksha*, un tipo de semilla roja anaranjada provista de pequeñas asperezas. Debido a los numerosos años de uso, las cuentas estaban completamente lisas y de un color marrón oscuro. Los dos extremos del hilo en el que estaban ensartadas pasaban a través de un trocito de coral rojo perforado en el centro, y atados formando un nudo por el otro lado del orificio.

Conservo con afecto este *mala* como uno de mis bienes más preciados, lo llevé durante mucho tiempo alrededor del cuello como reliquia. Pero, ya fuera por mi falta de mérito, o bien porque se secara por no ser usado para recitar —por respeto no me atrevía a utilizarlo para recitar mis propios mantras—, con el paso de los años los granos comenzaron a hendirse uno tras otro. Cuando uno de ellos se partía, lo guardaba en un relicario o lo colocaba en un lugar elevado donde nadie lo encontrara, al tiempo que formulaba votos para que aquel grano, colmado con las bendiciones de mi maestro, expandiera el bien sobre todos los seres del entorno. Actualmente, lo que queda del *mala* está guardado en un *gao* (un pequeño relicario) de plata que llevo sobre el pecho.

Al cabo de unos diez días de mi llegada, durante mi segunda estancia con Kangyur Rinpoche, este me comunicó que tenía que asistir a una gran ceremonia en Ghoom, a invitación de Dudjom Rinpoche, patriarca muy respetado de la tradición Nyingmapa. Había de durar diez días y otras tantas noches, lo cual significaba que no volvería a ver a mi maestro antes de mi marcha. Cuando llegó el momento de separarnos, me sentí embargado por la emoción. Me senté junto a él en un pequeño taburete. Se me escapaban las lágrimas, incapaz de controlarlas. Kangyur Rinpoche intentaba consolarme. Tomó mi mano en la suya y varias veces repitió un gesto señalando su pecho, y de su pecho al mío. Tulku Pema Wangyal me dijo: «Te ofrece su corazón»; y añadió: «Nunca estaréis separados».

*

A lo largo de mis estancias en Darjeeling, tuve ocasión de conocer a varios otros grandes maestros. Entre ellos, en 1968, al XVI Karmapa, Rangjung Rigpe Dorje, que irradiaba una presencia particularmente imponente, pero también una compasión incondicional. Fue él quien había aconsejado a mi madre que profesara los votos de monja. El «Buda Karmapa», tal como a veces se le llamaba, vivía en el gran monasterio de Rumtek, en Sikkim, pequeño reino himalayo situado al pie del Kanchenjunga, y en aquella época todavía independiente a medias con respecto a la India. Otra vez en que me encontraba en Calcuta (en adelante, Kolkata), en compañía de un lama, nos enteramos de que el Karmapa estaba de paso en la megalópolis bengalí. Nos citó en el hotel en el que residía. Después de la entrevista, tuve necesidad de ir al baño, y al salir me crucé de nuevo con el Karmapa, que entraba. Al verme, me gratificó con la más luminosa sonrisa que haya visto jamás en un rostro humano. Aquel instante se asemejó con el sol que atraviesa de pronto las nubes y hace resplandecer un paisaje ordinario. Aquel encuentro, que no duró más que unos segundos, quedó grabado en mi memoria.

En Rumtek, tuve también la oportunidad de asistir a la «ceremonia de la corona negra», una de las más solemnes que existen, en contraste con la sencillez y espontaneidad con que el Karmapa acogía a todos aquellos que se le acercaban. El Karmapa entró en el templo principal del monasterio, precedido por músicos, y tomó asiento en el trono. Mientras los monjes invocaban a los maestros del linaje espiritual y realizaban una ofrenda del mandala del universo, el Karmapa se revestía con la tiara roja de los *pandits*, los eruditos de la India, que los lamas llevan en los momentos primordiales de los rituales.

A continuación, al son de los *gyalings*, instrumento de viento de lengüeta doble, un monje le presentó al Karmapa un pequeño cofre pintado con símbolos multicolores, en el que, envuelta en un paño de seda fina, se encontraba la preciosa tiara negra. Con nobleza y dignidad, el Karmapa se desprendió de la «corona roja» y asió con las dos manos la «corona negra», que depositó delicadamente sobre su cabeza, sosteniéndola con la mano derecha durante toda la ceremonia, en perfecta inmovilidad. Me explicaron que se visualizaba a sí mismo bajo la forma del buda de la compasión, Avalokiteshvara, mientras recitaba en silencio el mantra de seis sílabas: *Om mani padme hum*. *Om* es una sílaba de buen augurio que abre buen número de mantras; *mani* significa «joya», en referencia al voto altruista de alcanzar la Iluminación para bien de todos los seres; *padme* significa «loto», y apunta a la naturaleza de buda presente en el corazón de nuestra conciencia, aunque nos encontremos bajo el yugo de la confusión, a imagen del loto que crece inmaculado en medio del lodo de un estanque; finalmente, la sílaba *hum* confiere al mantra toda su eficacia.

En el siglo XII, el primer Karmapa, Dusum Khyenpa, tuvo, según se dice, una visión durante la cual una miríada de *dakinis*, seres celestes femeninos cuyo nombre tibetano, *khandro*, significa «aquellas que se desplazan en el cielo (de la verdad última)», le ofrecieron una corona negra hecha con sus propios cabellos. A lo largo del tiempo, buen número de lamas y de practicantes avanzados, el XIII Dalai Lama en especial, han visto aparecer espontáneamente esta tiara negra sobre la cabeza del Karmapa. Una réplica física de la tiara le fue ofrecida al V Karmapa, y ha sido utilizada desde entonces durante el desarrollo de las ceremonias que requieren su presencia.

Durante diez minutos, el sonido hierático y estridente de dos *gyalings* resonó con una nota ininterrumpida mientras el Karmapa llevaba la tiara. Este manifestó sin velos toda la potencia de la Iluminación. Su mirada permaneció fija en el espacio, directamente delante de él, como si contemplara el infinito. Su rostro inmutable expresaba de forma límpida el plano final del estado de buda, el *dharmakaya*. El tiempo parecía en suspenso.

En una entrevista que mantuve con el Karmapa, le pregunté si alguien que alcanzaba la Iluminación aprehende el mundo en su integralidad como si este estuviera «iluminado» también él. «Es eso, sí», respondió, «un ser que ha despertado a la Iluminación tiene una visión perfectamente pura de los seres y de los fenómenos. Ve la naturaleza de buda[2] en cada ser y percibe la pureza primordial de los fenómenos, más allá de la dualidad entre hermoso y feo, agradable y desagradable, amigo y enemigo. Simultáneamente, rebosa una compasión sin límites hacia los seres que ignoran esta naturaleza última propia de los seres sensibles y del mundo, y sufren en consecuencia». Fue una de mis primeras introducciones a la noción de «visión pura», tan importante en el budismo tibetano.

*

En diciembre de 1969, deseaba tanto volver a ver a Rinpoche, que junté mis ahorros para comprar un billete de avión y pasar unos días con él aprovechando las vacaciones de fin de año. No quería esperar al verano para volver a Darjeeling.

Al llegar a Kolkata, anunciaron que la compañía aérea Indian Airlines estaba en huelga. No podía proseguir el viaje. Intentar continuar en tren habría supuesto correr el riesgo de perder la corta semana que quería pasar en Darjeeling. Tenía que encontrar un avión. Me enteré de que un grupo de turistas norteamericanos había fletado uno con destino al aeropuerto de Bagdogra, puerta de entrada para mi destino final, Darjeeling, ochenta kilómetros más al norte. El aparato estaba a punto de despegar. En aquella época, las cuestiones relativas a la seguridad no preocupaban a nadie, por lo que era posible acceder sin problemas a la pista. Corrí hacia el aparato, un viejo Dakota DC 3 con hélices. Me presenté a los turistas norteamericanos desde el pie de la escalerilla y les pedí que tuvieran la bondad de admitirme con ellos. Les prometí pagar lo que me correspondiera, naturalmente. Pero se negaron de forma categórica a permitirme subir a bordo. Insistí y argumenté, en vano. Así que allí me quedé en medio de la pista, contrariado. Un indio con un uniforme usado y manchado de grasa había observado la escena. Se me acercó y me preguntó cuál era el problema. Tras escucharme, declaró: «Soy el piloto de este avión, le tomo como miembro de la tripulación». Me subí al aparato, sin pronunciar palabra mientras pasaba por en medio de los turistas norteamericanos, y ascendí —los DC 3 tienen un desnivel muy pronunciado por dentro cuando están parados— hasta el compartimento de la tripulación, siguiendo los pasos del piloto. Me senté en un asiento plegable, detrás del piloto y del copiloto, y despegamos. Estaba exultante por mi buena suerte y por la perspectiva de un viaje tan prometedor en la cabina. Al cabo de diez minutos, el comandante activó el piloto automático, se levantó y me hizo una señal para que ocupara su lugar. Un poco desconcertado, obedecí con un punto de emoción mezclada de nerviosismo. Acto seguido se estiró entre los dos asientos del pilotaje, desplegó un periódico con el que se cubrió el rostro, y se durmió. Estupefacto, me volví hacia el copiloto. También se había dormido. El operador de radio, sentado detrás de mí, iba dando cabezadas y dormitaba intermitentemente. ¡Imaginaba la cara que habrían puesto los turistas norteamericanos de haber sabido quién era el único que estaba al mando del avión! Media hora más tarde, al acercarnos a Bagdogra, sonó una alarma: «bip, bip, bip». El piloto se despertó sobresaltado y volvió a tomar los mandos, que yo me había guardado mucho de tocar…

Al llegar, desembarcamos antes que los pasajeros. Una mesita provista de té, galletas y un cartelito donde ponía: *crew members* («miembros de la tripulación») nos esperaba en el césped, junto a la pista de aterrizaje. Fui invitado a sentarme, como integrante de pleno derecho del equipo. Mientras yo degustaba una reconstituyente taza de té con especias, los turistas norteamericanos se encaminaron hacia la terminal. Me observaban entre sorprendidos, curiosos y vagamente molestos. El piloto rechazó cualquier tipo de retribución económica por mi parte. Se lo agradecí profusamente: su acción iba a permitirme volver a ver a mi maestro.

En el transcurso de aquel invierno, Kangyur Rinpoche se había mudado de nuevo y se alojaba en dos habitaciones ubicadas en el piso superior de la casa de Tenzing Norgay, el sherpa que había sido el primero en conquistar el Everest, junto con Edmund Hillary, y que era discípulo de Kangyur Rinpoche. En realidad, el apelativo de *sherpa* le había sido atribuido de manera impropia, como a numerosos otros guías y porteadores de la región, que acompañan a los alpinistas en sus peligrosas ascensiones. Los sherpas constituyen una etnia nepalí, establecida en los altos valles del Himalaya. Tenzing Norgay era tibetano. Era una persona muy simpática y entregada a Kangyur Rinpoche. Se trataba de mi primera «invernada» en Darjeeling, que está situada a dos mil metros de altitud. El frío es intenso en esa estación, y por la mañana los cristales de las ventanas amanecían cubiertos de escarcha. No obstante, pasé una semana maravillosa con Kangyur Rinpoche y su familia. Cada día meditaba junto a mi maestro, aprovechando al máximo aquellos preciosos instantes en su presencia. La viveza de este recuerdo, este momento particularmente sereno en mi memoria, me llevó años más tarde a darme cuenta de que un camino espiritual está constituido por una multitud de etapas que profundizan en nuestra comprensión, enriquecen nuestra experiencia, y se suman y completan de una manera sutil. El fenómeno es tan profundo como global, y difícil de describir. Sin embargo, la experiencia interior vivida es clara, a la manera de un delicioso té cuyos múltiples y sutiles sabores se funden en un instante de puro deleite.

*

A comienzos del año 1970, Rinpoche se instaló en la que sería su morada definitiva, una gran casa de estilo colonial inglés que le habían regalado algunos discípulos occidentales, cuyo número aumentaba con el paso de los años. Situada en lo alto de las colinas, a unos dos kilómetros al sur de Darjeeling, en Gandhi Road, aquella casa iba a verse pronto ampliada con un piso más y acondicionada para albergar lo que sería el monasterio de Orgyen Kunsang Chökhorling. El templo ocupaba la mayor parte de la superficie del piso añadido y sus ventanas daban al bosque que se extendía a sus pies y a las plantaciones de té que crecían en las vertientes de las colinas, a lo lejos. A un lado, se encontraba la habitación de Kangyur Rinpoche y la de Amala; al otro, había una biblioteca que albergaba los preciosos volúmenes traídos del Tíbet, así como dos habitaciones destinadas a acoger a los lamas que estuvieran de paso. Los demás miembros de la familia de Kangyur

Rinpoche ocupaban las habitaciones de abajo, así como una casita en el jardín. En el templo principal, se dispusieron unos grandes altares de madera esculpida, fabricados por artesanos que trabajaron *in situ* durante varios meses. Aquellos altares contenían estatuas y libros muy preciados y estaban decorados con pinturas tradicionales, realizadas por los discípulos que vivían en el monasterio. La construcción estaba rodeada por un terreno boscoso en pendiente, donde habrían de edificarse ocho ermitas, en una de las cuales, dos años más tarde, iba yo a instalarme para vivir en ella durante siete años.

En la primavera de aquel mismo año, recibí una carta de Tulku Pema Wangyal en la que me comunicaba que en el mes de junio Kangyur Rinpoche iba a conceder a algunos pocos discípulos, afortunados elegidos, la «gran iniciación», *maha abhisheka*, a la que yo debía asistir sin falta. Había leído la *Vida de Milarepa* (magníficamente traducida al francés por Jacques Bacot en 1925), y valoraba la importancia de un acontecimiento como aquel a la luz de las pruebas soportadas en el siglo XI por Milarepa, uno de los grandes santos del Tíbet, antes de recibir esta iniciación. Fue por tanto embargado por una mezcla de emoción, espera gozosa y sentimiento reverencial como emprendí el viaje aquel verano de 1970.

El término «iniciación» se emplea como traducción habitual de la palabra sánscrita *abhisheka*, que significa literalmente «llenar y dispersar» y que expresa bien aquello de lo que estamos hablando: la iniciación permite «llenar» al discípulo de cualidades, para luego «dispersar» los velos e imperfecciones que enmascaran la naturaleza de buda que anida en él. Su equivalente tibetano es el *wang*: designa una «transmisión de poder» que confiere al discípulo la capacidad de entregarse a las prácticas meditativas. Vienen a continuación las explicaciones detalladas que proporcionan al discípulo una comprensión clara de estas prácticas, a fin de que pueda entregarse a ellas sin verse obstaculizado por las trabas de la duda o la vacilación; se dan con ellas una serie de instrucciones individuales adaptadas a las disposiciones de cada uno.

La iniciación da igualmente acceso al Vehículo de Diamante, el Vajrayana, y habilita para la práctica de las técnicas meditativas conducentes a recorrer expeditamente el camino de la Iluminación. Sin iniciación, resulta tan vano aplicarse a estos métodos, como intentar extraer aceite prensando arena. Por otra parte, suele explicarse que la iniciación lleva a su «madurez» el potencial del discípulo y le permite realizar la naturaleza de buda presente en él.

Una vez llegué ante la presencia de Kangyur Rinpoche, supe que se trataba de una ceremonia de las iniciaciones y las prácticas contemplativas contenidas en las obras completas de Jedrung Rinpoche[3], el maestro-raíz de Kangyur Rinpoche, transmisión que Rinpoche había recibido él mismo en el Tíbet, en el monasterio de Riwoche. Llegué con algunos días de retraso, pero pude recibir la mayor parte de las preciosas iniciaciones que concedió Kangyur Rinpoche durante unos diez días a una docena de discípulos,[4] en una atmósfera repleta de solemnidad respetuosa, pero también de una gozosa agitación. Kangyur Rinpoche se alegraba en particular de poder perpetuar las enseñanzas de su maestro bienamado, y los discípulos se sentían maravillados y profundamente agradecidos de recibirlas. Años más tarde, tuve el privilegio de llevar a buen término la reimpresión de los ocho volúmenes de las obras de Jedrung Rinpoche, en Delhi, a partir de diversos manuscritos reunidos por Kangyur Rinpoche, que los había hecho caligrafiar por dos copistas en Darjeeling.

*

Frédérick Leboyer estaba también de paso a menudo por Darjeeling, y solíamos vernos, ya fuera en presencia de Kangyur Rinpoche, ya en la «ciudad», donde me llevaba a escoger y degustar los mejores tés. Aunque su maestro principal fuera Swami Prajnanpad, un sabio hindú muy respetado, profesaba una gran veneración por Kangyur Rinpoche y venía a rendirle visita casi cada año. Entre sus múltiples talentos, Frédérick era un excelente fotógrafo. Provisto de su Leica, realizó algunos de los mejores retratos de Kangyur Rinpoche y de su esposa Amala.

Con el paso de los años, un número creciente de discípulos llegados de Occidente, cercanos a Kangyur Rinpoche, se establecieron en Darjeeling o efectuaron frecuentes estancias. Estos hermanos y hermanas espirituales han sido para mí compañeros muy valiosos. Me habría gustado rendirles a todos el homenaje que merecen,[5] pero no podré sino esbozar esporádicamente el retrato de algunos de aquellos a los que he tenido el gozo de tratar.

Uno de ellos fue Luc Cholley. La primera vez que vi a este fornido hombretón de cantarín acento meridional, acababa de desembarcar en Darjeeling vestido de punta en blanco, con traje y corbata, un maletín en la mano y, como todo piloto que se precie, unas Ray-Ban Aviator encastadas sobre la nariz. Sin más preámbulo, le espetó a Kangyur Rinpoche: «¡Me siento como ante una pared! No sé dónde ir, ¡necesito que pase algo!». Mientras él contaba su historia, sin perder en ningún momento la seriedad, Kangyur Rinpoche, su esposa y toda su familia reían de buena gana. Le trajeron un buen almuerzo y, una vez que se hubo relajado un poco, Kangyur Rinpoche le enseñó los rudimentos de la meditación, le expuso una visión de la existencia y le indicó los primeros pasos de un camino que iba a inspirarle durante el resto de su vida.

Fue un libro de Arnaud Desjardins lo que había conducido a Luc hasta Kangyur Rinpoche. Durante su servicio militar en la marina, el bibliotecario del buque, con el que le gustaba conversar, le ofreció un día un libro, *El mensaje de los tibetanos*, diciéndole: «Este te va a interesar». En las páginas interiores, descubrió la foto de Kangyur Rinpoche y se hizo una promesa: «Algún día iré a conocer a este hombre». Unos años más tarde, cuando trabajaba en Indonesia, aprovechó unas vacaciones para ir a Darjeeling. Encontró el monasterio, pero Kangyur Rinpoche estaba ausente. Conoció no obstante a otro gran maestro, Chatral Rinpoche. Al cabo de unos meses, el deseo de conocer al maestro cuya foto había visto seguía presente. Pidió un permiso sin sueldo y volvió a Darjeeling. Esta segunda vez fue la buena.

Luc se puso un chándal y pasó diez días meditando en presencia del maestro, antes de regresar a Indonesia. Kangyur Rinpoche le había hecho entrega de una moneda tibetana de plata maciza, con la que Luc se hizo una medalla que llevaba siempre colgada del cuello. Unos meses más tarde, cuando estaba trabajando en la jungla a la cabeza de un equipo, un trabajador en avanzado estado de ebriedad entró una tarde en su despacho con un cuchillo en la mano y, antes de que él pudiera ver venir el golpe, intentó apuñalarlo. La punta del cuchillo se topó con la moneda de plata, y Luc pudo desarmarlo.

Fue también gracias a Arnaud por lo que una mañana de 1969, Christian Bruyat, estudiante por entonces en la Escuela Normal Superior de Lyon, y que había de convertirse en uno de mis amigos más íntimos, tomó la decisión de ir a la India. Había escuchado el final de una entrevista de Arnaud por la radio, que había concluido así: «Y pienso que los últimos maestros espirituales auténticos son actualmente los grandes lamas tibetanos que se han refugiado en la India huyendo de la invasión del Tíbet». Al igual que yo, Christian se dijo de inmediato: «¡Me voy allí!». Lo cual hizo más tarde, después de ponerse en contacto con Arnaud para saber dónde encontrar a aquellos maestros. Unos meses después de su viaje, llamaba a mi puerta, en París: «Acabo de regresar de ver a Kangyur Rinpoche, que me ha aconsejado que viniera a conocerte. Me ha dicho que éramos como hermanos», me dijo simplemente.

Así fue como, a partir de ahí, llegamos a convertirnos en verdaderos hermanos espirituales. A veces, Kangyur Rinpoche llamaba a Christian «el joven Matthieu», con motivo de cierto parecido físico y porque en aquella época ambos llevábamos barba. Tras vivir en la India como cooperante de la Alianza Francesa de Bangalore —con la finalidad de poder visitar con regularidad a Kangyur Rinpoche—, se estableció finalmente en Darjeeling y no volvió a Francia sino hasta después de la muerte de nuestro maestro. Se convertiría en uno de los mejores traductores del tibetano. Nos unió siempre una gran complicidad, antes de su desaparición prematura como consecuencia de las complicaciones derivadas de una fibrosis pulmonar. A lo largo de los años, Christian constituyó para mí una ayuda preciosa al releer los manuscritos de la mayor parte de mis libros.

*

En 1971 conocí a Gilles Baratier —el hermano del cineasta Jacques Baratier, viejo amigo de mi madre— en el avión de Delhi a Bagdogra. También él se dirigía al encuentro de Kangyur Rinpoche. Cogimos un coche de alquiler para salvar la carretera sinuosa que asciende por la vertiente de la montaña desde los llanos indios hasta Darjeeling. Caía la noche y el conductor del viejo Ambassador, uno de los dos o tres modelos de coches que existían por entonces en la India, conducía demasiado deprisa, ignorando los carteles que aconsejaban prudencia con unas frases repletas de humor y sagacidad, del tipo: *If you drive like hell, you will be there soon* («Si conduces a velocidad de infierno, pronto estarás en él»). No íbamos demasiado tranquilos, pero no nos atrevíamos a decir nada. Entonces, de pronto, al entrar en una curva el coche siguió directamente hacia el precipicio. No supimos nunca si los frenos se habían destensado o si el exceso de juego en la dirección no le había permitido al conductor tomar la curva, problemas ambos frecuentes en aquellos coches indios manufacturados con piezas sueltas recuperadas aquí y allá. Por una suerte inaudita, un gran montón de grava se levantaba justamente en aquel punto de la carretera. La propulsión del coche lo llevó hasta lo más alto del montículo, donde se detuvo, a centímetros de caer en el vacío.

Siguió un gran silencio. Todo había sucedido tan deprisa, que ni siquiera habíamos tenido tiempo de tener miedo. Nos bajamos del vehículo, para comprobar que apenas una decena de centímetros nos había separado del abismo. El conductor, que naturalmente había visto venir el accidente mejor que nosotros, estaba en estado de shock. Le manifestamos algunas reconvenciones por guardar las formas, suavizadas por el alivio de haber escapado al infierno prometido a los conductores imprudentes. Le ayudamos a sacar el coche de allí y reemprendimos la marcha a velocidad reducida hasta el siguiente pueblo, Kurseong, donde cambiamos de vehículo. Mi madre, que se encontraba en aquellos días en Darjeeling, me contó que, mientras esperaba nuestra llegada, Kangyur Rinpoche había hecho varios comentarios dando a entender que estaba preocupado por nosotros y había estado rezando incesantemente.

Aquel verano, Kangyur Rinpoche me dio instrucciones acerca de la naturaleza de la mente. Me hacía preguntas sorprendentes: la mente, ¿tiene forma? ¿Tiene color? ¿Ocupa un lugar? ¿De dónde provienen los pensamientos? ¿Adónde van, una vez se disipan? Yo estaba perplejo. Nunca me había planteado tales preguntas. Visto en retrospectiva, me doy cuenta de que fue un privilegio recibir aquellas enseñanzas de manera tan inmediata, humana y profunda, en lugar de conocerlas indirectamente a través de lecturas que habrían deslucido el efecto del descubrimiento. Kangyur Rinpoche volvía sobre aquellas preguntas una a una, posando sobre mí una mirada a un tiempo inquisitiva y divertida, al igual que Tulku Rinpoche, que traducía la conversación, mientras yo intentaba responder lo mejor que podía. Al final, Tulku Rinpoche me dijo que el examen no había ido demasiado mal.

Un día, rescaté una grabadora de un grupo de discípulos franceses y le pedí permiso a Kangyur Rinpoche para grabar unas palabras y poder escuchar su voz cuando me encontrara lejos de allí. Mirándome directamente a los ojos, improvisó este canto, que resume la esencia de la vía espiritual:

> Oh, Matthieu,
> En el espacio de la presencia iluminada espontáneamente surgida,
> Actúa en justicia y permanece ecuánime en la comprensión de la dimensión absoluta,
> Sin que el fango de las ocho consideraciones mundanas te enturbie.
> ¡Tal es la incontestable vía del sentido último!
> Si llegara a suceder que te vieras atrapado por las ocho consideraciones mundanas,
> Quedarías prisionero del círculo de las existencias.

*

En 1972, después de haber ido y vuelto siete veces, la situación se había clarificado: en nuestro primer encuentro, en 1967, Kangyur Rinpoche me había aconsejado que terminara aquello que había comenzado antes de ir a vivir como discípulo suyo; cinco años más tarde, la condición estaba cumplida. Durante un fin de semana en la casa de campo al sur de París en la que vivía mi padre, mientras paseábamos por el bosque, lo hice partícipe de mi deseo de marcharme a vivir a Darjeeling tras la defensa de mi tesis. Permaneció un momento en silencio, visiblemente emocionado y desconcertado, pero intentó no dejar traslucir nada. Me preguntó cómo pensaba ganarme la vida. Esa cuestión no me preocupaba lo más mínimo, las cosas se encauzarían por sí mismas, le dije. Guardó de nuevo silencio. Le agradezco infinitamente la comprensión y la tranquilidad de que dio muestra, me habría costado mucho causarle abiertamente un disgusto. Había hecho todo aquello de que había sido capaz por estar a la altura de los esfuerzos realizados por mis padres para ofrecerme una educación sólida y una buena situación, así como del tiempo y los medios empleados por mi director, François Jacob, para guiarme a lo largo de mi tesis. Me sentía feliz de haber pasado aquellos años de formación en el Instituto Pasteur. «Todo filósofo sueña con tener un hijo científico», decía mi padre, mientras que a mi madre le gustaba explicar que yo «estaba destinado a una brillante carrera». Había terminado mi tesis doctoral, publicado cuatro o cinco artículos en revistas científicas; sinceramente no tengo ni idea de los derroteros que habría podido tomar mi vida si yo hubiera continuado con mi carrera de investigador.

Más tarde, cuando escribimos juntos *El monje y el filósofo*, mi padre le confió a un periodista: «Matthieu tenía veintiséis años. Era un adulto, libre de elegir qué orientación dar a su vida». En realidad, quedó más afectado de lo que dejó entrever. En 2006, en el transcurso de las largas horas que pasé en el hospital, junto a la cama de mi padre moribundo, en compañía de su gran amigo Olivier Todd, este me confesó que mi padre había ido a visitarle al día siguiente de mi anuncio, y que se había echado a llorar como un niño.

Para François Jacob fue solo una sorpresa a medias. Fuera cual fuera su opinión al respecto, demostró tener una mente muy abierta, y también pronta a la respuesta ingeniosa. El día de la defensa de mi tesis, titulada: «Contribución al estudio de la división celular en E. Coli K12», el presidente del tribunal, Jean-Marie Dubert, de la facultad de ciencias de Jussieu[6] —François Jacob solo podía actuar en el tribunal como miembro, pues dependía del CNRS y no de la facultad—, concluyó su intervención con estas palabras: «Dado que me han llegado voces acerca de su interés por la espiritualidad oriental, me ha sorprendido constatar la calidad de su trabajo de investigación». Al llegar su turno, François Jacob añadió riendo: «Bien, a mí me ha sucedido todo lo contrario: después de haber constatado día a día la calidad de su trabajo, ¡es su interés persistente por Oriente lo que me ha sorprendido!». La atmósfera era jovial. Todo el tribunal sabía que me disponía a partir al Este en lugar de irme a Estados Unidos a continuar con una investigación posdoctoral, tal y como había previsto inicialmente François Jacob. Me sentía muy feliz de haber pasado aquellos años de formación en el Instituto Pasteur y me marchaba estando en buenas relaciones con el equipo, a pesar de que a algunos les extrañara mi decisión o manifestaran sus dudas. Pero yo había terminado mi trabajo y mi decisión estaba tomada: me iba a hacer mi «posdoc» al Himalaya.

Mi padre y algunos de mis amigos más allegados asistieron a la defensa de mi tesis. Durante el pequeño aperitivo que siguió, le confié a Arnaud Desjardins: «A partir de ahora comienza el verdadero trabajo de investigación».

*

Observándolo desde la distancia, pienso que fue positivo dejar que las cosas maduraran, de modo que la «gran partida» no fuera un salto al vacío, sino la culminación natural de un proceso, la superación de un puerto que se abre a un valle fértil. Llegado a aquel punto, esperar más tiempo me habría infundido el sentimiento de verme atrapado en la trampa de un mundo que no se correspondía ya con mis aspiraciones. No volvería a estudiar la división celular de las bacterias, sino los mecanismos de la felicidad y del sufrimiento, de la ignorancia y del conocimiento. No me asaltó jamás la menor duda sobre la pertinencia de mi elección.

Más adelante, me preguntaron si no había sido difícil obrar un cambio tan brutal. Pero de brutal no tenía más que las apariencias. Intentad coger una fruta verde, tendréis que tirar fuerte con el riesgo de romper la rama. Cuando la fruta está madura, basta girarla con delicadeza para que quede en la mano.

En diciembre de 1972, había llegado el momento de realizar mi deseo más añorado: vivir junto a Kangyur Rinpoche. Partí con una mochila, un jersey rojo tejido por mi abuela y otro azul de la cooperativa marítima de Le Croisic, tres camisas, dos pantalones de terciopelo marrón, un saco de dormir que me acompañaría durante veinte años, mi cámara de fotos, tres objetivos, y la *Balada de Padma*, la vida de Padmasambhava, muy gran santo venerado como un «segundo Buda», libro que mi padre había regalado a mi madre el día de mi nacimiento y del que yo leía unas páginas cada día. No necesitaba nada más. Esta frugalidad exterior contrastaba singularmente con la abundancia interior que me disponía a recibir.

Después de siete billetes de ida y vuelta, el billete que compré entonces para la India fue por fin tan solo de ida.

PARTE II

SIETE AÑOS EN DARJEELING

CAPÍTULO 7

EN PERMANENCIA JUNTO AL MAESTRO

A finales de 1972, me había establecido bajo el mismo techo que Kangyur Rinpoche, en el monasterio de Orgyen Kunsang Chökhorling. Comienzo mis retiros en mi primera ermita.

Llegado a la India en diciembre de 1972, a principios de enero, después de haber obtenido un visado para una estancia de larga duración, llegué al monasterio de Orgyen Kunsang Chökhorling, en Darjeeling, para establecerme en compañía de Kangyur Rinpoche. La bondadosa secretaria de François Jacob, Gisèle, permitió que cobrara mi salario del CNRS hasta la finalización de mi contrato, seis meses más tarde. Yo realizaba una pequeña aportación mensual al monasterio de Kangyur Rinpoche, que me alojaba. No tenía muchos gastos más en mi retiro y podía vivir sin dificultades con el equivalente de cincuenta euros al mes. Por extraño que parezca, aunque no tenía ninguna fuente de ingresos en perspectiva, no me planteé nunca la cuestión de cuál sería mi medio de subsistencia en los años sucesivos. ¿Despreocupación juvenil o confianza en el porvenir? Lo cierto es que en ningún momento se presentó esta preocupación en mi mente.

En aquella época, era difícil permanecer más de un mes seguido en Darjeeling. La región estaba clasificada como «zona de acceso restringido» por motivo de su proximidad con Sikkim, región fronteriza con el Tíbet, que se había convertido en una provincia china. El alto de Nathu La, visible en la lejanía desde Darjeeling, era estrechamente custodiado por los ejércitos chino e indio a un lado y otro de la frontera.

Para buen número de los discípulos de Kangyur Rinpoche, resultaba complicado realizar largas estancias. Pero mi estrella parecía favorable. Mi madre, que se había establecido en Darjeeling junto a Kangyur Rinpoche desde hacía un año, había entablado amistad con la mujer del jefe de policía, que era de origen tibetano. Después de muchas peripecias, este último me concedió un permiso de residencia en Darjeeling, renovable anualmente. Me recomendó, no obstante, que no viajara: si salía de la India, no me podía garantizar las mismas condiciones al volver. Poco me importaba, me sentía demasiado feliz de estar allí, de hecho no volví a ver Francia en siete años.

El jefe de policía, sin embargo, se retiró dos años más tarde. A partir de entonces, cuando cada año se acercaba el momento de renovar mi visado y mi permiso de residencia, el suspense alcanzaba las máximas cotas, alimentado por el oficial subalterno que se ocupaba de los expedientes del puñado de discípulos occidentales que, como yo, deseaban efectuar largas estancias en Darjeeling, y al que llamábamos el «joven espía». Entraba en mi lugar de retiro y se daba un taimado placer en anunciarme con aire sombrío: «Oh, este año la cosa está muy difícil, muy difícil...». Acto seguido, tras un silencio de plomo, consciente de que tenía mi nueva vida entre sus manos, con la gran sonrisa de quien ha hecho una broma muy graciosa, sacaba de su cartera el nuevo permiso por un año. Aprovechaba a continuación el gozoso alivio y el agradecimiento inmenso que yo sentía hacia él para presentarme una petición: «Si uno de sus amigos viniera de Francia, sería maravilloso si, por casualidad, pudiera traer consigo un maletín», y otras solicitudes de importación. Yo me las arreglaba siempre para que la casualidad interviniera oportunamente, era importante para mí estar congraciado con él para no comprometer mi situación. Un discípulo muy allegado de Kangyur Rinpoche, Martin Watten, consiguió prolongar su retiro en una pequeña cabaña de chapa pintada de verde, situada a doscientos metros por encima del monasterio, durante más de un año con el permiso caducado. Descendía de vez en cuando para recibir las enseñanzas y participar en las actividades del monasterio. Por lo demás, se desplazaba lo menos posible, y le gustaba decir en referencia al «joven espía» y sus acólitos, que preguntaban a veces si de verdad se había marchado: «No logran ir lo bastante lentos para atraparme».

Por mi parte, todos los días iba con Kangyur Rinpoche y me sentaba en su presencia para «meditar», o al menos intentar penetrar en los misterios de aquella práctica en la que era todavía un debutante. Tomaba las comidas con él, en el seno de su familia.

Una atmósfera cálida, discreta e inspiradora reinaba en la estancia. Cálida, por motivo de la generosidad que emanaba en toda circunstancia de la familia de Kangyur Rinpoche. Discreta, porque, como sucede a menudo en las familias tibetanas, y sobre todo entre los practicantes de la meditación, todos los gestos estaban medidos, los desplazamientos eran silenciosos y las palabras, pronunciadas con suavidad. Nadie alzaba la voz, jamás se oía un grito. Inspiradora, gracias a la calidad de ser de Kangyur Rinpoche y sus allegados; todos sus comportamientos eran una enseñanza en sí mismos. Pero esta moderación armoniosa no excluía en modo alguno las risas, que abundaban en las conversaciones durante las comidas.

Kangyur Rinpoche permanecía sobre la cama dura en la que dormía, sentado encima de una esterilla de colores deslucidos, en tonos rojos y amarillos, traída del Tíbet.[1] Los demás miembros de su familia se acomodaban sobre cojines, en el suelo. Con bastante frecuencia, mientras mi atención estaba en otra parte, Kangyur Rinpoche me lanzaba con destreza un *ti momo*, pequeño pan tibetano cocido al vapor, que aterrizaba en mi regazo o que yo atrapaba algunas veces al vuelo. En tales casos, Kangyur Rinpoche apartaba la mirada, fingiendo inocencia, para reír luego de buena gana.

Lo primero de todo, hubo que construir mi «ermita», lo cual no llevó más de un mes. Consistían en simples tablones de *Cryptomeria*, cuyo nombre local es *dhupi*, una madera tierna y ligera procedente de los inmensos árboles que conforman la mayor parte de los bosques de la región. Trabé amistad con los carpinteros nepaleses, a los que echaba a veces una mano. La única habitación —de unos dos metros y medio por tres— contenía una cama baja y una pequeña caja de madera recuperada del mercado local, recubierta con un paño de algodón rojo, que me servía a un tiempo de mesilla de noche y de cajón de sastre. Sobre el alféizar de la ventana principal, disponía las ofrendas tradicionales, cuencos, siete en total, unos llenos de agua, otros con una flor, incienso o alimentos; y en medio, una ofrenda de luz, simbolizada a través de una mecha encendida en un pequeño bol con aceite o mantequilla vegetal fundida. En el techo había una trampilla que daba a un espacio bajo la estructura del techo, donde podía guardar dos pequeños baúles de metal con libros y ropa. Para acceder a este «desván», me subía al alféizar de la ventana, hacía acopio de fuerzas y me izaba hasta él con un movimiento acrobático. La puerta de la habitación daba a un pequeño balcón protegido por una barandilla de madera maciza, que se abría dando paso a unos escalones de madera y un sendero serpenteante que conducía al monasterio, cincuenta metros más abajo. Debido al pronunciado declive de la pendiente, la parte delantera del refugio estaba sostenida por pilotes de hormigón. Desde la ventana, no veía más que los grandes rododendros que en primavera se llenaban de flores carmíneas, mientras que a mí no podían verme. A través del follaje, adivinaba el color rojo ladrillo del monasterio, del que se elevaba a veces la música sagrada de las ceremonias.

Estas viviendas simples, de tan gran austeridad, no poseían ninguno de los elementos del confort moderno al que estamos habituados. Sin agua corriente, ni electricidad, ni comodidades, le tomé gusto a aquel estilo de vida simple y ascético. Me alumbraba con velas y disponía de un cubo de agua en el balcón, que un joven monje llenaba cada dos o tres días si yo estaba de retiro. Me servía para asearme, con ayuda de un cucharón. Se habían excavado unos servicios naturales en las proximidades, en el bosque. Viví en aquel refugio unos años muy felices, allí descubrí la esencia del verdadero bienestar: una mente contenta, serena y feliz por seguir la dirección que más le inspira en la existencia.

Durante el monzón, de mediados de junio a mediados de agosto, llovía casi todos los días, lo que no me invitaba a vagabundear por el exterior. Las precipitaciones sobrepasan los tres metros anuales en Darjeeling, y a la gente le gusta decir que cuando se abre una ventana, las nubes entran en la habitación. De hecho, a lo largo de aquellos periodos de bruma perpetua, una fina llovizna invadía el interior de mi refugio en cuanto me dejaba la ventana abierta, dándome la impresión de vivir en el interior de una nube. La humedad era tal, que si dejaba encima de la mesa un caramelo sin desenvolver por la noche, a la mañana siguiente no encontraba más que un charquito de azúcar. Aquella humedad tenaz persistía con el cambio de estación, y aun cuando el cielo era inmutablemente azul, hacía que el frío invernal fuera más penetrante. Raramente nevaba, pues el invierno era soleado en general. Me había hecho confeccionar un grueso manto tibetano con un viejo saco de dormir forrado con un tejido de color burdeos, y en él me arrebujaba mientras permanecía sentado meditando.

Por entonces aún no hablaba tibetano, pero a intervalos regulares Kangyur Rinpoche me daba instrucciones sobre las diversas etapas del camino espiritual por intermediación de Tulku Pema Wangyal. Me enseñó para comenzar las prácticas llamadas «preliminares», *ngöndro* en tibetano, que son tan esenciales y fundamentales que habría de realizarlas todos los días de mi vida, como la mayor parte de los discípulos del budismo tibetano.

Estos preliminares comienzan con una reflexión y una meditación sobre cuatro cuestiones capitales, con objeto de transformar nuestra visión de las cosas y orientar nuestra mente hacia el camino de la liberación: (1) la preciosa oportunidad que nos ofrece la existencia humana; (2) su fragilidad y el carácter efímero de todas las cosas; (3) aquello que debe cumplirse y aquello que debe evitarse, si uno desea liberarse del sufrimiento; y (4) las carencias de una vida centrada en las preocupaciones ordinarias. Cada reflexión debe meditarse hasta que se haya hecho uno con nuestra mente.

La vida humana puede, en efecto, desperdiciarse en vanos proyectos o consagrarse en avanzar hacia la Iluminación. Comparadas con las de las demás especies, las capacidades humanas nos brindan el poder de reflexionar acerca de las causas del sufrimiento, de tomar conciencia de los medios para liberarse de él y de adentrarse en el camino de la Iluminación.

El círculo vicioso del *samsara*, el mundo de las existencias condicionadas por la ignorancia y el sufrimiento, no cesará por sí solo. Para sustraerse a él, es preciso desarrollar la misma determinación que un prisionero que no aspira más que a evadirse, sin que por ello haya que estar dispuesto, no obstante, a emplear cualquier medio: toda acción tiene sus consecuencias, y estas dependen de la intención y de la actitud que la motivan. Con el fin de desarrollar una vigilancia ininterrumpida, uno debe ser plenamente consciente de que el sufrimiento es resultado de actos nefastos, y está destinada a aumentar tanto tiempo como exista causa de daño. Es importante, por consiguiente, distinguir claramente los actos positivos de los actos negativos, realizar los primeros y evitar los segundos, por inanes que puedan ser en apariencia.

Empleé tres días enteros con cada una de estas cuatro reflexiones. A partir de entonces, les dedico cada día un pequeña parte de mi tiempo de meditación.

Vienen a continuación cinco etapas que constituyen el cuerpo de dichos preliminares: la toma de Refugio; el voto altruista de alcanzar la Iluminación por el bien de los seres (la *bodichita*); la purificación a través de la meditación sobre Vajrasattva; la ofrenda del mandala del universo, y el gurú yoga, que es la unión con el espíritu iluminado del maestro. Cada una de estas etapas comporta la recitación, cien mil veces repetida, de un versículo o de un mantra. Esta cifra, por impresionante, o desconcertante incluso, que pueda parecer, no pretende la consecución de un gran rendimiento del que dar cuenta al maestro espiritual, sino que sirve de antídoto frente a la pereza y anima al practicante novicio a perseverar en su práctica.

Las cinco etapas del *ngöndro* requieren en efecto unos seis meses para quienes se entregan a ellas a jornada completa. Yo necesité un poco más de tiempo. Al llegar a la cuarta etapa, la ofrenda del mandala del universo, la sesión de práctica se inicia habitualmente mediante la recitación de un largo texto que describe en detalle la visualización del mandala del universo, puesto que uno se concentra en la repetición del cuarteto que compendia la ofrenda. Cuando Tulku Pema Wangyal le preguntó a su padre cuántas veces debía recitar yo el texto detallado, Kangyur Rinpoche respondió: «Cien mil veces», así como cien mil veces también el mantra de Vajrasattva para purificar el mandala, otras cien mil veces una oración de ofrenda en siete ramas, y cien mil veces el cuarteto de conclusión de la ofrenda. Necesité por tanto ocho meses de retiro a tiempo completo para cumplir exhaustivamente aquella ofrenda del mandala.

Antes de abordar la primera etapa de este largo recorrido, hay que comprender que nuestros puntos de apoyo ordinarios —parientes, amigos, maestros—, por cumplidos que sean, son incapaces de liberarnos del *samsara*, en el que ellos mismos están también inmersos. Por este motivo es necesario comenzar por buscar Refugio en aquello que tiene la capacidad para sacarnos de la confusión y, consecuentemente, del *samsara*: el *Buda*, aquel que ha alcanzado la Iluminación; su enseñanza, el *Dharma*, que guía a través del camino de la liberación; y el *Sangha*, la comunidad virtuosa de todos aquellos que siguen este camino. Juntos constituyen los tres principales objetos del *Refugio* y reciben también el nombre de las «Tres Joyas». La noción de «toma de Refugio» no significa que uno invoque la protección de un poder misterioso, sino que se encomienda a las enseñanzas que conducen a la

Iluminación, es decir, al conocimiento auténtico de la naturaleza de la mente y de la realidad. Para obrar así, es indispensable buscar el apoyo de seres que posean ya esta sabiduría y la encarnen en sus actos.

Ciertamente, quien vaya a ser nuestro guía por esta vía larga y peligrosa deberá estar en disposición de orientarnos, pero también de protegernos de los pasos en falso, las trabas y los puntos muertos. Su papel es pues primordial, esencial. De modo que la elección del maestro constituye la primera etapa del viaje, y quizá la más importante.

Esta elección es tanto más delicada para nosotros, occidentales, cuanto que somos desconocedores de la filosofía y la filosofía budistas. No obstante, la sed de aprender y de liberarse no debe llevar a la precipitación. En Oriente, la enseñanza espiritual está en la base de la educación desde la más tierna edad, y la familiarización con los textos, los maestros y sus discípulos procede de un trato cotidiano. La elección del maestro parte por tanto de unos fundamentos hechos del saber y la experiencia adquiridos, en una sociedad en la que los maestros cualificados constituyen referentes reconocidos y respetados. En un entorno así, los charlatanes no tienen muchas posibilidades de sobresalir, y en caso de intentar la aventura, pronto caerían en desconsideración. Se dice, en efecto, que un discípulo debe examinar las calificaciones de un maestro durante varios años, de lejos, de oídas al principio, y luego más de cerca, antes de poner su confianza en él. De la misma manera, el maestro examinará durante un tiempo las motivaciones y la sinceridad del discípulo, antes de aceptarlo como tal. Si no se hace así, dicen los textos, maestro y discípulo pueden arrastrarse mutuamente hacia el precipicio del sufrimiento. En Occidente, de todos modos, las cosas tienen tendencia a ir demasiado deprisa. Hay personas en busca de espiritualidad, en las que a menudo se presenta cierta vulnerabilidad, que acuden a un centro espiritual, budista o de otro tipo, y reciben de inmediato una serie de enseñanzas, de iniciaciones incluso, para entregarse apresuradamente sin haber tenido tiempo para madurar su decisión y asentarla sobre motivos aceptables.

Un falso maestro puede seducir, revestido de la apariencia más atractiva, aun estando desprovisto de la sabiduría y benevolencia sin defecto demostradas por los maestros espirituales auténticos. Estos poseen, según se dice, «un cumplimiento espiritual tan elevado como el cielo y una preocupación minuciosa por la conducta ética tan fina como la harina». Por el contrario, los falsos maestros, prisioneros de su ego, de su ambición y de su interés personal, se arrogan autoridad sobre quienes ponen su confianza en ellos para engañarlos, al revés de los verdaderos maestros, los cuales no tienen más afán que el de mostrarle al discípulo el camino que recorrer para alcanzar la liberación del sufrimiento y de la ignorancia. Tomar Refugio en alguien que sigue estando bajo el dominio de los venenos mentales viene a ser como cobijarse en un nido de víboras.

Emprendí así la primera etapa del largo recorrido que me esperaba y, al ritmo de cien mil prosternaciones, recité en tibetano el cuarteto de la toma de Refugio compuesto por Kangyur Rinpoche:

> ¡Honor al Maestro, a las Tres Joyas, a las deidades de sabiduría,
> A la asamblea de *dakinis* y protectores iluminados!
> En vosotros, plenamente realizados desde siempre, surgidos espontáneamente,
> Tomo Refugio reconociendo mi naturaleza verdadera.

La siguiente etapa consiste en desarrollar el voto altruista de alcanzar la Iluminación para bien de los seres, llamado *bodichita*. Porque, ¿de qué serviría liberarse solo? Desde lo más profundo de nuestro ser, hay que engendrar la compasión y el amor que conducen al deseo de alcanzar la Iluminación con el fin de adquirir el poder de liberar a todos los seres vivos del sufrimiento y de sus causas. Es juntos como debemos cruzar «el océano del sufrimiento». La palabra *bodichita*, o espíritu de Iluminación, adquiere diferentes sentidos según el nivel de enseñanza. Se distingue en general entre el espíritu de Iluminación relativo y el espíritu de Iluminación absoluto. El primero comporta a su vez dos aspectos: la intención de alcanzar la Iluminación para el bien de todos los seres, asociado con el entrenamiento de la mente que permite adquirir una actitud altruista verdadera, y la realización de esta intención a través de la práctica de las seis perfecciones, o «virtudes trascendentes»: la generosidad, la disciplina, la paciencia, la perseverancia, la concentración y la sabiduría.

Para ello, recité cien mil veces el cuarteto de la *bodichita* relativa:

> ¡Que todos los seres puedan conocer la felicidad y las causas de la felicidad!
> ¡Que todos puedan ser liberados del sufrimiento y de las causas del sufrimiento!

¡Que jamás se vean separados de la felicidad suprema, en que no hay sufrimiento!
¡Que puedan permanecer en la inmensurable ecuanimidad, exenta de apego hacia los seres queridos y de aversión hacia los enemigos!

El segundo aspecto de la *bodichita*, el espíritu de Iluminación absoluto, representa la sabiduría no dual, el conocimiento de la naturaleza esencial de la mente y del mundo fenoménico, más allá de toda fabricación mental. Recité, pues, cien mil veces el cuarteto de la *bodichita* última:

¡Ay! Estos seres a los que la dualidad confunde
Y que llenan el espacio: ¡todos son familia mía!
Con el fin de amalgamar las entrañas del *samsara* hasta la pureza original,
Engendraré el espíritu de Iluminación en la manifestación espontánea.

Posteriormente, pasé a la práctica de Vajrasattva, el buda de la purificación, que visualicé sobre mi cabeza, tan brillante como una montaña nevada iluminada por mil soles. Un néctar fluye de su cuerpo, purifica todas nuestras manchas y disipa los velos de la ignorancia. Meditando de este modo, recité cien mil veces el mantra de cien sílabas de Vajrasattva.

Llegué así a la práctica de la ofrenda del mandala, la cuarta meditación. Ofrecí mentalmente a los budas del pasado, del presente y del futuro el mandala, símbolo de todas las maravillas del universo: joyas, bosques y montañas, flores y esencias medicinales, todo ello acumulado en el espacio. Una vez más, recité cien mil veces un cuarteto propio de esta práctica:

Ofrezco los millones de montañas, el infinito mandala del Cuerpo manifestado.
Ofrezco sin apego este cuerpo ilusorio, el mandala del Cuerpo de felicidad.
Ofrezco la pureza original libre de elaboración, el mandala del Cuerpo absoluto.
¡Que todos los seres puedan hacer realidad los campos puros de los Tres Cuerpos!

Para realizar estas recitaciones, se utiliza una pequeña bandeja circular de cobre (o de plata, en el caso de quienes pueden), que se sostiene en una mano. Se añaden con la otra mano puñados de arroz, mientras se recita el texto por el que se ofrece el universo entero. A medida que se amontona el arroz, se añaden tres aros de cobre sobre la bandeja, lo que permite elevar la estructura y seguir vertiendo arroz sin que se derrame por los lados. Finalmente, se coloca en lo alto un pináculo de cobre en forma de joya. Acto seguido, se vuelca todo sobre un paño dispuesto entre las rodillas y se vuelve a empezar, y así cientos de veces durante todo el día. Yo mezclaba con el arroz algunas pequeñas piezas de bisutería que compraba en el mercado —imitaciones en cristal de piedras preciosas, junto con algunos pedacitos de turquesa y de coral—, que recuperaba por la noche antes de ir a depositar el arroz de aquel día en el bosque. Es tradición, en efecto, cambiar el arroz todos los días. Para preparar esta práctica, había lavado cuidadosamente cien kilos de arroz con agua con azafrán, que luego había puesto a secar al sol sobre piezas de paño, en la terraza del monasterio. Luego lo había llevado todo a mi cabaña y había llenado un gran saco de yute. De este modo, día tras día extraía incansablemente de aquella reserva la porción para mis ofrendas de la jornada. Al cabo de cuatro meses, a fuerza de sostener aquel mandala en brazos a lo largo de tantos días, comencé a padecer una serie de molestias. Una noche, soñé que unos extraños monjes armados con sables se disponían a cortarme en pedazos. Me puse a rezarle a mi maestro con todo mi corazón. De repente, mi ermita se llenó de una luz dorada, en medio de la cual aparecía Kangyur Rinpoche, sonriente y resplandeciente. La visión amenazadora se disipó al instante. Las cosas volvieron a la normalidad y proseguí con mi práctica.

Pero no había contado con aquel clima tan húmedo de Darjeeling: llegado al último tercio de mi gran saco, me di cuenta de que el arroz ubicado en la parte inferior ¡se había enmohecido! Tuve que obtener una nueva provisión de arroz fresco.

El punto culminante de las cinco prácticas preliminares, el gurú yoga, consiste en unir nuestra mente con la del maestro, para permanecer cuanto sea posible en la perfecta ecuanimidad creada por esta fusión espiritual. En esta ocasión, recité cien mil veces un cuarteto sobre la unión con la naturaleza última del maestro, la naturaleza de buda, y finalmente un millón de veces el mantra de Padmasambhava, uniendo mi mente con la del maestro y, más particularmente, con su naturaleza última.

Mi maestro me acompañó paso a paso en este largo recorrido, por lo que le estoy infinitamente agradecido. El método gradual que me hizo aplicar para alcanzar el objetivo de estos preliminares, elementos fundacionales de la práctica meditativa, me permitió abordar cada etapa con frescura y sentir profundamente el impacto de cada una de ellas en mí.

*

En 1973, mi padre aprovechó un viaje a Japón para detenerse en la India y hacerme una visita. Como aterrizó en Calcuta, lo puse en contacto con mi amigo Christian Bruyat, que se encontraba allí para obtener la ampliación de su permiso de residencia. Christian se ocupó de comprar los billetes de tren y sirvió de guía a mi padre hasta Darjeeling. El trayecto fue un poco movido: algunos viajeros habían colocado los sacos de arroz que llevaban sobre el techo de los vagones y tiraban de la alarma para poder descargarlos con toda tranquilidad al llegar a su estación de destino. Después de su pequeño periplo, mi padre mantuvo la amistad con Christian y se volvieron a verse en Francia. Mi padre pasó unos tres días en Darjeeling. Había recalado en el Everest, un hotel de viejo estilo inglés a unos quince minutos del monasterio por un camino pedestre que cruzaba el bosque, y que yo utilizaba para ir a buscarlo a la hora del almuerzo, que tomaba conmigo y con Kangyur Rinpoche y su familia, quienes le dispensaron una cálida acogida. En contrapartida, cuando él, fino gastrónomo, probó los momos tibetanos, esa especie de raviolis cocidos al vapor que, todo hay que decirlo, son bastante sosos, se limitó a un cortés: «Uhm, es diferente...». En cuanto a Kangyur Rinpoche, no pudo abstenerse de embromarlo: «Y ahora que está aquí, podría quedarse y que Matthieu volviera a Francia». No pareció muy convencido, su interés por el budismo por aquel entonces era todavía más bien moderado. No obstante, yo me regocijaba en el fondo de mi corazón de que mi padre hubiera conocido a mi maestro. No porque esperara que fuera a experimentar algún tipo de epifanía, sino porque pensaba que así había conocido al menos una vez en la vida a un maestro espiritual auténtico, lo cual no podía dejar de sembrar una semilla en su espíritu.

Mi padre comprobó con alivio que yo me encontraba bien y mi personalidad se desarrollaba con normalidad en mi nuevo entorno.

¿Qué más puede desear un padre para su hijo? Se marchó, pues, tranquilizado. Yo estaba alborozado por su visita, un gesto que significaba mucho para mí, y me sentía reconfortado de que hubiera podido hacerse una idea de cómo era mi nueva vida.

Mi relación con mi padre nunca se había expresado en términos de efusividad. Eran más bien la contención, la reserva, lo que la caracterizaban. Por supuesto, siempre había atendido a mis necesidades, hasta mi adolescencia, pero desde que había terminado mis estudios, nunca le había hecho la menor petición de ayuda material, ni él me la había ofrecido. Nuestras relaciones siempre fueron afectuosas, pero ni el uno ni el otro éramos muy extrovertidos acerca de nuestros estados anímicos. Si lo pienso ahora, diría que mi padre retenía sus sentimientos íntimos, no deseaba exponerlos a la luz del día, mientras que en mi caso, me siento inclinado hacia una serenidad natural que raramente se ve turbada por emociones tumultuosas. Pero mi padre, de la misma manera que era bastante reservado en lo personal, podía mostrarse muy fogoso en los debates —además de ser un argumentador temible—, y se había peleado públicamente con numerosos intelectuales y figuras políticas, aunque unos meses más tarde se reconciliara con ellos. Su visita a Darjeeling fue sobria, pero de una gran calidez, y le agradecí mucho que hubiera hecho todo aquel camino para venir a verme.

*

Pasaron los días, luego los meses, los años… El tiempo transcurría en Darjeeling, sereno y fecundo. El maestro era el hilo conductor de mis pensamientos y la fuente viva de mi práctica cotidiana. Su presencia impregnaba aquel lugar como un perfume suave y sutil, a modo de influencia benefactora que me inspiraba. Y lo inspirado no tenía nada que ver con la deferencia que uno puede sentir hacia un superior, un hombre influyente o un famoso al que todo el mundo adula. El maestro no imparte órdenes, no busca seducir, menos aún manipular; se ofrece como guía y acoge a cada persona sin esperar nada a cambio. La confianza que le profesa el discípulo es para él una recompensa suficiente, de la que jamás tratará de obtener un beneficio para sí. No aspira más que a servir de ayuda a aquellos que desean sustraerse al marasmo del *samsara*. Punto de referencia por excelencia para el viajero extraviado, el maestro le proporciona un mapa y una brújula. A partir de ahí, es cosa del discípulo ponerse en marcha movilizando los recursos necesarios para el periplo que le espera. Debe practicar, practicar y seguir practicando... Los progresos rápidos y fáciles son sospechosos. Milarepa, el célebre eremita del siglo XII, así lo expresó en un canto: «Al principio nada viene, en medio nada queda, al final nada se va». Nuestros hábitos adquiridos son pertinaces, nuestra confusión mental constituye un velo pesado y tupido: para eliminar aquellos y levantar este, la tarea es inmensa y nuestra aplicación, frágil. Es importante, por consiguiente, alentar nuestra perseverancia por todos los medios posibles. Los verdaderos progresos se dan imperceptiblemente según se va avanzando en la práctica y son resistentes a la prueba de las vicisitudes de la existencia: «Es fácil ser un buen practicante de la meditación cuando uno está sentado al sol y con el estómago lleno, pero en cuanto se lo coloca sobre el platillo de la balanza de las circunstancias adversas, es cuando se puede evaluar su grado de cumplimiento», dice una enseñanza.

Kangyur asignaba la mayor importancia a la benevolencia con respecto de todos los seres vivos, se mostraba atento a la suerte del más pequeño insecto del jardín del monasterio. Su hijo mayor, Tulku Pema Wangyal, nos explicó un día el modo en que su padre le había enseñado la práctica del *bodichita*, el voto altruista de alcanzar la Iluminación para el bien de todos los seres. Kangyur Rinpoche le pidió, lo primero de todo, que meditara con constancia y aplicación el deseo siguiente: «¡Que pueda yo obtener el bien de todos los seres!», y le instó a que memorizara un texto que explicitaba este voto.

Unos días más tarde, Tulku Pema Wangyal informó a su padre de que había aprendido el texto de memoria y meditado acerca de su significado. Kangyur Rinpoche le explicó:

—Eso está bien, pero un simple deseo no basta. Hay que ponerlo por obra. En lugar de: «Que pueda yo», deberás decir de ahora en adelante: «*Voy a* obtener el bien de todos los seres».

Pasaron varios días y Kangyur Rinpoche le preguntó de nuevo a su hijo cómo iba su entrenamiento de la *bodichita*. Tulku Pema Wangyal hizo balance de sus esfuerzos y de sus progresos.

—Eso está bien, pero aún no es de lo que se trata.

—¿Qué más hay que hacer?

—Tienes que decirte a ti mismo: «Voy a hacerlo, *sea cual sea el precio*».

Kangyur Rinpoche le explicó que el sentido de la *bodichita* era el de dedicar la vida entera al bien de los demás. Para ilustrar sus palabras, le contó muchas anécdotas acerca de las vidas anteriores del Buda Shakyamuni, en el transcurso de las cuales había ofrecido su vida para salvar la del prójimo. Tulku Pema Wangyal perseveró en su meditación.

Su padre le interrogó una vez más:

—Eso está bien. Pero sigue sin ser suficiente. Ahora debes añadir a tu deseo: «*Sea cual sea el tiempo que pueda llevarme*».

Le dio el ejemplo del *bodhisattva* Manjushri, quien hizo el voto de renacer en el *samsara* tantas veces como fuera necesario, mientras quedara un solo ser por ser liberado del sufrimiento.

Una mañana, con mucha sencillez y en una atmósfera de recogimiento sin ostentación, Kangyur Rinpoche me transmitió los votos de la *bodichita* asociados a los del Refugio, y recibí mi primer nombre tibetano: Konchog Tendzin, literalmente «aquel que retiene las enseñanzas de las Tres Joyas». Los nombres tibetanos encierran presagios de buen augurio e indican aquello que uno podría ser al final de una práctica asidua de las enseñanzas, como plena realización del sentido del nombre que nos ha sido dado. A lo largo de una vida, un discípulo del budismo tibetano recibe varios nombres, especialmente en el momento de la ordenación monástica (para quienes profesan los votos) y al concluir la transmisión de iniciaciones importantes. Pero, por lo general, es el nombre dado con motivo de la toma del Refugio el que será el nombre principal del discípulo. Más tarde supe que Jamyang Konchog Tendzin era uno de los nombres de Kangyur Rinpoche, que había recibido con los votos de *bodhisattva*. En el transcurso de los años, tuve la fortuna de volver a recibir varias veces estos mismos votos, una experiencia profunda, renovada en cada ocasión.

*

Kangyur Rinpoche me ofreció también una enseñanza rica en sabiduría acerca de la actitud que tomar ante el curso tumultuoso de la vida: la risa. Cierto día, un hombre de elevada estatura, originario de la ruda provincia de Golog, al nordeste del Tíbet, llegó buscando a Kangyur Rinpoche, hecho un mar de lágrimas. Su mujer acababa de abandonarlo súbitamente, dejándolo solo con sus dos hijos. El hombre, discípulo devoto de Kangyur Rinpoche y de Dudjom Rinpoche, era conocido por su carácter jovial y voluble. Verle llorar y lamentarse de aquella manera era bastante sorprendente. Mientras escuchaba el relato de sus desdichas, Kangyur Rinpoche se echó a reír de buena gana. Cuanto más detallaba sus desventuras, más hilaridad se apoderaba de Kangyur Rinpoche. Al cabo de poco, Amala y el resto de miembros de la familia fueron presa a su vez de aquella risa contagiosa. Curiosamente, aquellas risas no parecían en modo alguno fuera de lugar. De hecho, se había aligerado el ambiente en la misma medida, sin que por ello hubiera una sensación menos empática que si hubiera adquirido un cariz de falsa compasión. Su drama ofrecía un ejemplo vivo de las imperfecciones del *samsara*, noción bien conocida del pobre marido abandonado. Por supuesto, nadie se burlaba de nuestro infortunado amigo, pues todos se reían del vodevil rocambolesco e ilusorio de los asuntos del mundo. Nuestro Golog no se ofendió en modo alguno. Al contrario, la afectuosa espontaneidad y la naturaleza benevolente de Kangyur Rinpoche y de su entorno le proporcionaron el mejor consuelo posible. Una vez desdramatizada la situación, lo envolvieron en afecto y lo atrajeron de nuevo, con delicadeza y sencillez, a las enseñanzas que había recibido acerca del carácter perecedero de las cosas. Terminó por reír él también, se secó las lágrimas y se marchó más sereno.

El sentido del humor ante las tribulaciones de la existencia es una manifestación más de la libertad interior. Kangyur Rinpoche adoptaba con gusto un comportamiento alegre y jovial, dando ejemplo así de una actitud liberada con respecto a los lugares comunes, los automatismos mentales y los comportamientos miméticos.

En otra ocasión, poco después del Año Nuevo tibetano, estábamos todos sentados fuera, en la terraza del monasterio, observando a un joven nepalí que se había encaramado a una gran *Cryptomeria* para colgar unas banderas de plegaria. Llevaba la larga cuerda en que estaban cosidas las banderas atada a la cintura, lo que le permitía tirar del conjunto una vez alcanzada la cima del árbol. Llegó un joven francés, que llevaba colgada del cuello una bonita bolsa que contenía, entre otras cosas, su pasaporte y su billete de avión. La dejó encima de la mesa, junto a Kangyur Rinpoche. Mientras charlábamos con mi compatriota, Rinpoche decidió gastarle una broma: ató la bolsa a la cuerda y, cuando el joven quiso darse cuenta, su preciado bien iba de camino hacia la copa del árbol. El nepalí, que no tenía ni idea de lo que se trataba, seguía tirando con energía. Nuestro amigo francés sentía un gran respeto por Rinpoche, pero no pudo evitar que la inquietud se leyera en su rostro y exclamó: «¡Oh! No sé si lo sabe, ¡pero en esa bolsa están todos mis papeles!». Su alivio fue palpable cuando, finalmente, la preciada bolsa volvió a bajar sin impedimento en lugar de acabar colgada entre dos árboles haciendo compañía a las banderas de plegaria. El incidente divirtió a Kangyur Rinpoche en grado sumo. La bolsa no había corrido peligro en ningún momento de perderse o resultar dañada, pero la manera en que la mente superpone nuestros temores a las situaciones dadas quedó claramente en evidencia. Después de aquella entrada en materia un tanto inusual, el joven francés, Patrick, se convirtió en discípulo de Kangyur Rinpoche, y aunque no pudiera realizar sino breves estancias en Darjeeling, hoy en día, cincuenta años más tarde, considera a Kangyur Rinpoche como la persona más inspiradora que ha conocido en su vida.

Pasado algún tiempo, pintamos el altar del templo principal del monasterio. La parte inferior contaba de numerosos pequeños batientes de portezuelas cuadradas, de cincuenta centímetros de lado, tras las que había diversos espacios para guardar objetos. Estaban magníficamente decorados con flores y otros motivos. Pero resultó que yo había pintado uno de los batientes al revés, y al inserir los goznes de madera en su receptáculo, los motivos quedaron bocabajo. Discutí con Tulku Rinpoche la posibilidad de desprender los goznes para volver a engancharlos en el otro lado del batiente. Mientras tanto, Kangyur Rinpoche, que había observado la escena, cogió un grueso pincel ¡y recubrió la puerta con una capa de pintura fresca! Cuando me volví y comprobé el resultado, Rinpoche prorrumpió en una risa maliciosa. La solución del problema era simple: ¡rehacer el trabajo del derecho!

*

Con Kangyur Rinpoche, lo extraordinario parecía totalmente natural. Un buen día en que estaba practicando en mi cabaña de ermitaño, me vino a la mente el recuerdo de algunos animales a los que había matado en mi infancia. Si, como dije, había ido a pescar antes de renunciar definitivamente a la pesca hacia la edad de trece años, nunca había cazado, y estaba firmemente en contra de esta práctica. ¡Cuántas veces en Bretaña, delante de la casa de mi tío a orillas de Le Traict du Croisic, no habré hecho levantar el vuelo a las bandadas de chorlitejos y barnaclas al ver que llegaban los cazadores! No obstante, cuando tenía unos quince años, mi tío me había animado a que fuera a disparar con una carabina contra los coipos que hacían estragos en su estanque. Cedí estúpidamente a su insistencia y le disparé a uno, que estaba en la otra orilla del estanque. Dio un tumbo y desapareció bajo el agua. Ignoro si lo maté, espero que no. «¿Cómo le pude hacer algo así?», me pregunté en la serenidad de mi retiro. Un acto insensato, nacido de una ausencia total de respeto por la vida de un ser sensible. Experimenté un profundo pesar ante la idea de que quizá le había arrebatado la vida, y todo por la sola y absurda idea de que se comía los nenúfares de mi tío. Decidí ir a confesárselo a Kangyur Rinpoche.

Bajé con rapidez al monasterio y entré en la gran sala donde estaba él. Mientras me prosternaba por tres veces, Rinpoche se echó a reír y le dijo unas palabras a Tulku Pema Wangyal. Antes de poder abrir la boca para pronunciar mi confesión, Tulku Pema Wangyal tradujo: «Rinpoche pregunta cuántos animales has matado en tu vida». Todo parecía de lo más simple y natural. Ni luces, ni vibraciones, ni ningún tipo de sensación extraña. Sonreí y repuse diciendo que probablemente había matado una rata de agua, pero también numerosos peces. Rio de nuevo y no hizo ningún comentario. Por asombroso, quizás incluso «paranormal», que pueda parecer este acontecimiento, de hecho sobrevino de la manera más simple y natural imaginable. Su pregunta, por insólita e inesperada que fuera, y sin que cupiera desde luego atribuirla al azar, no pareció por ello menos evidente en aquel momento. Por eso no sentí ninguna necesidad de preguntar el porqué y el cómo de aquel hecho, tan sorprendente como inspirador.

Un día en que contaba este episodio a Jonathan Cohen, un amigo neurocientífico de la Universidad de Princeton, me respondió: «En la vida de una persona acontecen millones de cosas. En raras ocasiones, dos cosas sin relación aparente se asocian a la perfección, por ejemplo cuando dos personas que se conocen se encuentran casualmente en una calle de un país extranjero». Un buen número de hechos muy improbables y de coincidencias sorprendentes suceden de este modo y tienen explicaciones muy simples. Los encuentros que acontecen todos los días en la calle, en el tren, donde sea, tenían una posibilidad entre millones de producirse, pero no les prestamos atención, salvo si revisten un significado particular para nosotros. Esto me ha pasado, como a todo el mundo.

Así, años más tarde, cuando iba caminando por la calle, en París, para reunirme con Nicole Lattès, mi editora, un taxi se detuvo junto al bordillo y de él se apeó un hombre, con una carta en la mano: «No le conozco, pero he leído su libro y estaba a punto de echar al correo esta carta para usted. Tenga». Este es un primer ejemplo.

Desde allí, me dirigí con Nicole al estudio del programa de Bernard Pivot, quien iba a entrevistarnos a Trinh Thuan y a mí con ocasión de la publicación de *El infinito en la palma de la mano*. Después de la emisión, cenamos en una *brasserie*. Mientras llamaba a un taxi para volver a casa, me abordó un hombre. Deseaba hablar conmigo. Era tarde, pero le propuse compartir el taxi, si iba en la misma dirección. Montó conmigo en el vehículo y me habló del programa de Pivot. El taxista escuchó la conversación y me dijo: «Hace unas horas, he llevado a una señora que venía de ese programa». Por curiosidad le pregunté la dirección de la mujer, y me dio la de mi hermana. ¡La había llevado a casa después de la emisión del programa! Me informó de que se contabilizaban catorce mil taxistas en París. Una vez más, la coincidencia podía ser inquietante. Ya van dos ejemplos.

Los motivos que habían dado origen a cada uno de estos hechos eran completamente normales y banales. Escribir una carta e ir a echarla al correo, ir caminando por la calle y encontrarse con alguien, coger un taxi para volver a casa... Tales acciones son muy cotidianas, a fin de cuentas, pero a veces dan lugar a coincidencias asombrosas. Puede parecer extraordinario que diversas trayectorias se crucen así en un momento particularmente destacado; y sin embargo, solo es cuestión de probabilidades, como lo es que nos toque la lotería.

En cambio, Kangyur Rinpoche no tenía ninguna razón plausible para preguntarme de buenas a primeras por el número de animales a los que había dado muerte. En todos los años precedentes, nunca me había preguntado nada relacionado con mi infancia o con mi vida en Francia. Le había hablado un poco de mis estudios, así como de mi familia, sobre todo de mi tío y de mi hermana, a los que quería especialmente. Nada más. Kangyur Rinpoche, por su parte, o se dirigía a mí habitualmente más que para darme sus instrucciones espirituales, o para hacerme observaciones en torno a la vida cotidiana. Y he aquí que, por primera vez en siete años, me planteaba con una extraña pertinencia una pregunta acerca de un hecho de mi infancia. Yo no había dado pie a nada que hubiera podido inducir a la pregunta, que parecía totalmente desconectada de nuestra vida allí, en Darjeeling, y se antojaba ciertamente lejana y anecdótica, cuando en realidad llegaba en el momento preciso en que el recuerdo había resurgido en mi mente y yo me disponía a dárselo a conocer. Para mí, este episodio no podría satisfacerse con una explicación probabilista. Allí había intervenido otra cosa, algo más profundo y misterioso. La explicación más sencilla sería que me hubiera leído el pensamiento. Otros hechos similares acaecidos más tarde, a los cuales asistí, tenderían a confirmar esta hipótesis.

Jigme Khyentse Rinpoche, el último de los hijos de mi maestro, nos contó una vez una anécdota de la cual había sido testigo. Un día, un hippie muy simpático, llamado Dharma Dipo, vestido con un viejo traje tibetano, con su rubio cabello peinado en forma de rastas y con múltiples collares colgados del cuello, vino a sentarse en presencia de Kangyur Rinpoche. Había fumado hachís antes de dirigirse al monasterio. Apenas se hubo sentado, Kangyur Rinpoche se puso a imitar a alguien fumando un shilom, y se echó a reír. Como aquel día no había comido, al cabo de diez minutos de meditación Dharma Dipo se sentía muerto de hambre, pero continuó meditando estoicamente. No era la hora del almuerzo, pero Kangyur Rinpoche llamó a Amala y le dijo unas palabras. Esta última volvió unos segundos más tarde, con un plato de arroz y verduras, que ofreció al joven hippie. Kangyur Rinpoche insistió para que no se dejara ni un grano.

La tradición tibetana considera que esta capacidad para leer los pensamientos de otra persona es una de las cualidades que se derivan naturalmente de un nivel elevado de realización espiritual. Los maestros no se jactan nunca de tales aptitudes, ni admiten poseerlas cuando les preguntan sobre ellas. Las manifiestan con gran naturalidad y sencillez en el momento oportuno, cuando estiman que estas facultades van a servir para fortalecer la confianza del discípulo en su práctica espiritual. Se trata siempre de una alusión sutil, jamás de una declaración ostentosa.

DARJEELING, EN PERMANENCIA JUNTO AL MAESTRO

Dudjom Rinpoche en 1966, uno de los más respetados maestros, y que producía una gran impresión. Esta foto y el documental de Arnaud Desjardins sobre los monjes tibetanos en el exilio hicieron que me decidiera a partir a su encuentro.

La esposa de Kangyur Rinpoche, Jetsun Jampa Chökyi, me acogió en su hogar a mi llegada a la India. Todos la llamábamos «Amala», que significa «madre».

Kangyur Rinpoche en 1968, en la pequeña casa que ocupaba con los suyos en Rose Bank, cerca de Darjeeling.

Pawo Rinpoche en 1967, un gran maestro afable de sonrisa resplandeciente. Vivía cerca de Darjeeling, donde me encontré con él en numerosas ocasiones.

El monasterio de Orgyen Kunsang Chökhorling, en Darjeeling, cerca del cual se encontraba la ermita en la que viví de 1972 a 1979.

Kangyur Rinpoche con mi madre, Yahne, quien emprendió el viaje a la India poco después que yo, en 1968.

CAPÍTULO 8

VIDA DE KANGYUR RINPOCHE

Sus retiros, su vida de ermitaño errante, sus enseñanzas, el encuentro con su esposa Amala, la salida del Tíbet antes de la invasión comunista y el establecimiento en Darjeeling. Kangyur Rinpoche se apaga: cuarenta y nueve días de ceremonias, seguidas por la cremación.

Kangyur Rinpoche nació en el Tíbet oriental en 1898, con el nombre de Longchen Yeshe Dorje, «Vasto Espacio de Sabiduría Adamantina», mucho antes de convertirse en Kangyur Rinpoche. Desde su infancia, manifestó una viva inclinación hacia el estudio y la práctica del Dharma. Su maestro principal, Jedrung Rinpoche (1856-1922), al que conoció a la edad de nueve años, ejerció una radiante influencia en la región del monasterio de Riwoche, en el Tíbet oriental, de gran reputación por su cariz no sectario.[1] Aunque nunca fuera entronizado como lama reencarnado (*tulku*), Kangyur Rinpoche estaba considerado como la manifestación de Namkhai Nyingpo, uno de los veinticinco principales discípulos de Gurú Padmasambhava, el maestro que introdujo el budismo en el Tíbet en los siglos VIII-IX.

Hacia la edad de once años, en compañía de un grupo de peregrinos, Longchen Yeshe Dorje partió a pie para conocer a Lama Mipham, uno de los más eminentes maestros de su tiempo, que vivía por entonces en una ermita. Al advertir la presencia del muchacho, Lama Mipham preguntó por su identidad. «Oh, no es más que un chicuelo de nuestro pueblo, que ha querido venirse con nosotros», contestaron los peregrinos. A lo que Lama Mipham respondió: «Hmm... Es de los niños de donde nacen los grandes maestros».

Le preguntó al niño:

—¿Sabes leer?

—Más o menos... —repuso con educación el chico.

Mipham sacó de su libro de plegarias el *Coral de los nombres de Manjushri* (*Manjushri Nama Sangiti*), y se lo entregó a Kangyur.

—Lee esto, a ver.

Longchen Yeshe Dorje leyó el texto entero con claridad, soltura y rapidez.

—¡Oh! ¡Oh! ¡Qué bien lee! —exclamó Mipham Rinpoche.

A continuación, encantado, dispensó a los peregrinos, y especialmente al joven Longchen Yeshe Dorje, la bendición de todos sus escritos colocándoles los volúmenes sobre la cabeza, así como una iniciación de Manjushri, el buda del conocimiento. Acto seguido obsequió a Kangyur con su propio ejemplar del *Nama Sangiti*, con unas píldoras de plantas medicinales y consagradas con motivo de una ceremonia centrada en Manjushri, así como con un pequeño sable de madera amarilla, símbolo de la sabiduría de ese buda que desgarra las tinieblas de la ignorancia. Después de recibir estas bendiciones y objetos sagrados, Longchen Yeshe Dorje no encontró jamás dificultad en memorizar los numerosos textos que habría de estudiar.

*

Longchen Yeshe Dorje vivió profundas experiencias espirituales desde la infancia. Tuvo visiones en las que recibía la transmisión de «tesoros espirituales» (*terma*). Los *termas* son enseñanzas espirituales principalmente dispensadas por Padmasambhava a ciertos de sus discípulos, y que luego estos escondían en lugares concretos según las instrucciones recibidas. Estos tesoros espirituales estaban destinados a ser redescubiertos por «reveladores de tesoros», los *tertöns*, de acuerdo con las indicaciones recibidas durante ciertas revelaciones, y ello en el momento en que fueran a ser máximamente útiles.

Siguiendo los consejos de su maestro, Longchen Yeshe Dorje profesó los votos monásticos y consagró la primera parte de su vida al estudio y la práctica con una ardiente asiduidad. Dado que no disponía de los medios necesarios para alumbrarse con una lámpara de aceite, leía hasta avanzada la noche a la luz del extremo incandescente de un bastoncillo de incienso, al que soplaba de vez en cuando para reavivar el brillo. Adquirió así una erudición poco común y era motivo de asombro por su conocimiento de las diversas escuelas del budismo tibetano. Su maestro le aconsejó entonces que efectuara dos retiros consecutivos de tres años en Marthang Dorje Den, uno de los centros de retiro del monasterio de Riwoche, consagrado a la práctica de Vajra Kilaya, sumando así a sus conocimientos la experiencia y la realización nacidas de una profunda práctica contemplativa.

Mientras cumplía su segundo retiro, en 1922, un día, en el patio del claustro, tuvo la visión, en medio de una luz resplandeciente, de numerosas formas de todas las medidas de Jedrung Rinpoche, su maestro bienamado. En el cielo aparecían arcos iris, mientras resonaban el tañido de las campanas y los redobles de pequeños tambores. Longchen Yeshe Dorje tuvo el presentimiento de que su maestro había abandonado este mundo, pero sus compañeros de retiro lo estimaron poco probable. Un mes más tarde les llegó la noticia: Jedrung Rinpoche había dejado de vivir en esta tierra el día preciso de la visión de Longchen Yeshe Dorje.

Llevó a cabo igualmente otros retiros, en diferentes lugares solitarios, entre los que destacan las vertientes del Kawa Karpo, el «Pilar Blanco», una montaña imponente de nieves perpetuas situada en el Yunnan, al sudeste del Gran Tíbet.

Su indiferencia con respecto al poder y los honores lo llevó a abandonar el monasterio de Riwoche, en el que le habían propuesto asumir importantes funciones. Prefirió llevar una vida de ermitaño itinerante, recorriendo el Tíbet de este a oeste con el fin de recibir las enseñanzas de numerosos maestros y ponerlas en práctica en lugares retirados.

*

A partir de la década de 1930, la mayor parte de su vida estuvo consagrada a actividades altruistas. Dispensó gran número de enseñanzas y transmisiones espirituales. Por otra parte, como experto en medicina tradicional que era, curaba a los enfermos que acudían a él, velaba por las personas de edad avanzada, ayudaba a los viajeros y peregrinos, y atendía a los huérfanos.

Le dieron el nombre de Kangyur Rinpoche por haber impartido en trece ocasiones la transmisión por la lectura de los ciento tres volúmenes que componen el *Kangyur*, la integralidad de las enseñanzas de Buda traducidas al tibetano en el siglo IX; las leería veinticuatro veces en total. Puede calibrarse la magnitud de tal actividad si se tiene en cuenta que una sola transmisión de este texto requiere casi dos meses de lectura, a plena jornada.

Por la época en que residía en el Tíbet central, en la provincia de Nyemo, Kangyur Rinpoche decidió pasar de la vida monástica a la de yogui, y tomar por compañera espiritual a Jetsun Jampa Chökyi. Nacida en 1922 en la provincia de Nyemo, en el Tíbet central, se consagraba desde su más tierna edad a la práctica contemplativa y era conocida por su gran compasión. Conoció a Kangyur Rinpoche en Chimpu, en las alturas que dominan el monasterio de Samye, y se convirtió en su discípula, practicando como él sus enseñanzas en lugares solitarios. En 1941, con algunos otros discípulos, acompañó a Kangyur Rinpoche en un peregrinaje de un año por la India y Nepal. En 1943, Kangyur Rinpoche se casó con ella y tuvieron siete hijos, si bien sufrieron la desgracia de perder a uno.

Kangyur Rinpoche percibió muy pronto la amenaza que se cernía sobre el Tíbet y, en 1956, decidió marcharse de la Morada de las Nieves junto con toda su familia. Sus discípulos y allegados trataron de disuadirle, arguyendo que no existía ningún peligro inminente. Pero la decisión de Kangyur Rinpoche era irrevocable. Pocos años más tarde, en 1959, la historia le dio tristemente la razón y la China comunista invadió el Tíbet mediante una intervención militar, después de haber ido implantando paulatinamente, desde 1949, los elementos que habrían de propiciar la toma de poder.

Residía por entonces en la provincia de Nyemo, hermoso valle fértil situado al oeste de Lhasa, que era la región natal de su esposa, Jetsun Jampa Chökyi. Al ver venir la tragedia que había de acontecer, Kangyur Rinpoche había podido realizar su travesía sin correr demasiados riesgos, llevándose consigo, y salvándolos de la destrucción inminente, numerosos libros preciosos, así como algunas estatuas y reliquias, que transportó en grandes fardos. Buena idea tuvo: lo esencial de las bibliotecas, rebosantes de valiosos manuscritos, fue quemado por los soldados chinos, la guardia roja y por los propios tibetanos bajo la imposición brutal de los comunistas; en muchas ocasiones tuvieron que arrojar sus preciados tesoros al río.

Kangyur atravesó el sur del Tíbet en camión, y luego alquiló una caravana de yaks y mulas para pasar un puerto de elevada altitud en la provincia de Kongpo, antes de descender hasta el valle sagrado de Pemako, el «Lugar en Forma de Loto», región sagrada en la que permaneció durante cuatro años, de 1956 a 1960, en el transcurso de los cuales tuvo numerosas visiones y pensó incluso en establecerse en ella, hasta finalmente continuar hacia la India y pasar los últimos quince años de su vida en Darjeeling.

*

La erudición de Kangyur Rinpoche no admitía comparación sino con su humildad, que se manifestaba tanto en su forma de vestir como en su casa. Los grandes maestros contemporáneos que lo conocieron sentían un profundo respeto por él. Dudjom Rinpoche decía de él que era el equivalente de los eminentes *mahasiddhas*,[2] los grandes yoguis budistas de la India, mientras que otro gran maestro de la tradición Nyingmapa, Dilgo Khyentse Rinpoche —quien más tarde había de desempeñar un papel tan primordial en mi vida espiritual—, le confió a uno de sus discípulos, Lama Chöjor, que Kangyur Rinpoche era idéntico a su propio maestro-raíz, Jamyang Khyentse Chökyi Lodrö, uno de los más grandes sabios tibetanos del siglo XX.

Con el fin de garantizar la transmisión de las enseñanzas a las generaciones futuras, Kangyur Rinpoche construyó un monasterio en Darjeeling, Orgyen Kunsang Chökhorling, donde algunos niños tibetanos siguen recibiendo hoy en día una educación tradicional. Allí fue también donde acudieron a él discípulos del mundo entero, acogidos siempre con hospitalidad, pues era muy importante para nuestro maestro compartir sus enseñanzas con el mayor número de personas.

Su libertad interior le permitía mantenerse sereno en toda circunstancia. Generoso y muy apegado a los valores del amor altruista, nos recordaba que era fundamental aportar ayuda a los enfermos, a las personas mayores, a los desposeídos y a los peregrinos que estaban de paso. Kangyur Rinpoche era por completo indiferente a las preocupaciones mundanas. Haciendo caso omiso de las convenciones comunes, podía a veces mostrarse como un maestro sin concesiones y dar prueba de una gran firmeza, a fin de que, como dice el proverbio, «un buen discípulo progrese resueltamente bajo una disciplina rigurosa». Había que seguir una disciplina en la conducta tanto exterior como interior, que exigía de cada uno lo mejor de sí mismo.

*

Aunque no viajara jamás a Occidente, Kangyur Rinpoche pensaba que el Dharma debía expandirse por él. Firme en esta convicción, transmitió sus enseñanzas incansablemente a los discípulos occidentales que iban a conocerle y a realizar estancias con él. Con ellos contaba para difundir el preciado saber ancestral. Manifestó también a otros grandes maestros, como Dudjom Rinpoche, que era por entonces el patriarca de la tradición Nyingmapa, o Dilgo Khyentse Rinpoche especialmente, su deseo de que viajaran a los países occidentales para bien de todos los seres. A finales de 1975, por invitación de Tulku Pema Wangyal, Dilgo Khyentse Rinpoche realizó un primer viaje a Occidente. Visitó una media docena de países europeos, así como Estados Unidos y Canadá. Jigme Khyentse Rinpoche y otras personas, entre las que me encontraba yo mismo, lo acompañamos desde Darjeeling hasta el aeropuerto de Bagdogra. Este viaje memorable constituyó la primera de una quincena de visitas de Dilgo Khyentse Rinpoche a Occidente, principalmente a Francia, a la Dordoña, donde la familia de Kangyur Rinpoche, su esposa Jetsun Jampa Chökyi y sus hijos, iban a establecerse a finales de la década de 1970. Numerosos occidentales pudieron así estudiar y practicar el Dharma, principalmente en el marco de los retiros tradicionales de tres años y de los seminarios organizados por el Centro de Estudios de Chanteloube.

*

A mediados de enero de 1975, los síntomas de enfermedad que Kangyur Rinpoche había comenzado a presentar desde finales del año anterior se agravaron. Comunicó entonces a sus seres queridos que iba a abandonar esta existencia. Mencionó, con unas palabras que iban destinadas a los discípulos que estaban lejos, que la distancia no importaba demasiado por poco que dieran muestras de devoción.

La noción de devoción puede parecer curiosa, por no decir sospechosa, en nuestra época. Sugiere la idea de una fe ciega, cosa que precisamente denuncia el Dalai Lama: la fe y la confianza deben fundarse en una justa apreciación de la realidad y de las cualidades del Buda, del Dharma y del Sangha, la comunidad ideal de los seres realizados. La fe ciega queda oscurecida y distorsionada por la ausencia de discernimiento y está emparentada con una creencia irracional. La devoción no consiste en «creer en algo», sino en abrirse a la inmensidad y la profundidad de la realización espiritual del maestro, y a su amor sin límites. Una vez establecido este vínculo particular, lleva al respeto y la admiración, así como al ardiente deseo de desarrollar a su vez las maravillosas cualidades descubiertas en el maestro. La devoción permite igualmente adquirir una «visión pura» del conjunto del mundo de los fenómenos; libera de la dicotomía, de una percepción que discrimina constantemente entre bello y feo, agradable y desagradable, armonioso y discordante, amigo y enemigo. La visión pura permite reconocer la pureza fundamental de los fenómenos. Por «pureza» se entiende que todos los fenómenos —formas, sonidos y pensamientos— están desprovistos por igual de existencia propia. En este sentido, son «puros», es decir, están exentos de todas las distorsiones que nuestras construcciones mentales proyectan sobre la realidad. El cuerpo, la palabra y la mente del maestro espiritual encarnan el aspecto iluminado de las formas, de los sonidos y de los pensamientos. Este es el motivo por el que mezclar nuestra mente con la del maestro permite percibir la pureza primordial de todas las formas, los sonidos y los pensamientos. La devoción, o fervor, tal como se concibe y se practica en el budismo tibetano, hace derretir el hielo de nuestros conceptos y de nuestras fijaciones, para permitirnos aprehender la unión perfecta de las apariencias y de la vacuidad. Por esta razón, y a pesar de la inmensa variedad de prácticas y medios eficaces que propone el budismo vajrayana, la unión con la mente del maestro, el gurú yoga, constituye el núcleo de todos estos métodos.

El gurú yoga nos permite, pues, redescubrir y realizar gradualmente la naturaleza de buda que está en nosotros, una naturaleza que representa el aspecto último del maestro espiritual. Tal y como enseñaba

Dilgo Khyentse Rinpoche: «Depositar la propia confianza en el maestro espiritual es el medio más seguro de progresar hacia la Iluminación. La calidez de su compasión y de su sabiduría funde el mineral de nuestro espíritu para liberar el oro de nuestra capacidad de despertar a la Iluminación, la naturaleza de buda».

Poco antes de que aparecieran los primeros síntomas, Kangyur Rinpoche había transmitido una última gran iniciación a uno de sus discípulos más próximos, Soktse Rinpoche, que se lo había pedido, y a algunos otros de los que tuve la fortuna de formar parte. Nos hizo así don del ciclo completo de su tesoro espiritual centrado en la deidad de sabiduría Vajra Kilaya, que encarna la actividad iluminada de todos los budas para alcanzar el bien de los seres y que aparta los obstáculos del camino.

El jueves 23 de enero de 1975, a la hora de la puesta de sol, pidió estar solo. Y así fue como abandonó el mundo, sentado en meditación. Cuando sus allegados volvieron a entrar en la habitación, Kangyur Rinpoche había dejado de respirar y había entrado en la meditación posterior a la vida, el *tukdam*, que duró cinco días. La esposa de Kangyur Rinpoche, Jetsun Jampa Chökyi, rodeada por sus hijos, leyó en voz alta el *Tesoro del espacio absoluto* (*Chöying Dzö* en tibetano), un texto redactado por el gran maestro del siglo XIV Gyalwa Longchen Rabjam que expone la verdad última en una cincuentena de páginas de una gran profundidad.

La meditación vinculada con el *tukdam* infunde la sensación, muy clara, de la presencia viva del difunto. La cabeza permanece recta, o ligeramente inclinada hacia delante; la piel y los miembros se mantienen flexibles, sin rigidez cadavérica. Del cuerpo emana un olor dulce y suave, muy diferente del hedor que emiten los cadáveres despojados de todo vestigio de vida y abandonados a la corrupción. Este tipo de meditación puede prolongarse hasta tres semanas. Si un discípulo avanzado es capaz de mantener tal grado de trance meditativo, este le permite entonces cubrir rápidamente las etapas últimas de la realización espiritual. Los maestros que, como Kangyur Rinpoche, han llevado a cumplimiento la naturaleza espiritual de acuerdo con las enseñanzas de la Gran Perfección, no tienen necesidad de entregarse a esta meditación *post mortem*, pero a veces lo hacen para edificación de sus discípulos. Sucedió en cierta ocasión, en el Tíbet, que unos fieles que se hallaban de modo imprevisto en presencia de un gran practicante de *tukdam*, tuvieron la impresión de estar delante de un practicante de la meditación absorto en una profunda contemplación, sin darse cuenta de que la vida, en sentido ordinario del término, había abandonado ya su cuerpo. Durante este periodo, resulta muy valioso unir la propia mente a la del maestro. Ciertas señales precisas indican el final de la meditación: la cabeza se hunde, unos humores blancos y rojos caen de la nariz, y el cuerpo comienza a cambiar de aspecto, como en cualquier otra persona fallecida.

Cuando Kangyur Rinpoche mostró las señales de finalización de su *tukdam*, lavaron su cuerpo con agua con azafrán y lo amortajaron con vendas de tejido blanco. Acto seguido lo instalaron en la posición del loto, en su dormitorio, sobre el lecho en el que había entrado en meditación. Lo revistieron con brocados y adornos que simbolizaban el *sambhogakaya*, el «cuerpo de perfecta felicidad», es decir, la dimensión también llamada «cuerpo sutil de un buda que se manifiesta espontáneamente a partir del cuerpo absoluto», el *dharmakaya*. Le colocaron los brazos cruzados sobre el pecho, con la mano derecha sosteniendo un *vajra*, pequeño cetro de cinco puntas que simbolizan la compasión y la transformación de los cinco principales venenos mentales —odio, deseo-apego, ignorancia, orgullo y envidia— en cinco sabidurías, y con la mano izquierda una campana, símbolo de la vacuidad de los fenómenos. En la cabeza le ciñeron una corona de cinco pétalos en los que había pintados los Cinco Budas Dhyani, que simbolizan cinco aspectos de la sabiduría primordial: la sabiduría de la dimensión absoluta, la sabiduría similar al espejo, la sabiduría de la igualdad perfecta, la sabiduría del discernimiento de todas las cosas y la sabiduría que todo lo cumple.

Fue entonces cuando los discípulos cercanos presentes en el monasterio pudieron rendirle homenaje. Nos prosternamos ante su cuerpo, rogando con todo nuestro ser por que permaneciera siempre presente en el centro de nuestros pensamientos y nos guiara hasta la Iluminación, en esta vida o en las sucesivas. Pudimos recogernos cada día unos instantes en su habitación. Viví con gran intensidad aquellos momentos tan especiales, conmovedores, los últimos en presencia del cuerpo físico de mi maestro. Reavivé entonces con más fuerza que nunca mi determinación por consagrarme a la práctica de las enseñanzas que había recibido de él.

El hijo mayor de Kangyur Rinpoche, Tulku Pema Wangyal, nos recordó que la muerte de un maestro espiritual difería de la de un ser ordinario: el maestro permanece siempre presente para aquellos que lo invocan con confianza. Otro gran maestro que residía en vecindad con el monasterio, Nyoshul Khen Rinpoche, nos dijo que solo los insensatos no se entristecen por la muerte de un maestro así, cuya vida está consagrada al bien de todos. Un maestro de una excelencia tal, nos recordó, es raro en extremo. No obstante, añadió, si bien su cuerpo de manifestación se había extinguido, su dimensión absoluta trascendía a toda forma de destrucción.

*

Unas horas después de la muerte de Kangyur Rinpoche, Tulku Pema Wangyal logró hacerle llegar un mensaje a Dilgo Khyentse Rinpoche, que se encontraba por entonces en Sikkim. Algunos días más tarde, llegó al monasterio y cumplió los ritos consagrados. Impartió también valiosos consejos a todos los discípulos reunidos y nos recordó especialmente que las enseñanzas de Buda eran tan amplias, que resultaba imposible para un fiel corriente asimilarlas en su totalidad, lo cual hacía tan preciado el encuentro con un maestro auténtico capaz de dispensar a cada uno las instrucciones necesarias para progresar de acuerdo con sus capacidades y disposiciones mentales particulares. Debíamos por tanto considerarnos muy afortunados por haber recibido tales enseñanzas, y en ningún caso debíamos pensar que nos faltaban determinadas instrucciones indispensables. Nos recordó cómo los *mahasiddhas* —los sabios consumados del pasado— habían alcanzado la realización última meditando con perseverancia sobre las pocas enseñanzas esenciales que sus maestros les habían transmitido. Teníamos la impresión de que Dilgo Khyentse Rinpoche recogía en sus manos a los discípulos de Kangyur Rinpoche, de la misma manera como una segunda madre acoge a los huérfanos que le han sido confiados con una bondad y una generosidad sin reservas.

La «partida» de un maestro espiritual supone para sus discípulos un momento de una tristeza insondable, como si todos los astros del cielo se apagaran súbitamente, dejándonos sumidos en la oscuridad. Pero esta tristeza particular trasciende todo sentimiento, toda emoción, para conducirnos al corazón de lo que es esencial. El maestro permanece presente en todo aquello que uno percibe, ve y oye. Ya no está en su cuerpo, sino que habita todo cuanto nos rodea, pues permanece en la fuente misma de nuestros pensamientos, haciéndose uno con la naturaleza fundamental de nuestra mente. Y ello no a la manera de una presencia individual, sino como la conciencia clara, iluminada, que perdura, inalterada e inalterable, tras la cortina de los pensamientos. El maestro es como el espacio que abarca todas las cosas, como la luz que ilumina el mundo, como un sonido que resuena en todo lugar y en todo tiempo.

Es pasando al *paranirvana*, la muerte, como Buda impartió su última enseñanza, la de la caducidad, una poderosa exhortación a no dilapidar en vano la preciosa existencia humana, sino a entregarse al camino de la liberación. De entre todas las enseñanzas de Buda, la de la caducidad se parece a la huella de un elefante en la selva, pues es la mayor de todas las huellas. Conservar el sentimiento de la caducidad presente en la mente no tiene por objeto infundir en nosotros sentimientos de un nerviosismo febril, o de angustia, sino que permite captar con aguda conciencia el valor inestimable de cada instante que pasa. Del mismo modo en que no arrojamos polvo de oro a un arroyo, sería deplorable dejar que nuestra existencia fuera disgregándose un instante tras otro, día a día, año tras año, en lo ilusorio y lo inútil, para partir con las manos vacías de esta isla del tesoro que representa la vida humana.

*

Durante cuarenta y nueve días, lamas, monjes y monjas llegados de los contornos, así como discípulos occidentales de Kangyur Rinpoche presentes en el momento de su muerte, y numerosos más que acudieron de fuera, rindieron homenaje a su maestro. En el templo ubicado en el primer piso del monasterio, se celebraron ceremonias que se prolongaron durante toda la jornada, centradas en la práctica de Vajrasattva, el buda de la purificación. Cuarenta y nueve días es la duración del tiempo durante el cual la conciencia transita al *bardo*, el estado intermedio entre el momento de la muerte y el del renacimiento. Es también el periodo durante el cual se ofrecen ceremonias para favorecer el renacimiento en condiciones favorables, en la búsqueda del camino hacia la Iluminación. En el caso de un ser que ha alcanzado el grado más alto de realización espiritual, que domina las circunstancias de su renacimiento, esta duración es simbólica, y se observa principalmente para dar ocasión a los discípulos de rendir homenaje a su maestro y formular votos para que se manifieste de nuevo en este mundo con prontitud, para bien de los seres.

Esta práctica permite a un tiempo unirse al espíritu del maestro, considerado inseparable de Vajrasattva, llevar a cabo ofrendas materiales y visuales —para hacer esto, se hacen presentes en la mente todas las perfecciones y bellezas del universo, que se multiplican hasta el infinito y llenan el espacio en forma de nubes de ofrendas—, y purificar las oscuridades que velan la mente, la palabra y el cuerpo de todas las personas presentes, con el fin de que puedan alcanzar la Iluminación. La asamblea recita lentamente el texto de una treintena de páginas, dos veces al día, por la mañana y por la tarde. Se trata de una profunda meditación guiada, que comienza con la toma de Refugio en la Iluminación de Buda y prosigue con el voto del *bodhisattva* (alcanzar la Iluminación para poder liberar del sufrimiento a todos los seres). La parte principal se concentra en visualizaciones del buda Vajrasattva, que permite cultivar la «visión pura». Todos los seres sin excepción son percibidos como budas, masculinos o femeninos, y la naturaleza de buda está presente en cada uno de ellos como el aceite en cada semilla de sésamo.

Cuarenta y nueve días después de la muerte de Kangyur Rinpoche, la noche del 17 de febrero de 1975, su cuerpo fue colocado en la parte superior de un estupa en forma de campana provisto de una abertura lateral. Este estupa especial se construyó en la terraza superior del monasterio bajo la dirección de Tulku Pema Wangyal, y todos participamos. Dilgo Khyentse Rinpoche —quien pronto iba a desempeñar un papel tan importante para mí— y Dodrupchen Rinpoche, otro gran maestro que se había establecido en Sikkim tras huir del Tíbet, dirigieron la ceremonia y, poco antes del alba, se encendió la pira de madera de enebro y de sándalo, que consumió poco a poco el cuerpo de Kangyur Rinpoche, mientras continuaba el ritual de la ofrenda al fuego. En el transcurso de esta ceremonia, los participantes visualizaron el cuerpo del maestro, sentado en la posición del loto sobre un soporte, envuelto en telas y brocados, bajo la forma de Vajrasattva. Un arco iris matinal lució poco después de la salida del sol. Al finalizar la celebración, que duró tres horas, se selló la abertura del estupa para dejar que las cenizas se enfriaran lentamente. Durante la mañana, se formó alrededor del sol un halo espectacular, que fue visible durante media hora. Unos días más tarde, Tulku Pema Wangyal abrió el estupa, para que pudieran recogerse las cenizas, lo cual se hizo meticulosamente. Una parte de los huesos, así como el corazón de Kangyur Rinpoche, que a pesar de la intensidad del fuego no había quedado reducido a polvo, se encastaron en una estatua que permanece actualmente en la habitación de Kangyur Rinpoche. Como diversos otros discípulos, fui felizmente beneficiado con algunos fragmentos de hueso de mi preciado maestro.

Otra parte de las reliquias se dispuso en un estupa de cobre recubierto de oro, que permanece en el templo principal del monasterio. No es raro que, en el caso de los grandes practicantes, el corazón, los ojos y la lengua se los encuentre juntos, como momificados, en medio de las cenizas, sin haber quedado carbonizados por las llamas. Este hecho se considera una señal de culminación. Retrospectivamente, este asombroso fenómeno me hace pensar en la frase de Cicerón: «Aquello que no puede producirse, nunca se ha producido, y aquello que puede producirse no es un milagro». La cuestión se torna interesante cuando la explicación más plausible pone en entredicho los paradigmas dominantes.

La tarea que nos incumbía a partir de entonces era la de poner en práctica las enseñanzas recibidas durante el resto de nuestra vida. Mi madre, que también había vivido y practicado en un pequeño retiro de Darjeeling entre 1972 y 1975, y a la que veía casi a diario cuando comíamos con la familia de Kangyur Rinpoche, decidió volver a Francia después de la muerte de nuestro maestro. Durante los últimos meses de su estancia sufrió una encefalitis que la trastornó en extremo. Ayudado por mis amigos, pasé varias semanas junto a su cama, en ocasiones día y noche. A su regreso, al principio vivió en Bretaña, en una bonita cabaña de madera en la propiedad de su hermano Jacques-Yves Le Toumelin, y luego en Dordoña. Posteriormente volvió varias veces para realizar estancias de unos meses en la India, Nepal y Bután.

Cuando Kangyur Rinpoche estaba aún con vida y yo venía cada año de Francia para encontrarme con él, saber que me esperaba el dulce reencuentro confería al viaje un significado particular. El tiempo y el espacio tomaban otra dimensión, impregnados con la imagen de mi maestro. Y entonces llegaba el tan esperado momento en que, con el corazón abierto a su luz, me dirigía a su residencia, cruzaba el umbral, volvía a saludar a los miembros de su familia y me encontraba de nuevo en su presencia. Años más tarde supe que, cuando los tibetanos hablan del Dalai Lama, no utilizan ni su título ni su nombre personal, sino simplemente la palabra «Kundun», que significa «presencia».

Cuando viajo ahora, cosa que hago muy a menudo, me desplazo simplemente de un punto a otro. Vaya donde vaya, no hay un solo lugar en todo el mundo, a no ser en mi corazón, en el que pueda volver a encontrarme con mi maestro. Tal como lo expresó el gran yogui Shabkar después del fallecimiento de su maestro: «Antes, aunque la distancia fuera grande, yo sabía que podía contemplar su rostro; hoy, ni con el mejor caballo del mundo tengo donde ir».

CAPÍTULO 9
¿QUÉ ES UN MAESTRO AUTÉNTICO?

Las características de un verdadero guía espiritual. El largo proceso que debe culminar en su elección. Los peligros a los que nos exponen los falsos maestros.

El corazón de la transmisión espiritual se conforma a las cualidades del maestro: su libertad interior, su compasión, su sabiduría y su desinterés por las banalidades mundanas. Después de cinco años viajando para visitar a Kangyur Rinpoche, viví dos años en su presencia, y luego pasé trece años frecuentando a Dilgo Khyentse Rinpoche, además de pasar largos periodos con Trulshik Rinpoche y con el Dalai Lama. A lo largo de todos esos años, jamás percibí en ellos un pensamiento, una palabra o un acto susceptibles de perjudicar a otra persona. Su sola y única preocupación parecía ser la de alcanzar el bien de los seres, no tan solo su bien inmediato, sino un bien último: la liberación del mundo condicionado por el sufrimiento, el *samsara*.

Podría objetárseme que soy de natural ingenuo y que sus defectos me escaparon, pero algo que no sea más que una simple fachada que disimule vicios ocultos no resiste a la prueba del tiempo. Los defectos en el caparazón exterior terminan siempre por revelarse, por camuflados que estén. No fue tal el caso. Es más, a diferencia de los simuladores, constantemente preocupados por los juicios ajenos, uno de los rasgos comunes a todos estos maestros es que no sienten ninguna preocupación por su «imagen», no buscan «aparentar», ni toman en consideración las alabanzas o las críticas, la fama o el anonimato.

Es ni más ni menos lo que uno espera de un maestro espiritual digno de tal nombre, me diréis. Ciertamente, pero una coherencia tal no por ello es menos excepcional e inspiradora. Y también es necesaria, porque ¿cómo podría considerarse un maestro espiritual a alguien que se comportara de manera sospechosa, por no decir ya dañina, con respecto a los demás?

En realidad, un maestro espiritual auténtico no tiene nada que ganar ni que perder: lo que tiene es todo que dar, todo que compartir. Poco le importa atraer a nuevos discípulos, no busca ningún tipo de reconocimiento público, ningún beneficio personal, y su modo de vivir se demuestra simple y austero, alejado de todo fasto.

Un maestro cualificado no surge de la nada: es depositario de un linaje ininterrumpido de transmisión espiritual y de experiencias adquiridas a lo largo de generaciones. A través de él, es la Iluminación de Buda, el tesoro de sus enseñanzas, el Dharma, y el linaje de los seres consumados que constituyen una comunidad virtuosa (el Sangha) lo que se perpetúa, y lo que se respeta.

En el Tíbet o en Bután, cuando se llega a algún sitio, es frecuente preguntar por la presencia de sabios en la región, para ir a su encuentro. Cuesta imaginar a alguien que llega a París y hace esto mismo con las personas que se encuentra por la calle. Uno pregunta más bien por el supermercado, el cine o el gimnasio más cercano. La importancia que se le da al maestro espiritual puede parecer sorprendente, por no decir fastidiosa, en un mundo en que se fomenta el individualismo y la autonomía. Sin embargo, se admite de buen grado que para aprender a navegar, a escalar paredes verticales o a tocar un instrumento de música es conveniente beneficiarse de la experiencia de un instructor cualificado, que se apoya a su vez en la experiencia acumulada a lo largo de generaciones. No hay ninguna razón por la que el aprendizaje de la sabiduría, de la compasión, de la libertad interior y del camino de la Iluminación constituya una excepción.

Si uno aspira a realizar la vuelta al mundo en velero, puede comenzar por leer los relatos de los grandes navegadores, pero estos conocimientos librescos, por esclarecedores que sean, constituyen un recurso limitado. Es esencial adquirir además una pericia, unos conocimientos prácticos que otros deben inculcarnos. Caminar hasta la Iluminación es un proyecto más vasto aún que el de *circunnavegar*. Lanzarse a la inmensidad del océano sin mapa ni sextante, sin saber navegar ni tener idea alguna del destino del viaje, sería prueba de inconsciencia. Un maestro cualificado aporta todo esto, mapas y brújula, y mucho más que todo esto, está siempre presente, como el polo norte que orienta la brújula del discípulo, lo previene de dificultades inesperadas, guía sus aspiraciones y la realización de su potencial, y le recuerda las palabras de Buda: «Yo os he mostrado el camino, recorrerlo es cosa solo vuestra».

En mi caso, no me habría quedado medio siglo en el Himalaya si no hubiera encontrado allí seres capaces de indicarme ese camino con discernimiento y buena voluntad. No habría sido mucho mejor que si me hubiera limitado a sacar unas fotos de los magníficos paisajes y a ser presa de los mosquitos. Pero desde mis primeros viajes, tuve el convencimiento de que si las enseñanzas y la práctica del budismo habían generado seres tan notables como Kangyur Rinpoche, su esposa, su familia y otros maestros a los que conocí,[1] entonces también yo tenía que beber de ese tesoro de conocimientos y de esa formidable oportunidad de transformación interior.

En el budismo, se distinguen diferentes tipos de maestros espirituales, según su función y sus capacidades. Está en primer lugar el «amigo espiritual», aquel que nos mueve a la virtud, el *kalyanamitra* en sánscrito, quien proporciona consejos, indica el camino que seguir y enseña los rudimentos de la práctica. Está también el erudito, el profesor (*acharya* en sánscrito), que explica el contenido, el sentido y la estructura de las enseñanzas. Este *acharya* puede ser un maestro en filosofía, un *khenpo*, en tibetano. Es también un *khenpo* aquel que conserva el linaje dinástico y confiere la ordenación.

Viene a continuación el maestro del Gran Vehículo (el Mahayana), quien expone las enseñanzas sobre la filosofía y la práctica, centradas en la sabiduría y la compasión que conducen al estado de buda. Transmite los preceptos asociados con los votos de *bodhisattva*, la determinación de alcanzar la Iluminación para el bien de los seres.

Finalmente, el maestro espiritual dispensa la transmisión de las iniciaciones del vehículo adamantino, el Vajrayana. Es aquel que nos introduce a la naturaleza de nuestra propia mente y guía nuestro camino hacia la Iluminación; nuestro «maestro-raíz». Kangyur Rinpoche encarnaba para mí el conjunto de estos maestros. Fue por tanto mi maestro-raíz. Además de aludir a la noción de maestro «principal», este concepto evoca también el hecho de que Kangyur Rinpoche está siempre presente en la «raíz» de mis pensamientos, en el núcleo de mi ser, aunando en su persona al maestro exterior que muestra el camino y al maestro interior, la naturaleza última de nuestra mente. No se trata en este caso de una simple figura estilística: en la actualidad, al igual que a lo largo de toda mi vida, numerosas veces durante el día la evocación de la presencia de Kangyur Rinpoche, de sus cualidades, acompañada del deseo de fusionar mi mente a su sabiduría, ocupa la parte preeminente de mis pensamientos.

Estos diversos maestros suscitan niveles de compromiso diferentes de parte del discípulo. Iniciarse en la navegación a vela con un pequeño velero ligero cerca de la playa no es lo mismo que formarse con un marino curtido en navegación en alta mar y en cualquier época del año. Cada cual tiene que decidir con pleno conocimiento de causa por qué camino desea adentrarse y a qué tipo de maestro está dispuesto a confiarse, después de haber reflexionado con madurez acerca de sus objetivos y de haber examinado desde todos los ángulos la autenticidad de los maestros en cuestión.

Los textos nos advierten también acerca de la rareza de los maestros cualificados. Describen en especial las cualidades requeridas por parte de un maestro del Vajrayana: él o ella debe poseer un excelente conocimiento de las enseñanzas, tiene que haberlas integrado en su torrente de la conciencia y haber alcanzado un alto nivel de realización espiritual. Esta se expresa de un modo particular en una compasión sin falla con respecto a todos los seres sin excepción. La mayor satisfacción para un maestro es que un discípulo progrese hacia la liberación del sufrimiento. Nos hallamos alejados de las relaciones de dominio de las que la vida corriente nos proporciona constantes ejemplos, y que caracteriza la búsqueda de ascendiente de un falso maestro sobre sus discípulos. La acogida por parte del maestro constituye un gesto de pura y espontánea generosidad, comparable a la ayuda que uno ofrece a un viajero perdido, o a un fugitivo en peligro. El maestro comparte su experiencia de arrancar de sí la ignorancia, las emociones negativas y los sufrimientos que acarrean. A través del pleno dominio de los métodos de la práctica espiritual, sabe discernir cuáles son aquellas que mejor convienen a tal discípulo, en un momento determinado de su existencia. Estas cualidades no pueden nacer sino de un estado interior de culminación, perceptible tanto en las enseñanzas más profundas como en los gestos más simples.

*

Al discípulo, por tanto, se le recomienda encarecidamente que no se fíe del primero que encuentre y que examine de entrada minuciosamente las cualidades del potencial maestro, empezando por informarse a través de terceras personas, y asegurándose después de que la opinión que se haya formado sea acorde con la realidad. Se aconseja dejar transcurrir varios años antes de concederle a un maestro la plena confianza, pues ponerse en manos de un individuo no cualificado viene a ser tanto como ingerir veneno.

El Dalai Lama aconseja con insistencia a todos, a orientales como a occidentales, que reflexionen con madurez antes de estudiar con un maestro para ahorrarse posibles y amargas decepciones. Tampoco se trata sin embargo de entregarse a un revoloteo espiritual alrededor de todas las tradiciones del planeta y de todos aquellos que proclaman sus enseñanzas a los cuatro vientos. Como decía mi madre, Yahne: «Cuando encuentras un pozo con agua verdaderamente pura, si tienes sed, bebe. ¡Pero no os dediquéis al turismo de pozos!».

El Dalai Lama ha afirmado igualmente en numerosas ocasiones que si un supuesto maestro se comporta en contradicción flagrante con las enseñanzas de Buda y si en particular sus enseñanzas perjudican a quienes lo rodean, corresponden a los discípulos denunciar su actuación.

Uno de los criterios de juicio es claro y sin apelativos: el budismo apunta a eliminar el sufrimiento y sus causas. En consecuencia, todo aquello que no remedia el sufrimiento, o peor aún, que lo genera, no tiene nada que ver con el budismo. Un maestro que, con todo conocimiento de causa, provoca sufrimientos perdurables y profundos en los demás, no es un maestro, sino un charlatán. Seguir a un maestro así es como arrojarse a un precipicio, en el que caerán tanto el maestro como el discípulo.

En casos menos graves, si a falta de haber examinado suficientemente la autenticidad de un maestro, uno se da cuenta de que simplemente no reúne las cualidades requeridas, pero a pesar de todo se ha beneficiado de sus enseñanzas del Dharma, por respeto a sus enseñanzas, y en particular si uno ha recibido una iniciación al Vajrayana, se limitará a distanciarse.

Una vez el discípulo tiene todas las razones para pensar que un maestro es auténtico, será apropiado concederle una confianza que trascienda las raciocinaciones del escepticismo. El discípulo se convierte así en algo parecido al aprendiz de alpinista que, una vez ha comenzado una ascensión, debe confiar total y enteramente en su guía, sin lo cual ambos podrían verse en peligro.

Las enseñanzas que describen sin ambigüedad las cualidades de los maestros que seguir y los defectos de aquellos a los que hay que evitar desempeñan la función de pretil protector. El *Tesoro de cualidades preciosas*,[2] por ejemplo, compuesto en el siglo XVIII por Rigdzin Jigme Lingpa y expuesto por Kangyur Rinpoche en un comentario luminoso, precisa estas cualidades y estos defectos:

> El maestro que reúne todas las cualidades del Dharma supremo, ¡qué poco se encuentra, en estos tiempos de decadencia![3] En el suelo de una ética pura, ha regado su espíritu con el agua del estudio y de la gran compasión. Puede dispensar las enseñanzas, pues su espíritu está apaciguado y liberado. Guiado por su inconmensurable compasión, no tiene más que una única preocupación: ayudar a los demás. Realiza pocas actividades mundanas y piensa en el Dharma con asiduidad. El *samsara* lo cansa profundamente, e inspira a los demás el mismo sentimiento. Quien se apoya en un maestro así, pronto alcanzará la culminación de su ser.
>
> En cuanto a los falsos maestros, algunos son como brahmanes que temen perder su residencia y su posición; otros tienen habilidad para hablar, pero no por ello están más capacitados para transformar en bien la inteligencia de sus discípulos de lo que una mula de madera lo está para moler el grano. Otros, que en nada se diferencian de los seres corrientes, se arrogan sin ninguna consideración las cualidades que algunos, en su fe ciega, ven en ellos. Orgullosos de las ofrendas que se les hacen y del respeto que se les manifiesta, tales maestros son enteramente como una rana en el fondo de un pozo, que se imagina que su pozo es tan inmenso como el mar que nunca ha visto. Otros, en fin, han estudiado muy poco y no hacen ningún caso de los votos que profesaron ni de los compromisos espirituales que aceptaron. Tienen un espíritu vil, pero se comportan como si hubieran alcanzado los estados espirituales más elevados.
>
> En compañía de estos guías orates, cuya cuerda del amor y de la compasión está cortada, los actos dañinos no pueden sino ir en aumento.
>
> Otros, por último, no poseen más cualidades que las personas corrientes e ignoran el espíritu de Iluminación altruista. Confiarse a ellos por su solo renombre sería un grave error. Sería como si, para cruzar el océano, uno se pusiera en manos de un capitán de navío ciego. Equivocarse de este modo nos hará errar en las tinieblas más profundas.

> Aquel que pone imprudentemente su confianza en un maestro sin comprobar minuciosamente si es auténtico, malgastará el conjunto de sus propias virtudes y perderá las libertades que hubiera adquirido. Es como un ser que ha tomado por una cuerda una serpiente venenosa.

Una vez que uno ha encontrado a un maestro auténtico, la «unión con la naturaleza del maestro», o gurú yoga, se convierte en una práctica esencial que se sustenta en la devoción, la cual, como hemos mencionado, es algo por completo diferente a una «fe ciega». Aquella nace del reconocimiento de las cualidades de la Iluminación, de la cual el maestro es ejemplo vivo. Esta práctica permite romper los límites de nuestra visión estrecha y confusa. Nuestra esfera interior se mezcla entonces con el espacio inmenso de la Iluminación del maestro. Se trata también de descubrir la naturaleza fundamental de nuestra mente, su vacuidad luminosa y su libertad originaria. Este proceso difícilmente podría realizarse en ausencia del catalizador que representa el gurú yoga.

El maestro exterior nos permite también redescubrir al maestro absoluto, la naturaleza de buda presente en cada uno de nosotros. Como escribiera Jamgön Kongtrul,[4] eminente maestro del siglo XIX:

> Exteriormente, el maestro aparece bajo una forma humana y enseña el camino de la liberación. Posteriormente llega un momento en que, por efecto de sus instrucciones y de sus bendiciones, el discípulo alcanza una realización idéntica a la suya. Se da cuenta entonces de que el maestro interior, o absoluto, ha estado siempre presente. No es otro que la naturaleza de nuestra propia mente.

El gurú yoga resulta ser igualmente la práctica más eficaz para hacer desaparecer los obstáculos y progresar. Con este objetivo, es vital una profunda devoción, como escribía el gran maestro del siglo XII Drigung Khyabgön Rinpoche:[5]

> «Si el sol de nuestra devoción
> no brilla sobre la cima nevada
> de los cuatro Cuerpos del maestro,
> no rezumará ni una gota del néctar de sus bendiciones.
> ¡Que nuestra mente se aplique a la devoción!».

*

Según mi humilde experiencia, en presencia de un maestro se experimenta un sentimiento de elevación que saca lo mejor de nosotros mismos a la superficie, para luego extenderse al conjunto de nuestro paisaje mental, aportando alegría, serenidad y confianza. Esta presencia restituye un sentimiento de adecuación con el mundo y con los demás. La palabra «elevación» alude también a una sensación de ligereza, la de las nubes que se elevan en el cielo impulsadas por las corrientes ascendentes. En nuestro caso, es la calidez de las cualidades del maestro la que levanta los componentes ordinarios de nuestro dispositivo mental. Descargado de cavilaciones, la mente está preparada para emprender la aventura de la transformación interior. La persona adquiere confianza: esta transformación es posible y encarna el objetivo más elevado que uno pueda imponerse.

Pero vincularse a un maestro espiritual es también una decisión exigente. Por nuestro propio bien, el maestro no hará ninguna concesión por eliminar los defectos que alimentan nuestros sufrimientos. ¿Por qué tendría que mostrarse indulgente con nuestras malas tendencias, profundamente arraigadas? ¿Por qué trataría con consideración a nuestro ego, esa parte narcisista que nos ha causado tantos disgustos? ¿Qué necesidad habría de dejarnos dilapidar nuestra vida en la rutina de pensamientos fútiles y en la entrega a actividades a cuál más vana? La compasión del maestro le obliga a arrancarnos, al precio que sea, del lodazal del *samsara*. Con bondad, el sabio rompe el *statu quo* de nuestro extravío y barre el fárrago de hábitos y automatismos mentales que nos mantienen en un estado de insatisfacción crónica. El maestro es capaz de ser tanto la dulzura de la caricia de una madre, como la ducha fría que nos sustrae de nuestra somnolencia y despeja nuestra confusión interior.

Todas estas razones hacen eminentemente precioso el tiempo que uno pueda pasar con un sabio y las veces que uno pueda encontrarse con él a intervalos regulares. Es lo que nos permite corregir el rumbo de nuestra práctica, en caso de sutil desviación.

Si es indispensable que un maestro auténtico posea las cualidades descritas, no cabría exigir del discípulo que sea perfecto desde el primer momento. Si ha decidido emprender este camino, es porque, consciente de sus defectos y limitaciones, desea convertirse en un ser humano mejor. Pero sí cabe con todo derecho esperar de él que se muestre coherente con la meta que se ha fijado y que haga lo posible en todo momento por perseverar en la buena dirección, eliminar poco a poco sus defectos y cultivar las cualidades que culminan en la liberación del *samsara* y en la Iluminación. Lo que constituiría una incoherencia por parte del discípulo sería considerar normales y aceptables, ya no digamos deseables, unos defectos que van claramente en contra de la liberación de las causas del sufrimiento propio y ajeno.

El discípulo debe confiar plenamente, ser diligente en el estudio y en la práctica, apartarse de las ambiciones corrientes, aprender a conformarse con poco y progresar hacia el dominio de su propia mente. Tal como explica Khenpo Yonga en su comentario sobre el *Tesoro de cualidades preciosas*,[6] un buen discípulo acepta con resiliencia todas las circunstancias, buenas o malas, como un puente que permite cruzar a todos aquellos que se presentan. Al igual que un yunque, soporta sin desanimarse las condiciones difíciles, la frugalidad, el calor del verano y el frío del invierno. Sigue meticulosamente las instrucciones de su maestro y, con la misma poca vanidad que un humilde barrendero, se muestra plenamente respetuoso con él, así como con sus hermanos y hermanas espirituales. A imagen de un cinturón, que se lleva sin darse uno cuenta, es un compañero agradable y de fácil trato, no se muestra importuno en ninguna circunstancia. Como la sal que se disuelve en el agua, ya esté limpia o sucia, se adapta con naturalidad a cuanto se presenta. Es consciente de sus defectos y renuncia a toda arrogancia, como si de un viejo yak con los cuernos rotos se tratara, que se sitúa en la última fila de la manada. Busca los lugares más propicios para la práctica espiritual, alimenta sin tregua la aspiración a progresar hacia la Iluminación, a ser útil a los demás y a aliviar sus sufrimientos.

De este modo, si el discípulo que va a la deriva en el océano del *samsara* presenta el anillo de la confianza y de la perseverancia a un maestro que dispone de la red de pesca de la sabiduría y de la compasión, este último podrá remolcarlo hasta la tierra firme de la liberación del sufrimiento.

CAPÍTULO 10

DESDE MI ERMITA

De 1972 a 1976, no paso una sola noche fuera del monasterio. Alterno los retiros en mi ermita con las actividades de construcción y ornamentación del monasterio.

Los hijos de Kangyur Rinpoche fueron sus principales herederos espirituales. Fue en gran parte gracias a su hijo mayor, Pema Wangyal Rinpoche, como pude continuar con mi camino espiritual hasta el día de hoy, cincuenta años más tarde. Al principio me traducía las enseñanzas de su padre, añadiendo valiosos detalles, sustentado por su experiencia y su profunda realización personal. Después de la muerte de Kangyur Rinpoche, se convirtió en el guía espiritual de los retiros que efectué en el transcurso de los años siguientes, tanto en Darjeeling como en otros lugares.

Más tarde descubrimos que había sido reconocido, por parte de su padre y del XVI Karmapa, como la encarnación de Taklung Tsetrul Rinpoche, un gran maestro del monasterio de Taklung, en el Tíbet. Creció y estudió con su padre, para posteriormente profundizar en sus estudios filosóficos durante varios años en el Instituto de Altos Estudios Tibetanos (*Tibetan Institute of Higher Studies*), en Sarnath, dependiente de la Universidad de Sánscrito de Varanasi (Benarés). Recibió asimismo numerosas enseñanzas de los maestros más eminentes, entre ellos Kyabje Dudjom Rinpoche, Dilgo Khyentse Rinpoche, Trulshik Rinpoche, Sakya Trizin y muchos otros. Además de estos estudios, pasó numerosos años en retiro solitario.

Su hermano más joven, Jigme Dorje, resultó afectado de poliomielitis hacia los tres años de edad, y le quedó una minusvalía. Al ser el benjamín y revelarse como un niño fuera de lo común, recibía una atención muy particular por parte de su familia. Por la noche, el pequeño dormía acurrucado contra su padre, y durante el día pasaba mucho tiempo con él. De inteligencia extraordinariamente despierta, encandilaba a todo el mundo con la belleza inocente de su rostro y la cualidad personal que emanaba de él. Su familia siempre ha hecho de la humildad y la discreción virtudes preminentes, y todo el mundo lo llamaba simplemente Jigme, que significa «Sin Miedo» en tibetano. También en su caso nos enteramos bastante más tarde de que había sido reconocido por varios grandes maestros, entre ellos su padre, como una de las emanaciones de Dzongsar Khyentse Chökyi Lodrö, uno de los maestros del siglo XIX más respetados del Tíbet. Desde entonces le llamamos Jigme Khyentse Rinpoche.

Cuando aparecieron los primeros síntomas de la enfermedad de Kangyur Rinpoche, a finales de 1974, su familia le suplicó que viviera más tiempo, en estos términos: «Tienes que proseguir tu obra espiritual». Señaló al joven Jigme sentado a los pies de su cama: «No tenéis nada de qué preocuparos, él se cuidará de mi herencia espiritual».

Después de la muerte de Kangyur Rinpoche, su hijo mayor, Pema Wangyal Rinpoche, que había asumido la dirección del monasterio, me guio en mis retiros. Dos fueron las actividades principales que orientaron mi vida en Darjeeling. Me consagré fundamentalmente a los retiros contemplativos en solitario, en mi pequeña ermita, pero participaba también en los trabajos de finalización del monasterio, sobre todo en la pintura de los frescos del templo.

Durante uno de mis retiros, Pema Wangyal Rinpoche tuvo la inmensa bondad de regalarme un *phurba*, pequeño objeto ritual en forma de daga de triple hoja, que simboliza el poder de las tres sabidurías primordiales, con las que arrancar los tres principales venenos mentales, que son el odio, el deseo-apego y la ignorancia. Este objeto simbólico está vinculado con la práctica de Vajra Kilaya, una deidad de sabiduría cuya meditación permite apartar los obstáculos exteriores e interiores que se erigen en el camino de la Iluminación. Una indicación visionaria había permitido a Kangyur Rinpoche encontrar aquel *phurba* en la bóveda de la cueva de Rong Drakmar («El Barranco de la Roca Roja»), en la zona central del Tíbet, la misma en que naciera

Pema Wangyal cuando sus padres y su hermana vivían allí desde hacía unos meses. Tras rescatar el *phurba* de la bóveda rocosa, Kangyur Rinpoche manifestó simplemente que había encontrado un «clavo» sin valor, y no hizo ningún caso. Pero su hija mayor, Rigdzin Chödrön, que había sido discreto testigo del hallazgo del precioso objeto, había comprendido la importancia del hecho. Jamás he vuelto a separarme de este *phurba*.

En el transcurso de los retiros, todos mis esfuerzos se concentraban en la transformación interior. Proseguía la práctica de las diferentes etapas del camino espiritual, incluyendo visualizaciones de mandalas y de «deidades de sabiduría» que simbolizan aspectos diversos de la Iluminación, así como la contemplación de la naturaleza de la mente; prácticas cuya especificidad varía de un discípulo a otro y cuyo reconocimiento debe permanecer en la intimidad de la relación entre maestro y discípulo. Baste decir que cada una de estas prácticas permite eliminar gradualmente los velos que enmascaran el conocimiento y abrir la mente a nuevos niveles de comprensión.

«Con paciencia, el vergel se hace confitura», dice el proverbio. En el camino espiritual, los verdaderos cambios son lentos, pero seguros. La imagen sería la de la maduración de una fruta, o la de las agujas de un gran reloj de pared, que parecen inmóviles cuando las miramos fijamente, pero que en realidad no dejan ni un instante de moverse imperceptiblemente. Los «fuegos de artificio espirituales», las diferentes experiencias meditativas intensas que tienen lugar en ocasiones en el transcurso de la práctica, son semejantes a la bruma matinal: no tardan en disiparse. Si uno se apega a ellas, se convierten en obstáculos. El camino recorrido no se mide por avances súbitos o por saltos extraordinarios; comparando lo que éramos unos años antes y aquello en lo que nos hemos convertido, es como tomamos conciencia de lo que se ha cumplido en nosotros. Evaluamos entonces la disminución de nuestro egoísmo y de nuestras emociones perturbadoras, a la vez que el desarrollo de nuestra serenidad y de nuestra libertad interior, así como de nuestra resiliencia frente a las vicisitudes de la existencia. Los signos de nuestros progresos se calibran también con la vara de medir de nuestro altruismo, de la armonía y de la buena voluntad que somos capaces de manifestar en nuestras relaciones con los demás. Si al cabo de diez años de práctica continúan diciendo de nosotros: «Oh, sigue igual de gruñón y de insoportable», señal de que nuestra meditación ha ido por caminos errados. El indicio de que una práctica ha seguido una buena dirección es, digamos, «un carácter más pacífico, dominado, junto con una disminución de las emociones negativas».

Cierto ensayista escribía: «A falta de valor para soportar la duración, el monje conoce una especie de deterioro interno».[1] Si tengo que hablar por lo que yo he vivido, es exactamente lo contrario lo que se produce: durante los largos periodos parados en solitario retiro, no tuve que «soportar» el lento transcurrir del tiempo, sino que lo disfrutaba a cada instante. Tras cerrar la puerta de mi lugar de retiro para poder por fin entregarme a las prácticas que tanto deseaba, los minutos y las horas se transfiguraban en hilos de oro que iban tejiendo el tapiz de la Iluminación. Cada crujido de la madera, cada murmullo del viento, cada gota de lluvia que surcaba los cristales y cada rayo de sol que atravesaba la habitación para iluminar los dibujos de la madera en las paredes, parecían estar en armonía con mi mente.

En la paz de un lugar de retiro, las circunstancias exteriores cambian muy poco, somos nosotros los que nos transformamos. La calidad de cada instante que pasa es lo que marca la diferencia, cada momento de consonancia con lo mejor de uno mismo y con los maestros espirituales que nos inspiran.

El contraste es infinito cuando se comparan estos preciosos instantes de plenitud con la inconsistencia del tiempo ordinario, todas esas horas pasadas en cháchara inútiles, en días que se disgregan entre vanas actividades, y que hacen que nuestra vida se pierda como la arena que se nos escapa entre los dedos. El tiempo que el hombre mundano no consigue matar, termina por matarlo a él en la insignificancia.[2]

Las riquezas que se descubren con ocasión de estos retiros no tienen nada de material, son completamente interiores, tanto más radiantes de esplendor. El ser en el que uno se convierte entonces no es fruto de una miríada de situaciones, peripecias y encuentros siempre nuevos, sino de la lenta maduración de nuestras capacidades, que pueden por fin realizarse.

Lejos de la influencia del mundo, el lugar de retiro permite hacerse uno con el mundo y percibir en profundidad la interdependencia de todas las cosas y de todos los seres, en lugar de quedarse confinado en la burbuja del ego. El chisporroteo de los pensamientos discursivos cede su puesto a un espacio de silencio interior que va llenándose poco a poco con la claridad de la presencia despierta a la Iluminación, libre de proyecciones y construcciones mentales. La frontera entre el interior y el exterior termina por esfumarse en el seno de la luminosidad del espíritu.

Me han preguntado a veces si había conocido momentos de vacilación, o de profunda duda, comparables a las «noches oscuras» por las que pasan ciertos místicos. Ciertamente, en alguna ocasión me he preguntado acerca de mis capacidades por desprenderme de la ignorancia, de los estados mentales aflictivos y de los hábitos arraigados que entorpecen nuestro despertar a la Iluminación espiritual, pues todos ellos tienen una piel muy dura después de haberse formado por acumulación durante tanto tiempo, según el budismo a lo largo de numerosas vidas. Pero no recuerdo haber dudado un instante de la opción que había tomado de vivir junto a mis maestros espirituales, del valor de sus enseñanzas y de la validez del camino en el que me había adentrado. Siempre he sentido una alegría inmensa de estudiar y de practicar, y no he experimentado nunca desaliento alguno, aun siendo consciente de que habría podido entregarme con mayor determinación a la práctica espiritual y al servicio de los demás.

El budismo define claramente la noción de Iluminación. Se erige ante nosotros como el Everest, que, alcanzado por el sol, se recorta en todo su esplendor contra un cielo inmaculado. No obstante, hay que reconocer que esta noción raramente resulta clara de entrada para el debutante que se inicia en la vía. El novicio tiene la certeza de que se trata de una dimensión fuera de lo común, pero su representación de la Iluminación irá afinándose a medida que avance en su progreso espiritual, en el estudio y en la reflexión. Pase lo que pase, puedo dudar de mis capacidades para escalar esta formidable montaña, pero no dudo de su existencia. Puedo a veces desanimarme: «Esto no está hecho para mí, mejor haría si cogiera y me fuera tranquilamente a la playa». Pero si he adquirido la convicción profunda de haberme adentrado por la vía de la más alta realización espiritual, por larga que sea, entonces encontraré la energía necesaria para hacer acopio de fuerzas y reemprender el camino. La práctica de la vía budista está lejos de estar exenta de obstáculos. Algunos textos reproducen la lista. Uno puede sobre todo nublarse con la meditación, sentirse cansado, desengañado, o sucumbir al desaliento. Uno se imagina a veces haber alcanzado profundos estados de realización interior, cuando no se trataba más que de experiencias efímeras. De ahí la importancia de un guía cualificado que vuelva a poner las cosas en su lugar. Pero, en última instancia, solo a cada practicante corresponde llevar a su cumplimiento la naturaleza de buda presente en cada uno de nosotros.

*

Tulku Pema Wangyal venía algunas veces a visitarme a mi ermita, a última hora de la tarde, para explicarme algunas páginas de un comentario escrito por Kangyur Rinpoche sobre el *Tesoro de las cualidades preciosas* de Jigme Lingpa, una enseñanza que expone la vía gradual del budismo tibetano según la tradición Nyingmapa. Además de los fundamentos del budismo —incluida la descripción de los sufrimientos del *samsara* y los medios para liberarse de ellos, así como la importancia del voto altruista de alcanzar la Iluminación para bien de los demás—, este texto ofrece una exposición pormenorizada y profunda de los cuatro principales sistemas filosóficos del budismo, que culminan con la visión de la «vía media», el *madhyamaka*, que distingue claramente la verdad relativa o convencional —la manera engañosa en que percibimos el mundo fenoménico— y la verdad absoluta, que postula la naturaleza de la conciencia y de los fenómenos, y que refuta tanto el nihilismo como el realismo ingenuo. Los cuatro últimos capítulos de este texto, que consta de trece, tratan de las enseñanzas del vehículo adamantino (el Vajrayana), los cuales, procedentes de la India, conocieron un auge particular en el Tíbet, así como las enseñanzas sobre la naturaleza de la mente, asociadas a la visión de la «Gran Perfección». Más tarde, tuve ocasión de pedirle a un copista butanés que caligrafiara este texto de unas quinientas páginas, que pude imprimir en Delhi. Ha sido recientemente traducido al inglés y al francés por mis amigos del grupo de traducción Padmakara.

Gracias a estas enseñanzas, empezaba a familiarizarme con los fundamentos filosóficos del budismo, que es en esencia una vía de conocimiento que permite comprender la naturaleza de los fenómenos y la de nuestra propia mente. Es asimismo una vía terapéutica que propone medios concretos y eficaces para remediar las causas del sufrimiento.

La vía espiritual no consiste en caminar mil kilómetros en un desierto ardiente, para llegar finalmente a un oasis donde bañarse en un lago de ambrosía. Se trata de un largo proceso interior que conduce gradualmente y casi imperceptiblemente a disipar nuestras oscuridades bajo la luz de una sabiduría en que vamos profundizando día tras día. Cada paso vale la pena y aporta su dote de beneficios.

Para conseguirlo, es preciso identificar las causas del sufrimiento a todos los niveles y tomar conciencia de que es posible liberarse de él. Con todo, no bastará con apaciguar momentáneamente los estados mentales aflictivos como el odio, el deseo, el orgullo o la envidia, con ayuda de antídotos específicos, tales como la buena voluntad, por ejemplo, para contrarrestar el odio. Estos antídotos se revelan impotentes para erradicar la causa primera del sufrimiento: la ignorancia, el desconocimiento de la verdadera naturaleza de los fenómenos. El único remedio contra esta ignorancia es la comprensión de la «verdad última», o vacuidad de existencia propia de todas las cosas.

El budismo no cae sin embargo en el nihilismo, como habían proclamado los pensadores del siglo XIX. El filósofo Victor Cousin, especialmente, habla de un «culto por la nada»[3] y de «esa deplorable idea de aniquilamiento presente en el fondo del budismo».[4] Sería evidentemente absurdo negar la existencia de los fenómenos, puesto que es obvio que se manifiestan de infinitas formas por efecto de una multiplicidad de causas y de condiciones interdependientes. Los fenómenos no surgen de la nada, no se generan por azar, ni pueden ser su propia causa.

El budismo propone una vía alternativa a los dos extremos filosóficos erróneos que son el nihilismo y el realismo: al reconocer la producción interdependiente de los fenómenos, el budismo refuta el nihilismo. Y al reconocer, tras concluir un análisis exhaustivo, que, aun manifestándose, los fenómenos están desprovistos de existencia propia, revoca el realismo ingenuo. En esencia, la unión de la vacuidad y de las apariencias demuestra ser la forma más justa de describir los fenómenos y su naturaleza íntima.

*

En 1976, entre dos retiros en mi refugio de las colinas de Darjeeling, dediqué seis meses a ayudar a un artista encargado de pintar los frescos del templo donde vivía la familia de Kangyur Rinpoche. El conjunto del santuario había sido terminado en vida de este, pero faltaba pintar los frescos que tenían que adornar las paredes con representaciones de Buda Shakyamuni y sus principales discípulos, de

Gurú Padmasambhava rodeado de las figuras más eminentes de las principales tradiciones del budismo tibetano, así como de deidades de sabiduría correspondientes a los tesoros espirituales revelados por Kangyur Rinpoche.

Cuando llegó el momento de comenzar los frescos, Tulku Pema Wangyal me pidió que ayudara a Konchog Lhadrepa, que es hoy en día, cuarenta y cinco años más tarde, el maestro de pintura de la Tsering Art School, la escuela de arte del monasterio de Shechen, en Nepal, donde yo vivo en la actualidad. Konchog esbozaba primero las deidades al carboncillo, para luego trazar los contornos con tinta y pincel. A continuación, siguiendo sus instrucciones, y aunque yo no sabía dibujar (no he heredado el talento para la pintura de mi madre, ¡sería completamente incapaz de dibujarle el cordero al Principito!), aplicaba los colores y realizaba los degradados con todo el cuidado de que era capaz. Martin Watten, un discípulo norteamericano que se hizo monje más tarde, se unió a nosotros durante un mes.

Aquel trabajo me proporcionaba una gran satisfacción. Reinaba una atmósfera apacible y, de la mañana a la noche, entrábamos con naturalidad en la «corriente»,[5] ese estado de entrega total de la mente, en cuyo seno la percepción del «yo» y del tiempo se difumina. Fue también gracias a aquellos seis meses que pasé en compañía de Konchog, quien no hablaba una palabra de inglés, como conseguí dar un paso de gigante en el aprendizaje del tibetano oral. A partir de entonces tomé conciencia de la importancia capital que suponía la posibilidad de conversar con los enseñantes tibetanos en su propia lengua, especialmente para mi labor de traducción de textos.

Si aquellos años fueron interiormente de una indecible fecundidad, en la misma medida, vistos desde el exterior, estuvieron carentes de peripecias. Al atardecer, cuando veía ponerse el sol, tenía la impresión de que no habían transcurrido más que unas horas desde el día anterior. La práctica espiritual no tiene nada de monótona, y la mente se entrega a ella tan plenamente, que su corriente homogénea y armoniosa metamorfosea nuestra percepción del tiempo; expresarlo se antoja entonces una empresa muy delicada, de tal forma el sentimiento interno de la temporalidad escapa a nuestras representaciones habituales, y mi vida en el transcurso de aquellos días de retiro estuvo hasta tal punto desprovista de imprevistos, que no hay mucho material con el que construir un relato palpitante.

Las únicas perturbaciones destacables venían de la visita de ratones de todos los tamaños que roían la madera del desván, con un ruido que se convertía en tanto más invasivo por ser el silencio reinante casi perfecto. Para atraparlos, había ideado una trampa «no violenta». Clavaba un clavo en una pequeña tabla y le ataba con un hilo un pequeño trozo de queso o de otro alimento. El otro extremo del hilo lo fijaba a una viga de madera, de modo que la tensión levantara ligeramente por un lado una caja de latón de Britannia Biscuits que recubría todo el montaje. El ratón, atraído por el olor, se metía debajo de la caja y cuando terminaba de comerse el queso, el hilo quedaba liberado y la caja le caía encima con un estrépito bastante regocijante, pues de momento dejaba encerrado al ratón, que se debatía correteando en todos los sentidos. Cuando llegaba el joven monje que me traía la comida durante los retiros, le entregaba la lata de galletas para que liberara al pequeño animal a una distancia respetable. Por desgracia, había subestimado ya fuera la facultad de orientación de los ratones, ya el número de ellos en busca de alojamiento. En cualquier caso, no tardaba mucho en presentarse un nuevo candidato a la lata de galletas.

Años más tarde, hacia el final de mi estancia en Darjeeling en 1978, atrapé a uno de mis pequeños visitantes en el momento en que me disponía a partir hacia Bodh Gaya para encontrarme con Dilgo Khyentse Rinpoche, quien nos había impartido valiosas enseñanzas durante el mes que siguió a la muerte de Kangyur Rinpoche, y que muy pronto iba a convertirse en mi segundo maestro principal. Decidí llevarme al ratón de peregrinación. Conseguí transferirlo de la caja de galletas a un tarro de cristal cuya tapa había perforado con agujeros para que el viajero pudiera respirar. Añadí una buena provisión de ensalada y un algodón empapado de agua. Metí el tarro en mi macuto de tela y partimos. Durante los dos días de viaje en tren, mi amigo pareció encontrarse bastante bien. Cuando llegué, en el crepúsculo, frente a la gran estupa de Bodh Gaya, lo liberé delante del árbol de la Bodhi, a cuyo pie Buda Shakyamuni había alcanzado la Iluminación dos mil quinientos años antes. ¡Un destino poco común para un ratón del Himalaya!

Por supuesto había otros pequeños incidentes que diversificaban mi día a día hecho de calma y de serenidad, durante aquellos retiros en mi pequeña ermita. Esta, a veces, con motivo de esporádicos temblores de tierra, se bamboleaba en mayor o menor grado sobre sus pilotes. En una ocasión, unos cachorrillos de perro que habían nacido bajo la ermita desaparecieron, se los había llevado un zorro. La madre permaneció dos días sin moverse, con la mirada vacía, como ausente, presa de una tristeza que te destrozaba el corazón, junto al cadáver de uno de los cachorros, que había quedado abandonado allí.

En otra ocasión, los jóvenes monjes que se relevaban para traerme avituallamiento se olvidaron de traerme de comer durante tres días. Finalmente, avisé mediante gestos a uno de ellos que pasaba por las proximidades y a través de él le envié una nota a la hija mayor de Kangyur Rinpoche, que se encargaba de la cocina: «Mi espíritu está muy bien, pero el cuerpo está ligeramente indispuesto después de tres días de abstinencia». Al cabo de media hora, uno de los jóvenes monjes llegaba apresuradamente portando una bandeja con una buena comida.

De vez en cuando llegaban algunos sonidos procedentes de la carretera principal que unía Darjeeling con las llanuras de la India y que discurría doscientos metros más abajo. La sirena del pequeño tren, el mismo en el que yo había llegado con motivo de mi primer viaje, resonaba varias veces al día, y durante la temporada de festivales hindúes —Holi, Dasain, Diwali—, los altavoces difundían a todo volumen canciones de películas de Bollywood, que terminé por saberme casi de memoria.

Unos pájaros magníficos se posaban a veces en los rododendros que crecían delante de mi ventana. Durante la estación de las lluvias, el paisaje sonoro estaba dominado por una especie de cigarra que elegía domicilio en las enormes *Cryptomeria*, de quince a veinte metros de altura, y cuyas cimbalizaciones estridulaban en medio de la bruma a un volumen y con una duración impresionantes. Eran las llamadas nupciales de los machos, que rivalizaban en intensidad para atraer a una esposa. Por lo general eran una media docena los que se respondían entre sí en las inmediaciones. El final de la llamada venía señalado por un decrescendo de unos segundos, pero entonces, casi de inmediato, otra cigarra reanudaba el canto con más ganas desde el árbol contiguo. Se oían también las llamadas monótonas y más discretas de las ranas arborícolas. Grandes ardillas voladoras, de un hermoso color rojizo, planeaban ocasionalmente de un árbol a otro, mientras que diversas parejas de águilas reales describían círculos, muy alto en el firmamento.

CAPÍTULO 11

IMPRESOR EN DELHI

En 1976, dejo unos meses el monasterio para iniciarme en las técnicas de impresión sobre material arcaico. Publico una cincuentena de volúmenes, preparados a partir de los preciosos materiales preservados por Kangyur Rinpoche con ocasión de su huida del Tíbet. Encuentro con el eminente tibetólogo Gene Smith.

A finales de 1976, me di cuenta de que, desde mi llegada a Darjeeling a finales de 1972, por lo tanto en los últimos cuatro años, era el único que no había pasado una sola noche fuera del recinto del monasterio, dentro de los límites del cual se encontraban las ermitas. Incluso Kangyur Rinpoche y su familia habían salido un tiempo, para visitar las fuentes termales de Khandro Sang Phug, en Sikkim, y todos los demás discípulos se habían ausentado, en un momento u otro.

A comienzos de 1977, Tulku Pema Wangyal me pidió que fuera a Delhi para imprimir los diecinueve volúmenes de las obras completas del gran maestro visionario Ratna Lingpa, así como algunos otros textos importantes. Me encomendó a Lama Sangye, un anciano lama procedente de Sikkim al que conocía bien y que imprimía textos tibetanos por encargo de Dodrupchen Rinpoche, un gran maestro que vivía en Sikkim.

Ratna Lingpa vivió en el siglo XV. Desde su más tierna edad, manifestó una inclinación particular por la vida espiritual. De niño, mientras guardaba los rebaños de ovejas en las vertientes montañosas, pasaba la mayor parte del día en meditación, mientras las ovejas pastaban. A la edad de veintisiete años, tuvo una visión de Padmasambhava bajo la forma de un yogui vestido de seda silvestre amarilla. Padmasambhava le ofrecía tres rollos, uno blanco, otro rojo y el tercero azul, y le pedía que escogiera uno de los tres. Ratna Lingpa respondió diciendo que quería los tres. Gracias al vínculo de buen augurio que instauró su respuesta, se cuenta que Ratna Lingpa reveló en una sola vida los tesoros espirituales (*terma*) que se esperaba que revelase en el transcurso de tres vidas sucesivas. Tras aquella visión, reveló veinticinco ciclos de enseñanzas preciosas que todavía se practican hoy ampliamente en el seno del budismo tibetano. Kangyur Rinpoche era el principal representante de este linaje espiritual fuera del Tíbet. Varios otros grandes maestros, entre ellos Dudjom Rinpoche y Dilgo Khyentse Rinpoche, deseaban recibir de él la transmisión del conjunto de los *termas* de Ratna Lingpa. Kangyur Rinpoche había reunido por tanto las obras completas de este maestro y le había pedido al calígrafo más hábil de la región, Tripa Tenzin, que copiara el conjunto con su letra elegante y perfectamente uniforme. La tarea le llevó varios años, pero la llevó a buen término. Los textos estaban en aquellos momentos listos para ser reproducidos. Fue un privilegio para mí verme implicado en aquel trabajo de impresión.

Portador de tan preciados volúmenes, abandoné el monasterio de Kangyur Rinpoche y Darjeeling por el efervescente ajetreo de los trenes indios y de la ciudad vieja de Delhi. Allí conocí, pues, al monje Lama Sangye, que tendría por entonces alrededor de sesenta años de edad. Era bajo y fornido, y exhibía una amplia sonrisa, aunque a veces se mostraba algo tosco, un rasgo de carácter con el que, según se reveló pronto, no era difícil convivir. Durante algunas semanas compartimos una habitación en un centro de acogida para peregrinos budistas, el Ladakh Bodh-Vihar, situado a orillas del río Yamuna, hasta que alquilamos dos habitaciones contiguas en casa de un particular, en el corazón de la vieja Delhi.

Las recopilaciones de textos tibetanos difieren considerablemente de aquello a lo que nosotros, occidentales, llamamos libros. Se trata en realidad de largos folios rectangulares, oblongos, sin encuadernar entre sí. Se sostienen gracias a dos planchas de madera, o de cartón duro, una de las cuales se coloca encima y la otra debajo del primero. El conjunto de folios se envuelve con una tela de seda o de algodón, provista de un cordel que se enrolla alrededor para «cerrar» el «libro» y protegerlo del polvo y los insectos.

Primero hubo que numerar las páginas de todos aquellos volúmenes con cifras arábigas, puesto que los impresores de la vieja Delhi, musulmanes en su mayor parte, no leían, como es natural, el tibetano. Hicimos, pues, imprimir grandes hojas de papel con una numeración que iba de 1 a 1.000. A continuación era necesario cortarlas en pequeñas tiras y hacer una muesca entre cada cifra, para poder separarlas fácilmente y pegarlas una a una en el extremo de los largos folios que constituían los libros tibetanos. Un trabajo que exigía paciencia, pero que no presentaba dificultades, a no ser que uno se equivoque, y en tal caso es mejor darse cuenta enseguida para no tener que rehacerlo todo.

Al primer día de mi llegada, Lama Sangye, que era de madrugar, me despertó a las tres, diciéndome: «Vamos, hay que pegar las cifras». Obedecí de buen grado. Cuando habíamos preparado dos o tres volúmenes, fuimos al corazón de la ciudad vieja, a Ballimaran, una callejuela comercial hormigueante de actividad, cuyos impresores gozaban de muy buena reputación. Como la mayor parte de calles del barrio, era muy estrecha y carecía de acera. Es el único lugar del mundo en el que he visto serios embotellamientos sin necesidad de coches: se acumulaban los rickshaws, esos triciclos provistos de un asiento en la parte trasera para dos pasajeros (¡pero que pueden llevar hasta cuatro!), movidos por un pobre diablo que pedalea todo el día por unas rupias; las carretas cargadas de mercancías, tiradas por uno o dos búfalos; y los peatones, una marea de peatones. Para atravesar aquella calle de cuatro metros de ancho, a veces había que pasar a horcajadas por encima de un rickshaw, saludando a los ocupantes. Los riesgos aumentaban con la fluidez de la circulación. Pronto aprendí que, si oía detrás de mí las advertencias de una bocina de pera, era preferible que me apartara sin perder tiempo en mirar hacia atrás. En Occidente, en una situación análoga, la gente se gritaría y se insultaría. En la India, esos actos reflejos de apartamiento *in extremis* funcionan con eficacia y nadie se ofusca por todos esos choques evitados «por poco». Tanto conductores como peatones hacen gala de una habilidad notable para circular sin demasiados daños por ese río que arrastra mezclados hombres, animales y vehículos, en medio de un estrépito de cláxones que no tiene nada de agresivo, como a menudo es el caso en Europa, sino que sirve simplemente para mejor localizarse auditivamente unos con respecto a otros. En la India, se dice en broma que si fallan los frenos, no pasa nada, pero si no funciona el claxon, mejor dejar el coche en el garaje.

Una pequeña escalera estrecha y empinada, ubicada entre dos tiendas, conducía a lo que iba a ser nuestro lugar de trabajo durante varios meses: Mujeeb Press. La imprenta pertenecía a Mujeeb «Sahib» (tratamiento de cortesía), un musulmán sagaz e inteligente que, al margen de sus actividades como impresor, se relacionaba con los políticos del momento, entre ellos el hijo de Indira Gandhi. El local, sin embargo, no era demasiado deslumbrante: dos habitaciones en el primer piso, provistas de unas grandes aberturas desprovistas de cristales que daban a la calle. Las dos habitaciones estaban separadas por una especie de patio minúsculo a cielo abierto. El encalado de las paredes se remontaba a años atrás, y en aquellos momentos tenían bastante de pintura abstracta. En la habitación del fondo, Mujeeb permanecía sentado una parte del día en su escritorio desvencijado, por lo general en compañía de dos o tres visitantes a los que se servía té con leche y con cardamomo, profusamente endulzado con azúcar (el famoso *chai* a la india). Hombre afable y refinado, a Mujeeb le gustaba conversar sobre todo tipo de temas.

Éramos cuatro o cinco «impresores», procedentes de diferentes monasterios, los que nos habíamos instalado en aquel espacio. Trabajábamos asiduamente durante toda la jornada y volvíamos a casa tarde, ya de noche. Los métodos de impresión databan de los primeros tiempos del procedimiento offset. Se trataba de un largo proceso. Se alineaban los folios tibetanos unos sobre otros por grupos de seis o siete, y se fotografiaban a tamaño real con una enorme cámara de fotos de madera. Una vez revelada la película allí mismo, nos pasaban los negativos de unos 50 x 75 centímetros, y nuestro trabajo daba comienzo. Aquellas películas de fabricación local y los productos utilizados para revelarlas eran de ínfima calidad. Innumerables puntitos blancos, y otras manchas mayores, se superponían al fondo negro del negativo. Había que retocar sobre una caja de luz aquellos defectos uno a uno con un pincel impregnado en opacificante. Si por casualidad el original era un manuscrito recientemente caligrafiado en papel blanco —tal era el caso de los volúmenes que yo iba a imprimir—, todo iba bastante deprisa y había que contar unos diez minutos por negativo. Pero si el original resultaba ser un manuscrito antiguo sobre papel tibetano rugoso, o una impresión hecha a partir de piezas de madera, el negativo presentaba innumerables zonas claras que había que retocar durante horas.

A continuación, Suleiman, uno de los responsables, recortaba los negativos página por página y los montaba en un bastidor. Lo subía todo al tejado para exponer a la luz del sol las placas de zinc o de aluminio recubiertas con un producto fotosensible. Los textos en negro se resaltaban en aquellas hojas de metal. De nuevo entrábamos nosotros en escena: había que retocar entonces con tinta china todos los pequeños segmentos en blanco de las letras que no se habían impreso correctamente y rascar con piedra las manchas negras no deseables. Dependiendo de la calidad del original, podías pasarte desde diez minutos hasta un par de horas sobre una placa de zinc. Una vez concluida esta tarea, las placas se llevaban a la imprenta, que se encontraba en un sótano de una calle vecina. Había en ella dos impresoras offset Heidelberg de los años treinta, manejadas por un maestro impresor ayudado por tres o cuatro chicos de entre doce y quince años. El trabajo infantil estaba todavía generalizado en la India por aquella época, servía tanto de formación profesional para el muchacho, como de ayuda económica para los padres.

A causa del número de personas que, como yo, interveníamos en el trabajo sobre los textos, no siempre era fácil obtener suficientes placas de zinc para la jornada. Por este motivo, mi estancia duró más de lo previsto, hasta entrar en la estación cálida. En Delhi, entre finales de abril y finales de junio, antes de la llegada del monzón, «cálida» significa entre 40° y 48° a la sombra de día, y 35° por la noche. De ahí que el aire que el ventilador nos enviaba permanentemente a la cara mientras retocábamos los negativos fuera caliente. Pero era mejor que nada, porque, en cuanto se detenía por culpa de los frecuentes cortes eléctricos, teníamos que apartarnos rápidamente, de lo contrario en cuestión de segundos las gruesas gotas de sudor que caían sobre la película arruinaban todo el trabajo. Yo solía llevarme un poco de comida en una caja de plástico, que preparaba por la mañana. En la época de estos intensos calores, los alimentos casi siempre se habían estropeado para el mediodía, por lo que era preferible comer en alguno de los pequeños restaurantes callejeros del contorno. No corría ningún riesgo de arruinarme: a mediodía, un plato de arroz al curry con verduras costaba el equivalente a un euro con cincuenta, y por la noche, un bol de *dal* (tipo de lentejas de color azafranado, ricas en proteínas) y cuatro *chapatis* (tortas de harina de trigo cocidas en un hogar de tierra batida) costaba el equivalente a ochenta céntimos de euro.

Mal que bien, y con alegre perseverancia, los diecinueve volúmenes fueron debidamente impresos, igualados con la guillotina y reunidos. En el local del encuadernador, pinté el corte de los volúmenes de color rojo, como manda la tradición tibetana.

De cada volumen se imprimieron trescientos ejemplares, una tirada que respondía a la demanda de los lamas y de los monasterios a los que íbamos a ofrecer aquellos preciosos textos. Habíamos hecho que nos enviaran unas cajas de madera de 80 x 80 cm, que habían servido para expedir el té procedente de las plantaciones del este de la India, y habíamos empaquetado los libros protegiéndolos con los retazos de papel generados por la guillotina. Las cajas, una vez sujetadas con cinta metálica, las confiamos a una empresa de transporte, que las expidió por camión a nuestro monasterio.

En la vieja Delhi, la actividad no cesaba jamás. Me he visto en la eventualidad de cruzar la ciudad a las dos de la madrugada, al bajar de un tren, y encontrar en la calle personas que batían piezas de metal, mientras otras charlaban tranquilamente en mitad de la calzada, como si la hora y el lugar fuesen perfectamente adecuados para trabajar e intercambiar impresiones. Una tarde, me vi abordado por un hombre de aspecto muy sencillo que insistió para que entrara en su casa a tomar una taza de té. Quería hablar de filosofía. Lo seguí y penetré en una habitación polvorienta y desordenada, llena de libros apilados hasta el techo. Me habló sin interrupción durante media hora de las diferencias de concepción entre el gran filósofo budista Nagarjuna y el eminente representante del Vedanta Advaita, Sankaracharya. Todo parecía posible en aquel laberinto de calles medievales en perpetua efervescencia.

Las tiendas, desprovistas de escaparate, de puerta o de cualquier tipo de pared divisoria, estaban directamente abiertas a la calle. Al caer la tarde, el propietario bajaba una persiana de hierro, que sujetaba con un candado a nivel del suelo, por el exterior. Los comerciantes estaban agrupados todavía en corporaciones gremiales. En una calle adyacente a la nuestra, por ejemplo, se encontraban una decena de talleres, abiertos igualmente sobre la calzada, cuyos artesanos, provistos de mazos de madera, martilleaban durante todo el día láminas de oro colocadas entre dos delgadas capas de cuero, para transformarlas en pan de oro tan fino, que basta soplarles para volver a ponerlas lisas cuando se doblaban sobre sí mismas. Estas láminas de oro estaban destinadas a ornamentar las estatuas de divinidades hindúes, como señal de ofrenda y de reverencia.

Pero Ballimaran y sus viejos sectores cargaban también con su cuota de sufrimiento: mendigos; niños tullidos caídos en manos de las mafias, que los obligaban a salir a pedir a la calle y recogían cada noche las limosnas que recibían; jóvenes sirvientes de restaurantes y empleados de tiendas sin hogar, que dormían en sus lugares de trabajo; las mujeres intocables, que entraban en silencio en las casas para vaciar y limpiar las letrinas. En cuanto a los conductores de taxi, cuyas familias vivían por lo general fuera de Delhi, se juntaban al atardecer en grupos de tres o cuatro y, durante las frías noches de invierno, hacían una fogata con los cartones que recolectaban de la calle. Charlaban y reían de buena gana, mientras se calentaban un poco, para enseguida envolverse en una delgada manta y dormirse acurrucados sobre la banqueta de su rickshaw. El tórrido verano no planteaba ningún problema a quienes dormían al raso, pero todos los inviernos había personas sin techo que morían de frío por las noches. Uno de los espectáculos más impactantes era el de las viudas musulmanas reducidas a la mendicidad, en cuclillas y apoyadas contra una pared de la calle, con la mano extendida. A diferencia del resto de mujeres musulmanas, llevaban un burka blanco y no volvían a casarse nunca más. Si se veían reducidas a la mendicidad, era porque no tenían a nadie más que se ocupara de ellas, pues en una familia india todas las generaciones viven juntas y las personas mayores no son abandonadas, por lo general. Aquellas mujeres veían a los demás a través de la malla de la abertura del burka, situada al nivel de los ojos; es posible que, en algunos casos, ningún ser humano las viera nunca.

*

En el transcurso de los dos años que siguieron a aquella primera estancia, volví a Delhi durante dos o tres meses para imprimir otros volúmenes que me había confiado Tulku Pema Wangyal. Con ocasión de mi segunda estancia, me alojé con el equipo coordinado por Lama Ngodrup, que estaba imprimiendo una colección de sesenta volúmenes siguiendo las instrucciones de Dilgo Khyentse Rinpoche, volúmenes que contenían los principales «tesoros espirituales» (*termas*), revelados desde el siglo XI hasta mediados del siglo XIX, periodo de compilación de la colección. De este equipo encargado de la edición, formaba parte cierto erudito, Lama Puzi, que me explicaba cada día después del almuerzo un texto que mostraba cómo conjuntar armoniosamente las concepciones y las prácticas de los tres principales vehículos del budismo, el Theravada, el Mahayana y el Vajrayana.[1] Estos amigos habían alquilado la mitad de un piso ocupado por una familia musulmana. Me divertía el contraste entre la forma en que la madre y sus tres hijas asumían la discreción y la invisibilidad que les proporcionaba el burka cuando salían, y la actitud sociable, parlanchina y alegre que adoptaban una vez volvían a casa. El padre incluso me sugirió la idea de llevarme a una de sus hijas a Francia, amable proposición que decliné cortésmente. La madre no había salido prácticamente nunca del barrio. En toda su vida, tan solo había ido una vez al Qutab Minar, el minarete más alto de la India, y dos veces al Fuerte Rojo, el Lal Qila, que sin embargo no distaba más de quince minutos a pie de la callejuela en la que vivía. Aunque este sedentarismo obedeciera al estricto código de comportamiento islámico con respecto a las mujeres, no podía por menos de recordarme a los habitantes de cierta edad del pequeño puerto de la isla de Houat, en Bretaña, hasta la que habíamos navegado con mi tío o con sus amigos; dichos lugareños, por motivos completamente diferentes, proclamaban no haber pisado nunca el «continente», situado a menos de diez kilómetros de su isla.

Dediqué aquella segunda estancia en Delhi a imprimir un conjunto de trece volúmenes de los escritos de Gyalwa Longchen Rabjam. Por desgracia nos faltaban dos volúmenes, que no habíamos podido encontrar en la biblioteca antes de partir del monasterio. Un día recibí una carta procedente de Darjeeling (el monasterio no tenía teléfono y, aparte de las cartas, el único modo de comunicarse con él era por telegrama), en la que me decían que acababan de localizar los dos volúmenes en la biblioteca de un lama de Kalimpong, que se había mostrado dispuesto a prestárnoslos para imprimirlos. Un viajero norteamericano, que se encontraba casualmente de visita en el monasterio, me traería los preciados textos cuando pasara por Delhi en su viaje de regreso. El día del encuentro, salí por la mañana de buena hora hacia Nueva Delhi, donde me dirigí al gran hotel en el que se alojaba. Se mostró contento de verme y me ofreció una taza de té. Cuando le pregunté por los libros, me dijo que, temiendo un exceso de equipaje, no los había traído consigo (¡no pesaban más que dos kilos como mucho!). No se me ocurrió otra cosa que responder más que un lacónico: «Ah, vaya». Era evidente que nos movíamos en dos mundos diferentes y, en mi fuero interno, no vi la utilidad de explicarle lo que aquello implicaba para mí. Le di las gracias por el té y me volví al viejo barrio. A la mañana siguiente, me monté en el tren, viajé durante dos días y dos noches, ascendí hasta el monasterio de Darjeeling, donde pasé la noche, me hice con los libros y me marché igual de rápidamente en el sentido inverso. Experimentaba cierta dulzura interior por no haber sentido enojo o desazón, pero sobre todo la confirmación de que el teatro del *samsara* era en verdad extraño. A lo largo de mi vida he tenido ocasión muchas veces de apreciar esta dulzura y de comprobar hasta qué punto el resentimiento podía envenenar la mente de un modo persistente. Es una de las toxinas mentales de la que uno debería guardarse al precio que fuera.

Cierto día, a primera hora de la tarde, en que me encontraba leyendo en la semi penumbra de la habitación que compartía con dos butaneses del equipo de Lama Ngodrup, la presencia de Kangyur Rinpoche se intensificó en mí hasta el punto de tener un atisbo del significado de lo que se llama la «visión pura».[2] Percibía la mesa polvorienta, los objetos más corrientes delante de mí, los muebles y la habitación en su conjunto, en una palabra, todo cuanto veía y captaba, como manifestación de Kangyur Rinpoche. Todos los sonidos habituales, el ruido del reloj de péndulo, el alboroto lejano de las bocinas de la calle, el murmullo de mis camaradas que conversaban en el otro extremo de la habitación, se convertían en la resonancia de su voz. Y todos mis pensamientos se llenaban de la sabiduría iluminada de mi maestro bienamado. Una experiencia así —por limitada que pudiera ser en mi caso— aporta no obstante una indicación, o una abertura, a lo que puede ser, para los grandes practicantes, la experiencia continuada de la visión pura que percibe sin interrupción todas las formas como las manifestaciones del cuerpo del maestro o de Buda, todos los sonidos como la reverberación de los mantras, y todos los movimientos de los pensamientos como ecos de la sabiduría primordial. La continuidad de este modo de percepción «pura» se corresponde igualmente con las enseñanzas que explican que, cuando un maestro ha abandonado el mundo y su cuerpo físico, está presente en todas partes y para siempre.

*

Fue también con ocasión de aquellos viajes a Delhi cuando conocí a un sabio sin igual que se convirtió en un buen amigo, E. Gene Smith. Fue, en opinión de todos, el tibetólogo más erudito del siglo XX y realizó una aportación primordial para la salvaguarda de la herencia escrita del Tíbet. Había sido nombrado director del departamento indio de la biblioteca del Congreso de Estados Unidos y había aceptado esta función con la finalidad de trabajar por la preservación de los textos tibetanos. Por un feliz concurso de circunstancias, el gobierno indio tenía que desembolsar en moneda local una deuda contraída con el gobierno norteamericano, lo cual permitió a Gene Smith obtener financiación para los esfuerzos emprendidos por los tibetanos para imprimir los textos raros y preciosos de que disponían. La biblioteca del Congreso compraba a alto precio quince o veinte ejemplares de cada volumen, lo que bastaba para cubrir los gastos de impresión de doscientos ejemplares que los tibetanos podían a continuación distribuir entre quienes los necesitaran, o venderlos a precio de coste, si imprimían más.

Gene Smith me ofreció su amistad y, durante mi tercera visita a Delhi, me invitó generosamente a su casa, situada en un barrio más acomodado de Nueva Delhi, con lo que pude disfrutar de unas condiciones mucho más confortables que en las visitas anteriores. De este modo, cada mañana cogía el autobús para dirigirme a la imprenta, en el otro extremo de la ciudad.

Gene recibía continuamente a tibetanos que le traían textos y le preguntaban si la biblioteca del Congreso estaba dispuesta a financiar su impresión. Poseía un conocimiento enciclopédico de las tradiciones budistas y detectaba de inmediato si el libro en cuestión resultaba ser una perla rara, un libro útil para los herederos de la cultura tibetana y los eruditos, o un simple duplicado de una obra ya disponible. A veces lanzaba gritos de entusiasmo cuando le traían un texto que se temía que hubiera desaparecido. En otras ocasiones, espetaba en tibetano, con su franqueza de expresión: «Pero, ¿qué me trae aquí? Un manuscrito incompleto, con faltas de ortografía cada dos líneas, y del que existen versiones mucho mejores». Gene tenía un conocimiento sin par del tibetano y poseía un ojo particularmente agudo que detectaba al instante la menor falta de ortografía o de gramática en una página.

Una vez aceptado el libro, Gene redactaba, para cada volumen o recopilación, un prefacio en inglés en el que exponía su importancia y establecía un índice de materias. El conjunto de los prefacios que redactó constituye una mina de información altamente instructiva sobre la literatura tibetana. Tras la impresión de los textos, la biblioteca del Congreso enviaba varios ejemplares de los mismos a las bibliotecas de diferentes universidades norteamericanas y de algunas otras del resto del mundo. Con una clara falta de conciencia con respecto a la importancia de estos textos, uno de estos establecimientos realizó en cierta ocasión a Gene una petición sorprendente: que no les volviera a enviar nunca más aquellos «bates de béisbol» que no sabían cómo ordenar en las estanterías, en alusión a la forma oblonga de los libros tibetanos.

Gene era un hombre de elevada estatura, entrado en carnes, dotado de una voz potente que imponía, aunque fuera de una amabilidad extrema y tuviera un carácter servicial a toda prueba. Era un trabajador incansable, que se levantaba a las cuatro de la madrugada y había realizado una buena parte de su labor cotidiana a la hora del desayuno. Su fiel mayordomo, Mangal Ram, y dos dálmatas a los que adoraba, constituían toda su familia. Pero las puertas de su casa estaban siempre abiertas, y su mesa era lugar de encuentro de los tibetanos del mundo entero que se encontraban de paso por la India. Fue en su casa donde conocí a Carisse y Gérard Busquet, que vivían por entonces en Delhi. Escritores y periodistas, se convirtieron en grandes amigos, y Carisse me ha ayudado fielmente a mejorar mis traducciones del tibetano, así como otros escritos.

No contento con poseer un dominio único de la literatura y la historia tibetanas, Gene conocía igualmente el indonesio y leía el mongol, además de algunas otras lenguas. Antes de instalarse en Delhi, había estudiado con Deshung Rinpoche, un gran erudito tibetano que había emigrado a Estados Unidos y al que consideraba como su maestro en pensar. En la India, quien le infundió un respeto inmenso fue la figura de Dilgo Khyentse Rinpoche. Poseía numerosas fotografías de este maestro, al que ofrecía generosamente hospitalidad cada vez que recalaba en Delhi, una hospitalidad que se hizo extensiva a mi persona, al acompañar a Dilgo Khyentse Rinpoche a partir de 1979. De hecho constituíamos por entonces una delegación bastante numerosa, y Gene ponía su hogar entero, incluido su mayordomo Mangal Ram, a disposición de Dilgo Khyentse Rinpoche. Le cedía su habitación a este último y él iba a alojarse a un hotel. Gene pasaba el día con nosotros y debatía largamente acerca de los textos con el maestro, pero también en torno a temas históricos. Khyentse Rinpoche apreciaba mucho a Gene y lo llamaba afectuosamente Mahapandita Jamyang Namgyal. *Mahapandita* es el tratamiento indio para los grandes eruditos y *Jamyang Namgyal*, el nombre que los tibetanos daban a Gene, significa «Dulce Gloria Victoriosa». *Jamyang* («Dulce Gloria») es el nombre tibetano de Manjushri, el buda del conocimiento. Cuando Khyentse Rinpoche lo llamaba así, Gene hacía un gesto de incomodidad y reía con modestia, era una persona de una gran humildad y no mostraba ningún orgullo por su inmenso saber.

Fue también en casa de Gene donde tuve ocasión de conocer al tibetólogo Michael Aris y a su esposa Aung San Suu Kyi, que habían residido en Bután. Michael había sido durante unos años preceptor del príncipe heredero de este reino. Era un personaje muy pintoresco, mientras que Suu, poco conocida en aquella época, se mostraba de naturaleza más discreta. No conservo recuerdos precisos de nuestras conversaciones, pero apenas sospeché entonces que fuera a desempeñar un papel central en la historia de Birmania. Cuando pasó quince años en residencia vigilada, su marido, al que volví a ver más tarde en Nepal, no obtuvo autorización para visitarla. Me confesó que ella había leído extensamente las enseñanzas de Khyentse Rinpoche, que yo había traducido y publicado en inglés.

En más de veinticinco años de presencia en la India, Gene tuvo ocasión de salvaguardar cerca de diez mil volúmenes de textos tibetanos, lo esencial de la herencia patrimonial de la Morada de las Nieves. Por él supe que la literatura clásica en tibetano constituía, en número de volúmenes, la tercera literatura clásica de Oriente, después del sánscrito y del chino, por delante incluso del japonés.

Cuando se agotaron los fondos disponibles para la adquisición de libros tibetanos, Gene decidió regresar a Estados Unidos. Hizo que le mandaran allí toda su biblioteca, y Mangal Ram fue unos meses a Nueva York para reordenarla en su apartamento. Pero Gene no se contentó con eso. Con ayuda del Rubin Museum of Art, fundó el Tibetan Buddhism Resources Center (Centro de Recursos del Budismo

Tibetano, TBRC por sus siglas en inglés), y formó un equipo de tibetanos residentes en Estados Unidos. Más tarde, con la ayuda de informáticos, digitalizó, indexó y subió a internet el conjunto de los textos tibetanos disponibles. A estas obras iban a añadirse pronto todos los libros recientemente reimpresos en China por parte de la comunidad tibetana. El TBRC constituye hoy la mayor biblioteca tibetana virtual del mundo. Cuando la integridad de las obras de Gene estuvo escaneada, pensó en donarlas a la biblioteca nacional de Bután o a nuestro monasterio de Shechen, en Nepal. Finalmente optó por la ciudad de Chengdu, en China, metrópoli a la que se dirige la mayor parte de los tibetanos que descienden de los altiplanos y en la que se construyó la Gene Smith Memorial Library (Biblioteca Gene Smith). Gene falleció en 2010, pero el TBRC (convertido en BDRC: Buddhist Digital Resources Center, o Centro de Recursos Digitales Budistas) continúa valerosamente en Boston su obra fundamental.

Visto en retrospectiva, me es posible calibrar mejor la importancia de aquellos años de «aprendiz impresor» en Delhi, que fueron capitales en la medida en que determinaron mi vocación de preservar el patrimonio espiritual tibetano hasta donde me fuera posible. Tras haberme iniciado en unas condiciones que pueden calificarse de artesanales, esta experiencia fortaleció mi motivación para emplear todos los medios en mi mano por difundir estos textos, de una profundidad y un valor inestimables, no solo para los practicantes, sino, a mi modo de ver, también para el conjunto del patrimonio cultural y espiritual mundial. Tal y como destaca el Dalai Lama: «El Tíbet no tiene petróleo para los coches, pero sí lo tiene para el espíritu, y la herencia patrimonial de la cultura budista tibetana no atañe únicamente a seis millones de tibetanos, sino a la humanidad entera».

Así, entre 1977 y 1980 tuve oportunidad de imprimir una cincuentena de valiosos volúmenes, de unas seiscientas páginas cada uno.[3] Más tarde, cuando entré en el monasterio de Shechen, en Nepal, continué con el equipo del monasterio los trabajos de impresión iniciados por Lama Ngodrup y supervisé la informatización y la publicación de las obras completas de Dilgo Khyentse Rinpoche, en veinticinco volúmenes, así como un centenar de otros volúmenes de gran importancia para la tradición tibetana y el budismo en general. La llegada de la era digital supuso un gran avance en la preservación y difusión de estos textos y obras de arte.

CAPÍTULO 12

EN EL VALLE DE KATMANDÚ

Primera visita a Nepal para recibir varios meses de enseñanzas e iniciaciones de dos grandes maestros: Dudjom Rinpoche y Dilgo Khyentse Rinpoche.

Durante el invierno 1977-1978, la familia de Kangyur Rinpoche decidió ir a Nepal con el fin de recibir las preciosas enseñanzas que se disponían a impartir Dudjom Rinpoche y Dilgo Khyentse Rinpoche durante varios meses a un gran número de discípulos. Los discípulos occidentales que residían en Darjeeling —entre ellos mi madre, que se encontraba con motivo de una de sus estancias en el monasterio, y yo mismo— se sumaron al viaje. La ocasión nos sirvió para descubrir Nepal, un hermosísimo país en el que yo iba a vivir bastantes años a partir de entonces. El viaje en coche de Darjeeling a Katmandú, la capital, duró dos días. Atravesamos la parte oriental de las llanuras semi tropicales de Nepal, antes de emprender el ascenso al valle y de ahí al paso de montaña, a 1.800 m de altitud, que conduce al incomparable marco de la civilización nepalesa cuya joya en aquellos años era todavía Katmandú.

Situado entre la cadena del Himalaya, dominada por el Everest, y la vasta llanura indo-gangética del norte de la India, Nepal alberga toda una diversidad de poblaciones y una gran multiplicidad de tradiciones culturales y espirituales. Los pueblos montañeses de la cadena del Himalaya —sherpas, habitantes de las regiones de Manang, Dolpo, Humla, Mugu, Mustang, Khumbu, etc.— son en su mayoría de religión budista y de cultura tibetana, lo cual se explica por la proximidad entre los valles de altitud en los que viven y los numerosos pasos de montaña que conducen directamente a las elevadas mesetas del Tíbet. Por el contrario, los habitantes de los valles y llanuras son mayoritariamente de religión hindú. La mezcla étnica y cultural ha engendrado una coexistencia marcada por la tolerancia. Nepal está dotado de un entorno natural rico y variado, en el que, en el espacio de ciento cincuenta kilómetros, de sur a norte, se pasa de las llanuras y bosques semi tropicales poblados todavía por elefantes, tigres y algunos raros rinocerontes del Terai, a las más altas cumbres del mundo.

Llegamos varias semanas antes del inicio de las enseñanzas. Encontramos tres pequeñas casas campesinas de alquiler en los alrededores de Boudhanath, pueblo situado algo a las afueras de Katmandú, en el que se encuentra la gran estupa de Jarung Khashor, no lejos de la cual habían de impartirse las enseñanzas. El lugar estaba enclavado en pleno campo, por entonces, mientras que hoy en día, cuarenta años después, la ciudad de Katmandú se extiende hasta Boudhanath sin solución de continuidad. Amala, la esposa de Kangyur Rinpoche, y sus hijas ocuparon una de las tres casas, que constaban de dos habitaciones en el primer piso y un establo en desuso en la planta baja. Tulku Pema Wangyal, sus hermanos y dos jóvenes monjes de Darjeeling ocuparon una casa similar, mientras que los demás (mi madre, varios discípulos occidentales y yo) habíamos habilitado un pequeño dormitorio común en la tercera casa adyacente.

Durante aquellas tres semanas, Tulku Pema Wangyal nos llevó en peregrinación a todos los lugares santos del valle de Katmandú y sus alrededores. Así, un atardecer me encontraba con él en presencia de la gran estupa de Jarung Khashor, una de las tres estupas más veneradas de la región, junto con las de Swayambhunath y Namo Buddha. Este inmenso monumento de treinta y seis metros de altura impresiona por sus proporciones, su majestuosidad y su sereno esplendor. Reviste además una significación histórica notable, pues su construcción está directamente relacionada con la propagación del budismo en el Tíbet. Según un texto redescubierto por Shakya Zangpo en 1512 en la gran estupa roja de Samye, en el Tíbet, una cuidadora de aves de corral, llamada Samvari, se había presentado ante el rey nepalí de la dinastía Licchavi (reinante entre los siglos v y viii o ix), con el fin de pedirle que le concediera un terreno para construir una estupa destinada a albergar las reliquias del Buda Kassapa.[1] El rey accedió, admirado por la determinación de aquella mujer de humilde condición. Pasado algún tiempo, los ministros informaron al rey de que el monumento elevado por Samvari con ayuda de sus cuatro hijos era gigantesco. ¿Iba a permitirse que una mujer de origen modesto edificara una obra como aquella? ¿No le hacía sombra a Su Majestad? El rey respondió: «Que así sea (*jarung*), el permiso se ha escapado de mi lengua (*khashor*)». Por este motivo la gran estupa de Boudhanath es conocida con el nombre de Jarung Khashor. Con la única ayuda de un simple búfalo, Samvari y sus hijos prosiguieron la obra de construcción sin interrupción, ya fuera invierno o verano, a lo largo de cuatro años, hasta concluir la parte principal de la estupa. Pero entonces la pobre cuidadora de aves tomó conciencia de estar en el umbral de la muerte. Llamó a sus cuatro hijos y a su servidor,[2] el búfalo, y les instó a que terminaran la construcción de la Gran Estupa. Ellos cumplieron su deseo. Se cuenta que, en el momento de la consagración de la estupa, cada uno de ellos hizo un voto. El primer hijo deseó ser en su vida futura un maestro que llevara el budismo a la Morada de las Nieves; volvió a nacer con los rasgos de Padmasambhava. El segundo hijo pidió renacer como rey, a fin de invitar al maestro al Tíbet; fue el soberano Trisong Detsen. El tercero aspiró a convertirse en aquel que visitaría la India para invitar a Padmasambhava a ir al Tíbet; fue el ministro Bami Trihzi. Y el cuarto solicitó encarnarse en quien establecería la tradición monástica y filosófica en el Tíbet; fue el abad Shantarakshita. Pero olvidaron honrar al búfalo, que con tan penoso esfuerzo había cargado y arrastrado los materiales de construcción. Enojado, el búfalo hizo el voto de renacer bajo la forma del rey que destruiría lo que los cuatro hijos hubiesen realizado: volvió a la vida con los rasgos del rey Langdarma, perseguidor del budismo.

Más allá de la leyenda que lo envuelve, esta estupa reviste una significación particular para mí. En la actualidad vivo muy cerca de ella, en el monasterio de Shechen, apenas a unos centenares de metros. La accidentada historia de esta estupa a lo largo de los siglos la convierte en un testigo de excepción de la resiliencia budista. Tras caer en ruinas, fue reconstruida en el siglo XVI por Shakya Zangpo; y más tarde, en el siglo XVII, remodelada por Rangrik Repa; a comienzos del siglo XIX, Shabkar, el gran yogui del Amdo, recubrió su aguja con oro fino. A finales de la década de 1960, su «árbol de vida», un tronco de sándalo o de enebro desbastado sobre el que se fijan las reliquias, quedó carbonizado por un rayo. Dilgo Khyentse Rinpoche lo reemplazó y, en caso de esta estupa, se colocó en el centro de la aguja. Finalmente, en 2015, como consecuencia de dos violentos seísmos, hubo que reconstruir la parte superior de la estupa para devolverle todo su esplendor. Los fieles proceden regularmente al encalado de la estupa; los encargados de su mantenimiento proyectan agua con azafrán realizando amplios movimientos semicirculares sobre la cúpula del edificio, dibujando el contorno de unos inmensos pétalos de loto. Desde el pináculo hasta la base de la estupa, siguiendo líneas oblicuas, las banderas de plegarias de los cinco colores ondean con sus chasquidos al viento, que se lleva los deseos de paz, compasión y amor para todos los seres del mundo. Gracias a la determinación y el compromiso de todos, este lugar santo sigue custodiando hoy en su seno reliquias preciosas. Es para los discípulos del mundo entero como un faro imbuido de majestad, que resplandece con las miles de horas de recogimiento que ha acogido.

Pero es un vínculo más personal y más profundo el que me ata a este lugar santo. Sin que pueda explicarme el motivo, la tarde de mi primera visita a la gran estupa de Jarung Khashor, mientras permanecía de pie con las manos juntas en compañía de Tulku Rinpoche, renové los votos del *bodhisattva*, de la preciada *bodichita*, el espíritu de la Iluminación, y el voto altruista de alcanzar esta. Me sentía animado por una intensidad más poderosa que nunca, y expresaba este deseo: «En esta vida y en todas mis vidas, que hasta el último átomo de mi cuerpo, que mi palabra y mi mente, estén enteramente dedicadas al servicio de los demás». A continuación permanecí unos instantes en silencio, entregado con una sinceridad sin mácula a esta aspiración. Desde entonces, cada vez que paseo en circunvalación alrededor de la estupa, me detengo unos instantes antes de continuar y, con las manos juntas, renuevo este voto apoyándome en estas estrofas consagradas, formuladas por los grandes sabios indios Nagarjuna y Shantideva:

Con el deseo de liberar a todos los seres,
y hasta el corazón de la Iluminación,
tomo continuadamente Refugio
en el Buda, el Dharma y el Sangha.

Con sabiduría y compasión,
hoy, en presencia del Buda,
hago nacer en mí el pensamiento de la perfecta Iluminación
para el bien de todos los seres sensibles.

El espíritu de Iluminación es la más preciada de las joyas:
engendrémoslo, si es que aún no lo hemos hecho;
y una vez engendrado, que jamás se debilite,
antes bien, que no deje de intensificarse.

Por tiempo que dure el espacio,
y por tiempo que existan seres,
que también yo pueda permanecer
para hacer desaparecer el sufrimiento del mundo.

Nuestras peregrinaciones nos condujeron a Namo Buda, como lugar especialmente destacado, situado a 1.800 m de altitud, entre colinas, a una cuarentena de kilómetros de Katmandú. Se dice que en este lugar sagrado, al final de una de sus vidas pasadas, aquel que iba a convertirse en el Buda Shakyamuni dio su cuerpo a una tigresa y sus cuatro cachorros que estaban muriéndose de hambre, e hizo el voto de que renacieran los cinco como primeros discípulos suyos en cuanto alcanzara la Iluminación.

Tulku Pema Rinpoche, algunos amigos y yo emprendimos la ascensión a Namo Buda, la cual se realizaba a pie, partiendo de Panauti, por caminos de tierra que atravesaban trigales y arrozales. Debíamos mostrarnos particularmente precavidos ante la proximidad de los búfalos de agua, cuyo humor es imprevisible ante la presencia de desconocidos. Pasamos una noche en Namo Buda, donde en aquel entonces no había más que dos o tres habitaciones en que alojarse cerca del centro de retiro de Thrangu Rinpoche. No podía sospechar que, treinta años más tarde, iba a realizar largos retiros en una ermita de una colina a unos kilómetros de allí.

*

A finales de diciembre de 1977, en Boudhanath, a unos centenares de metros de la estupa de Jarung Khashor, tuvo lugar el evento por el que habíamos ido a Nepal. Kyabje Dudjom Rinpoche, el patriarca de la tradición Nyingmapa, dedicó todo un mes a dispensar a un millar de discípulos la transmisión de los veinte volúmenes de las obras de su predecesor, Dudjom Lingpa (que vivió en el siglo XIX), así como algunas de sus propias enseñanzas. Supuso una inmensa bendición para nosotros recibir aquellas valiosas transmisiones.

¿Qué contienen estos veinte volúmenes, ricos en enseñanzas? Principalmente, una decena de ciclos completos de prácticas, que van desde los preliminares que tienen por finalidad orientar nuestra mente hacia el Dharma, hasta las enseñanzas más elevadas de la Gran Perfección, pasando por las prácticas de visualización y otros aspectos de la vía gradual. ¿Por qué esta multiplicidad de prácticas? A decir verdad, un solo ciclo es perfectamente suficiente por sí mismo y permite a quien se entrega a él con confianza y diligencia alcanzar la Iluminación en esta vida misma. De todos modos, las capacidades y disposiciones mentales de los seres varían hasta el infinito, y las condiciones exteriores difieren según las épocas. Por ello, la multiplicidad de prácticas responde a las necesidades específicas de los seres y les permite progresar en el camino de la liberación.[3]

Estas transmisiones son esenciales para mantener viva la herencia espiritual del budismo tibetano. Lamas de todas las edades reciben las transmisiones, y de ellos emergerán quienes a su vez garantizarán la continuidad de estas enseñanzas. Gracias a este proceso, la tradición ha permanecido viva desde la introducción del budismo en el Tíbet hasta el día de hoy. Porque en ausencia de transmisión de maestro a discípulo, estas enseñanzas y prácticas se convierten en «letra muerta», y los discípulos no estarían ya en disposición de utilizarlas para su progreso en la vía. Serían como viejos mamotretos sin alma, en lugar de ser como son la fuente viva de su inspiración espiritual.

Era la primera vez que Dudjom Rinpoche transmitía de este modo el conjunto de las enseñanzas de su predecesor, fuera del Tíbet. Habían acudido discípulos de toda la India y de numerosos países. La familia de Kangyur Rinpoche, así como los discípulos occidentales que la acompañaban, las recibieron con júbilo y agradecimiento.

En la cultura tibetana, lo más sagrado coexiste alegremente con lo más cómico. Un día, durante la impartición de estas enseñanzas, se encontraba entre los cientos de discípulos reunidos, sentados en pleno campo, un viejo monje al que invadió una urgencia dictada por la naturaleza. Reticente a abandonar el lugar por miedo a perderse una parte de la transmisión, que duraba cerca de cuatro horas, decidió aliviarse discretamente en un gran recipiente que llevaba bajo la túnica y del que hasta ese momento había bebido el té que repartían dos o tres veces al día. Una vez concluida la operación, no sabía muy bien qué hacer con el producto de la misma. Dado que se encontraba cerca del muro del recinto, pensó que no pasaría nada si arrojaba disimuladamente el contenido por encima del muro. Por desgracia, al ser el único de todos los asistentes en ponerse de pie en aquellos momentos, su maniobra no pasó inadvertida. Sobre todo cuando falló el lanzamiento, ¡y el ambarino líquido fue a caerle encima de la cabeza! La asistencia comprendió lo que acababa de acontecer, y se oyeron algunas risas. Para colmo de espectáculo, en el momento en que se había estirado cuan largo era para proyectar el líquido, se le había desatado el cinturón y se le había caído la túnica monástica a los pies, poniéndolo al descubierto en toda su desnudez originaria. Una risa incontenible se apoderó de toda la asistencia, incluido Dudjom Rinpoche, que había sido testigo de la escena desde su trono. Las iniciaciones se interrumpieron hasta que se disipó la hilaridad general.

El último día de las enseñanzas llegó a principios de enero de 1978, poco después de que Dudjom Rinpoche hubiera confiado unos últimos consejos a los discípulos. Mientras la multitud se dispersaba, la nieve comenzó a caer sobre Boudhanath como una lluvia de flores. En los numerosos años que pasé allí, jamás vi ni oí hablar de nevadas en Katmandú. Es cierto que la capital se encuentra a 1.500 m de altitud, pero está situada a la latitud de Marruecos, y durante el invierno la temperatura raramente baja de 3° C en las noches más frías del invierno. El cielo es casi siempre de un azul resplandeciente.

*

El invierno y la primavera que siguieron fueron particularmente venturosos. Un mes después de las transmisiones dispensadas por Dudjom Rinpoche, de mediados de febrero a finales de marzo de 1978, Dilgo Khyentse Rinpoche impartió otro ciclo de enseñanzas igualmente preciosas en el mayor de los monasterios existentes por entonces en Boudhanath, Ka-Nying Shedrub Ling, fundado por Tulku Urgyen Rinpoche y sus hijos.

Entre las primeras enseñanzas y las segundas, todos nos habíamos mudado. Por la modesta suma de trescientas rupias al mes, el equivalente a treinta euros de hoy, yo había alquilado una habitación rústica en el primer piso de una casa tradicional nepalesa, una de esas casas construidas en círculo alrededor de la estupa de Boudhanath, flanqueando la avenida enlosada por la que los fieles realizan la circunvalación del monumento sagrado. El suelo de la habitación era de tierra batida, dispuesta sobre unas vigas recubiertas de tablones de madera. Las paredes estaban encaladas, y dos ventanas con el marco de madera esculpida pintada de azul daban directamente a la estupa. En una minúscula cocina, algunas veces hacía de comer en un hornillo a keroseno para los amigos de Darjeeling que pasaban a verme: Luc, Erik, Helena, Juanita y algunos otros. Mi madre, que era monja desde 1968, había alquilado una habitación con una amiga en otra casa en torno a la estupa. Como siempre, se mostraba muy generosa y hospitalaria con todos. En Nepal, como en Darjeeling, siempre estuvimos cerca pero manteniendo cada cual su independencia y siguiendo nuestros respectivos caminos espirituales. A veces nos encontrábamos durante las comidas en compañía de la familia de Kangyur Rinpoche, o con ocasión de peregrinaciones y enseñanzas; otras veces permanecíamos alejados el uno del otro, sobre todo cuando hacíamos retiros en nuestras ermitas.

Habían venido numerosos lamas de otras regiones de Nepal, de la India o de bastante más lejos, en algunos casos. Cierto número de ellos dispensaba también enseñanzas, al atardecer, a pequeños grupos de occidentales. Yo también asistía a menudo a ellas.

Por la mañana muy temprano, antes de la salida del sol, entre las cinco y media y las siete y media, acudía un número incontable de fieles de todos los barrios cercanos para pasear en circunvolución alrededor de la estupa. La multitud silenciosa caminaba respetuosamente en círculo en el sentido de las agujas del reloj, con la estupa siempre a su derecha, mientras desgranaban su *mala* y recitaban mantras y plegarias. Los fieles de la mañana contrastaban con los que giraban en torno a la estupa al final de la tarde, después de su jornada de trabajo, quienes lo hacían con menos recogimiento, distrayéndose de sus oraciones por las novedades que intercambiaban. Las tiendas estaban cerradas por la mañana, pero al atardecer todo aquel lugar se animaba:

los comerciantes de té, de *malas*, de estatuas y *thangkas*, de objetos rituales, de incienso y plantas medicinales procedentes de las montañas y transportadas en grandes sacos de yuta, los restauradores de minúsculos establecimientos, todos abrían sus puestos; la plaza se veía invadida igualmente por los vendedores ambulantes, por los mendigos provenientes de la India, a menudo tullidos, por peregrinos y ermitaños errantes sentados sobre el pavimento, los cuales, mientras recitaban sus plegarias con un libro sobre las rodillas, recibían las limosnas que les permitían comprar sus provisiones de *tsampa*, té y mantequilla, necesarias para proseguir la ascesis en su retiro en las montañas; con menor frecuencia, un cornaca llevaba a su elefante para que diera una vuelta a la estupa; al caer la noche, aparecían algunos farolillos, y las llamitas de las lámparas de mantequilla ofrecidas a la estupa vacilaban por el viento; resonaba asimismo la música de media docena de oficiantes que celebraban una ceremonia en un pequeño templo abierto a la calle. Todo ello confería a aquel lugar una dimensión que estaba fuera de este mundo. Un universo enteramente aparte gravitaba alrededor de aquel monumento sagrado.

En ocasiones, hacia las diez de la noche, cuando todo era silencio, me acercaba a dar tres vueltas a la estupa, pero no caminando, como era habitual, sino prosternándome. Extendía las dos manos en el suelo y las desplazaba hacia delante hasta quedar completamente estirado, con los brazos extendidos al frente lo máximo posible; acto seguido volvía a levantarme, daba tres pasos hasta llegar al punto alcanzado por la punta de mis dedos, y volvía a prosternarme. Si para dar una vuelta a paso normal alrededor de la estupa se tardaba algo más de cinco minutos, realizada de aquella manera se necesitaban veinte. Después de terminar, como puede uno imaginarse, quedaba cubierto de tierra e iba a bañarme bajo el chorro de una fuente que manaba día y noche de una gárgola situada en una callejuela que daba a la estupa, y en torno a la cual se congregaban las lavanderas durante la jornada. Después del baño de agua fresca, regresaba a mi habitación y contemplaba unos segundos más la gran estupa, al tiempo que oraba a mis maestros, antes de dormirme. En el Tíbet, buen número de peregrinos se prosternan de este modo durante meses en sus viajes a Lhasa o a algún otro lugar de peregrinación. Prefieren en general el frío del invierno y prosternarse sobre los caminos helados, antes que el verano, en que la lluvia y el barro plantean dificultades mayores.

*

Por fin, a mediados de febrero, llegó el momento del comienzo de las transmisiones dispensadas por Dilgo Khyentse Rinpoche. Se trataba de las iniciaciones e instrucciones contenidas en los treinta y tantos volúmenes de las obras completas de Chogyur Lingpa, un gran maestro del siglo XIX que fue un *tertön* (descubridor de «tesoros» espirituales). Desde que los tibetanos huyeran del Tíbet, en torno a 1959, era la primera vez que se transmitía el ciclo completo de enseñanzas. Por ello, una cincuentena de lamas eminentes, varios centenares de monjes y monjas y otros tantos discípulos laicos —un millar de personas en total— habían venido de toda la región del Himalaya y de los centros de refugiados tibetanos de la India y Nepal. Una treintena de discípulos occidentales habían realizado también el viaje para tener el privilegio de recibir aquellas transmisiones.

Dilgo Khyentse Rinpoche preparaba las iniciaciones de la mañana, para efectuar la transmisión por la tarde. Al final de la jornada, daba explicaciones detalladas sobre el texto, describiendo la manera de practicar las etapas graduales de la vía hacia la Iluminación, texto traducido a partir de entonces a diversas lenguas, entre ellas el francés,[4] y que constituye un tesoro de instrucciones para quienes desean adentrarse en serio en la práctica del budismo tibetano.

Cada día, después de haber impartido sus enseñanzas, Khyentse Rinpoche permanecía unos momentos en el templo con un pequeño grupo de monjes para recitar en voz alta oraciones de ofrenda por los méritos engendrados por la transmisión de las enseñanzas y otras prácticas virtuosas. Algunos de los discípulos occidentales se quedaban para unirse a estas plegarias. Un monje me confió que Khyentse Rinpoche le había dicho, volviendo la mirada hacia mí: «¿Ves a ese extranjero? ¡Se sabe las oraciones de memoria! El Dharma comienza a expandirse en Occidente». Poco a poco, iba estableciéndose un profundo vínculo entre Dilgo Khyentse Rinpoche y yo.

A finales de marzo, cuando concluyeron las transmisiones,[5] se celebró una fiesta en el patio del monasterio de Ka-Nying Shedrub Ling. Posteriormente, una soleada mañana, Khyentse Rinpoche y el resto de los principales maestros espirituales y jóvenes lamas encarnados (*tulkus*) que habían recibido las enseñanzas, salieron en procesión, precedidos por músicos y monjes portadores de estandartes, para realizar ceremoniosamente la vuelta a la estupa de Boudhanath, situada a unos trescientos metros. En esa ocasión, los principales lamas se colocaron alrededor de Khyentse Rinpoche, en la primera de las tres gradas de la estupa, lo cual permitió inmortalizar aquel instante sobre película fotosensible.

Colmados por todas aquellas bendiciones, maravillados por la belleza natural de Nepal y el descubrimiento de sus lugares sagrados, retomamos el camino de Darjeeling en coche, tal como habíamos llegado —a través de dos largas jornadas de caótica carretera—, para reencontrarnos con la tranquilidad del monasterio de Orgyen Kunsang Chökhorling y, en mi caso, con la de mi ermita. Permanecí en retiro durante el resto del año.

PARTE III

UN SEGUNDO SOL

CAPÍTULO 13

ENSEÑANZAS Y PROFESIÓN DE LOS VOTOS MONÁSTICOS

Vuelvo a encontrarme con Dilgo Khyentse Rinpoche con ocasión de sus visitas a Darjeeling. En 1979, me aconseja que me quede con él. Recibo cuatro meses de enseñanzas, hago profesión de los votos y me convierto en monje.

Antes de abandonar este mundo, Kangyur Rinpoche aseguró a sus allegados que los miembros de su familia y sus discípulos encontrarían maestros auténticos con los que proseguir sus respectivos caminos espirituales. Su predicción se cumplió, como es manifiesto: todos los discípulos y miembros de la familia de Kangyur Rinpoche se convirtieron en discípulos de dos maestros eminentes, Dudjom Rinpoche y Dilgo Khyentse Rinpoche, cuya relación con Kangyur Rinpoche había sido muy estrecha. Según las circunstancias de la vida de cada cual, su lugar de residencia y su historia individual, cada discípulo se vinculó más estrechamente con uno u otro maestro, sin detrimento del respeto y la devoción que sentíamos todos por ambos.

Es posible, en efecto, seguir la guía de varios maestros a la vez, y por tanto ser discípulo de cada uno de ellos. De hecho, uno se convierte en discípulo de cada maestro que nos ha dispensado iniciaciones y enseñanzas importantes. Cuando el maestro se convierte en guía íntimo de nuestra práctica, etapa por etapa, es cuando se establece un vínculo más personal con él. Esto es lo que pronto había de sucederme, en un grado inesperado, pues iba a vivir trece años en la intimidad inmediata de un maestro excepcional. Después de la muerte de

Kangyur Rinpoche, su hijo mayor, Pema Wangyal Rinpoche, guio mi práctica y mis retiros, cosa que continúa haciendo hoy en día, pasados cincuenta años. Pero además, unos años después de la partida de mi maestro-raíz iba a presentárseme la gran oportunidad de ser acogido como discípulo próximo de Dilgo Khyentse Rinpoche, quien no solo iba a transmitirme numerosas enseñanzas y a hacerme progresar en la vía, sino que también iba a tener la inmensa bondad de permitirme compartir su existencia cotidiana, a su servicio. ¿Qué mejor cosa podía desear en aquel momento de mi vida?

Mi primer encuentro con mi segundo maestro, Dilgo Khyentse Rinpoche, tuvo lugar en Darjeeling en 1972. Él pasaba unos días en Orgyen Kunsang Chökhorling, el monasterio de mi maestro-raíz Kangyur Rinpoche. A estos dos seres notables los unía una relación muy estrecha y habían intercambiado enseñanzas en diversas ocasiones.[1] Cuando Dilgo Khyentse Rinpoche pasaba por Darjeeling, por lo general era acogido en el monasterio de Kangyur Rinpoche. En aquella ocasión, este último estaba ausente, había ido a pasar dos semanas a las fuentes termales de Khandro Sang Phug, en Sikkim, pero yo tuve la suerte de estar presente en el momento de su llegada.

Khyentse Rinpoche se me apareció como un ser impresionante, tanto por su estatura —medía casi dos metros—, como por la majestad rebosante de bondad que emanaba de su persona. Su piel ambarina, sus grandes manos suaves, sus dedos y uñas largos, sus gestos pausados, su voz cálida, su mirada de una profundidad inconmensurable, su sonrisa anunciadora de una generosidad sin límite: todo en él marcaba para siempre a quienes lo conocían. La primera vez que le vi, me sorprendió de entrada encontrarme con un gran maestro en un lugar ya iluminado por la presencia de Kangyur Rinpoche. Dilgo Khyentse Rinpoche era evidentemente otra persona, pero sentí espontáneamente hacia él el mismo respeto mezclado de devoción que en el caso de Kangyur Rinpoche. Más allá de las apariencias, percibía que sus culminaciones espirituales respectivas no hacían sino una. Es asombroso advertir cómo, bajo apariencias físicas bien diferenciadas, los grandes maestros comparten profundas similitudes: sus cualidades de ser son idénticas.

Tras la muerte de Kangyur Rinpoche en 1975, Dilgo Khyentse Rinpoche volvió varias veces al monasterio de Orgyen Kunsang Chökhorling. Con ocasión de una de aquellas visitas, en 1978, invadido por un impulso nacido de la devoción, decidí hacerle ofrenda de un *pong dag*, literalmente el «puro abandono» (se sobreentiende «de todos sus bienes»). Con este fin, reuní los escasos objetos que tenía en mi pequeña ermita, contándolo todo siete cuencos de ofrenda de plata, un despertador, el reloj de pulsera de mi adolescencia, mi cámara de fotos, una túnica butanesa completamente nueva y algunas otras baratijas. Una mañana, cuando Khyentse Rinpoche estaba rezando sus oraciones en su habitación, le llevé todo aquello en dos grandes bandejas, ayudado por el monje que estaba entonces al servicio de Khyentse Rinpoche, y añadí a mi ofrenda una larga estola tibetana de seda blanca, símbolo de la pureza de intención de quien lo obsequia. Todo sucedió de la manera más simple: Khyentse Rinpoche aceptó mis ofrendas sonriendo y, más tarde aquel mismo día, las repartió entre algunos miembros de su entorno. Él mismo, que había llevado la vida más sencilla posible durante décadas en cuevas y cabañas de ermitaño, había hecho varias veces ofrenda de todos sus bienes a sus maestros espirituales, de modo que no tenía el menor apego por las cosas materiales. Una monja recibió los cuencos de plata: tiene noventa años en el momento en que escribo estas páginas y continúa usándolos cotidianamente para sus rituales. Lama Ngodrup, el principal intendente de Khyentse Rinpoche —y de quien más tarde me hice amigo íntimo—, recibió mi túnica butanesa. Me confió que había oído hablar de la práctica del *pong dag*, pero que era testigo de ella por primera vez. En cuanto a mi cámara de fotos, Khyentse Rinpoche me la devolvió. Aquel aparato no podía serle útil a nadie a quien él conociera —Rabjam Rinpoche, único candidato potencial, era demasiado joven para utilizarla, según me dijo—; Khyentse Rinpoche sin duda estimó que sería más útil en mis manos, lo cual resultó totalmente acertado. De aquel modo pude, en efecto, seguir fotografiando a mis maestros espirituales y el mundo en el que vivían, así como inmortalizar numerosas pinturas y otras representaciones del arte sagrado del Tíbet.

Dos noches antes de mi *pong dag*, había tenido un sueño en el que Dilgo Khyentse Rinpoche transmitía una iniciación cuya deidad principal era Mandarava, una de las dos discípulas primordiales de Gurú Padmasambhava.[2] En el transcurso de la ceremonia, Dilgo Khyentse Rinpoche posaba sobre mi cabeza una copa ritual llena de néctar del que me daba a beber una cucharada. Al despertar, a la mañana siguiente, le pregunté si existían prácticas que tuvieran a Mandarava por deidad principal. Rinpoche me respondió afirmativamente, sin más detalle. No fue sino hasta bastantes años después cuando recibí de él la iniciación a Mandarava, la cual forma parte del ciclo de *La esencia del corazón del loto de vida infinita* (*Pema Tseyi Nyingthig*), un tesoro espiritual cuya visión había tenido Khyentse Rinpoche durante la década de 1950, cuando se encontraba acampado a orillas del lago de Leche de Oro,[3] en el Tíbet oriental, a 4.700 m de altitud. Este ciclo contiene cierto número de prácticas, una de las cuales está centrada en Mandarava, la deidad femenina o *dakini*; el ciclo, al cual está asociada, simboliza la última felicidad de la sabiduría. Años más tarde, en Nepal, iba a consagrar tres meses de retiro centrado en esta práctica.

En el transcurso de aquella visita a Darjeeling, Khyentse Rinpoche me dio un consejo que supuso para mí una gran prueba de bondad y confianza hacia mí, una recomendación que iba a determinar el camino que había de tomar durante los trece años sucesivos, y a marcar profundamente mi vida. Tulku Pema Wangyal, quien, además de a su padre, consideraba a Dudjom Rinpoche y a Dilgo Khyentse Rinpoche como sus maestros-raíces, había pedido a Khyentse Rinpoche que fuera a Francia en la primavera de 1976, con el fin de impartir sus enseñanzas a los discípulos occidentales de su padre, europeos, norteamericanos y sudamericanos, para los cuales había organizado un retiro que se prolongaría por tres años y tres meses, la duración tradicional de este tipo de retiro contemplativo. Este debía desarrollarse en la Dordoña, en una edificación en forma de claustro, en torno a un pequeño jardín, construida por los propios discípulos, entre los que figuraban un ingeniero y dos carpinteros. Dado que yo había sido uno de los primeros discípulos occidentales de Kangyur Rinpoche, supuse que iba a integrar el grupo de participantes en el retiro. Pensaba por tanto que mi estancia de siete años en la India tocaba a su fin. Revelé a Khyentse Rinpoche este pensamiento. Replicó de sopetón:

—Mientras yo siga con vida, quédate conmigo. Tendrás más ocasiones de realizar retiros.

Este precioso consejo que iba a permitirme convertirme en uno de sus discípulos más próximos era el regalo más hermoso que podían hacerme. De modo que iba a pasar trece años junto a él, en Bután, Nepal y la India; años en el transcurso de los cuales lo acompañaría en tres ocasiones al Tíbet.

Durante aquellos trece años, si antes que nada fui su discípulo, también me puse a su servicio. Khyentse Rinpoche era una persona mayor y tenía dificultades sobre todo para desplazarse solo. Puesto que tenía que vivir en su presencia, era natural que lo sirviera lo mejor que pudiera, día y noche, con devoción. Estar al servicio de un maestro espiritual como Khyentse Rinpoche o el Dalai Lama no se parece a un «empleo» o a una «función» corriente. Se trata más bien de una valiosa oportunidad para vivir en su intimidad, para beneficiarse de la calidad de su presencia, al tiempo que uno le ayuda lo mejor que puede en sus tareas cotidianas. Es también una ocasión única para estar siempre presente durante sus enseñanzas y transmisiones. Por supuesto se daba el caso a veces de hacerle peticiones de enseñanzas específicas, pero con gran frecuencia me bastaba un poco de paciencia hasta que llegaba el momento en que él impartía esas mismas enseñanzas a petición de alguna otra persona, lo cual me permitía beneficiarme de ellas yo también y a la vez preservar algo de su valioso tiempo. En algunos casos, bastante raros, si él deseaba transmitir unas enseñanzas a una sola persona que se lo hubiera pedido, requería a quienes estuvieran presentes, incluido yo también, a que salieran de la estancia. Pero lo esencial de lo que me aportó no radicaba en eso, sino en su profunda realización espiritual y su compasión, que irradiaban de él en todo momento, tanto en la intimidad como en público, tanto en presencia de reyes como de las personas más humildes.

*

Con ocasión de aquella misma visita decisiva durante la primavera de 1978 en el transcurso de la cual efectué mi *pong dag*, la donación de todos mis bienes, Khyentse Rinpoche me aconsejó que fuera a recibir las enseñanzas que iba a impartir en el monasterio de Mindrolling, cerca de Dehradun, en el norte de la India. Durante los cuatro meses del invierno de 1978-1979, Khyentse Rinpoche iba a dispensar la transmisión de los sesenta volúmenes del *Tesoro de las enseñanzas reveladas*, el *Rinchen Terdzö*. Se trata de un conjunto de enseñanzas y prácticas contemplativas de la tradición Nyingmapa que el gran erudito Jamgön Kongtrul Lodrö Thaye recopiló en el siglo XIX, en una época en que buen número de linajes espirituales amenazaba con extinguirse o caer en el olvido. Fue entonces cuando comencé a formar parte de su entorno.

Durante los cuatro meses que duró aquella importante transmisión, Khyentse Rinpoche se levantaba todas las mañanas a las cuatro para efectuar sus prácticas cotidianas. Hacia las siete y media, se dirigía al templo del monasterio, asistido por Lama Chöjor, que se encargaba de preparar los mandalas y otros elementos necesarios para la transmisión de las iniciaciones, un trabajo que lo ocupaba hasta el anochecer.

Khyentse Rinpoche practicaba entonces una por una todas las visualizaciones, recitaciones y meditaciones relacionadas con las iniciaciones que iba a dispensar aquel día. A continuación venía la transmisión de la jornada, de tres a siete iniciaciones, en función de su duración y complejidad; a media tarde, impartía las instrucciones correspondientes. Este programa se siguió durante cuatro meses, con excepción de unos días de interrupción con motivo del Año Nuevo tibetano y de una breve visita que Khyentse Rinpoche rindió al Dalai Lama en Dharamsala. Entre los numerosos discípulos que habían venido de lejos para recibir aquellas transmisiones figuraban un centenar de maestros espirituales, *tulkus* (considerados como las reencarnaciones de maestros difuntos), *khenpos* (el equivalente de un doctor en filosofía), lamas respetados y una cincuentena de extranjeros.

Después de aquellas jornadas tan densas, Khyentse Rinpoche abandonaba el templo y regresaba a su residencia —una simple habitación precedida de una entrada—, donde todavía impartía casi a diario enseñanzas suplementarias a quienes se lo habían solicitado. Éramos dos los que nos ocupábamos de su persona: Tsewang Lhundrup, monje butanés, y yo. Dormía en el suelo, en la habitación de mi maestro, para estar en disposición de ayudarle cuando tenía que levantarse en el transcurso de la noche. Soñé varias veces que entraba en la habitación una multitud de personas para ver a Khyentse Rinpoche, y yo me quedaba confuso al darme cuenta de que me habían encontrado dormido. «¿Se trata de seres no humanos que se presentan por la noche para recibir las enseñanzas de Khyentse Rinpoche?», me preguntaba bromeando.

Aquel invierno comencé a hacer de intérprete entre Khyentse Rinpoche y sus discípulos occidentales. Con ayuda de una grabadora prestada por un discípulo norteamericano, pude también grabar la mayor parte de las enseñanzas y explicaciones de textos que les impartía (con excepción de las iniciaciones que es inapropiado grabar). Con el paso de los años, conseguí registrar cerca de cuatrocientas horas de preciosas enseñanzas sirviéndome de otra grabadora rudimentaria que adquirí mientras tanto. Las cintas de casete baratas que uno podía encontrar en la India eran en su mayor parte falsificaciones, y los noventa minutos prometidos en el envoltorio se convertían a la hora de la verdad en setenta, ¡con suerte! Pero los precios de las marcas oficiales estaban por encima de mis modestas posibilidades. A los demás les encantaba embromarme a propósito de la prisa que me daba, en cuanto veía que Rinpoche se disponía a enseñar, en poner en marcha la vieja grabadora, cada vez más perjudicada por los múltiples viajes. Doy gracias por haber perseverado, ya que hoy por todas partes me piden copias de estas grabaciones. Posteriormente transcribí y traduje al inglés y al francés cierto número de aquellas instrucciones, que se publicaron en siete libros: *La fuente de gracia*, *En el umbral de la Iluminación*, *El tesoro del corazón de los seres iluminados*, *Audacia y compasión*, *Los cien consejos de Padampa Sangye* y *En el corazón de la contemplación*.

*

En aquella ocasión excepcional, el gran abad Taklung Tsetrul Rinpoche, antiguo discípulo de Kangyur Rinpoche en el Tíbet, vino a pasar algunas semanas al monasterio de Mindrolling. A su llegada, yo tenía en mente el consejo que me había dado Kangyur Rinpoche durante mi primer viaje a la India, en 1967. Le había preguntado si era conveniente fundar una familia. Me había respondido recomendándome que no decidiera nada al respecto antes de los treinta años, y que entonces ya vería. Comuniqué este consejo a Khyentse Rinpoche. Yo entonces tenía treinta y tres años, y las dos vías, tanto la familiar como la monástica, me parecían igual de factibles. De hecho, desde mi salida de Francia, ya llevaba una vida casi monacal y estaba perfectamente dispuesto a dar el paso de «la vida con hogar a la vida sin hogar», de acuerdo con la expresión consagrada que define el paso al estado monástico. Deseaba por tanto que también él me diera su consejo. «Tsetrul Rinpoche acaba de llegar. Dispensará ordenaciones, sería excelente si pronunciaras tus votos», me contestó sin dudar. Khyentse Rinpoche no dispensaba personalmente aquellos votos, ya que no era monje, sino un yogui casado. Así fue como, al cabo de unos días, al finalizar la transmisión del

Tesoro de las enseñanzas reveladas, recibí la ordenación monástica. Otros dos postulantes la recibieron conmigo. Tsetrul Rinpoche estuvo asistido por cinco monjes en representación del Sangha, la comunidad monástica. Al comienzo de la ceremonia, que duró aproximadamente hora y media, el abad Tsetrul Rinpoche nos planteó de entrada una serie de preguntas para cerciorarse de la seriedad de nuestro compromiso: «¿Estáis dispuestos a observar los votos que vais a recibir, en todo lugar, tiempo y circunstancia?». Respondimos a coro afirmativamente. A continuación fue dispensándonos gradualmente los cinco votos de novicio, *upasika*, los treinta votos de *shramanera* y los doscientos cincuenta y tres votos de *bhikshu* (*guelong* en tibetano). Los cuatro votos principales de la plena ordenación son: no matar, no robar, no tener relaciones sexuales y no mentir fingiendo haber alcanzado un nivel de cumplimiento espiritual superior. Si se transgrede uno de estos votos, la ordenación se pierde al instante.

Cuando, con el cráneo rasurado y ataviado con la túnica monástica, volví de la ceremonia, Khyentse Rinpoche se mostró entusiasmado y me dijo: «Es una gran suerte haber tomado así los votos». Lejos de sentirme encorsetado por los votos monásticos, experimentaba una ligereza extraordinaria y una gran alegría: me embargaba el sentimiento de una libertad nueva, similar a la del pájaro que sale volando de su jaula. Un mes más tarde, fuimos a Sonada, cerca de Darjeeling, para visitar a Kalu Rinpoche, un gran maestro de la tradición Kagyupa, estrecho amigo de Khyentse Rinpoche que había pasado años de retiro en el Tíbet y había recibido también las enseñanzas de Kangyur Rinpoche. Khyentse Rinpoche le dijo, señalándome: «Ha tomado los votos monásticos. Es señal de que está plenamente convencido de consagrarse al Dharma».

Estoy persuadido de que una familia puede representar una fuente de grandes alegrías en la existencia y una experiencia humana de lo más enriquecedor; pero hoy sé, desde la perspectiva que da la distancia temporal, que esta vía no era la mía. La elección que hice me otorgó la preciada libertad de vivir todos aquellos años junto a Khyentse Rinpoche, lejos de todo, de pasar cinco años en retiro solitario, repartidos entre los cuarenta últimos. Este modo de vida, que implica a toda mi persona, no habría sido posible para mí con una familia. Aunque no haya tenido hijos, la creación y puesta en práctica junto con mis colaboradores de los proyectos humanitarios de Karuna-Shechen me han permitido aportar a decenas de miles de niños una educación de base y atención sanitaria, contribuyendo así, a mi manera, a la mejora del bienestar de las generaciones futuras. Por lo demás, en los más de cuarenta años que hace que recibí la ordenación monástica, y si bien he sentido en ocasiones una afectuosa afinidad hacia algunas mujeres, nunca, en ningún momento, se me pasó por la mente la idea de renunciar a mis votos. La presencia de mi maestro en lo más profundo de mi corazón y el valor inestimable que concedo a mis votos de monje me han acompañado siempre con seguridad en el camino que tomé.

Después de la muerte de Kangyur Rinpoche en 1975, Dilgo Khyentse Rinpoche se convirtió en mi segundo maestro espiritual.

CAPÍTULO 14

DILGO KHYENTSE RINPOCHE, MAESTRO ENTRE LOS MAESTROS

Nacido en el este del Tíbet, recibe el nombre de Tashi Paljor, «Gloria de Buen Augurio». Desde su más tierna edad, sigue múltiples enseñanzas e iniciaciones, emprende numerosos años de retiro y se convierte en un maestro eminente. Su existencia es tan rica y completa, que parece que hubiera vivido varias vidas en una sola.

Dilgo Khyentse Rinpoche nació en 1910, en el valle de Denkhok, en Kham, la más oriental de las cinco regiones del Tíbet histórico.[1] Cuarto hijo de una familia de notables apellidada Dilgo, recibió el nombre de Tashi Paljor, «Gloria de Buen Augurio», por parte de uno de los más grandes maestros espirituales de su tiempo, Mipham Rinpoche, quien vivía por entonces en una ermita a media hora a pie por encima de Sakar, el pueblo de la familia Dilgo. Antes de que naciera Khyentse Rinpoche, Mipham Rinpoche le pidió a su madre que le llevaran al niño en cuanto fuera posible. Así, antes incluso de beber su primera gota de leche materna, el niño le fue presentado a Mipham Rinpoche, el cual, con agua con azafrán, le escribió en la lengua la letra dhi, sílaba germinal del mantra de Manjushri, el buda del conocimiento. Mipham Rinpoche era además, por otra parte, el maestro que había advertido las cualidades excepcionales de Kangyur Rinpoche cuando todavía no era más que un niño.

Desde su más tierna infancia, Tashi Paljor sintió una profunda atracción por la vida espiritual: deseaba ser monje, y varios lamas le aseguraron a su padre que era un niño fuera de lo común. Pero el padre, Tashi Tsering, no quería saber nada: sus dos primeros hijos habían sido ya ordenados, por lo que era importante para él confiarle al más pequeño la gestión de las propiedades familiares.

Un día en que estaba jugando con su hermano, el joven Tashi Paljor se cayó en una gran caldera en la que se cocinaba la sopa comunitaria en el tiempo de la cosecha. Sufrió graves quemaduras en la parte inferior del cuerpo y hubo de guardar cama durante unos cuantos meses. Varios lamas, entre ellos Shechen Gyaltsap, que había de convertirse en el principal maestro de Khyentse Rinpoche, advirtieron de que si no se dejaba al niño seguir su vocación, no viviría mucho tiempo. Viendo su causa perdida, el padre le dijo a su hijo:

—Si hay algo que pueda salvarte la vida, ¡haré lo que sea!

—Llevar la túnica de monje me ayudaría —repuso Tashi Paljor.

Su padre ordenó confeccionar enseguida varias túnicas monásticas. El niño se cubrió con ellas su cama de enfermo y sintió un rapto de alegría. Muy pronto comenzó la curación y el niño estuvo en pie en pocas semanas. El único rastro que conservó del accidente fue una gran cicatriz en la carne del muslo izquierdo, desde la rodilla hasta la cadera. Tashi Paljor recibió entonces el nombre monástico de Rabsel Dawa («Luna Resplandeciente»), al tiempo que los votos de novicio, dispensador por el famoso erudito Khenpo Shenga, quien le impartió igualmente numerosas enseñanzas.

*

Convertido en Rabsel Dawa, Tashi Paljor fue a visitar a la edad de diez años, en compañía de su hermana mayor, el monasterio de Shechen para conocer a quien sería su maestro principal, Shechen Gyaltsap Rinpoche. A la muerte de Mipham Rinpoche, en 1911, Shechen Gyaltsap, uno de sus discípulos más próximos, había ido a Sakar para cumplir con las ceremonias funerarias. Había visto a Tashi Paljor, que por entonces tenía tan solo un año, y le había dicho a su padre que se trataba de un niño muy diferente de los demás, y que deseaba ocuparse de él en un futuro. Shechen Gyaltsap vivía como ermitaño en una cabaña en la vertiente de una colina, a tres cuartos de hora a pie camino arriba del monasterio. Desde la ventana de aquella pequeña ermita, se apreciaba el monasterio de Shechen, el río abajo en el valle y, a lo lejos, las montañas nevadas. Por debajo de su refugio, a medio camino del monasterio, se erigía el centro de retiro de Shechen, en el que una decena de monjes lleva a cabo regularmente el retiro tradicional de tres años, tres meses y tres días, en el transcurso del cual los meditadores se entregan a un conjunto de prácticas que van de forma gradual desde las prácticas preliminares (el *ngöndro*) hasta las meditaciones más profundas acerca de la naturaleza de la mente, la Gran Perfección, pasando por visualizaciones y recitaciones de mantras. Son guiados por un maestro de retiro, que ya lo ha realizado una o varias veces, o que posee una gran experiencia de la práctica espiritual. Cada tres años, un nuevo grupo de monjes postula para iniciar el retiro. Algunos lo realizan varias veces seguidas. Estos retiros están abiertos por igual a los practicantes que no han elegido la vía monástica, pero que desean emprender la práctica contemplativa.

Shechen Gyaltsap Rinpoche, a pesar de ser monje, llevaba el cabello largo hasta los hombros, como la mayor parte de ermitaños. Era sin discusión uno de los lamas más eruditos y cabales de su tiempo. En una ocasión, comenzó un retiro de tres años, pero al cabo de tan solo tres meses, y para sorpresa general, reapareció y declaró que ya lo había cumplido. A la mañana siguiente, un discípulo que estaba a su servicio reparó en una profunda huella de pie en la piedra situada en el umbral de entrada en la ermita. Cuando le preguntaron a propósito de aquel prodigio, Gyaltsap Rinpoche eludió la cuestión declarando: «Oh, no tiene la menor importancia». En el Tíbet se conoce cierto número de huellas de pie o de mano, dejadas en la roca por los grandes maestros del pasado. Por mucho que los maestros en cuestión no se jacten jamás, o incluso como en el caso de Gyaltsap Rinpoche pretendan que tal cosa no tiene ninguna importancia, suele considerarse que realizan tales prodigios como fuente de inspiración para sus discípulos y para las generaciones futuras. De todos modos, se dice que tales signos tienen mucho de *siddhi*, o «consecución» ordinaria, siendo el *siddhi* supremo el logro de la Iluminación espiritual. Por todos estos motivos, tales marcas, o «huellas», son veneradas por los discípulos. Aquella piedra se extrajo posteriormente, y luego se ocultó durante la Revolución Cultural. En nuestros días se conserva en Shechen, entre las reliquias del monasterio. Dilgo Khyentse Rinpoche hizo recubrirla de oro con ocasión de su primer viaje al Tíbet en 1985.

Durante varios meses, Gyaltsap Rinpoche transmitió al joven Rabsel Dawa, así como a su hermano mayor y a algunos otros discípulos, numerosas iniciaciones y enseñanzas, las más importantes del canon budista. Asimismo, transmitió a través de la lectura las obras de diversos grandes maestros del pasado, en particular las de Mipham Rinpoche.

Mientras Rabsel Dawa estaba viviendo en el entorno de Shechen Gyaltsap, otro maestro, Dzongsar Khyentse Chökyi Lodrö, llegó también para recibir enseñanzas. Incluso los maestros que han alcanzado una mayor perfección siguen recibiendo enseñanzas de otros maestros, sobre todo para convertirse ellos también en depositarios de las enseñanzas cuya transmisión es custodiada por otro, y poder así perpetuarla y garantizar su perennidad. A ello se sumaba en este caso que Shechen Gyaltsap era uno de los maestros más venerados de la región oriental del Tíbet. Señalando al joven discípulo, Dzongsar Khyentse Chökyi Lodrö dijo: «Tengo la íntima convicción de que este niño es la encarnación de Jamyang Khyentse Wangpo.[2] Os pido muy especialmente que le sea transmitido *El precioso tesoro de las instrucciones*».[3] Se trataba de trece volúmenes de enseñanzas que trataban de las ocho principales escuelas del budismo tibetano, reunidas en el siglo XIX por Jamgön Kongtrul. Fue así como, durante tres meses, Shechen Gyaltsap dispensó esta transmisión al niño y a una veintena de discípulos.

Al finalizar, Shechen Gyaltsap entronizó a Rabsel Dawa como encarnación del espíritu de Jamyang Khyentse Wangpo.[4] Añadió esta sentencia tan extrema: «A partir de ahora, si muero, lo haré sin ningún pesar».

Dilgo Khyentse Rinpoche vivió con Shechen Gyaltsap durante cerca de cinco años, hasta que, a la edad de quince años, volvió con su familia y pasó un año de retiro en una cueva reconvertida en ermita, situada a una hora a pie de Sakar. Durante el invierno, sin salir de su cueva, recibió enseñanzas del gran erudito Khenpo Thubga, quien se las transmitió personalmente. Una vez terminado el retiro, fue en su busca a la provincia vecina de Dzachuka, con el fin de continuar estudiando con él. Allí, en 1926, se enteró del fallecimiento de Shechen Gyaltsap, con tan solo cincuenta y seis años. Dilgo Khyentse Rinpoche escribió: «Durante unos segundos, me quedé aturdido. Pero entonces, de pronto, el recuerdo de mi maestro me invadió con tal fuerza, que me puse a llorar. Tenía la impresión de que me arrancaban el corazón. Regresé a Sakar y empecé un retiro en las montañas que iba a durar trece años». Para consolarlo, su hermano mayor Shedrub le dijo: «No estés de duelo porque tu maestro se haya ido, como si se tratara de la muerte de un ser cualquiera. Une tu espíritu al suyo, y recibirás su bendición, de espíritu a espíritu». A la mañana siguiente, Khyentse Rinpoche se sentó en una pradera y, ante el recuerdo de su maestro bienamado, una tristeza inconmensurable invadió su espíritu. Anegado en lágrimas, escribió este canto de lamentación:

¡Oh! ¡Qué tristeza, maestro auténtico!
Aunque tú, el Buda en persona,
me tomaras bajo tu protección,
todavía no he puesto en claro todas tus enseñanzas:
¿Cómo puedes marcharte así, dejándome huérfano?

Los ojos corrientes de mi karma malo
ya no contemplan los ojos sonrientes de la blanca luna de tu rostro,
que me miraban con tanta ternura.
¡Tu hijo no soporta verse privado de su padre!

Tu voz melodiosa, sutil e inspiradora,
me aportaba el néctar del Dharma, extenso y profundo.
Ahora mis oídos ya no reciben su poder y su pureza.
¡Tu hijo no tiene más elección que llamar pidiendo auxilio!

La manifestación de tu luminosa realización
se traslucía en tu mirada limpia.
¿Cuándo volveré a tener la suerte de estar frente a tus ojos?
¡No puede evitar proclamar esta esperanza!

Aunque te hayas reabsorbido en el espacio primordial,
lánzame ahora mismo el gancho de tu compasión
tan espontánea como inmutable,
llévame ante tu presencia benevolente, ¡oh, mi solo y único protector!

En un momento de pausa, subió hasta la cima de una montaña pedregosa. Al tiempo que se sentaba para recobrar el aliento, tuvo la experiencia de un vacío luminoso, vasto como el espacio, desprovisto de centro y de límite, una experiencia como nunca había conocido anteriormente. Permaneció en este estado hasta que se desvaneció.

*

A la edad de dieciséis años, cuando regresó con su familia a Sakar, Dilgo Khyentse Rinpoche escribió una carta remitida a sus padres en la que les explicaba, con palabras elegidas, por qué deseaba tanto consagrarse a la vida contemplativa. La carta decía, entre lo más destacado:

> Padres bien amados, me habéis dado una existencia humana preciosa, me cuidasteis con amor y me permitisteis conocer a un maestro auténtico. Gracias a vosotros, he encontrado el camino de la liberación. [...] Cuando mi venerado maestro me dispensó la iniciación de *La esencia secreta del corazón*, hice el voto de abandonar las actividades de esta vida y consagrarme a la práctica del Dharma. [...] Las ermitas en la montaña son mi único destino. Vuestro hijo va a ocultarse a las guaridas salvajes, pero vuestros rostros sonrientes permanecerán siempre presentes en mí. Jamás olvidaré el testimonio de vuestro amor y, si consigo llegar a la ciudadela de la realización, tenedlo por seguro: ¡vuestra bondad será recompensada!

Pasó la mayor parte de los trece años siguientes de retiro en las cuevas y cabañas de ermitaño situadas en las pendientes de las colinas boscosas del valle de Sakar. Meditó sin tregua en torno al amor, la compasión y la determinación de conducir a todos los seres hacia la Iluminación de la liberación.

Por aquella época, Dilgo Khyentse Rinpoche cayó gravemente enfermo. Khyentse Chökyi Lodrö y numerosos otros lamas estimaron que había llegado el momento de que tomara esposa, como es el caso de la mayoría de *tertöns*, o «descubridores de tesoros espirituales».[5] Dilgo Khyentse Rinpoche se casó con Lhamo, una joven de familia campesina, proveniente de un pueblo vecino de Sakar. A partir de aquel momento, su salud mejoró, tuvo frecuentes visiones y reveló numerosos *termas*.

Khandro (tratamiento de respeto que se aplica a las grandes practicantes, así como a las esposas de los maestros espirituales) Lhamo tenía una personalidad fuerte y valerosa, típica de las mujeres del este del Tíbet. Tenía tres años menos que Khyentse Rinpoche. Mientras Khyentse Rinpoche vivió en retiro, ella hizo lo mismo por su parte, acompañada por dos o tres personas del pueblo de Sakar, en una ermita no lejos de la que ocupaba Rinpoche, y lo visitaba de vez en cuando, al tiempo que se consagraba a la práctica espiritual y criaba a las dos hijas que nacieron de su unión, Chime Wangmo (la madre de Rabjam Rinpoche) y Dechen Wangmo, quien, como muchos otros tibetanos, murió de tuberculosis poco después de su llegada a la India. La tuberculosis era casi inexistente en el Tíbet por aquella época, al contrario de hoy en día, y los tibetanos se revelaron particularmente vulnerables a esta enfermedad. Al margen de los periodos de retiro, vivían y viajaban juntos cuando Khyentse Rinpoche se desplazaba.

*

Durante su juventud, Dilgo Khyentse Rinpoche pasó al menos un invierno en una cueva situada a más de 4.500 m de altitud, cerca de la cumbre de Bhala, la montaña que domina el valle de Sakar, aislado del resto del mundo por la nieve. Entre un retiro y el siguiente, visitaba a su familia durante una o dos semanas, antes de volverse a una de las ermitas o cuevas que le eran familiares, algunas de ellas en el bosque, otras en las altas vertientes montañosas, todas ellas situadas en un radio de entre una y tres horas a pie de Sakar. Después de concluir sus retiros, a la edad de veintiocho años, pasó bastantes años junto a Khyentse Chökyi Lodrö, su segundo maestro espiritual. Con el paso del tiempo, recibió en el Tíbet las enseñanzas de una cincuentena de maestros eminentes, y más tarde, durante el exilio, prosiguió con su labor de recoger la transmisión de textos y enseñanzas raras bajo la amenaza de caer en el olvido, con el fin de preservar el linaje.

Después de recibir de Khyentse Chökyi Lodrö las iniciaciones del *Tesoro de las enseñanzas reveladas* (*Rinchen Terdzö*), le confió que deseaba pasar el resto de su vida en retiro solitario. Pero la respuesta de Chökyi Lodrö fue perentoria y no admitía discusión: «Ha llegado para ti el momento de enseñar y transmitir a los demás las enseñanzas que has recibido». Desde aquel día, Khyentse Rinpoche obró sin descanso por el bien de los demás, con la energía inagotable que caracteriza el linaje de los Khyentse.[6]

*

Hacia 1957, Dilgo Khyentse Rinpoche, su mujer y sus dos hijas realizaron una peregrinación al Tíbet central que duró más de un año. Tras su estancia en el monasterio de Tsurpu, con el XVI Karmapa, Khyentse Rinpoche y su familia se enteraron de que el ejército de la China comunista acababa de invadir Kham y Amdo, destruyendo monasterios y matando o haciendo prisioneros a numerosos monjes y laicos. El retorno a su provincia natal en Kham ya no era posible. En 1959, al igual que el Dalai Lama, Dilgo Khyentse Rinpoche se resignó a abandonar el Tíbet acompañado de su esposa y sus dos hijas, su segundo hermano mayor, Sangye Nyenpa Rinpoche, abad del monasterio de Benchen, y de un grupo de discípulos.

La huida estuvo repleta de incidentes. Muchos tibetanos querían escapar de las tropas de Mao Tse-Tung, que disparaban a bulto. Unos días antes de alcanzar la frontera con Bután, a Dilgo Khyentse Rinpoche y su grupo les llegó la noticia de que las tropas chinas se aproximaban, con gran peligro. Para evitar ser vistos, se ocultaban durante el día y avanzaban por la noche. Llegados por fin al paso de montaña de Mönla Karchung, hubieron de esperar para obtener la autorización de pasar la frontera con Bután, a la que llegaba un torrente incesante de refugiados. Llevaban diez días con todas las provisiones agotadas cuando el gobierno butanés los autorizó a pasar la frontera. Por fortuna, esas mismas autoridades se mostraron hospitalarias con los tibetanos que huían de la opresión china. El grupo conducido por Khyentse Rinpoche llegó, pues, sano y salvo, pero muchos otros tibetanos perdieron la vida en su intento de huida del ejército chino hacia Bután, Nepal y la India, ya fuera abatidos por las balas del ejército comunista que los acosaba, ya capturados y ejecutados sumariamente, o extenuados por las privaciones y las condiciones particularmente duras de su periplo a través de las montañas nevadas. Dilgo Khyentse Rinpoche y los suyos se detuvieron un tiempo en el hermoso valle de Bumthang, a dos horas de marcha tras cruzar el paso de Mönla Karchung, y fueron calurosamente recibidos por una familia de notables, cuyo hijo monje había estudiado en el Tíbet. Tras recuperar fuerzas, continuaron su camino a través de grandes bosques infestados de sanguijuelas, bajo una lluvia continua, en una marcha de una decena de días y trescientos kilómetros hasta llegar a la capital, Timbu, que no contaba por entonces más que con unos diez mil habitantes. Dilgo Khyentse Rinpoche escribió estos versos para la ocasión:

Un bello país es una ilusión, un sueño;
de nada sirve apegarse a él.
Sin conquistar las emociones interiores,
combatir a los enemigos es una tarea sin fin.

*

Durante ese tiempo, en Kham, tras enterarse de la partida de Dilgo Khyentse Rinpoche a Bután, uno de sus allegados reunió sus escritos y libros preciados para protegerlos en una cueva seca, en el corazón de la montaña. Por desgracia, al cabo de un tiempo, un día en que fue a comprobar el buen estado de los libros, advirtió que los ratones de campo habían elegido el mismo refugio por domicilio y habían roído los envoltorios de tela de los volúmenes. Hizo una fogata con ramas de enebro y llenó la cueva de humo con la esperanza de expulsar a los roedores. Cuando ya se había marchado, un golpe de viento impulsó algunas de las brasas, que fueron a caer sobre los libros. Estos prendieron fuego y quedaron reducidos a cenizas. Así fue como varios de los volúmenes de las obras de juventud de Dilgo Khyentse Rinpoche se perdieron para siempre.

La invasión china provocó muchos otros terribles dramas. Los maestros espirituales del monasterio de Shechen que no habían huido conocieron una suerte trágica, como tantos otros monjes y lamas. El abad titular de Shechen, el VI Shechen Rabjam, de quien Khyentse Rinpoche también había sido discípulo, murió en 1959 en una prisión de Derge, torturado por los comunistas chinos. Shechen Kongtrul, otro maestro eminente, se había marchado a Lhasa por la misma época que Khyentse Rinpoche, en 1958, y allí, en la capital del Tíbet, estuvieron juntos un tiempo. Pero él no pudo escapar y murió también en una prisión china, en 1960. Un testigo, que sobrevivió y fue al encuentro de Khyentse Rinpoche en Nepal, le contó a este que un prisionero había escuchado a escondidas una conversación entre los carceleros: al día siguiente, iban a torturar a Shechen Kongtrul hasta producirle la muerte. El prisionero juzgó conveniente prevenir discretamente a la futura víctima de la barbarie que iba a perpetrarse con él. Al cabo de una hora, mientras los detenidos estaban congregados en el patio de la prisión, Shechen Kongtrul se sentó en un taburete en un rincón, en postura meditativa. Realizó la práctica conocida como «transferencia de la conciencia» (*phowa*, en tibetano) y pronunció tres veces la sílaba «A», símbolo de la verdad última. Así se quedó inmóvil, en meditación. Solo cuando se ordenó a los prisioneros que volvieran a sus celdas advirtieron los guardianes que Shechen Kongtrul había exhalado su último aliento. Por lo que respecta a Gyurme Pema Dorje, encarnación de Shechen Gyaltsap, el maestro-raíz de Dilgo Khyentse Rinpoche, fue también ejecutado por los chinos en 1959, en una prisión situada en las proximidades de Shechen, cuando tenía apenas treinta años de edad.

Poco después de su llegada a Bután, al pasar por la zona de Wangdue Phodrang, Dilgo Khyentse Rinpoche se enteró de la muerte de su segundo maestro principal, Dzongsar Khyentse Chökyi Lodrö, que había logrado huir y llegar a Sikkim, en la India. Khyentse Rinpoche se dirigió allí lo más rápidamente que pudo, pero debido al estado de las carreteras, necesitó tres o cuatro días para recorrer los cuatrocientos kilómetros que separan Sikkim de Wangdue Phodrang. Aun así, llegó a tiempo para presidir el ceremonial funerario y la cremación. Acto seguido se dirigió a Kalimpong, localidad situada entre el Sikkim y Darjeeling. La huida del Tíbet y las múltiples privaciones lo habían enflaquecido enormemente. Sufría además de diarreas y vómitos crónicos. Su salud se iba degradando, pero rehusaba tomar cualquier tipo de medicamento. Sus allegados tenían la impresión de que no le importaba mucho seguir en este mundo, una vez su maestro lo había abandonado. Entonces Dilgo Khyentse Rinpoche recibió la visita de Chagö Namgyal Gonpo, una personalidad destacada del entorno del rey de Derge que reinaba en Kham, su provincia natal, y se había quedado en el Tíbet. Namgyal Gonpo le contó su último encuentro con Khyentse Chökyi Lodrö, que se alojaba por entonces en el templo del rey del Sikkim. Tras intercambiar unas palabras con su maestro, al que veía prostrado en cama y tan debilitado, el notable no había podido contener las lágrimas. «¿Por qué lloras?», le preguntó Chökyi Lodrö. «Hemos perdido nuestro país», contestó Namgyal Gonpo, «y ahora parece que estamos a punto de perder también a nuestro maestro bienamado. ¿Qué será de las preciosas enseñanzas del Dharma? ¿Qué esperanza nos queda?». Chökyi Lodrö lo tranquilizó: «He oído decir que Tulku Selga ha conseguido escapar del Tíbet y ha llegado a la India. Él se cuidará del Dharma».

Tulku Selga, apelativo formado por contracción a partir de «Rabsel Dawa»,[7] era el nombre por el que se conocía mayoritariamente en el Tíbet a Dilgo Khyentse Rinpoche. Este se sintió entonces plenamente investido con la responsabilidad que le había transmitido su maestro al pronunciar aquellas palabras. A partir de aquel momento, aceptó tomar medicamentos, alimentarse mejor y velar por su salud, que mejoró rápidamente.

Por invitación de la familia real, Khyentse Rinpoche se instaló en Bután como profesor en la escuela de Simtokha, cercana a Timbu, la capital, donde enseñaba poesía, gramática tibetana y los primeros pasos del Dharma. Muy pronto, su realización interior y sus vastos conocimientos se propagaron y atrajeron a numerosos discípulos. Se convirtió en un maestro venerado por todos, desde la familia real hasta el más humilde practicante. La reina de Bután, *Ashi* Kesang Choden Wangchuck, le profesó una devoción particular y se convirtió en su principal benefactora en el país del Dragón del Trueno.

*

Con el paso de los años, la mayor parte de los grandes lamas refugiados en la India, Nepal y Bután, fuera cual fuera la escuela budista tibetana a la que pertenecieran, recibieron enseñanzas de Dilgo Khyentse Rinpoche. Podía enseñar con la misma facilidad las concepciones de los diferentes linajes, pues había recibido en su juventud enseñanzas de más de cincuenta maestros, adscritos a las diversas tradiciones del budismo tibetano. Así, incluso del Dalai Lama le pidió en numerosas ocasiones que fuera a pasar una o dos semanas a su residencia de Dharamsala, a fin de que Dilgo Khyentse Rinpoche le impartiera las enseñanzas primordiales de la tradición Nyingma. El Dalai Lama me confió un día: «Dilgo Khyentse Rinpoche es uno de los maestros más importantes. Desde nuestro primer encuentro, he recibido indicaciones claras que señalaban que yo tenía un vínculo kármico especial con él. A partir de entonces, me ha transmitido enseñanzas por las que le estoy muy agradecido. Aprecio en particular su actitud no sectaria. A pesar de su renombre y de sus innumerables discípulos, siguen siendo tan humildes y benevolentes como siempre. Buda describió detalladamente cuáles eran las cualidades de un maestro auténtico. Todas ellas las he encontrado en Khyentse Rinpoche».

Dilgo Khyentse Rinpoche ha alcanzado tanta realización en el transcurso de su existencia, que parece como si hubiera vivido varias vidas en una sola. Ha acumulado, por ejemplo, más de treinta años de retiros solitarios, de modo que ha consagrado la mayor parte de su tiempo a la práctica espiritual. No obstante, incluso cuando era ya de edad avanzada, seguía solicitando la transmisión de enseñanzas y de textos que aún no había recibido, con el fin de preservar su linaje, por lo que uno podría sentirse inclinado a pensar que se dedicó principalmente a escuchar y a estudiar. Y sin embargo, también parecía que enseñaba continuamente y que pasó su vida esencialmente transmitiendo del saber. Pero si uno tiene en cuenta los veinticinco libros de seiscientas páginas cada uno que redactó, concluye que su actividad principal era la escritura. Hasta que advierte que no dejó de actuar por la preservación del budismo tibetano, dedicándose a la impresión de centenares de volúmenes de textos raros, a la construcción de monasterios, estupas y estatuas. Finalmente, si uno recuerda sus múltiples viajes a Bután, la India, Nepal, el Tíbet y al mundo entero, supone que vivía continuamente desplazándose de un lugar a otro. Sin embargo, Dilgo Khyentse Rinpoche estaba en las antípodas de ser un hombre ajetreado. Parecía no realizar nunca ningún esfuerzo mientras cumplía espontáneamente con su multitud de actividades. Era el centro inmóvil de un universo en constante movimiento.

Estaba disponible para todos aquellos que acudían a su encuentro y al mismo tiempo permanecía inmutablemente instalado en una contemplación profunda, tan sereno como si estuviera solo en un lugar de retiro. Nada parecía poder turbar el inmenso espacio de su serenidad, lo cual no le impedía estar perfectamente presente para todas las personas que se mostraban ante él, con las que daba prueba de una solicitud inagotable. Reía de buena gana en el transcurso de las conversaciones, con una risa que parecía salir de las entrañas de la tierra. Escuchaba las palabras de unos y otros, que acogía siempre con benevolencia y alegría, a veces con un humor travieso, pero jamás con sarcasmo o burla. La animosidad parecía tan ausente de su espíritu, como la oscuridad del sol. Uno tenía la última y natural convicción de que todo aquello que él le aconsejaba o le decía, estaba destinado a su bien. De ahí la confianza sin falla que inundaba el espíritu de quienes vivían en su entorno.

Para transmitir su inmensa erudición, tanto podía enseñar media hora diaria a una sola persona o a un grupo reducido, como días enteros durante semanas o meses seguidos a varios miles de personas. Si su programación no le permitía responder de inmediato a una petición, enviaba a buscar a la persona interesada en cuanto tenía un momento libre, o incluso le daba cita al día siguiente. En una palabra, no denegaba nunca una petición. Poco tiempo antes de su muerte, cuando sus fuerzas y su salud habían comenzado a declinar, intentamos limitar el número de visitantes. Tras tener noticia de nuestra iniciativa, Dilgo Khyentse Rinpoche nos amonestó diciendo: «Mientras no me caiga la cabeza sobre el pecho, no impidáis nunca a nadie venir a verme».

Todo aquel que le conocía quedaba impresionado por su formidable don de transmisión. Consultando apenas el texto que tenía entre las manos, hablaba sin esfuerzo, sin pausa ni vacilación, como si leyera un libro invisible abierto en su memoria. Aquel flujo continuo, declamado con una voz profunda, discurría inagotable con una cadencia regular, carente de énfasis. En su boca, algunas palabras muy simples podían abrir la puerta a toda una serie de descubrimientos interiores. Su inmenso conocimiento, la calidez de su presencia y la profundidad de su realización espiritual conferían a sus enseñanzas un sabor único. En el transcurso de sus viajes por todo el mundo, Dilgo Khyentse Rinpoche no fundó ningún centro —al margen de los monasterios de Shechen en la India y Nepal—, pero lo acogían con respeto en todos los centros afiliados a las diversas escuelas del budismo tibetano. Fue de este modo uno de los soles del budismo del siglo XX, un maestro entre los maestros.

DILGO KHYENTSE RINPOCHE, MI SEGUNDO MAESTRO

La fotografía más antigua conocida de Dilgo Khyentse Rinpoche. Se tomó entre 1935 y 1940, probablemente en Sakar, en el Tíbet. Lleva un manto blanco, símbolo de la capacidad de un gran yogui para practicar el *tummo*, el calor interior, en medio de los mayores fríos.

En 1972, Dilgo Khyentse Rinpoche y Trulshik Rinpoche, su más estrecho amigo espiritual, en el monasterio de Thupten Chöling, en las montañas de Khumbu, en Nepal. Años más tarde, Trulshik Rinpoche se convertiría en un importante guía para mí.

CAPÍTULO 15

VIAJE A FRANCIA

El centro de retiro de Chanteloube

En 1980, acompaño a Dilgo Khyentse Rinpoche, invitado a impartir enseñanzas en Dordoña. Me reencuentro con mis allegados y con la familia de mi maestro-raíz, Kangyur Rinpoche.

En la primavera de 1980, Khyentse Rinpoche se desplazó a Francia por invitación de Tulku Pema Wangyal, quien, después de su primera visita en compañía de Khyentse Rinpoche en 1975, se había establecido en la Dordoña hacia 1978. Uno de nuestros amigos, discípulo de Kangyur Rinpoche, Bernard Benson, propietario del Château de Chaban, había ofrecido algunas tierras situadas en el valle del río Vézère a diversos grupos de lamas y maestros tibetanos, quienes fundaron allí algunas pequeñas comunidades. Estas prosperaron, con el paso del tiempo, para dar nacimiento a cuatro centros de enseñanza y práctica del budismo tibetano, los cuales reunían por aquel entonces a varios centenares de personas. Dos de esos centros pertenecen a la tradición Nyingmapa y otros dos a la tradición Kagyu, muy próximas la una a la otra.[1] Afiliado a la tradición Nyingmapa, el centro de retiros de Chanteloube, en el que Dudjom Rinpoche, Khyentse Rinpoche y otros grandes maestros fueron recibidos por Tulku Pema Wangyal, había sido construido en gran parte por los mismos practicantes de retiros, ayudados por un albañil del Périgord. Tenía forma de un claustro dispuesto en torno a un pequeño jardín. Cada una de las celdas individuales tenía una puerta que daba al jardín. Ubicado en el centro de la fila de celdas, el cuerpo del edificio, de dos pisos, incluía un templo en el piso superior y una cocina y comedor en la planta baja. Khyentse Rinpoche se instaló en La Sonnerie, la hermosa casa regional en la que había vivido la madre de Bernard Benson y que se constituyó en su residencia principal durante sus estancias en Francia. La rebautizó como Tashi Pelbar Ling («Lugar Resplandeciente de Buen Augurio»).

Los otros centros habían sido auspiciados por el XVI Karmapa, que realizó varias visitas memorables a Dordoña, así como por Dudjom Rinpoche y Pawo Rinpoche, que vivieron en ellos varios años, todos ellos grandes maestros a los que yo había conocido durante mis primeros viajes a la India. El encanto del campo y los bosques del Périgord ofrecía un lugar propicio para el florecimiento del budismo tibetano en su forma más auténtica. Buen número de mis amigos occidentales, discípulos de Kangyur Rinpoche en Darjeeling, se han establecido en este lugar. Algunos de ellos se han convertido en traductores excelentes de los textos tibetanos, integrados en la comisión de traducción Padmakara. Nada parecía poder turbar la quietud de esta dulce campiña. La visita del XIV Dalai Lama, en 1991, que enseñó el camino hacia la Iluminación de Shantideva durante una semana atrajo a cerca de diez mil personas: ¡un acontecimiento de primera magnitud en la región!

Como miembro del entorno de Dilgo Khyentse Rinpoche, había cogido el avión con él. Hacía siete años que no pisaba mi país natal, y fue una gran alegría volver a ver a mi padre, a mi hermana Ève, a mi tío y por supuesto a mi madre, que vivía entonces en la Dordoña. Mi hermana, logopeda en el hospital de Sainte Anne, se ocupaba admirablemente de niños con dificultades, procedentes de medios sociales desfavorecidos. Algunos de ellos incluso se negaban a hablar, a su llegada a la institución, pero ella había sabido ganarse su confianza y ayudarles a encontrar su camino en la vida. Fundó también un servicio de logopedia en el Instituto George Eastman, destinado a los niños de la ciudad de París. Más tarde describió su carrera en un libro magnífico, *La Dame des mots* (*La señora de las palabras*). Mi padre se había convertido en director de *L'Express* y yo seguía informándole, cuando tenía ocasión de verle, de lo que sabíamos acerca de la situación del Tíbet a través de algunos tibetanos que conseguían entrar en él. Mi madre vivía en una pequeña casa que Bernard Benson le había prestado y practicaba bajo la dirección de Tulku Pema Wangyal. Cocinaba para la familia de Dudjom Rinpoche, el patriarca de la tradición Nyingmapa, durante sus frecuentes estancias en Francia. Este se establecería más tarde en la Dordoña, hasta su muerte. A la escuela Nyingmapa se la designaba a veces en Occidente como la de los «Gorros Rojos», por el color de su tocado ceremonial, y mi madre, que nunca perdía ocasión para un juego de lenguaje, se autodenominaba «cordon bleu chez les bonnets rouges».* Siguiendo los consejos de Dudjom Rinpoche, por quien profesaba una gran devoción, había vuelto a pintar.

En nuestro breve paso por París, descubrí una ciudad que había cambiado notablemente de aspecto. Me llamó la atención la aparición de grandes estructuras, que no existían en la época de mi partida. Estaba claro que me había adaptado impecablemente a la vida en Oriente, de tal forma que experimentaba el ritmo frenético de las actividades urbanas y el estilo de vida occidental más como un choque cultural, que como una «vuelta a casa».

Dilgo Khyentse Rinpoche y su más estrecho círculo fueron acogidos en el apartamento de Gérard Godet. Antiguo alumno de la Escuela Politécnica, Gérard trabajaba en una empresa de perforación petrolera fundada por su padre y llevaba una vida ordenada. *A priori*, no era el tipo de persona llamado a abrazar el budismo tibetano y a convertirse en uno de sus más fervientes practicantes occidentales. No obstante, un hermano suyo, Robert —fallecido trágicamente durante un despegue sobre Varanasi—, había volado a la India al mando de un pequeño avión y había conocido en la década de 1960 a Jamyang Khyentse Chökyi Lodrö, el maestro de Dilgo Khyentse Rinpoche, que acababa de llegar a Sikkim tras su huida del Tíbet. Fue por intermediación de su aventurero hermano como Gérard había conocido a mi madre, con la que había trabado estrecha amistad. Después de que cierto número de nosotros hubiéramos visitado a Kangyur Rinpoche y vuelto profundamente inspirados, Gérard decidió hacer también el viaje. Me acuerdo de verle partir con un casco colonial en la cabeza: ¡quién sabe nunca lo que puede pasar! Se convirtió en uno de mis amigos más íntimos, una especie de tío adoptivo. Aunque fuera además uno de los más generosos mecenas del budismo y de las causas caritativas, siguió siendo siempre muy humilde y discreto.

---

* «Cordón azul ("gran cocinera") entre los gorros rojos». (N. del T.)

Cuando volvió de Darjeeling, su vida había cambiado. Poco a poco fue reduciendo sus actividades profesionales y se consagró cada vez más a la práctica meditativa. Kangyur Rinpoche apreciaba a aquel discípulo serio y modesto. A finales de noviembre de 1974, poco antes de la muerte de Kangyur Rinpoche, el avión en el que volaba con destino a Calcuta fue desviado a Túnez por un grupo de terroristas palestinos que, aunque no reconocidos por parte de la OLP, reclamaban la liberación de otros siete terroristas encarcelados en Egipto y Holanda. Los secuestradores del vuelo mataron a un hombre. Una vez liberados los pasajeros, Gérard regresó a París. No iba a volver a ver a Kangyur Rinpoche en vida.

En Dordoña, Khyentse Rinpoche impartió numerosas enseñanzas, destinadas principalmente a la veintena de discípulos, hombres y mujeres de todos los países, que iban a emprender un retiro de tres años, pero también a todos cuantos habían viajado desde diferentes países para conocerle.

A los futuros practicantes del retiro, Khyentse Rinpoche les transmitió todas las iniciaciones y explicaciones necesarias para cumplir con su primer año de retiro. Además, todas las semanas recibirían instrucciones por parte de Pema Wangyal Rinpoche. Khyentse Rinpoche había de volver al año siguiente para continuar transmitiéndoles otras iniciaciones y explicaciones. En La Sonnerie, explicó en especial, para todos los visitantes, las *Treinta y siete estancias sobre la práctica de los bodhisattvas*, que traduje verbalmente y cuya traducción por escrito recuperé escrupulosamente para consignarlas en *El corazón de la compasión*,[2] uno de los pocos libros que me llevaría a una «isla desierta» adonde no pudiera llevarme más que lo esencial. Khyentse Rinpoche expresa en ellas la quintaesencia de la vía del Gran Vehículo, basada en la práctica del amor altruista en todas las circunstancias de la vida, unida a la comprensión de la naturaleza fundamental de la mente.

Khyentse Rinpoche acostumbraba a enseñar durante diez, quince o veinte minutos seguidos, sin hacer ninguna pausa. Entonces se detenía y yo traducía. Había adquirido este procedimiento gracias a Tulku Pema Wangyal, intérprete sin igual, quien en el pasado había traducido para él del tibetano al inglés. Poseía un conocimiento perfecto de las enseñanzas y, dotado además de una memoria infalible, reproducía las palabras de Rinpoche con una precisión y una facilidad incomparables.

Yo estaba lejos de ser capaz de demostrar un dominio semejante, pero con la ayuda de las bendiciones de Khyentse Rinpoche, no me las arreglaba del todo mal. Hacía el vacío en mi interior y entraba en un estado de completa disponibilidad. Dejaba que el plan y los detalles de las enseñanzas se imprimieran en mi mente, sin permitir que otros pensamientos se interfirieran, y acto seguido los reproducía lo mejor que podía, primero en francés y luego en inglés. Si Khyentse Rinpoche había hablado durante diez minutos, mis traducciones duraban entre quince y veinte minutos. En aquella época, mi cerebro aún era joven y no tomaba notas, pues estas tienen la molesta tendencia a simplificar el discurso, además de que escribir desviaba mi atención, que debía centrarse exclusivamente en escuchar las palabras de Rinpoche. Recuerdo una vez en que actuaba de intérprete para Khyentse Rinpoche en Boulder, Colorado, en el centro principal de Trungpa Rinpoche, que dividió su enseñanza en dos partes: la primera duró veinte minutos y la segunda, treinta. Necesité treinta y cuarenta minutos respectivamente para traducir el conjunto. La sesión de enseñanzas de la mañana ya no dio para más. En vista de la larga duración de aquellas intervenciones, había anotado algunos puntos clave para acordarme del orden de los temas abordados, y completaba los detalles de memoria. Mientras yo traducía, Khyentse Rinpoche leía tranquilamente su libro de plegarias. Al concluir las enseñanzas, alguien me preguntó cuál era el texto que había expuesto Rinpoche y cuál era la traducción que yo había leído. Le contesté que aquel día Khyentse Rinpoche había enseñado directamente de su interior, sin ningún apoyo textual, y que lo que leía en los intervalos era su libro de plegarias. En cuanto a mí, mantenía la mirada fija en mi hoja de papel para no perder la concentración, pero en ella no había más que unas pocas notas a modo de referencias temáticas. Más tarde, cuando fui el intérprete francés del XIV Dalai Lama, volví a encontrarme en la misma situación: el Dalai Lama también hablaba en periodos de unos diez minutos. Al terminar cada uno de estos periodos, dirigía una mirada al intérprete, quien parecía percatarse de súbito, diciendo en voz alta: «¡Oh! Ahora me toca traducirlo, ¿verdad?», lo que provocaba la hilaridad del público, mezclada con una brizna de conmiseración hacia el intérprete.

En la India y Nepal solía traducir a Khyentse Rinpoche al inglés, de modo que había hablado muy poco en francés durante los siete años que precedieron a mi regreso a la Dordoña. Los textos tibetanos y algunas traducciones inglesas constituían lo esencial de mis lecturas. Cierta tarde, después de haber estado traduciendo, recibí un cumplido como mínimo inesperado. Se me acercó una mujer para felicitarme: «¡Qué bien que habla usted francés!». Una observación adecuada para un extranjero que ha alcanzado un nivel de dominio en nuestra lengua, pero no para un nativo francés. ¡Imagino que mi lengua materna debía de estar algo oxidada y percibirse el acento indio!

Así pues, mis amigos espirituales de Darjeeling, discípulos de Kangyur Rinpoche, se disponían en su mayoría a emprender un retiro de tres años. Algunos de ellos realizarían dos, y hasta tres retiros consecutivos. Estos últimos se consagraron por tanto durante nueve años exclusivamente a la práctica espiritual, guiados por Pema Wangyal Rinpoche y los grandes maestros que fueron pasando por Dordoña a lo largo de los años. De entre ellos, Kyabje Dudjom Rinpoche y Dilgo Khyentse Rinpoche ocuparon un lugar muy particular.

Hice partícipe a Tulku Pema Wangyal del consejo que me dio Khyentse Rinpoche de que permaneciera con él, en lugar de unirme a mis hermanos y hermanas espirituales en el retiro que pronto iba a comenzar. Ciertamente se quedó algo sorprendido, pero sabía hasta qué punto la propuesta de Khyentse Rinpoche era una ocasión para mí, pues me ofrecía la posibilidad de vivir unos cuantos años más en presencia de un maestro espiritual muy grande.

Al concluir aquella estancia en Francia de un mes, a finales de 1980, me volví por tanto a la India con Khyentse Rinpoche. Él tenía que desplazarse a Bután, donde residía entre seis y ocho meses al año, desde la primavera hasta el final del otoño. Ahora bien, en aquella época el reino estaba prácticamente cerrado a los extranjeros. De modo que le pregunté en el avión a Khyentse Rinpoche qué debía hacer. «Regresa a Darjeeling», me dijo, «ya te avisaré cuando vaya a ir a la India o a Nepal».

Pero, aunque no me lo dijo, tenía otra pensada para mí. Cuando aterrizamos en Delhi, Khyentse Rinpoche se alojó en la residencia del embajador de Bután. A la mañana siguiente, cuando el embajador fue a presentarle sus respetos, él le dijo: «Quisiera llevarme a este joven monje a Bután conmigo. Le ruego pida la autorización a la reina madre».

DILGO KHYENTSE RINPOCHE, MI SEGUNDO MAESTRO

Por grande que sea su realización espiritual, el Dalai Lama continúa recibiendo enseñanzas de eminentes maestros espirituales de todas las escuelas del budismo tibetano. En Dharamsala, en 1991, recibiendo la transmisión de una iniciación por parte de Dilgo Khyentse Rinpoche, que fue uno de sus principales maestros espirituales.

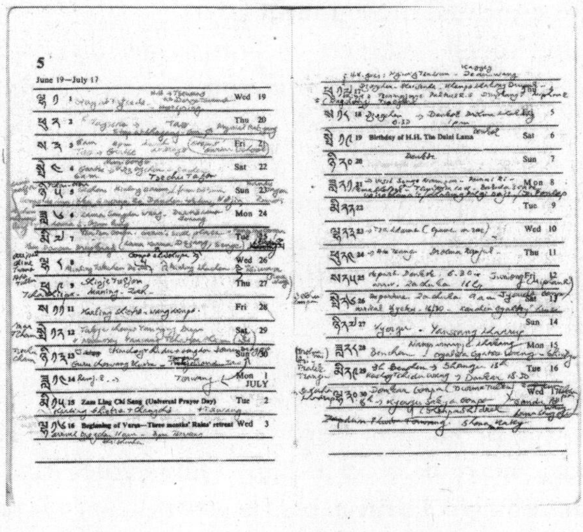

De 1980 a 1990, anoté cada día en calendarios tibetanos nuestros desplazamientos y las enseñanzas impartidas por Dilgo Khyentse Rinpoche.

Dilgo Khyentse Rinpoche en su casa, cercana al templo de Paro Kyichu. Instante captado de mi vida cotidiana junto a mi maestro. 1983.

Khandro Lhamo, esposa de Dilgo Khyentse Rinpoche, a la edad de setenta y cinco años. Ella me guio en el servicio a mi maestro y me dio testimonio siempre de confianza y benevolencia. 1987.

Rabjam Rinpoche, nieto de Dilgo Khyentse Rinpoche y abad de los monasterios de Shechen, al que conocí cuando él tenía ocho años y junto a quien vivo desde hace cuarenta años. 2010.

CAPÍTULO 16

PRIMER ENCUENTRO CON EL DALAI LAMA

Regreso a la India. Acompaño a Dilgo Khyentse Rinpoche, invitado a Dharamsala por el Dalai Lama. Descubro en la mayor intimidad a dos seres excepcionales y evalúo la importancia de mi maestro para el Dalai Lama.

Aunque llegara por primera vez a la India en 1967, no fue hasta 1980 cuando conocí al Dalai Lama. Este vivía la mayor parte del tiempo en Dharamsala, sede del gobierno tibetano en el exilio, en el noroeste de la India, mientras que yo me dirigía a la región de Darjeeling, a dos mil kilómetros de distancia. En mayo de 1980, dos días después de nuestro regreso de Francia, Khyentse Rinpoche fue a Dharamsala para pasar unos días con el Dalai Lama.

Desde su primer encuentro en Lhasa en 1958, el Dalai Lama había sentido una afinidad particular con Dilgo Khyentse Rinpoche. Desde los años setenta, Khyentse Rinpoche visitaba regularmente Dharamsala para transmitirle iniciaciones y enseñanzas esenciales de la tradición Nyingmapa. Solía permanecer un breve periodo de tiempo, entre unos días y un par de semanas. A medida que se sucedieron las visitas, el vínculo espiritual no cesó de enriquecerse y de hacerse más profundo, hasta el punto de que, todavía hoy en día, no es raro que el Dalai Lama mencione a Khyentse Rinpoche como uno de sus principales maestros.

Al día siguiente de nuestra llegada a Dharamsala, hacia las nueve de la mañana, nos dirigimos en coche a la residencia del Dalai Lama.

Este esperaba a Khyentse Rinpoche en la escalera de entrada. Mi maestro se apeó del coche y caminó apoyándose como de costumbre en los hombros de sus ayudantes, Tsewang Lhundrup y yo mismo. En cuanto Khyentse Rinpoche llegó a la escalinata, el Dalai Lama se prosternó prestamente tres veces hasta el cemento de los escalones en su dirección. Con el fin de manifestarle a su vez su respeto, Khyentse Rinpoche intentó mal que bien hacer lo mismo. Pero por razón de su edad y de su dificultad de movimientos, apenas tuvo tiempo de rozar una vez la cabeza contra el suelo, el Dalai Lama, que había ejecutado con agilidad sus tres prosternaciones, ayudó a Khyentse Rinpoche a levantarse. A continuación lo condujo a una pequeña estancia contigua a la gran sala en la que daba audiencia.

Los dos maestros se sentaron uno enfrente de otro, en sendos asientos cúbicos cubiertos con una alfombrita. El Dalai Lama se había preocupado de hacer poner un grueso cojín sobre el asiento de Khyentse Rinpoche para quedar sentado más bajo que este, puesto que iba a recibir enseñanzas, no a impartirlas. Los dos asientos estaban separados por dos mesitas tibetanas sobre las que había dispuestos unos libros que iban a utilizarse para las enseñanzas; también había dos tazas de té y algunos otros objetos. Khyentse Rinpoche me presentó al Dalai Lama, a quien relaté en pocas palabras mis antecedentes espirituales con Kangyur Rinpoche. Luego, Tsewang Lhundrup y yo nos despedimos. El Dalai Lama y Khyentse Rinpoche iban a pasar el día departiendo a solas.

Volvimos para buscar a Khyentse Rinpoche hacia las cinco de la tarde. Los dos maestros se separaron tocándose con la frente, una contra otra, gesto de despedida que también se utiliza al encontrarse con un igual y que lleva la señal de un profundo respeto mutuo. A continuación, apoyándose en nuestros hombros, Khyentse Rinpoche se dirigió hacia el coche, mientras el Dalai Lama esperaba en pie en lo alto de la escalinata. Después de acomodar a Khyentse Rinpoche en el asiento del acompañante del Jeep, Tsewang Lhundrup y yo nos apresuramos a instalarnos en el asiento trasero. Tras saludar una última vez a Khyentse Rinpoche llevándose la mano al corazón, mientras el Jeep se alejaba, El Dalai Lama nos miró, allí sentados en la parte trasera del vehículo descubierto y, riendo, nos dedicó maliciosamente un saludo militar.

Este programa se reprodujo día tras día de modo casi idéntico. Sabíamos por Khyentse Rinpoche que permanecían solos casi todo el día, no solo durante la transmisión de las enseñanzas, sino también durante las comidas y los momentos de relajación, durante los que conversaban acerca de numerosos temas. Cuando veía la taza de té de Khyentse Rinpoche vacía, el Dalai Lama volvía a llenarla él mismo, sirviéndose de un termo.

En dos ocasiones, el Dalai Lama nos invitó a quedarnos a pasar el día con ellos, de modo que pudimos ser testigos de su encuentro. ¡Qué gran regalo nos hizo! Yo no me perdía ni un segundo de su presencia, de la manera en que interactuaban, de las conversaciones que mantenían al margen de las enseñanzas propiamente dichas, de las bromas que se sucedían a ratos. A veces, el Dalai Lama hacía un aparte con nosotros y nos planteaba una pregunta sobre algún tema en particular, pero la mayor parte del tiempo permanecíamos sentados sin más en su presencia, entregados a la felicidad de encontrarnos allí.

En este sentido, recuerdo de un modo especial un día en que Khyentse Rinpoche transmitió una iniciación importante y el Dalai Lama, en su gran bondad, se mostró deseoso de que nosotros también la recibiéramos. Un tercer monje del entorno de Khyentse Rinpoche, Damchö, era el responsable de preparar los objetos e imágenes utilizados durante el ritual de iniciación. Una de las iniciaciones incluía varios centenares de imágenes, que debían serle presentadas en un orden adecuado a Khyentse Rinpoche para que bendijera con ellas al Dalai Lama. En una situación tan solemne, era importante no cometer errores, y secundé a Damchö en su tarea. Me dieron también permiso para sacar algunas fotos y filmar una de las transmisiones, de la que pueden verse extractos en el documental que realicé sobre la vida de Khyentse Rinpoche, *El espíritu del Tíbet*. Ignoro si existen otros documentos que muestren al Dalai Lama recibiendo enseñanzas de uno de sus maestros espirituales.

Además del torrente de bendiciones que recibíamos gracias a nuestra mera presencia, una de las mayores enseñanzas que extraje de aquellos momentos tan particulares es la increíble humildad de aquellos dos grandes maestros, que rivalizaban en el respeto que se mostraban el uno al otro. Recuerdo con toda claridad una de aquellas iniciaciones. En determinado momento, el texto mencionaba que el discípulo debe coger el pie del maestro y posarlo sobre su cabeza. Dilgo Khyentse Rinpoche había omitido intencionadamente pronunciar la frase donde se decía esto, con el deseo de evitar que el Dalai Lama lo tomara al pie de la letra. Pero el Dalai Lama, que también seguía el texto, había reparado en ello. En cuanto terminó la enseñanza, se levantó sin decir nada, se acercó al asiento en el que Khyentse Rinpoche estaba sentado con las piernas cruzadas y, antes de que este tuviera tiempo de reaccionar, se agachó, cogió el pie de Khyentse Rinpoche y lo posó sobre su cabeza. Qué lejos nos encontrábamos en aquel lugar de los intereses particulares, de las rivalidades entre egos que rigen tantas relaciones humanas, en particular las de los supuestos «grandes» de este mundo. La humildad de aquellos dos seres tan perfectos no era ni fingida ni forzada, los convencionalismos no los constreñían en nada. Se trataba de la pura expresión natural de una humildad auténtica y de un respeto mutuo sin límite.

Haber conocido así al Dalai Lama, en compañía de Khyentse Rinpoche, representaba un gran privilegio. Había penetrado directamente en la intimidad de aquellos dos grandes maestros. Algunas de las cualidades del Dalai Lama saltan a la vista para todo el mundo, y desde luego no dejé de advertir su sencillez, su vigor, su sentido del humor, su benevolencia y la atención que dispensa a cada uno de sus interlocutores. Pero, como pasa siempre con los maestros espirituales, ¿cómo describir lo inefable, que constituye sin embargo la esencia misma de su singular diferencia? Es posible expresar la calidad de una porción de oro puro en quilates, pero ¿cómo describir la «calidad de ser» del Dalai Lama? En cualquier caso, yo me di cuenta desde aquel primer encuentro que aquellos pocos momentos pasados en su presencia habían bastado para despertar lo mejor de mí mismo. Percibía la autenticidad del Dalai Lama en cada uno de sus gestos y palabras como una poderosa llamada a mi propia autenticidad, que resonaba en lo más profundo de mí mismo.

El hecho de conocer al Dalai Lama en aquella situación, como discípulo de mi propio maestro, hizo que me tuviera siempre en gran estima. Por lo que a mí respecta, me considero como uno de sus más humildes discípulos.

CAPÍTULO 17

EN EL PAÍS DEL DRAGÓN DEL TRUENO

Dilgo Khyentse Rinpoche me da a conocer su país de adopción, Bután, donde la tradición del budismo tibetano ha permanecido intacta. Visito el templo de Kurjey, en el valle de Bumthang, y el santuario de Paro Taktsang, el famoso «Nido del Tigre».

Después de aquella visita al Dalai Lama en Dharamsala, en mayo de 1980, cogimos el avión de Delhi a Bagdogra, pequeño aeropuerto de Bengala Occidental. Desde allí dimos un rodeo en coche por Darjeeling y el Sikkim, antes de llegar a la frontera de Bután. Cuando en la ciudad fronteriza de Phuntsholing los soldados que vigilaban el puesto vieron acercarse el coche de Khyentse Rinpoche, depusieron de inmediato sus fusiles y se precipitaron hacia él para recibir su bendición. ¡Era la primera señal de que entrábamos en un país diferente a los demás!

Tan solo los ciudadanos indios pueden entrar en Bután sin visado, y en aquella época el país estaba todavía cerrado a los turistas extranjeros. A mí me habían concedido el visado gracias a la petición que Khyentse Rinpoche había hecho a la reina madre. Además de aquella preciosa llave maestra, había necesitado obtener autorizaciones especiales para poder circular de una provincia a otra.

Nuestro primer destino importante fue el templo de Kurjey, uno de los principales lugares santos de Bután, ubicado en la provincia de Bumthang, a tres días por carretera de la capital, Timbu. El valle principal de Bumthang, situado a cerca de 3.000 m de altitud, se extiende a lo largo de una veintena de kilómetros. Se trata de uno de los parajes más encantadores de Bután, tachonado de magníficos santuarios, a menudo muy antiguos, y de importantes centros de peregrinación. Un poderoso río de aguas cristalinas atraviesa estos paisajes boscosos, de una rara belleza, flanqueados por altas colinas de las que penden numerosos pequeños templos y ermitas.

En mayo de 1980, nos acercábamos a una fecha muy especial, el décimo día del mes del Mono del año del Mono, un acontecimiento que no se produce más que cada doce años en el calendario lunar basado en un ciclo de sesenta años. Este día señala el nacimiento de Gurú Padmasambhava, quien apareciera sobre un loto en medio del lago Danakosha, en el país de Oddiyana, región que se ha localizado aproximadamente en un alto valle del distrito de Swat, en el actual Pakistán. Con motivo de tal evento, se despliega un grandioso espectáculo histórico en el que participa un centenar de monjes, los cuales danzan ataviados con suntuosas túnicas de brocado y portando máscaras que representan a Padmasambhava y a diversos personajes o deidades, cuyas coreografías alusivas se suceden desde la mañana hasta el anochecer.

Estas ceremonias adquieren una significación particular en los templos de Kurjey, el más antiguo de los cuales fue construido en el siglo VIII para albergar y conmemorar una huella que Padmasambhava dejó en la piedra al apoyar la espalda en la pared de una pequeña cueva; fue posteriormente reconstruido, en el siglo XVI. Otros dos templos, más grandes, se edificaron en 1900 y a finales de la década de 1980. En ese décimo día del quinto mes, un inmenso *thangka*, largo tapiz enrollado, confeccionado con piezas de seda hábilmente entretejidas sobre un tejido base, en el que se representan, con una técnica que los artistas butaneses dominan a la perfección, a Padmasambhava y sus Ocho Manifestaciones, y que se despliega de arriba abajo de la fachada del mayor de los templos de Kurjey. Ese día nos levantamos a las dos de la madrugada, para poder iniciar la celebración en el templo y dirigirnos a continuación a la gran explanada adoquinada que se extiende delante del santuario. A partir de las diez de la mañana, y durante el resto del día, se suceden las danzas sagradas. Los habitantes del valle y de sus alrededores acudieron en familia, con sus enseres de pícnic, para asistir al festival, al que consideran fuente de poderosas bendiciones.

Concluidas estas grandes festividades rituales, permanecimos unos diez días en Bumthang y aprovechamos la estancia para visitar los altos lugares de peregrinación del valle. En compañía de Rabjam Rinpoche, el nieto de Khyentse Rinpoche, y de algunos otros monjes, emprendimos la larga jornada de marcha de Kurjey a Tharpaling, el «Lugar de la Liberación», situado a 3.600 m de altitud. Fue en este lugar donde residió durante varios años Gyalwa Longchen Rabjam (siglo XIV), uno de los más grandes maestros de la historia del Tíbet, y donde redactó algunos de los volúmenes de los «Siete Tesoros», famosos tratados y comentarios que se cuentan entre los más profundos del budismo tibetano. Todavía hoy acuden a este lugar ermitaños para realizar prolongados retiros contemplativos.

En el camino, nos encontramos con una escena familiar en Bután: un torneo de tiro con arco, el deporte favorito de los butaneses y el único en el que han enviado una delegación a los Juegos Olímpicos. Aunque sea el deporte nacional, se practica sobre todo con motivo de las fiestas rurales. En un extremo y otro de un campo, se disponen dos tablas estrechas a una distancia de cien metros entre sí, y en cada una de ellas se pinta una pequeña diana en color, del tamaño de un platillo de taza. Después de disparar, los arqueros se congregan en torno a la diana. Indiferentes por completo al peligro, esperan la llegada de cada nueva flecha, que evitan con un ágil movimiento del cuerpo si esta pasa demasiado cerca. Cuando una flecha toca la diana, y más aún si da en el centro del blanco, los miembros del equipo vencedor se entregan a una alegre danza ritual entonando cantos de victoria.

Durante aquella feliz estancia en el Bumthang, me sentía plenamente en mi elemento, deleitándome en cada instante como de un elixir, gracias a la presencia de Khyentse Rinpoche en primer lugar, pero también por el carácter sagrado de los lugares de devoción, que se unía íntimamente a la belleza de los paisajes. Una gran armonía llenaba todo el valle, que parecía haber atravesado los siglos preservando intactos su carácter histórico, sus cualidades espirituales y su naturaleza salvaje. Las dos carreteras que discurrían serpenteantes junto a cada una de las dos orillas del río de aguas cristalinas, eran todavía de tierra batida. Extensos bosques de abetos y de enebros cubrían las laderas de las montañas. Los habitantes vestían la misma indumentaria tradicional de sus antepasados y hablaban todos ellos el mismo dialecto. Osos, gamos, leopardos y otros animales salvajes recorrían libremente los bosques y las alturas. Al llegar la época de la sazón de la fruta, los osos bajaban por la noche para darse un banquete en los jardines frutales. Si sus regulares visitas se repetían con demasiada frecuencia, los campesinos se turnaban por la noche sobre el tejado de su vivienda, provistos de cacerolas, que golpeaban al ver acercarse al glotón, lo que por lo general disuadía al animal de insistir. Pero los incidentes no eran raros, y me he encontrado con cierto número de lugareños que lucían en el rostro las profundas cicatrices de su súbito cara a cara con un oso. En los años posteriores, siempre ha constituido una alegría reencontrarme con los encantadores valles del Bumthang.

En el viaje de regreso, nos detuvimos unos días en el valle de Gangteng, que se convertiría en uno de mis lugares predilectos de Bután. Desde lo alto de una colina, descubrí este valle alargado que desciende en suave pendiente hasta perderse de vista, y cuya forma ligeramente en curva recuerda su origen glaciar. En el centro del valle se erige sobre una elevación un pequeño pueblo atravesado por una única callejuela y rematado por un magnífico monasterio. Más a lo lejos, unas extensiones semi pantanosas irregularmente pobladas de matas de pequeños bambús de altitud (estamos a más de 3.000 m) son el lugar elegido por varios centenares de grullas cuellinegras para invernar. Provenientes del Tíbet y de Siberia, son las mascotas del valle. Gangteng, también llamado Phobjikha, es el lugar de invernada más septentrional de estas grullas. Para evitarles problemas, el gobierno decidió prohibir la implantación de postes eléctricos en todo el entorno de este magnífico valle glaciar, en el que solo está autorizada la electricidad solar. Después de la llegada de las grullas en octubre y noviembre, los habitantes celebran un festival dedicado a estas grandes aves. Las grullas se vuelven hacia el norte a comienzos de la primavera, y antes de abandonar el valle, según dicen, vuelan respetuosamente tres veces en círculo alrededor del monasterio. En primavera, las altas vertientes del valle se cubren de rododendros en flor, en una efusión de colores rojo, rosa y blanco.

*

En julio, tras aquella primera peregrinación, regresamos al oeste del país, con ocasión del décimo día del sexto mes, que, según algunas tradiciones, es también la fecha del aniversario del nacimiento de Padmasambhava. Khyentse Rinpoche pasó dos semanas en Paro Taktsang, el famoso «Nido del Tigre», uno de los lugares más impresionantes del Himalaya. Existen no pocos precipicios vertiginosos en esta cadena montañosa en que todo es inmensidad, pero ninguno en medio del cual haya un monasterio colgado así de la roca, como por arte de magia, a 3.000 m de altitud, en una pared vertical de 900 m cortada a pico. Cuando contemplé por primera vez la oscura pared de roca, me pregunté cómo era posible acceder a ese santuario. Cuentan que Padmasambhava llegaba a él volando, montado en una tigresa, leyenda que dio nombre al lugar.

Para nosotros, comunes mortales, existe un camino que asciende serpenteando a través de un gran bosque de árboles centenarios, de cuyas ramas penden largos líquenes epifitos de un verde pálido. Son, dicen, las cabelleras de cien mil *dakinis*, las deidades celestes que «viajan por el cielo de la verdad última». Khyentse Rinpoche realizó la ascensión en un rudimentario palanquín montado a partir de una caja sostenida por dos piezas de madera alargadas, que permitían a seis hombres forzudos cargarla sobre los hombros.

Al cabo de dos horas de ascenso, llegamos a una pequeña estupa erigida en las inmediaciones de un collado. A partir de ese punto, había que descender por un camino escarpado cortado en la roca, que zigzagueaba por el flanco del precipicio de enfrente del de Taktsang. Hicimos una pausa, durante la que sirvieron té a Khyentse Rinpoche. Una foto sencilla, pero evocadora, que tomé en aquel momento muestra a mi maestro de espaldas, contemplando el templo que se ofrecía a sus ojos al otro lado del precipicio.[1]

Durante el descenso, en aquella época, había que cruzar algunos pasos a través de maderos suspendidos por encima del vacío, entre las anfractuosidades de la pared rocosa. Un cable de acero tendido de un extremo al otro del delicado paso permitía a los más inseguros agarrarse a él con la mano. Yo no podía evitar preguntarme cuántos años tendrían aquellos maderos ennegrecidos por la intemperie y si aguatarían todavía por mucho tiempo el peso de los caminantes. Al llegar al fondo del sendero, se pasa por delante de una cascada que cae desde una altura de unos doscientos metros, y a cuyo pie giran día y noche unas ruedas de plegarias movidas por la corriente del agua.

Queda entonces la ascensión final, particularmente empinada, que conduce hasta la entrada del monasterio. Al llegar, uno se siente tan aliviado como maravillado. Una escalera de piedra se eleva bajo una bóveda, para desembocar en un complejo de templos alojados sobre una cornisa situada bajo amplios salientes rocosos. Las paredes exteriores de los templos principales caen a plomo al nivel de la cortada, y la ingeniería que permitió construirlos a finales del siglo XVII, bajo la dirección de Tenzin Rabgye —el cuarto gobernante (*desi*) de Bután, nieto del gran yogui tibetano Drukpa Kunleg— sigue siendo un misterio.

En el siglo IX, con motivo de la visita de Gurú Padmasambhava, el gran maestro que introdujo el budismo en el Tíbet y en Bután, no había más que unas cuevas, en las que Padmasambhava meditó y transmitió iniciaciones espirituales a sus discípulos más próximos. Se dice también que, adoptando la apariencia terrible de Dorje Drollö,[2] Padmasambhava ocultó en diferentes escondrijos de este lugar sagrado numerosas enseñanzas bajo la forma de «tesoros espirituales». Tales «tesoros» fueron revelados a lo largo de la historia por parte de maestros visionarios, llamados *tertön*, entre los que se incluyen Kangyur Rinpoche y Dilgo Khyentse Rinpoche.

Habitualmente, en estos lugares no residía más que un puñado de monjes, pero cuando llegamos pululaban por todas partes, con la febril actividad de una colmena. Un centenar de discípulos se habían instalado aquí y allá, repartiéndose por los espacios comunes de los pequeños templos. Khyentse Rinpoche realizó las ceremonias pertinentes y ofreció, en homenaje a Padmasambhava, cien mil lamparillas, unos pequeños cuencos de latón, o a veces de plata, en el caso de las más preciadas, llenas de aceite o de mantequilla fundida, con una mecha fijada en un agujerito en el centro. Se disponen por centenares, por no decir millares, sobre mesas instaladas generalmente delante del altar de un templo. También dispensó a una treintena de discípulos la transmisión completa de las iniciaciones de *La esencia del corazón de la inmensidad* (*Longchen Nyingthig*), revelación del gran maestro Jigme Lingpa, del siglo XVIII. Durante nuestra estancia, Jigme Lingpa se le apareció a Khyentse Rinpoche en una visión, durante un sueño. Le posó la mano sobre la cabeza, diciendo: «Eres el heredero de mis enseñanzas y puedes elaborarlas como bien te parezca». Jigme Lingpa le indicó igualmente que, con el fin de mantener la paz en Bután y garantizar la perennidad del budismo, era fundamental construir cuatro grandes estupas que contuvieran cada una de ellas cien mil estupas en miniatura, llamadas *tsatsas*, y ofrecer cien mil lámparas de mantequilla y cien mil circunvoluciones en torno a los estupas mayores, una vez edificados. Lo cual pudo llevarse a buen término con el sostén de la familia real.

Khyentse Rinpoche no escribió una autobiografía espiritual en la que relatara sus experiencias meditativas, sus sueños y visiones, de modo que no podemos sino vislumbrar cómo debían ser a partir de algunas historias, como esta, que de vez en cuando relataba a discípulos próximos. En cierta ocasión, por ejemplo, Khyentse Rinpoche nos transmitió el siguiente relato. Acaba de descubrirse en un cuaderno, tiempo después de su muerte, la autobiografía secreta de Khyentse Chökyi Lodrö, su maestro. Al leerla, Khyentse Rinpoche descubrió haber estado presente en el momento mismo en que su maestro tenía la experiencia de ciertas visiones extraordinarias de Buda y de Gurú Padmasambhava. Y sin embargo, nos reveló: «Yo estaba sentado a su lado, pero no había nada en su comportamiento externo que delatara la visión profunda que estaba viviendo justo en aquel momento». Sea como fuere, es indudable que las experiencias visionarias de Khyentse Rinpoche fueron también numerosas.

¡Conservo grabadas tantas imágenes de aquella estancia excepcional en Paro Taktsang, un lugar fuera del mundo! Podía observarse un flujo ininterrumpido de fieles que se cruzaban en aquellas sendas estrechas, los unos subiendo para unirse con Khyentse Rinpoche, mientras los otros volvían a bajar al valle. Un día, después de visitar a Khyentse Rinpoche, una treintena de monjes provenientes del *dzong* de Paro remontaban el camino tallado en la roca que zigzaguea por el flanco de la escarpadura situada enfrente de Taktsang. En Bután, un *dzong* es una fortaleza, en una de cuyas partes se aloja un monasterio y la otra es sede del gobierno local. Yo no había reparado en aquella escena, por otro lado admirable, y Khyentse Rinpoche, sin que sirviera de precedente, llamó mi atención y me hizo una señal para que le hiciera una foto.

A veces, durante el desayuno, los monjes se divertían formando pequeños platillos volantes con masa de *tsampa* (harina de cebada tostada) y lanzándolos al abismo. Planeaban medio minuto antes de llegar hasta el bosque del fondo.

Una mañana temprano, desde lo alto de un balcón que dominaba el precipicio, vestido con túnica de brocado y con la cabeza cubierta con la cofia del loto, de pie, abrazando el paisaje con su mirada majestuosa, Khyentse Rinpoche realizó una impresionante ceremonia destinada a revitalizar la influencia espiritual del lugar.

Se cuentan nueve cuevas sagradas y siete templos entre Taktsang y sus inmediaciones. Cada colina tiene su pequeño santuario rodeado de banderas de plegarias ondeando al viento. Montañas y bosques están sembrados de ermitas en las que los practicantes se consagran a la meditación, sin bajar a los valles más que una sola vez al año, durante la época de la cosecha, para recibir limosna. Cada granja les hace donación de una medida de arroz y legumbres; en el espacio de un mes, reciben lo suficiente para pasar el resto del año en su retiro solitario. Mis amigos butaneses me decían a menudo que si yo decidía pasar una temporada en las montañas, estarían encantados de proveer a mis necesidades. En aquellos momentos, sin embargo, era mucho más valioso para mí permanecer en compañía de Khyentse Rinpoche, cuya presencia valía por todos los retiros del mundo.

Existen numerosas peregrinaciones que realizar en los alrededores de Taktsang, y un día salimos de excursión con Rabjam Rinpoche y algunos monjes. Subiendo hacia el norte, cerca de una gran cascada, se llega primero a la cueva de Machig Labdrön, una famosa yoguini del siglo XII,[3] quien, como hecho destacable en el lugar, dejó la huella de su pie impresa en la roca de su ermita. Para poder continuar la ascensión, es preciso salvar unos diez metros de pared subiendo por unos escalones poco profundos, tallados en dos troncos de árbol de una treintena de centímetros de diámetro adosados a la roca y dispuestos uno a continuación del otro.

Para los butaneses, que parecen insensibles al vértigo, no es más que un juego de niños, pero para un peregrino de mi índole la subidita es un poco más azarosa, sobre todo cuando la lluvia ha hecho más resbaladizos los mencionados escalones, uno lleva una mochila a la espalda y la túnica monacal se te enreda en los pies. Más vale en tales circunstancias evitar lanzar una ojeada al precipicio que se abre justo debajo.

Se llega así a lo alto de la escarpadura, a una porción de terreno llano y ameno, en medio del cual se eleva el templo de Orgyen Tsemo, adornado con hermosos frescos. Desde allí se puede volver a bajar por otro camino que lleva al templo oriental de Taktsang Sharma, construido cerca de la cueva de Dorje Drollö. El último tramo que conduce hasta este pequeño templo era antaño una cornisa de apenas un codo de anchura y de una cincuentena de metros de largo, tallada en la pared del vertiginoso precipicio, sin barandilla de protección ni sostén alguno al que agarrarse. Para hacer el recorrido más peligroso y darle emoción, aquel año en que era la primera vez que iba, había llovido. Un alpinista se reiría de este pasaje, pero debo confesar que lo abordé con cierta aprensión, hasta que me dije: «Bien, basta ya de cábalas, allá voy». El camino está ahora arreglado, además de que los turistas no van por ese lado. Antes había unos maderos que permitían cubrir por el flanco del precipicio los treinta metros aproximadamente que separan Taktsang Sharma de los templos principales de Taktsang, pero un día cayó uno de los maderos y un monje se precipitó al abismo. Desde entonces lo retiraron todo.

Desde Sharma, volvimos a subir hasta Orgyen Tsemo y continuamos ascendiendo más aún, atravesando un bosque de árboles inmensos. Después de dejar atrás el monasterio de Özer Gang, llegamos a un prado de alta montaña, desde donde vimos las ermitas de Bumtrak, a 4.000 m de altitud. En la década de 1970, vivía allí en retiro un famoso pintor de *thangka*, iconos del budismo himalayo que se pintan o bordan sobre seda. Bumtrak, literalmente la «Roca de los Cien Mil», recibe su nombre de las incontables marcas esculpidas en la escarpadura rocosa que alberga las ermitas; según se dice, tales señales corresponderían a las huellas dejadas por los pies de las *dakinis* en sus danzas para las ofrendas rituales.

Durante la estancia de Khyentse Rinpoche, un día realicé dos veces el camino de ida y vuelta al valle de Paro, en busca de libros y otros elementos que el maestro necesitaba para transmitir las enseñanzas e iniciaciones. En los años sucesivos, subí en una veintena de ocasiones a Paro Taktsang. Tuve oportunidad de quedarme una semana de retiro en una pequeña cabaña ubicada al lado de la pequeña sala de restauración acondicionada a medio camino para los visitantes. Todos los días, al alba, practicaba unas horas en paz frente al templo colgado de la majestuosa pared del precipicio, antes de que llegaran los primeros peregrinos de la jornada. A continuación me retiraba a la tranquilidad de mi cabaña, para volver a salir por la tarde, en cuanto los peregrinos habían vuelto a bajar al valle. Fueron momentos preciosos, durante los cuales pude impregnarme intensamente de los beneficios de este lugar sagrado entre todos. Estos emplazamientos sagrados constituyen todos ellos poderosas fuentes de inspiración para la práctica espiritual. Se dice que un mes de meditación en Paro Taktsang genera los mismos progresos espirituales que un año de retiro en un lugar corriente. Más de una vez he soñado construir en aquellos parajes una minúscula ermita con una gran ventana que diera al precipicio.

En 1998 se declaró un incendio. Las causas siguen siendo un misterio, por cuanto la única persona residente aquel día en Taktsang pereció entre las llamas y la caída de piedras. El fuego destruyó una parte de los templos, y tanto escombros como tesoros espirituales fueron a parar, destrozados, casi mil metros más abajo. No obstante, algunas de las más preciadas estatuas sobrevivieron al desastre, casi intactas. Posteriormente, por inspiración del rey y de otros mecenas, los templos fueron magníficamente restaurados, en un estilo puramente tradicional. El monasterio se consagró de nuevo en 2005.

*

Khyentse Rinpoche apreciaba mucho Bután, donde la cultura budista se ha desarrollado sin obstáculos y en el espíritu de cuyos habitantes sus valores están profundamente arraigados. No por nada se dice que en este país «la tierra es budista y el cielo es budista». Cada colina cuenta con su pequeño templo rodeado de banderas de plegarias ondeando al viento. Los torrentes hacen girar día y noche las ruedas de plegarias. Montañas y bosques aparecen sembrados de ermitas, en las cuales monjes, monjas y laicos se entregan a las múltiples formas de la práctica budista.

Después de que Gurú Padmasambhava, el «Maestro Nacido del Loto», introdujera el budismo en Bután en el siglo VIII, siguieron otros grandes maestros, tales como el revelador de tesoros espirituales Pema Lingpa, en el siglo XIV, y Shabdrung Ngawang Namgyal en el siglo XVI. Este último difundió las enseñanzas de la tradición Drukpa Kagyu[4] y unificó el país, hasta entonces fragmentado en entidades regionales.

En la actualidad, algunos grandes monasterios, como el de Timbu, la capital, cuentan con más de un millar de monjes. El calendario religioso está repleto de ceremonias y festivales de danzas sagradas. En diversos periodos del año, con motivo del décimo día del mes lunar, los principales monasterios celebran el Festival del Décimo Día (*tsechu*), consagrado a Gurú Padmasambhava, de modo que las festividades religiosas se suceden unas a otras.

Aunque no llegara a formar parte de la institución budista oficial, establecida bajo la autoridad del Je Khenpo, el cual ostenta en el plano protocolario el mismo rango que el rey, Khyentse Rinpoche era el maestro espiritual más venerado del país. Allá donde se encontrara, cada mañana, desde antes del amanecer, se formaban largas filas de espera frente a su puerta. Cuando terminaba sus plegarias, la gente entraba, le ofrecía arroz, harina de cebada tostada, queso blanco y mantequilla fresca en cestos de bambú de múltiples colores, al tiempo que le pedían que rezara por ellos y por sus seres queridos. Con una gran sonrisa desbordante de bondad, posaba sus inmensas manos sobre la cabeza de aquellas personas, en señal de bendición.

En diversas ocasiones a lo largo del año, Khyentse Rinpoche celebraba unas ceremonias muy elaboradas llamadas *drubchen* («gran realización»). Estas complejas ceremonias se centran en una o varias deidades del budismo tibetano. Consisten principalmente en meditaciones guiadas por el texto de soporte y se suceden sin interrupción, día y noche, durante siete días, a los que se suman una jornada de preparación y otra de conclusión. Sirviéndose de polvos de colores, unos monjes dibujan mandalas de múltiples y sutiles significados, y que se utilizan como modelo de visualización para los participantes. Meditar a partir de un mandala no es un paseo imaginario en un paraíso encantado, sino que se trata de adentrarse en el redescubrimiento de la naturaleza misma de nuestro ser y del mundo fenoménico. Todas las formas son percibidas como manifestación de la pureza primordial; todos los sonidos, como eco de la vacuidad, y todos los pensamientos, como representación del conocimiento.

Los participantes del *drubchen* se reparten la noche en tres grupos que, por turnos de tres horas, mantienen la continuidad de la práctica ritual y meditativa. Estas ceremonias, notables por su solemnidad, se acompañan de música sagrada, danzas, rituales y *mudras*, gestos simbólicos de ofrenda. Algunos años, entre Bután y Nepal, Khyentse Rinpoche llegó a presidir hasta siete *drubchen*. En cierta ocasión participé día y noche en dos *drubchen* consecutivos, con tan solo tres días de intervalo entre ambos ciclos. Al cabo de aquella veintena de días, ¡un silencio perfecto reinó en el sueño de mi primera noche sin ceremonias! Actualmente, cada año Rabjam Rinpoche, el heredero espiritual de Khyentse Rinpoche, conduce tres *drubchen* en el monasterio de Shechen, en Nepal, dos en Bután y uno en la India.

Durante los *drubchen* que se desarrollaban en Bután, me sentaba durante el día con los monjes, atento a permanecer a la vista de Khyentse Rinpoche, quien me llamaba con frecuencia para confiarme todo tipo de tareas. Todas las noches participaba en una de las sesiones nocturnas de tres horas; el primer día, de las nueve a las doce de la noche; el segundo, de doce a tres, y el tercero, de tres a seis de la mañana, y así sucesivamente durante los siete días de la parte principal del *drubchen*. Durante estas sesiones nocturnas, había pedido integrar el grupo de monjes que recitaba continuadamente el mantra de la deidad principal. Esta recitación, en efecto, no debe interrumpirse en ningún momento durante toda la duración del *drubchen*, ni de día ni de noche. En el curso de esta acción, cuando llega un nuevo grupo de recitadores, el monje sentado a la cabeza entrega a su sucesor un pequeño cetro llamado *vajra*, en el que hay atada una pequeña cuerda tejida con hilos de cinco colores que simbolizan las cinco sabidurías primordiales. Esta cuerdecilla une al recitador con el mandala, en el centro del templo. Los recitadores deben permanecer perfectamente concentrados en su recitación, por lo que se sientan algo separados de los monjes que realizan el conjunto del ritual. En cada sesión, se servía té caliente y gránulos de arroz molido a todos los participantes. No era raro que la reina madre de Bután, quien profesaba una gran devoción por Khyentse Rinpoche y apadrinaba la mayor parte de las ceremonias, viniera a visitarnos a última hora de la tarde, sin haber sido anunciada, para dar numerosas vueltas en torno al mandala y recitar luego las plegarias, sentada en el sofá que le estaba reservado. A veces, tan plenamente absortos estábamos en nuestra recitación, que tan solo el efluvio del sutil perfume francés que llevaba nos anunciaba su presencia. Aquellos de entre nosotros que estuvieran un poquito dormitando se enderezaban de pronto para guardar la compostura en presencia de Su Majestad. Aquellos momentos de la práctica eran particularmente intensos en medio de la cálida atmósfera de aquel pequeño templo de dimensiones humanas, presidido por una majestuosa estatua de Gurú Padmasambhava de cinco metros de alto.

*

Cuando Khyentse Rinpoche estaba de viaje por algún lugar, habría podido creerse que la noticia de su paso se había difundido por todo el país. No recorría treinta kilómetros sin encontrarse con algún grupo de campesinos esperándole al borde de la carretera. La gente encendía una fogata sobre la que ponía ramas húmedas de enebro, hasta que el aire se llenaba de torbellinos de un humo odorífero. Extendían alfombras delante de las mesas repletas de víveres y de té caliente. Ocasionalmente, Rinpoche bendecía a la gente desde la ventana de su coche, pero la mayoría de veces se apeaba del vehículo y se sentaba un momento, para ofrecer a la multitud una bendición por una vida larga y para concederse un alto en el camino.

Durante las jornadas de desplazamiento en automóvil, Khyentse Rinpoche, mientras contemplaba el paisaje, practicaba de forma continuada, murmurando sus plegarias y recitando mantras en voz baja al tiempo que desgranaba su *mala*.[5] En los años ochenta, en Bután, las regiones alejadas de la capital no eran accesibles más que por carreteras de tierra o rellenadas con grava. El viaje resultaba, pues, más bien movido. No obstante, ¡Khyentse Rinpoche decía que todas aquellas sacudidas favorecían la digestión!

El convoy estaba compuesto generalmente por el jeep Toyota amarillo que la reina madre había regalado a Khyentse Rinpoche y que llevaba un número de matrícula de la familia real, «Bhutan 48»; un segundo coche alquilado para la ocasión y un camión del ejército que transportaba a los discípulos acompañantes de Khyentse Rinpoche, así como el equipaje. Dos o tres monjes y algunos *tulkus* y practicantes a los que impartía enseñanzas diariamente constituían el entorno inmediato de Khyentse Rinpoche. La mayor parte del tiempo, el pequeño convoy iba precedido por un jeep descubierto de la guardia real, que velaba por que todo el trayecto se desarrollara sin incidentes. Esta escolta constituía más una marca de respeto que un verdadero servicio de protección. Evidentemente, Khyentse Rinpoche no corría ningún peligro en un país en que era querido por todos. Pero el jeep de cabeza moderaba a veces el ardor de los conductores con exceso de prisa, o la imprudencia de los camiones que invadían el lado contrario de la calzada de las carreteras de montaña por las que circulábamos.

Cuando el convoy se aproximaba a un pueblo o a un *dzong* —los famosos monasterios-fortalezas—, Khyentse Rinpoche se encontraba infaliblemente con un cortejo de monjes y dignatarios que habían salido a recibirlo. Precedido por músicos y monjes portadores de estandartes de brocado, el cortejo lo conducía en procesión hasta su residencia, donde el alcalde, el juez y otras personalidades, vestidos con sus trajes de gala y llevando prendida de la cintura una espada con el mango finamente cincelado y enfundada en su vaina de plata, se prosternaban ante él y le ofrecían té y algo de comer. A continuación, los centenares de personas que se congregaban en el patio del *dzong* desfilaban delante de Khyentse Rinpoche para recibir su bendición.

Durante aquel primer mes, de los diez años que iba a pasar en Bután, me vi inmerso de lleno en el corazón de la cultura espiritual del país del Dragón del Trueno, un lugar que en nada se parece a ningún otro. Sigo lleno de una gratitud inmensa. De 1980 a 1991, fecha de la muerte de Khyentse Rinpoche, iba a vivir la mayor parte del año en Bután. Desde entonces, he vuelto muchas veces para estar con Rabjam Rinpoche, siempre por amable invitación de Ashi Kesang Choden Wangchuck, que es hoy la abuela del actual monarca.

EN BUTÁN

Paro Taktsang («Nido del Tigre»), a 3.000 m de altitud, uno de los lugares más sagrados de Bután. Cuentan que Padmasambhava, el maestro que introdujo el budismo en el Tíbet entre los siglos VIII y IX, llegó hasta él a lomos de una tigresa que volaba por los aires. Los templos sobre la roca cortada a pico se construyeron en el siglo XVII.

Dilgo Khyentse Rinpoche, de camino a la provincia de Bumthang, hace una pausa en lo alto del paso de montaña de Pele La, a 3.700 m de altitud. Sostiene en su regazo el gatito de su nieto, Rabjam Rinpoche. 1980.

En el templo de Paro Kyichu, Dilgo Khyentse Rinpoche se dispone a ofrecer una bendición de larga vida al IV rey de Bután, Jigme Senge Wangchuk, que fue discípulo suyo. 1986.

Dilgo Khyentse Rinpoche con la reina madre de Bután, Ashi Kesang Choden Wangchuck, quien le profesaba una particular devoción y se había convertido en su principal benefactora. 1985.

CAPÍTULO 18

RETIRO CON DILGO KHYENTSE RINPOCHE

Formo parte de los allegados presentes durante su retiro silencioso de cuatro meses. Meditaciones desde las alturas que dominan las llanuras de la India, al oeste de Bután.

Durante el invierno de 1980-1981, Khyentse Rinpoche permaneció cuatro meses en retiro silencioso. Se había instalado por encima de la ciudad fronteriza de Phuntsholing, en las alturas que dominan las inmensas llanuras de la India, desde el lado butanés. Fue uno de los momentos más trascendentales de mi vida con Khyentse Rinpoche. Vivíamos en una pequeña casa de techo bajo, de estilo indio, que la reina madre había ofrecido a Khyentse Rinpoche.

El maestro residía en la habitación del fondo de la vivienda, cuyas ventanas daban a la jungla semi tropical que cubría la pronunciada pendiente que descendía en dirección a Phuntsholing. Un altar de madera barnizada sobre el que había dispuestas diversas estatuillas y fotos de maestros espirituales encajadas entre los marcos y los cristales, el sencillo lecho en el que se sentaba Rinpoche, una mesa de madera, un viejo sofá y un armario constituían todo el mobiliario. En la habitación situada al entrar, una de las paredes estaba recubierta de estanterías que llegaban al techo y que contenían centenares de libros tibetanos. En esta habitación se alojaban la esposa de Khyentse Rinpoche, Khandro, y Ani Sherab, la monja que la asistía. Un biombo la aislaba un poco del resto de la alargada estancia, que daba al exterior y en la que Tsewang Lhundrup y yo, los dos monjes que estábamos al servicio de Rinpoche, nos sentábamos a veces durante el día en una larga banqueta situada junto a la entrada. Como siempre, yo dormía en el suelo, sobre una alfombra que se extendía delante de la mesa de Khyentse Rinpoche. Una pequeña cocina y una habitación con dos camas, en la que dormían dos monjes, completaban la modesta vivienda. En cuanto a Rabjam Rinpoche, el nieto de Khyentse Rinpoche que desde los cinco años de edad vivía con él, se alojaba en una pequeña habitación que daba al porche de la casa, el cual se abría a un campo de césped. En el exterior se elevaban ocho estupas blancas, construidas por otro gran lama, Chatral Rinpoche. El lugar no podía ser más apacible. Únicamente, de vez en cuando, se acercaban algunos raros visitantes para dar vueltas en torno a las estupas y visitar un pequeño templo situado en lo alto de un montículo.

Tsewang Lhundrup, monje butanés al servicio de Khyentse Rinpoche, Tulku Kunga, que cumplía las funciones de amanuense y transcribía los manuscritos compuestos por nuestro maestro, Drupthob, viejo lama nepalí que era residente permanente de la casa y se alimentaba de hortalizas que cocinaba enteras en una pequeña olla de barro cocido, y yo constituíamos todo su séquito. Khandro le preguntaba a menudo si era posible proveerse de tal o cual producto en las tiendas de Phuntsholing. Drupthob, que no bajaba casi nunca a la ciudad, le respondía un día con su franqueza habitual: «Aparte de padre y madre, ¡en Phuntsholing se puede comprar de todo!».

Había otros cinco discípulos butaneses entre las personas admitidas para compartir el retiro de Khyentse Rinpoche, y que se alojaban no lejos de la casa. Recibían las enseñanzas que nuestro maestro impartía a diario después del almuerzo, dedicándoles unos tres cuartos de hora aproximadamente. Sus palabras se limitaban entonces exclusivamente a la transmisión, sin mezclar nunca comentarios propios de la conversación coloquial; el resto del tiempo, Khyentse Rinpoche guardaba estricto silencio. Con la salvedad de las personas incluidas desde el comienzo del retiro, Khyentse Rinpoche no se encontró con ningún visitante durante aquellos cuatro meses.

Pero había tres residentes más en pensión completa: un gato blanco y gris, un perro rubio y un conejo blanco. El gato y el perro hacían muy buenas migas y andaban siempre jugando juntos. El conejo seguía con curiosidad sus retozos, pero en cuanto los otros dos trataban de implicarlo demasiado activamente, desaparecía con presteza. Uno de los juegos favoritos del perro consistía en atrapar con el hocico al gato por el pellejo de la nuca, como lo habría hecho su madre, y arrastrarlo por las baldosas del suelo todo lo que daba la casa, hasta el porche. El gato se dejaba hacer beatíficamente. Cuando Khyentse Rinpoche concluyó su retiro, invitó a algunos otros monjes a celebrar con él ceremonias de ofrenda durante quince días. Durante estas ceremonias, al gato le gustaba encaramarse a lo alto del respaldo de un viejo sofá, desde donde acechaba al perro. En cuanto este pasaba cerca, el gato saltaba sobre él como un tigre sobre su presa. Después de verle repetir aquella estratagema varias veces, nos dio un ataque de risa colectiva, incluido Khyentse Rinpoche, hasta el punto de que la ceremonia hubo de interrumpirse durante unos minutos.

Todas las mañanas dedicaba una o dos horas a cumplir con mis propias prácticas espirituales, sentado en la alfombra a unos metros de Khyentse Rinpoche, mientras este estaba entregado en silencio a sus meditaciones y recitaciones, desgranando su *mala* de cuentas de cristal, con la mirada abierta al infinito, como si contemplara un amplio espacio que no fuera sino uno con la inmensidad de su realización interior. Nada venía a turbar la serenidad de aquel lugar. De vez en cuando, la llamada de un tucán, la melodía de un tordo risueño, o el bramido de un muntíaco, resonaban a través de las ventanas, abiertas de par en par. El bosque abundaba en setas. La descabellada idea de comerme una cruda me proporcionó la ocasión de mi primera y última experiencia alucinógena, que vino acompañada de mareos y vómitos.

Un día recibí de Francia una postal que representaba un paisaje, el único correo, creo recordar, que me llegó durante aquellos cuatro meses. Se la enseñó a Khyentse Rinpoche, quien, al cabo de unos instantes, me entregó una hoja de papel, con un divertido guiño de complicidad, en la que estaban escritos estos versos:

«Al contemplar este soberbio paisaje,
te acuerdas de tu país natal.
Aquí comes patatas,
reducido a la condición de sirviente.
¡Así funciona el karma!».

Él bien sabía que mi país natal y sus delicias gastronómicas contaban muy poco para mí en comparación con la oportunidad inestimable que tenía de estar con mi maestro, en el corazón mismo de su retiro. También dice un proverbio tibetano: «Abandonar la tierra natal es cumplir ya con la mitad del Dharma». Decididamente no sentía ningún tipo de arrepentimiento.

Fue también por entonces cuando Khyentse Rinpoche recibió la fotocopia de una carta que un tibetano había enviado desde el Tíbet a unos familiares refugiados en la India. ¡Una carta del Tíbet! Hay que darse cuenta de lo que eso significaba. Multitud de fotocopias de aquella carta se dispersaron por las comunidades tibetanas en el exilio. En su contenido no había nada extraordinario, únicamente noticias de la familia, pero desde la invasión de China en 1959 no había llegado del Tíbet correspondencia personal alguna a través del correo. Con la desaparición de Mato Tse-Tung, a partir de 1979 se suavizaron las restricciones, de forma ciertamente limitada, pero apreciable.

A consecuencia de su voto de silencio, Khyentse Rinpoche había adquirido la costumbre de señalar con gestos individualizados a qué persona deseaba llamar. Cuando se trataba de Tsewang Lhundrup, el monje butanés que, junto conmigo, se ocupaba de su persona, hacía sonar la campanilla que solía utilizar para los rituales. En mi caso, hacía chasquear los dedos, un sonido que yo percibía con claridad incluso cuando estaba sentado en la habitación de la entrada, estudiando o tomando notas sobre las enseñanzas que habíamos recibido. Si alguna otra persona se encontraba con él y deseaba que yo acudiera, formaba un círculo uniendo las puntas de los dedos índice y pulgar, que se llevaba delante del ojo para representar las gafas que yo llevaba. Cuando requería la presencia de Tulku Kunga, su amanuense, remedaba con la mano el gesto de escribir. Finalmente, si quería que llamáramos a su esposa, esbozaba el contorno de una larga cabellera, pasándose el dedo desde lo alto de la frente hasta detrás de la oreja. Cuando necesitaba algo, un libro por ejemplo, escribía una frase con la uña en una pequeña pizarra encerada, recubierta con una fina capa de ceniza. Tenía una letra difícil de leer, por eso a veces tenía que salir con premura, pizarra en mano, y pedir ayuda a mis compañeros para descifrar el mensaje, para evitar quedarme ofuscado delante de él, intentando comprender lo que había escrito.

En el transcurso de aquellos cuatro meses, Khyentse Rinpoche nos impartió una enseñanza gradual que abarcaba el conjunto de la vía del budismo tibetano. Comenzó por leernos y explicarnos *El camino de la Gran Perfección*, el célebre texto de Patrul Rinpoche en torno a los preliminares de la vía. A continuación nos dispensó una iniciación de Padmasambhava, según la tradición de *La esencia del corazón de la inmensidad*, el *Longchen Nyingthig*, y nos impartió todas las explicaciones acerca de las visualizaciones y recitaciones de mantras que acompañan a esta práctica. Luego, durante tres semanas, nos enseñó cada día uno de los veintiún ejercicios de yoga asociados a esta misma tradición. Sentado sobre su lecho, nos explicaba el ejercicio del día, mientras que Guelong Sangye, uno de sus discípulos que mejor dominaba esta práctica, nos hacía la demostración. Al final del día, guiados por Guelong Sangye, volvíamos a reunirnos todos en el templo ubicado sobre una pequeña colina, a un centenar de metros de la casa, con el fin de repetir el conjunto de ejercicios aprendidos durante aquellas semanas. Cada día, un nuevo ejercicio venía a sumarse hasta totalizar la serie de veintiuno. Al término de los veintiún días, y por turnos durante una semana, cada discípulo mostró la totalidad de los ejercicios, no solo a Khyentse Rinpoche, sino delante de todos los demás practicantes reunidos a la hora reservada para las enseñanzas. ¡Un examen final, en cierto modo! Cuando me tocó a mí, me apliqué a la tarea lo mejor que supe, pero me tropecé, como siempre me sucedía, con un ejercicio particularmente difícil que consistía en saltar en el aire y cruzar rápidamente las piernas antes de volver a caer sentado, en la perfecta postura del loto. Jóvenes y esbeltos como eran entonces, Rabjam Rinpoche y la mayor parte de mis compañeros dominaba el ejercicio a la perfección. Pero yo, dotado de unas piernas occidentales que se habían formado tarde para adoptar aquel tipo de postura, no conseguía caer sino a medias en la posición del loto. Khyentse Rinpoche manifestó una indulgencia benevolente y, haciendo la excepción de mezclar algunas palabras propias de la conversación coloquial con sus enseñanzas, me dijo: «Ahora ya estás preparado para enseñarles estos ejercicios a tus amigos que realizan el retiro de tres años en Francia». Unas palabras que se cumplieron al año siguiente, cuando Khyentse Rinpoche enseñó más sucintamente estos ejercicios a los practicantes del retiro del centro de estudios de Chanteloube, en la Dordoña, y me pidió que les mostrara los ejercicios con detalle. En Phuntsholing, había tomado notas pormenorizadas a partir de las explicaciones de Khyentse Rinpoche sobre cada aspecto de los movimientos. Estas notas resultarían preciosas décadas más tarde, cuando unos discípulos del linaje de Khyentse Rinpoche expresaron su deseo de familiarizarse con los ejercicios.

Para concluir el ciclo de enseñanzas de aquel retiro, Khyentse Rinpoche impartió la introducción a la naturaleza de la mente y las enseñanzas del texto conocido como *Yeshe Lama*, *La insuperable sabiduría primordial*, la principal enseñanza del gran maestro Jigme Lingpa sobre la Gran Perfección.

Al término de los cuatro meses, una mañana soleada, Khyentse Rinpoche se levantó, desnudo el torso, ataviado como de costumbre con su larga falda de seda salvaje amarilla, y, apoyándose en los hombros de Tsewang Lhundrup y en los míos, salió al campo de césped que se extendía delante de la casa. Rompiendo su voto de silencio, se puso a hablar como si no hubiera pasado nada. Había finalizado su retiro…

El invierno siguiente regresamos a Phuntsholing, donde, a petición de Drigung Khyabgön Rinpoche, el patriarca de la tradición Drigung Kagyu,[1] Khyentse Rinpoche dispensó durante dos meses y medio la transmisión de los dieciocho volúmenes del *Tesoro de las instrucciones espirituales*, el *Damngak Dzö*. Las autoridades locales montaron para la ocasión una gran tienda en un terraplén no lejos de la casa de Khyentse Rinpoche, para albergar al millar de discípulos provenientes de los lugares más dispares, entre los cuales se incluían buen número de lamas encarnados (*tulkus*), eruditos e incontables practicantes, monjes, monjas y laicos.

Mi madre, Yahne, había sido invitada por Khyentse Rinpoche a pasar seis meses en Bután. Después de su llegada en el verano, había tenido frecuentemente ocasión de encontrarse con la reina madre, cuando esta iba a visitar a Khyentse Rinpoche. Así fue como entró en su círculo y la reina la tomó bajo su protección, sin dejar nunca de manifestarle su amistad, por ejemplo mediante los regalos que, hasta día de hoy, le envía cada año. En Phuntsholing, mi madre fue alojada en una residencia perteneciente a la familia real, situada a un centenar de metros de la casa de Khyentse Rinpoche. Pudo así recibir las enseñanzas impartidas por mi maestro aquel invierno.

El *Tesoro de las instrucciones espirituales*, recopilado en el siglo XIX por el gran maestro Jamgön Kongtrul, contiene lo más esencial de las iniciaciones e instrucciones de los ocho linajes principales del budismo tibetano, llamadas también *Los ocho grandes carros del linaje de la práctica*.[2] Estos linajes se formaron entre los siglos IX y XII, bajo la inspiración de sus fundadores, que fueron maestros espirituales particularmente eminentes. No difieren entre sí en los puntos fundamentales del budismo, sino en la mayor o menor importancia que cada una concede al estudio o a la contemplación, y ofrecen un conjunto exhaustivo de prácticas que varían un poco en la forma, pero todas ellas permiten recorrer la integridad del camino espiritual que conduce a la Iluminación.

Durante este ciclo de enseñanzas, yo preparaba cada día los textos que Khyentse.Rinpoche iba a transmitir. El último volumen de *Los ocho grandes carros del linaje de la práctica* constaba de una recopilación de un centenar de breves enseñanzas impartidas en la India y el Tíbet. Cada día, hacia el final de la tarde, Khyentse Rinpoche explicaba una o varias de estas enseñanzas. Yo tenía por tarea identificar, de entre esos breves textos, aquellos que se correspondieran con las otras enseñanzas que Khyentse Rinpoche iba a abordar aquel día y presentárselas al final de la tarde para que las transmitiera, de forma que al concluir el periodo de dos meses hubieran podido tratarse el conjunto de las cien enseñanzas.

Cuando finalizó la exposición del ciclo del *Tesoro de las instrucciones espirituales*, Khyentse Rinpoche tuvo la gran bondad de confiarme la serie de los dieciocho volúmenes que había utilizado durante las enseñanzas, y que contenían algunas notas escritas de su puño y letra. Me explicó: «Es únicamente cuando se ignora el contenido de enseñanzas como estas cuando se corre el riesgo de adoptar un punto de vista sectario. Cuando se toma conciencia de ello, se comprende que todas ellas conducen a la Iluminación y tienen el mismo sentido último». Conservo como un preciado tesoro estos volúmenes en la biblioteca de la casa de mi madre, en la Dordoña.

CAPÍTULO 19

UNA CORTA SEPARACIÓN

Segundo viaje a Francia. Dilgo Khyentse Rinpoche regresa a Bután después de impartir sus enseñanzas en Dordoña. Yo me quedo cuatro meses más en el centro de retiro, con el fin de traducir oralmente *El tesoro de cualidades preciosas*. Primer alejamiento con respecto a mi maestro.

En la primavera de 1981, Dilgo Khyentse Rinpoche fue invitado de nuevo a Francia, a la Dordoña, por parte de Tulku Pema Wangyal, para impartir una nueva serie de enseñanzas a los discípulos que habían iniciado un retiro de tres años. Desde que me había convertido en su discípulo y había entrado a su servicio, me encontraba siempre junto a mi maestro, así como otros dos o tres monjes, con el fin de velar por él y atender a cualquier petición o necesidad que manifestara. También lo acompañé, pues, durante aquella estancia de un mes en el transcurso del cual, además de enseñanzas colectivas, dio consejos individuales a cada uno de los practicantes del retiro. Dispensó igualmente enseñanzas a los visitantes llegados de todas partes, en la residencia del Périgord en que se alojaba, rebautizada como Tashi Pelbar Ling.

Poco antes de regresar a Bután, Dilgo Khyentse Rinpoche me pidió que me quedara unos meses, a solicitud de Tulku Pema Wangyal, a fin de traducir oralmente para los practicantes del retiro en Chanteloube un comentario del *Tesoro de cualidades preciosas* escrito por un gran erudito, Khenpo Yönten Gyatso, discípulo de Patrul Rinpoche. Se me encogió el corazón al ver partir a Khyentse Rinpoche, sabiendo que él justamente iba a continuar enseñando con detalle este texto esencial. Insté a una amiga que se marchaba con él a que grabara en su integridad y sin que se perdiera un minuto de sus palabras todas las explicaciones que iba a dar. Debo confesar que una vez partieron los vehículos que llevaban a Khyentse Rinpoche y sus acompañantes a París, cuando me vi solo en su residencia, presa de un profundo despecho, sentado sobre la alfombra de la habitación, me puse a dar puñetazos contra el suelo. ¡Cuánto camino me quedaba por recorrer para alcanzar la perfección de la paciencia y la ecuanimidad!

En el avión que lo llevaba a Delhi, Khyentse Rinpoche escribió este consejo, que me envió a su llegada a la India.

> Por un tiempo, este humilde viejo se va a la India,
> y Konchog Tendzin se queda en Francia:
> Animado por una fe inamovible, reza para que maestro y discípulo no se separen jamás,
> y cierto es que pronto volveremos a reunirnos.
>
> Dedica unos momentos a observar las alegrías y las penas de los diferentes lugares,
> y a aquellos que, sin recitar nunca un solo *mani*, ayuda preciosa para sus vidas futuras,
> se afanan con frenesí en las cosas de este mundo.
> Reflexiona: las actividades del *samsara*, ¿poseen la más mínima esencia?
>
> Dedica otros momentos para examinar bien tu propio espíritu:
> si te sobrevienen estados aflictivos, libéralos al instante allí donde surjan
> y preserva ese estado.
> Si permaneces en el estado natural de las cosas tal como aparecen,
> contempla el rostro de la continuidad primordial
> y deja reposar su mente en el encuentro con el maestro último,
> el estado de simplicidad natural del espíritu.
>
> En otros momentos en que pudieras sentir cierta euforia,
> no dejes que te embargue,
> y ofrece las primicias de tu alegría a tu maestro-raíz.
> No te apegues a la felicidad,
> mantén el fluir de su liberación espontánea a medida que surja.
> El alimento y el vestido te llegarán espontáneamente.

De vez en cuando, si te sobrevienen tormentos o enfermedades,
comprende que te purifican de tus oscuridades y constituyen un recordatorio de la compasión.
Degustando alegrías y penas en el seno del único sabor, contémplalo tal cual.
Permanece con perfecta comodidad en la felicidad, libre de esperanza y de temor.

No olvides a tu maestro: ¡medítalo en el centro de tu corazón!
No olvides las instrucciones esenciales: piensa en ellas en el momento crucial.
No olvides la muerte: te servirá de acicate para la virtud.
No relajes tu perseverancia: reavívala tanto de día como de noche.

Toda separación es señal de un reencuentro próximo.
Sin embargo, por alegre que sea el reencuentro,
vendrá el día en que la separación será ineluctable, eso es seguro.

Contempla este espectáculo ilusorio con tu espíritu ilusorio;
reconociendo la ilusión, haz la experiencia del sentido primordial.

Si te comportas de acuerdo con el Dharma, en esta vida no te faltará de nada;
en las vidas futuras, irás de felicidad en felicidad
y conquistarás la ciudadela de la naturaleza última que trasciende al intelecto.
¡Rezaré por ti con constancia, hijo afortunado!

Estas instrucciones envían de camino este viejo hablador para disipar tu tristeza. Bebe hasta saciarte las gotitas resplandecientes de esta ambrosía, y que con el pleno desarrollo de tus experiencias y tu realización, puedas alcanzar la ciudadela inmutable.[1]

No hay mal que por bien no venga. Durante tres meses compartí la vida de los practicantes del retiro de Chanteloube. Todos los días, después del almuerzo, traducía oralmente del tibetano al inglés, durante una hora y media, algunas páginas del luminoso comentario de Khenpo Yönten Gyatso sobre el *Tesoro de cualidades preciosas*, la explicación más detallada existente acerca del profundo texto en verso de Jigme Lingpa. Pude así terminar la traducción oral del primero de los dos volúmenes, de setecientas páginas cada uno. Cuando tenía alguna duda sobre el sentido de determinado pasaje, sometía mis preguntas al gran erudito Nyoshul Khen Rinpoche, que residía también en La Sonnerie, rebautizado como Tashi Pelbar Ling por Dilgo Khyentse Rinpoche, la casa regional del Périgord que ocupaba cuando se encontraba en la Dordoña.

Khyentse Rinpoche apreciaba la sinceridad y compromiso de sus discípulos occidentales, en particular de aquellos que se entregaban a largos retiros. A algunos de ellos los consideraba excelentes practicantes. Estaba igualmente muy agradecido con Tulku Pema Wangyal y su familia por hacer que la vía del Dharma fuera así accesible para tantas personas que, sin ellos, no habrían tenido jamás la más mínima idea del camino de liberación del sufrimiento ofrecido por el budismo. Al margen de esta aspiración esencial, sin embargo, se sentía muy poco atraído por el titileo de las luces artificiales de la sociedad occidental, por el frenesí del consumo y sus sucedáneos de felicidad, enarbolados por los heraldos del hedonismo y el individualismo; tan poco como lo estaría un león por un puñado de hierba. Cuando aterrizábamos en la India al regresar de un viaje, solía decir con satisfacción: «¡Por fin de vuelta a nuestra tierra!». Esto podría parecer sorprendente, si comparamos las comodidades de Occidente con el caos de una ciudad india o con la rusticidad de la vida en Nepal y en Bután. Pero para él lo esencial no era eso, por descontado, y sentía una afinidad particular con Bután, sobre todo por la forma en que se había preservado allí el Dharma.

Al término de aquellos tres meses en Francia, volví por fin a reunirme con Khyentse Rinpoche en Bután. Me recibió con un caluroso: «¡Bienvenido!», y me posó su gran mano sobre la cabeza. Reanudó mi vida junto a él como si nunca nos hubiéramos alejado. Continuó enseñándole el *Tesoro de las cualidades preciosas* a Rabjam Rinpoche todos los días durante un año, a razón de media hora diaria. Teniendo en cuenta los frecuentes desplazamientos de Khyentse Rinpoche, fuimos los únicos en recibir estas enseñanzas en todas las circunstancias.

Los viajes de Khyentse Rinpoche por todo el mundo eran también portadores de beneficios intangibles, asociados a su realización espiritual y a su simple presencia. Fui testigo muchas veces de cómo la sola visión de Khyentse Rinpoche o un mero encuentro con él tenía el poder de transformar la percepción de las personas, a las que el hecho tomaba por sorpresa, pero podía ejercer repercusiones duraderas en su existencia. Stan Lai, por ejemplo, autor y director taiwanés a quien se debe la renovación del teatro en Taiwán en el transcurso de los últimos treinta años, fue a Dordoña para encontrarse con Dudjom Rinpoche, de quien era discípulo. Pero no encontró su casa. Tras un recodo de una pequeña carretera, descubrió un cartelito en el margen de un camino: «Tashi Pelbar Ling». Pensando que debía ser el lugar que buscaba, entró en la casa. La persona que lo recibió le indicó cuál era la casa de Dudjom Rinpoche, añadiendo que, si lo deseaba, podía también conocer a Khyentse Rinpoche. Fue así como llevaron a Stan ante la presencia de Khyentse Rinpoche, que estaba en su habitación. Se sentó en un rincón de la estancia, contentándose simplemente con contemplarlo, como pasmado, incapaz de pronunciar una palabra. Las lágrimas no tardaron en saltársele de los ojos. Pasó media hora en presencia de Rinpoche, llorando en silencio, conmocionado en lo más profundo de sí mismo al descubrir que podía existir en el mundo un ser tan realizado. Más tarde, me hice buen amigo de Stan, que llevaba aquel primer encuentro grabado en el corazón. Volvió a ver varias veces a Khyentse Rinpoche, unos meses antes de su muerte, en Bután, cabe destacar; y también tradujo al chino varias de sus enseñanzas, que yo había traducido antes al inglés. Posteriormente, realizó asimismo la traducción al chino de *Le Moine et le Philosophe* y de *Plaidoyer pour le bonheur*.*

A finales de los años ochenta, un embajador de Francia, Roland Barraux, y su esposa venían a pie casi todos los domingos a nuestro monasterio desde la residencia francesa, a una hora de camino. Terminamos por conocerlos y los invitamos a conocer a Khyentse Rinpoche. El embajador quedó vivamente impresionado y, antes de marcharse de Nepal, vino a visitar a Khyentse Rinpoche para pedirle algunos consejos espirituales. Antes de despedirse, invitó a Rinpoche a que le resumiera la esencia del budismo en una palabra. «Compasión», respondió nuestro maestro. Más adelante, me escribió contándome que, poco después de su nombramiento como embajador en Somalia, unos rebeldes que habían tomado el control de una parte de la capital, en enero de 1991, invadieron la embajada. Por fortuna, esta estaba situada en primera línea de mar, de modo que, junto con su esposa y otros empleados, tuvieron el tiempo justo de montar a bordo de una

* *El monje y el filósofo*, de Matthieu Ricard y Jean-François Revel (1997); *En defensa de la felicidad*, de Matthieu Ricard (2003). [N. del T.]

embarcación y dejarlo todo atrás. Me confesó que se había acordado de las palabras y de la benevolencia de Khyentse Rinpoche en aquellas difíciles circunstancias. Más tarde, una vez retirado, Roland Barraux escribió una biografía de los catorce Dalai lamas.[2]

El poder de atracción y de inspiración de Khyentse Rinpoche se manifestaba con igual autenticidad en las situaciones y los lugares más cotidianos. Con ocasión de un viaje a Hong Kong, en el momento en que Khyentse Rinpoche apareció en el vestíbulo de llegada del aeropuerto, donde un gran número de personas esperaba la salida de los pasajeros, casi todas ellas se volvieron hacia él; muchas de las que estaban sentadas se levantaron, aunque no tuvieran ni idea de quién era. Se quedaron unos instantes contemplando a Khyentse Rinpoche en silencio, como admirados ante su majestad natural.

Chögyam Trungpa Rinpoche, maestro tibetano que, en virtud de sus enseñanzas y sus escritos, ejerció un impacto muy destacado para el budismo en Occidente y que consideraba a Khyentse Rinpoche, de quien había recibido numerosas enseñanzas en el Tíbet, como uno de sus maestros principales, señaló en cierta ocasión: «Si el Buda Shakyamuni estuviera vivo en nuestros días, se asemejaría a Dilgo Khyentse Rinpoche».

CAPÍTULO 20

LA TRANSMISIÓN DE LAS TRES CESTAS

A mi regreso a Bután, en la alta provincia de Bumthang, Khyentse Rinpoche imparte la transmisión de los ciento tres volúmenes de las palabras de Buda.

En junio de 1983, regresamos a la provincia de Bumthang, en el este de Bután, con motivo de un acontecimiento excepcional: la transmisión oral de los ciento tres volúmenes de los sermones de Buda y de los textos asociados que constituyen el canon budista traducido en el siglo IX del sánscrito al tibetano. Según la tradición tibetana, para que un texto sea plenamente vivo y puedan extraerse todos los beneficios espirituales de su estudio, debe ser leído por parte de un maestro que lo haya recibido a su vez por transmisión oral de un maestro anterior, y así sucesivamente, en una cadena que podría remontarnos hasta la fuente misma de los textos y enseñanzas. Tal es el caso de los volúmenes del canon budista llamado *Tripitaka* en sánscrito («Tres Cestas»),[1] *Kangyur* en tibetano (las «Palabras Traducidas»), cuya transmisión se ha perpetuado de maestro a discípulo de manera ininterrumpida desde la traducción de estos textos al tibetano, y anteriormente en la India, a lo largo de las generaciones. Puede uno valorar el poder de la transformación espiritual resultante de una transmisión así, tan enriquecida por siglos de bendiciones sucesivas.

El espacio en el que Dilgo Khyentse Rinpoche solía alojarse cuando residía en Kurjey estaba situado en el piso superior del templo, lo que le habría requerido subir varias veces al día unas largas escaleras de piedra, a una edad en que cada vez le costaba más caminar. De modo que, como tan bien saben hacer los butaneses con pericia y diligencia, en unos días construyeron una residencia de bambú para Rinpoche y su séquito en mitad del prado que se extiende delante del templo de Kurjey, el emplazamiento más sagrado del Bumthang. No lejos de esta pequeña construcción, las autoridades locales acondicionaron rápidamente un gran armazón de bambú cubierto por toldos para cobijar al millar de personas aproximadamente procedentes de los valles vecinos y de todo Bután, que habían acudido para recibir la preciada transmisión.

Al día siguiente de nuestra llegada, ciento tres monjes portaron en solemne procesión los ciento tres volúmenes del Kangyur: un volumen sobre el hombro derecho de cada uno de ellos. Venían precedidos por músicos y portadores de incensarios. Khyentse Rinpoche iba a hacer la lectura de aquellos textos todas las mañanas durante cuatro horas seguidas. Por la tarde, uno de sus discípulos más próximos, Sengdrak Rinpoche, que había recibido de él esta transmisión quince años antes en Nepal, tomaría el relevo. De este modo, la lectura de todo el conjunto iba a poder realizarse en dos meses. Khyentse Rinpoche comenzó por el *Sutra de la era afortunada*, que describe los mil dos budas que aparecieron o aparecerán en nuestra era. Justo antes de volver a Bután, Khyentse Rinpoche había querido pasar por Gangtok, en Sikkim, para recibir la transmisión de este primer volumen de la esposa de su venerado maestro, Khyentse Chökyi Lodrö. Ella misma había recibido la transmisión de Khyentse Chökyi Lodrö, mientras que Khyentse Rinpoche la había recibido de otro lama. Rinpoche profesaba tal devoción a su maestro, que deseaba incluir su linaje y sus bendiciones en las transmisiones que se disponía a impartir en Bután.

Dispensó igualmente un centenar de breves iniciaciones, a razón de unas pocas al día, extraídas de un conjunto de textos titulado *Druptap Gyatsa*, «Los cien métodos para la realización». Como era su costumbre, impartía también en su habitación enseñanzas a los discípulos que se lo solicitaban. Le pidió asimismo a Sengdrak Rinpoche que le dispensara la transmisión por la lectura de las obras de un gran yogui y eremita de los siglos XI y XII, Gyalwa Götsangpa, de las que Sengdrak Rinpoche era uno de los raros depositarios.

Los miembros del entorno de Khyentse Rinpoche tenían también mucho que hacer. Por lo que a mí respecta, estaba encargado de llenar de mantras y reliquias las estatuas que los fieles le traían a Khyentse Rinpoche para que las consagrara. Debí de ocuparme al menos de un centenar en el transcurso de nuestra estancia, y cada una de ellas requería de una hora de labor.

Recibir la transmisión del Kangyur en uno de los lugares más sagrados de Bután adquiría una resonancia muy particular para mí, puesto que el nombre de mi primer maestro, Kangyur Rinpoche, le había sido otorgado por haber efectuado esta transmisión trece veces en su vida. ¡Qué curioso destino el que me había conducido hasta allí, como único occidental entre los miles de discípulos sumidos en la intimidad de tan gran maestro!

Cada día, representantes de diversos monasterios, benefactores o simples discípulos ofrecían a Khyentse Rinpoche un mandala que simbolizaba el universo, representaciones del cuerpo, de la palabra y del espíritu de las Tres Joyas (el Buda, el Dharma y el Sangha), bajo las respectivas formas de una estatua, un libro sagrado y una pequeña estupa de cobre o de plata, además de otras ofrendas. Era aquel un momento solemne, acompañado de plegarias por la larga vida del maestro. Se repartía también té caliente, una pieza de pan plano y una pequeña ofrenda monetaria entre todos los monjes y discípulos reunidos.

Había entre nosotros un monje al que todo el mundo estimaba y que acompañaba a Khyentse Rinpoche casi a todas partes. Padecía de una minusvalía cerebral de nacimiento: no podía leer ni escribir, se expresaba con una dicción un poco confusa y a menudo le caía una gota de la nariz. Pero seguía a Khyentse Rinpoche con entrega y era de talante jovial, siempre encontraba un rincón para acompañarnos, ya fuera en un coche como en un camión, pues todos lo acogían de buen grado. Se llamaba Pema, «Loto», nombre al que la gente añadía el adjetivo *tsake*, «simplón». Hablaba con toda franqueza, de forma llana y espontánea. Cierto día, el general en jefe del ejército de Bután vino a presentar sus respetos a Khyentse Rinpoche. Al salir, reconoció a Pema, que estaba en el patio, y lo interpeló: «Ah, pero si estás aquí, Loto simplón»; a lo que Pema replicó al instante: «Y tú también estás aquí, con tu cara de llorón». El general no rechistó.

En otra ocasión, Pema decidió presentarle también él la ofrenda del mandala a Khyentse Rinpoche. Naturalmente, no tenía un céntimo. Se lo contó a todo el mundo, y todos contribuyeron para que pudiera cumplir su deseo. Realizó su ofrenda con toda la solemnidad de que era capaz y Khyentse Rinpoche la recibió con una gran sonrisa. Me conmovió hasta las lágrimas el ver al amigo Pema tan orgulloso y feliz por haber podido expresar así su tan sincera devoción. También a mí me llegó el turno de realizar aquella ofrenda del mandala, té y dinero para Khyentse Rinpoche, delante de toda la asamblea.

Las personalidades destacadas del Bumthang y los valles vecinos presentaron igualmente sus ofrendas, acompañadas de mayor fasto y protocolo. Vestidos con sus más hermosos atuendos, los hombres llevaban un gran chal de seda salvaje naranja, roja, azul o verde, según su rango y su función. Únicamente el rey, el Je Khenpo, principal dignatario religioso de Bután, estaban autorizadas para llevar un chal amarillo. Algunos lucían un sable colgado de la cintura, embutido en una vaina de plata cincelada. Las mujeres iban ornadas con espléndidos vestidos de complejos y coloridos estampados, confeccionados a mano por las artesanas más expertas del valle. Khyentse Rinpoche acogía a todos aquellos fieles con la más perfecta ecuanimidad, fuera cual fuera su estatus social.

Recibimos también la visita de Heinrich Harrer, el alpinista austriaco que se disponía a escalar una cumbre del Himalaya cuando estalló la Segunda Guerra Mundial. Hecho prisionero en la India por los ingleses, consiguió escapar del campo de detención de Dehradun con uno de sus compañeros alpinistas, Peter Aufschnaiter. Cruzaron la cadena del Himalaya en dirección al Tíbet y llegaron a Lhasa, donde vivieron varios años. Heinrich Harrer impartía con regularidad cursos de inglés y de mecánica al Dalai Lama. Puso por escrito sus memorias en un libro que se convirtió en un best seller, *Siete años en el Tíbet*, y que fue adaptado al cine. En Bumthang, tuvo un encuentro como mínimo inesperado. Unos amigos suizos del tercer rey de Bután, Fritz y Lisina von Schulthess, que residían regularmente en este reino himalayo desde 1952, habían hecho venir a un granjero suizo, Fritz Maurer, así como a cierto número de vacas lecheras, helvéticas también. Maurer se casó con una butanesa, adquirió la nacionalidad del país y enseñó a los campesinos locales a elaborar deliciosos quesos, a recoger miel y a producir zumo de manzana embotellado. Cuando se lo presentaron a Heinrich Harrer, este declaró, bastante orgulloso de sí mismo: «Harrer, siete años en el Tíbet». Maurer, que no había leído el libro, no captó la alusión y respondió con candor: «Maurer, treinta y cinco años en Bután».

El último día, los principales lamas presentes ofrecieron una refinada ceremonia por la larga vida de los dos maestro, con el fin de expresar la inmensa gratitud que sentían los discípulos por las enseñanzas que acababan de recibir.

Al día siguiente, Khyentse Rinpoche procedió a la cremación de los restos de un gran maestro, Namkhai Nyingpo. Había muerto en el Tíbet, en una prisión china, pero sus discípulos habían conseguido camuflar sus despojos. Con el tiempo, su cuerpo se había momificado y su talla se había reducido considerablemente. Los discípulos habían logrado transportarlo hasta Bután y le habían pedido a Khyentse Rinpoche que llevara a cabo los ritos funerarios que no habían podido realizarse en el Tíbet.

Para concluir su estancia en Bumthang, Khyentse Rinpoche, acompañado de un centenar de monjes y discípulos laicos, condujo una de esas grandes ceremonias que se prolonga ininterrumpidamente día y noche durante siete días, un *drubchen*, centrado en la práctica de la «vida infinita» revelada por el gran *tertön* del siglo XV, Ratna Lingpa.

A continuación partimos en cortejo hacia Timbu y Paro, para el cumplimiento de otras enseñanzas y ceremonias.

CAPÍTULO 21

LA VIDA COTIDIANA CON EL MAESTRO

Severidad y bondad del maestro: preciosas enseñanzas puestas en obra.

Durante trece años, fui uno de los dos o tres monjes que acompañaban a Khyentse Rinpoche en toda circunstancia y velaban por él. Me caracterizaba por ser quien dormía en el suelo de su habitación, para estar presente siempre que necesitara algún tipo de asistencia durante la noche, por si tenía que ir al servicio por ejemplo, pues le costaba caminar. Así, hasta su muerte, en 1991, pasé casi todas las noches en su presencia. Se acostaba hacia las diez, después de terminar sus oraciones vespertinas, consagradas a los protectores de las enseñanzas del budismo, ritual que duraba unos cuarenta y cinco minutos y en el que participaban Rabjam Rinpoche y un monje, quienes recitaban los textos en voz alta. Yo desenrollaba entonces mi saco de dormir sobre una de las alfombras tibetanas que cubrían el suelo de su habitación. Mi ropa doblada me servía de almohada. Era maravilloso estar tan cerca de mi maestro, acunado por su apacible respiración. A veces esta quedaba en suspenso durante unos segundos, para continuar acto seguido. Había en ello algo extremadamente tranquilizador: todo era calma, silencio, quietud. Un silencio que únicamente llenaba la respiración de un ser iluminado. Para mí representaba la ocasión de unir mi espíritu al suyo, un espíritu grande y luminoso, y reposar en la simplicidad de aquella unión. Mientras practicaba, el sueño me vencía.

Todavía hoy rememoro la calidad particular que la simple presencia en un lugar de un maestro espiritual auténtico confiere a todo el espacio por entero. No hay nada místico en todo esto. No se trata de «vibraciones», ni de ningún tipo de fenómeno paranormal, sino de la simple virtud que resulta de compartir un mismo espacio, de respirar el mismo aire que un ser que ha culminado su realización. Este acto de compartir nos recuerda a cada instante el valor de la sabiduría, de la bondad y de la libertad interior que dicho ser encarna. Años más tarde, cuando Khyentse Rinpoche ya había fallecido y yo acompañaba al Dalai Lama en un vuelo entre Marsella y París, tuve de pronto el sentimiento de volver a encontrarme con esa misma presencia, palpable, que llenaba el espacio del avión, habitualmente «vacío» de toda virtud espiritual. Es posible hacer revivir tal sentimiento en cualquier circunstancia, rememorando al maestro espiritual y uniendo el propio espíritu con el suyo.

Khyentse Rinpoche se despertaba entre las cuatro y las cinco de la mañana. Un hecho que señalaba sentándose sobre el lecho. Yo entonces me levantaba, enrollaba el saco de dormir, salía un momento para asearme rápidamente y vestirme, volvía junto a él y encendía la luz. Me prosternaba tres veces delante de él, antes de acercarme para recibir su bendición. Retiraba y doblaba los cobertores de su cama, hechos de piel de cordero forrada de hilos de lana, y los guardaba en un armario. Acto seguido, cubría los hombros de Khyentse Rinpoche con una capa y le traía el libro de plegarias, de varios centenares de páginas, que Rinpoche desplegaba sobre un cojín dispuesto delante de él. En la fina copa de jade que utilizaba cotidianamente, le servía agua caliente de un termo que había preparado la noche anterior. Luego abría un maletín que contenía diversos viales llenos de pequeñas píldoras elaboradas a base de plantas medicinales mezcladas con reliquias de maestros del pasado. Estas píldoras se preparan con cuidado y se colocan en torno a un mandala, para ser consagradas durante los *drubchen*, las referidas ceremonias de varios días de duración. Aunque están dedicadas principalmente al progreso hacia la Iluminación, incluyen también secciones centradas en la longevidad y otras cualidades benéficas. Se considera por tanto que estas píldoras constituyen el soporte de las bendiciones generadas por dichas ceremonias. Yo ponía una de cada clase en unos pequeños cuencos dispuestos sobre la mesa y destinados al propio Khyentse Rinpoche, a su esposa, a Rabjam Rinpoche y a los demás lamas presentes. Uno de los cuencos era para mí también.

A continuación, Rinpoche se entregaba en silencio a diversas prácticas meditativas que duraban entre dos y tres horas. Yo me sentaba en el suelo enfrente de él, abría mi libro y me aplicaba a mis prácticas y plegarias cotidianas, mientras le llenaba a intervalos regulares su taza de té. Hacia las siete y media, le traían un bol con *tsampa*, la harina de cebada tostada que forma parte de la alimentación básica de los tibetanos, junto con el té y la mantequilla salada. Tsewang Lhundrup se ocupaba luego de su aseo y le recogía su largo cabello gris formando un pequeño moño. Cuando estábamos en Dehradun para recibir las enseñanzas del *Rinchen Terdzö*, intenté hacerlo yo, pero no conseguía doblar y enrollar correctamente la trenza para que el moño se aguantara solo. Al cabo de unos días me eximieron de la tarea, ¡los butaneses eran mucho más hábiles que yo con las manos! Conservábamos preciadamente los largos cabellos que se quedaban en el peine, para dárselos como reliquias a los discípulos.

Imaginad que os entregan una túnica que hubiera llevado Sócrates, o un rizo de los cabellos de Jesucristo: tales objetos evocarían sin duda con fuerza la presencia de aquellos seres notables. Cuando una persona conserva cabello de un ser estimado, este soporte material reaviva su recuerdo de una manera tangible. Las reliquias de los grandes sabios del pasado no son únicamente recuerdos gratos, sino que hacen revivir en nuestro espíritu la sabiduría y la compasión infinita de un ser iluminado. Según el Dalai Lama, estas bendiciones resultan de una apertura interior a las cualidades de un sabio, la cual se produce en presencia de objetos que nos vinculan directamente con él.

Hacia las ocho y media, Khyentse Rinpoche rompía su silencio y se instalaba en una estancia más espaciosa para recibir a los visitantes que se habían congregado ya delante de su puerta. Siguiendo sus deseos, les dispensaba instrucciones espirituales, consejos prácticos, enseñanzas o una simple bendición. Consagraba estatuas y pinturas sagradas, acogía a los visitantes que llegaban desde lejos —peregrinos, mensajeros enviados por otros lamas— e intercambiaba novedades con ellos.

Cuando estaba prevista una ceremonia importante, Rinpoche se dirigía al templo en el que se reunía la comunidad de monjes. Asistía a la ceremonia sentado todo el día en el trono principal, con las piernas cruzadas. Durante los intermedios, permanecía en el mismo lugar y recibía a los visitantes. Si un discípulo le pedía una enseñanza, solía instarlo a que volviera a la hora del almuerzo, que tomaba en el mismo templo, servido en una bandeja. Mientras conversaba con el visitante, casi siempre le invitaba a compartir la comida, diciendo: «¡Vamos, come!». E iniciaba la enseñanza tras abrir el texto que contenía las instrucciones solicitadas por el discípulo. Su conocimiento de las enseñanzas y las prácticas contemplativas era tal, que ni siquiera se me pasaba por la imaginación poder quedarme sin una respuesta iluminadora a las preguntas que le planteaba. Y sin embargo, Khyentse Rinpoche nunca hacía mención a su vasto saber ni a su realización espiritual. Cuando explicaba las diferentes etapas de la vía y describía las señales de cumplimiento espiritual, precisaba: «Yo no he alcanzado ninguna culminación por mí mismo, sino que es así como mis maestros espirituales hablaban de estas señales». A propósito de las iniciaciones, solía decir: «Hasta mi maestro incluido, estas enseñanzas han sido transmitidas por una sucesión de maestros plenamente realizados, a semejanza de los eslabones de una cadena de oro».

Por lo que respecta a los consejos que todo discípulo necesita para progresar, los que él prodigaba iban directamente al meollo del asunto, disipaban las dudas y abrían nuevas perspectivas. Sus consejos, administrados en ocasiones a quemarropa, se correspondían precisamente con aquello que necesitábamos en aquel momento, por lo que evitaban que nos extraviáramos por falsos atajos.

Se trataba a veces de consejos para la vida, como el que me dio acerca de profesar los votos monásticos y vivir con él, en lugar de unirme al primer retiro de tres años organizado en la Dordoña. Con más frecuencia eran consejos de orden espiritual, como cuando me conminaba por ejemplo a entregarme a tal práctica o tal otra, en determinado momento de mi camino espiritual. Ofrecía también recomendaciones relacionadas con la vida cotidiana. En cierta ocasión, por ejemplo, en que yo había decidido no tomar un vermífugo, para no matar la solitaria que parecía haberse instalado en mis intestinos, Ani Jinpa, la monja holandesa a cuyos oídos llegó la noticia de esta invasión, comunicó el asunto a Khyentse Rinpoche, de quien era estrecha discípula. Rinpoche le pidió que trajera la dosis de medicina adecuada, un gran vaso lleno de un líquido blancuzco, que dejó encima de la mesa. A la mañana siguiente, al alba, me hizo señas para que me acercara, me ofreció el vaso y me ordenó: «¡Bebe!». Obedecí. Y añadió: «La vida humana es más valiosa que la de un gusano». Un día más tarde, me preguntó en tono de broma si hacía falta pedirle a un monje que hiciera sonar la caracola que se solía utilizar para llamar a la comunidad a la oración cuando había una mujer a la que le costara dar a luz. Quería de este modo asegurarse de que el gusano en cuestión había abandonado efectivamente mi envoltorio corporal.

*

Khyentse Rinpoche era profundamente afable y paciente, pero su presencia imponente inspiraba respeto. Costaba separarse de él; y al contrario, uno tenía ganas de volver a verle. Khenpo Pema Wangyal, maestro espiritual del Tíbet discípulo de Khyentse Rinpoche, me hizo notar que nos sentimos naturalmente atraídos hacia una persona cuyo corazón rebosa compasión, al tiempo que experimentamos un temor reverencial al darnos cuenta de que ha comprendido plenamente la vacuidad de los fenómenos. Solía contar la siguiente anécdota sobre el gran eremita Patrul Rinpoche. Cierto día, un discípulo le comentó: «Hay personas que os aman, pero hay otras que os temen y apenas se atreven a pronunciar una palabra en vuestra presencia. ¿Por qué sucede esto?». Patrul Rinpoche respondió, tras una pausa: «Quizá quienes me aman sea porque practico la compasión y la bondad sin interrupción. Y quizá los que se asustan sea porque considero que el ego y los fenómenos están vacíos de existencia propia».

En su experimentada benevolencia, un maestro espiritual no tiene ningún motivo para contemporizar con los comportamientos erráticos del discípulo, que no hacen más que perpetuar inútilmente sus sufrimientos. Hablo por propia experiencia. Cuando en 1980 Khyentse Rinpoche tuvo la bondad de aceptarme a su cargo, durante un tiempo se mostró de una severidad sin concesiones para conmigo. Nada de lo que yo hiciera parecía encontrar gracia a sus ojos. Si yo ponía algo a la izquierda, me reprendía; si lo colocaba a la derecha, su reacción era la misma. Hasta el punto que su esposa, Khandro Lhamo, terminó por hacérselo notar: «Pero, ¿por qué eres tan severo con este joven?». Khyentse Rinpoche no respondió. Dabzang Rinpoche, un lama que conocía bien a mi maestro, me confió: «Khyentse Rinpoche se comporta así con los discípulos de los que piensa que pueden progresar. A los demás no les hace reproches». Aquel «trato de favor» se prolongó durante un tiempo. Jamás me asaltó el más mínimo pensamiento de rebeldía, pues, aunque no captara el objeto y fundamento de su rigor, presentía que tenía que ver con alguna enseñanza profunda que superaba mi comprensión ordinaria.

Poco después de mi llegada a Bután, pasamos dos semanas en Paro Taktsang, el Nido del Tigre, situado sobre el valle de Paro. Mi primer maestro, Kangyur Rinpoche, había descubierto en este lugar un *terma*, un tesoro revelado, centrado en la divinidad de sabiduría Vajra Kilaya. Pareciéndome la ocasión especialmente propicia, le pregunté una mañana a Khyentse Rinpoche si tendría a bien recitar el texto de la práctica que Kangyur Rinpoche había revelado en aquel lugar. Me contestó sin más que no disponíamos de los suficientes ejemplares para realizar la recitación. Durante varios días, transcribí a mano, con mi caligrafía tibetana no muy diestra, una copia del texto que conservaba en mi libro de plegarias. Cuando terminé, le mostré el original a Khyentse Rinpoche, diciéndole que ahora yo ya tenía un segundo ejemplar. En aquel momento, no dijo nada.

Al día siguiente, expresó la intención de ir a sentarse a la cueva de Padmasambhava y me pidió que llevara los textos. Fue en esta cueva de unos metros de profundidad, en la que apenas se cabe de pie, el lugar más sagrado del Nido del Tigre, donde Padmasambhava impartió valiosas iniciaciones a los tres discípulos que lo acompañaban.

Khyentse Rinpoche tomó asiento en una silla y yo me senté a sus pies. No había espacio para más personas, de modo que los pocos monjes que nos acompañaban se quedaron en las inmediaciones de la cueva. Al comenzar la lectura, Khyentse Rinpoche me tomó la mano y la sostuvo en la suya durante todo el tiempo de la práctica, un cuarto de hora aproximadamente. No tengo palabras para describir la inefable felicidad que parecía fluir de la inmensa mano de Khyentse Rinpoche a la mía y llenar todo mi cuerpo con un néctar benefactor. No creo haber experimentado dulzura mayor en toda mi vida. Me sentía deshacerme literalmente en el seno de su bondad.

No obstante, la sabia severidad que manifestaba Khyentse Rinpoche hacia mí no se relajó. Al año siguiente, de regreso al Bumthang, nos alojamos en una casita de bambú trenzado, construida para albergar a Khyentse Rinpoche, su esposa y sus acompañantes durante su estancia. Una noche, salí y permanecí unos segundos inmóvil en medio de la negra profundidad de la noche, escuchando el sonido del río que discurría más abajo. Traté de sondear los motivos de la severidad de Khyentse Rinpoche, sin llegar a una conclusión lógica. Tomé conciencia de pronto, aunque sin poder articularla con precisión, de que detrás de aquello había algo esencial, algo indispensable que me permitiría avanzar en mi camino espiritual. Tuve la profunda convicción de que con ello deshacía algunas de las capas más profundas de las oscuridades de mi mente, de las tendencias atávicas que perpetúan el sufrimiento, el apego al «yo» y a la realidad. La severidad de Khyentse Rinpoche no tenía nada que ver con mi comportamiento cotidiano: apuntaba a las raíces mismas de mi ignorancia.

Khyentse Rinpoche tenía el corazón más tierno que uno pueda imaginar, pero ¿por qué debería haber tenido miramientos con mi ego? ¡Eso no me habría sido de ninguna utilidad! El no mostrar clemencia alguna con ese impostor que me afligía desde tiempos inmemoriales daba testimonio de su extrema benevolencia. Para el budismo, en efecto, el apego a la noción de un «yo» unitario, autónomo y perdurable, que ocuparía el núcleo de nuestro ser, procede de una ilusión que lleva a solidificar la división entre «yo», «los demás» y «el mundo». Esta división genera pulsiones de atracción y repulsión con respecto a aquello que se supone que favorece o amenaza a ese «yo», pulsiones que se diversifican en forma de animosidad, deseo, desorientación, orgullo y envidia, y que se traducen en múltiples sufrimientos. La intransigencia de Khyentse Rinpoche, sin razón evidente a primera vista, tenía pues por objetivo extirpar el sentimiento exacerbado de la importancia de uno mismo, fuente primera de unos sufrimientos que se renuevan sin cesar. Quienes vivían en el entorno de Khyentse Rinpoche sabían bien que percibía toda hipocresía, todo fingimiento, y que no dejaba que sus discípulos se extraviaran por las vías transversales de la distracción y las preocupaciones mundanas que nos dominan fácilmente si no tenemos cuidado.

Con el paso del tiempo, las reconvenciones de Rinpoche se hicieron menos frecuentes. Tan solo cuando yo cometía una negligencia o me apartaba un poco de mi práctica espiritual Rinpoche me llamaba súbitamente al orden.

Después de la muerte de Kangyur Rinpoche, mientras estaba en Delhi imprimiendo textos, recuerdo haberme hecho la reflexión de que, en lo referente a mi práctica, librado a mí mismo, me dejaba ir un poco. Necesitaba seriamente que alguien me recondujera. Y eso fue lo que sucedió con Khyentse Rinpoche. Una desviación así puede ser muy sutil. Ciertamente no me había apartado de la vía, no había adquirido malos hábitos ni había descuidado la práctica, y mi devoción hacia Kangyur Rinpoche era más intensa que nunca. Se trataba más bien del tipo de relajamiento que se produce cuando uno se ve inmerso de nuevo en el mundo ordinario sin haber conquistado previamente la ciudadela de la libertad interior. Uno llega a la situación de estar caminando a pasitos cortos por el camino espiritual, contentándose con una cadencia rutinaria más bien relajada. Khyentse Rinpoche hizo bien sacudiendo lo antes posible mi indolencia y reavivando el dinamismo y la asiduidad de mi práctica.

Más tarde, me di cuenta de que el hecho de haber vivido durante tiempo en la presencia «formidable» de mis maestros —en el sentido etimológico latino de *formidabilis*, como aquello que inspira temor, pero no el temor a resultar herido, sino la emoción mezcla de respeto y admiración que se experimenta ante una montaña imponente— había terminado por generar en mí una sólida confianza interior. Del mismo modo en que se templa el acero elevándolo a alta temperatura y enfriándolo luego de golpe, el tratamiento que me dispensó Khyentse Rinpoche me infundió una fortaleza que iba a resultarme preciosa. Cuando posteriormente hube de verme en la tesitura de relacionarme con algunos grandes de este mundo —jefes de Estado, príncipes, famosos o millonarios—, nunca me sentí intimidado en su presencia, aun manteniendo como es debido un comportamiento cortés. Me parecen casi personas infantiles, en comparación con mis maestros.

*

Khyentse Rinpoche expresaba siempre un inmenso respeto hacia sus propios maestros espirituales. Un día, a propósito de un conjunto de versículos que tratan de la naturaleza de la mente y que forman parte de un ciclo de plegarias en siete capítulos, muy practicado, dirigidas a Gurú Padmasambhava, Khyentse Rinpoche me confió que, aunque recitaba aquellas plegarias a diario, no se permitía servirse de ellas para introducir a sus discípulos a la naturaleza de la mente, sino que utilizaba otros textos. «Así es», decía, «son los versículos que citó mi maestro bien amado para mostrarme la naturaleza de la mente. Fue un momento tan precioso, que jamás osaría utilizar tales versículos para enseñar yo mismo». Hacía alusión a Shechen Gyaltsap, su maestro principal. He aquí una estrofa de dichos versículos:

«Y así con todo cuanto se manifiesta en la mente;
todo lo que surge, pensamientos o emociones, emanados de los cinco venenos,
sin acogerlos ni perseguirlos;
dejad reposar los pensamientos en su manifestación natural,
dejad que se liberen en la dimensión absoluta».

Cuando me pedía que fuera a buscar uno de los volúmenes escritos por Shechen Gyaltsap, decía, por ejemplo: «Tráeme el segundo volumen del Muy Benevolente» (*Katrinchen*, en tibetano), evitando en lo posible pronunciar el nombre de su maestro. Con frecuencia, un maestro tibetano que se encuentra ante la situación de hacer referencia literal al nombre de su propio maestro, sobre todo, por ejemplo, en el transcurso de una enseñanza, emplea una fórmula como: «Aquel cuyo nombre me resulta difícil pronunciar, pero que me permitiré nombrar con el único fin de dar a entender de quién hablo».

Son conocidas las circunstancias dramáticas en las que, a partir de 1959, varios cientos de miles de tibetanos tuvieron que abandonar el Tíbet para escapar a la invasión y las persecuciones de la China comunista. Salvo excepciones, les fue muy difícil llevarse un gran número de libros, por valiosos que fueran. Por eso tan solo dos o tres de los trece volúmenes de las obras completas de Shechen Gyaltsap Rinpoche hallaron una vía de salida del Tíbet, y lo mismo sucedió, tristemente, con tantas otras obras inestimables. Cuando treinta años más tarde, en una época en que el Tíbet comenzaba a abrirse, un lama visitó a Khyentse Rinpoche en su habitación de Nepal y le trajo un volumen que contenía una enseñanza particularmente importante escrita por Shechen Gyaltsap,[1] Khyentse Rinpoche lo apoyó largo rato contra su frente y nos dijo: «Para mí, este libro es más preciado que todo el oro del mundo».

En Sikkim, Khyentse Rinpoche se alojaba siempre un día o dos en la casa en la que su segundo maestro principal, Dzongsar Khyentse Chökyi Lodrö, había pasado los últimos meses de su vida. Celebraba en tales ocasiones diversas ceremonias de ofrendas en las estancias de su maestro, donde vivía todavía su viuda, Khandro Tsering Chödrön. Pero Khyentse Rinpoche no se sentaba nunca en la banqueta que ocupara su maestro, e incluso rehusaba utilizar el inodoro del cuarto de baño contiguo a la gran habitación en que se alojaba. Nos decía: «Jamás osaré sentarme en el asiento donde se sentaba mi maestro». Esta es una de las reglas de respeto que dirigen las relaciones entre maestro y discípulo: un discípulo no se sienta nunca en el trono, la cama o la silla utilizados por su maestro espiritual, como tampoco utilizará nunca los enseres cotidianos de los que se sirve o se sirvió. ¡Khyentse Rinpoche extendía esta señal de respeto hasta la taza del inodoro!

En enero de 1990, en Nepal, por petición de Pewar Rinpoche, estrecho amigo espiritual de Khyentse Rinpoche llegado del Tíbet, y que también había sido discípulo de Khyentse Chökyi Lodrö, Khyentse Rinpoche impartió la iniciación al Kalachakra, la Rueda del Tiempo. Tan solo una decena de discípulos asistieron a la iniciación, que duró dos días, congregados en la gran sala aledaña a su habitación, estancia en la que solía recibir a sus visitantes. En determinado momento de la transmisión, Khyentse Rinpoche se detuvo unos segundos y guardó silencio, mientras veíamos cómo le caían unas lágrimas por las mejillas. Después de la iniciación, le confesó a Pewar Rinpoche que el recuerdo de su maestro cuando le transmitiera a él aquella misma iniciación se le había presentado con tal fuerza, que no había podido contener las lágrimas.

A mí me ha sucedido más de una vez algo similar, cuando en mi ermita o en otro lugar, al dejar que mi espíritu se llenara con el recuerdo de Kangyur Rinpoche o de Khyentse Rinpoche, rememorando su manera de ser, el sonido de su voz y la expresión de su rostro, se hicieran estos tan presentes, que me embargara la emoción y rompiera a llorar con toda el alma de manera incontrolable durante largos minutos. Este llanto no expresa tristeza ni desesperación, sino una ferviente comunión. Si su sabor es agridulce, la dulzura nace del recuerdo del maestro y la agrura, de la nostalgia, del deseo doloroso de que estuvieran todavía presentes a nuestro lado y pudiéramos oír el sonido de su voz. Su manifestación es casi palpable en esos instantes excepcionales.

*

Yo tuve la gran suerte de recibir las instrucciones que introducen a la naturaleza de la mente de parte de mi maestro-raíz Kangyur Rinpoche, pero también, varias veces, de Khyentse Rinpoche. Dispensaba esta introducción especialmente cuando enseñaba *La insuperable sabiduría primordial* (*Yeshe Lama*), de Jigme Lingpa, que trata de la Gran Perfección; y también cuando impartía la transmisión de *La esencia del corazón de Chetsun* (*Chetsun Nyingthig*), una iniciación muy profunda perteneciente igualmente al corpus de enseñanzas de la Gran Perfección. Tales momentos eran siempre particularmente impresionantes. Cuando Khyentse Rinpoche abordaba la iniciación de la «manifestación de la presencia iluminada» (*rigpai tselwang*), acompañándose de una campanilla y un pequeño tambor, entonaba con voz majestuosa, como surgida de las profundidades de la tierra, una invocación a todos los maestros del linaje de la Gran Perfección, pidiéndoles que vinieran a aquel lugar para bendecir a los presentes. A esta invocación sucedían unos sublimes versículos acerca de la naturaleza última de la mente, *rigpa*, la presencia iluminada que trasciende todo concepto, la simplicidad primordial y luminosa de nuestra mente, esa facultad primigenia de «conocer», libre de constructos mentales. Al finalizar, Rinpoche pronunciaba súbitamente y con fuerza la interjección: ¡Phet!, y tras un instante de silencio, con la mirada fija en un punto lejano delante de él, mientras esbozaba un gesto simbólico (*mudra*) con la mano derecha apuntando a los discípulos, preguntaba tres veces con voz majestuosa: «¿Cuál es la naturaleza de la mente? ¿Cuál es la naturaleza de la mente? ¿Cuál es la naturaleza de la mente?». Se percibe entonces el tiempo como suspendido, los pensamientos ordinarios se desvanecen, subsiste únicamente la luz clara de la presencia iluminada.

Recuerdo el día en que Khyentse Rinpoche impartió a tres o cuatro discípulos la esencial iniciación *La esencia del corazón de Chetsun* en su pequeña casa de Paro, en Bután. Se sentó sobre un cojín en el suelo, y nosotros muy cerca de él. Cuando preguntó una vez más: «¿Cuál es la naturaleza de la mente?», la intimidad del lugar confirió a sus palabras una resonancia aún más profunda. Aquel momento quedará por siempre grabado en mi memoria como una de las más puras introducciones a la naturaleza de la mente que pueda concebirse. Su simple evocación me la hace revivir con fuerza. El propio Khyentse Rinpoche describió mejor que nadie este momento privilegiado en la vida de un discípulo al relatar el modo en que recibiera esta instrucción de parte de Shechen Gyaltsap, con trece o catorce años de edad:

> En el transcurso de las iniciaciones, con frecuencia me sentía impresionado por la magnificencia de su expresión y sus ojos en el momento en que mostraba la naturaleza de la mente y señalaba con el dedo en mi dirección. Tenía la sensación de que, salvando mi débil devoción que me lo hacía ver como un hombre corriente, en nada difería del gran Padmasambhava en el momento de iniciar a sus veinticinco discípulos principales. Mi confianza no dejaba de crecer, y cuando de nuevo me miraba fijamente señalándome con el dedo y diciendo: «¿Cuál es la naturaleza de la mente?», yo pensaba con gran devoción: «¡He aquí en verdad un gran yogui capaz de ver la naturaleza absoluta de lo real!», y también yo empezaba a comprender cómo meditar.

Una tarde de 1986, me encontraba a solas con Khyentse Rinpoche en la espaciosa y magnífica habitación que este ocupaba cuando residía en el *dzong* de Punakha. Mientras él leía sus plegarias sentado en una butaca, yo permanecía a sus pies en el suelo de madera marrón, pulida por el paso de los años y de las personas. En determinado momento, bajó la mirada hacia mí y me preguntó: «¿Has captado ya *rigpa*, la presencia iluminada?». Respondí tímidamente diciendo que sí, que a veces vislumbraba esta presencia iluminada, la conciencia pura. Evidentemente, no estaba en situación de poder afirmar que había percibido verdadera y plenamente el carácter luminoso de la mente, pero para responder con sinceridad a mi maestro, tampoco podía fingir no saber en absoluto de qué se trataba. Khyentse Rinpoche hizo este comentario: «Ya es eso. No tienes que buscar nada más». Según mi modesta comprensión de aquel episodio, a Khyentse Rinpoche le interesaba mostrarme que *rigpa* era de una extrema simplicidad y que estaba siempre presente, aunque perdiéramos conciencia de ello, tras la pantalla de nuestros pensamientos, así como el sol y el firmamento inmaculado permanecen presentes, inalterables, por detrás de las nubes que los velan momentáneamente. Si la persona que está meditando lo capta en un momento de apertura interior, no debe buscar «más allá», o esperar «otra cosa» más que esa naturaleza inalterable de su propia mente, la conciencia pura, libre de toda construcción mental. Khyentse Rinpoche expresa este punto de manera luminosa en sus explicaciones acerca de *El tesoro del corazón de los seres iluminados*:[2]

La mente no tiene ni forma, ni color, ni sustancia; esto, en cuanto a su aspecto de vacío. Pero puede conocer las cosas y percibir una variedad infinita de fenómenos; es su aspecto luminoso, es decir, conocedor. La unión inseparable de estos dos aspectos —vacuidad y luminosidad— constituye lo que se llama la mente originaria inmutable.

Por el momento, la claridad natural de vuestra mente se encuentra velada por vuestras distracciones. Pero a medida que estos velos se disipen, comenzaréis a descubrir el resplandor de la conciencia iluminada, hasta el momento en que vuestros pensamientos se liberen en el instante mismo en que aparezcan, así como una raya en el agua desaparece en cuanto se traza. Cuando reconocemos directamente la naturaleza de la mente, es lo que llamamos nirvana. Cuando está velada por la confusión, es lo que llamamos *samsara*. Pero ni el *samsara* ni el nirvana se han diferenciado nunca de la continuidad de la naturaleza absoluta. Cuando la conciencia iluminada alcanza su grado de plenitud, las murallas de la confusión mental se desmoronan y la ciudadela del absoluto, más allá de la meditación, puede ser conquistada de una vez por todas.

En la estancia en que nos alojábamos en Punakha había unas grandes ventanas que daban al río, que discurría más abajo. Justo debajo de aquellos grandes ventanales había una plataforma de madera en la que estaba dispuesta la cama de Rinpoche. Rabjam Rinpoche, Tsewang Lhundrup y yo dormíamos sobre alfombras extendidas en el suelo, bajo la mirada de Khyentse Rinpoche.

Sucedió que una mañana no me desperté. Llegada el alba, Khyentse Rinpoche se sentó para recitar sus plegarias. Cuando Rabjam Rinpoche despertó a su vez, advirtió que yo seguía durmiendo. Se acercó a mí para zarandearme. Khyentse Rinpoche, que no hablaba nunca antes de las ocho de la mañana, le hizo una señal para que me dejara. Finalmente abrí un ojo y no tardé en comprender la situación. De un salto, salí de mi saco de dormir. En mi precipitación, mi largo faldón interior de monje, cuya cuerda estaba mal ajustada, se quedó dentro del saco. De pronto estaba allí de pie, desnudo como un bebé. Volví a meterme a toda prisa en el saco de dormir, para volver a embutirme el faldón y atarlo correctamente. A Khyentse Rinpoche, secundado de inmediato por Rabjam Rinpoche, le dio tal ataque de risa, que interrumpió sus plegarias durante unos minutos. Y durante un buen rato, bastaba que me mirara para que su corpachón majestuoso volviera a sufrir los espasmos de una risa silenciosa.

Un día en que me encontraba con Rabjam Rinpoche en presencia de la reina madre de Bután, esta dijo de pronto: «¡El padre de Matthieu también debería venir a visitar Bután!». Y así, aquel mismo año de 1986, invitó a mi padre y su esposa Claude a su país. Invitación que ellos aceptaron con gozo. Fui a recogerlos al aeropuerto de Paro, a la llegada del avión, y nos pusimos en marcha hacia Punakha, donde se encontraban la reina y Khyentse Rinpoche, quien celebraba allí una gran ceremonia anual. A mitad de camino, en lo alto de una colina, nos esperaba un almuerzo caliente, dispuesto sobre hermosas telas de lana multicolor, típicas de Bután, las *yantras*, que los sirvientes de la reina enviados a nuestro encuentro habían extendido sobre la hierba. Una vez mi padre y Claude se hubieron instalado en la *guesthouse* gubernamental de Punakha, entramos en el inmenso *dzong* y los conduje a la ceremonia, tan majestuosa como espectacular para un no iniciado, con un centenar de monjes, una música rica en sonoridades desconcertantes para el oído occidental, un mandala en tres dimensiones, y con Khyentse Rinpoche y Rabjam presidiendo la ceremonia desde sus respectivos tronos, y la reina madre acompañada por dos de sus hijas sentadas en una banqueta recubierta de brocados. Mi padre y Claude fueron invitados a tomar asiento junto a la reina, quien les deseó la bienvenida con una voz dulce y con su encanto y elegancia habituales. Mi padre asistió durante toda la tarde a la ceremonia, que culminó con danzas giratorias que acompañaron a una plegaria de invocación a Gurú Padmasambhava. ¡Una bella entrada en materia para descubrir este maravilloso país, que no dejó de cautivar a mi padre y a Claude con su encanto!

Al día siguiente, para no abrumarlos con un exceso de ceremonias, los acompañé a pasar una noche en el suntuoso valle glaciar de Gangteng, en el que hibernan las grullas cuellinegras. A continuación nos dirigimos al valle de Paro, donde les hice de guía para que pudieran descubrir Paro Taktsang, el Nido del Tigre. Mi padre se montó en una mula para ascender por el estrecho camino que lleva hasta los templos situados a tres mil metros de altitud. Su estancia concluyó con un almuerzo ofrecido en su honor por la reina en su palacio de Timbu. Fue una muy venturosa visita, en el transcurso de la cual mi padre quedó admirado por las espléndidas maravillas de Bután, que yo estuve encantado de darle a conocer. Compartimos uno de esos momentos raros y preciosos, vividos con sencillez y sin necesidad de palabras, que tienen lugar entre un padre y su hijo. Un momento que se sumaba al de Darjeeling, y me sentí en verdad feliz de haber podido ofrecerle a mi padre una visión global, que esperaba fuera inspiradora, sobre mi nueva vida.

*

Khyentse Rinpoche enseñaba en los lugares más inesperados. En Bután se celebraban cada año ceremonias por la larga vida del rey en el inmenso *dzong* de Timbu, la impresionante «fortaleza-monasterio» la mitad de la cual está ocupada por monjes y la otra mitad por los funcionarios del gobierno butanés. Estas ceremonias tenían lugar en los apartamentos privados del rey, y el protocolo no permitía el acceso sino a una selecta lista de invitados escogidos con escrupuloso criterio. Khyentse Rinpoche estaba por tanto únicamente acompañado de su entorno más inmediato y de los monjes encargados de velar por el evento. Pero como no quería interrumpir sus enseñanzas, había encontrado una solución ingeniosa: durante la pausa de mediodía, media docena de discípulos, llegados de uno en uno, se congregaba en el cuarto de baño adyacente, que resultaba ser muy espacioso; Khyentse Rinpoche se sentaba en el retrete, sobre el que se había colocado un cojín, y durante una hora, como la cosa más normal, proseguía con las enseñanzas correspondientes. Acto seguido, los discípulos desaparecían tan discretamente como habían llegado.

Un invierno, Khyentse Rinpoche fue a las fuentes termales de Khandro Sang Phug, en el Sikkim, para realizar una cura termal (sufría de fuertes dolores en las rodillas). Había elegido aquel lugar porque su fuente estaba bendecida por los maestros del pasado. Le acompañaron algunos discípulos, entre ellos Dzongsar Khyentse Rinpoche y Rabjam Rinpoche. Khyentse Rinpoche pasaba varias horas al día inmerso en el agua caliente de los estanques de varios metros de diámetro tallados en la roca. El agua que le sobraba chorreaba hasta el río que discurría más abajo. En aquella ocasión, dispensó a quienes le acompañaban la transmisión de los seis volúmenes de los escritos de su maestro espiritual, Khyentse Chökyi Lodrö. Con este fin, fabricaron un flotador de madera sobre el cual Khyentse Rinpoche, a quien el agua llegaba hasta el pecho, colocaba el volumen, que leía en voz alta. Así fue como

transmitió dicha enseñanza a sus discípulos, quienes también estaban dentro del estanque. En cinco días de baños termales, leyó en voz alta la integridad de las obras de Khyentse Chökyi Lodrö. Inicialmente, yo también formaba parte de la expedición, pero al día siguiente de nuestra llegada, nos informaron de que las autoridades locales habían tenido noticia de mi presencia y se habían puesto en camino para pedirme que abandonara este estado del nordeste de la India, que durante mucho tiempo fue independiente. Yo había entrado en el Sikkim, como de costumbre, en el vehículo de Khyentse Rinpoche, al cual precedía una escolta de la guardia butanesa, por lo que en la frontera con el estado de Sikkim no habían pedido a nuestro convoy que se detuviera. Pero yo, por mi condición de extranjero, estaba obligado a llevar un permiso especial que había que pedir con una semana de antelación. Yo nunca tenía tiempo para cumplir con aquellas formalidades. El capitán de la guardia butanesa me acompañó a escondidas hasta el otro lado de la frontera, y tuve que esperar a Khyentse Rinpoche en Darjeeling. Por este motivo no pude recibir aquella «transmisión en el agua».
Khyentse Rinpoche vivía y respiraba la enseñanza de Buda. Más allá de cualquier contexto cultural particular, tenía la facultad de inducir a los demás a cuestionar profundamente sus prioridades en la existencia y poseía la experiencia necesaria para guiarlos hacia la libertad interior. El sentimiento que todos experimentábamos en su presencia está magníficamente expresado en una plegaria escrita por su predecesor, Jamyang Khyentse Wangpo:

> Cuando veo su cuerpo, las apariencias ordinarias cesan.
> Cuando oigo su voz, la sabiduría primordial de la gran felicidad nace.
> Cuando pienso en usted, todos los miedos del mundo son barridos.
> ¡Oh, único y verdadero padre! ¡Yo le invoco! ¡Piense en mí con afecto!

CAPÍTULO 22

ALGUNAS MANIFESTACIONES DE LA ILUMINACIÓN

> Coherencia de cada instante que se trasluce a través de múltiples formas: en el sentido del humor, en la relación con el dolor, o en la clarividencia.

Ya fuera con Kangyur Rinpoche, con Dilgo Khyentse Rinpoche, o con el XIV Dalai Lama cuando me tocó servirle de intérprete, jamás observé la menor contradicción entre aquello que estos seres excepcionales preconizaban y la forma en que actuaban. Haber sido así testigo durante años de la coherencia entre lo que enseñaban y lo que encarnaban me dio una confianza inamovible con respecto a su persona y sus instrucciones. Si no estuviera seguro, por ejemplo, de que un pilar fuera estable o de que una cuerda fuera resistente, dudaría en apoyarme en él o en agarrarme de ella. Pero si he comprobado muchas veces su solidez, me apoyaré sin temor, o me suspenderé de ella con todo mi peso.

Tengo tendencia a confiar *a priori* en todo el mundo. Rabjam Rinpoche, nieto de Khyentse Rinpoche y abad del monasterio de Shechen, donde vivo, dice a veces bromeando que ese es mi principal defecto. Con todo, y aunque pienso que es mejor entrar en relación con el prójimo con esta actitud en lugar de ponernos a sospechar cosas malas, soy muy consciente de que a veces uno se decepciona con la conducta de los demás, en más de una ocasión he tenido experiencia de ello. Decepción que jamás se ha producido con respecto a mis maestros, en medio siglo de estrecha convivencia con ellos.

*

Decir que los grandes maestros suelen mostrar un gran sentido del humor puede sorprender o prestarse a confusión. Ello nace en realidad de la posesión de una fantasía benevolente, y sus salidas ingeniosas no van nunca en detrimento de las demás personas: no se trata de burlarse ni de humillar a nadie, sea quien sea. Si la broma de un supuesto maestro espiritual llegara a herir profundamente los sentimientos de alguien y causarle tormento, podría apostarse a que el maestro en cuestión debería más bien engrosar las filas de los charlatanes.

El humor de un maestro auténtico refleja su libertad con respecto a las consideraciones mundanas. Al no verse en absoluto afectado por las fluctuaciones de la pérdida o la ganancia, por los aguijonazos de la crítica y el engreimiento de los halagos, por la sed por las situaciones agradables y la aversión hacia las circunstancias desagradables, por las fanfarrias de la fama o las endechas de la infamia, un ser espiritualmente realizado contempla con inalterable ligereza el teatro siempre cambiante de las peripecias de la existencia. Se ríe de buena gana de sus propios infortunios, y si se ríe de los del prójimo, lo hace con gentileza y con su complicidad. Al percibir el carácter ilusorio de todas las cosas, el maestro espiritual intenta con su compasión mostrarnos afectuosamente que los éxitos o los fracasos mundanos no son mucho más serios que los juegos de los niños.

En efecto, aquello de lo que un ser iluminado reirá de buena gana es del carácter artificioso de la mayor parte de las preocupaciones ordinarias. Algunas personas estiman que los grandes maestros espirituales pueden permitirse reírse de las tribulaciones del común de los mortales porque se han liberado de las contingencias corrientes y que las preocupaciones cotidianas no les afectan demasiado. Sin embargo, están muy lejos de ser insensibles o indiferentes al sufrimiento humano. Bien al contrario: ante la tragedia y ante los múltiples sufrimientos de los seres humanos, es una compasión incondicional lo que se manifestará en primer lugar y con toda su fuerza. Durante uno de los encuentros con científicos organizados en la residencia del Dalai Lama en Dharamsala, alguien avisó a este último de que un niño acababa de recibir el mordisco de un perro enrabiado. El rostro del Dalai Lama se ensombreció al instante. Se recogió unos segundos, con la mirada levemente gacha, y cuando reanudó la conversación, se apreciaba que tenía los ojos velados por las lágrimas. El Dalai Lama a menudo derrama lágrimas, lo más discretamente posible, cuando enseña acerca del sufrimiento de los seres. En una ocasión, cuando residía en nuestro monasterio de Shechen de Bodh Gaya, en la India, cayó gravemente enfermo y hubo de ser conducido en coche hasta Patna, y luego en helicóptero a un hospital. En determinado momento, vio en la cuneta de la carretera a una familia de mendigos que migraba a través de los campos portando sus fardos sobre la cabeza. Más tarde nos confesó: «No he podido contener las lágrimas durante varios minutos al ser testigo de su infortunio, pero curiosamente no he derramado una lágrima mientras he sentido, durante horas, unos dolores intensos en el abdomen».

Un maestro sería incapaz de reírse del sufrimiento ajeno, pero puede suceder que, en circunstancias particulares, y animado por la más profunda benevolencia, aligere el peso de una situación calamitosa mediante una risa liberadora. Un testigo presencial me dio noticia de un encuentro entre Dudjom Rinpoche, uno de los más grandes maestros del siglo XX, y una discípula occidental que padecía de cáncer. Esta informó a Dudjom Rinpoche de que su médico no le daba más que unos meses de vida. Mientras posaba sobre ella una mirada impregnada de una inmensa dulzura, Dudjom Rinpoche acompañó su respuesta con una calurosa risa. Al no entender el tibetano, la mujer se quedó un tanto desconcertada, si bien percibió que no había ni rastro de malicia en aquella alegre risa. El intérprete le tradujo las palabras del maestro: «La única diferencia entre usted y yo, es que usted tiene una idea más precisa acerca de la fecha de su muerte, mientras que yo no tengo ni idea de si voy a morirme hoy mismo o un poco más tarde. Pero, tanto para usted como para mí, si la muerte es ineluctable, su hora es imprevisible». Esta toma de conciencia permite apreciar cada instante que pasa en todo su valor, ocuparse de lo esencial y evitar perderse en pensamientos, palabras y actos de importancia secundaria. A continuación, dio a la paciencia profundos consejos para vivir su enfermedad hasta el final con una mayor serenidad.

En la actualidad, cuando alguien me propone participar en algún tipo de evento «el año que viene», le respondo espontáneamente: «Tal vez sí, si sigo vivo». Una respuesta que no deja de granjearme réplicas inquietas, del estilo: «No tendrá usted ningún problema de salud, ¿verdad?». Sé que cuando hago me estoy comportando sin demasiados miramientos, pero la conciencia que tengo de la transitoriedad de las cosas no me autoriza a responder de otro modo.

*

En el año 2000, en Dharamsala, con motivo del encuentro del instituto Mind and Life,[1] dedicado a la organización de diálogos entre científicos de alto nivel y el Dalai Lama, y otros contemplativos, encuentro que en aquella ocasión se centraba en el tema de las emociones destructivas, Paul Ekman, uno de los especialistas más eminentes en el campo de las emociones, formaba parte de los investigadores participantes en el seminario. No conocía al Dalai Lama, ni se interesaba demasiado por el budismo, por lo que en un primer momento había pensado en declinar la invitación. Pero su hija, Ève, que deseaba fervientemente conocer al Dalai Lama, logró convencer a su padre para que fuera a la India y contribuyera a aquellas cinco jornadas de diálogos. A mitad de la sesión, tanto de la matutina como de la vespertina, había una pausa que los participantes aprovechaban para tomar té y charlar entre ellos. Representaba también para algunos una oportunidad para acercarse al Dalai Lama, a fin de disfrutar de unos minutos de conversación más íntima con él y hacerle algunas preguntas. En una de estas pausas, Paul Ekman y su hija se encontraron sentados uno a cada lado del Dalai Lama, el cual, como hace a menudo cuando conversa con alguien, tomó sus manos entre las suyas, sin soltarlas en toda la conversación. Paul nos contó más tarde que tuvo así experiencia profunda de la calidez humana que emanaba del Dalai Lama. Nos confesó: «Nunca habría pensado que la bondad humana pudiera palparse».

A lo largo de la semana, Paul Ekman mantuvo discusiones tan esclarecedoras con los demás investigadores presentes acerca de la naturaleza de las emociones y el modo de gestionarlas, que tras la conclusión del encuentro, nos dijo que iba a revisar al menos la mitad de los capítulos del libro cuya redacción acababa de terminar, *Emotions Revealed*, un libro destinado al gran público que sintetizaba más de treinta años de investigación en el dominio de las emociones. Paul Ekman volvió a ver en diversas ocasiones al Dalai Lama y elaboró con él un libro de conversaciones.[2] Decía que había encontrado en él al hermano mayor ideal que nunca había tenido. Algún tiempo después de su regreso a Estados Unidos, su esposa, Mary Ann Mason, primera mujer decana de la Universidad de Berkeley, le hizo notar: «Es curioso, hace más de cuatro meses que no montas en cólera». Paul es un buen hombre, pero era conocido por sus ataques de ira, breves pero intensos. Casi sin darse cuenta, habían desaparecido desde su encuentro con el Dalai Lama, y no habían reaparecido. Es una experiencia similar a la que muchos de nosotros hemos vivido con Khyentse Rinpoche. En determinados momentos de relajación, en que nos encontrábamos sentados en el suelo a su alrededor, ya fuera sobre la hierba o sobre una estera, sucedía a veces que, mientras conversaba, posaba la mano sobre la cabeza de uno de nosotros, una mano tan grande que cubría con holgura el cráneo entero. Recuerdo una de esas ocasiones, cuyo aspecto más bien prosaico contrasta particularmente con la experiencia que viví. A causa de su edad y de su movilidad reducida, cuando Khyentse Rinpoche iba al baño, siempre le acompañábamos una o dos personas. Mientras permanecía sentado, era un buen momento para mantener una conversación distendida, que a veces daba lugar a alguna broma. En una ocasión, en que me había puesto en cuclillas para estar a su altura, Khyentse Rinpoche, sin dejar de hablar con el otro monje, extendió su suave y cálida mano sobre la parte superior de mi cabeza, abarcándola con sus largos dedos. La dejó así descansando uno o dos minutos. Tuve la impresión como si un néctar cálido, luminoso y benefactor a la vez circulara de su mano hacia mí y llenara el conjunto de mi cuerpo con una felicidad incomparable. El tiempo quedó como en suspenso, en medio de aquella paz indescriptible. Guardé silencio, para no perturbar aquel momento precioso como ninguno. Así es, la bondad humana puede palparse, no hay duda de que puede palparse...

*

En numerosas ocasiones, los acompañantes de Khyentse Rinpoche comprobaron cómo su relación con el dolor difería notablemente de la de la mayor parte de nosotros. En la década de 1970, en Nepal, se vio en la necesidad de consultar al único dentista que practicaba el oficio en todo el valle de Katmandú. Se lo mencionaba remarcando que era «el dentista del rey», pero, lo fuera o no, no estaba demasiado bien equipado y no podía ofrecer inyecciones anestésicas a sus pacientes, cuyos gemidos se oían a veces desde la sala de espera. Cuando trató a Khyentse Rinpoche de un diente cuyo nervio estaba al aire, todos estábamos un poco inquietos. Pero durante toda la sesión de curas, Khyentse Rinpoche permaneció impasible, con la mirada puesta delante de él, como si contemplara apaciblemente un bello paisaje. En el camino de regreso, uno de sus allegados se interesó por su estado y le preguntó si el tratamiento no le había causado mucho dolor. «Sí, dolía un poco», respondió lacónicamente Khyentse Rinpoche.

Unos años más tarde, con ocasión de una estancia en la Dordoña, un terapeuta francés adepto de las técnicas orientales, vestido con unos pantalones y una camisa de una blancura inmaculada, propuso a Khyentse Rinpoche, por intermediación de Tulku Pema Wangyal, una sesión de moxibustión. Se trata de una forma de acupuntura mediante el fuego, en el curso de la cual se acerca un cigarrillo de hojas de artemisa incandescentes a la piel, en puntos estratégicos del cuerpo, en aquel caso para remediar un leve problema de digestión. Khyentse Rinpoche, que en aquellos momentos estaba recitando sus plegarias matutinas en su habitación, con el torso desnudo como de costumbre, accedió, sin que pareciera sentirse particularmente interesado ni tampoco inquieto. El terapeuta dio comienzo a la sesión, pero, como persona locuaz que era, mientras mantenía la punta incandescente del cigarrillo muy cerca de la piel de Rinpoche, giró la cabeza hacia uno de nosotros para ponderar los beneficios de aquella terapia. Al cabo de un momento, lo alertó de pronto el olor a carne chamuscada. Tras volver a dirigir su atención adonde debía, se dio cuenta horrorizado de que había causado una profunda quemadura en el abdomen de Khyentse Rinpoche. Abochornado al extremo, se deshizo en disculpas, para luego preguntarle cariacontecido a Khyentse Rinpoche por qué no había dicho nada. Este, que no había movido ni un dedo en toda la sesión, respondió sin apartar la mirada de su libro de plegarias: «Oh, pensaba que formaba parte del tratamiento». Yo estaba presente, un poco apartado por detrás del médico, y había mirado a Khyentse Rinpoche varias veces. En ningún momento percibí la más mínima ni la más fugaz expresión de dolor o de incomodidad por su parte. Y todos sabemos lo intenso que puede ser el dolor provocado por una quemadura. La cavidad originada por la herida tardó dos semanas en cerrarse.

En la vía del budismo tibetano, se enseña entre otras la práctica del «gusto único», que consiste en vivir con la misma ecuanimidad la experiencia del placer y del dolor, de la comodidad y de la incomodidad, de las situaciones agradables y de las desagradables, de los sonidos armoniosos y de los disonantes, del tacto suave y del áspero, del buen sabor de los alimentos y del malo. Esta experiencia no tiene nada que ver con la apatía o con la indiferencia, ni tampoco los cinco sentidos quedan anestesiados. Se trata más bien de dejar que las sensaciones de los sentidos se manifiesten en el amplio espacio de la presencia iluminada y no en el estrecho espacio de un espíritu selectivo, inquieto, que se debate entre lo que le gusta y lo que no le gusta, entre lo que desea y lo que rechaza, a partir de sus expectativas o sus aprensiones. Cuando uno se ha entrenado lo suficiente en esta práctica, las percepciones exteriores y las sensaciones interiores se manifiestan con la misma claridad que antes, pero la mente no se altera con desmesura por la naturaleza de tales sensaciones, ni por la atracción o el rechazo.

He podido observar personalmente en numerosas ocasiones hasta qué punto Khyentse Rinpoche se ceñía escrupulosamente a esta experiencia del gusto único. Cierto día, alguien que estaba ofreciéndole su hospitalidad se excusaba por la falta de comodidades del lugar. «Con tal de que el tejado no se vaya volando cuando llueva, está todo bien», respondió Khyentse Rinpoche. Después de pasar treinta años en cabañas y cuevas, tanto en invierno como en verano, y de haber conocido las amarguras y los peligros del exilio, conocía por experiencia propia todas las vicisitudes imaginables, de modo que aquella clase de inconvenientes no formaba parte de sus preocupaciones. De hecho, a lo largo de los años que pasé en su presencia, no recuerdo haberle oído jamás quejarse de las condiciones externas.

Por mi parte, intento muy modestamente tomar ejemplo y no ser muy quisquilloso con las comodidades, los ruidos, la temperatura, el tiempo bueno o malo, o la calidad de los alimentos. Sé apreciar las cosas buenas y disfrutar de ellas con placer, pero si faltan, me resulta indiferente. Así, durante nuestras estancias en el *dzong* de Timbu me vi en la tesitura de realizar periodos de semi ayuno. En Bután, la caza y la pesca están prohibidas en el conjunto del país, pero la mayor parte de los butaneses, campesinos de montaña en su mayoría, no son vegetarianos.[3] De modo que, cuando residíamos en Bután, en el interior del recinto del gran *dzong* de Timbu, los alimentos que consumíamos no los preparaba la monja que cocinaba habitualmente para Rinpoche y sus allegados, monja que, siendo ella misma vegetariana, cocinaba un plato que compartíamos los dos. Pero allí no disfrutábamos de este régimen de favor. El único plato que nos ofrecían llevaba carne, de manera que tenía que conformarme con el cuenco de arroz y pimientos que lo acompañaba. Me veía en la necesidad de buscar el justo equilibrio: el arroz solo resultaba demasiado pesado e indigesto, pero un exceso de pimiento picante lo convertía en incomestible. Por aquella época, no pesaba más de sesenta kilitos, ¡lejos de los setenta y cinco de la actualidad! Era un buen medio para mantener el peso y la forma.

Durante un viaje en avión entre la India y Francia, al finalizar la comida, un joven lama preparó el té de Khyentse Rinpoche y le añadió el contenido de una bolsita que había junto a la taza. Lo removió todo meticulosamente y se lo ofreció a Khyentse Rinpoche. Este degustó pausadamente la taza de té, mientras contemplaba a través de la ventanilla el mar de nubes que sobrevolábamos. Al devolverle la taza al joven lama, este apuró como una bendición el poquito de té que había quedado en ella. De inmediato, una mueca le deformó el rostro, que además se le había puesto rojo: sin querer, había vertido en el té de Rinpoche una bolsita entera de mostaza picante. El brebaje era imbebible. Confuso, le preguntó a Khyentse Rinpoche por qué no le había dicho nada. De manera semejante a lo sucedido con el terapeuta distraído, Rinpoche respondió: «Creía que era la manera de preparar el té propia de aquí».

Por desgracia, sobrevinieron otras circunstancias mucho más graves por las que Khyentse Rinpoche sufrió intensos dolores. Su vida llegaba al final, cosa que él comprendió sin ninguna duda, pero rehusó viajar al extranjero para recibir los tratamientos intensivos que le habían propuesto. Una grave enfermedad lo minaba, eso era evidente. Por la noche no se estiraba ya, sino que dormía sentado, reposando la cabeza sobre una pequeña consola con dos almohadones encima, dispuestos delante de él. No se quejaba nunca, pero nosotros veíamos perfectamente, durante algunos silencios, cuando cerraba los ojos, que el dolor estaba muy presente en el espacio de su Iluminación interior. Sin embargo, en ningún momento nos dio la impresión de que el dolor lo abrumara. Recordaba a un marino aguerrido observando una tempestad desde la cresta de una enorme ola, consciente de su magnitud, pero imperturbable. Por supuesto, no son más que suposiciones por mi parte, fundadas en la comprensión necesariamente limitada del espacio infinito de la libertad interior de un ser como Khyentse

Rinpoche. En cualquier caso, para quienes estuvimos cerca de él, fue una enseñanza tan desgarradora como profunda.

He tenido ocasión de participar en investigaciones en neurociencias acerca de la relación entre la meditación —el entrenamiento de la mente— y la percepción del dolor. Es sabido que conocer por anticipado la gravedad o inocuidad de lo que uno va a sentir desempeña un papel preponderante en la experiencia del dolor. En general, se soportan mejor los dolores cuya dureza e intensidad son previsibles, pues ello permite estar preparado para sufrirlos y por tanto para gestionarlos mejor, en comparación con dolores imprevistos cuya intensidad es susceptible de aumentar y cuya persistencia es desconocida. Así, el impacto del dolor depende en gran medida de nuestra actitud mental. Aceptamos mejor, por ejemplo, los efectos dolorosos de un tratamiento médico que nos ofrece esperanzas de curación, así como también un entrenamiento deportivo intenso destinado a sobresalir en nuestra disciplina. Numerosas personas están dispuestas a donar su sangre o un órgano para salvar la vida de un ser querido. El hecho de poder dar un sentido altruista al dolor que vamos a padecer nos otorga ya un poder sobre él y nos libera de la angustia y del sentimiento de impotencia.

¿Puede también la meditación influir en nuestra percepción del dolor? Diversos laboratorios de investigación se han interesado por esta cuestión. Tuve la suerte de participar en las investigaciones de David Perlman y Antoine Lutz, del laboratorio de Richard Davidson, en la Universidad de Madison. Cuando entraba en el estado de «presencia abierta», en el momento de someterme a un dolor intenso, percibía dicho dolor con la misma lucidez y la misma agudeza que los sujetos no entrenados, pero el aspecto desagradable del dolor se revelaba considerablemente reducido en mi caso.[4] Además, no anticipaba el dolor con ansiedad, y después de la sensación dolorosa, volvía con rapidez a un estado emocional normal. Estas reacciones al dolor se confirmaron entre buen número de practicantes avezados a la meditación, y se demostró también que estos últimos se habitúan a él más deprisa que los noveles.[5]

Otros estudios realizados por el equipo de Tania Singer en el instituto Max Planck de Leipzig, en los que también participé, muestran que cuando algunos practicantes experimentados se entregaban a una meditación sobre la compasión con respecto a una persona que sufre, y se los sometía a ellos mismos a un dolor físico (una descarga eléctrica en la muñeca, por ejemplo), la compasión hacia los demás atenuaba considerablemente el sentimiento desagradable de su propio dolor. Cuando me abría a una compasión incondicional con respecto a una persona sometida a padecimientos, sin caer en una pesadumbre empática, la señal de la descarga eléctrica tenía lugar en un espacio mental de benevolencia, lleno de un profundo sentimiento de armonía, de tal forma que el dolor físico se me presentaba bastante más soportable.

*

Un ser como Khyentse Rinpoche, que goza de una perfecta libertad interior, tiene poca consideración con respecto a las convenciones corrientes. Un día en que preparábamos una ceremonia en la habitación del rey del palacio de la reina madre, en Dechen Chöling, nos faltaba un pedazo de seda roja, uno de los elementos necesarios para la ofrenda del fuego. No sabíamos dónde poder encontrarlo y la ciudad estaba a cinco kilómetros. Khyentse Rinpoche me pidió unas tijeras, que le proporcioné. Se volvió y, sin la menor vacilación, cortó una buena porción de la fina seda roja que adornaba el respaldo de un pequeño trono real en el que se sentaba. Me la ofreció con expresión maliciosa, mientras decía con su profunda y cálida voz: «¡Así de hábiles son los recursos de un yogui del vehículo adamantino!». Riéndome en mi fuero interno, llevé el preciado pedazo de seda, como si tal cosa, a los atareados monjes de la sala contigua.

Ciertamente, Rinpoche no había llevado a cabo aquel acto a la ligera. Habría podido decidir otra cosa y enviarme en busca de seda a los comercios de Timbu. De acuerdo con su humilde comprensión de las cosas, sin duda consideró que el hecho de utilizar para la ceremonia aquella seda proveniente de la habitación del rey era de buen augurio para la propia familia real.

Por lo que a mí respecta, me recordaba que las apariencias relativas son similares a sueños, a ilusiones, y que las nociones de «nuevo» y «antiguo», «valioso» y «carente de valor», no son más que conceptos que nos mantienen en el universo estrecho de nuestras convenciones corrientes. Únicamente ahora que escribo estas líneas propongo estos comentarios a modo de explicación. En aquel momento no me hice ninguna pregunta. Todo sucedió del modo más natural, con un punto de humor y de alegre complicidad.

*

Con frecuencia se atribuye a los seres realizados espiritualmente capacidades fuera de lo común. Yo nunca he tenido ocasión de ver a un yogui levitar o volar por el aire, pero sí que he sido testigo muchas veces de la facultad de los grandes maestros espirituales para conocer los pensamientos de otras personas, manifestada generalmente de improviso. Ya he mencionado un episodio de este tipo, cuando Khyentse Rinpoche me preguntó por el número de animales que había matado en mi juventud en el momento preciso en que yo mismo me disponía a manifestarle una confesión al respecto. Pero en otras ocasiones percibí también esta capacidad fuera de lo común.

Un día, un joven *tulku* conversaba con Khyentse Rinpoche, sentado sobre la alfombra de su habitación. Cuando el joven *tulku* se disponía a levantarse, Khyentse Rinpoche le hizo una señal con la mano para que se quedara un poco más. Diez minutos más tarde, se repitió la misma escena. Finalmente, al cabo de veinte minutos, Khyentse Rinpoche observó lacónicamente: «Bueno, ahora ya puedes tirar tu entrada para el cine». El *tulku*, en efecto, tenía pensado ir al cine, a Katmandú, sin habérselo dicho a nadie (se supone que los monjes no asisten a espectáculos como el cine). Obviamente, Khyentse Rinpoche sabía lo que estaba pasando y había decidido gastarle una jugarreta para evitar que hiciese una tontería.

Cuando el *tulku* le contó esta historia a Rabjam Rinpoche, este no se mostró en modo alguno sorprendido, le parecía evidente que su padre fuera capaz de leernos el pensamiento. Lo sabía por propia experiencia. Cuando tenía dieciséis años, por ejemplo, junto con un *tulku* de su edad que era su mejor amigo, alquilaron una moto para hacer una escapada. Así que los dos partieron hacia Parphing, lugar de peregrinación situado a menos de una hora de Katmandú. Habían decidido pasar allí la noche. Llevaban en el bolsillo unos pedacitos de papel secante impregnados con una gota de LSD, que un alma «generosa» había tenido la «sensata» idea de suministrarles. Acordaron probar la aventura. Rabjam Rinpoche no vivió ningún tipo de experiencia susceptible de revolucionar su visión del mundo; en cambio todo a su alrededor se puso a dar vueltas, y le costó lo indecible mantener el equilibrio para bajar la escalera de la habitación que ocupaban en Parphing. A la mañana siguiente, entraron de nuevo en el monasterio, como si no hubiera pasado nada. Al igual que hacía todas las mañanas, Rabjam Rinpoche se acercó a saludar a Khyentse Rinpoche. Este, que estaba leyendo su libro de plegarias, le espetó: «¿Así que nos da vueltas la cabeza para bajar las escaleras?». Sintiendo que había quedado expuesto por la clarividencia de Khyentse Rinpoche, Rabjam Rinpoche guardó silencio avergonzado. Este incidente reafirmó su convicción de que, aunque Khyentse Rinpoche lo dejara raramente traslucir, leía nuestros pensamientos como en un libro abierto.

A finales de los años ochenta, Trulshik Rinpoche, sin duda el amigo espiritual más íntimo de Khyentse Rinpoche, visitó a este en el palacio de la reina madre de Bután, en Dechen Chöling. En el portal, Trulshik Rinpoche fue recibido por Rabjam Rinpoche y algunos miembros del entorno de nuestro maestro y de la reina. Mientras recorría el pequeño camino bordeado de rosales, se detuvo un instante y, contemplando el palacio, citó en voz alta una frase bien conocida de un sutra que versa sobre la disciplina monástica: «¿Qué atractivo podría yo encontrarle a un palacio real?». Este estribillo anima a los monjes a llevar una vida simple, austera y despojada de signos exteriores de riqueza. Riendo, Trulshik Rinpoche prosiguió su camino, subió la escalera hasta el segundo piso y se presentó ante Khyentse Rinpoche. Apenas cruzó la puerta de la gran habitación donde estaba Khyentse Rinpoche, este lo interpeló de lejos: «Así que nos ponemos a recitar "¿Qué atractivo podría yo encontrarle a un palacio real?", pero venimos igualmente, ¿verdad?». Trulshik Rinpoche rio de buena gana y, sin más comentario, se acercó para tocar con su frente la de Khyentse Rinpoche, gesto de respeto mutuo con que se saludan dos grandes maestros cuando se encuentran. Acto seguido se sentó junto a Khyentse Rinpoche y entabló una conversación totalmente diferente, con toda normalidad. Más tarde, aquel mismo día, Rabjam Rinpoche se refirió a este incidente en presencia de Trulshik Rinpoche. Este último no manifestó la menor sorpresa: «¡Por supuesto que sabe todo lo que pienso!».

Unas semanas más tarde, Khyentse Rinpoche y Trulshik Rinpoche se alojaron en Kurjey Lhakhang, en la provincia de Bumthang. Dzongsar Khyentse Rinpoche había pedido a Trulshik Rinpoche hacer venir a algunos de sus monjes de Nepal para que enseñaran a los suyos cómo disponer las estupas con múltiples elementos consagrados y realizar las ceremonias adecuadas, tareas que resultan bastante complejas. Trulshik Rinpoche fue a ver a Rabjam Rinpoche a su habitación para hacerle partícipe de su inquietud: los monjes de Dzongsar Khyentse todavía no habían llegado y sus propios monjes tenían que marcharse de nuevo imperiosamente unos días más tarde, con el fin de estar presentes en el inicio del retiro monástico de verano en Nepal. Mientras estaban en plena conversación, Tsewang Lhundrup, el monje que estaba al servicio de Khyentse Rinpoche junto conmigo, bajó del piso de arriba con el siguiente mensaje: «Khyentse Rinpoche me pide que os tranquilice. ¡Los monjes de Dzongsar Khyentse vienen de camino!». El asunto estaba resuelto.

En 2007, en compañía de mi amigo Wolf Singer, director del instituto de neurociencias Max Planck, de Frankfurt, pasamos una decena de días en nuestras respectivas ermitas de Namo Buddha, situadas a diferente nivel en sendas magníficas colinas arboladas frente al Himalaya, a dos horas de Katmandú. Nos habíamos fijado el objetivo de proseguir los diálogos que habían dado lugar a la publicación de nuestra obra *Cerebro y meditación*. De regreso en el valle, en el monasterio de Katmandú, Rabjam Rinpoche invitó a Wolf a cenar y nos contó algunas anécdotas sobre la clarividencia de los maestros espirituales. Los presentes aportamos las numerosas historias similares que habíamos vivido. En determinado momento, Wolf, un poco abrumado, terminó por exclamar: «¡No sigan! Con que una sola de estas historias sea cierta, ¡estamos en un buen lío!». Explicó que no dudaba en modo alguno de nuestra sinceridad, ni cuestionaba lo que habíamos vivido, pero que si la transmisión de pensamiento era un hecho probado, sería necesario replantear todo el paradigma de las neurociencias, según el cual los pensamientos son resultado exclusivo de procesos cerebrales. Desde este punto de vista, nada permitía explicar cómo un cerebro podía saber lo que sucede en otro, más allá de inferir o de interpretar los pensamientos de una persona a partir de sus expresiones faciales, del tono de su voz y de otros elementos del lenguaje corporal. Para que dos cerebros compartieran el mismo pensamiento en el mismo momento, sería necesario que la mayor parte de las redes neuronales de esos dos mismos cerebros se encontraran prácticamente en el mismo estado, lo cual es inconcebible. «El problema», concluyó, «es que, aunque admitamos la veracidad de estos testimonios, no existe ningún mecanismo conocido gracias al cual el pensamiento pudiera propagarse de un cerebro a otro. Es más, hablamos de fenómenos que se producen de vez en cuando, pero que no son reproducibles a voluntad, en el marco de una experimentación científica rigurosa. Hay por tanto pocas esperanzas de hacer que la ciencia los valide con las herramientas de que disponemos».

La pregunta que evidentemente podemos plantearnos es a partir de cuándo un cúmulo suficiente de narraciones, observaciones y experiencias personales termina por tener la fuerza de una prueba. Por perplejo que pudiera sentirse Wolf ante los relatos de nuestras experiencias en torno a la clarividencia, también él me contó, en el transcurso de nuestros diálogos, una experiencia inquietante a la que nunca había encontrado una explicación plausible.

Wolf había ido a recoger a sus dos hijas, por entonces muy jóvenes, que se encontraban en una fiesta celebrada en una ciudad vecina, en la que él no había estado nunca. En medio de una tormenta de nieve, tardó una hora en llegar en coche a la dirección que llevaba anotada, pero que resultó ser errónea. No le habían facilitado ningún número de teléfono, y el uso de móviles no estaba todavía muy extendido en aquella época. No podía hacer otra cosa más que volver a casa, a una hora de carretera, y esperar a que sus hijas lo llamaran y le dieran la dirección correcta. Muy al contrario, continuó circulando, girando a derecha e izquierda al buen tuntún. Terminó en una calle sin salida. Por una razón que no pudo explicarse, decidió aparcar allí. Al otro lado de la calle se elevaba un inmueble de varios pisos. Bajó del coche, cruzó la calle para mirar el nombre de los inquilinos en la placa de la entrada y, de pronto, distinguió a través de la puerta de cristal a una de sus hijas que subía del sótano donde tenía lugar la fiesta. Wolf nos contó: «Abrió la puerta y me dijo: "Llegas en el momento justo, la fiesta está terminando. Enseguida sube también Tania". Cuando les conté lo que me había pasado, no se mostraron en modo alguno sorprendidas. Me dijeron: "Eres nuestro padre, es normal que sepas dónde estamos". Si pudiera decir que había recuperado una multiplicidad de datos almacenados en mi inconsciente y los había utilizado para guiarme, sería una interpretación compatible con lo que sabemos acerca de los mecanismos cerebrales. Pero es muy improbable, porque yo no había estado nunca en aquella ciudad. Y si la interpretación de mis hijas era la correcta, tendríamos motivos para replantearnos nuestras concepciones acerca del cerebro y de la naturaleza en general, y deberíamos admitir que hemos dejado de lado algo esencial». Como me confió un día nuestro añorado amigo, el neurocientífico Francisco Varela: «La mejor actitud es la de dejar la puerta abierta a nuevas respuestas sobre la cuestión de la naturaleza de la conciencia».

CAPÍTULO 23

EL MONASTERIO DE SHECHEN EN NEPAL

Fundación del monasterio de Shechen en 1980, por inspiración de Dilgo Khyentse Rinpoche para preservar la tradición del monasterio tibetano del mismo nombre que había sido destruido. Realización de las estatuas del templo y ceremonias de consagración.

En 1980, Khandro Lhamo, la esposa de Dilgo Khyentse Rinpoche, así como Trulshik Rinpoche, maestro eminente, discípulo próximo y amigo espiritual de Khyentse Rinpoche, sugirieron a este construir en Nepal un pequeño monasterio destinado a convertirse en la sede de Rabjam Rinpoche, su nieto. Khyentse Rinpoche reflexionó unos instantes y respondió con una sonrisa diciendo que el monasterio que construiría no sería pequeño, sino lo más grande posible. Decidió que estaría situado cerca de la estupa de Jarung Khashor, en Boudhanath, cumpliendo así la predicción de su maestro, Dzongsar Khyentse Chökyi Lodrö, según la cual la construcción en aquel lugar de un monasterio de la tradición Nyingmapa contribuiría grandemente a la preservación del budismo y favorecería la paz en la región.

Se trataba de perpetuar la herencia espiritual del Tíbet tal como estaba encarnada por el monasterio original de Shechen, en el Tíbet oriental. En efecto, el primer monasterio de Shechen se estableció en el este del Tíbet en el siglo XVII. El V Dalai Lama (1617-1682) envió a tres de sus principales discípulos a la provincia de Kham con la misión de que cada uno de ellos fundara allí un monasterio de la orden Nyingmapa, la de la «Antigua Tradición», así llamada por corresponder al primer periodo de traducción de los textos sánscritos al tibetano, en el siglo IX. La mayor parte de las obras más importantes se tradujeron en aquella época, incluido el *Kangyur*, los ciento tres volúmenes de sermones de Buda.

Rabjam Tenpai Gyaltsen, nacido en 1650, fue uno de aquellos tres discípulos enviados por el V Dalai Lama. Una vez llegado a Kham, tuvo una visión en la cual Padmasambhava le encargaba construir un monasterio cerca de una roca blanca cuya forma recordaba un león saltando. «De ahí resultarán inmensos beneficios para las enseñanzas de Buda», había predicho Padmasambhava. Siguiendo aquellas instrucciones, Rabjam Tenpai Gyaltsen construyó en 1695 el primer monasterio de Shechen, Urgyen Chödzong, donde impartió enseñanzas a numerosos discípulos. Expresó igualmente el deseo de que se edificara posteriormente un monasterio mayor al otro lado del río que atraviesa el valle de Shechen.

Su voto lo cumplió el segundo abad de Shechen, Rabjam Gyurme Kunzang Namgyal, quien fundó Shechen Tennyi Dargyeling en 1735. Shechen se convirtió rápidamente en uno de los seis principales centros monásticos de la orden Nyingmapa. La elevación espiritual de los maestros y ermitaños que vivieron en él, la calidad de la enseñanza impartida en su colegio de filosofía y la autenticidad de su arte sagrado (rituales, cantos, música y danzas) establecieron la celebridad de este elevado lugar de espiritualidad. Unos ciento cuarenta monasterios del Tíbet oriental se consideraban, en el plano espiritual, ramificaciones de Shechen. Dilgo Khyentse Rinpoche sabía que el monasterio había sido enteramente destruido por los chinos (de hecho, cuando volvió al Tíbet en 1985 después de treinta años de exilio, no encontró más que ruinas) y consideró importante construir un monasterio en Nepal para preservar la tradición.

Tras la compra del terreno, los trabajos de construcción se iniciaron en 1980. El primer año pronto nos encontramos con insuficiencia de fondos. Se había excavado una cavidad de treinta y cinco metros cuadrados de extensión y seis metros de profundidad para establecer los cimientos. Con el monzón se inundó, por lo que algunos bromeaban con «la piscina de Shechen». Khyentse Rinpoche había pedido al hijo mayor de Kangyur Rinpoche, Tulku Pema Wangyal, que buscara ayuda en Occidente para la construcción, lo cual hizo con diligencia. Uno de los principales mecenas fue Gérard Godet, buen amigo con el que solía encontrarme cuando viajaba a París.

En cuanto las edificaciones comenzaron a elevarse, una cincuentena de escultores, pintores, orfebres, costureros, fabricantes de máscaras y otros artesanos, todos ellos discípulos de Dilgo Khyentse Rinpoche, acudieron procedentes en su mayor parte de Bután, pero también del Tíbet y de la India, para contribuir al proyecto. Khyentse Rinpoche insistió para que el trabajo se cumpliera con el mayor cuidado. Durante casi diez años, dichos artesanos se encargaron de convertir Shechen en uno de los más bellos ejemplos de la tradición arquitectónica y artística budista fuera del Tíbet.

Durante su estancia, los artistas ocuparon los alojamientos destinados a la comunidad monástica. Una vez cumplida su tarea, regresaron a su lugar de origen y los sustituyeron los monjes, entre los que me encontraba yo: el monasterio se convirtió entonces en mi principal lugar de residencia.

Khyentse Rinpoche me confió la tarea de rellenar las aproximadamente ciento cincuenta estatuas de arcilla realizadas en el monasterio. Su altura iba desde apenas unos centímetros hasta seis metros. Los nepalíes dominan perfectamente la técnica del bronce a la cera perdida; los tibetanos, por su parte, sobresalen en la escultura en bronce repujado; pero son los butaneses quienes gozan de mayor reputación en el Himalaya para la realización de esculturas de arcilla. Las amasan durante largo tiempo e incluyen fibras de papel de arroz, que humedecen con agua mezclada con sustancias consagradas. En Nepal, este papel se fabrica en realidad a partir de corteza de *Daphne papyracea*, y en el Tíbet, de raíces de cierta planta con flores (*Stellera chamaejasme*) que crece en abundancia en los pastos de montaña.

El visitante que contempla las estatuas de un templo tibetano ignora por lo general que están repletas de mantras y plegarias impresas en papel, reliquias y sustancias preciosas. Este rellenado responde a reglas precisas, que se describen en manuales. La preparación de este contenido exige casi tanto tiempo como la realización de la propia escultura. Yo había ido aprendiendo de Khyentse Rinpoche y de Trulshik Rinpoche, así como también consultando los manuales en tibetano escritos por los grandes eruditos del pasado, todos los detalles de este proceso. La preparación de los mantras requería semanas de trabajo por parte de una decena de monjes, y yo intervenía a la hora de colocarlo todo en el interior de las estatuas.

Cada estatua contiene en su centro un «árbol de vida», tronco de sección cuadrangular orientado en su posición natural, con el lado que en la naturaleza está orientado hacia el este vuelto hacia la cara de la estatua. El este, el punto cardinal situado en la dirección del sol naciente, simboliza el nacimiento y el crecimiento. Este árbol de vida se pule cuidadosamente, se pinta de rojo y se recubre en lugares precisos de mantras escritos con oro fino. Se fijan en el árbol reliquias de santos del pasado —cabello, fragmentos de hueso, de ropa—, y todo ello se envuelve con fina seda amarilla antes de colocarse en el interior de la estatua. Yo los preparaba con toda minuciosidad a partir de las numerosas reliquias preservadas por Khyentse Rinpoche en cofrecillos de madera finamente decorados, entre las cuales figuraban ropas de Padmasambhava y de su discípula Yeshe Tsogyal, un fragmento del cinturón de meditación del famoso eremita del siglo XI Milarepa, y muchos otros objetos más. En la cara interior de cada parte del cuerpo (ojos, orejas, manos, etc.), se pegan mantras específicos. También se insertan numerosas ruedas de mantras y de plegarias, de forma que el espacio libre quede enteramente relleno. A cada nivel corresponden mantras diferentes. Si la estatua mide varios metros de alto, estará ocupada por una auténtica biblioteca. Siempre aprecié el tiempo que pasé cumpliendo con meticulosidad este trabajo manual, y me sentí honrado por el privilegio de ver y manipular estas preciosas reliquias.

En las estatuas de grandes proporciones, se disponen también en la base vasijas llenas de sustancias específicas extraídas de plantas y minerales, así como mantras destinados a propiciar la prosperidad del lugar y de las personas, la mejoría de las enfermedades y la protección contra las calamidades. Se incluyen igualmente tierra, piedras y flores secas procedentes de diversos lugares sagrados. En la parte más inferior se colocan algunas veces armas, cuyo aplastamiento simbólico por parte de la estatua establece vínculos de buen augurio para contrarrestar las guerras y conflictos armados.

En uno de los templos satélite situados al norte del monasterio de Shechen, hay una estatua de seis metros de Padmasambhava que contiene cien mil estatuas en miniatura del propio Padmasambhava, el maestro fuera de lo común que introdujo el budismo en el Tíbet en el siglo VIII, así como los ciento tres volúmenes del *Tripitaka*, o Tres Cestas (el canon budista traducido del sánscrito al tibetano), que mi primer maestro Kangyur Rinpoche había logrado llevar personalmente al Tíbet, volúmenes que fueron ofrecidos por Tulku Pema Wangyal. En el pedestal de la estatua se depositan asimismo diferentes tipos de tierra, piedras y flores provenientes de lugares sagrados, plantas medicinales, pedazos de oro o de plata, turquesas y otros objetos de valor. Finalmente, una vez totalmente llena, se sella la base.

Apenas unos segundos después de haber concluido el rellenado de la inmensa estatua de Padmasambhava, un trabajo que había durado varios meses, fui a encontrarme con Khyentse Rinpoche, que presidía una ceremonia en el templo, y le anuncié la noticia. Posó su gran mano sobre la mía y me dijo: «¡Katro!» (interjección de afectuoso aprecio). Y añadió: «Verás a tu maestro-raíz, Kangyur Rinpoche, en esta vida». En aquel momento pensé que se refería a que tendría una visión de Kangyur Rinpoche, quizás en la hora de mi muerte, como les sucede a los practicantes dotados de una gran devoción hacia su maestro espiritual.

En el caso de las estatuas de arcilla más grandes, se rellenan a medida que se construyen. Así, con motivo de la erección de la estatua de Padmasambhava y de las de los tres Budas del templo principal, el Buda Shakyamuni en el centro, con el Buda Kassapa (símbolo de los Budas del pasado) a su derecha y a la izquierda el Buda Maitreya (que representa los Budas futuros), los artistas me llamaban una vez por semana para rellenar la estatua hasta el nivel que acababan de alcanzar. Para terminar, se introducían mantras en la cabeza de la estatua a través de un agujero practicado en lo alto del cráneo, y entonces se sellaba para siempre. El rostro, cuando no el cuerpo entero de la estatua, se pinta a veces con oro fino, y la superficie dorada se pule con un ágata para conferirle todo su esplendor.

Otros objetos sagrados, como la Rueda del Dharma flanqueada por dos ciervas (en recuerdo de la primera enseñanza de Buda en el Parque de los Ciervos de Sarnath), ubicada en el borde de la terraza del último piso de la fachada del monasterio, son de cobre dorado y están igualmente rellenos con reliquias y mantras. El recubrimiento de oro se efectúa al modo tradicional. Primero se lamina el oro en hojas muy finas. Luego, durante varios días, se mezcla con mercurio en un mortero hasta formar una amalgama. Yo me dediqué a esta operación cuando estuve en Darjeeling, un trabajo que parecía no tener fin, hora tras hora, día tras día. La amalgama se aplica sobre el cobre y el conjunto se somete a alta temperatura con ayuda de un soplete. El mercurio se evapora y se obtiene una precipitación de oro. Los vapores de mercurio son muy tóxicos, pero los orfebres tibetanos creen, de acuerdo con la tradición, que beber grandes cantidades de cerveza de mijo ayuda a la eliminación del veneno.

Khyentse Rinpoche celebró no menos de un centenar de ceremonias de consagración de estatuas y frescos pertenecientes a diferentes templos del monasterio, cuando por lo general tan solo se celebra una, lo cual es una muestra de la importancia que les concedía. Consagró también la biblioteca ubicada en el tercer piso, una de las más grandes del Himalaya, de la cual me encargué durante bastantes años. Todavía hoy sé dónde encontrar la mayor parte de los volúmenes que se encuentran en ella, de entre varios miles. Las mencionadas ceremonias consisten en invocar la sabiduría, la compasión y el poder de las deidades simbolizadas por las estatuas y las pinturas. En cierto modo, se da vida a un cuerpo inerte insuflándole un espíritu: tales objetos se hacen entonces inseparables de las cualidades espirituales que encarnan.

Las paredes del templo principal están recubiertas de frescos que ilustran la historia del budismo en el Tíbet. Comprenden numerosos retratos de los principales maestros de los diversos linajes espirituales tibetanos. Realizaron el trabajo, siguiendo las indicaciones precisas de Khyentse Rinpoche, dos experimentados artistas: Konchog Lhadrepa (con quien yo había pintado los frescos del monasterio de Kangyur Rinpoche en Darjeeling) y Wangdu, ayudados por una docena de aprendices. Khyentse Rinpoche consagró también los dos templos más pequeños, el dedicado a Padmasambhava, a sus ocho manifestaciones y a sus veinticinco discípulos principales, representados por magníficas estatuas, y el consagrado a Tara, deidad femenina de la compasión que hizo el voto de reencarnarse en mujer hasta alcanzar el estado de buda.

*

Lugar abierto y lleno de vida, el monasterio alberga a estudiantes y practicantes de todas las edades, desde novicios hasta monjes de edad avanzada. A día de hoy, el monasterio de Shechen cuenta con quinientos residentes, un centenar de los cuales son niños y adolescentes. Lo administran los mismos monjes, que asumen por turnos diversas responsabilidades, bajo la inspiración y la tutela de Rabjam Rinpoche. Khenpo Gyurme Tsultrim, que ingresó en el monasterio a la edad de diez años, en 1980, y se convirtió en doctor en filosofía, se encarga de la administración del conjunto de monasterios de Shechen en Nepal y la India. Los estudios filosóficos sobrepasan el marco de lo que se entiende generalmente por «teología». Se enseñan ciertamente los grandes principios del budismo, así como una descripción detallada de las etapas de la vía que conduce a la Iluminación, pero el currículum, que puede abarcar entre nueve y trece años, comprende igualmente estudios muy avanzados en filosofía. Se examinan los diferentes puntos de vista filosóficos expuestos en el seno del budismo, así como los propuestos por el hinduismo en la India, donde nació el budismo. El estudio especialmente del madhyamaka, la «vía media», se orienta a distinguir la verdad convencional, o «relativa», vinculada con nuestra percepción del mundo de los fenómenos, de la verdad última, o «absoluta», que dilucida mediante un profundo análisis filosófico la naturaleza última de la «realidad» y de la conciencia. Se enseñan también tratados acerca de las diversas categorías de acontecimientos mentales (se distinguen cincuenta y ocho como principales), tratados sobre teoría de la percepción, sobre la formación de conceptos, y otros más. Se estudia igualmente la lógica, a través de tratados que no tienen nada que envidiar en complejidad y sofisticación a los manuales de lógica occidentales.

Un gran monasterio consta siempre de tres o cuatro partes: el templo principal, lugar donde se desarrolla la vida monástica, se realizan los rituales, se interpreta música y danzas sagradas; los pabellones adyacentes, donde los novicios reciben una educación elemental; el colegio filosófico, en cuyo seno los monjes profundizan en sus estudios durante una docena de años; y finalmente, el centro de retiro, situado aparte, en la tranquilidad de las montañas. En él los monjes, en calidad de eremitas, se adentran en una vía contemplativa durante un determinado número de años. En 2000, el monasterio de Shechen adquirió un terreno situado a dos mil metros de altitud sobre una colina elevada, a unos dos kilómetros del preciado estupa de Namo Buddha, corazón del lugar santo, y fundó allí el centro de retiro de Pema Ösel Ling, el «Lugar de la Luz del Loto». Incluye un centro para retiros de tres años, una residencia para Rabjam Rinpoche y media docena de pequeñas ermitas individuales —yo ocupo una de estas cuando realizo algún retiro—, construidas todas ellas con ladrillos secados al sol. Es el lugar en el que realizo mis retiros desde el año 2000. Un poco más tarde, se erigió también, en la vertiente sur, un refugio para las personas de más edad, monjes, religiosas y laicos, que desearan consagrarse a la práctica espiritual. Las monjas de Shechen, cuyo número alcanza las doscientas, viven en un monasterio en Bután, en un lugar llamado Sissinang, donde les está igualmente consagrado un centro de retiro.

El monasterio tiene también por vocación formar a jóvenes destinados a la vida espiritual y escolástica. Los novicios tienen un empleo del tiempo muy intenso. Tras levantarse a las cinco y media, comienzan el día con oraciones que rezan en común. A continuación desayunan y se dirigen a sus respectivas clases. Al margen de la comida de mediodía y algunas pausas, estudian hasta la oración vespertina, a las cinco de la tarde, pero con frecuencia continúan el estudio después de cenar. Además de las materias tradicionales propias del budismo, reciben igualmente una educación general, similar al programa escolar nepalés. Este ritmo no se ve perturbado más que con ocasión de enseñanzas impartidas en el templo principal, o de ceremonias programadas en fechas precisas del calendario lunar. El aparente rigor de su disciplina y el hecho de que no vean sino raramente a sus familias, que a menudo viven lejos del monasterio, no impide a estos niños y adolescentes manifestar una alegría de vivir y una fortaleza anímica poco comunes.

Siempre me asombró el espíritu de camaradería que reinaba entre estos jóvenes novicios. Si pasan en Francia por las inmediaciones del patio de recreo de un colegio, apreciarán un barullo de actividades en su mayor parte alegres y lúdicas. No obstante, no es raro ver a unos niños discutiendo, o incluso peleándose. La iniciación mediante novatadas de los más jóvenes es moneda corriente. Puedo dar testimonio sincero de que, en veinte años de vida monástica, no he sido testigo ni una sola vez de una pelea o de una disputa verbal violenta entre estos niños y jóvenes. Sin embargo, los novicios están lejos de permanecer pasivos o inactivos: en cuanto tienen un momento libre, juegan al fútbol con balones viejos (a menudo reventados), o improvisan bates de críquet con tablas de madera, o simplemente corretean de un lado a otro como todos los niños del mundo. Pero, sorprendentemente, nunca se producen agrias disputas. Cuando salen de clase para dirigirse al refectorio, por ejemplo, se los ve caminar de dos en dos o de tres en tres, con el brazo sobre el hombro del compañero, en un gesto de afecto. La fuerza del ejemplo dado por los profesores, monjes en su mayor parte, y el énfasis que se pone en su educación y en la cultura budista de la benevolencia, la compasión y los valores humanos, explican, a mi parecer, esta ausencia de violencia.

Bien es verdad que algunos niños entran muy jóvenes en el noviciado (normalmente la edad mínima son los doce años, pero se nos presenta el caso de recoger a edad mucho más temprana a niños huérfanos o a hijos de familias necesitadas). Con gran frecuencia se trata de una elección por parte de los padres, que los niños aceptan con alegría: antes que ir a una escuela del gobierno, prefieren estudiar en el monasterio, que ya conocen por haberlo visitado con ocasión de ceremonias y festivales. Conocí varios casos en que los padres habían decidido recuperar a su hijo al cabo de cierto tiempo, por motivos diversos, y que el joven se escapara de casa para volver al monasterio. ¡Un hecho alentador, que da testimonio de la calidad del entorno ofrecido!

Recuerdo un aprendiz de monje de ocho años, al que su familia había enviado a Bután. De vez en cuando venía a visitar a Khyentse Rinpoche a su habitación, por la mañana. Dado que lo observaba todo con curiosidad, con unos ojos abiertos como platos, los monjes le pusieron el sobrenombre de Ukpa («búho»).

A casi todos los monjes les ponen algún apodo. Uno de ellos respondía al nombre de Washington porque, de pequeño, cuando alguien le preguntaba de dónde venía, él afirmaba que era de esta ciudad, aunque nunca había salido de Nepal. Un joven monje recién admitido que se parecía como una gota de agua a uno de los monjes residentes fue inmediatamente bautizado como Duplicado.

Volviendo con Ukpa, cuando visitaba a Rinpoche, se ponía delante de él y adoptaba un aire muy serio. Una mañana, Khyentse Rinpoche le preguntó:

—¿Cómo es tu mente?

(Silencio).

—¿Es azul, verde o blanca?

Ukpa negó con la cabeza.

—¿Es redonda o cuadrada?

Ukpa hizo una pausa, antes de negar de nuevo.

Khyentse Rinpoche le acarició la cabeza con su gran mano, y el niño se marchó.

En varias ocasiones, Khyentse Rinpoche volvió a hacerle a Ukpa este tipo de preguntas acerca de la naturaleza de la mente. Quienes, como yo, formaban parte del entorno más cercano de Rinpoche, se lo comunicaron a Rabjam Rinpoche, el cual se sintió naturalmente intrigado. Años más tarde, Ukpa, que se llamaba en realidad Gyurme Sangye, estudió en primer lugar en el colegio de filosofía del monasterio, para posteriormente convertirse en un excelente practicante de la meditación. Cumplió seis años de retiro en Namo Buddha, en las colinas que se elevan fuera del valle de Katmandú. En la actualidad oficia como maestro de retiros de este lugar, para aquellos que realizan el retiro de tres años.

Cuando alcanzan los dieciséis años de edad, los adolescentes eligen, de acuerdo con su maestro de estudios, estudiar en el colegio de filosofía o permanecer en el seno de la comunidad monástica y participar en sus diferentes rituales cotidianos, así como en los establecidos por el calendario litúrgico. Pueden igualmente consagrarse a la vida contemplativa en nuestro centro de retiro de Namo Buddha, Pema Ösel Ling («Lugar de la Luz del Loto»). Finalmente, tienen también la oportunidad de abandonar el monasterio para llevar una vida laica. Los votos monásticos, en efecto, no se profesan hasta los veinte años, lo cual deja suficiente tiempo a los novicios para decidir acerca de la orientación que quieren dar a su existencia. Después de terminar sus estudios filosóficos, algunos estudiantes emprenden un programa de investigación filológica en colaboración con universidades occidentales, en el marco de las investigaciones sobre manuscritos antiguos y sobre la evolución de las diversas interpretaciones filosóficas de los textos budistas a lo largo de los siglos.

*

El abad titular de Shechen, Rabjam Rinpoche, nieto de Khyentse Rinpoche, es la séptima encarnación del fundador de Shechen del Tíbet oriental. Su predecesor inmediato fue el VI Shechen Rabjam, que murió en 1959 sometido a las torturas infligidas por el régimen comunista. Desde la edad de cinco años, el joven Rabjam Rinpoche vivió principalmente con su abuelo, de quien recibió todas sus enseñanzas. Evoca siempre a Khyentse Rinpoche con una conmovedora elocuencia: «Mi primera forma de ver a Khyentse Rinpoche fue como un abuelo maravilloso y entrañable. A medida que fui creciendo, empecé a percibirlo como mi maestro espiritual, hasta desarrollar progresivamente una fe en él inamovible. Cuando empecé a estudiar, me di cuenta de que mi abuelo poseía todas las cualidades de un maestro auténtico, tal como se describen en los textos. Siempre he tenido en él una confianza total, que ningún pensamiento ordinario ha puesto nunca en cuestión».

Conocí a Rabjam Rinpoche cuando vino a Darjeeling acompañando a Khyentse Rinpoche. Tenía por entonces ocho años de edad y se revelaba como un joven *tulku* particularmente alegre y encantador. Entonces ignoraba que fuera a vivir con él tantos años en Bután, tanto en el monasterio de Shechen como en otros lugares. Compartimos momentos preciosos y estrechamos nuestros lazos. Rabjam Rinpoche es una persona de gran dignidad, pero al mismo tiempo es accesible y afable.

En el budismo tibetano, la tradición de los *tulkus* se remonta al siglo XII. El término «tulku» designa la reencarnación de un gran maestro espiritual que decide en vida volver a manifestarse en el mundo bajo forma humana, con el fin de obrar para bien de los seres. En ciertos casos, poco antes de su muerte el maestro deja indicaciones relativas a su futuro lugar de nacimiento, su nombre, sus padres, etc., a través de cartas, poemas u otros indicios. En otros casos, es el propio niño el que, por su comportamiento y sus palabras, indica claramente que es la reencarnación de un maestro difunto. Finalmente, en otras circunstancias, sin duda las más corrientes, un maestro, o un eremita respetado, recibe indicaciones a través de sueños o de visiones acerca del lugar en que hay que buscar al niño, del nombre de sus padres o de otras señales. Entonces, provistos de estas indicaciones, algunos discípulos próximos del maestro fallecido parten en busca de la joven encarnación. Una vez el *tulku* ha sido identificado con certeza suficiente, es entronizado y emprende durante largos años estudios y retiros contemplativos que le permitirán obrar por la liberación del sufrimiento de numerosos seres.

El budismo rechaza la noción de una identidad personal comparable con el «alma» de las religiones teístas. Para el budismo, una «persona» se define por un flujo dinámico de conciencia en perpetua transformación que no podría albergar en sí un «yo» unitario y autónomo. Por tanto, la continuidad de este flujo de un modo de existencia a otro no tiene nada que ver con la metempsícosis o cualquier otra forma de «transferencia» de una identidad personal de un cuerpo a otro, de una vida a la siguiente. Más que un «individuo» como tal que volviera a la vida, aquello que se designa mediante la palabra ambigua de «reencarnación» se refiere aquí a la continuidad de ese flujo de conciencia. Si en el caso de los seres corrientes esta conciencia permanece dominada por la confusión y la ignorancia, cuando hablamos de los seres que se han liberado de los velos de desconocimiento que oscurecen la percepción justa y verdadera de la realidad, se trata de un *continuum* de sabiduría y de compasión que se manifiesta bajo una forma corporal susceptible de realizar el bien de los demás seres.

A finales de los años setenta, con motivo de una peregrinación a Namo Buddha, en Nepal, Khyentse Rinpoche soñó que llegaba a la cima de una montaña, en la que había un pequeño templo. En el interior, vio sentados uno junto a otro al VI Shechen Rabjam, a Shechen Gyaltsap, y a Shechen Kongtrul. Se prosternó ante ellos y les preguntó acerca de los tormentos que habían soportado durante la invasión china. Con una sola voz, respondieron: «Para nosotros, nacimiento y muerte son sueños, ilusiones. En la naturaleza absoluta, no hay crecimiento ni decadencia».

Khyentse Rinpoche expresó su deseo de unirse a ellos en los territorios puros de los budas, arguyendo que no veía la utilidad de permanecer por más tiempo en este mundo, en el que las enseñanzas del budismo se eclipsaban y había tantos enseñantes que no eran más que charlatanes. Shechen Kongtrul lo miró fijamente y le dijo: «Debes consagrarte al bien de los seres y perpetuar las enseñanzas de Buda hasta tu último aliento. Los tres nos encarnaremos en una sola persona para ayudarte en la tarea». Al cabo de poco tiempo, Chime Wangmo, la hija mayor de Khyentse Rinpoche, dio a luz a un hijo que el XVI Karmapa reconoció como encarnación del VI Shechen Rabjam.

He sido varias veces testigo presencial del desvelamiento de un *tulku*. Recuerdo en especial cuando, en 1983, un suceso vino a cumplir la predicción que me había hecho mi maestro. Dilgo Khyentse Rinpoche estaba pasando unos días en el monasterio de Ka-Nying Shedrub Ling, no lejos de Shechen. Una mañana temprano, mientras Khyentse Rinpoche rezaba sus oraciones en silencio y yo estaba sentado en el suelo cerca de él, intentando, lo confieso, vencer el sueño para recitar las mías, entró un niño en la gran sala, acompañado por algunas personas mayores. Nada más cruzar la puerta, se prosternó por tres veces en dirección a Khyentse Rinpoche. Este me miró y, rompiendo contra su costumbre el silencio matinal, me ordenó con un tono categórico: «¡Levántate! ¿No reconoces a tu maestro-raíz?». Me levanté de un salto y me aparté, estupefacto, para dejar pasar al niño que iba al encuentro de Khyentse Rinpoche.

Comprendí entonces que se trataba del hijo más pequeño de Tulku Urgyen Rinpoche, recién llegado con su madre de la región himalaya de Yolmo, en el nordeste de Nepal. Sin que se hubiera dado a conocer, Khyentse Rinpoche lo había identificado como encarnación de Kangyur Rinpoche. Más tarde, durante aquella misma mañana, fui a rendirle homenaje, y todo el día me sentí transportado a un espacio de gozo interior, de alegría, como raramente había conocido antes. Algo más tarde, Khyentse Rinpoche me confió: «Si yo, viejo como soy, soy capaz de reconocer a un *tulku*, este es innegablemente Kangyur Rinpoche». El niño fue reconocido también por el XIV Karmapa como la encarnación de Tertön Yongey Mingyur Dorje, un gran maestro que vivió en el Tíbet oriental mucho antes que Kangyur Rinpoche, en el siglo XVII, y cuyo nombre lleva ahora. Con bastante frecuencia se identifica así toda una serie de encarnaciones precedentes, que han tenido lugar a lo largo de la historia. Desde aquella mañana memorable, siempre me he sentido muy cercano a ese niño, a quien se conoce actualmente con el nombre de Yongey Mingyur Rinpoche, uno de los enseñantes más inspiradores del budismo tibetano.

En 2011 lo visité en Bodh Gaya, en la India, y le confesé que en varias ocasiones me había sentido tentado de bajarme al azar de un tren, en alguna pequeña estación rural, buscar una cabaña cerca de un pueblo y quedarme allí a vivir tranquilo, sin ningún vínculo con el resto del mundo. «Pero», añadí, «no siempre es fácil abandonar las responsabilidades que tengamos en un momento determinado» (por aquella época, los proyectos humanitarios de Karuna-Shechen estaban en pleno auge). «Al contrario, es muy fácil», repuso él, «basta un instante». Yo entonces no podía sospechar que unas semanas más tarde, una noche, iba a abandonar su monasterio de incógnito, sin dinero ni equipaje, para llevar durante cuatro años una vida de ermitaño errante, peregrinando desde las llanuras de la India hasta las cuevas situadas en las elevadas estribaciones del Himalaya. Reapareció a finales de 2015, más lleno de luz que nunca, para reanudar sus enseñanzas, junto con otras actividades.

*

La vida monástica en Shechen está jalonada por rituales de una gran magnificencia, que con frecuencia se prolongan durante todo un día y en algunos casos pueden durar hasta nueve días y nueve noches sin interrupción. Cada año se celebran tres de estas largas ceremonias de nueve días, o *drubchen*. Los fieles laicos de los alrededores acostumbran a llegar a lo largo de la jornada para asistir a ellos durante unas horas. En el transcurso de las ceremonias, en la liturgia, cantada con voz tenue y grave, se intercalan periodos de silencio para permitir a los participantes recitar interiormente mantras —fórmulas sagradas en sánscrito que actúan con sutileza apaciguando la mente y protegiéndola de la confusión— y ofrendas musicales en que se mezclan los sonidos de largas trompas, oboes, campanas, tambores y címbalos. Estas ceremonias concluyen a veces con danzas sagradas que constituyen en sí mismas meditaciones coreográficas y una comunión espiritual con el conjunto de los fieles.

Durante una de estas ceremonias, recibimos una visita insólita: un ciervo moteado, un *chital*, dotado de una magnífica cornamenta, entró en el gran patio adoquinado del monasterio. Subió los escalones del templo, cruzó el umbral y penetró unos metros en el interior en plena ceremonia, presidida por Khyentse Rinpoche y a la que asistían doscientos monjes. Permaneció unos minutos inmóvil, contemplando la escena. Luego dio media vuelta tranquilamente, salió por el pórtico, atravesó el patio y desapareció entre las callejas de Boudhanath. En cuarenta años de presencia en Nepal, nunca vi ni oí hablar de un ciervo moteado que se paseara libremente en medio de edificaciones habitadas. Nadie tenía la menor idea de su procedencia.

Un sadhu, asceta itinerante hindú, venía de vez en cuando a ver a Khyentse Rinpoche. No hablaban la misma lengua, sus conversaciones silenciosas se realizaban principalmente mediante sonrisas y risas sinceras. Por lo general, el sadhu le pedía a Khyentse Rinpoche que lo bendijera con las manos; a continuación sacaba de su bolsa una flauta de bambú, tocaba una melodía y volvía a marcharse, satisfecho y feliz. A veces venía también al templo con motivo de las grandes ceremonias y se quedaba unos instantes de pie, cerca del asiento de Khyentse Rinpoche.

Khyentse Rinpoche impartió numerosas enseñanzas en el monasterio de Shechen, en Nepal, algunas de las cuales duraban varias semanas y congregaban a un millar de fieles en el templo principal, y a varios miles más en el gran patio, donde se difundían a través de altavoces. Invitaba también a otros grandes maestros para que dispensaran, tanto a él como a todos los presentes, otras enseñanzas cuya perennidad deseaba garantizar.

Un viejo monje sherpa de noventa años venía a veces a visitar a Khyentse Rinpoche. Era muy bondadoso, y nos habíamos hecho buenos amigos. Sin embargo, nadie le hacía mucho caso: vestía de un modo descuidado y su voz cascada no impresionaba mucho. Una tarde en que Khyentse Rinpoche y Trulshik Rinpoche estaban en una pequeña habitación en lo más alto del monasterio, llegó el viejo monje para ver a nuestro maestro. Después de que conversaran unos momentos, Khyentse Rinpoche me envió a buscar el texto tibetano con la biografía de Patrul Rinpoche, un gran maestro del siglo XIX. Se la ofreció al viejo monje y le pidió que le impartiera la transmisión, así como también a Trulshik Rinpoche, mediante la lectura del texto. El viejo monje había residido en su juventud durante mucho tiempo en el Tíbet oriental, donde había recibido esta misma transmisión por parte del autor mismo de la biografía. En estas circunstancias llegó Rabjam Rinpoche, que se quedó maravillado al ver a aquellos dos grandes maestros recibiendo las enseñanzas de un humilde monje.

*

Cuando Khyentse Rinpoche residía en el monasterio, las idas y venidas de los numerosos visitantes le daban una apariencia de colmena, de actividad incesante. Pero bastaba con que se ausentara unas horas para que el monasterio pareciera «vacío», y no solo en sentido figurado: cuando cruzabas el atrio o subías por las escaleras que llevaban a las dependencias de Khyentse Rinpoche, en el segundo piso, no te encontrabas con nadie. Únicamente estaban los monjes, ocupados con sus quehaceres habituales.

Por lo general, dado que era uno de los dos monjes encargados de cuidar de Khyentse Rinpoche, mis jornadas seguían el ritmo de los incesantes encargos, que me requerían aquí y allá: ir a buscar a alguien cuya presencia requería Rinpoche, salir a cumplir con una tarea que me había asignado, subir y bajar los tres pisos del monasterio para coger los libros de la biblioteca que necesitaba... Dennis Tenzin, un monje norteamericano poco convencional al que todo el mundo llamaba afectuosamente *Mad Monk* («Monje Loco»), observó con su habitual sentido del humor: «Lama Ngodrup [el monje encargado de la intendencia] hace que el monasterio marche; Matthieu corre por el monasterio; y yo, me marcho a correr lejos del monasterio». A veces me sucedía que salía a buscar algo para Khyentse Rinpoche, me encontraba por el camino a dos o tres personas que me pedían que les hiciera un favor y regresaba junto a Khyentse Rinpoche habiendo olvidado lo que me había pedido. Cuando me veía volver con las manos vacías, me decía, lacónico: «¿En esto consiste la liberación de los pensamientos sin dejar rastro?». Era una referencia irónica al método consistente en dejar que los pensamientos discursivos se liberen por sí solos a medida que surgen en nuestra mente, como si trazáramos un dibujo con el dedo sobre la superficie del agua. Entonces volvía a marcharme al instante, avergonzado por mi despiste.

Dennis, por su parte, no tenía nunca un céntimo, pero un día recibió una generosa dádiva de uno de sus numerosos amigos y decidió emplearla en la construcción de una casita donde poder realizar retiros. El lugar elegido fue Thupten Chöling, en las montañas de Solu Khumbu, en Nepal, donde se encontraba el monasterio de Trulshik Rinpoche, que era su maestro principal junto con Khyentse Rinpoche. Dennis era muy sociable y tenía por costumbre hacer el recorrido de los monasterios para charlar y bromear con los lamas. Siempre tenía un montón de historias que contar. Una vez construida su casa, continuó yendo de aquí para allá, por Katmandú y sus alrededores. Un día en que había ido a visitar a Khyentse Rinpoche, este le hizo notar: «Me parece que la que está de retiro es tu casa, ¡y no tú!». Dennis se dijo que sería mejor tomarse un poco más en serio su decisión, de modo que se hizo el propósito de consagrar tres años a la práctica meditativa en su nueva ermita.

Al cabo de un año, no obstante, ya había tenido bastante de estar encerrado en su habitáculo y decidió poner fin a su reclusión. Se preparó por tanto para salir y realizó las ceremonias de ofrendas que señalan habitualmente el final de un largo retiro. La víspera de su salida, recibió la primera y única carta que jamás le enviara Khyentse Rinpoche. Decía así: «Estoy muy contento de que estés de retiro y espero que lo continúes hasta el final». No tuvo valor para interrumpirlo y cumplió con los tres años de retiros que en un principio se había prometido realizar.

Yo no tenía una habitación para mí en el monasterio. Por la noche, dormía en la habitación de mi maestro para atender a sus necesidades. Al alba, recogía mis cosas y las guardaba en un pequeño armario. Tras la muerte de Khyentse Rinpoche, seguí durmiendo durante unos años sobre una alfombra en el suelo, en la gran sala donde él solía dar audiencia durante el día, junto a la puerta de su habitación. Hasta que un día, Khenpo Gyurme Tsultrim, el administrador del monasterio, me invitó a trasladarme al piso superior, al lado de la biblioteca, donde me mostró una pequeña habitación de tres por tres metros, que había hecho pintar y amueblar sin decirme nada. Prorrumpió: «¡Aquí tienes tu habitación!». Debo confesar que me sentí entusiasmado de poder disponer por fin de una habitación para mí. En los doce años anteriores, ¡apenas un puñado de veces había dormido en una cama! Hasta hace poco todavía ocupaba esta habitación. Sin embargo, tras los terremotos de 2015 tuvimos que reconstruir las habitaciones de los monjes. Cuando concluyó esta tarea, en 2019, Rabjam Rinpoche me «expulsó» de mi pequeña habitación para instalarme en otra más confortable, muy próxima a su residencia. Advertí entonces que, por primera vez en mi vida, a la venerable edad de setenta y cuatro años, disponía de una habitación con cuarto de baño. A decir verdad, ¡tengo que reconocer que esta modesta comodidad añadida resultaba muy agradable!

*

Cuando residía en Nepal, generalmente en invierno y primavera, Khyentse Rinpoche recibía frecuentes invitaciones para visitar diferentes monasterios, en ocasiones bastante distantes de Katmandú, pues las zonas montañosas de Nepal estaban pobladas principalmente por comunidades practicantes del budismo tibetano. Una de las visitas más memorables de las que formé parte tuvo lugar en 1988. Habían invitado a Khyentse Rinpoche para que volviera a consagrar el monasterio de Thangboche, en el corazón del país sherpa. El monasterio había sufrido los estragos de un incendio y acababa de ser restaurado. Situado a 4.200 m de altitud, en el camino al Everest, tiene enfrente las majestuosas cimas del Thamserku y del Ama Dablam, que se elevan a más de 6.000 m, y está a dos o tres horas de camino de Lukla, el aeropuerto de montaña más cercano. Se trata de uno de los aeropuertos más impresionantes que existen, y se necesita un corazón resistente y sangre fría para aterrizar y despegar en su única pequeña pista en pendiente de cien metros de longitud, rodeada de casas y que termina en un abrupto precipicio. Los helicópteros se posan en ella con facilidad, pero los aviones tienen que apuntar muy bien para aterrizar en el comienzo de la pista y aprovechar el suave desnivel ascendente para frenar en tan corta distancia. Para despegar, al contrario, aprovechan el declive de la pendiente para ganar suficiente velocidad ¡y lanzarse al vacío que se abre al final de la pista!

Khyentse Rinpoche fue en helicóptero. Pero dada la altitud y el importante peso de cargar con todo nuestro grupo (Khyentse Rinpoche, tres monjes y el equipaje), el aparato debía realizar dos viajes. Se decidió que Tsewang Lhundrup y yo iríamos por delante con el equipaje, a modo de exploradores, y que Rinpoche vendría después tranquilamente, con Lama Ngodrup. Cuando nos aproximábamos al monasterio de Thangboche, vimos que había una multitud alborozada esperando. En cuanto el helicóptero estuvo a la vista, la procesión de monjes adquirió vida, en medio del sonido de sus grandes trompas, de sus *gyalings* (especie de oboes de doble lengüeta) y de sus címbalos. Encendieron fogatas de enebro para recibirnos con volutas de humo odorífero. Tras posarse el helicóptero, salimos para descargar rápidamente el equipaje. La música y el clamor callaron al instante. ¡La multitud se había dado cuenta de que Khyentse Rinpoche no figuraba entre los recién llegados! Unos turistas que habían presenciado la escena me confesaron: «Ya nos parecía curioso que el gran lama se ocupara de las maletas». El helicóptero se marchó y, media hora más tarde, llegó Khyentse Rinpoche con gran pompa. Lo cual me permitió obtener unas fotografías memorables de su llegada.

En la actualidad, el monasterio de Shechen continúa prosperando bajo la inspiración de Rabjam Rinpoche, quien ha instaurado un sistema armonioso y democrático de gobierno, por el cual los monjes se turnan cada tres años en los diversos puestos de responsabilidad y se reúnen todas las semanas para tratar de los asuntos corrientes. Tras la desaparición de Khyentse Rinpoche, numerosos maestros, entre ellos Trulshik Rinpoche y Rabjam Rinpoche, han transmitido importantes ciclos de enseñanzas. El monasterio cumple por tanto con la función para la que nuestro maestro bien amado lo había concebido: perpetuar y preservar la herencia espiritual del Tíbet.

Como consecuencia de los dos seísmos de 2015, el templo principal hubo de restaurarse completamente, bajo la dirección de mi amigo Luc Cholley. Una vez reconstruidas las paredes, los artistas de la escuela de pintura del monasterio, la Tsering Art School, siempre bajo la dirección de Konchog Lhadrepa, reprodujeron los grandes frescos de forma idéntica a los originales, concienzuda tarea para la cual precisaron tres años.

Este monasterio y mi ermita de Namo Buddha son mis dos principales puntos de amarre con este mundo, por cuanto no tengo en Francia ni casa, ni posesión privada alguna, si bien siempre soy bienvenido en casa de mis hermanos y hermanas espirituales de la Dordoña, donde vive la familia de Kangyur Rinpoche, así como en la casa de mi madre, de noventa y siete años de edad, de mi hermana Ève y de su esposo Yann.

EN NEPAL

Por iniciativa de Dilgo Khyentse Rinpoche, en la década de 1980 se construyó un nuevo monasterio de Shechen en Boudhanath, en Nepal, para perpetuar la tradición del monasterio madre del Tíbet oriental, destruido durante la Revolución Cultural china.

Tras finalizar una gran ceremonia (*drubchen*) que dura nueve días, siete de ellos, con sus noches, sin interrupción, el mandala dibujado con arena de diferentes colores (*página siguiente, foto superior*) se dispersa para simbolizar la naturaleza efímera de todas las cosas. La arena se deposita a continuación en una urna y es transportada en procesión hasta el río próximo, en cuyas aguas se vierte.

Al regresar al patio del monasterio, los monjes forman lo que se denomina una «Rueda del Tiempo» (*gankyil*), semejante al símbolo chino del yin y el yang, antes de volver a entrar en el templo para la conclusión del ritual.

Dos monjes se disponen a dispersar los polvos de color del mandala utilizado durante la gran ceremonia (*drubchen*) del monasterio de Shechen.

Khyentse Rinpoche me confió la tarea de rellenar las ciento cincuenta estatuas de arcilla fabricadas en el monasterio de Shechen, en Nepal. En el interior de cada una se depositan un «árbol de vida», reliquias de santos, centenares de rollos de mantras y de plegarias, tierra y flores de numerosos lugares santos, junto con otros objetos sagrados. 1980.

CAPÍTULO 24

PRIMER VIAJE AL TÍBET

Lhasa y el Tíbet central

En 1985, acompaño a Dilgo Khyentse Rinpoche en su viaje de regreso al Tíbet después de treinta años de exilio. Manifestaciones de fervor de los habitantes. Visita a algunos escasos santuarios que se salvaron de la destrucción china.

En 1957, Khyentse Rinpoche había abandonado su región natal, el Kham, para realizar una peregrinación por la zona central del Tíbet. Dos años más tarde, acompañado por sus allegados, tuvo que huir del ejército chino y buscar refugio en Bután. En 1985, después de un exilio de más de veinticinco años, Dilgo Khyentse Rinpoche estaba de vuelta en el Tíbet. Tuve la inmensa suerte de participar en esta aventura, ¡una de las más memorables de mi existencia!

Khyentse Rinpoche deseaba fervientemente regresar al Tíbet. Por este motivo, había dirigido una petición formal al rey de Bután, con quien mantenía una relación privilegiada —el propio rey se consideraba discípulo suyo—, para que intercediera en su favor ante el gobierno chino. Por aquella época, los chinos deseaban tener a los butaneses por aliados, con el fin de contrarrestar la influencia de la India en este reino himalayo que se había independizado de la India en 1949 y que era miembro de las Naciones Unidas desde 1971. Después de la independencia, la India había continuado sosteniendo económicamente a Bután. Había construido en este país carreteras y mantenido una presencia militar discreta, a fin de disuadir a cualquier eventual agresor, China en particular. Además, se habían iniciado conversaciones para delimitar definitivamente el trazado de la frontera entre Bután y el Tíbet, anexionado por China. Al gobierno de Pekín le interesaba garantizar la buena marcha de las negociaciones. Todas estas razones jugaron en favor de una respuesta favorable a la petición ante el rey: es más, Khyentse Rinpoche y su entorno se vieron tratados a modo de delegación oficial. Con todo, los chinos debieron sentirse sorprendidos al recibir la lista de los diez miembros de esta delegación: seis tibetanos, tres butaneses y... un francés. Pero fingieron naturalidad. Personalmente, esta autorización excepcional me colmó de alegría. El Tíbet formaba parte de mi imaginario desde la infancia, alimentado en primer lugar por los relatos de mi madre; más tarde, en la adolescencia, por la lectura de las aventuras de Alexandra David-Néel y de las escasas biografías existentes de los grandes maestros del pasado, entre ellas la *Vida de Milarepa*, traducida en 1925 por Jacques Bacot; y finalmente, por los recuerdos frecuentes y tan vívidos de mis propios maestros. ¡Cómo soñar con un descubrimiento más bello de la Morada de las Nieves que en compañía de Dilgo Khyentse Rinpoche, mi venerado maestro espiritual! Viví por tanto aquel viaje como una oportunidad excepcional, con toda mi curiosidad y toda mi atención puestas en cada instante, consciente del privilegio que se me había otorgado. Que yo supiera, ningún extranjero había penetrado en el Tíbet oriental, la región de Kham, desde la invasión china de 1959. Los tibetanos a los que conocí me confirmaron no haber visto jamás ninguno. Para ellos, yo representaba tal anomalía, que algunos incluso exclamaron: «¡Khyentse Rinpoche ha venido con un indio!».

Pero antes de todo esto, lo primero era llegar a nuestro destino. Para ello, nuestro grupo de once viajeros voló de Nueva Delhi a Hong Kong, donde permanecimos unos días, hasta que, el 26 de mayo de 1985, llegamos a China, a Chengdu, la capital de la provincia de Sichuan, fronteriza por el oeste con el Tíbet.

Khyentse Rinpoche iba acompañado por su esposa, Khandro Lhamo, su nieto Shechen Rabjam Rinpoche, Tulku Pema Wangyal, quien atendía a todas las necesidades de Rinpoche; por Lama Ngodrup, Tulku Kunga, el secretario amanuense, y Amji Sherab Jorden, médico tibetano que vivía en Bután. Así pues, tres butaneses completaban nuestro pequeño grupo: Tsewang Lhundrup, el monje que, junto conmigo, estaba asignado a la persona de Khyentse Rinpoche; Tsering Temphel, servidor de Rabjam Rinpoche, y Norbu Gyaltsen, capitán de la guardia real de Bután, a quien el rey había encomendado la misión de velar por la seguridad de Khyentse Rinpoche.

La tarde de nuestra llegada a Chengdu, el gobernador de Sichuan, Lobsang Dawa, ofreció una cena en honor de Khyentse Rinpoche. El gobernador era un tibetano educado en China que, como buen número de funcionarios, no tenía sino un dominio limitado de su lengua de origen, pues había tenido que utilizar siempre el chino como lengua principal. La atmósfera era festiva y se propusieron numerosos brindis, de los que tan solo nuestros anfitriones dieron buena cuenta, ya que ninguno de nosotros bebía alcohol. La presencia de un francés vestido con atuendo de monje tibetano no dejó de intrigar a los funcionarios adoctrinados por la propaganda, que afirmaba que el tibetano era un pueblo atrasado, sumido en las tinieblas del oscurantismo. La palabra *mongdé*, con que los chinos se referían en aquella época para designar el budismo, significa literalmente «adeptos a la estupidez». Cuando los funcionarios me preguntaron amablemente por mis antecedentes —llamándome invariablemente, tanto verbalmente como por escrito, «Mashú Liká», por cuanto las erres se pronuncian eles en chino—, no pude evitar un malévolo placer al responder: «Comencé una carrera científica y obtuve el doctorado en genética molecular. Era en verdad apasionante, pero finalmente descubrí que el estudio de la filosofía y la práctica del budismo eran aún más interesantes». Mis interlocutores quedaron visiblemente desconcertados ante una trayectoria vital que contradecía sus ideas preconcebidas. Me atrevería a albergar esperanzas de haber sembrado alguna duda en su espíritu.

A numerosos tibetanos les había llegado la noticia de la llegada de Khyentse Rinpoche y acudían para verle, procedentes de las altas mesetas del Kham, situadas a una distancia de entre 250 km y 800 km, según las zonas, lo que en aquella época representaba entre uno y tres días de viaje en coche. Con similar afán deseaban ver también a Rabjam Rinpoche, el abad titular de Shechen. A la mañana siguiente de nuestra llegada, una veintena de visitantes se congregaron en la gran habitación que ocupaba este último en el Jinjiang, el único gran hotel de Chengdu de entonces. Como es tradición, antes de entrar se descalzaron —la mayor parte de ellos calzaban viejos zapatos en pésimo estado—, lo cual provocó cierta inquieta confusión por parte del personal del hotel. No tardó en sonar el teléfono, llamaba el recepcionista preguntando: «¿Hay que lustrar todos esos pares de zapatos que han dejado delante de la puerta?».

Más allá de las personas, dos mundos muy diferentes se habían encontrado en aquel lugar. Mientras me encontraba en el vestíbulo del hotel, dos viejos monjes vestidos con viejas pellizas forradas de piel de cordero me preguntaron dónde estaba Khyentse Rinpoche. Les propuse conducirlos a su presencia. Al abrirse las puertas del ascensor, se metieron dentro, se quedaron unos instantes inmóviles, mirando a derecha e izquierda, dieron media vuelta como un solo hombre y volvieron a salir precipitadamente, observando de manera sin duda pertinente: «¡Por ahí no se va a ninguna parte!». Tuve que utilizar toda mi fuerza de persuasión para convencerles de que aquella caja, aparentemente sin salida, iba a llevarles al lugar en que estaba Khyentse Rinpoche.

Como consecuencia de la invasión china, el Tíbet fue dividido en cinco partes.[1] La Región Autónoma del Tíbet, creada en 1965 por el gobierno de Pekín, no constituye más que un tercio del territorio del Gran Tíbet, anterior a la invasión china de 1959. Kham, la región natal de Khyentse Rinpoche, que representa una gran parte del Tíbet oriental, está en la actualidad englobada en la provincia china de Sichuan, y ni siquiera aparece ya el nombre de «Tíbet» cuando se hace referencia a ella. Los funcionarios informaron a Khyentse Rinpoche de que habían organizado una visita al Tíbet central, la región de Lhasa, y que era imposible desplazarse hasta Kham, pues las carreteras no estaban en condiciones. Khyentse Rinpoche replicó diciendo que el Tíbet central no formaba parte de los objetivos de su viaje por aquella vez. Insistimos en que la región de Kham constituía el destino de su visita, y les hicimos saber que un grupo de monjes del monasterio de Shechen llegados aquella misma mañana para ver a Khyentse Rinpoche nos habían asegurado que el trayecto era perfectamente practicable. La respuesta de los funcionarios no admitía contradicciones, no debíamos recurrir sino a «fuentes fiables», o dicho de otro modo, únicamente aquello que emanaba del gobierno chino era «verdad». ¡Seguramente los monjes de Shechen habían sido víctimas de alguna alucinación acerca del estado de las carreteras! Tulku Pema Wangyal, que hacía de portavoz de Khyentse Rinpoche en aquellas interminables negociaciones, no perdía la serenidad y seguía defendiendo nuestras intenciones con una tenacidad sin falla. En cuanto a mí, me esforzaba todo lo que podía por pasar inadvertido, no quería poner en peligro por nada del mundo la oportunidad extraordinaria que tenía de formar parte de la expedición.

Finalmente, Khyentse Rinpoche declaró que si no podía ir al Tíbet oriental, regresaría a Bután sin ir a ningún otro sitio. Preocupados por las posibles consecuencias políticas tanto de cara al rey de Bután, como en el seno de su propio ministerio, los tortuosos funcionarios del poder se resignaron a proponernos que nos dirigiéramos primero al Tíbet central para darles tiempo de «adecuar las carreteras» y preparar el alojamiento apropiado. En realidad, los funcionarios encargados de nuestro viaje querían ganar tiempo para preparar meticulosamente la visita de Khyentse Rinpoche a su provincia natal y poder así controlar todos los detalles. El regreso del gran maestro era, en efecto, un acontecimiento esperado con fervor y entusiasmo por la población, y el gobierno quería asegurarse de que todo se desarrollara según sus criterios. Khyentse Rinpoche dio su consentimiento, y nos anunciaron que la partida hacia Lhasa estaba prevista para la mañana siguiente.

*

El gobierno se encargó de los preparativos, y «escoltados» por algunos oficiales, entre los cuales un alto funcionario delegado por el Ministerio de Asuntos Exteriores llegado desde Pekín, pronto nos encontramos a bordo de un avión de una línea interior en dirección a la capital del Tíbet.

Este primer vuelo sobre el Techo del Mundo me permitió descubrir, maravillado, inmensos altiplanos verdes que adquirían tonalidades ocres a medida que avanzábamos hacia el oeste, interrumpidos por cadenas montañosas, glaciares e imponentes cumbres. Antes de aterrizar, sobrevolamos los meandros del Tsangpo, uno de los mayores ríos del sur de Asia, cuyas fuentes están en el oeste del Tíbet, en el monte Kailash, recorre 2.900 km y pasa a llamarse Brahmaputra en la India, antes de desaguar en el Ganges, formando parte del delta de este río en el golfo de Bengala. El aeropuerto de Gongkar, a 3.700 m de altitud, se encuentra a orillas del Tsangpo. Al bajar del avión, de inmediato me sorprendió el aire vivo y rarificado que llenaba mis pulmones con una súbita bocanada de frescor, así como el intenso azul del cielo.

Un convoy de vehículos 4x4 nos condujo rápidamente a Lhasa, la «Ciudad de los Dioses», capital histórica y casi mítica del Tíbet. La carretera no estaba asfaltada por entonces, y tardamos tres horas en cubrir un recorrido que había comenzado en dirección oeste, a lo largo de las orillas arenosas del Tsangpo, y había continuado hacia el nordeste por el valle del río Kyi Chu (río Lhasa). De pronto, el majestuoso Potala, la residencia de los Dalai lamas de la que tanto había oído hablar, apareció ante nosotros. Tras entrar en Lhasa sin realizar parada alguna, penetramos en un complejo de residencias oficiales con aspecto de cuartel. Una gran verja se cerró a nuestra espalda. Algunos visitantes, advertidos de la llegada de Khyentse Rinpoche y cuidadosamente seleccionados, se presentaron brevemente. Fiel a sí mismo, Khyentse Rinpoche se mostró contento de estar allí, sin abandonar su serenidad acostumbrada, propia de quienes han sabido liberarse tanto de la esperanza como del temor. Sentado sobre su lecho con el torso desnudo, con una capa forrada de piel de cordero sobre los hombros, sonriente, respondía incansablemente a las cuestiones planteadas por todos los que habían acudido a verle y les ofrecía consejos y enseñanzas, pero de forma breve y discreta para evitar llamar la atención de las autoridades sobre las conversaciones delicadas que pudieran mantener acerca de los peores momentos de la invasión china y sobre la represión a la que seguían sometidos.

A la mañana siguiente, tras despertar de un sueño ligero (las primeras noches en altitud elevada suelen venir acompañadas por dolores de cabeza), me encontraba en un estado de intenso júbilo: íbamos a visitar el Jokhang, el templo principal de Lhasa, que alberga la estatua más venerada del Tíbet, el Buda coronado conocido con el nombre de Jowo, el «Preciado Señor». Se dice que esta estatua represente fielmente a Buda a la edad de siete años. Originaria de Bengala, fue transportada en primer lugar a China, y luego a Lhasa en el siglo VII por parte de la princesa china Wencheng, quien se la ofreció como presente matrimonial a Songtsen Gampo, el primero de los grandes reyes budistas del Tíbet. Todos los tibetanos aspiran a rendirle visita al menos una vez en la vida, y algunos llegan a realizar el recorrido prosternándose durante meses, en el largo camino que los lleva desde su lejana provincia hasta Lhasa, sirviéndose de la longitud de su propio cuerpo como medida entre prosternación y prosternación.

Como consecuencia de la Revolución Cultural, emprendida en 1966 por Mao Tse-Tung, esta estatua de bronce macizo, de la talla de un hombre, quedó relegada durante veinte años en un almacén. Escapó milagrosamente a la destrucción, pues la mayor parte de las valiosas estatuas del Tíbet fueron objeto de vandalismo, fundidas para recuperar los metales de que estaban hechas, o vendidas en mercados de antigüedades en el extranjero. El propio monasterio de Jokhang se utilizó durante una veintena de años en parte como prisión, en parte como chiquero. Durante la liberalización, muy relativa, que siguió a la muerte de Mao Tse-Tung, la estatua de Jowo volvió a ser instalada en su pequeño templo, recubierta nuevamente de oro fino, ceñida con una corona de joyas y engalanada de brocados. El único testimonio que ha quedado de los maltratos sufridos es un corte encima de una rodilla, producido por el hacha de un guardia rojo. Subyacente a los momentos de paz y bendición vividos en presencia del Jowo, afloraba paradójicamente la conciencia reforzada de las terribles destrucciones que asolaron la herencia espiritual y cultural del Tíbet.

Escoltados por los funcionarios, habíamos conseguido entrar con discreción en el templo de Jokhang, pero nuestra salida fue más agitada. Algunas personas habían reconocido a Khyentse Rinpoche a su llegada, y la noticia de la presencia de un gran lama procedente de la India, uno de los maestros espirituales del Dalai Lama para más señas, se había extendido como un reguero de pólvora. Cuando se abrieron las puertas de Jokhang, cientos de personas se agolpaban en la explanada frente al templo. En cuanto distinguieron a Khyentse Rinpoche, se precipitaron hacia él con la esperanza de recibir su bendición, o al menos de acercarse para ver su rostro y ser vistos por él.

Los agentes de seguridad, viéndose desbordados, hubieron de habilitar un pasillo en medio de los fieles para que Rinpoche pudiera llegar hasta su vehículo. En cuanto a nosotros, nos abrimos paso mal que bien y, al debatirme por escabullirme de la multitud, que me apretujaba por todas partes, perdí mi chal monástico. Finalmente conseguí subirme al vehículo de Rinpoche. Estábamos anegados por una marea humana que nos comprimía por todos lados. Algunas personas querían tocar el vehículo con la cabeza para recibir la bendición de Rinpoche, quien no podía hacer otra cosa más que ofrecerles su gran sonrisa rebosante de benevolencia. ¡Qué espectáculo! Desde mi lugar en el asiento de atrás, filmaba esta extraordinaria escena de fervor que había cogido a los funcionarios chinos por sorpresa. El cortejo se puso en movimiento, lentamente para no lastimar a nadie, y regresamos a la residencia.

*

A la mañana siguiente, debía celebrarse en Jokhang la consagración de una gran estatua de Gurú Padmasambhava, el «Maestro Nacido del Loto», quien, proveniente de la India, estableciera en el siglo IX el budismo en el Tíbet, donde se lo venera como a un segundo Buda. Algunos años antes de la invasión china, Jamyang Khyentse Chökyi Lodrö, uno de los dos principales maestros de Dilgo Khyentse Rinpoche, había predicho que si se erigía una gran estatua de Padmasambhava en Jokhang, frente al Jowo, el Tíbet tendría una oportunidad de preservar su libertad. Por desgracia, a causa de intrigas religiosas y políticas, tan solo se había erigido en el templo una pequeña estatua de Padmasambhava, vestida bajo la apariencia de un *pandit*, un erudito indio (y no bajo la forma tradicional tal como se había descrito en la predicción). Cuando Jamyang Khyentse Chökyi Lodrö se enteró de la noticia, observó lacónicamente: «Puesto que es así, ya encontrarán un lugar donde establecerse en la India». Estaba augurando el éxodo de todos aquellos que habrían de huir de la persecución comunista.

Con el fin de cumplir, aunque fuera de un modo tardío, la predicción de Khyentse Chökyi Lodrö, Lhungtok, un fiel de la provincia de Amdo, hombre de elevada estatura, jovial y resuelto, obtuvo permiso para hacer erigir una estatua de Padmasambhava de cinco metros justo enfrente del Jowo, el cual está encastrado en un pequeño santuario dispuesto en medio del templo principal de Jokhang. Lhungtok tenía previsto que se consagrara la estatua el décimo día del mes lunar, aniversario del nacimiento de Padmasambhava, que caía a los dos días de la llegada de Khyentse Rinpoche. Lhungtok, entusiasmado por la feliz coincidencia, invitó a Khyentse Rinpoche a llevar a cabo la ceremonia. Volvimos al templo de Jokhang por la mañana temprano y, durante varias horas, Khyentse Rinpoche se ocupó de la consagración de la nueva estatua, y de renovar la del Jowo y la del conjunto del templo. Ofrendó una capa de oro fino para el cuerpo del Jowo, que un artista del templo aplicó sobre toda su superficie, mientras el propio Khyentse Rinpoche oraba por la paz en el Tíbet y en el mundo. Pudimos así descubrir la estatua entera, despojada de los adornos de los que está habitualmente revestida. A Khyentse Rinpoche se le unió Rigdzin Chenpo de Dorje Trak, un maestro eminente que había permanecido en el Tíbet y que, tras vivir numerosos años en prisión, vivía discretamente en Lhasa tras su puesta en libertad. Estaba también presente Guen Dawa, un antiguo monje que se había visto obligado a renunciar a sus votos durante la Revolución Cultural y que había acompañado a Khyentse Rinpoche en sus desplazamientos por Lhasa a finales de los años cincuenta.

La riqueza espiritual e histórica de aquellos lugares se hacía presente a cada instante en mi espíritu, mezclándose con las fuertes impresiones producidas por la solemnidad del momento. Aquella experiencia única adquiría así una dimensión singular, y no dejaba de embeberme de la profusión de bendiciones que dispensaba aquel templo ilustre.

Antes de abandonar el Tíbet, en 1959, Khyentse Rinpoche, sentado en un rincón del templo de Jokhang desde el que veía la estatua de Buda coronado, había repetido cien mil veces durante varios meses la larga ofrenda del mandala en treinta y siete puntos. Un día, estando así apartado en el transcurso de esta práctica, el olor de cierto incienso muy particular atrajo su atención. Al cabo de unos instantes entró en el templo un joven lama de rostro sonriente y con gafas, acompañado por varios monjes de más edad y aspecto hierático. No era otro que el XIV Dalai Lama, Tenzin Gyatso, a la sazón de veintitrés años de edad. Le preguntó a Khyentse Rinpoche de dónde venía, conversó con él unos instantes y le invitó a que fuera a visitarle al palacio de Potala.

Visitamos el Potala, el inmenso palacio-monasterio construido por inspiración del V Dalai Lama. Edificado en la ladera de una colina, domina majestuosamente la ciudad con su fachada de siete pisos de un blanco inmaculado, con sus centenares de pequeñas ventanas enmarcadas en negro y rematadas por volantes de tejidos multicolores flotando al viento. Al visitar estos lugares históricos, guiado por nuestros mentores chinos, no podía dejar de imaginar cómo debía de ser la vida en tiempos de los Dalai lamas en ese lugar entonces desierto. Al cabo de unos años, legiones de turistas chinos y extranjeros iban a recorrerlo, sin aliento por la ascensión de las múltiples escaleras y el recorrido por sus largos pasillos.

En la estancia que había sido la habitación de los sucesivos Dalai lamas, recordé esta anécdota, que el actual y decimocuarto de entre ellos cuenta a menudo: «De pequeño, miraba por la ventana a los niños de Lhasa que jugaban alegre y libremente en la explanada de abajo, mientras yo tenía que estudiar durante horas bajo la férula de mis preceptores. Uno de ellos tenía unas disciplinas. El mango dorado estaba envuelto en seda amarilla, porque yo era el Dalai Lama, me decía muerto de risa, ¡pero el dolor escocía igual!».

Visitamos igualmente Norbulingka, la residencia de verano del Dalai Lama, situada en medio de un bello jardín y de dimensiones más humanas que el inmenso Potala; y también Chokpori, el colegio de medicina tradicional, así como las ruinas del gran monasterio de Sera, que antes de la invasión albergaba a seis mil monjes. En el transcurso de estas visitas, buen número de quienes habían conocido a Khyentse Rinpoche antes de 1959 pudieron visitarlo. Algunos lloraban al contar los dramas vividos durante aquellos largos años de ocupación. Rinpoche los escuchaba con atención, los bendecía, y ellos se marchaban consolados por el bálsamo de su benevolencia.

*

Desde Lhasa, nos condujeron hacia el oeste. Cruzamos el paso de montaña de Khampa La, a 4.800 m de altitud, desde el cual se contempla el sublime panorama del lago Yamdrok (Lago de Turquesa), cuyos múltiples brazos dibujan la forma de un escorpión. Se necesitan dieciocho días, según se dice, para dar la vuelta completa al lago, del que solo se ve una parte desde el paso de montaña. A lo lejos, a más de 7.000 m de altitud, se eleva la cumbre majestuosa del Nöjin Kangsa, cubierto de nieves perpetuas. Gustosamente me habría quedado varias horas llenándome de la belleza y la majestuosidad del paisaje. Imaginaba una pequeña ermita, un poco apartada del paso de montaña, donde habría podido quedarme haciendo un retiro, mezclando mi espíritu con la inmensidad del cielo, de las montañas y del lago, poniendo en práctica las enseñanzas de mis maestros.

De camino, nos detuvimos para visitar la famosa estupa de Gyantse Kumbum, la más antigua y alta del Tíbet, con sus treinta y dos metros distribuidos en seis niveles de capillas. Hicimos también etapa en Shigatse, en el monasterio de Tashilhunpo, gran institución de la escuela Gelugpa y sede tradicional de los panchen lamas. Visitamos a continuación el monasterio de Shalu, fundado en el siglo XI. Shalu fue un importante centro de la tradición Sakya. Únicamente el templo principal, que data del siglo XIV y es famoso por sus pinturas murales, entre las más bellas del Tíbet, se salvó de la Revolución Cultural. Shalu acogió también al más prolijo de los autores tibetanos, Butön Rinchen Drup (1290-1364), que redactó más de doscientos veintisiete volúmenes sobre la filosofía y la práctica del budismo. Pasamos la noche en el monasterio de Sakya, del que solo se conservaba el edificio principal, de paredes de tierra de casi dos metros de grosor. El templo está rodeado por inmensos pasillos con las paredes cubiertas de miles de volúmenes de textos antiguos apilados hasta el techo, a una decena de metros de altura. En la biblioteca del monasterio se conservaban también valiosos manuscritos en pali y en sánscrito, traídos de la India en los siglos XII y XIII por parte de Sakya Pandita y otros traductores ilustres.

Pero estos pocos monasterios que se habían salvado al menos parcialmente por razones aleatorias y diversas (en algunos casos, su antigüedad había hecho vacilar a las contadas personas responsables que formaban parte de la guardia roja), testigos de un pasado tan rico y vivo, se revelaron la excepción. Allá por donde pasábamos, descubríamos las tristes ruinas de los lugares más eminentes de la cultura budista tibetana, de los que no quedaban, en el mejor de los casos, más que algunas paredes. Con el corazón en un puño y el peso del sentimiento lacerante de la transitoriedad de todas las cosas, me invadía una sorda tristeza ante la magnitud de los sufrimientos soportados por los tibetanos. Me horrorizaba la locura de quienes, en nombre de ideologías sectarias, habían reducido a polvo aquellos tesoros, fruto de la paciente labor de monjes, artistas y artesanos afanosos por ofrecer el envoltorio más digno y precioso para acoger la riqueza de su espiritualidad y la profundidad de su sabiduría. En el colmo de la crueldad fanática, con gran frecuencia los comunistas chinos habían obligado a los tibetanos, bajo amenazas, a desacralizar y destruir ellos mismos aquello que para ellos era lo más valioso.

Dilgo Khyentse Rinpoche sentía con mayor crueldad que nosotros toda aquella devastación. Él había visitado aquellos lugares intactos y había conocido a no pocos de los lamas que vivían en ellos. Buen número de maestros espirituales que no habían podido huir a tiempo del Tíbet fueron ejecutados o murieron de hambre, por enfermedad o a consecuencia de las torturas infligidas en las cárceles y los campos de concentración chinos.

Yo imaginaba con nostalgia el pasado esplendor de aquellos lugares, habitados por la presencia de los grandes maestros difuntos.

Pero Khyentse Rinpoche era demasiado consciente de la naturaleza efímera e ilusoria de las cosas como para manifestar emociones corrientes, tales como la ira o el resentimiento. Aquí y allá, a petición de los monjes y lamas que habían regresado desde hacía poco a sus monasterios o a lo que quedaba de ellos, Khyentse Rinpoche impartió enseñanzas. Dio también su bendición a los fieles que se congregaban con fervor allá por donde pasaba.

*

Desde Shigatse, nos dirigimos a Samye, el «Inconcebible», llamado así porque sus dimensiones espirituales desafían a cualquier intento de descripción. Fue aquí donde, en el siglo VIII, el maestro Padmasambhava y el abad Shantarakshita fundaron el primer gran monasterio del Tíbet, bajo el patrocinio del rey Trisong Detsen. Para llegar a Samye tuvimos que cruzar el río Tsangpo, que en este lugar tiene casi un kilómetro de anchura. Quince de nosotros nos apelotonamos en una larga lancha propulsada por un motor fueraborda y ganamos la orilla opuesta zigzagueando para evitar los bancos de arena. A continuación nos instalamos en un gran remolcador tirado por un tractor, que nos llevó a trancas y barrancas por la pista arenosa que bordea el río hasta la planicie en la que se erige el monasterio de Samye, enclavado entre un semi círculo de colinas al norte y el río al sur.

Siendo adolescente, había leído y releído durante años, al ritmo de unas páginas diarias, la *Balada de Padma*, la vida de Padmasambhava, traducida del tibetano con un estilo maravillosamente poético e inspirador, aunque bastante libre, y publicada en 1930 por Gustave-Charles Toussaint, que era entonces diplomático en China.[2] Curiosamente, mi padre, poco dado a la espiritualidad, había encontrado aquel ejemplar en una librería de antiguo de Aix-les-Bains, en Saboya, y se lo había regalado a mi madre el día de mi nacimiento. A buen seguro no sospechaba que un día la vida me llevaría a este lugar único en el mundo y primordial en la vida de Padmasambhava.

Fue aquí también donde, por inspiración de Padmasambhava y del gran pandit indio Vimalamitra, un centenar de traductores tibetanos, en asociación con eruditos provenientes de la India, tradujeron del sánscrito al tibetano la inmensa mayoría del canon budista existente en la India. Así pues, resulta difícil describir la mezcla de alegría y fervor que sentí cuando el monasterio se reveló por fin ante mi mirada maravillada.

Este monasterio, bendecido por todos los monjes del Tíbet que impartieron sus enseñanzas durante más de doce siglos, había sufrido terriblemente por el paso del ejército rojo. Del templo principal no subsistía más que la planta baja y el primer piso; tan solo algunos, de entre el numeroso resto de templos, aguantaban todavía en pie. Las ciento ocho estupas que coronaban la pared del recinto habían sido desmanteladas. En el interior del templo principal, algunos raros vestigios de los frescos destruidos daban testimonio de la belleza de los tesoros perdidos. Las estatuas estaban destrozadas, algunas despanzurradas. Milagrosamente, en el primer piso se había salvado una preciosa estatua del buda de la vida infinita, Amitayus, de varios metros de alto y fabricada con una aleación de cinco metales llamada «lima». Incluso la famosa estatua a tamaño natural de Gurú Padmasambhava, llamada «Semejante a mí» y realizada a imagen del «Maestro Nacido del Loto», había sido destruida. En su lugar, una vieja foto acartonada testimoniaba su majestad de antaño. Algunas estatuas de reciente factura habían sido instaladas sobre el altar del templo. Khyentse Rinpoche permaneció largo tiempo rezando por el renacimiento del budismo en la Morada de las Nieves y por el bien de los tibetanos.

Yo tomaba frecuentes fotografías, lo que me valió una ambigua observación por parte de la autoridad llegada desde Pekín, quien con una sonrisa de suficiencia me dijo: «Me habían dicho que estabas al servicio de Dilgo Khyentse, pero parece que también eres fotógrafo, ¿verdad?».

Antes de abandonar el Tíbet central, Rinpoche presentó una lista de peticiones a los funcionarios chinos. Solicitó en particular que se otorgara un permiso para restaurar Samye, subrayando su importancia para la herencia cultural mundial. El gobierno dio su autorización, y Amdo Lhungtok, el mismo que había intervenido en la edificación de la estatua de Padmasambhava en el templo de Jokhang, reunió fondos y mano de obra para emprender los trabajos. El rey de Bután, siguiendo la inspiración de Khyentse Rinpoche, ofreció por intermediación del gobierno chino una importante contribución destinada a la restauración del complejo. En 1990, tras unas obras de gran envergadura, Khyentse Rinpoche iba a volver por última vez al Tíbet para consagrar el templo, soberbiamente restaurado.

En compañía de Tulku Pema Wangyal, ascendimos a las famosas ermitas de Chimpu, a dos horas de marcha desde Samye, lugar en el que Gurú Padmasambhava impartió sus enseñanzas a sus veinticinco discípulos más estrechos, y donde Gyalwa Longchen Rabjam y Rigdzin Jigme Lingpa, dos de los más grandes maestros de la historia del Tíbet, vivieron largos periodos de retiro.

Después de atravesar el río, visitamos Tsering Djong, lugar donde vivió, en el siglo XVIII, Rigdzin Jigme Lingpa, en el fondo de un pequeño valle. Posteriormente nos dirigimos al monasterio de Mindrolling. Todavía conservo en la memoria la silueta de Tulku Pema Wangyal a horcajadas sobre una de las paredes en ruinas del que había sido uno de los lugares más sagrados de la tradición Nyingmapa del budismo tibetano, contemplando la magnitud de la destrucción. Algunos valiosos frescos se habían salvado, en especial el que representaba a Gurú Padmasambhava, situado en un pasaje aledaño a la entrada de uno de los templos. Se cuenta que cuando uno de los maestros más respetados de la historia de este monasterio, Minling Terchen Gyurme Dorje (1646-1714), regresó tras un largo viaje, la imagen de Padmasambhava exclamó: «¡Ugye!», una expresión utilizada para acoger a alguien que llega de lejos. Significaría algo así como: «¡Qué cansado debes de estar!».

Al final de la tarde, Rinpoche recibió la visita de Gangri Lopön, maestro de retiros que había pasado años en las ermitas y cuevas de Gangri Thökar, la «Montaña de Picos Nevados» situada a casi cuatro mil metros de altitud y en la cual vivió en el siglo XIV Gyalwa Longchen Rabjam («Victorioso del Espacio Infinito»), quien redactó en una de estas cuevas sus célebres tratados, conocidos con el nombre de los «Siete Tesoros» y que exponen los aspectos más profundos de la filosofía y de la práctica del budismo. Khyentse Rinpoche y Gangri Lopön no se habían visto desde hacía treinta años. Pasaron varias horas conversando en la intimidad.

Sentado en silencio, no me perdí ni un instante de aquel encuentro y me deleité con la feliz quietud con que aquellos dos seres espiritualmente realizados se reencontraban como si se hubieran separado el día anterior, sin muestras de efusividad, pero desprendiendo esa nobleza natural propia de los sabios dotados de una perfecta libertad interior. A la mañana siguiente, se despidieron sin afectación, sabiendo que no iban a volver a verse nunca más.

Partimos de regreso a Lhasa, donde Khyentse Rinpoche celebró nuevas ceremonias de ofrenda en el templo de Jokhang. Acto seguido se dirigió a Tsurpu, el monasterio donde habían vivido las encarnaciones sucesivas de los Karmapa, mientras yo acompañaba a Tulku Pema Wangyal a Nyemo, un hermoso valle repleto de lugares de peregrinación, lugar de nacimiento de su madre y donde aún vivían algunos familiares.

Quince días después de nuestra llegada al Tíbet central, volvimos a coger el avión, de vuelta a Chengdu. Después de un inicio tan rico en experiencias, no esperaba una epopeya como la que íbamos a vivir en el Tíbet oriental, que iba a superar todas mis expectativas.

EN EL TÍBET

En 1985, Dilgo Khyentse Rinpoche regresa al Tíbet después de treinta años de exilio. La primera parte del viaje nos lleva a atravesar el Tíbet central. Estamos aquí en el paso de montaña de Tangula, a 5.058 m de altitud, delante del Nöjin Kangsa.

Tulku Pema Wangyal, hijo mayor de Kangyur Rinpoche, contempla las ruinas del monasterio de Mindrolling, que había sido la sede de algunos de los más grandes maestros y eruditos del Tíbet antes de que la China comunista ordenara su destrucción. 1985.

Travesía del río Tsangpo (Brahmaputra) en una barcaza de fondo plano, en dirección al monasterio de Samye, en el Tíbet central. 1985.

En el Tíbet oriental, al no existir carretera, Dilgo Khyentse Rinpoche es transportado en una litera. Lo precede un monje portador de una sombrilla de brocado en señal de honor. 1985.

CAPÍTULO 25

EL TÍBET ORIENTAL

> Escenas de júbilo en el recorrido de Dilgo Khyentse Rinpoche por el Tíbet oriental, su región de nacimiento. Fotografió más de diez mil miniaturas que fueron camufladas durante la Revolución Cultural.

El corto verano tibetano comienza a mediados de junio, coincidiendo con el inicio de la estación de lluvias. Sin más demora, abandonamos la grisura de la capital de Sichuan, Chengdu, y el calor húmedo de los llanos, para llegar a Darzedo, dos días más tarde. Antes de la invasión china, Darzedo era la ciudad que hacía de frontera entre China y el Tíbet. Situada a dos mil quinientos metros de altitud, por ella transitaban las caravanas con las cajas de té que servía para preparar la bebida preferida de los tibetanos, el té con mantequilla salada. Chazam, el «Puente de Hierro», constituía el punto simbólico de esta antigua frontera. Fue construido en el siglo XIV por el gran yogui Thangtong Gyalpo, de quien se dice que vivió ciento veinticinco años y construyó ciento ocho puentes en el Tíbet y Bután. Para ello, forjaba largas cadenas formadas por enormes eslabones de un hierro muy puro que no se ha oxidado después de seis siglos. Buen número de estos puentes siguen utilizándose hoy en día y se han convertido en lugares de peregrinación. En 1985, Darzedo no era más que una pequeña localidad de arquitectura sino-tibetana. En la actualidad es una prefectura con grandes tiendas y hoteles lujosos.

Al abandonar el encajonado valle de Darzedo, mi mente se expandía, abrazando los espacios abiertos a medida que la carretera se elevaba hacia el paso que lleva a la meseta tibetana. Liberada de sus preocupaciones habituales, estaba totalmente absorta en la contemplación del majestuoso paisaje que se extendía hasta el infinito. El silencio de los pensamientos se adecuaba al de la naturaleza en las alturas. Al alcanzar el paso de Jara Lhatse, a cuatro mil metros de altitud, apareció ante nuestros ojos el Kham, como una revelación. Dejando atrás gargantas y bosques, nos adentrábamos en la inmensidad de las verdes mesetas en las que pacían innumerables yaks. Distinguía las tiendas de los nómadas, tejidas con crin de yak negro, que se sostenían en pie mediante estacas clavadas en el perímetro exterior, y unidas por guirnaldas de banderas de plegarias multicolores. Aquel nuevo mundo me exaltaba: las siluetas de las mujeres atareadas batiendo mantequilla, los niños llenos de curiosidad ante aquellos visitantes inesperados, los brincos de los jóvenes yaks asustados por nuestros vehículos y los ladridos de los mastines que tiraban con furia de sus cadenas junto a las tiendas, de las que se elevaba un ligero humo blanco…

Nos cruzábamos con caravanas de jinetes que avanzaban sobre una abigarrada alfombra de flores, silbando para agrupar a los yaks de su manada y a algunas ovejas vigiladas por grandes perros. Vestidos con gruesas pieles de cordero y abrigos de lana, partían con sus familias para la trashumancia, hacia los pastos de altitud veraniegos. Las mujeres lucían en el trenzado cabello adornos de coral, de ámbar o de turquesa. Algunas llevaban entre los pliegues del abrigo un bebé bien abrigado, de tez muy clara y mejillas enrojecidas por el viento.

Aquí y allá, se veían caballos galopando en libertad por la pradera. Seguíamos el curso de ríos de aguas cristalinas y atravesábamos algunos bosques de abetos salvados de la desforestación masiva que había dejado las laderas montañosas desnudas, erizadas de tocones desmochados. Habían habilitado pistas a modo de corredor, por las que hacer deslizar los troncos hasta las carreteras o los ríos. Durante el viaje desde Chengdu, nos habíamos cruzado con incontables camiones pesadamente cargados de troncos de árboles centenarios, destinados al consumo chino, además de la multitud que se transportaban también por los grandes ríos.

Teníamos que modificar nuestras referencias y adaptarnos a la desmesura. Al sur, a lo lejos, emergía de entre su palacio de nubes el Minya Konka, con sus 7.600 m: un espectáculo fuera de toda norma. Al norte, más cercana, dominando los verdes pastos, se erigía la magnífica prominencia rocosa cubierta de nieves perpetuas del Minyak Rabgang, una de las seis montañas sagradas del Tíbet.

De junio a agosto, las praderas se cubren de ranúnculos, las primeras flores en eclosionar, y luego florecen las gencianas azules y los blancos edelweiss. Un paraíso efímero que no tardará en ser barrido por los fríos del otoño y las heladas invernales. Una multitud de pikas, pequeños roedores llamados *abras* en tibetano, recorren la pradera en todos los sentidos y se meten precipitadamente en su madriguera ante la llegada de un intruso. A la vista de un águila, las marmotas lanzan sus estridentes gritos de alarma.

En la época de aquel primer viaje, no existían sino pistas de tierra batida por las que nuestros vehículos discurrieron traqueteando durante cuatro días antes de llegar al monasterio de Shechen. En la actualidad, este mismo trayecto puede realizarse en una sola, aunque larga jornada. A pesar de que en los altiplanos las zonas pobladas están muy diseminadas, el boca a boca surtió efecto: a lo largo de la carretera se daban citas nómadas y lugareñas, por pequeños grupos. Habían preparado fuego, y hacían arder fogatas de ramas de pino y de enebro, que llenaban el aire de volutas blancas y aromáticas. A nuestro paso arrojaban lluvias de flores. Habían dispuesto también a lo largo de nuestro recorrido grandes jarras de madera con yogur y tinajas de cobre llenas de agua pura, símbolo de buen augurio.

Al pasar nuestro cortejo, los fieles entusiastas hacían lo que podían por detenernos y se precipitaban contra el cristal de la ventanilla de Rinpoche, con el fin de recibir su bendición. Las madres izaban a sus hijos de enrojecidas mejillas por el frío aire y los sostenían a la altura de Rinpoche, para que este posara su mano sobre su cabeza y los envolviera con su mirada amorosa acompañada de una dulce sonrisa. Nosotros, por nuestra parte, repartíamos cuerdecillas protectoras, que la gente se anudaba al cuello, así como sustancias elaboradas a base de plantas medicinales, mezcladas con reliquias de santos del pasado. Estos gránulos marrones, llamados *mendrup* (medicina bendita), habían sido consagrados en Nepal durante una ceremonia de siete días y siete noches. Algunos lanzaban al vuelo una pregunta, o pedían una oración por un familiar difunto o enfermo. Tales escenas se repitieron a lo largo de todo el trayecto, por lo que no avanzamos mucho durante aquel primer día en las altiplanicies del Kham.

Una gran multitud nos recibió en el monasterio de Lhagong. Khyentse Rinpoche tomó asiento en un trono dispuesto delante del porche del monasterio, desde el cual, durante media hora, impartió enseñanzas sobre los fundamentos del Dharma: cómo refugiarse en la Iluminación de Buda, cómo cultivar el amor altruista y la compasión, cómo ordenar la propia conducta con el fin de no infligir daño alguno al prójimo y, a ser posible, aportar bienestar a los demás. Acto seguido bendijo a la multitud que desfiló ante él. Los rostros que advertí en aquella atenta concurrencia eran solemnes, de rasgos firmes y mirada limpia como el cielo. Se desprendía de ellos una confianza y una seguridad inflexibles, en las cuales los largos años de ocupación china no habían hecho mella alguna. Su fortaleza anímica se transparentaba en sus ojos luminosos. Unos viejos monjes hacían girar sin descanso enormes ruedas de oración, con la mirada clavada en Khyentse Rinpoche. Algunos fieles mantenían largo rato las manos juntas a la altura del pecho, con el rostro impregnado de un fervor cuya intensidad hacía aumentar el hecho de que ningún lama de aquella envergadura hubiera visitado aquellos lugares desde hacía tanto tiempo.

Pasamos la noche en Tawu, en los alojamientos dispuestos para uso de los funcionarios de paso. A la mañana siguiente, antes de reanudar la marcha, Khyentse Rinpoche dispensó consejos espirituales, así como su bendición, a los habitantes de la pequeña ciudad, que se habían reunido en una explanada.

Hacia mediodía, cerca de un paso de montaña, una delegación de monjes llegados desde el monasterio de Shechen nos esperaba en una extensa pradera florida. Aprovechamos para concedernos un alto y un pícnic en aquel ameno lugar, mientras las personas de más edad, que habían conocido a Khyentse Rinpoche durante los años cincuenta, se enzarzaban en conversaciones animadas, entregados al gozo de un reencuentro que ya no esperaban. La mayoría de ellos habían pasado una veintena de años en los campos de trabajos forzados que los chinos habían implantado en la región, pero no se dejaban abrumar demasiado por los sufrimientos pasados, sino que trataban de remitirse a las posibilidades de un renacer que se ofrecían en el monasterio. Mientras escuchaba con una gran sonrisa, Khyentse Rinpoche le tiraba afectuosamente de la barba a un maestro de cánticos (el encargado de entonar la recitación de los rituales, conocedor de todos sus pormenores), particularmente locuaz, que estaba sentado en la hierba delante de él. El ambiente era festivo. Los monjes se subieron luego en la parte trasera del camión que los había traído, con la cara al viento, por una carretera serpenteante que nos condujo a través de dos pasos de montaña hasta los verdes valles.

Al cabo de dos días, llegamos a las proximidades de Shechen, destino de nuestro viaje. Unos diez kilómetros antes del monasterio, en un amplio llano iluminado por la luz deslumbrante del Tíbet oriental, nos esperaban trescientos jinetes de rostro curtido por el sol, tocados con unos gorros blancos en forma de pantalla, llamados «sombreros de bienvenida», y enarbolando estandartes multicolores que chasqueaban al viento. Los monjes se habían presentado con gran pompa para recibir a Khyentse Rinpoche en su regreso después de un exilio demasiado largo. El cortejo se detuvo y los jinetes desfilaron en círculo alrededor del vehículo de Dilgo Khyentse Rinpoche. Todos se despojaban del sombrero respetuosamente al pasar por delante de él, para salir acto seguido al galope con el fin de poder estar presentes a nuestra llegada al monasterio. Los monjes no eran los únicos en esperarle. Provenientes de las alturas, los nómadas de la región se apresaban en los alrededores para asistir a aquel gran acontecimiento. Al salir de uno de los meandros del río junto al que circulábamos, avistamos por fin el valle en suave declive de Shechen, cubierto por una multitud de tiendas blancas en las que acampaban aquellos que habían viajado desde lejos para ver a Khyentse Rinpoche. Sus caballos formaban pequeños puntos negros, blancos y pardos en las vertientes del valle.

Del monasterio original, construido en el siglo XVII, no quedaban más que ruinas. Algunas paredes de tierra, de un metro cincuenta de grosor, recordaban que antaño se había elevado en aquel lugar uno de los monasterios más famosos, debido a la reputación de sus maestros espirituales y eruditos. En el Kham, la destrucción de monasterios había sido particularmente severa. Tan solo media docena, de entre los miles de monasterios diseminados por la región, seguían en pie, más o menos intactos. Del gran complejo monástico de Shechen, únicamente subsistía un pequeño pabellón, otrora dependencia del colegio de filosofía, situado en el fondo del valle, a unos centenares de metros de las ruinas del templo principal. El resto había quedado arrasado.

Ante la llegada del vehículo de Rinpoche, la estridencia de los oboes, el tañido de los címbalos y el grave mugido de las trompas de cuatro metros de largo resonaron desde la terraza de los restos del colegio de filosofía en el que Khyentse Rinpoche y su entorno íbamos a alojarnos durante dos meses. Primeramente, una procesión de monjes y músicos condujo a Rinpoche hasta una gran tienda blanca bajo la que tomó asiento, junto con su esposa Khandro Lhamo y su nieto Rabjam Rinpoche. En cuanto se hubieron sentado, una larga fila de monjes y laicos comenzó a desfilar ante ellos, con la mirada impregnada de un intenso fervor, ofreciendo unas estolas blancas, gesto de respeto tradicional en el Tíbet. En el momento de recibir la bendición, pocos eran capaces de contener las lágrimas, presa de un torrente de emociones en que se mezclaban la devoción y la alegría, y en que estaba presente el duro recuerdo de las tragedias por las que habían pasado. Algunos murmuraban unas breves frases, o pronunciaban su nombre para recordarle a Khyentse Rinpoche quiénes eran: habían pasado casi treinta años... Khyentse Rinpoche les sonreía, reconocía un rostro familiar, les dirigía unas palabras de aliento. Mientras atendía a Khyentse Rinpoche, pude tomar algunas instantáneas de aquellos momentos tan emotivos. Al cabo de varias horas, una vez dejó de fluir aquel torrente humano, se habían acumulado tres grandes montículos de estolas ceremoniales delante de cada uno de los tres personajes honorables: Khyentse Rinpoche, Rabjam Rinpoche y Khandro Lhamo. Khyentse Rinpoche pudo entonces conversar con los antiguos miembros del monasterio, mientras se servía generosamente té con mantequilla salada. Tenían tantas cosas que contarle: las terribles pruebas que habían tenido que soportar, las noticias de los supervivientes, la larga lista de desaparecidos... Aquel día, no obstante, se dio prioridad a la alegría de volver a verse. Con el retorno de sus maestros espirituales, el sol salía de nuevo en su corazón después de una larga noche oscura, para hacer retroceder un poco las tinieblas de los recuerdos dolorosos.

Por mi parte, vivía un raro momento de una gran intensidad y profundamente inspirador. Bebía hasta saciarme de aquella fuente de aguas cristalinas, sin intentar conceptualizar la experiencia vivida, que de todos modos estaba más allá de mi entendimiento. Mi mente quedaba así abierta a la novedad del instante, de modo que los acontecimientos se imprimían directamente en ella como las imágenes sobre una película. Aún hoy, y a pesar de la distancia temporal, las palabras siguen revelándose impotentes para transcribir mi vivencia íntima: hay realidades desnudas que a veces sobrepasan el estrecho marco de los conceptos.

Durante los días sucesivos se desarrolló un festival de danzas sagradas en el que participaron ciento cincuenta bailarines y músicos, todos ellos monjes del monasterio. Cada año, este festival constituye un acontecimiento destacado en el calendario de Shechen, pero durante la ocupación china su celebración era impensable. Los monjes habían sido expulsados del monasterio, la mayoría de ellos encarcelados por una veintena de años, o enviados a trabajos forzados. Algunos fueron obligados a romper sus votos y casarse. Lo mismo sucedió con los conventos de religiosas. Durante aquel oscuro periodo, los monjes y las monjas no podían llevar sus hábitos monásticos, y quienes eran sorprendidos musitando oraciones sufrían severos castigos. En Shechen, desde hacía un año parecía haberse iniciado cierta flexibilización. Se había autorizado a los monjes a reunirse y a recuperar sus tradiciones. Puesto que se habían destruido las máscaras y los trajes de danza de brocado, se habían fabricado otros nuevos apresuradamente. En el periodo comprendido desde 1985 hasta hace pocos años, tímidamente y bajo control gubernamental, el Tíbet ha conocido un renacimiento que, aunque sometido al yugo de un régimen totalitario, no ha dejado de vivirse con alegría. La mayor parte de los monasterios han sido reconstruidos, y un número limitado de monjes y monjas han podido reanudar sus estudios y su práctica espiritual.

Cuando concluyeron las danzas, a petición de los numerosos lamas de los alrededores y de los eremitas y eruditos llegados de todas partes, así como de los monjes de Shechen, Khyentse Rinpoche impartió durante una semana una serie de iniciaciones, transmisiones de textos a través de la lectura e instrucciones espirituales.

Después, Khyentse Rinpoche quiso pasar una noche en el lugar donde antaño se elevara, en la parte alta de la montaña, la ermita de Shechen Gyaltsap, su maestro principal. Como no podía ya desplazarse sin ayuda, fue transportado en una silla a tal efecto. De la ermita no quedaba nada. Rinpoche acampó bajo las estrellas en un pequeño rellano y los demás durmieron desperdigados en el bosque y las cuevas circundantes. Yo formé parte de quienes, junto con Rabjam Rinpoche, desplegamos nuestros sacos de dormir en torno a Khyentse Rinpoche. Este practicó y recitó sus plegarias como de costumbre, descansando imperturbablemente en la ecuanimidad de la Iluminación. La comunión de la realización espiritual que lo unía a través del tiempo con su maestro, Shechen Gyaltsap, era inconmensurable, pero no se manifestaba en los arrebatos emocionales que suelen asociarse en la cultura occidental con los grandes acontecimientos. Aquel retorno a las fuentes, en un lugar en el que Khyentse Rinpoche había vivido con su maestro y recibido tantas enseñanzas, fue un hecho notable y al mismo tiempo de una gran simplicidad. Se ha reconstruido una ermita en el emplazamiento del antiguo lugar de retiro de Shechen Gyaltsap.

*

Antes de partir de Hong Kong, Khyentse Rinpoche, que habitualmente no se interesaba mucho en mis actividades fotográficas, me había instado a procurarme una buena cantidad de rollos de película. Ahora, iba a tener ocasión de fotografiar preciosas miniaturas, pinturas tradicionales sobre tela (los famosos *thangkas*), estatuas y otros objetos sagrados que habían escapado al saqueo de la herencia espiritual tibetana. Además de la cincuentena de rollos de diapositivas que había llevado (cantidad inusitada para mí, puesto que contaba con pocos medios y fotografiaba con moderación), me había provisto de la misma cantidad de negativos, que iban a permitirme realizar fácilmente una serie de positivados. Ello debería haberme bastado ampliamente, de acuerdo con mis estimaciones, pero en realidad me había quedado muy corto. Una vez llegado al monasterio de Shechen, Khyentse Rinpoche pidió a los responsables de los monasterios de la región que trajeran todo cuanto hubieran podido salvar de la destrucción. Se trataba principalmente de *tsaglis*, miniaturas de la talla de una mano, pintadas por lo general sobre una tela a la que se ha dado previamente una capa de recubrimiento, y en las que se representan numerosas deidades del budismo tibetano. Cada una de ellas simboliza un aspecto particular de la Iluminación, como la sabiduría, la compasión y la acción en bien de los demás seres. Se utilizan durante rituales de iniciación que transmiten a los discípulos el permiso para efectuar las prácticas contemplativas asociadas con los principios o cualidades que simbolizan. Cuando llegaron los *tsaglis* del monasterio de Dzongsar, ocupaban dos cajas llenas, es decir, ¡más de cinco mil ejemplares! Apenas tenía con que fotografiar una tercera parte. En Shechen no había teléfono ni electricidad, por aquella época, pero por intermediación de las personas que iban y venían entre Shechen y Chengdu, pude encargar una nueva provisión de rollos. Sin más demora, me apliqué a la tarea de inmortalizar aquellos inestimables documentos, tras instalarme en la terraza del templo del colegio de filosofía. No tardó en presentarse una dificultad material: la identificación de cada carta estaba caligrafiada en el reverso. Habida cuenta de su número, me era imposible fotografiar el anverso y el reverso de cada una de ellas. Decidimos entonces copiar la información a mano, tarea de la que se encargaron Pema Wangyal Rinpoche y Tulku Kunga, poseedores ambos de una bonita letra. A continuación recorté y pegué las identificaciones en el borde inferior de las imágenes, que generalmente están rodeadas de un ancho margen rojo. Finalmente, fotografié una serie de imágenes y despegué las etiquetas. Esta misión nos ocupó varios días. Había también varios centenares de mandalas de mayor talla para imprimir en película. Todo este precioso material se conserva en los Archivos Shechen del monasterio de Shechen en Nepal, a disposición de todos aquellos que quieran obtener imágenes positivadas. También lo hemos digitalizado.

*

En aquella época, las fotos de maestros espirituales eran todavía raras. Sobre el altar familiar de los hogares tibetanos podía encontrarse a lo sumo una pequeña fotografía en blanco y negro de algún sabio conocido. Sabiendo que podrían constituir un regalo apreciado, habíamos hecho reproducir en Chengdu un millar de retratos de Khyentse Rinpoche para repartirlos entre los fieles. No habíamos sido conscientes de hasta qué punto iban a andar buscados. Empezamos por ofrecerlos a cada una de las personas que venían al encuentro de Khyentse Rinpoche. Pronto se extendió la noticia por los alrededores y, allá donde fuéramos, nos veíamos asaltados por personas que nos pedían fotos.

¡Un nómada llegó a prometernos perdonar la vida de cien yaks y corderos a cambio de una sola fotografía! Las familias nómadas suelen poseer por regla general una veintena de animales, quizás hasta unos centenares en las regiones más prósperas. Las *dris* (hembras del yak) y *dzomos* (hembras del dzo, animal resultado del cruce entre dri y vaca) se crían para la obtención de leche, utilizada principalmente para la producción de mantequilla y queso. Los nómadas suelen matar muy pocos animales y todavía en tiempos recientes rehusaban venderlos a los comerciantes chinos que los destinaban a los mataderos de las grandes ciudades. Una familia de nómadas mata cada otoño un yak de media tonelada, cuya carne hace secar a modo de reserva para el resto del año. Cierta tradición pide que los nómadas hagan la promesa a un lama de perdonar la vida de cierto número de animales para que mueran de muerte natural. Como símbolo de este compromiso, cortan un pedacito de la oreja del animal y le pasan un hilo rojo, que entregan al lama depositario del juramento. Esta costumbre recibe el nombre de *tse thar*, lo cual significa literalmente «liberación de la vida».

Cuando el mencionado nómada nos propuso intercambiar una foto por la vida de cien animales, comprendimos que se trataba de un buen negocio, que salvaría la vida de un gran número de animales más. Cuando las fotos comenzaron a escasear, regateábamos pidiendo por cada foto la gracia para un número de animales cada vez mayor. Este trueque misericordioso, sumado a las promesas que los nómadas habían hecho por su cuenta a Khyentse Rinpoche, permitió salvar en dos meses unas tres mil cabezas de ganado. Los nómadas nos traían guirnaldas hechas con pedacitos de orejas ensartadas en una cuerdecilla como prenda de su promesa.

En cierta ocasión nos enzarzamos en una negociación aún más cómica. Tulku Pema Wangyal y yo estábamos bañándonos en el agua gélida del río que serpentea en medio del valle de Shechen (por supuesto no había ducha ni cuarto de baño en toda la región, ni siquiera agua corriente). Mientras nos dedicábamos a nuestras abluciones, un viejo monje nos observaba, con aire de estar pensando que los monjes procedentes de la India tenían en verdad unas costumbres muy raras. En aquellos tiempos, los tibetanos se bañaban una o dos veces al año, la mayoría de veces en fuentes de aguas termales. Existía una, por cierto, a diez kilómetros del monasterio. Cuando lo hacían, se pasaban varias horas metidos en aquella sauna natural, quitándose con energía las capas de mugre acumuladas durante todo el año y frotándose mutuamente, en ocasiones con ayuda de piedras planas.

Al salir del agua, invitamos en tono de guasa al viejo monje a que se bañara, una idea que él descartó riendo. Nos dijo que si se lavaba en el río con jabón chino perfumado, la gente murmuraría y diría que su disciplina monástica se había relajado un poco. Probamos con un argumento de choque: «Si te bañas, te damos una foto de Khyentse Rinpoche». El viejo monje vaciló unos instantes, pero la tentación era muy fuerte. Dejó su viejo hábito en la orilla, entró en el agua sin más prenda que el faldón interior y se restregó unos minutos con el jabón que le habíamos ofrecido. Acto seguido volvió a vestirse con presteza y se marchó con la preciada foto.

En la actualidad, la modernidad se ha abierto paso hasta estos parajes remotos, y abundan las fotos de todo tipo. Pero por fortuna, la costumbre de salvar cierto número de cabezas de ganado perdura. En 2010, por ejemplo, cuando regresamos al Tíbet en compañía de la encarnación de Khyentse Rinpoche, Dilgo Khyentse Yangsi Rinpoche, diversos propietarios reunieron varios centenares de yaks en la llanura de Shechen para que Yangsi Rinpoche bendijera a los animales, cuya vida se perdonó de este modo.

*

Durante aquel primer viaje de 1985, la mayor parte de los monasterios de la región invitaron a Khyentse Rinpoche a visitarlos. Hizo todo lo posible por cumplir con sus deseos, hasta donde se lo permitieran las autoridades.

Khyentse Rinpoche pasó en particular unos días en el monasterio de Dzogchen, vecino del de Shechen. En el siglo XVII, el V Dalai Lama delegó en dos maestros eminentes, Dzogchen Pema Rigdzin y Shalam Rabjam Tenpai Gyaltsen, la fundación en el Tíbet oriental de dos monasterios de tradición Nyingmapa. Fue así como surgieron Dzogchen y Shechen, situados a una quincena de kilómetros el uno del otro. Desde la carretera principal, se asciende hasta un pequeño paso montañoso desde el que se contempla la «Llanura en Forma de Loto» en cuya entrada se erige el monasterio principal de Dzogchen, que también debe su fama a su colegio de filosofía, el Shri Sinha, donde impartieron sus enseñanzas los más grandes eruditos de su tiempo, entre ellos Patrul Rinpoche. Buen número de eremitas han realizado retiros en las vertientes boscosas del valle y en las alturas que conducen a los glaciares de Khang Sitrön.

Durante la estancia de Khyentse Rinpoche en el monasterio de Dzogchen, Tulku Pema Wangyal me llevó a visitar estos lugares en las alturas. Nos acompañó Tsering Phuntsok,[1] uno de los funcionarios tibetanos que integraban nuestro grupo, y que poseía un excelente conocimiento de los alrededores. De carácter agradable, nos había demostrado amistad. Partimos, pues, con un bastón en la mano y una pequeña mochila a la espalda. Tsering Phuntsok se llevó también un hervidor para preparar té.

Ascendimos en primer lugar a Ngakchung, pradera situada al borde de la abrupta pendiente que dominaba el valle de Dzogchen, donde Patrul Rinpoche y Mipham Rinpoche, dos destacados maestros de comienzos del siglo XX, vivieron retirados.[2] Oportunamente, Tulku Pema Wangyal me contó un episodio de la vida de Patrul Rinpoche.

Todos los días, Patrul Rinpoche se marchaba a un lugar retirado para realizar su práctica, mientras su discípulo más estimado, Nyoshul Lhungtok, permanecía al pie de un gran abeto, donde efectuaba a su vez su práctica antes de preparar el té. Al regresar, Patrul se sentaba con él. Una tarde, a la hora del crepúsculo, Patrul extendió su estera de fieltro y se estiró de espaldas para contemplar el cielo y mezclar su mente con él. Lhungtok hizo lo mismo. Patrul le preguntó:

—¿Ves las estrellas que brillan en el cielo?

—Sí.

—¿Oyes los perros que ladran en el monasterio de Dzogchen?

—Sí.

—¿Oyes lo que decimos?

—Sí.

—Bien, ¡pues es eso mismo!

Lhungtok confesaría más tarde a sus propios discípulos: «En aquel instante, me vi penetrar directamente en la naturaleza de la conciencia iluminada, vacía, ¡en toda su desnudez! Una certidumbre inamovible me invadió, como emanada de mis entrañas, y me liberó de todas mis dudas». La presencia de su maestro y los numerosos años de práctica de la meditación conformaron en aquel momento una coyuntura propicia que le indujo de la manera más simple imaginable a esta profunda captación de la sabiduría primordial, la inseparabilidad de la conciencia iluminada y de la vacuidad.

Continuamos unos instantes allí tranquilos, imbuyéndonos de la enseñanza de aquella profunda anécdota, antes de proseguir la ascensión.

Por encima de Ngakchung se suceden tres lagos en gradación ascendente: el primero, en medio de floridos prados; el segundo, en un circo de rocas, y el tercero al pie de las nieves perpetuas. En las proximidades del primer lago, Tsering Phuntsok encendió un fuego y puso a hervir té, lo que nos permitió disfrutar de un buen bol de *tsampa* (harina de cebada tostada, mezclada con té caliente). Estábamos rodeados de gencianas, amapolas azules, flores amarillas en forma de tulipa y una profusión de edelweiss. Estos últimos crecen por todas partes en los prados de altitud del Kham, por lo que entonces me acordé de lo orgullosos que nos sentíamos mi madre y yo cuando encontrábamos un raro edelweiss en una cuesta rocosa y escarpada, en alguna de nuestras excursiones veraniegas por los Alpes.

A orillas del segundo lago había una serie de cuevas que durante cientos de años sirvieron de lugar de retiro a numerosos eremitas, entre ellos el gran yogui Kunga Palden, al que Dilgo Khyentse Rinpoche conoció cuando tenía diez años. Este último nos había contado que un día de invierno Kunga Palden oyó que alguien le llamaba. Sorprendido por aquella visita inesperada, salió de su cueva. Un hombre que llevaba un caballo agarrado por la brida le dijo que su anciana madre moribunda pedía perentoriamente volver a verle por última vez. Algo desconcertado, Kunga Palden siguió al hombre unos cuantos pasos, hasta que, pensándolo mejor, comprendió que era imposible que nadie pudiera subir hasta allí, menos a caballo, en aquella época del año, con la montaña cubierta por una gruesa capa de nieve. Se dijo que debía tratarse de una alucinación creado por algún espíritu maléfico. Cerrando los ojos, se puso a rezarle a su maestro espiritual con toda la fuerza de su devoción. Cuando volvió a abrirlos, el hombre y el caballo habían desaparecido. Kunga Palden se dio cuenta entonces con espanto de que estaba apenas a unos metros del precipicio cortado a pico sobre el lago, con una caída de veinte metros. ¡Se había librado por poco![3]

Para llegar al lago superior, había que escalar por algunos taludes de piedras, lo cual no era muy cómodo, vestidos como íbamos con nuestros hábitos monásticos. Tulku Pema Wangyal y yo los doblamos y los dejamos sobre una roca. Nos levantamos el faldón interior hasta las rodillas y llegamos por fin hasta el lago, que se extiende como un espejo eternamente en calma al pie de los picos nevados. Tras rezar algunas oraciones, ofrecer incienso e inmortalizar el momento con algunas fotos, volvimos a bajar sin volver a detenernos, para estar de vuelta antes de la noche.

A la mañana siguiente, los tres caminamos hasta el fondo del valle para visitar la cueva de Yamantaka, donde Patrul Rinpoche redactó su famosa enseñanza *El camino de la Gran Perfección*, en la cual destaca el elogio que hace de los lugares donde «el hastío del *samsara*, la determinación por liberarse de él, la confianza, la visión pura, la concentración y la contemplación nacen sin esfuerzo». Me costó establecer un vínculo entre aquella humilde cueva y un libro tan esencial, que se tradujo en primer lugar al francés por parte de mi amigo Christian Bruyat, y luego a otras muchas lenguas. La cueva se enmarca en un entorno apacible rodeado de pequeños árboles, a dos horas de camino del monasterio. A unos centenares de metros, las aguas gélidas y tumultuosas de un impetuoso torrente bajan de los glaciares que cierran el fondo del valle a unos kilómetros de la cueva. Esta se abre en una inmensa roca incrustada en la montaña. El espacio interior se prolonga ocupando un espacio de unos tres por cuatro metros. En la pared rocosa hay dispuesto un pequeño altar. El ermitaño que vivía en ella en la época de nuestra visita se había habilitado un lecho con un delgado colchón extendido sobre unas tablas. En el bosque vecino, diversos pequeños claros cubiertos de flores constituían el lugar de predilección para la meditación de numerosos yoguis. No lejos de la cueva aflora una gran roca de en medio del prado, sobre la que le gustaba sentarse a Patrul Rinpoche para enseñar.

En la vertiente opuesta, cara al sur, se abría otra cueva, Tsering Djong («El Bosquecillo de la Diosa de Larga Vida»), a la que llegamos cruzando el río por un puente de inestables maderos. Dodrup Thrinle Öser y Do Khyentse Yeshe Dorje, dos maestros de los siglos XVIII y XIX respectivamente, estuvieron largo tiempo de retiro en ella. Cuando Thrinle Öser vivió en la cueva, sus provisiones se agotaron antes de lo que pensaba, pero rehusó interrumpir su retiro y decidió no alimentarse más que de un solo cuenco de *tsampa* al día. La leyenda dice que Tseringma, la protectora del Dharma, le trajo a diario en persona un cuenco de yogur.

*

Khyentse Rinpoche obtuvo también autorización para visitar su valle natal, Denkhok, a orillas del Drichu (el río Yangtsé). El Drichu hace de frontera natural entre el Kham y el Tíbet central, cuya denominación oficial es en la actualidad «Región Autónoma del Tíbet». Dilgo

Khyentse Rinpoche nació en Sakar, la «tierra blanca», situada en la orilla opuesta del Drichu. Al cruzar el puente, controlado por el ejército, se abandona la provincia de Sichuan para entrar en la Región Autónoma del Tíbet, dependiente de otra administración que no reconocía la autorización concedida a Khyentse Rinpoche, válida únicamente para Sichuan. Además no había ninguna carretera transitable para llegar hasta Sakar. De modo que Khyentse Rinpoche no pudo visitar la localidad. Pero en cuanto se difundió la noticia, los allegados de la familia Dilgo, lugareños y nómadas de los alrededores, acudieron a su encuentro en Denkhok, y el reencuentro fue profuso en emociones.

También numerosos leprosos vinieron a pedirle a Khyentse Rinpoche que rezara por ellos (en dos días debimos de encontrarnos con una veintena). Al año siguiente, con ocasión de una visita de Khyentse Rinpoche a Francia, propuse a un buen amigo que hablaba tibetano, Christian Bruyat, que viajara a la región con un miembro de Médicos Sin Fronteras con el fin de estudiar la posibilidad de implantar un programa de atención sanitaria. Aunque por entonces la zona tibetana de la provincia de Sichuan estuviera todavía vedada a los extranjeros, lograron, no sin dificultades, llegar a Denkhok y comprobaron la fuerte incidencia de la lepra en el valle. Cuando se ofrecieron a las autoridades locales para ayudar a implantar un programa de tratamiento y prevención, la respuesta fue que la lepra no era un problema grave en la región, que no tenían nada que hacer allí y que tenían que marcharse de inmediato. Antes de abandonar Kham, Christian consiguió llegar al monasterio de Dzogchen y desde allí ascender hasta la cueva en la que Patrul Rinpoche escribió *El camino de la Gran Perfección*, que él había traducido al francés.

Khyentse Rinpoche aprovechó la estancia para visitar el templo principal de Denkhok, que alberga una pequeña estatua, de entre las más preciosas en su género, y en busca de cuya bendición acuden multitud de peregrinos. En el siglo XVII, en una época en que el valle había sufrido devastadoras inundaciones, habían enviado a Lhasa una delegación para pedirle al V Dalai Lama su protección espiritual para los ribereños del Drichu. Después de orar durante sus meditaciones diarias, el Dalai Lama decidió enviar una estatua de Tara, *Dolma* en tibetano (literalmente, «Liberadora», o «Aquella que Conduce a la Otra Orilla» del océano del *samsara*), quien había hecho el voto de renacer como mujer hasta alcanzar la Iluminación, el estado de buda.

Se dirigió a su templo privado y pasó revista a las diferentes estatuas de Tara que se encontraban en él, a fin de elegir una para enviarla a Denkhok. Cuentan que, en ese momento, una de las estatuas se manifestó, declarando: «Yo iré». Desde entonces se conoció como la «Tara Parlante de Denkhok».

Otro día, Rabjam Rinpoche, Tulku Pema Wangyal y yo, acompañados por una sobrina y un sobrino de Khyentse Rinpoche que vivían en el valle, hicimos una larga excursión por las colinas de Denkhok, sembradas de cuevas y ermitas. Durante tres horas, ascendimos por un camino abrupto bordeado de enebros y atravesamos amenos prados cubiertos de flores —¡destacando aquel que vio nacer al XIV Karmapa!—, que invitaban a hacer un descanso. El Drichu iba alejándose, allá abajo, discurriendo por el valle al que da vida. Nos acercamos a uno de aquellos prados, llamado el «Prado del Loto», rodeado de laderas con cuevas, en las que una docena de ermitaños, monjes, monjas y también practicantes laicos llevaban serenamente una vida contemplativa, en medio de un silencio que solo turbaba de vez en cuando, como para subrayar su profundidad, el grito de una marmota, la ronca llamada de un cuervo grande[4] o la melodía aflautada de un *jolmo* (el tordo risueño). Tal como escribiera Kalden Gyatso, eremita y poeta tibetano del siglo XVII:

> ¿Aspiras a la soledad de las montañas?
> Acogedoras cuevas se abren en los flancos del precipicio,
> bajo las cimas envueltas en la bruma.
> Vivir en esos retiros es fuente de indecible gozo, temporal y último.

Desde siempre, en la tradición budista, participar en la vida de los ermitaños y subvenir a sus humildes necesidades constituye un privilegio para los fieles de la comarca. Van de vez en cuando a visitarlos y a llevarles provisiones. Si el meditador se encuentra realizando un retiro estricto, se limitan a dejar los víveres junto a la entrada de la ermita. Algunos ermitaños bajan una vez al año al valle para pedir limosna en forma de alimentos durante un mes, y luego vuelven a subir con provisiones para un año. A veces son sus familias las que proveen a sus necesidades.

Nos aproximamos a una de las cuevas, que daba a una pequeña cornisa soleada. Nuestros dos guías sabían que el practicante de retiro que la ocupaba aceptaba la visita de los raros peregrinos que subían hasta allí. El interior estaba acondicionado con gran sencillez: habían construido algunos muretes de piedra para hacerla más funcional. Tras agacharnos para cruzar la pequeña entrada, entramos en una antecámara minúscula. El inventario fue rápido: un atrio de arcilla, un montoncito de leña seca, un hervidor y varias bolsas de tela que contenían provisiones. Subimos dos escalones, apartamos una pesada cortina de paño y nos encontramos en presencia del ermitaño. La austera habitación estaba débilmente iluminada por una lucerna, y apenas podíamos estar de pie en el centro. A un lado había un pequeño altar, excavado en la roca; al otro lado, en el suelo, el lecho del ermitaño, que le servía también de asiento durante el día. En la cabecera, en una rústica estantería, se apilaban los libros, envueltos con tejidos multicolores: compendios de instrucciones espirituales, biografías de maestros del pasado y algunos tratados filosóficos. Tradicionalmente, estos textos sagrados están escritos a mano o impresos a partir de planchas de madera grabadas.

El ermitaño nos acogió con afabilidad. Tenía treinta y seis años y llevaba de retiro en la cueva cuatro años. Después de numerosos años de estudio en un monasterio del valle, donde había obtenido el título de *khenpo* (el equivalente de un doctorado en filosofía), había experimentado un profundo deseo de consagrarse a la meditación.

Nos ofreció té: a decir verdad, agua caliente en la superficie de la cual flotaban unas hojas de té. En aquella atmósfera de recogimiento, las palabras parecían fuera de lugar. Nos interesamos por su salud, intercambiamos algunas palabras sobre la práctica espiritual, y le prometí que le haría llegar un texto que él buscaba y que yo había reimprimido en la India. Enseguida volvió a hacerse el silencio. La atmósfera de recogimiento que llenaba el lugar nos invitó a compartir aquel silencio durante unos instantes, en lugar de romperlo con frases vacías. Finalmente nos despedimos y nos marchamos, no sin antes dejar discretamente una ofrenda para contribuir a la continuidad de su ascesis: irónicamente, ¡unos billetes con la efigie de Mao Tse-Tung!

A continuación descendimos hasta un nivel ligeramente inferior, en dirección a una cueva en la que se dice que Gurú Padmasambhava meditó mientras implantaba el budismo en el Tíbet, entre el siglo VIII y comienzos del IX. Casi mil años más tarde, en el siglo XIX, Patrul

Rinpoche pasó también en ella bastantes meses de retiro. Este sabio, tan humilde como erudito, que concedía la mayor importancia a no poseer nada, erraba por montes y valles, y se detenía en las cuevas, los bosques y las ermitas perdidas sin más intención que la de meditar, para a continuación volver a partir sin un destino concreto. Cultivaba en todo momento el amor altruista, así como la compasión, y repetía a todo el mundo: «Tened buen corazón y actuad con benevolencia, no hay nada más importante». Su recuerdo ha permanecido presente y es uno de los guías espirituales más venerados del Tíbet oriental.

Llegó el momento de volver a descender hacia Denkhok y reunirnos con Khyentse Rinpoche. Al cabo de una hora y media, estábamos de regreso en el pueblo, rendidos, con las rodillas temblando, colmados de satisfacción por la peregrinación cumplida. Unas flores recogidas a la entrada de la cueva y puestas a secar entre las páginas de un cuaderno iban a permitirme regresar a menudo en pensamiento.

A la mañana siguiente, abandonamos la apacibilidad de Denkhok para volver a subir hacia las altas mesetas, pasando por el antiguo reino de Ling y otras comarcas altas pobladas por nómadas. En lugar de regresar a Shechen, nos dirigimos al norte en línea oblicua, hacia Dzachuka (llamada hoy Serxu por los chinos), a 4.200 m de altitud. Un nuevo grandioso recibimiento nos esperaba, con sus jinetes, sus músicos, sus nubes de humo de incienso y su reunión de grandes lamas y monjes del monasterio de Guemang, con el que Khyentse Rinpoche había entretejido estrechos vínculos antes de abandonar el Tíbet.

A continuación tomamos la carretera hacia Kyerku (llamada en la actualidad Yushu por los chinos), donde Khyentse Rinpoche fue acogido en casa del príncipe de Nangchen, hombre sexagenario de rostro fino y distinguido. Durante la Revolución Cultural, los chinos se mostraron impíos con él. Tuvo que soportar los insultos y escupitajos de los guardias rojos y responder a interrogatorios interminables, acompañados de malos tratos, para terminar internado durante años en un campo de trabajo, en condiciones inhumanas. Expuso sus padecimientos a Khyentse Rinpoche, de un modo muy simple y sin el menor rastro de autocompasión ni de resentimiento. Concluyó su relato con una sonrisa, que parecía decir: «¿Cómo ha sido posible una locura tal?». Vivía entonces muy modestamente, en compañía de su anciana madre. El gobierno le había concedido al fin un puesto en el seno de la administración local. Se mostró particularmente feliz de volver a ver a Khyentse Rinpoche, a quien había conocido de niño y que escuchó sus confidencias con su acostumbrada benevolencia.

Durante toda nuestra estancia, pude constatar hasta qué punto Khyentse Rinpoche se mostraba con naturalidad a gusto en todas partes, como si jamás hubiera tenido que abandonar su tierra natal. A veces me explicaba algunos puntos de la historia del lugar que visitábamos, o me contaba una anécdota sobre alguna personalidad que hubiera vivido allí.

*

Salimos de Yushu e hicimos parada por una noche en Dzachuka, para llegar al día siguiente de un tirón a Derge. Dejamos atrás Mani Guenkok y nos detuvimos a orillas de uno de los más bellos lagos del Tíbet oriental, Yilung Lhatso, situado a cuatro mil trescientos metros de altitud. El nombre de este lago, «Divino Lago de la Mente Embelesada», tiene su origen en una leyenda local. Una princesa tibetana que partió para casarse a la región de Derge quedó seducida por la belleza del lugar, hasta el punto de que decidió establecerse aquí. Envió un ultimátum a su pretendiente: «Venid si lo deseáis. Yo no iré más lejos». El pretendiente se apresuró a acudir. Este lago de colores incesantemente cambiantes, del verde oscuro al más claro turquesa, rodeado de abetos, se inscribe en un círculo de montañas imponentes. Un glaciar desciende casi hasta las orillas del extremo más alejado de esta inmensa extensión de agua. La mayor parte de las grandes rocas de granito que flanquean el contorno, a veces parcialmente sumergidas en el agua, otras erigidas sobre el suave declive de la orilla, están grabadas con mantras, a menudo pintados con colores asociados tradicionalmente con cada una de las sílabas que los forman. Entre los árboles cuelgan numerosas banderas de plegarias traídas por los peregrinos. Hay pequeñas playas de arena fina que permiten bañarse a los más temerarios, pues con la temperatura del agua rozando los 10° C no hay muchos candidatos, por más que la aventura resulte de lo más vigorizante.

Khyentse Rinpoche se relajó unos momentos en este lugar encantador y presentó una ofrenda de humo aromático de ramas de enebro, acompañada de un ritual que invocaba a las deidades de sabiduría y a las deidades locales, y en el que les pedía por la paz en el mundo y el bienestar de cada persona.

Desde allí emprendimos la ascensión al paso montañoso de Tro Lha, en medio de un decorado grandioso. La carretera discurre rodeada de glaciares, atrapados entre monumentales montañas de roca negra, cuyas cimas aceradas recortan un cielo de un azul intenso. En lo alto del puerto, un cartel indica 5.050 m de altitud. ¡Íbamos en coche doscientos metros por encima del Mont Blanc!

Nada más franquear el puerto, nos lanzamos a un descenso vertiginoso cuyas revueltas serpenteaban al borde de un precipicio sin fondo. Un trayecto particularmente peligroso en invierno, con las carreteras heladas. Tras recorrer unos kilómetros de apacibles pastos, nos adentramos en profundas gargantas que nos condujeron, dos horas más tarde, a Derge, la capital del que fuera el más influyente reino de la provincia de Kham, y uno de los más importantes centros espirituales del Tíbet oriental. Hoy en día es la prefectura de la región: una pequeña ciudad enclavada entre cortadas vertiginosas, contra cuyas paredes retumba día y noche el fragor de un río tumultuoso.

Derge alberga una joya única en el mundo, un lugar que está fuera del tiempo: la mayor imprenta artesanal de la historia de la humanidad. Contiene doscientas setenta mil planchas de madera grabadas con textos budistas, tratados de historia, de filosofía, de medicina tradicional, de astrología, biografías, gramáticas, poesías... Todo el trabajo, desde la grabación de planchas de xilografía hasta el embalaje de los libros, pasando por la fabricación de la tinta y del papel, se realiza a mano, siguiendo las mismas técnicas vigentes desde hace tres siglos.

En el budismo, los libros se consideran «soporte» de la palabra de Buda y de los grandes eruditos. Más preciados que las imágenes o las estatuas, nunca se dejan en el suelo, para no pisarlos ni sentarse encima. Se guardan respetuosamente en un lugar elevado del templo o de la casa. Antes de estudiarlos, es preciso haber recibido antes su transmisión a través de la lectura en voz alta por parte de un maestro, que a su vez lo heredó de la misma manera. A continuación se reciben y se estudian los comentarios que elucidan el sentido del texto. En el país en el que «aprender» se dice «escuchar», es el sonido el que transmite el saber. Leer es hacer surgir a partir de las palabras escritas la pasarela invisible del sentido que, de boca en boca y de siglo en siglo, une al lector con Buda y sus principales exégetas.

En 1729, Tenpa Tsering, sexto rey de Derge, inspirado por sueños de buen augurio, hizo construir una imprenta dedicada a los textos budistas. Su sucesor, Phuntsog Tenpa, continuó su obra con el encargo del grabado de los ciento tres volúmenes del *Kangyur*, el compendio de las palabras de Buda traducido al tibetano. Mandó también edificar un edificio más importante, que es el que ha llegado a nuestros días. Deseoso de ver las planchas grabadas con mimo, llegó a ofrecer a cada obrero, por determinados volúmenes, la cantidad de polvo de oro que pudiera caber en las concavidades de cada plancha. Cuanto más profundo es el grabado, más clara es la impresión. La misión con que se había comprometido Phuntsog Tenpa fue retomada por las generaciones siguientes, y Derge se convirtió en la sede de la mayor imprenta de este género en el mundo. Teniendo en cuenta que un artesano hábil puede grabar como mucho una cara al día, los cientos de miles de planchas existentes en la actualidad corresponden al trabajo de diez grabadores durante ciento cincuenta años.

El anfitrión de Khyentse Rinpoche era uno de sus mejores compañeros espirituales de antaño, Pewar Rinpoche, gran erudito además de lama. Llevaba el largo cabello recogido en forma de moño, en lo alto de la cabeza, y había sido también un estrecho discípulo de Dzongsar Khyentse Chökyi Lodrö. Pewar Rinpoche era, por otra parte, el *tulku* del abad del monasterio de Pewar, de la escuela Sakya, situado entre Palpung y Dzongsar.

Khyentse Rinpoche fue recibido con gran pompa por una colorida y musical procesión, que le abrió paso por entre medio del gentío que se agolpaba a ambos lados de la calleja en pendiente que llevaba a la imprenta. Mientras visitábamos los múltiples pisos de este histórico edificio, el cual formaba un laberinto fascinante, Khyentse Rinpoche se quedó en la planta baja celebrando una ceremonia para reavivar la consagración del templo principal, algunas de cuyas estatuas más apreciadas habían escapado a la destrucción. Sin perder la profunda concentración en la ceremonia, aprovechaba los intervalos para rememorar con Pewar Rinpoche los recuerdos de su pasado común junto al maestro espiritual de ambos.

Es gracias a la determinación heroica de Pewar Rinpoche y a la de un médico llamado Ngawang Sherab por lo que la imprenta existe todavía. En 1966, cuando arreciaba la Revolución Cultural, la guardia roja se disponía a destruirla. Los dos hombres se encerraron en ella, atrancando sus pesadas puertas y claveteando las ventanas. El tiempo ganado mediante esta estratagema resultó salvador. El jefe tibetano del distrito, Yarling Dorje, era sometido a un interrogatorio brutal y recibía cada día cuatrocientos azotes. Sin embargo, entre dos sesiones de tortura consiguió contactar con Pekín vía telegrama (aún no había teléfono en la región, en aquella época). Advirtió a un alto funcionario de que sabía que iban a destruir la imprenta, como también todos los monasterios de los alrededores, y le pidió que buscara un subterfugio para evitar el desastre.

«Aquellos días nos parecieron siglos», contaba Pewar Rinpoche. «Aprovechábamos la noche para sacar por las ventanas libros raros y camuflarlos. Conseguimos esconder un ejemplar de cada uno de los ciento tres volúmenes del *Kangyur*, para que, llegado lo peor, pudiera servir de modelo para la grabación de nuevas planchas. Los guardias rojos comenzaron por destruir Derge Gonchen, el gran monasterio en las proximidades de Derge. Pero, tres días más tarde, llegó un telegrama de Pekín: "No destruyan ni el templo ni la imprenta. Debemos conservar un ejemplo edificante de la estupidez de los tibetanos, que desperdician el tiempo en actividades espirituales inútiles". Demasiado tarde para el monasterio, ¡pero la imprenta se había salvado!».

Sin embargo, su reapertura no se autorizó hasta 1979. En 1987, unos funcionarios tibetanos que trabajaban para los chinos decidieron destruir el antiguo edificio y construir en su lugar un inmueble de hormigón para albergar las planchas grabadas. Pewar Rinpoche salvó la imprenta por segunda vez: defendió con ardor la causa del soberbio edificio antiguo, la base de cuyas paredes de tierra es de dos metros de grosor, argumentando que pertenecía al patrimonio cultural mundial. No había que destruirlo, sino por el contrario restaurarlo y afianzarlo. Añadió, consciente de que el argumento estaba en el límite de lo aceptable para las autoridades chinas, que la imprenta era objeto de una gran veneración por parte del pueblo y que la gente venía en peregrinación desde lejos para verla. Pewar Rinpoche hizo también un viaje relámpago para entrevistarse con el panchen lama, con quien los chinos deseaban todavía estar a bien en aquella época. Una vez más, logró su objetivo. Actualmente la imprenta está protegida en calidad de tesoro cultural.

Al cruzar el umbral, resulta inesperada la penumbra, que contrasta con la extraordinaria luminosidad exterior. Nunca se ha dotado a la imprenta de electricidad, por temor a los incendios, y las ventanas tradicionales dejan pasar poca luz. La actividad febril que reina en su interior sorprende de entrada al visitante. Un centenar de obreros imprimen hojas de papel tibetano a partir de largas planchas de madera finamente grabadas. A su alrededor se acumulan, una por una, las páginas de textos antiguos de los temas más variados. El chirrido de los rodillos pasando sobre el papel y el murmullo monocorde de los obreros contando las páginas llenan el aire con el suave sonido de su meticulosa tarea.

Los impresores trabajan de dos en dos. Sentados uno frente a otro, se balancean cadenciosamente hacia delante y hacia atrás, concentrados en sus gestos, rápidos y precisos. Con ayuda de un cepillo, comienzan por entintar la madera grabada sobre la que colocan una hoja de papel, que oprimen acto seguido enérgicamente sirviéndose de un rodillo. Cada pareja de impresores produce unas mil páginas diarias. Este número puede parecer considerable, pero si uno tiene en cuenta que el *Kangyur* comprende más de cuarenta y seis mil páginas, tendrá una idea del trabajo que representa la impresión tan solo de este compendio.

La tinta se elabora a partir de pigmentos minerales, rojos para la impresión del *Kangyur* y negros para la mayoría de los demás textos. A intervalos regulares, las planchas se limpian en artesas de madera, y los residuos sirven para preparar píldoras, que los peregrinos consideran bendiciones. En los pisos superiores, sumidas en el silencio, se almacenan y clasifican las planchas grabadas, en un laberinto sin fin de estanterías que se alzan hasta el techo.

Delante del edificio principal, al otro lado del atrio, se encuentra la fábrica de papel. Durante años, los chinos prohibieron la utilización de este papel artesanal, imponiendo a los tibetanos el papel industrial importado de China. Pero en la actualidad se ha reanudado la producción, a una escala más modesta que en el pasado.

La planta que sirve para su fabricación, *Stellera chamaejasme*, crece abundantemente en los pastos de montaña. Se aplastan sus raíces con una mano de mortero en un recipiente de piedra, se calienta la pulpa obtenida y se remueve en mantequeras similares a las utilizadas para preparar el té con mantequilla. Se vierte luego en un bastidor con muselina extendida sobre agua y se deja secar. Ya no queda sino despegar del bastidor la hoja de papel así obtenida.

*

Desde Derge, emprendimos el camino de regreso para volver a descender a la meseta tibetana. Fueron tres días por carreteras irregulares, atravesando pasos de montaña y valles, cruzándonos con convoyes militares e incontables camiones que transportaban pesadas cargas de madera hasta las llanuras de Sichuan.

Con el paso del tiempo, habíamos terminado entablando amistad con los funcionarios tibetanos que nos acompañaban, pero siendo muy prudentes con los delegados chinos, que mantenían las distancias. Llevaban un revólver en el cinturón, hablaban elevando la voz y bebían inmoderadamente por la noche. Alla Truktruk, uno de los funcionarios tibetanos, ocupaba un puesto importante en la administración de la provincia y sentía por Khyentse Rinpoche una gran admiración, que no podía expresar abiertamente. Una vez nos hubimos hecho amigos, me confesó que, al principio del viaje, con ocasión de una reunión entre funcionarios, se había planteado la cuestión acerca de mi situación para determinar si yo era de verdad un simple monje del séquito de Khyentse Rinpoche, o bien algo así como un espía. ¡Finalmente acordaron que yo no participaba en ningún tipo de doble juego! Un día en que visitábamos un monasterio, Alla Truktruk me deslizó en la mano unos billetes y me pidió en voz baja que los donara en el altar. Su posición le impedía hacerlo él mismo abiertamente.

Hacia el final de nuestro viaje a Kham, Tsering Phuntsok me habló de lo que conocía acerca de la historia contemporánea occidental, mostrando su indignación por las abominaciones perpetradas por Hitler, nombre que pronunciaba «Hi-te-le», con las «es» muy cerradas. Como habíamos pasado ya bastante tiempo juntos y me parecía que podía permitirme hacerle rabiar un poco, le dije:

—Pero hay otro que tiene tantas muertes como él sobre su conciencia, si no más.

—Ah, ¿sí? ¿Quién? —me preguntó con aire sorprendido.

—Bueno, ese tío abuelo vuestro —le contesté con una pizca de malicia.

Comprendió que aludía al Gran Timonel, Mao Tse-Tung, por el que sentía una admiración reverencial sin límites. No respondió nada, pero pareció acusar el golpe con semblante pensativo. Volví a verlo treinta años más tarde en Chengdu, donde vive tras retirarse. Ahora se pasa el día leyendo textos budistas, rezando y paseando por el parque del barrio. Se ha alejado de la ideología maoísta, tras ser consciente de sus fechorías, una ideología que había enardecido su mente adoctrinada en una escuela china.

Otro funcionario tibetano, el jefe de policía de la región, desarrolló una particular devoción por Khyentse Rinpoche. Más tarde nos contaría que, unos años después de aquella visita memorable, repitió todo el periplo que habíamos hecho juntos, en una especie de peregrinación. En el camino de regreso hacia Chengdu, volvimos a pasar por Darzedo y me invitó a su casa. Me llevó a una pequeña habitación y abrió los batientes de un armario sin nada especial por fuera. Con una gran sonrisa y una expresión de complicidad, me reveló un altar budista que había dispuesto en el interior, del que nadie al margen de su familia había tenido noticia nunca. Se hizo un gran amigo mío.

Antes de abandonar Sichuan, visitamos Leshan, a unas horas de Chengdu, donde se erige una inmensa estatua de Buda Maitreya. Con setenta y un metros de altura, fue tallada en los siglos VIII-IX en una pared rocosa en la confluencia de tres ríos. La estatua está ubicada enfrente del monte Emei, una de las cuatro montañas sagradas budistas de China, dedicada al *bodhisattva* Samantabhadra, y que era nuestra siguiente destinación.

De nuevo en Chengdu, en la terraza del tejado del hotel, fotografié a cielo abierto el último lote de miniaturas, que no había podido terminar en Shechen por quedarme sin suficientes rollos de película. Muy contento y aliviado por haber podido cumplir esta tarea que Khyentse Rinpoche me había confiado, pude devolverle a su propietario la valiosa colección, cuyas reproducciones han sido muy útiles para numerosos lamas y tibetólogos hasta el día de hoy.

Antes de volver a marcharnos, y obedeciendo a los votos de Khyentse Rinpoche, realizamos una peregrinación a la montaña de los Cinco Picos, Wutai Shan, en el nordeste de China, un lugar sagrado vinculado con el buda del conocimiento, Manjushri.

Así concluyó un viaje profuso en descubrimientos, de una riqueza de emociones y una profundidad de enseñanzas fuera de lo común. Durante aquellos días, por falta de medios, no hice fotografías sino cuando un objetivo se imponía con fuerza por sí mismo. Al finalizar aquel periplo de tres meses, había obtenido cincuenta rollos de Kodachrome, algo nunca visto en mí. Hoy, provisto de una cámara digital, saco otras tantas fotos en apenas unos días, con motivo de un festival de danzas sagradas, por ejemplo. Lo que vimos y vivimos en aquel viaje fue extraordinario, hasta tal punto que, cuando recibí las diapositivas reveladas, no había casi ninguna descartable. Actualmente elimino tres cuartas partes de las fotos cuando las reviso... Aquellas imágenes constituyeron el núcleo de mi primer libro de fotografías: *L'Esprit du Tibet, la vie et le monde de Dilgo Khyentsé Rinpoché* («El espíritu del Tíbet, la vida y el mundo de Dilgo Khyentse Rinpoche»).[5]

Allá por donde pasó, Rinpoche comunicó enseñanzas, consuelo e inspiración a todos aquellos que se le acercaron. Comprendí mejor que nunca que el budismo no es una filosofía exótica de ideales inaccesibles, sino una filosofía asentada sobre principios fundamentales que distinguen la felicidad del sufrimiento, el conocimiento de la ignorancia. Un desarrollo personal auténtico y duradero no puede venir sino de la libertad interior. Esta libertad, a su vez, no puede obtenerse sino cultivando la sabiduría, el amor y la compasión, desprendiéndose del lastre del egoísmo, la animosidad, la codicia y la confusión mental. Khyentse Rinpoche era encarnación viva de todas estas cualidades. No tenía nada que perder o ganar, sino todo que dar.

En el transcurso de aquel primer viaje al Tíbet, pero también durante los siguientes, Khyentse Rinpoche fue acogido con un intenso fervor. Para los tibetanos, su visita estaba cargada de un inmenso significado, tanto, que les costaba dar crédito a sus ojos. Muchos exclamaban: «¡Estoy soñando!». Durante más de treinta años habían tenido que hacer frente a duras pruebas: su fe y su fortaleza anímica no habían disminuido ni un ápice.

Khyentse Rinpoche recibió incontables ofrendas: miles de yaks, centenares de caballos, turquesas, corales, piezas de ámbar y muchas otras más, incluidas las monetarias. Devolvió la integridad de cuanto había recibido: las cabezas de ganado les fueron restituidas a quienes las habían ofrecido y los donativos de los fieles se repartieron entre unos doscientos treinta monasterios para contribuir a su restauración o reconstrucción. Pero este gesto de generosidad le parecía insuficiente y añadió todo el dinero que poseía en el momento de salir de Bután. Remitió a las autoridades del gobierno la lista de todo lo que había distribuido de este modo. Años más tarde, los funcionarios contaban todavía que, si bien había lamas que atesoraban las ofrendas de los fieles, Dilgo Khyentse Rinpoche las repartía y aún ponía dinero. Son todas estas cualidades, que Khyentse Rinpoche poseía en tan gran número, lo que le valieron su condición de guía espiritual amado de un modo especial en la región. La gente se sentía tan unida a él, que, después de su muerte, su nieto y heredero espiritual Shechen Rabjam Rinpoche se vio tratado siempre con la misma estima que su abuelo.

Aquel viaje señaló un giro decisivo en mi existencia. Iba a volver más de veinte veces al Tíbet, y a emprender allí los proyectos humanitarios que, por inspiración de Rabjam Rinpoche, condujeron a la fundación de nuestra organización humanitaria Karuna-Shechen, cuyas actividades describiré más adelante.

Mientras despegábamos el tres de agosto, después de tres maravillosos meses en el Tíbet, con destino a reencontrarnos con la hormigueante moderna ciudad de Hong Kong, la incansable y benevolente disponibilidad que Khyentse Rinpoche había manifestado día y noche durante todo aquel viaje se me presentó como la perfecta ejemplificación de las palabras de Shantideva, una de las grandes luminarias de la India budista del siglo VIII:

> «Toda la felicidad del mundo,
> procede de un corazón altruista;
> y toda su infelicidad,
> del amor a sí mismo».

CAPÍTULO 26

INICIACIÓN A LA RUEDA DEL TIEMPO

Kalachakra

En 1985, después de tres días en coche, Dilgo Khyentse Rinpoche llega a Bodh Gaya, donde se han congregado doscientos mil fieles. El Dalai Lama imparte la iniciación del Tantra de la Rueda del Tiempo.

A comienzos del mes de diciembre de 1985, Khyentse Rinpoche partió en coche con destino a Bodh Gaya, en la India, lo que significaba tres días de travesía por los valles de altura de Bután y por las llanuras de la India. Iba allí para recibir del Dalai Lama la transmisión de la gran iniciación del Tantra de la Rueda del Tiempo, el Kalachakra, un acontecimiento magno. Una vez más tuve la suerte de acompañarlo.

Cinco siglos antes del nacimiento de Cristo, un eremita grandemente enflaquecido por una ascesis excepcional abandonó su lugar de meditación al término de los seis años que había pasado en el bosque. Dio unos pasos inseguros en dirección al río, pero se desplomó por el camino. Volvió en sí gracias a la asistencia de una joven campesina, Sujata, que le ofreció arroz con leche. Tras recobrar fuerzas y bañarse en las aguas del ancho río, bordeado de arenas plateadas y palmeras, comprendió que mortificar el cuerpo no conduce a la Iluminación.

Se acercó a un árbol majestuoso, a la sombra del cual se sentó haciendo el voto de no levantarse sin haber adquirido la comprensión de la naturaleza última de la mente y de la realidad. Pasó pues la noche sentado bajo el *Ficus religiosa*, al que se llama desde entonces árbol de la Bodhi, o pipal, su nombre común. Este lugar iba a conocerse con el nombre de «Trono de Diamante de la India», *Vajra Asana*, la actual Bodh Gaya. Aquel hombre no era otro que Siddhartha Gautama, quien al amanecer se había convertido en Buda, el Iluminado.

En aquel fresco mes de diciembre, me senté delante del árbol de la Bodhi y contemplé los miles de peregrinos, llegados de todos los países budistas, que meditaban en las inmediaciones, se prosternaban en dirección a la Gran Estupa o deambulaban realizando innumerables circunvalaciones. De pronto, me di cuenta maravillado de que todas aquellas personas manifestaban su admiración no por un emperador, una persona famosa, un millonario, un constructor de pirámides, un explorador aventurero o un campeón deportivo, sino por un ser que había transformado su mente. Dicho ser había alcanzado la Iluminación hacía más de dos mil años y, todavía hoy, aquella iluminación interior se celebraba con gran fervor.

Estos peregrinos no adoran a una divinidad, sino que expresan su respeto hacia la sabiduría última de Buda. Las dos mil o tres mil prosternaciones que efectúan a diario, deslizándose sobre lisas tablas de madera, son un fervoroso homenaje al cuerpo, a la palabra y a la mente iluminados de Buda. Rezan con el fin de purificar de toda oscuridad su propio cuerpo, sus propias palabras y su propia mente. Para ellos, el enemigo es la ignorancia, el campo de batalla es el *samsara* —el mundo de la existencia cotidiana— y la victoria es la liberación del sufrimiento.

Se dice que no solo Buda Shakyamuni, sino también los mil dos budas de esta era —o *kalpa*, duración que separa la formación de un universo particular de su disolución final— han alcanzado y alcanzarán la Iluminación en este lugar considerado como un «jardín suspendido» en esta edad en que, según la cosmología budista, solo subsisten los residuos de la edad de oro. El poeta budista Asvaghosa lo denominó «el ombligo del mundo».

En opinión de los arqueólogos e historiadores, el emperador Ashoka[1] construyó el primer monumento conmemorativo de la Iluminación de Buda, cerca del árbol de la Bodhi, hacia el siglo III a. C. Según Xuanzang, el célebre peregrino y erudito chino, que dejó un relato detallado de sus peregrinaciones, se erigió una edificación más importante en el siglo VII, monumento en torno al cual se congregó una comunidad de varios miles de monjes. Las oleadas de invasiones musulmanas que se sucedieron en el siglo XII causaron la desaparición del budismo en suelo indio y la destrucción del monumento. En el siglo XIV, los reyes de Birmania restauraron el templo principal, pero cayó en ruinas por falta de mantenimiento. Con el paso del tiempo, la arena arrastrada por las inundaciones y el viento lo cubrieron parcialmente. Hubo que esperar hasta el siglo XIX para que un inglés con determinación, Alexander Cunningham, emprendiera su restauración con el apoyo del reino de Birmania, hasta proporcionarle su apariencia actual. Así, la estupa y el templo que contiene resucitaron.

Hace treinta y cinco años, pocos peregrinos iban todavía a Bodh Gaya, que se alzaba en medio de la verde campiña de Bihar. En la actualidad, aunque afluyan decenas de miles de ellos procedentes del mundo entero para recogerse en el lugar de nacimiento del budismo, Bodh Gaya sigue siendo un espacio de una gran serenidad, en contraste con la agitación caótica de la vecina ciudad de Gaya.

*

En aquel mes de diciembre de 1985, no menos de doscientas mil personas se habían congregado en Bodh Gaya. En Occidente, un acontecimiento así habría requerido de meses de preparativos y de una logística compleja. Aquí, además de un inmenso cobijo de bambú cubierto con una lona y un estrado bellamente adornado desde el que el Dalai Lama pudiera transmitir sus enseñanzas, en el espacio de una decena de días habían surgido como setas miles de tiendas que servían de restaurante de día y de dormitorio comunitario por la noche. Tampoco los comerciantes indios se habían perdido la ocasión: en puestos improvisados, vendían todo género de artículos y habían dispuesto más restaurantes en los campos de los contornos.

Como miembro de la comitiva de Dilgo Khyentse Rinpoche, y también porque había obtenido permiso para inmortalizar el evento, ocupé un emplazamiento ideal en un pequeño espacio reservado a los fotógrafos, justo enfrente del Dalai Lama. Pude así tomar valiosas imágenes de aquel acontecimiento histórico, con la mayor discreción posible.

Centenares de fieles habían logrado realizar el viaje desde el Tíbet. Cruzando por los altos pasos de montaña nevados, muchos de ellos de más de cinco mil metros, habían desafiado la vigilancia de los guardas fronterizos, quienes tenían la orden del gobierno de no dejarles llegar a la India. El regreso no era menos arriesgado, y si los atrapaban, sufrirían represalias, que podían ir desde unos meses de prisión hasta severos castigos corporales. Por tal motivo, ver a aquellos tibetanos sentados en las primeras filas era especialmente emotivo. Durante unos diez días, casi sin interrupción, pudieron contemplar con su limpia mirada azul al maestro espiritual al que tanto estimaban, símbolo viviente de la causa del Tíbet, y llenarse de su inspiradora presencia. Llevaban puesta su vestimenta tradicional, botas de fieltro y un abrigo de piel de cordero, o bien un gastado chaquetón chino, frágil escudo contra el frío cortante del Himalaya que habían tenido que atravesar. Lo observaban todo con una mirada singular, muy diferente de la de los tibetanos refugiados en la India desde hacía más de treinta años. Para aquellos recién llegados, todo era nuevo, la libertad antes que nada. En medio de todo aquel público atento, uno no podía evitar fijarse en aquellos rostros de una belleza áspera, animados por un fervor que emanaba desde lo más hondo de su ser.

Además del grupo de los tibetanos, que con tanto valor y esfuerzo habían llegado desde su país natal y que se encontraban a la izquierda del Dalai Lama, las cincuenta primeras filas de la audiencia estaban ocupadas ¡por más de diez mil monjes y monjas! Para calibrar en su justa medida tan formidable muchedumbre monástica, hay que tener en cuenta que en aquella época había en la India algo más de cien mil refugiados tibetanos. Eso significaba que el diez por ciento de esa población había optado por ordenarse, una situación única en la historia del mundo.

Las figuras más eminentes de cada una de las cuatro tradiciones principales del budismo tibetano, que también habían acudido para recibir la iniciación, habían sido ubicadas en «tronos» dispuestos en ángulo recto con respecto al Dalai Lama, a derecha e izquierda un poco por delante de él. A un lado se sentaba Dilgo Khyentse Rinpoche, representante de la escuela Nyima, junto al cual se encontraba Taklung Shabdrung, que representaba a la escuela Kagyu, seguido de Minling Dungse, también de la escuela Nyingmapa. Enfrente de ellos, y uno junto a otro, estaban Sakya Trizin, el patriarca de la tradición Sakya, Ganden Tripa, patriarca de la escuela Gelug, y Drigung Khyabgön, también representante de la escuela Kagyu. Todos los demás lamas, *tulkus* y eruditos ocupaban bancos más bajos, que se prolongaban una cincuentena de metros a derecha e izquierda del Dalai Lama, frente quien se extendía hasta donde daba la vista la muchedumbre de los discípulos ordenados y de los laicos.

Un centenar de discípulos occidentales estaban también presentes. Se les había reservado una zona desde la que podían ver claramente al Dalai Lama, y disponían de pequeños transmisores FM que les permitían recibir la traducción simultánea de las enseñanzas.

Las palabras del Dalai Lama resonaban, claras y distintas, en aquel espacio abierto, y su voz, difundida por altavoces (por una vez, de excelente calidad), llegaba hasta muy lejos sin interferencia alguna, mientras los doscientos mil oyentes guardaban silencio con atención.

El Dalai Lama comenzó por establecer una distinción entre los congregados en la gran asamblea: algunas personas estaban presentes para imbuirse seriamente de las enseñanzas, otras habían ido movidas por una sincera curiosidad, mientras que otras (a las que se refirió exclamando: «¡Vaya, en fin!») habían oído decir que pasaba algo importante y querían simplemente ver de qué se trataba. Animó a cada uno de los asistentes a reflexionar atentamente sobre las enseñanzas. «Si no», dijo, «cuando os pregunten sobre lo que ha enseñado el Dalai Lama, lo único que podréis decir será: "Oh, ha hablado muy bien"».

Durante los seis primeros días, el Dalai Lama comentó *Preparación para la práctica de los bodhisattvas*, o *Bodhicaryavatara* en sánscrito, uno de los poemas más inspiradores sobre el amor altruista y la bondad fundamental del ser humano, compuesto por Shantideva en el siglo VIII. Este texto expone la quintaesencia de la vía del *bodhisattva*, fundamentada en la compasión y la sabiduría trascendente. Recordemos que un *bodhisattva* hace el voto de alcanzar la Iluminación para el bien de todos los seres, con el fin de guiarlos hacia el cese del sufrimiento. En sus diez capítulos escritos en verso, este texto, que se estudia en todos los monasterios y constituye la enseñanza más dilecta al corazón del Dalai Lama, explica hasta qué punto es valioso engendrar el espíritu de la Iluminación, un voto comparable a un relámpago que desgarra la noche que representa la confusión del *samsara*. Acto seguido expone los medios para preservarlo y ejercitarse en él con diligencia, manteniéndose vigilante, cultivando la paciencia, el valor, la concentración y el conocimiento más allá del intelecto, la sabiduría última.

En el marco de estas enseñanzas preliminares con respecto a la gran iniciación del Kalachakra, el Tantra de la Rueda del Tiempo, el

Dalai Lama resumió las enseñanzas del budismo en dos puntos esenciales: la visión y la conducta. La noción de visión designa aquí la comprensión de los vínculos de interdependencia que rigen todos los fenómenos, incluidos la felicidad y el sufrimiento. Alude igualmente a la vacuidad de existencia propia de estos fenómenos. La conducta consiste en evitar todo acto dañino; es fuente de beneficios para todos los seres. Explicó así la noción de interdependencia:

> Tenemos la costumbre de pensar que todo aquello que nos sucede, sea bueno o malo, procede de una causa única, de una entidad independiente. Cuando la experiencia es placentera, nos adherimos a su supuesta causa; cuando es desagradable, experimentamos repulsión hacia ella. Cuando comprendemos que todos los fenómenos resultan de la interacción de numerosas causas y condiciones, exteriores e interiores, la atracción y la aversión no encuentran ya objeto evidente hacia el que dirigirse, y ya no nacen tan fácilmente.

Nos mostró a continuación de qué modo la esencia de las enseñanzas de Buda estaban claramente resumidas en este cuarteto extraído de los sutras:

> Sin cometer el menor acto dañino,
> practicad con perfección la virtud,
> dominad por completo la mente:
> tal es la enseñanza de Buda.

Comentó así este cuarteto:

> Nuestra felicidad depende de este dominio. Es esencial pacificar nuestros estados mentales aflictivos. Como antídoto del odio, apliquemos la bondad. Para vencer el apego, meditemos sobre los aspectos desagradables de los objetos de deseo. Dobleguemos el orgullo cultivando la humildad y analizando el carácter ilusorio del ego. Disipemos la ignorancia meditando sobre los vínculos de interdependencia.

De vez en cuando, el Dalai Lama ilustraba sus palabras con anécdotas o advertía algo insólito entre la multitud y prorrumpía en una carcajada espontánea y sonora. Recuerdo en especial esta historia que nos contó:

> Un funcionario tibetano poseía un loro al que tenía un gran cariño. Le daba a comer de la mano y le acariciaba la cabeza. Al loro parecían gustarle en grado sumo aquellas caricias. Pero cuando yo me acercaba, siempre intentaba picarme. Terminé por ponerme celoso. Me dije: «Soy el Dalai Lama, ¿por qué este loro me trata tan mal?». El loro, evidentemente, no tenía ni idea de todo esto. Durante unos días traté de amaestrarlo dándole avellanas. El loro las cogía, pero inmediatamente volvía a mostrarse igual de agresivo que siempre. Finalmente perdí la paciencia y, con una ramita, le di un golpe en el pico. Después de aquello, ¡ya no hubo posibilidad de hacernos amigos!

Estas anécdotas, tan caras al Dalai Lama, le permiten recordarnos que también él es un ser humano como los demás. Le gusta decir que nos habla «de ser humano a ser humano» y no desde el punto de vista de una persona importante o superior. Su sensibilidad es tan grande y viva, que pasa en un instante de la risa a las lágrimas. Así, cuando recitó estos versos de Shantideva:

> Desearía ser el protector de los abandonados,
> el guía de quienes están en camino;
> para quienes quieren llegar a la otra orilla,
> ser la barca, la calzada, el puente;
> ser la lámpara de quienes necesitan una lámpara.
>
> Así como la tierra y los demás elementos
> sirven para múltiples usos para los seres innumerables repartidos por el espacio infinito,
> ¡ojalá pudiera yo ser útil de todas las formas posibles para los seres que ocupan el espacio
> durante todo el tiempo mientras no puedan ser liberados!

Permaneció en silencio unos instantes, con el rostro discretamente agachado para evitar exhibir la emoción que lo embargaba, antes de reanudar su discurso. Al finalizar cada una de las sesiones de enseñanzas, concluía con este voto de Shantideva:

> Mientras dure el espacio,
> mientras existan seres,
> que también yo pueda permanecer
> para aliviar el sufrimiento del mundo.

Desde antes del amanecer y hasta después del crepúsculo, con esta promesa en la mente, miles de peregrinos daban vueltas al árbol de la Bodhi y al templo monumental adyacente. Musitaban mantras, desgranaban su *mala*, cantaban las palabras de Buda, alababan su sabiduría.

Durante los cuatro días siguientes, el Dalai Lama impartió con gran captación de atención y voluntad de claridad la gran iniciación al Tantra de la Rueda del Tiempo, el Kalachakra. Recurriendo a explicaciones detalladas, nos guio a través de ella y describió las visualizaciones que debíamos inducir al recibir la transmisión. La Rueda del Tiempo simboliza el «cuarto tiempo», la verdad última, más allá de las nociones de pasado, presente y futuro. A lo largo de las numerosas y complejas etapas de esta iniciación, fundamentada en una mandala que incluye más de setecientas deidades representativas de diversos estados mentales, que se transmutan en sabiduría en el seno de la Iluminación y de la actividad altruista de los budas, nos introdujo en la noción de «visión pura», central en el vehículo de los tantras. Esta visión consiste en comprender e integrar plenamente a través de la experiencia el hecho de que todos los fenómenos son originariamente puros, en el seno de la unión de la vacuidad y de aquello que se manifiesta. El juego de la interdependencia hace que toda cosa aparezca, en un tiempo infinito, pero está desprovista de existencia propia. Son nuestras construcciones mentales las que atribuyen a los fenómenos una realidad intrínseca de la que carecen; son también ellas las que velan temporalmente la naturaleza de vacuidad de la integridad de lo real. No obstante, según explicó:

> Aun si las emociones negativas velan la naturaleza luminosa de la mente, no la penetran. La naturaleza fundamental de la mente no se corrompe jamás. Posee la facultad de conocer la totalidad de los fenómenos, tanto exteriores como interiores. Nada puede alterar esta cualidad natural, inherente al tejido mismo de la mente. La posibilidad de disipar los velos adventicios que la oscurecen está presente desde el origen.

Puso así el acento en el hecho de que la ignorancia —la creencia en la realidad de las cosas— es la fuente del mundo condicionado por el sufrimiento, el *samsara*:

> Sin embargo, si reflexionamos sobre ello vemos que, por poderosa que sea, la ignorancia no es nunca más que un error, una percepción errónea. Su contrario, la comprensión de la vacuidad de los fenómenos, se

> sustenta en una verdad natural cuyas pruebas son coherentes. Hagamos el esfuerzo por familiarizarnos con esta comprensión, y el conocimiento irá abriéndose paso, mientras que la ignorancia irá perdiendo poder. En este combate desigual, los conceptos erróneos, antinómicos con respecto al conocimiento, están condenados a la derrota.

Hacia el final de esta iniciación, el maestro transmite a aquel al que considera como su principal heredero espiritual en la asistencia el título de «Poseedor de las Enseñanzas», en el transcurso de un ritual que se asemeja a una entronización. El lama elegido se mantiene de pie bajo un palio de seda multicolor, delante del trono del Dalai Lama, quien le hace entrega de los emblemas simbólicos de esta realeza espiritual, entre ellos una rueda que representa la puesta en movimiento de la Rueda del Dharma. Fue a Khyentse Rinpoche a quien el Dalai Lama designó en aquella ocasión, en presencia de todos los patriarcas del budismo tibetano. Fue para nosotros un momento particularmente emotivo.

El último día, se celebró una elaborada ceremonia de ofrendas y agradecimientos, en honor del Dalai Lama. Para la ocasión, los monjes recitaron durante una hora el ritual de la Ofrenda a los Maestros del Linaje Espiritual, o Lama Chöpa. Rompiendo con la costumbre ancestral, el Dalai Lama pidió a un monje occidental que había vivido durante largo tiempo en un monasterio tibetano de la India y dominaba el ritual a la perfección, que ejerciera el oficio de maestro de canto, es decir, que dirigiera la liturgia, difundida a la ingente multitud a través de los altavoces. El Dalai Lama dejó caer una pequeña broma al anunciar que era el día de los *inji goser*, literalmente, los «extranjeros de cabeza rubia». «Cabeza rubia» es un epíteto utilizado familiarmente por los tibetanos para designar a los extranjeros, puesto que dicho color de pelo es totalmente desconocido entre ellos.

Tras los cánticos, el Dalai Lama concluyó aquellos once días de enseñanzas con este consejo:

> Abracemos a partir de este momento el ideal de los *bodhisattvas*, seamos buenos seres humanos. De nada sirve comportarnos bien en esta tienda, ¡si vamos a pelearnos en cuanto salgamos! Nuestro futuro depende de nuestro buen corazón y de la pureza de nuestra mente. También yo lo intento, lo mejor que sé. Haced vosotros lo mismo. Si somos fundamentalmente buenos, seremos felices, todo irá bien. Poco a poco, nuestras cualidades

actuarán de ejemplo para los demás. Que las cosas se desarrollen por esta vía está en nuestras manos.

Os doy las gracias por haberme escuchado con tanta atención. Cada vez que se presenta la ocasión, me esfuerzo por engendrar el pensamiento de la Iluminación. En esto consiste mi práctica, y animo siempre a los demás a que se consagren también a ella. Es una práctica que considero desprovista de todo peligro, como una fuente de grandes beneficios y de poderosas bendiciones.

Los doscientos mil fieles se separaron en medio de palabras afectuosas y deseos benevolentes. Acto seguido, como una nube de estorninos que alza el vuelo, se dispersaron en todas direcciones, algunos de ellos para emprender un peligroso regreso al Tíbet. La multitud desapareció con la misma rapidez con que se había formado. Al día siguiente, aquel lugar hormigueante de actividad apenas unas horas antes y colmado en los últimos días con la presencia del Dalai Lama, no era más que un gran campo vacío, sembrado de algunos cojines y petates de yute, olvidados o abandonados. Doscientas mil personas habían llegado, habían acampado y se habían marchado. Recordé estos versos de Shabkar:

Al ver los miles de visitantes
que se separan y se dispersan,
pienso que en verdad esta separación
muestra la fugacidad de los fenómenos.
Como las nubes de otoño, la vida es efímera.

Parientes, amigos, son como transeúntes por la plaza del mercado.
Así la gota de rocío en el extremo de un tallo;
así una burbuja sobre la superficie del agua.
La vida es frágil y transitoria.
¡Los asuntos del mundo son en verdad fútiles!

Solo el camino espiritual cuenta.
La oportunidad de consagrarse a él
no aparece sino una vez: ahora.[2]

CAPÍTULO 27

SEGUNDO VIAJE AL TÍBET ORIENTAL

En 1988, Dilgo Khyentse Rinpoche regresa de nuevo a su país natal. Descubrimiento del monasterio de Dzongsar, donde vivió uno de sus principales maestros. Visita a las cuevas y ermitas en que Dilgo Khyentse Rinpoche permaneció largos años de retiro.

En mayo de 1988, Khyentse Rinpoche manifestó su deseo de realizar una nueva visita al Tíbet oriental. Reforzado por el éxito de la primera estancia, que se había desarrollado sin obstáculos para gran satisfacción de la población y las autoridades locales, el gobierno de Bután pidió esta vez a su homólogo chino un simple permiso para Khyentse Rinpoche y su séquito de regresar al Tíbet oriental en visita privada, más que como delegación oficial butanesa. Además de su deseo de residir un tiempo en su país natal, Khyentse Rinpoche quería también aprovechar el viaje para llevar con él a dos jóvenes lamas encarnados y darles la oportunidad así de visitar los lugares en que habían vivido sus predecesores. El primero de estos *tulkus*, Jamyang Dzongsar Khyentse, había sido reconocido como la encarnación de Dzongsar Khyentse Chökyi Lodrö, uno de los sabios y eruditos más respetados del Tíbet, y uno de los dos principales maestros espirituales de Dilgo Khyentse Rinpoche. El segundo, Namkhai Nyingpo Rinpoche, esperaba visitar el monasterio de sus predecesores en la provincia de Lhodrak, en el sur del Tíbet. El nieto de Khyentse Rinpoche, Shechen Rabjam Rinpoche, acompañaba como siempre a su abuelo y maestro espiritual.

Estos jóvenes lamas eran a veces muy bromistas, y a mí me tocaba más de una vez ser la víctima indulgente de su creatividad en este terreno. Durante el vuelo que nos llevaba de Hong Kong a Chengdu, yo iba sentado al lado de Dilgo Khyentse Rinpoche. Intentaba hacerme pequeño en mi asiento para dejar el mayor espacio posible a su cuerpo, de gran talla. De pronto noté una ardiente picazón en la nuca y la espalda. Mientras comenzaba a menearme, atrapado entre Rinpoche, que miraba por la ventanilla mientras rezaba sus oraciones, y un monje dormido a mi izquierda, oí risas medio ahogadas procedentes de los jóvenes Rinpoche sentados detrás. Dzongsar Khyentse Rinpoche había tenido la excelente idea de echarme por el pescuezo una bolsita entera de polvos picapica. Debido a la cantidad masiva con que me habían gratificado, los polvos producían una sensación de quemazón comparable a la de la pimienta sobre una piel irritada, una sensación que superaba de largo el inocente picor que da su nombre a este artículo de broma.

Al darme cuenta de lo sucedido, les espeté un estentóreo: «¿Os parece divertido?», que no tuvo otro efecto sino el de confirmar la eficacia de los polvos y desencadenar unas risotadas incontenibles, que se repitieron en forma de frecuentes oleadas hasta que aterrizamos, al cabo de una hora. Tuve al menos el consuelo de haber servido de diversión a aquellos que se convirtieron luego en maestros espirituales, puesto que treinta años más tarde, Dzongsar Khyentse Rinpoche sigue contando esta anécdota con el mismo júbilo.

*

Las autoridades organizaron un encuentro entre Khyentse Rinpoche y el panchen lama,[1] que vivía en Pekín. El panchen lama representa la segunda máxima autoridad espiritual del Tíbet, inmediatamente después del Dalai Lama. Khyentse Rinpoche, Rabjam Rinpoche, Tulku Pema Wangyal, Dasho Kesang Dorje, oficial del ejército butanés destacado por el rey de Bután para proteger a nuestro maestro (y que se convertiría en estrecho discípulo de Khyentse Rinpoche, amigo y excelente practicante), y nuestro querido Karma Namgyal, el antiguo jefe de policía de Derge, hicieron un viaje de ida y vuelta entre Chengdu y Pekín en tres días.

Yo no formé parte de esta expedición, pero Rabjam Rinpoche me contó que habían tenido lugar dos encuentros. El primero fue informal, y Khyentse Rinpoche lo aprovechó para pedirle al panchen lama establecer entre ambos un vínculo espiritual transmitiéndole un texto sobre Manjushri, el buda del conocimiento. Conversaron en la intimidad, y el panchen lama incluso bromeó acerca del tiempo que Buda Shakyamuni y él habían vivido en ascesis: Buda había pasado seis años junto al río Nairanjana, frente a los catorce que había pasado él. Era su forma de aludir, mediante palabras encubiertas, a los duros años que había soportado en las cárceles chinas y luego en régimen de residencia vigilada. Mientras duró su reclusión, escribía cada día una carta a las autoridades denunciando los estragos que habían causado en el Tíbet y pidiéndoles que trataran a los tibetanos con respeto.

Al día siguiente, el panchen lama ofreció un banquete oficial en honor de Khyentse Rinpoche. Seis meses más tarde, en enero de 1989, fallecía de una crisis cardiaca en su monasterio tibetano de Tashilhunpo, en Shigatse, a la edad de cincuenta años. Aunque no se presentara ninguna prueba formal, buen número de tibetanos piensan que murió envenenado por haber pronunciado tres días antes un discurso en el que criticaba sin rodeos la política china, afirmando su lealtad al Dalai Lama. Una toma de posición más que susceptible de irritar al gobierno chino.[2]

En 1995, la nueva encarnación del panchen lama fue reconocida en el Tíbet por un lama de su monasterio, Chatral Rinpoche, y ratificada por el Dalai Lama. Las autoridades chinas raptaron inmediatamente al niño, de seis años de edad, junto con su familia, lo llevaron a Pekín, y permanece desde entonces secuestrado en un lugar desconocido. Desde entonces, nadie ha visto ni sabe dónde se encuentra el más joven prisionero político del mundo.

A pesar de las numerosas peticiones por parte del Comité de los Derechos del Niño de las Naciones Unidas, de diversos organismos de defensa de los derechos humanos y de diferentes personalidades políticas, el gobierno chino se conforma con responder que el panchen lama se encuentra bien y recibe una «buena» educación (¡es de temer!), pero que «por su seguridad», no es conveniente visitarlo. Si todavía sigue con vida, en la actualidad tiene más de treinta años.

*

Mientras Khyentse Rinpoche se encontraba en Pekín con los demás miembros de su entorno, me dirigí al monte Emei, a unas horas en coche de Chengdu. Como en el primer viaje al Tíbet, ascendimos hasta la cumbre de esta montaña sagrada, de casi tres mil metros de altura. En 1988 se elevaban varios templos budistas chinos, uno de los cuales había albergado dos estatuas muy veneradas del *bodhisattva* Samantabhadra. En tiempos pasados, una de ellas, de estilo tibetano, estaba vuelta hacia el Tíbet y la otra, de estilo chino, orientada hacia China. Ninguna de las dos había sobrevivido a la Revolución Cultural. Las salidas del sol desde la cima del monte Emei, que con frecuencia emerge de entre un mar de nubes para ofrecer unas espectaculares vistas de 360°, constituyen una experiencia única. Si uno se pone de pie en determinado lugar de espaldas al sol, en algún momento su sombra proyectada sobre las nubes queda envuelta en un halo arco iris perfectamente circular al que los peregrinos llaman «el halo de Buda». Habíamos subido en autocar por una pequeña carretera, pero decidimos bajar a pie por el camino que tomaban los peregrinos de antaño. ¡Una verdadera aventura! El camino consta de cincuenta mil escalones, con unos setenta y cinco centímetros de separación entre uno y otro. Cuando llegamos al pie de la montaña, después de una interminable caminata de nueve horas, apenas éramos capaces de poner un pie delante del otro. Durante varios días, mis piernas, paralizadas por las agujetas, se negaban a bajar el más pequeño escalón de frente, tenía que afrontarlo oblicuamente.

A su regreso de Pekín, Khyentse Rinpoche y su séquito al completo partieron con destino a la región de Kham, hasta el monasterio de Shechen, donde, como en su primer viaje, los esperaba un recibimiento grandioso. Khyentse Rinpoche impartió enseñanzas durante una semana, en alternancia con los jóvenes lamas, también ellos muy solicitados por parte de los discípulos llegados de todos los monasterios de la provincia.

En el Tíbet oriental, el concepto de «vida privada» no forma parte importante del vocabulario, sobre todo en el caso de los maestros espirituales que reciben a incontables visitantes, con expectativas diversas: enseñanzas, consejos espirituales, bendiciones... Si la estancia es de corta duración, como era el caso, podía producirse alguna que otra aglomeración en su habitación, donde en cualquier momento podía apelotonarse una decena de personas, al margen de los acontecimientos públicos del día. Para poder disfrutar de unos instantes de tranquilidad al concluir la jornada y a primeras horas de la mañana, los jóvenes lamas decidieron acampar en un prado situado a diez minutos a pie, por encima del monasterio. Eso sin tener en cuenta la tozudez de los tibetanos. La mayor parte de las tiendas tradicionales carecen de suelo, por lo que siempre queda un resquicio abierto en la base. Cuando Dzongsar Khyentse Rinpoche se despertó por la mañana temprano y se sentó metido todavía en su saco de dormir, descubrió una quincena de pares de ojos observándole atentamente: pertenecían a los curiosos que, acostados en el suelo, habían pasado la cabeza a través del resquicio que dejaba el borde inferior de la tienda, con el fin de no perderse un solo minuto del espectáculo. Dzongsar Khyentse Rinpoche, a quien acababan de traerle una bacinilla de agua para asearse, se sacó un aerosol de espuma de afeitar —producto desconocido por entonces en el Tíbet— y en unos segundos se cubrió el rostro con blanca espuma. Un «oh...» de estupefacción recorrió la concurrencia. Es muy difícil escapar al celo de los khampas.

*

A la semana siguiente, Khyentse Rinpoche regresó a su valle natal, a Denkhok, a orillas del Drichu. Seguía sin haber una carretera practicable para llegar hasta Sakar, el pueblo en el que había nacido, situado en la Región Autónoma del Tíbet, al otro lado del Drichu. Las disposiciones oficiales en relación con el viaje de Khyentse Rinpoche al Tíbet todavía no preveían el cruce de esta frontera, de modo que tampoco esta vez pudo dirigirse a su pueblo natal. No obstante, las autoridades hicieron una excepción con algunos miembros de su entorno. Así, Rabjam Rinpoche, Tulku Pema Wangyal, dos monjes y yo recibimos la autorización para cruzar el río. Antaño había barcas rudimentarias que llevaban hasta la orilla opuesta, pero entonces solo había un puente que iba de una orilla a otra por encima del río. Después tuvimos que caminar dos horas y salvar un pequeño paso de montaña para descender a continuación hasta Sakar, verde valle en forma de flor de loto. Situado a 3.200 m de altitud, la tierra es todavía cultivable. En los límites de los campos de cebada y trigo, una cincuentena de casas agrupadas en torno a las ruinas de un pequeño monasterio conformaban el apacible pueblo en el que Khyentse Rinpoche había pasado su infancia. Allí era donde, a la edad de trece años, había resuelto abandonar la comodidad de la vivienda familiar por la sencillez austera de las cuevas y las ermitas de la región.

Mientras que Rabjam Rinpoche y algunas otras personas que nos acompañaban habían cubierto el trayecto (de unos ocho kilómetros en total) a caballo, Tulku Pema Wangyal y yo habíamos insistido en hacerlo a pie. Habíamos tenido que caminar tan deprisa para seguir a los caballos, que al final del recorrido estaba como para caer derrumbado. Pero apenas habíamos llegado, Tulku Pema Wangyal, que parecía movido por una energía inagotable, me zarandeó para sustraerme a mi inmovilidad: quería emprender sin más dilación la ascensión a la ermita de Gothi, situada en lo alto de una colina que domina por un lado el valle de Sakar y por el otro aquel por el que discurren las aguas nacaradas del Drichu. Fue en este lugar, en un pequeño templo-ermita en medio de un prado, donde el gran erudito y eremita Mipham Rinpoche pasó los últimos años de su vida y bendijo a Khyentse Rinpoche en su nacimiento.

A la mañana siguiente, al alba, Jamyang Lodrö, un lugareño que en su juventud había llevado a veces provisiones a Khyentse Rinpoche, nos sirvió de guía para nuestra peregrinación a los lugares de retiro de nuestro maestro. Caminando por en medio de un espeso bosque, remontamos el curso de un río, que tuvimos que cruzar en diversas ocasiones, no sin peligro: los «puentes» no estaban hechos más que de unos pocos troncos de árbol —¡a veces uno solo!— dejados caer transversalmente sobre su curso. Llegamos a Karpo Nang, el «Bosquecillo Blanco» en el que Khyentse Rinpoche se construyera una pequeña ermita de madera, donde su madre iba a visitarlo una vez al mes. Durante sus retiros, permanecía sentado en el interior de una «caja de meditación» de abeto, de aproximadamente metro veinte de lado por cincuenta centímetros de alto, en la cual meditaba de día y dormía de noche, sentado en un cojín plano, arrebujado en una capa de lana y pegado al fondo de la caja. Algunos practicantes realizan así largos retiros durante los que meditan, comen y duermen en estas cajas, con el fin de mantener la continuidad de su práctica y entrar en un estado de presencia iluminada en el instante mismo en que salen del sueño.

El interior de la ermita, cuadrada, construida también de madera, medía unos dos metros y medio de lado. Khyentse Rinpoche observaba a menudo los lobos desde su única pequeña ventana; estos iban a veces a frotarse con las esquinas de su ermita. En los contornos abundaban también los ciervos, los *barales*, grandes carneros azules del Himalaya, y de vez en cuando era incluso posible avistar leopardos. A Khyentse Rinpoche le gustaba dar de comer a los pájaros silvestres, algunos de los cuales se dejaban domesticar, hasta el punto de posarse sobre él. Uno de ellos se hizo merecedor del nombre de Tsultrim Gyatso, «Océano de Disciplina».

Me imbuí de la apacible atmósfera del lugar, que nada perturbaba, un marco ideal para dejar fluir la corriente de la práctica espiritual. Visualicé a mi querido maestro Khyentse Rinpoche en su retiro, uní mi mente a la suya y me abrí a sus bendiciones.

En el corazón de un sombrío bosque, a una hora de camino del Bosquecillo Blanco, en medio de una pared rocosa, se abría la boca de la cueva en que meditó en el siglo XII el maestro indio Padampa Sangye. Khyentse Rinpoche, que vivió en ella un retiro, describió así el lugar:

> Mi cueva tenía escaleras, pero carecía de puerta. A menudo se acercaban oseznos, que gruñían al pie de los escalones, pero no podían subir. Fuera, el bosque estaba poblado de zorros, martas, osos y toda clase de pájaros. En los contornos vivían también leopardos. Un día cazaron un perrito que me hacía compañía. En primavera, un cucú me servía de despertador. En cuanto lo oía, hacia las tres de la madrugada, me levantaba y comenzaba una sesión de meditación. A las cinco, reavivaba las brasas de la víspera, todavía calientes, y preparaba té en mi único cazo, sin salir de mi cajón de meditación, pues no tenía más que inclinarme por encima del montante de madera. Tenía muchos libros. La cueva era espaciosa, lo bastante alta para poder estar de pie. Fresca en verano, conservaba un poco el calor en invierno. Mi hermano mayor, Shedrup, vivía en una cabaña vecina con dos monjes que preparaban la comida de mediodía.

No lejos de allí, en el fondo de un valle atravesado por un torrente, perforada en la pared de un precipicio, sobre una pequeña plataforma rocosa accesible por un camino escarpado, se encontraba la cueva de Tsamkhang Trak, en la que Khyentse Rinpoche vivió siete años seguidos. Su esposa, Khandro Lhamo, y su primera hija, Chime Wangmo, que nació en este lugar, vivían en una cabaña construida con maderos al pie del precipicio, junto con otros practicantes, e iban a visitarlo de vez en cuando. En la tranquilidad de este remanso de paz propicio para la contemplación, Khyentse Rinpoche escribió numerosos poemas, instrucciones espirituales, plegarias y cantos de realización. Redactó más de un millar de páginas, que por desgracia se perdieron cuando tuvo que huir del Tíbet.

*

Khyentse Rinpoche pasó también al menos un invierno solo en una cueva aislada del resto del mundo, a más de 4.500 m de altitud. Su entrada da a la pared de la impresionante montaña rocosa de Bhala, que domina el valle de Sakar. Accedí a ella en verano, ayudado por algunas personas que cargaban con provisiones y combustible (bostas de yak secas) para varios meses. A partir de finales de otoño y durante el invierno, una vez caída la nieve, ya nadie podía acceder a ella ni volver a bajar, hasta la primavera.

Algunos años más tarde, en 2003, tuve ocasión de llegar hasta ella en compañía de dos monjes y de Raphaële, discípula durante años de Khyentse Rinpoche y buena amiga, que se ocupa conmigo de los proyectos humanitarios de Karuna-Shechen en el Tíbet. Tras varias horas a caballo a través de prados alfombrados de flores y algunas paradas para tomar una taza de té o un cuenco de delicioso yogur en una tienda de nómadas, tuvimos que ascender a pie durante una hora por un escarpado desnivel cubierto de esquirlas de roca que se desprendían bajo nuestros pasos. Sin aliento, alcanzamos por fin el borde de una cornisa rocosa en el fondo de la cual se accedía a una cueva de siete metros de profundidad por tres metros de altura. Salvo por algunas piedras agrupadas en forma de fogón, sobre las que tal vez Khyentse Rinpoche pusiera a hervir el té setenta años atrás, nada indicaba que la cueva hubiera estado habitada alguna vez. No había nada que protegiera la entrada, y el hecho de que un eremita hubiera podido pasar allí varios inviernos, con temperaturas que podían rondar los 30° bajo cero, desafía a la imaginación. ¿Habría cerrado Khyentse Rinpoche la entrada, levantando una protección de piedras?

Desde la cueva se ofrecía un paisaje inmenso: la vista abarcaba el pequeño valle de Sakar, abajo a la izquierda, y más allá de un pequeño collado, el majestuoso río Yangtsé atravesaba el valle de Denkhok. A lo lejos se escalonaban las cadenas montañosas y las cumbres nevadas de Tro Sitrön que culminan a casi seis mil metros. Ante aquella perspectiva grandiosa, la mente se unía sin esfuerzo con la inmensidad del paisaje y se ajustaba a la profundidad del silencio, en íntima armonía con los imponentes precipicios que dominan el valle, un silencio punteado a veces por el ronco graznido de un cuervo grande o por los gritos agudos de una pareja de águilas planeando en el azul del cielo.

Permanecimos unos instantes meditando, evocando con devoción el recuerdo de Khyentse Rinpoche. A continuación emprendimos el descenso, cruzándonos con nómadas atareados en reagrupar a los yaks y dris para el ordeño vespertino. Regresamos a Sakar rendidos, pero alimentados con unos preciados recuerdos que permanecen muy presentes en nuestros corazones.

*

Para volver de Sakar a Denkhok, decidimos cruzar el río y seguir en coche, en lugar de caminar. Embarcamos a bordo de una balsa formada por grandes troncos de abeto juntados entre sí. Los dos bateleros remaban con todas sus fuerzas, pero la corriente era tan fuerte, que nos íbamos inexorablemente a la deriva. A ello se sumó una tormenta de arena, para terminar de darle a la travesía un regusto de aventura ligeramente inquietante. Nos pusimos a recitar mantras y, al cabo de veinte minutos, desembarcamos sanos y salvos en la orilla opuesta, más de un kilómetro aguas abajo. Un coche nos llevó hasta Denkhok.

Tras pasar una semana en Denkhok y encontrarse con todos los fieles del valle que lo desearon, Khyentse Rinpoche regresó a Shechen. Durante un mes, impartió enseñanzas y participó en ceremonias, así como en el festival anual de danzas sagradas.

*

Para aquel segundo viaje, Khyentse Rinpoche había pedido expresamente poder volver a Dzongsar, el monasterio de su maestro Khyentse Chökyi Lodrö, en el que había vivido durante años. Para él era muy importante esta visita, tanto más cuanto que deseaba que los fieles del valle de Dzongsar pudieran conocer a la encarnación de Khyentse Chökyi Lodrö, que viajaba con él. Con tal fin había pedido al joven lama que lo acompañara. Un encuentro como aquel representaba un acontecimiento de la mayor importancia para los habitantes de la región.

No había carretera practicable para llegar hasta Dzongsar, de modo que se requerían tres días de marcha. Las autoridades locales se habían preocupado por garantizar que el camino fuera transitable, para lo cual habían revisado y reforzado la veintena de pequeños puentes por los que teníamos que pasar para cruzar los torrentes que se sucedían en el recorrido.

Tras pasar una noche en la prefectura de Derge, los vehículos nos dejaron al pie de una montaña. Una formidable expedición se preparaba. Para empezar, necesitamos toda una mañana para alcanzar el paso de Gose, a casi cinco mil metros de altitud. El nombre de este paso de montaña significa «Cabello Blanco», pues, según dicen, si uno tiene el cabello negro al comenzar su ascensión, ¡lo tiene blanco al llegar a lo alto! Khyentse Rinpoche viajaba en un palanquín porteado por una docena de personas. A lo largo del camino, los habitantes de los pueblos y de los campamentos de nómadas se empujaban por tomar el relevo cada cuarto de hora: llevar a Khyentse Rinpoche era un gran honor. Aunque el conjunto de la carga superaba con facilidad los ciento setenta kilos de peso, avanzaban tan deprisa que, aun sin equipaje, a los que procedíamos de la India nos costaba seguirles.

En las proximidades de lo alto del paso, llegamos a un prado en que los miembros de una rama local de la familia Dilgo (la de Khyentse Rinpoche) habían dispuesto una pequeña tienda al borde del camino. Hicimos una parada muy bien recibida para descansar y restaurarnos. Una veintena de miembros de la familia, de todas las edades, de los cuales tan solo los ancianos habían conocido a Khyentse Rinpoche, disfrutaron unos momentos de su presencia, antes de separarse, sin duda para siempre.

A pesar de sus casi ochenta años de edad y de las condiciones de un transporte incómodo y traqueteante, Khyentse Rinpoche no parecía en ningún momento cansado del viaje. Llevaba una chaqueta de piel de cordero sobre los hombros desnudos; como era su costumbre, permaneció con el torso desnudo, aun en medio de aquellas cumbres. Se sentía feliz de volver a ver los paisajes y lugares sagrados de su infancia. En el momento de cruzar el paso de Gose, el grupo hizo un alto para descansar y gozar del espectáculo, un panorama grandioso de colinas y montañas que se sucedían hasta perderse de vista bajo una luz azulada. Los hombres profirieron en exclamaciones de júbilo: *Kibi hi! Lha gyelo!* («¡Que los dioses sean victoriosos!»), votos que los tibetanos hacen siempre cuando cruzan un paso de montaña.

Al otro lado, un inmenso paisaje de altos prados, precipicios rocosos y cumbres nevadas se ofrecía a nuestra mirada. Abajo, en uno de los valles, se distinguía apenas visible la mancha parduzca del monasterio de Palpung. Tras descender durante dos horas por una suave pendiente, acampamos a medio camino para pasar la noche. Algunos monjes del monasterio habían subido a nuestro encuentro y habían montado varias grandes tiendas. A la mañana siguiente, mientras nos acercábamos a Palpung, apareció un doble arco iris por encima de los tejados del monasterio.

*

Al tercer día de habernos marchado de Palpung, tuvimos que ascender a un nuevo paso de montaña, menos elevado esta vez, que daba paso a una gran pradera con un suave declive. De pronto descubrimos la presencia de no menos de un millar de jinetes alineados, vestidos con traje de ceremonia, que habían puesto pie en tierra y llevaban a su caballo agarrado por la brida. Procedentes del cercano valle de Dzongsar, habían venido a recibir a Dilgo Khyentse Rinpoche y sobre todo a Dzongsar Khyentse Rinpoche, encarnación de su venerado y muy querido Jamyang Khyentse Chökyi Lodrö.

Precedidos por la larga fila de jinetes, descendimos hacia el valle, con Khyentse Rinpoche en su palanquín y los lamas más jóvenes montados en sendos caballos enjaezados con brocados. Por todo el valle, como de costumbre, los lugareños habían encendido fogatas sobre las que habían apilado ramas de enebro que desprendían en dirección hacia el cielo blancas y alargadas volutas de humo aromático.

Cuando llegamos al valle, toda la población nos esperaba, formando una larga procesión que nos precedió por el camino zigzagueante que conducía a la prominencia sobre la que estaba construido el gran monasterio de Dzongsar. Por desgracia, a excepción de algunas edificaciones, no quedaban más que ruinas. Antes de su destrucción en 1958, el monasterio de Dzongsar era un verdadero «pueblo monástico», que incluía veintitrés templos, más de un centenar de residencias para los monjes y numerosos centros de retiro.

En el momento de abordar la última recta que conducía hasta la entrada del monasterio, todo el mundo elevó los ojos al cielo: alrededor del sol se había formado un halo luminiscente, señal que los tibetanos consideran de muy buen augurio. Recorrimos las callejas que atraviesan este extenso conjunto, en gran parte destruido, para llegar a una de las edificaciones que habían sobrevivido. Se trataba de la antigua residencia de Jamyang Khyentse Wangpo, maestro cuya luminosa proyección fue de las más importantes en el siglo XIX y que se cuenta entre quienes preservaron el budismo tibetano en una época en la que la transmisión de gran número de enseñanzas amenazaba con verse interrumpida. Dilgo Khyentse Rinpoche y el joven Dzongsar Khyentse Rinpoche estaban considerados ambos como encarnaciones de Jamyang Khyentse Wangpo; el primero era encarnación del aspecto iluminado de su mente, y el segundo la de su aspecto corporal. En ocasiones, un gran maestro espiritual se «reencarna» bajo la forma humana de tres personas, o *tulkus*, cada una de las cuales expresa los tres aspectos fundamentales del maestro difunto: el cuerpo, la palabra y la mente.

Estuvimos en Dzongsar algo menos de una semana. Mientras Khyentse Rinpoche impartía iniciaciones y enseñanzas a los monjes y a la población, Tulku Pema Wangyal y algunos de nosotros salíamos casi todos los días en peregrinación a los lugares santos de los alrededores (grutas, ermitas y lagos sagrados), guiados por monjes o lugareños, enviados por Lodrö Phuntsok, una de las personalidades más destacadas del valle de Dzongsar. Médico tibetano de gran reputación, había sido punta de lanza del renacer del valle de Dzongsar. Algunos años más tarde, dirigió la reconstrucción del monasterio.

Al día siguiente mismo al de nuestra llegada, nos lanzamos a una caminata de una docena de horas. Ascendimos en primer lugar la abrupta pendiente situada detrás del monasterio para llegar a las cuevas de Kyungtrak, la «Roca del Garuda». A continuación, durante una hora, subimos en zigzag por una cuesta rocosa repleta de enebros, que siguen creciendo por encima de los cuatro mil metros de altitud. Aparecieron entonces las primeras flores de alta montaña, como la *Meconopsis*. Los tibetanos la llaman *gaochung*, «pequeño relicario», por su bonita corola amarilla que recuerda una pequeña tulipa: son sus finos pétalos que penden a lo largo de su alto tallo a la manera de un relicario colgante. Una pareja de cuervos grandes, especie que se ha vuelto rarísima en Europa (es dos veces más grande que el cuervo común), se posó unos instantes cerca de nosotros, para volver a alzar el vuelo en medio de un concierto de graznidos graves y sonoros que reverberaron contra las paredes de las montañas. Un quebrantahuesos, con su flamígera cabeza anaranjada, planeaba por encima de nosotros.

Llegados a un paso de montaña que señalaba el punto culminante de nuestra ascensión, abarcábamos con la mirada macizos montañosos en todas direcciones, cuyas más lejanas cumbres se fundían con el azul del cielo. Atravesamos longitudinalmente taludes en que las rocas de todas las medidas, amontonadas en desorden, alternaban con lechos relucientes de esquirlas de pizarra, que se escurrían bajo nuestros pasos, amenazando con precipitarnos hacia el fondo. Aquí y allá crecían extrañas plantas crasas de flores violetas y hojas vellosas, áreas de musgo esmeralda tachonadas de minúsculas florecillas blancas y algunas plantas medicinales raras. A casi cinco metros de altitud, nuestros pasos se hacían más inseguros y el aliento más corto. Al cabo de casi una hora de peligrosa travesía, llegamos a la entrada de un circo en cuya concavidad se asienta el «Lago de Turquesa donde Ruge la Leona de las Nieves», o Seng-nur Yutso.

Cuentan que este lago es la morada de un genio *naga*, medio hombre, medio serpiente, que se ha aparecido varias veces en la superficie con ocasión de la visita de los grandes maestros del pasado. Con tiempo soleado, sus aguas adquieren un color azul turquesa que cambia hacia verde pálido, o hacia negro al taparse el cielo. El circo está formado por aristas de roca quebradas cuyas esquirlas ruedan hacia el lago. Al sudeste, un dique de rocas, bordeado de pequeños prados, contiene las aguas, cuyo sobrante al desbordarse fluye hacia el valle. Un camino permite a los peregrinos dar la vuelta al lago recitando plegarias y mantras.

En el extremo más alejado del circo, en un llano elevado que domina el lago veinte metros por encima de este, se levantan tres minúsculas ermitas construidas con grandes piedras planas. Su interior es tan exiguo, que apenas cabe una única persona sentada. Buen número de sabios han realizado retiros en estos tan sagrados lugares, entre ellos

Jamyang Khyentse Wangpo. Antes de salir, Lodrö Phuntsok nos había relatado un prodigio acaecido en este lugar. En noviembre de 1866, Jamyang Khyentse Wangpo llegó a la orilla del lago en compañía de otro maestro visionario, Chogyur Lingpa, del rey de Derge y de un centenar de fieles. La superficie del lago estaba helada, a excepción del centro, donde el hielo se abría como una ventana alrededor de la cual se colocaron en círculo. Por aquel orificio apareció el *naga*, el genio del lago, para ofrecer a Chogyur Lingpa un relicario de oro que contenía preciosas enseñanzas emanadas de Padmasambhava.

Algunos peregrinos se habían congregado en el terraplén a la entrada del lago para proceder a una ofrenda de incienso. En una ofrenda de este tipo, visualizan en el humo de enebro flores, joyas, alimentos y perfumes, que se presentan a los budas y genios del lugar rezando por que los seres, en su infinidad, sean liberados del sufrimiento y conozcan paz y prosperidad.

Pero no podíamos retrasarnos. Descendimos a un largo valle en una marcha de una hora que nos llevó hasta la ermita de Karmo Taktsang, la «Blanca Guarida del Tigre». Este lugar de retiro consiste en un templo rodeado de una docena de celdas colgadas sobre un pequeño precipicio perdido en el bosque. Destaca por ser el lugar donde el gran sabio y erudito Mipham Rinpoche pasó trece años de retiro solitario. Compuso en ella numerosos tratados contemplativos, de los que se extraen estos versos:

> Cuando el reflujo de los pensamientos
> ya no afecta a la serenidad de la mente,
> ni las nubes alteran el cielo,
> tal es la «liberación de los pensamientos en su verdadera naturaleza».

Una docena de practicantes estaba efectuando un retiro de cinco años. En la mayor parte de centros de retiro, las principales horas de la jornada, la de levantarse, la del comienzo y el final de las sesiones de práctica y la de acostarse, son indicadas por parte de un monje que sopla largos segundos una caracola, la cual produce un sonido suave pero que alcanza lejos. También es así en nuestro centro de retiro de Namo Buddha, donde oigo el sonido de la caracola todas las mañanas hacia las cuatro (pero algunos practicantes de retiro se despiertan solos aún más temprano). A veces se emplea un gong. Pero en Karmo Taktsang, un centro de retiro de modestas dimensiones, es uno de los practicantes quien señala la hora de despertarse cantando, con una voz suave al principio, para ir elevándose paulatinamente. El canto se denomina «llamada al maestro que está lejos» y comienza con las palabras: «*Lama Khyeno!*» («¡Maestro, vos sabéis!»), invocación por la que se pide al maestro espiritual que dirija su mente y su compasión hacia el discípulo. El monje entona estas dos palabras imitando los sonidos emitidos al golpear un gong: tres golpes bien pronunciados, luego cierto número de golpes más rápidos que van decreciendo, y tres golpes finales más fuertes y espaciados. El monje canta así: «Lama Khyen... Lama Khyen... Lama Khyen... Lama Khyen, Khyen, Khyen, Khyen, Khyen, Khyen... ¡Lama Khyeno! ¡Lama Khyeno! ¡Lama Khyeno!». De este modo el despertar se produce bajo el signo de la devoción al maestro.

Había otros dos o tres monjes practicando en el lugar, pero que no se hallaban en retiro cerrado por cinco años. Acogían a los peregrinos que se hallaban de paso y se ocupaban de las necesidades materiales del lugar. Nos enseñaron en particular una roca plana sobre la que a Mipham Rinpoche le gustaba sentarse cuando meditaba en el exterior de su ermita o enseñaba a sus discípulos. Nos ofrecieron una colación agradablemente acompañada de reconstituyentes tazas de té con mantequilla salada bien caliente. Finalmente, la última hora del descenso que nos llevaba a la carretera principal la recorrimos a paso de carrera, para poder llegar al monasterio antes de que se hiciera de noche. Después de haber salido al alba, llegamos de vuelta a Dzongsar en plena oscuridad, agotados pero maravillados por tantos descubrimientos y colmados de bendiciones.

*

A la mañana siguiente, volvimos a coger el bastón de peregrino y, atravesando prados floridos, ascendimos durante dos horas por el camino que conduce a Pema Shelphuk, la «Cueva del Loto de Cristal», uno de los lugares de peregrinación más venerados del valle de Dzongsar. La cueva, cuya bóveda está recubierta de cristales de roca, tiene su entrada en una de las dos grandes rocas en forma de pan de azúcar que se elevan en medio de un circo de verdor. Fue en este lugar donde, durante el invierno de 1856, los dos maestros visionarios Chogyur Lingpa y Jamyang Khyentse Wangpo revelaron el tesoro espiritual llamado «Las Tres Secciones de la Gran Perfección»,[3] que contiene profundas enseñanzas sobre la manera de reconocer la naturaleza última de la mente.

*

El tercer día de nuestras peregrinaciones, emprendimos una más larga, de cuarenta y ocho horas, que debía llevarnos primero a Terlung Dilgo, valle natal de Jamyang Khyentse Wangpo, y luego al impresionante conjunto de cuevas de Dzongshö Deshek Dupa, donde Jamgön Kongtrul reunió los sesenta volúmenes de la edición original del *Tesoro de las enseñanzas reveladas*, el *Rinchen Terdzö*. Tulku Pema Wangyal y yo acostumbrábamos a realizar todas las peregrinaciones a pie, de modo que fuéramos nosotros, y no el caballo, los que, mal que bien, efectuáramos los largos periplos. Pero aquella nos advirtieron de que, si no íbamos a caballo, nos resultaría imposible llegar a Dzongshö antes de la noche. Así pues partimos en caravana, y Dzongsar Khyentse Rinpoche y Rabjam Rinpoche nos acompañaron.

Al pasar por Terlung, aldea compuesta por una docena de casas de tierra, cerca de un río, visitamos aquella en la que había nacido Jamyang Khyentse Wangpo, una casa muy sencilla. La pequeña habitación que ocupaba se conservaba tal como era: iluminada por dos pequeñas ventanas, constaba de un altar de madera oscura, con una estatua de Buda y algunos libros, así como una mesa-baúl delante de una caja de meditación cuadrada de aproximadamente metro veinte de largo y medio metro de alto, en la que Khyentse Wangpo permanecía día y noche. La gruesa capa forrada de largos pelos de lana con la que se cubría estaba dispuesta en el cajón de tal forma que se asemejara a una persona sentada, recordatorio evocador del gran maestro que la llevó. Después de recogernos unos instantes, nos apresuramos a reanudar la marcha.

Hasta el crepúsculo no llegamos ante este complejo impresionante de prominencias rocosas en las que se dibujan las entradas de las cuevas de Dzongshö. La cueva que Jamgön Kongtrul había ocupado era una de las más espaciosas, de unos diez metros de profundidad y cuatro metros de altura, y acondicionada de la forma más somera. Se encontraba en ella un altar, algunos lechos bajos para los dos o tres monjes que podían habitarla a la vez y un atrio de tierra batida situado cerca de una de las dos ventanas habilitadas en la pared de piedra que cerraba la entrada de la cueva y la protegía de la intemperie. Allí era donde había vivido Jamgön Kongtrul, donde había practicado y trabajado con los eruditos que se habían unido a él para reunir y dar forma a todos los textos que terminaron constituyendo la colección del *Rinchen Terdzö*. Allí también fuimos acogidos y pasamos la noche. Los monjes ciertamente no esperaban una visita de Dzongsar Khyentse Rinpoche y Rabjam Rinpoche, y se afanaban de un lado a otro para acogerlos lo mejor posible y preparar una sopa de pasta fresca elaborada a mano, que fue muy bien recibida y resultó de lo más reconstituyente.

A la mañana siguiente, completamos el recorrido a través de las otras ocho cuevas del macizo de Dzongshö, cada una de ellas asociada a una deidad de sabiduría particular, y en las que de vez en cuando algún ermitaño realiza un retiro.

Durante el regreso, al acercarnos a Dzongsar, mi caballo reconoció el terreno como familiar y se hizo la reflexión de que cuanto antes estuviera en casa, tanto mejor para él. Salió disparado y corrió a toda velocidad, sin que yo, agarrado a las riendas y a mis tristes cualidades de jinete debutante, pudiera hacer nada por disminuir la carrera. Todo el mundo rio de buena gana al ver mi expresión de desamparo sobre tan brioso corcel y el modo en que tiraba en vano de las riendas al tiempo que pedía auxilio. Uno de los jinetes khampas que nos acompañaban logró alcanzarme al galope, agarrar la brida de mi caballo y controlarlo.

*

Había llegado el momento de abandonar el hermoso valle de Dzongsar y emprender el camino de retorno. Regresamos a Chengdu y desde allí volamos a Delhi y luego a Bután, donde Khyentse Rinpoche continuó su obra benefactora.

Aquel segundo viaje al Tíbet reforzó el profundo sentimiento de afinidad que me inspira el Kham, la parte oriental del Gran Tíbet, más elevada y más verde que el resto de regiones. ¡Han enseñado allí tantos maestros espirituales! ¡Y se descubren tantos lugares eminentemente inspiradores que conducen sin rodeos hacia la Iluminación de la mente! Si el gobierno relajara un poco su tenaza y autorizara estancias más prolongadas, es allí sin duda donde me establecería.

EN EL TÍBET

Durante su segundo viaje al Tíbet oriental, en 1988, Dilgo Khyentse Rinpoche cruza el paso montañoso de Gose, a cerca de 5.000 m de altitud, transportado en un palanquín por una docena de personas. El nombre del paso significa «cabello blanco», pues, según dicen, aunque uno tenga el cabello negro cuando comienza su ascensión, al llegar a lo alto se ha vuelto blanco.

EN EL TÍBET

Con motivo de la visita de Dilgo Khyentse Rinpoche al Tíbet oriental, en 1988, en el festival anual de danzas sagradas. Conmemora la figura de Padmasambhava, el maestro que introdujo el budismo en el Tíbet.

Con Tulku Pema Wangyal y Tsering Phuntsok, uno de los funcionarios tibetanos que nos acompañaban, tras llegar, a más de 5.000 m de altitud, al más alto de los tres lagos sagrados que se encuentran por encima del monasterio de Dzogchen. 1985.

En 1988, en el Kham, su región natal, durante un reencuentro de Dilgo Khyentse Rinpoche con miembros de su gran familia, a los que no veía desde hacía más de treinta años. Es la primera vez que ve a los más jóvenes, pero no puede quedarse más que media hora, pues queda todavía un largo camino por delante.

En 2003, en peregrinación a la cueva del monte Bahla, a 4.900 m de altitud, en la que Dilgo Khyentse Rinpoche pasó un invierno entero en retiro solitario, aislado del mundo por la nieve. La cueva domina el valle del Drichu (río Yangtsé).

CAPÍTULO 28

EXILIO EN DARJEELING

Como consecuencia de un lamentable rumor acerca de mis actividades como fotógrafo, me veo exiliado de Bután y separado de Dilgo Khyentse Rinpoche. Paso seis meses de retiro en el monasterio de Kangyur Rinpoche en Darjeeling. Recibo preciadas cartas de mi maestro.

El 31 de octubre de 1988, el cuarto rey de Bután, Jigme Senge Wangchuk, se casó con cuatro hermanas de las que tenía ya ocho hijos. Una ceremonia fastuosa se desarrolló en el *dzong* de Punakha, edificio mitad monasterio, mitad fortaleza, en presencia de todos los dignatarios del reino, ataviados con sus más bellos trajes de gala, y de la familia real al completo. En el corazón del templo de Chakrasamvara, lugar en el que Khyentse Rinpoche realizaba todos los años diez días de ceremonias, el rey ocupaba su lugar sentado en un espléndido trono recubierto de pan de oro. A su derecha, en sendos tronos de menores proporciones, pero igual de magníficos, se sentaban el Je Khenpo, el más alto dignatario religioso de Bután, cuyo rango es equiparable al del rey, y dos reinas. A su izquierda estaban Dilgo Khyentse Rinpoche y las otras dos reinas. Habían llegado en una larga procesión precedida por danzarines y músicos. La ceremonia de entronización de las reinas duró toda la mañana. La atmósfera y la estética del lugar daban la impresión de haber vuelto a siglos pretéritos. Todo indicio de la cultura y las costumbres del siglo XX había desaparecido por completo. En mi condición de servidor de Khyentse Rinpoche, era el único extranjero presente. En cierto momento, la reina madre me requirió para confiarme su pequeña cámara de fotos y me instó a que tomara algunas instantáneas. Ningún otro fotógrafo asistía a la ceremonia. Pensé que, con el fin de acatar de la mejor manera posible los deseos de la reina madre y asegurarme de obtener unas imágenes de buena calidad, no sería mala idea hacer también algunas fotos con mi Nikon FM2, gracias a la cual había podido ilustrar abundantemente, durante tantos años, la vida de Khyentse Rinpoche.

Unos días más tarde, se celebró en Timbu, la capital, una ceremonia más sobria para los embajadores, diversos invitados procedentes del extranjero y algunos periodistas. Ni Khyentse Rinpoche ni su entorno estaban presentes en el evento. En la prensa internacional, en el *Newsweek*, como publicación más destacada, aparecieron varias fotografías de esta celebración matrimonial pública, en las que se veía al rey rodeado de sus cuatro reinas, sentados en unas butacas, una disposición que en nada se parecía a la fastuosidad de las ceremonias de Punakha.

De regreso en Nepal, envié a revelar mis diapositivas al establecimiento de Kodak de Bombay, y me llegaron por correo al monasterio de Shechen. Tenía pensado regalárselas en persona a la reina madre cuando volviera a Bután al cabo de unos meses. Pero mientras tanto se extendió un rumor por la corte: yo había vendido mis fotos a la prensa extranjera. El gobierno estaba muy enojado conmigo. Envié una carta explicativa acompañada de mis diapositivas, con la convicción de que el malentendido se resolvería enseguida. No fue así. Me habían proscrito del país hasta nueva orden. Khyentse Rinpoche intercedió en mi favor, pero fue en vano: se me consideraba un bribón de la peor calaña. La reina madre me había manifestado siempre la mayor benevolencia, pero le aseguraron que yo había abusado de su confianza.

Ante esta situación, Khyentse Rinpoche pensó primero enviarme a estudiar al colegio de filosofía de Dzongsar de Himachal Pradesh, en el noroeste de la India. Pero una mañana, al despertar, me dijo que la mejor solución para mí era realizar un retiro en Darjeeling, en el monasterio donde había pasado tantos años con Kangyur Rinpoche. En cuanto él saliera de Bután, me avisaría para que pudiera ir de nuevo con él.

La esposa de Khyentse Rinpoche especuló acerca de la identidad de los intrigantes que me habían denunciado sin motivo, pero preferí conservar mi paz interior. ¿De qué serviría alimentar sospechas y animosidades? Era preferible utilizar aquel obstáculo como una oportunidad para profundizar en mi práctica y mi devoción hacia mis maestros. ¿Por qué habría de sentirme turbado? No tenía nada que reprocharme, y recordé el adagio taoísta: «Tanto el favor como la desgracia llegan por sorpresa». Por supuesto me entristecía no poder estar en Bután con Khyentse Rinpoche y verme separado de él por varios meses, pero iba a emplear ese tiempo en entregarme a un retiro contemplativo.

Si reflexiono sobre ello, sigo convencido de que uno se siente fundamentalmente mejor no teniendo nada que reprocharse en su fuero interno y estando en paz consigo mismo, aunque digan de ti las palabras más desagradables, que viéndose cubierto de alabanzas cuando uno sabe, en el fondo de sí mismo, que ha cometido actos reprobables. Valoro la suerte que tuve entonces evitando caer en la acritud y el resentimiento.

*

Así pues, cuando Khyentse Rinpoche dejó Nepal, donde habíamos pasado el invierno, para regresar a Bután en julio de 1989, yo me dirigí a Orgyen Kunsang Chökhorling, el monasterio de mi maestro Kangyur Rinpoche, en Darjeeling. Me recibió, con los brazos abiertos, Kugno Nyima Sangpo, un lama de edad avanzada, muy afable, del que yo era amigo y que había sido discípulo de Kangyur Rinpoche en el Tíbet. Pema Wangyal Rinpoche, quien vivía en Francia con su familia, le había confiado el monasterio. La primera semana pasé preciosos momentos de recogimiento en la habitación de Kangyur Rinpoche y frecuenté la compañía de Kugno Nyima Sangpo. Ayudaba también en las tareas administrativas del monasterio e iba a visitar a algunos viejos amigos de la pequeña ciudad de Darjeeling, en especial Durga y Mohan Das Pradhan, que llevaban la gran tienda de fotos de la ciudad. Cuando había vivido en Darjeeling con Kangyur Rinpoche, entre los años 1967 y 1975, y bajaba a la ciudad, no perdía nunca la ocasión de ir a verlos en su estudio empapelado con grandes fotos de las cumbres del Himalaya, reveladas en blanco y negro y luego pintadas a mano por artistas; los revelados en color eran muy caros en aquella época. Poseían también una estupenda colección de imágenes de lamas que habían residido en Darjeeling, así como una fotografía del Dalai Lama tomada en 1959, poco después de su huida del Tíbet a través del paso montañoso de Nathu La, en el Sikkim, visible desde Darjeeling.

Expresé a Kugno Nyima Sangpo mi deseo de entrar en retiro. Me asignó una pequeña habitación en la parte más alta del monasterio, que daba a la terraza en que se encontraba también el templo de los protectores del Dharma. Mi antigua ermita estaba ocupada por un viejo monje. Una situación ideal, ya que nadie iba nunca al tejado, a excepción del joven monje que renovaba las ofrendas del pequeño templo por la mañana y las recogía por la noche. Además podía hacer un poco de ejercicio dando la vuelta al pequeño santuario al caer la tarde. Hice voto de silencio para los meses sucesivos y no me comuniqué sino por escrito.

Tras once años pasados en compañía de Khyentse Rinpoche, recibiendo sus enseñanzas y sirviéndole lo mejor que podía, me encontré de pronto inactivo y me di cuenta de que estaba físicamente agotado. Había vivido un periodo extraordinariamente rico y fecundo, que había superado cualquier expectativa, pero también muy intenso por la incesante actividad que reinaba en torno a Rinpoche. Comencé mi retiro poco a poco. Hacía siestas, me daba tiempo para regenerarme, para luego ir aumentando progresivamente mis horas de práctica.

Aproveché también este periodo de retiro para dedicar cada día dos o tres horas de la tarde a terminar la traducción de la *Vida de Shabkar*, la autobiografía excepcional de un gran yogui tibetano (1781-1851), cuyo relato se extendía a través de un millar de páginas. Llevaba varios años trabajando en esta obra, pero durante el retiro de Darjeeling pude avanzar a buen ritmo y traducir entre cinco y siete páginas al día.

La presencia intangible de Khyentse Rinpoche llenaba mis pensamientos cada instante del día. Por la noche salía a la terraza y me prosternaba muchas veces bajo el cielo estrellado, en dirección a Bután. Imaginaba a mi maestro al anochecer, impartiendo sus enseñanzas a algunos discípulos cercanos con su voz profunda que fluía como un río, sin ninguna vacilación, recitando luego sus oraciones vespertinas antes de dormirse bajo su gruesa pelliza. Lo imaginaba a la suave luz de la mañana, sentado sobre su lecho, como un emperador de la Iluminación, con una capa de seda naranja forrada de fina piel de cordero blanca sobre los hombros, con su largo cabello desordenado, el torso desnudo, adornado con su collar de ágatas y turquesas heredadas de maestros del pasado y con su relicario de oro que enmarcaba la estatuilla de Manjushri, legado de Mipham Rinpoche. Lo veía recibiendo a los primeros visitantes, sosteniendo la mano y acariciando la mejilla de uno de ellos, riendo de buena gana, dando valiosos consejos... La evocación de Khyentse Rinpoche se mezclaba con el recuerdo, igual de vívido, de mi maestro-raíz, Kangyur Rinpoche, que reposa inmutable en el fondo de mi corazón.

Mi retiro se veía así doblemente sustentado por la presencia invisible de estos dos seres iluminados que formaban uno solo en mí. Más que a ninguna otra forma de práctica, me entregué al yoga del gurú, la unión con la naturaleza última de la Iluminación del maestro, práctica que ha constituido siempre la esencia de mi camino espiritual. La unión de la propia mente con la del maestro permite reencontrar la simplicidad primordial de la naturaleza de la mente, en la cual basta reposar, sin esperanza ni temor.

Este retiro supuso también una buena ocasión para comenzar a integrar el increíble tesoro de enseñanzas que había recibido durante aquellos once años. ¡Tenía con qué practicar durante cinco o seis vidas! Khyentse Rinpoche me envió varias cartas con consejos espirituales que valían por todo el oro del mundo. Cada vez que llegaba una de estas misivas, la depositaba respetuosamente sobre mi cabeza, la contemplaba un momento cerrada y luego la abría con delicadeza, antes de leerla pausadamente. Le dejaba a cada palabra el tiempo necesario para que se infiltrara hasta lo más profundo de mi ser. ¡Aquellas cartas y poemas tan preciosos bien valían unos meses de exilio!

Yo escribía mal que bien mis cartas de respuesta en tibetano. Leía y entendía con fluidez la lengua tibetana, pero dudaba a menudo sobre la ortografía y sobre algunas cuestiones gramaticales, cosa que por otra parte, disléxico como soy, me sucede con todas las lenguas. Provisto de un diccionario, componía torpes poemas que sabía que harían reír a Khyentse Rinpoche. Pero imaginar que sus pensamientos de amor y benevolencia se volvían hacia mí, con su divertida sonrisa, me reconfortaba interiormente. Uno de los poemas de Khyentse Rinpoche decía:[1]

> En la morada del maestro que alcanzó la realización de la sabiduría primordial del Todo Excelente (*Kunsang*),[2]
> lugar supremo en que se hizo girar la Rueda de las Enseñanzas (*Chökhorling*) que maduran y liberan,
> eres diligente en tu práctica, tus lecturas y escritos.[3]
> Me he sentido muy feliz al recibir tu carta, llena de afecto.
>
> En este bosque apacible, semejante a una tierra mantenida en secreto,
> en el cual, en una humilde ermita, discretamente vivo,

quienes conmigo están y yo mismo nos hemos alegrado con tu carta.
¡Sigue enviándome noticias tuyas a menudo, viejo amigo!

En el seno de la agradable arboleda de Satsam Chörten,
he fijado los límites exteriores de mi retiro,
y permanezco tranquilo, perfectamente a gusto,
a semejanza de un cerdo en su pocilga.

Aunque no posea la inmensa certidumbre de un yogui adamantino,
que percibe toda forma como deidad, todo sonido como mantra
y todo pensamiento como la dimensión absoluta, el *dharmakaya*,
con ferviente devoción por los patriarcas del linaje, poseedores de la Iluminación,
como una flauta, sin tregua, hago sonar los acentos melódicos de mis plegarias.

Luna Brillante (Rabsel Dawa)[4] reside en el firmamento sobre los valles del sur (Bután),
mientras que el nenúfar del discípulo lleno de fe y de perseverancia florece en Darjeeling.
Pero no hay duda posible de que, por la fuerza de las oraciones y del karma,
sin cesar te alcanzarán los rayos de ambrosía luminosa, fuente de alegría.

Cuando estas palabras lleguen a ti,
deléitate con el dulce sabor de la alegría y la devoción.
Como un gamo perfectamente a gusto y contento,
¡esboza unos pasos de danza gozosa!
¡Ja! ¡Ja!

Como conclusión a un largo poema enviado algún tiempo más tarde, Khyentse Rinpoche escribió:

Hijo, he escrito estas líneas para suscitar tu alegría y tu sorpresa.
Las personas del mundo están limitadas a las fantasmagorías de su propia mente.
Para el yogui que ha mostrado al desnudo el ronzal de la iluminación-vacuidad,
los espejismos variopintos de las diferentes regiones no hacen sino esclarecer aún más las enseñanzas;
ayudan a progresar en la práctica y generan una profunda certidumbre.

Una sola mirada de la simplicidad primordial de la iluminación-vacuidad en estado puro
basta para reducir a polvo las ciudadelas del extravío erigidas desde tiempo inmemorial.

Cautivado por el espectáculo de la completitud en el seno de la naturaleza de las tres dimensiones de la budeidad,
este viejo en estado de embriaguez por haber consumido en demasía el licor de los medios de vida inapropiados
escribe estas líneas durante la ceremonia de Rigdzin Dupa.
Pensando muchas veces en el amigo, tan caro a su corazón,
envía esta carta desde el bosquecillo de plantas medicinales donde reside la esencia de la virtud,
rezando por que maestro y discípulo estén pronto reunidos.

Así pasé cinco meses de retiro, cinco meses de dulce tranquilidad, en que combinaba la práctica con la traducción. Intenté también asociar una aspiración altruista con cada acción corriente formulando una breve plegaria apropiada para cada momento de la vida cotidiana, basada en un sutra de Buda:

En el momento de dormirte, desea: «Que todos los seres alcancen la Iluminación».
Al despertar: «Que cada persona despierte a la budeidad».
Al levantarte: «Que todos los seres se encarnen en un cuerpo de Buda».
Al vestirte: «Que sean capaces de mantener el sentido de la moderación y de la decencia».
Al encender el fuego: «Que las emociones negativas de los seres humanos ardan».
En el momento de las comidas: «Que toda persona pueda gustar el néctar de la meditación profunda».
Al abrir una puerta: «Que la puerta de la liberación se abra para todos los seres».
Al cerrarla: «Que la puerta de entrada a los reinos inferiores se cierre para todos los seres».
Al subir una escalera o una colina: «Que sea yo capaz de conducir a todos los seres hacia los reinos superiores».
Al bajarlas: «Que me sea dado partir para liberar a todos cuantos sufren en los reinos inferiores».
Ante la felicidad: «Que todos conozcan la felicidad de la budeidad».
Ante el sufrimiento: «Que todos los dolores se apacigüen».

Aquel retorno a Darjeeling me permitió igualmente revisar los periodos más formativos de mi vida, aquellos que, de manera profunda, me forjaron interiormente. Más que cualesquiera otros, dos son las épocas fuertes que resaltan marcadamente: los siete años de Darjeeling en presencia de Kangyur Rinpoche, seguidos de los meses que pasé en mi ermita tras su muerte, durante los cuales me centré en las prácticas que él me había enseñado; y los trece años con Dilgo Khyentse Rinpoche. En el transcurso del primero de estos periodos, permanecí siempre en Darjeeling, a excepción de un breve viaje a Nepal y de las dos estancias en Delhi para imprimir libros. Por el contrario, con Khyentse Rinpoche viajé mucho, me vi expuesto a situaciones novedosas, a menudo extraordinarias; fueron diez años en Bután y tres viajes al Tíbet. Presencia inmutable en el centro de miríadas de actividades, al margen de los periodos de retiro, Dilgo Khyentse Rinpoche se desplazaba frecuentemente para enseñar y responder a las peticiones de numerosos maestros o de monasterios. Pero, tanto la perfecta tranquilidad de Darjeeling como la multiplicidad de situaciones nuevas junto a Dilgo Khyentse Rinpoche, estaban imbuidas de aquello que contaba más que nada a mis ojos: la presencia de un maestro espiritual, semejante a un aroma que llena la integridad del ser con cada inspiración; una profunda unidad en el seno de la diversidad.

Estos dos periodos fueron tan formativos el uno como el otro, cada uno a su manera, y no tendría sentido evaluar su importancia respectiva. Si quisiéramos establecer una comparación musical, la chacona de segunda partita para violín de J. S. Bach representa, para los melómanos, una de las más altas cimas de la música de todos los tiempos. Pero si escuchamos el coro final, verdadera quintaesencia musical, de la *Pasión según san Juan*, se revela claramente fútil intentar establecer grados de sublimidad en aquello que de por sí se eleva por encima de las palabras. Puedo por tanto reconocer estos dos periodos como los más esenciales de mi vida, pero su virtud y su alcance trascienden cualquier forma de comparación. ¿Pueden compararse dos soles, dos cielos, dos aguas puras de manantial, o las dos alas de un pájaro?

A mediados de diciembre de 1989, Khyentse Rinpoche estaba de regreso en Nepal. Di por terminado mi retiro, me despedí de mis amigos y fui a reunirme con él.

CAPÍTULO 29

REENCUENTROS Y DESPEDIDAS

Me reúno con Dilgo Khyentse Rinpoche en Nepal. En verano de 1990, Dilgo Khyentse Rinpoche visita Francia por última vez, y en otoño, el Tíbet. Nuestra despedida en el aeropuerto de Katmandú en abril de 1991.

Una mañana del mes de marzo de 1990, después de las ceremonias anuales que siguen al Año Nuevo tibetano, encontrándome a solas con Khyentse Rinpoche, me permití decirle que sería en extremo valioso para todos si impartía la transmisión de las obras completas de Shechen Gyaltsap, su maestro-raíz. Habíamos recibido desde el Tíbet la casi totalidad de sus escritos y los habíamos reimprimido en la India. Khyentse Rinpoche era único depositario con vida de esta transmisión. No dijo nada, pero un mes más tarde decidió transmitir estas enseñanzas en la gran biblioteca ubicada en lo alto del monasterio. Una treintena de discípulos, entre ellos tres de sus principales herederos espirituales, Rabjam Rinpoche, Jigme Khyentse Rinpoche y Tulku Pema Wangyal (quien también le había hecho por su parte la petición de estas enseñanzas), recibieron durante varias semanas la transmisión a través de la lectura de trece volúmenes de los escritos de Shechen Gyaltsap. Estas obras, compuestas en un estilo pulcro, incluyen profundos comentarios sobre diversos aspectos de la vía.[1]

El último día, sus discípulos más allegados ofrecieron a Khyentse Rinpoche una ceremonia de larga vida.[2] Rabjam Rinpoche rememora así aquel momento: «Mientras yo realizaba la ofrenda de los símbolos de larga vida, me invadió la sensación opresiva de que Rinpoche no viviría por mucho tiempo. Prorrumpí en sollozos y salí de la estancia. En las escaleras me crucé con Ani Jinpa, monja holandesa discípula de Rinpoche, quien me preguntó: "¿Qué ha pasado? ¿Rinpoche ha dicho algo alarmante?". No supe qué responder». Fue el último ciclo de enseñanzas que Rinpoche impartió en Nepal. A partir de entonces, Rabjam Rinpoche lo transmite a los *tulkus* y monjes del monasterio de Shechen, en el Tíbet oriental.

Durante el verano de aquel mismo año de 1990, Khyentse Rinpoche realizó una visita de seis semanas a Francia, la decimoquinta desde 1975. Enseñó en Dordoña y en diferentes centros budistas, asistido por discípulos tibetanos provenientes de Europa y de Estados Unidos.

*

A finales de septiembre de 1990, Khyentse Rinpoche regresó por última vez al Tíbet para consagrar el monasterio de Samye, cuyos pisos superiores habían sido reconstruidos magníficamente gracias a la petición que había presentado ante el gobierno chino. Una vez concluida la restauración del templo principal, invitaron a Khyentse Rinpoche a consagrarlo. Solo obtuvieron autorización para el viaje Khyentse Rinpoche y tres butaneses de su entorno, pero nosotros ideamos una estratagema para asistir a aquel acontecimiento histórico. Tulku Pema Wangyal, Amala (la esposa de Kangyur Rinpoche), acompañados por su familia al completo, el gran erudito Nyoshul Khen Rinpoche y una treintena de discípulos occidentales, entre ellos mi madre y yo, organizamos un viaje en apariencia turístico con el fin de encontrarnos en Samye al mismo tiempo que Khyentse Rinpoche. Nuestro ardid tuvo éxito y pudimos reunirnos con Khyentse Rinpoche en el monasterio.

La ceremonia de consagración, muy elaborada, duró tres días y tuvo lugar en torno al décimo día del mes lunar, dedicado a Padmasambhava, el 29 de septiembre de 1990. Khyentse Rinpoche impartió también enseñanzas e iniciaciones a los sesenta monjes de Samye y a aquellos que habían ido para asistir a la consagración.

Yo intenté hacer malabarismos para estar en los dos frentes, viajando con el grupo de supuestos «turistas», y al mismo tiempo procurando en la medida de lo posible permanecer junto a Khyentse Rinpoche.

En Samye, Khyentse Rinpoche dormía en el templo principal, y traté de pasar las noches, como de costumbre, estirado sobre una alfombra en el suelo cerca de él. Pero los funcionarios chinos que se ocupaban de la visita de Khyentse Rinpoche tuvieron noticia de mi presencia desde el primer intento y me hicieron saber con toda claridad que mi lugar estaba con el grupo de turistas que acampaba en las proximidades del monasterio. Prohibido inmiscuirme en el entorno de Khyentse Rinpoche.

Exteriormente, el monasterio principal había recuperado todo su esplendor. Los tejados de cobre chapados en oro auténtico refulgían con mil destellos bajo el sol de la mañana. En el interior, nuevas estatuas habían reemplazado a las destruidas. La hija de Khyentse Rinpoche, Chime Wangmo, había ofrecido la restauración de una muy preciada estatua sedente de Buda coronado, el Jowo Changchub Chenpo, ubicada en un templo del primer piso y cuyo cuerpo no había sido enteramente destruido. Khyentse Rinpoche había pedido al rey de Bután la intervención de tres de los más talentosos escultores del país, los cuales repararon admirablemente la estatua y remodelaron el rostro con rara delicadeza.

Los deseos de Khyentse Rinpoche, expresados quince años antes, habían dado su fruto, pero la restauración del conjunto de Samye distaba mucho de estar terminada. Faltaba por reconstruir los ocho templos subsidiarios que rodeaban el templo central en las ocho direcciones resultantes de los cuatro puntos cardinales y sus intermedios, cuatro inmensas estupas y ciento ocho estupas más pequeñas que remataban la muralla del recinto. Se reconstruyeron posteriormente.

Khyentse Rinpoche visitó también Lhasa, donde ofreció cien mil lamparillas de mantequilla en el templo de Jowo, el Buda coronado. Nuestro grupo no obtuvo autorización para seguirle en sus demás desplazamientos, entre los que destacaba especialmente el del valle de Réting. De modo que decidimos acompañar a la familia de Kangyur Rinpoche a diversos lugares en los que este había vivido, como por ejemplo la cueva de Rong Drakmar, donde nació Tulku Pema Wangyal y Kangyur Rinpoche reveló un tesoro espiritual.

A continuación, la familia de Kangyur Rinpoche regresó a Francia. En cuanto a mí, escolté a un grupo formado principalmente por discípulos occidentales, que emprendieron una peregrinación a China, a los montes Emei y Wutai Shan, dos de las cinco montañas sagradas de China, dedicadas respectivamente al *bodhisattva* Samantabhadra y al buda Manjushri, lugares ambos que yo había visitado con anterioridad en compañía de Khyentse Rinpoche. Debíamos coger el avión de regreso a Francia en Pekín. En la plaza de Tiananmén, algo más de un año después de las manifestaciones que fueron reprimidas con un baño de sangre, nuestro pequeño grupo se congregó para orar. Dos de nosotros, Martin Watten y yo, llevábamos el hábito de los monjes tibetanos. Nos ganamos algunas sonrisas y emotivos comentarios de aliento por parte de varios transeúntes, así como también las miradas y palabras coléricas de unos policías que nos conminaron a circular.

*

A su regreso del Tíbet, Khyentse Rinpoche realizó una breve estancia en Bután, donde yo seguía sin poder entrar, y a continuación partió con destino a Bodh Gaya, en la India. Aunque tenía ya ochenta años, no parecía afectado por la edad y su carisma no había perdido nada de su esplendor. Sin embargo, a mediados de diciembre, cuando estaba impartiendo la transmisión de las enseñanzas de su predecesor Jamyang Khyentse Wangpo, mostró inquietantes signos de enfermedad. Tuvo que interrumpir sus actividades durante varios días, cosa muy inhabitual en él. Justamente en esos días llegaba el Dalai Lama a Bodh Gaya, y visitó hasta tres veces a Khyentse Rinpoche, pidiéndole la transmisión de algunas iniciaciones.

A comienzos del mes de enero de 1991, Khyentse Rinpoche confirió los votos de *bodhisattva* a los pies del árbol de la Bodhi, en el lugar mismo en que Buda había alcanzado la Iluminación. Acto seguido presidió la recitación, cumplida por un centenar de monjes, de cien mil repeticiones de la *Plegaria de la acción perfecta* y de la *Coral del nombre de Manjushri*, cada una de las cuales ocupa varias páginas. A finales de enero, se dirigió a Dharamsala a petición del Dalai Lama y durante ocho días le ofreció una última serie de importantes iniciaciones de la tradición Nyingmapa. El 28 de enero, en el porche de entrada de la residencia, el Dalai Lama tocó largo rato con su frente la de Khyentse Rinpoche, recitando oraciones por su reencuentro en numerosas vidas futuras, y se despidieron el uno del otro. Su último adiós...

A su regreso a Nepal, era innegable que la salud de Khyentse Rinpoche se deterioraba inexorablemente. Se había adelgazado, cada vez necesitaba más descanso y pasaba una gran parte del tiempo rezando o meditando, dedicando tan solo unas horas al día, en contra de su costumbre, a quienes tuvieran un motivo importante para verle.

En abril de 1991, la estancia de Khyentse Rinpoche en el monasterio de Shechen tocaba a su fin. Se disponía a regresar a Bután. La última mañana temprano, en su dormitorio, impartió una enseñanza sobre las prácticas preliminares de *La esencia del corazón de la inmensidad*, el *Longchen Nyingthig*, a un pequeño grupo de discípulos. Aunque hubiera recibido de él aquellas enseñanzas al menos una veintena de veces, sus explicaciones renovadas me permitían en cada ocasión alcanzar una comprensión más clara y profunda. Mientras bebía sus palabras con plena y completa atención, me invadió una inmensa tristeza. Pronto de mis ojos manaron abundantes lágrimas. Permanecí sentado en silencio, algo apartado, de modo que nadie pudiera advertir mi emoción. Tenía el vago sentimiento de que aquella era la última vez que escuchaba a mi maestro bien amado. Se marchaba a Bután, viaje del que yo estaba excluido; y estaba enfermo: ¿volvería a verlo algún día? No formulé estos pensamientos de manera explícita, pero eran aquello que envolvía la profunda tristeza que se había apoderado de mí.

Una vez hubo terminado la enseñanza y los discípulos se hubieron marchado, llegó la hora de la partida de Khyentse Rinpoche. Me acerqué a él para recibir su bendición y decirle que no iría al aeropuerto para despedirme, como era costumbre. Posó largos segundos sus manos sobre mi cabeza y no dijo nada, comprendiendo que prefería quedarme con la impresión de aquel adiós íntimo y evitar el barullo de las despedidas públicas.

Varios coches tomaron el camino del aeropuerto. En el último momento, no pude resistir y me subí a uno de ellos. Un discípulo nepalí cercano a las autoridades lo había dispuesto todo para que Khyentse Rinpoche pudiera llegar en coche directamente hasta la escalerilla del avión. Fue por tanto desde la ventanilla del coche, antes de cruzar el portal que conducía a la pista, desde donde dio su bendición a quienes habían ido a desearle buen viaje. Dejé pasar a todo el mundo y me presenté el último. Al verme, Khyentse Rinpoche rio, me agarró de la oreja con un gesto de afecto que hacía a veces y me dijo sonriente: «Al final has venido». Fueron las últimas palabras que oí de su boca... Mi amiga Raphaële tomó una foto, justo en el momento en que Khyentse Rinpoche me tiraba de la oreja. Una última imagen del último instante. Al escribir estas líneas, la emoción me invade y no puedo evitar llorar a lágrima viva.

*

Khyentse Rinpoche tenía pensado ir una cuarta vez al Tíbet, al monasterio de Shechen, pero tuvo que renunciar a ello. Decidió en su lugar realizar un retiro de tres meses en Bután, enfrente del Nido del Tigre, en Paro Taktsang, uno de los lugares más sagrados del Himalaya.

Al terminar el retiro, parecía estar mejor de salud. Visitó a algunos de sus discípulos que estaban realizando sendos retiros y les habló del maestro último, más allá del nacimiento y de la muerte, así como de toda manifestación física. Pero poco después, su estado volvió a empeorar.

Un incidente debilitó un poco más todavía a mi tan amado maestro. Una noche, el monje que me sustituía junto a Rinpoche, en lugar de acostarse al mismo tiempo que él, se fue a dar un paseo. Durante ese espacio de tiempo, Khyentse Rinpoche tuvo necesidad de ir al servicio y se levantó solo. Se resbaló, se cayó, se dio un fuerte golpe en la rodilla y se quedó un buen rato en el suelo, hasta que volvió el monje. Este se asustó por su propia negligencia, pero el mal estaba hecho. La rodilla de Khyentse Rinpoche empeoró hasta infectarse, lo cual se sumó a la enfermedad que padecía. Más tarde, la reina madre le dijo a Lama Ngodrup, el anciano monje que había servido a Khyentse Rinpoche durante treinta años: «Esto no habría sucedido si Matthieu hubiera estado aquí, ¿verdad?».

Lama Ngodrup asintió y la reina madre rompió a llorar.

La reina madre comenzó a dudar acerca de las denuncias de que yo había sido objeto y pidió al ministro de Asuntos Extranjeros que le enviara los recortes de las publicaciones incriminatorias. No existía tal cosa, y el ministro se vio en un buen apuro para dar cuenta de ello.

Durante doce días, Khyentse Rinpoche no pudo comer ni beber. Envió un mensaje a Trulshik Rinpoche, a Nepal, con estas palabras: «Me marcharé el 19». Trulshik Rinpoche partió a toda prisa rumbo a Bután y pasó unos días junto al lecho de Khyentse Rinpoche, en Paro.

El decimonoveno día del noveno mes lunar, el 28 de septiembre de 1991, a petición de la reina madre, Khyentse Rinpoche fue trasladado al hospital de Timbu. Al caer la tarde, pidió a quienes le asistían que le ayudaran a sentarse en posición erguida, y entró en un sueño apacible. A primeras horas de la mañana dejó de respirar y su espíritu se fundió en el espacio absoluto.

Así fue como llegó a su fin la extraordinaria vida de Dilgo Khyentse Rinpoche, una existencia consagrada desde su más tierna edad a estudiar, practicar y enseñar. Allá donde estuviera, fuera de día o de noche, en una corriente única de bondad, sabiduría, humor y dignidad, dedicó toda su energía a la preservación y a la práctica de la enseñanza budista en todas sus formas.

*

Me enteré de la noticia a la mañana siguiente, a través de una llamada telefónica de Tulku Pema Wangyal, que hacía escala en Bangkok de camino a Bután. Yo me encontraba en aquellos momentos en Dordoña, donde había ido a comienzos del verano y donde había hecho de intérprete del Dalai Lama durante los diez días de su enseñanza de *El camino hacia la Iluminación*. No sé cómo describir lo que sentí, de tal modo supera el marco de las emociones ordinarias. Era como si, de pronto, el universo entero zozobrara en el silencio. El tiempo quedó en suspenso, el universo se llenó con la sola presencia de Khyentse Rinpoche, una presencia tangible, hecha no de recuerdos precisos, sino de su calidad de ser, de la dimensión última de su sabiduría y de la dulzura de su compasión, más allá de los conceptos y las sensaciones. Sin él, el mundo ya no sería nunca el mismo, pero la presencia de Khyentse Rinpoche no estaba ya sometida al tiempo, a los lugares y a las circunstancias. Me alojaba entonces en La Sonnerie, Tashi Pelbar Ling, justamente el lugar de residencia de Khyentse Rinpoche en Dordoña. Él, mi maestro bien amado, habitaba aquel espacio entero. Me uní a varios discípulos que se habían congregado para orar. No había necesidad de hablar entre nosotros. Las palabras resultaban vanas…

Al día siguiente de la muerte de Rinpoche, Rabjam Rinpoche preguntó al rey de Bután si yo podía volver. Me concedieron el permiso. Cogí el primer avión para la India, y desde allí otro hasta Bután. Participé en todas las ceremonias que siguieron. Discípulos del mundo entero recibieron permiso para rendir homenaje al cuerpo de Khyentse

Rinpoche. Fue embalsamado de acuerdo con los métodos tradicionales tibetanos, bajo la supervisión de Tulku Pema Wangyal, quien se había ocupado ya del mismo modo del cuerpo de su propio padre y del de Dudjom Rinpoche. Así, el cuerpo de Khyentse Rinpoche se preservó durante un año antes de su cremación, con el fin de que los discípulos procedentes de lugares lejanos, y del Tíbet en especial, pudieran ir a verlo a Bután, y posteriormente a Nepal, adonde fue transportado, para permanecer allí tres meses. Durante las siete primeras semanas en Nepal, la comunidad tibetana ofreció cada viernes cien mil lamparillas de mantequilla y pequeñas velas, que se consumían lentamente, desde el anochecer, en las terrazas escalonadas de la gran estupa de Boudhanath, cercana al monasterio de Shechen.

En 1992, volví por breve tiempo a Francia para hacer de nuevo de intérprete para el Dalai Lama, que estaba de paso en París. Era la primera vez que volvía a verlo, desde el fallecimiento de Khyentse Rinpoche. Cuando llegó al vestíbulo del hotel, me vio, vino hacia mí, me pasó el brazo sobre los hombros, inclinó su cabeza contra la mía y me estrechó en silencio contra él durante largos segundos. No pronunció una sola palabra, pero todo comentario habría sido superfluo: aquel gesto señalaba su apoyo y el afecto que lo unía a la memoria de Khyentse Rinpoche.

En noviembre de 1992, el cuerpo de Khyentse Rinpoche fue incinerado cerca de Paro, en Bután, en el transcurso de una ceremonia de tres días en la que participaron más de un centenar de grandes lamas, el rey con toda su familia, los ministros butaneses, así como quinientos discípulos occidentales y una multitud de cincuenta mil personas. Fue una concentración sin precedentes en la historia del país, que por entonces contaba tan solo con seiscientos mil habitantes. Durante aquellos tres días, Rabjam Rinpoche dio de comer cada día a casi diez mil visitantes procedentes de lugares apartados, que acampaban en las inmediaciones, en pleno campo. El Dalai Lama había expresado su deseo de ir a Bután para la ocasión. El rey había dado su aprobación, y todo se había organizado con arreglo a esta visita. Pero al enterarse de la noticia, el gobierno chino ejerció tal presión sobre los butaneses, con la amenaza de abandonar las conversaciones sobre el trazado definitivo de la frontera entre Bután y China, que hubo que renunciar a lo proyectado.

Para la cremación se construyó una estupa funeraria de arcilla, de cuatro metros de alto. Al término de una semana de ceremonias, en las que participaron monjes de todas las tradiciones del budismo tibetano, comprendida una delegación del monasterio del Dalai Lama, el cuerpo de Khyentse Rinpoche, envuelto en seda y coronado con la diadema de los budas de las cinco sabidurías, fue llevado en procesión por sus más allegados discípulos hasta el lugar de su incineración. Lo depositaron en la parte superior de la construcción de arcilla en forma de campana en la que se habían dispuesto los leños de maderas preciadas, de sándalo blanco y rojo, y otras esencias. Encendieron el fuego y, durante tres horas, cuatro grupos de monjes, ubicados en los cuatro puntos cardinales de la estupa, cumplieron las ceremonias de la cremación. Cada grupo estaba presidido por un lama de una de las cuatro escuelas principales del budismo tibetano.

Acto seguido se selló la abertura de la estupa funeraria durante varios días, para dejar que las cenizas se enfriaran. En este intervalo, centenares de fieles realizaban respetuosas marchas en torno a la construcción hasta avanzada la noche, cantando versículos de una plegaria que invocaba a Khyentse Rinpoche. Durante el día se llevaban a cabo nuevas ceremonias. Finalmente se abrió la estupa y se recogieron con sumo cuidado las cenizas, los huesos y demás reliquias. A pesar de la elevada temperatura que había reinado por varias horas en el interior de la estupa, el corazón de Khyentse Rinpoche había quedado prácticamente intacto, desecado por el fuego, pero en modo alguno destruido. La parte superior de la edificación funeraria fue reconstruida para que albergara la mayor parte de las reliquias de Khyentse Rinpoche. El resto de sus reliquias se encastaron en otras estupas y estatuas repartidas por todo el mundo, y algunos fragmentos se entregaron a sus discípulos como objeto de devoción. La inmensa estupa del monasterio de Shechen, en Bodh Gaya, que contiene una reliquia de Buda Shakyamuni, recibió otra de Dilgo Khyentse Rinpoche. Ambas están reunidas en este mismo monumento, junto con otras muchas.

No olvidéis que vuestra vida pasa tan fugazmente como un
relámpago en el cielo de verano, o como un gesto de la mano.
Ahora que tenéis la posibilidad de practicar, no perdáis un instante.
Consagrad toda vuestra energía en el camino espiritual.

DILGO KHYENTSE RINPOCHE

*

Se había pasado página a una época del budismo tibetano, pero la herencia de Khyentse Rinpoche había de perdurar a través de sus enseñanzas. Se imprimieron los veinticinco volúmenes de sus obras completas, se tradujeron buen número de sus enseñanzas orales del tibetano a diversas lenguas. En la actualidad hay archivados varios centenares de horas de grabaciones suyas. Se ha publicado su biografía en inglés y, por mi parte, también he intentado, a través de varios libros de fotografías, contribuir a la celebración de su vida y de su obra. Sus principales discípulos y herederos espirituales perpetúan hoy su linaje.

Su nieto, Rabjam Rinpoche, que por entonces tenía veinticinco años, tuvo que asumir la responsabilidad de los dos monasterios de Shechen, el de Nepal y el del Tíbet, y del monasterio de monjas de Bután. Yo me entregué lo mejor que pude a la tarea de ayudarlo en esta considerable carga. Con el propósito de cumplir un deseo que Khyentse Rinpoche había expresado en numerosas ocasiones, llevó a buen fin la construcción de un monasterio de Shechen en Bodh Gaya, India, empresa que fue supervisada por Luc Cholley. Otros ocho estupas se erigieron en los lugares más representativos de la vida de Buda. Rabjam Rinpoche considera que su misión principal es la de difundir la herencia espiritual de su abuelo y maestro espiritual. Antes que nada, anima a cuantos se le acercan a que se inspiren en las enseñanzas de Khyentse Rinpoche, que resume así:

> Siempre insistió en la importancia de unir nuestra mente al Dharma y de aunar práctica y vida cotidiana. Solía decir que cuando la situación es propicia, agradable y tranquila no es cuando puede juzgarse a un verdadero practicante, sino ante la llegada de circunstancias desfavorables. Es entonces cuando los puntos débiles de la práctica se muestran con claridad. Insistía en la necesidad de integrar la calidad de la meditación con todos los actos de la existencia. Después de años de práctica, decía, puede calibrarse la medida del progreso de los practicantes si se constata que se han convertido en mejores seres humanos, que han desarrollado la paz interior, que están más libres de emociones destructivas y que son menos vulnerables a las circunstancias exteriores. Si sus venenos mentales continúan siendo todopoderosos y están excesivamente preocupados por sí mismos, han fallado en el objetivo de la vía en sí misma.

En 2020, Rabjam Rinpoche nos confiaba:

Todavía hoy, más de treinta años después de su muerte, Khyentse Rinpoche está constantemente presente en mis pensamientos, y muy a menudo sueño con él. Una noche, por ejemplo, de camino hacia Bodh Gaya, soñaba que entraba en una habitación en que Khyentse Rinpoche se hallaba sentado. Sorprendido, le pregunté: «¿Cómo es posible, si ya no estás con nosotros?». Rinpoche me contestó: «Te equivocas, yo sigo estando contigo». Le dije que había tenido una pesadilla en la que él había fallecido, y que yo había buscado su encarnación. Toqué los pies de Rinpoche. Lloré y me abracé a él. Me desperté con lágrimas en los ojos. El sueño era tan nítido, que ya no sabía si había estado soñando, o si la vida era un sueño. Así que estoy convencido de que, aunque Rinpoche no esté físicamente aquí, sus bendiciones siguen presentes entre nosotros.

También yo he soñado muchas veces con Khyentse Rinpoche, cuya presencia irradia una intensidad tal, que me despierto llorando. Él a veces me pregunta, en esos sueños: «¿Dónde has estado todo este tiempo?», y me pongo a servirle de nuevo, como en el pasado. Otras veces lo veo impartiendo enseñanzas a sus discípulos.

Todavía hoy, no tengo otra aspiración que la de seguir su enseñanza y contribuir modestamente a perpetuar sus ideas y actividades para el bien de los seres.

Esta plegaria, compuesta por Trulshik Rinpoche, expresa a la perfección las aspiraciones que pueden tener a veces los discípulos que han quedado separados de sus maestros por la transitoriedad de todas las cosas y de todos los seres:

> Aunque mis ojos ya no contemplen vuestro cuerpo que libera por la vista,
> bendecidme para que todas las apariencias se manifiesten como vuestro cuerpo.
> Aunque mis oídos ya no oigan vuestra voz que libera por la escucha,
> bendecidme para que todos los sonidos se manifiesten como vuestra voz.
> Aunque mis pensamientos ya no estén directamente vinculados con vuestra mente que libera por el recuerdo,
> bendecidme para que todos los pensamientos se manifiesten como vuestra mente iluminada.

ÚLTIMOS MOMENTOS CON DILGO KHYENTSE RINPOCHE

Dilgo Khyentse Rinpoche en Dordoña, durante una de sus últimas visitas a Francia.

En el aeropuerto de Katmandú en abril de 1991, el último instante en que vi a Dilgo Khyentse Rinpoche. Me estira afectuosamente de la oreja.

PARTE IV

PRESERVAR EL PATRIMONIO ESPIRITUAL

CAPÍTULO 30

ARCHIVERO

En el monasterio de Shechen, en Nepal, trabajo por la preservación de los tesoros de la cultura budista. Me consagro a la edición de las obras completas de Dilgo Khyentse Rinpoche y de otros textos capitales, entre los que destaca el *Tesoro de las enseñanzas reveladas*. Se digitalizan cuarenta mil fotografías que tomé sobre el arte himalayo.

Khyentse Rinpoche estaba muy a menudo ocupado en componer un texto, ya fuera un comentario, o un manual explicativo de las diferentes prácticas espirituales. Solía tener al alcance de la mano hojas de papel en blanco, con el formato de los libros tibetanos, y en cuanto se presentaba un momento de tranquilidad, redactaba unas páginas. En tales momentos no teníamos idea de qué era aquello sobre lo que trabajaba, pero una vez terminado el manuscrito, se lo confiaba a Tulku Kunga, su secretario. La letra de Khyentse Rinpoche se hacía cada vez más difícil de descifrar, a medida que se hacía mayor. Tulku Kunga, que a pesar de todo se las arreglaba muy bien para leerla, caligrafiaba una segunda versión del texto, que Khyentse Rinpoche repasaba. Existen tres formas principales de escritura en tibetano: la caligrafía cursiva, utilizada para escribir cartas y manuscritos; la escritura llamada «sin cabeza», es decir, desprovista de la barra horizontal que remata las palabras, estilo elegante que permite al mismo tiempo una redacción rápida; finalmente, la grafía llamada «con cabeza», en la que cada una de las letras que componen las palabras lleva encima un trazo horizontal. Podría compararse este tercer tipo con nuestras letras mayúsculas. Se utiliza principalmente para grabar textos sobre madera, las xilografías, que sirven para imprimir los libros. Varios volúmenes de las obras completas de Khyentse Rinpoche se grabaron de este modo en el monasterio de Thupten Chöling, en Nepal, bajo la dirección de Trulshik Rinpoche. Pero la mayoría de sus textos permanecía en estado de manuscrito y constituían numerosos volúmenes, que conservábamos como un tesoro.

Después de la muerte de Khyentse Rinpoche, ayudado por un equipo de cuatro monjes, dediqué una buena parte de mi tiempo a reunir estos escritos y reconvertirlos en archivos informáticos. Disponíamos desde hacía poco de una escritura tibetana digital de calidad y de un programa que permitía dar formato a los textos en estilo tradicional. Recurrimos además a un erudito discípulo de Rinpoche, Lama Puzi, para que nos ayudara en esta tarea colosal. Vino de la India para poner en orden todos aquellos escritos y releer cuidadosamente los textos informatizados. Yo me encargué personalmente de pasar a ordenador los textos del primer volumen, que contiene las biografías de los dos maestros principales de Khyentse Rinpoche, Shechen Gyaltsap y Khyentse Chökyi Lodrö. Di formato también a la totalidad de los volúmenes. Al cabo de tres años de asidua labor, veinticinco volúmenes de seiscientas páginas cada uno estaban preparados para impresión. Constituyen hoy las *Obras completas* de Khyentse Rinpoche, publicadas en la India por Shechen Publications entre 1994 y 1995.

Con ocasión de la entronización de la reencarnación de Dilgo Khyentse Rinpoche, en diciembre de 1997, en el monasterio de Shechen de Nepal, Trulshik Rinpoche dispensó por primera vez al joven *tulku* y a una asamblea de un millar de personas la transmisión íntegra de estos veinticinco volúmenes. Trulshik Rinpoche había recibido él mismo la transmisión de Khyentse Rinpoche, a lo largo de los años.

Khyentse Rinpoche escribió además numerosas cartas, poemas y cánticos espirituales a otros lamas, a sus discípulos, así como también a sus sobrinos y sobrinas dispersos por el Tíbet y la India (era el único superviviente de diez hermanos). Yo escribía para él las cartas en inglés que él me dictaba en tibetano. Incluimos en la recopilación de estas *Obras completas* todos los poemas y consejos espirituales que habíamos conseguido reunir. ¡Cuántos más deben existir en todo el mundo!

Al margen de los escritos de Khyentse Rinpoche, conseguimos reimprimir también, a lo largo de treinta años, más de cuatrocientos volúmenes,[1] de los cuales casi ciento cincuenta se digitalizaron y se encuentran actualmente disponibles en la página web de la Fundación Tsadra,[2] que sustenta con generosidad desde hace veinte años nuestros trabajos de publicación, así como en la página del BDRC (Buddhist Digital Resource Center), fundado por E. Gene Smith.

Estos volúmenes fueron impresos en Delhi por Samdrup Tsering, quien coordina en la actualidad las publicaciones de Shechen Publications, la editorial asociada a nuestro monasterio de Nepal. Una vez impresos, se ponen a disposición de numerosos monasterios y bibliotecas, maestros encargados de la transmisión de los textos en cuestión, eruditos y practicantes en general.

Estos textos, soporte indispensable para la transmisión de las enseñanzas, habrían podido desaparecer para siempre como consecuencia de la destrucción perpetrada en el Tíbet durante la Revolución Cultural. Recordemos que el contenido de incontables bibliotecas fue quemado o arrojado a las aguas de los ríos. Conscientes de la importancia de su herencia espiritual, durante su huida, buen número de tibetanos eligieron llevarse libros en lugar de sus bienes personales. Cierto número de obras que quedaron en el Tíbet fueron escondidas en cuevas y otros lugares ocultos, hasta que la muerte de Mao permitió una relativa suavización de la opresión china. Pero, a pesar de los esfuerzos heroicos desplegados por los tibetanos, muchos textos importantes se perdieron irremediablemente, y de otros no sobrevivieron más que unos pocos ejemplares, o incluso uno solo. Por este motivo, Shechen y otros monasterios se asignaron la misión de buscar con perseverancia estas obras con el fin de reimprimirlas.

Como ya he contado, me uní a esta formidable empresa hacia finales de la década de 1970, por instigación de Pema Wangyal Rinpoche, imprimiendo en Delhi una cincuentena de volúmenes por cuenta del monasterio de Kangyur Rinpoche.

*

En 2004, cuando me encontraba en mi ermita de Namo Buddha, el centro de retiro del monasterio de Shechen, a dos horas por carretera de Katmandú, me pregunté: ¿qué proyecto haría feliz a Dilgo Khyentse Rinpoche, si siguiera con vida? Aunque se tratara de una tarea monumental, claramente me pareció que una edición cuidada de los sesenta y siete volúmenes del *Tesoro de las enseñanzas reveladas*, el *Rinchen Terdzö*, compilación de textos concebida y anotada por Jamgön Kongtrul Lodrö Thaye en el siglo XIX, cumpliría de la manera más favorable y adecuada el designio de Khyentse Rinpoche. Jamgön Kongtrul había iniciado en el Tíbet el famoso movimiento Rimé, al que hoy podría calificarse de ecuménico en la medida en que se alzaba contra el sectarismo que por desgracia cobraba fuerza en su época, entre las diferentes escuelas filosóficas y tradiciones. Jamgön Kongtrul mostró cómo las prácticas espirituales y los medios de cumplimiento expuestos en las principales tradiciones que habían florecido en el Tíbet conducían todos ellos al mismo fin supremo: la realización de la budeidad. Con tal fin compiló los *Cinco grandes tesoros*, esto es, noventa volúmenes que exponen los puntos de vista y los métodos contemplativos de las diferentes escuelas y linajes difundidos en el Tíbet. No contento con reunir los textos más importantes de estos diversos linajes, compuso él mismo innumerables comentarios, recopilaciones de prácticas y sistematizaciones de rituales litúrgicos. Uno de estos *cinco tesoros* constituye una magistral enciclopedia del budismo en cuatro volúmenes, *El tesoro de lo conocible.*

El movimiento Rimé fue activamente sustentado por otros grandes maestros del siglo XIX, que actuaban de común acuerdo, principalmente Jamyang Khyentse Wangpo y Patrul Rinpoche, pero también Lama Mipham, Jamyang Lother Wangpo o, de forma más independiente, en Amdo (más al norte), Shabkar. Este movimiento no sectario fue alentado en el siglo XX por parte del XIV Dalai Lama y por Dilgo Khyentse Rinpoche entre otros, que contribuyeron en gran medida a fomentar la armonía entre los partidarios de las diversas tradiciones espirituales y concepciones filosóficas.

El *Rinchen Terdzö* es el más voluminoso de los *Cinco grandes tesoros* compilados por Jamgön Kongtrul. Comprende no solo los principales tesoros revelados (*terma*) del budismo tibetano, sino también los textos que permiten impartir las iniciaciones, así como las explicaciones necesarias para su práctica. Contemporáneo de Jamgön Kongtrul, Jamyang Khyentse Wangpo viajó durante trece años a través de las regiones del Tíbet con el fin de recopilar buen número de textos que se incluyeron en el *Rinchen Terdzö*. Recibió también las transmisiones de dichos textos, de las que en algunos casos tan solo un lama o un puñado de ellos eran depositarios. Las impartió posteriormente a Jamgön Kongtrul, así como a otros discípulos.[3] Es por tanto gracias a estos dos maestros eminentes por lo que estas preciadas obras existen todavía hoy.

Dilgo Khyentse Rinpoche había impartido cinco veces la transmisión de los sesenta volúmenes del *Rinchen Terdzö*, que se prolongaba entre tres y cuatro meses. En los años setenta, reunió sus recursos financieros y los confió a Lama Ngodrup para que imprimiera en Delhi una primera edición de esta compilación, aumentada con algunos volúmenes anexos. No obstante, Khyentse Rinpoche no quedó muy satisfecho, pues la mayor parte de los originales, impresos a partir de grabados en madera, no eran lo bastante claros como para permitir una reproducción directa, por lo que tuvieron que volver a copiarse por parte de un equipo de calígrafos butaneses, que utilizaron papel de calcar, lo que comportó numerosos errores. Es más, en las dos ediciones del Tíbet subsistían numerosos errores y omisiones. Si no se hubiera tratado más que de detalles, de simples «gazapos» en los textos, habríamos podido ahorrarnos todos estos años de labor, pero estaba en juego la autenticidad de las transmisiones, que se imparten de maestro a discípulo. Digitalizar dichos textos garantizaría su perennidad y permitiría una mayor difusión.

Cuando regresé, pues, de Namo Buddha, hice partícipe a Rabjam Rinpoche de la idea de preparar una nueva edición completa del *Rinchen Terdzö*. Se adhirió de inmediato con entusiasmo y reunió a cuantos iban a estar implicados en el proyecto para celebrar una ceremonia de buen augurio. Se sirvió uva y té con mantequilla, y recitamos plegarias invocando la bendición de los maestros del pasado, con el fin de que el proyecto se llevara a cabo de forma favorable y llegara a buen puerto sin obstáculos.

Nos asignaron una gran estancia y, poco tiempo después, los monjes se pusieron a introducir textos. Dábamos los primeros pasos de un trabajo que iba a ocuparnos con asiduidad durante trece años, inmersos en la calma y la concentración. Los monjes que tecleaban los textos al ordenador dominaron rápidamente las técnicas informáticas, daban la impresión de trabajar sin esfuerzo. Diríase que eran llevados por el «flujo», esa experiencia óptima de que habla el psicólogo Mihaly

Csikszentmihalyi:[4] «Un esfuerzo ni tenso ni relajado, a la medida de las capacidades del agente, en cuyo interior se olvida la noción del tiempo y el sentimiento del yo». Incluso los visitantes que entraban para hablar brevemente con alguno de nosotros bajaban el tono y conversaban en voz baja. Por precaución, pedí a los monjes que cada volumen se entrara dos veces, cada una introducida por un «amanuense» diferente. A continuación se comparaban ambas versiones con ayuda de un programa informático, y todas las diferencias detectadas, prácticamente a la letra, se examinaban y corregían, cotejándolas con el original. De este modo se eliminaban, entre otros errores, las erratas de tecleo. De modo que no fueron setenta, ¡sino ciento cuarenta volúmenes los digitalizados!

Al cabo de seis meses, Rabjam Rinpoche y yo logramos convencer a Dagpo Tulku, que vivía en el monasterio de Mindrolling, en Dehradun, en la India, para que viniera a supervisar aquella nueva edición. Dagpo Tulku está reconocido en la actualidad como uno de los eruditos más cualificados del mundo en materia de verificación de textos. Se instaló en nuestro centro de retiro de Namo Buddha, en la casa de Rabjam Rinpoche, con su ayudante Tsewang Rigdzin y un joven nepalí encargado de la cocina y de las tareas cotidianas. Dagpo Tulku me dijo que se había decidido a aceptar aquella responsabilidad, a la que iba a dedicar unos cuantos años de su vida, al recordar las palabras que le había dirigido Dudjom Rinpoche años atrás. Este gran maestro, y gran erudito, le había confesado que era una verdadera necesidad corregir el *Rinchen Terdzö*. Él mismo había considerado la posibilidad de dirigir este trabajo, cuando todavía vivía en el Tíbet, estimando que diez letrados expertos en la materia podían cumplir la tarea dedicando tres veces los cuatro meses de buen tiempo. En nuestro caso, Dagpo Tulku, su ayudante y los monjes que introducían los textos necesitaron trece años para realizar esta gigantesca tarea. Dagpo Tulku trabajó con ahínco, únicamente libraba una tarde cada quince días, que dedicaba a dar un largo paseo. Detectó meticulosamente los errores, comparó con cuidado las dos ediciones del Tíbet y comprobó en numerosos casos las fuentes originales de los textos incluidos en el corpus. Jamgön Kongtrul había recomendado añadir en una futura edición cierto número de textos que él no había podido procurarse o concluir en vida. Dagpo Tulku se ocupó igualmente de la verificación de estos textos suplementarios, que hicieron aumentar la nueva edición hasta los setenta volúmenes. Cuando me alojaba en Namo Buddha, a mediodía con frecuencia comía con Dagpo Tulku. Le gustaba enseñarme los puntos que corregir que había detectado en el volumen en que estuviera trabajando. Mi contribución consistió en asumir una responsabilidad global del proyecto y en coordinar las actividades: la formación de los monjes que introducían y daban forma a los textos de acuerdo con el estilo tibetano (cosa que hice yo mismo en los primeros volúmenes), la búsqueda (en ocasiones incluso en el Tíbet) de los textos originales que Dagpo Tulku necesitaba para completar sus comprobaciones, y ocuparme de las relaciones con la Fundación Tsadra y con Samdrup, la persona que imprimía los textos en Delhi, en la India, para Shechen Publications. Era competencia mía también el mantenimiento de la «moral de la tropa» durante aquella labor de largo recorrido.

Konchog Lhadrepa, el maestro de pintura de la escuela de arte del monasterio de Shechen, la Tsering Art School, realizó las ilustraciones que figuraban en los volúmenes y preparó una nueva serie de ellas,[5] que se incluyeron por primera vez en el conjunto del *Rinchen Terdzö*.

Finalmente, el 29 de marzo de 2018, tuvo lugar en el monasterio de Shechen, en Nepal, una alegre ceremonia presidida por Shechen Rabjam Rinpoche, para celebrar la conclusión de la publicación del *Rinchen Terdzö*. Los setenta y un volúmenes, envueltos en tela naranja, fueron llevados en procesión por monjes que portaban cada uno de ellos un volumen sobre el hombro derecho, que acto seguido depositaban en el altar del gran templo. Se siguió una ceremonia de ofrendas y acción de gracias para todos aquellos que habían participado en el proyecto. Se rindió un homenaje muy especial a Dagpo Tulku por la perseverancia y la pericia sin igual con que había realizado su labor, a los monjes que habían entrado los textos y a Éric Colombel, presidente y fundador de la Fundación Tsadra, sin la cual este proyecto no habría podido salir adelante. Para concluir, la asamblea recitó plegarias para dedicar los méritos generados por este logro para el bien de los seres, la larga vida de los maestros espirituales y la propagación de las enseñanzas.

En cuanto a mí, experimentaba un alivio inmenso: el proyecto había llegado a buen fin, sin que ningún obstáculo hubiera surgido para interrumpirlo. Después de esta empresa ambiciosa pero esencial, decidí pasar el relevo en el terreno de las publicaciones, y ahora es mi amigo inglés Sean Pierce quien se ocupa de coordinar los nuevos proyectos.

*

Desde 1979, había grabado cerca de cuatrocientas horas de enseñanzas impartidas por Khyentse Rinpoche, y disponía de una cincuentena de horas de película que daban testimonio de las últimas horas de su vida y en especial de su primer regreso al Tíbet en 1985. Estas grabaciones están hoy digitalizadas y catalogadas, mientras que los vídeos han suministrado el material esencial a dos documentales: *El espíritu del Tíbet*, que realicé con Vivian Kurz, y *Luna resplandeciente*, una película más elaborada que incluye animaciones, en que se ilustra la juventud de Khyentse Rinpoche, así como algunas secuencias inéditas. Fue realizado por Neten Chokling Rinpoche con ocasión de las celebraciones del centenario del nacimiento de Khyentse Rinpoche, en 2010.

A lo largo de los años fotografié innumerables miniaturas, *thangkas*, pinturas murales, estatuas y otros objetos artísticos sagrados y rituales, en el Tíbet, Bután y Nepal. En los archivos de Shechen, de los que me ocupo, se conservan todos estos negativos y diapositivas, así como treinta y cinco mil imágenes digitalizadas sobre el arte himalayo, para las que he establecido un catálogo detallado. He hecho otro tanto con respecto a la colección de fotografías que tuve la maravillosa oportunidad de tomar durante medio siglo, como documento de la vida de los maestros espirituales (más de ciento cincuenta mil imágenes, seis mil de las cuales constituyen la selección principal y están acompañadas de leyendas).

Los clichés se conservan en los archivos del monasterio de Shechen, en Nepal, a disposición de todos aquellos que deseen utilizarlos. Hice donación asimismo de doce mil imágenes digitalizadas al Rubin Museum of Art de Nueva York, las cuales figuran en su página de internet dedicada al arte himalayo.[6] Esta es mi modesta contribución material a la herencia espiritual de estos maestros cuyo aporte más valioso sigue siendo el patrimonio intangible que reside en la mente y en el corazón de sus discípulos y de sus herederos espirituales: las enseñanzas que nos guían en la vía de la Iluminación.

TRANSMITIR

En diciembre de 1985, en Bodh Gaya, en la India, el Dalai Lama imparte la iniciación del Tantra de la Rueda del Tiempo, el Kalachakra, a los más eminentes maestros del budismo tibetano, así como a doscientos mil fieles. En la foto de la derecha, algunos de los diez mil monjes y monjas que constituían la asamblea de los discípulos.

En Derge, en el este del Tíbet, se encuentra la mayor imprenta manual de la historia de la humanidad. No alberga menos de 270.000 bloques de madera grabados con escritura tibetana que contienen enseñanzas budistas, de filosofía y de lógica. Esta imprenta se salvó de la destrucción gracias a un lama que se atrincheró en ella varios días durante el paso de la guardia roja.

TRANSMITIR

Delante de la antigua Universidad de Nalanda, una de las primeras del mundo, durante la peregrinación a la India en que servía de guía a Khenpo Wanglo (1927-1992). Fue un momento muy emotivo, el de ver a este eminente erudito sentado sobre las ruinas de este prominente centro de la filosofía budista.

Sengdrak Rinpoche (1947-2005), el lama de la Roca del León, de quien Dilgo Khyentse Rinpoche decía que era su discípulo más realizado, y al que admiraba igualmente el Dalai Lama.

Khenpo Pema Wangyal (1929-2019), uno de los grandes eruditos y practicantes del monasterio de Guemang, al que nunca dejé de visitar con ocasión de mis viajes al Tíbet oriental.

CAPÍTULO 31

PERPETUACIÓN DE LAS ARTES SAGRADAS

Creación en el monasterio de Shechen de la Tsering Art School, escuela de pintura tradicional. Ofrecemos más de un centenar de representaciones de danzas y músicas sagradas a través de todo el mundo, de Venecia a São Paulo, pasando por la Cartoucherie de Vincennes.

El arte sagrado budista ayuda a penetrar en la naturaleza de la realidad y permite tender un puente entre la vida contemplativa y la vida activa. Lejos de suscitar las pasiones, las calma. Más particularmente, el arte sagrado se inscribe en el marco de la meditación sobre la «visión pura», es decir, la percepción de la pureza primordial de todos los fenómenos. Visión propia del budismo vajrayana, que consiste en reconocer que la naturaleza de buda está presente en cada ser y que todos los fenómenos son apariencia y están vacíos de existencia propia. Desde este punto de vista, estos fenómenos son llamados «puros», liberados de las distorsiones y proyecciones mentales que nos llevan a considerar que ciertas cosas son intrínsecamente «bellas» o «feas», «agradables» o «desagradables», «deseables» o «indeseables», y ciertas personas fundamental e irremediablemente «buenas» o «malas», «amigas» o «enemigas».

Según el arte sagrado tibetano, el pintor y el escultor establecen una correspondencia entre las formas, los símbolos y el camino espiritual. El músico conecta el universo de los sonidos con la resonancia de la oración y de los mantras. El escritor y el poeta contemplativo nos enseñan la esencia del no apego que desata el nudo de la avaricia, de la disciplina que renuncia a todo acto susceptible de causar sufrimiento, de la paciencia que soporta la adversidad y triunfa sobre los impulsos de la ira, de la diligencia que permite obligarse a la práctica sin distracción, de la concentración que domina las emociones perturbadoras y los pensamientos discursivos, y finalmente de la sabiduría que desvela la naturaleza última de las cosas, sabiduría aliada a una compasión incondicional hacia los seres, que son presa de la ignorancia y el sufrimiento.

Khyentse Rinpoche otorgaba una gran importancia a la preservación del patrimonio artístico del Tíbet. La visión de Rinpoche me inspiraba de un modo especial, como apasionado del arte tibetano, en particular de la pintura de *thangkas*. Además, dado que había tenido la gran suerte de asistir todos los años a las danzas sagradas que tenían lugar en Bután, en Nepal y en el Tíbet, tenía plena conciencia de la riqueza de las artes propias de la cultura budista tibetana.

De modo que tanteé diversas vías de financiación para el cumplimiento de la visión de Khyentse Rinpoche en este terreno. Conocí a Tom Derksen, representante en Katmandú de un organismo de ayuda, la Organización Neerlandesa de Desarrollo (SNV), cuya mujer era budista. Dio su aprobación para la financiación de la mitad del proyecto. La otra mitad la aportó una benefactora norteamericana, Jocelyn, en memoria de su hija pequeña, aspirante a convertirse en pintora, pero que había fallecido en un alud, y que llevaba el mismo nombre tibetano, Tsering, que la hermana de Rabjam Rinpoche, la cual conoció también un destino trágico. La escuela se inauguró en 1996, con el nombre de Tsering Art School, en honor de las dos malogradas jóvenes. Así fue como se creó, dentro del recinto del monasterio de Shechen de Nepal una escuela de pintura sagrada que, desde hace más de veinte años, imparte un plan de estudios de seis años sobre la pintura tradicional (*thangkas* y mandalas) a unos sesenta estudiantes, monjes y laicos de todas las nacionalidades. Es también en el edificio de esta escuela donde se encuentra la oficina de los archivos en que trabajo. Por la misma época, obtuve asimismo financiación de la Comisión Europea para la construcción en los terrenos del monasterio de un colegio filosófico que ofrece un currículum de nueve años de estudios (que incluyen seis años de estudios elementales y tres años de estudios monásticos sobre los rituales y las artes sagradas).

Una de las misiones de la Tsering Art School es la de preservar de manera auténtica uno de los más bellos estilos de pintura tibetana, el de la tradición Karma Gardri. Predominante en el Tíbet oriental, este estilo se distingue por su transparencia, su simplicidad y la belleza de los paisajes que rodean a los personajes y deidades representados en el *thangka*. Khyentse Rinpoche pidió a uno de sus discípulos, Konchog Lhadrepa, que dirigiera la escuela de pintura construida en los terrenos del monasterio. Konchog había recibido su formación de uno de los mejores pintores de esta escuela, que había conseguido huir del Tíbet y refugiarse en Sikkim. Fue también a Konchog a quien ayudé durante varios meses cuando pintó los frescos del monasterio de Kangyur Rinpoche en 1976. Es en la actualidad uno de los mejores representantes del estilo Karma Gardri fuera del Tíbet. Preservar la autenticidad de este arte se convierte en una tarea aún más importante si se piensa en la cantidad de talleres de pintura de vocación estrictamente comercial, destinados a las turistas, que ofrecen unos *pseudothangkas* que tienen más de plasmación de la imaginación fantasiosa de quienes los realizan de forma apresurada, que de representación de las tradiciones ancestrales.

La mayoría de los estudiantes que finalizan su formación se quedan en la Tsering Art School para enseñar a su vez a otros alumnos, pero también para ejecutar obras que les encargan del mundo entero. Son ellos igualmente quienes se consagran a la restauración de los frescos del monasterio de Shechen, destruidos con motivo de los terremotos de 2015.

*

Los *thangkas* y las pinturas murales son los modos de expresión más importantes de la pintura himalaya. Los *thangkas* se pintan sobre telas preparadas con un revestimiento y extendidas con cordeles en un bastidor de madera. Los pigmentos, de origen natural conforme a la tradición, se mezclan con agua y con cola, para luego ser aplicados como una pintura al temple. Las formas de las deidades siguen un canon iconográfico preciso, y sus proporciones se inscriben en una «matriz» que varía de una deidad a otra. Estas restricciones no impiden que el talento personal del artista se exprese en el tratamiento particular del tema y en la técnica general aplicada al cuadro. Así, la variedad de los paisajes y las diferencias sutiles en las posturas, al igual que en las expresiones, constituyen la marca de tal o cual pintor. Una vez terminada la obra, se añaden a la tela bordados multicolores.

A lo largo de la ejecución de su obra, el artista debe visualizarse a sí mismo bajo la forma de la deidad que está pintando. Imagina también sus instrumentos —los pinceles, los recipientes que contienen los colores, etc.— como atributos que la deidad sostiene en sus manos; finalmente, recita sin cesar su mantra. Estos artistas son verdaderos pintores de la Iluminación.

Las pinturas y las estatuas son los soportes simbólicos del cuerpo de Buda, los textos sagrados son los de su palabra y las estupas, los de su mente iluminada. La pintura sagrada cumple igualmente una función didáctica, como es el caso de los frescos y los *thangkas* que ilustran la vida de Buda o la historia de sus vidas anteriores (*jataka*). Otros pintores representan las visiones de deidades o de Tierras de buda, experimentadas por ciertos maestros espirituales.

Pero el objetivo principal de las pinturas sagradas es el de servir de soporte para la práctica espiritual. El budismo tibetano incluye una amplia gama de prácticas meditativas, algunas de las cuales implican la visualización de una o varias deidades y el recitado de sus mantras. No se considera a estas deidades como entidades residentes en algún tipo de paraíso, sino como símbolos o expresiones de diversos aspectos de la Iluminación, como por ejemplo el conocimiento de la naturaleza última de la realidad, la compasión y las actividades por el bien de los seres. Si el discípulo se visualiza bajo la forma de una deidad de sabiduría, será más fácil para él poner en acto la «naturaleza de buda» que lleva en sí.

El practicante de la meditación comienza por concentrarse en la deidad representada en el *thangka* y se imbuye de los más mínimos detalles, forma, colores, atributos, etc. Una vez la imagen se ha establecido con claridad en su mente, deja de contemplarla y vuelve su atención hacia la visualización interior de la deidad, acompañada de la recitación del mantra que se le asocia. Procura igualmente reconocer la naturaleza de su propia mente, en tanto que forma una sola con la mente iluminada de su maestro espiritual y de todos los budas.

*

Si el baile y la música profanos están proscritos por la regla monástica, las danzas sagradas (*cham*) constituyen para los monjes una meditación y una forma de compartir la espiritualidad con la comunidad laica que vive en simbiosis con el monasterio.

A esta participación se llega a través de una experiencia adquirida en el transcurso de largas ceremonias y ofrecida en forma de gestualidad simbólica acompañada de música. Estas danzas, según se dice, «liberan» por la vista, de la misma manera que la música sagrada libera por el oído, la bendición de un maestro espiritual por el tacto, una sustancia bendecida por el gusto y la meditación por el pensamiento. «Liberar» significa en este contexto emanciparse del yugo de los venenos mentales —el odio, la codicia, la ignorancia, el orgullo y la envidia— que arruinan nuestra paz interior y la de los demás.

La tradición de las danzas sagradas fue instaurada con ocasión de la celebración de ciertas fiestas espirituales llamadas *ganachakra*. Este ritual de ofrenda, complejo y secular, de diferentes niveles de significación, tiene por función esencial la de acumular méritos y sabiduría. Estas fiestas sagradas incluían antaño secuencias coreográficas acompañadas de visualizaciones, destinadas a cultivar una percepción pura de los fenómenos. Con el paso del tiempo, estas danzas se enseñaron a ciertos discípulos y su significación se explicitó y se estructuró. Una transmisión ininterrumpida de maestro a discípulo, enriquecida por las visiones de los grandes meditadores, ha permitido conservar esta tradición.

El origen de las danzas sagradas se remonta a Padmasambhava, quien implantó el budismo en el Tíbet entre los siglos VIII y IX. Posteriormente, el repertorio de estas danzas se enriqueció gracias a algunos maestros visionarios que, a lo largo de los siglos, fueron aportando un soplo renovador a la coreografía sagrada de los danzantes. El caso más famoso es el del gran maestro del siglo XIII Guru Chökyi Wangchuk, que tuvo una visión en la cual montaba un caballo blanco que surcaba el aire hasta la Gloriosa Montaña Cobriza, la «Tierra pura» de Padmasambhava. Allí descubrió a una multitud de seres celestes que danzaban en presencia del maestro. Consiguientemente a aquella experiencia, instauró el Festival del Décimo Día (*tsechu*), que conmemora la llegada de Padmasambhava al Tíbet.

En el ámbito de un arte sagrado, la renovación no es fruto de una invención personal o de una aventura artística, sino de una profunda realización espiritual que abre las puertas a una gran riqueza visionaria. Después de que un maestro ha revelado o establecido una nueva danza, el papel de los depositarios de la tradición consiste en transmitir el contenido de tales coreografías sagradas lo más fielmente posible, de generación en generación.

Todos los años, la mayor parte de los grandes monasterios son escenario de un festival de danzas sagradas que reúne a los fieles por centenares, por no decir miles. En el Tíbet, los nómadas que acuden al evento acampan durante varios días en torno al monasterio. En Bután, desde las personas distinguidas hasta los más sencillos campesinos, nadie quiere perderse este espectáculo, que dura varios días.

La resistencia de los monjes se pone en verdad a prueba: las ceremonias que preceden a las danzas duran casi toda la noche, mientras que los «monjes danzantes» ejecutan las diferentes secuencias coreográficas de nueve de la mañana a cinco de la tarde en el atrio del monasterio, sumando la palabra a los movimientos del cuerpo, pues el danzante debe recitar mantras sin interrupción. Al cuerpo y a la palabra se une además la mente: el danzante visualiza con claridad y sin distracciones la deidad a la que encarna.

El simbolismo se extiende a todos los accesorios utilizados durante las ceremonias y las danzas sagradas. Así, las máscaras que llevan los danzantes se prestan a diferentes niveles de interpretación: las que muestran una expresión apacible simbolizan la sabiduría y el amor altruista, mientras que las que exhiben una expresión iracunda o apasionada ilustran la purificación y la trascendencia de los venenos mentales que nos sojuzgan.

Según la visión del Vajrayana que se ha extendido en la India a través de la brillante acción de la Universidad de Nalanda, pero también gracias a la influencia de los grandes yoguis, o *mahasiddhas* («grandes adeptos consumados»), Buda Shakyamuni se manifestó en ciertas ocasiones excepcionales a determinados discípulos dotados de predisposiciones fuera de lo común (al rey Indrabhuti, cabe destacar) bajo la forma de deidades de sabiduría tales como Kalachakra, la «Rueda del Tiempo», o Guhyasamaja, la «Suma de los Secretos». La finalidad era la de permitirles progresar con rapidez por el camino espiritual mediante técnicas meditativas fuera de lo común. Estos «medios hábiles», en efecto, tienen por objetivo principal el de cultivar la visión pura, es decir, la percepción de todas las formas como manifestaciones diversas de una deidad de sabiduría; de todos los sonidos, como mantras, y de todos los pensamientos, como emanaciones de la conciencia Iluminada. El practicante puede igualmente considerar formas, sonidos y pensamientos como las manifestaciones del cuerpo, de la palabra y de la mente iluminada de Buda. Si los bailes y las canciones profanas están prohibidos por el *vinaya* (las reglas de la disciplina monástica), quedan por el contrario sublimados, dentro del marco de la visión pura, por parte de los practicantes que se visualizan bajo la forma de una deidad de sabiduría.

A partir de 1980, todos los años fotografié estas danzas sagradas y, en 1999, publiqué un libro sobre este tema, titulado *Moines danseurs du Tibet* («Monjes danzantes del Tíbet»),[1] pero nunca he considerado la posibilidad de entrenarme en este arte. Y sin embargo, un día, ¡estuve a punto de tener que danzar! En Bután, en el marco de una ceremonia conducida por Khyentse Rinpoche en el *dzong* de Punakha, se realizó una secuencia cotidiana de danzas sagradas, que forma parte integrante del largo ritual. Una mañana, la reina madre sugirió que yo participara. Debo confesar haberme esfumado prudentemente una hora antes del momento fatídico con el fin de evitar poner en evidencia a plena luz del día y ante toda la comunidad monástica mi total incompetencia.

Entre 1995 y 2004, los monjes de Shechen ofrecieron por todo el mundo más de un centenar de representaciones de sus danzas sagradas. Por inspiración de Rabjam Rinpoche, dos amigos míos, Jean-Pierre y Cécile Devorsine, organizaron una decena de giras. Estas danzas constan por lo general de secuencias que se repiten varias veces. Se preparó una versión reducida, de forma que los monjes pudieran representar ocho danzas diferentes en una hora y cuarto. Rabjam Rinpoche, que estuvo presente durante la primera gira, explicó a este respecto a los periodistas: «Una cucharada de miel tiene el mismo sabor que el tarro entero». Participaban unos treinta monjes en estas giras, cada una de las cuales nos llevó a una quincena de destinos en tres semanas. Yo representaba el papel de acompañante, intérprete, presentador —al comienzo del espectáculo, realizaba una introducción de unos diez minutos en torno al significado de las danzas y la importancia del patrimonio cultural del Tíbet—, ¡incluso de técnico de iluminación!

Y es que para las primeras giras, un especialista, François Picard, había ideado para nosotros un «plano de iluminación» con ambientes de luz específicos para cada una de las danzas, para lo cual se necesitaban más de cincuenta proyectores de tipos y colores variados. Pero no podíamos llevarnos con nosotros al especialista a todos los lugares a los que íbamos. Cuando llegábamos a nuestro destino, unas horas antes de la representación, con ayuda del plano y sin perder un minuto, me ponía a trabajar con los técnicos del teatro para colocar en el punto requerido la serie de proyectores adecuados y para grabar en una consola la secuencia de los efectos y de las transiciones deseadas para cada danza. Al comenzar la velada, después de presentar el espectáculo al público, subía corriendo a la sala de iluminación mientras el gong sonaba en la oscuridad y el telón se abría para los cuatro músicos que intervenían en el preludio de la primera danza. En ese momento me hacía con los controles para el resto de la velada. A partir de 1998, un técnico de iluminación de talento, Vincent Féron, se integró en nuestro equipo con ocasión del Festival de Músicas del Mundo de São Paulo, e hizo maravillas para dar todo su realce a la belleza de las danzas. Tras actuar en la corte de honor del Palacio de los Papas de Aviñón, lo hicimos en la Bienal de Venecia, invitados por la coreógrafa Carolyn Carlson; a continuación los monjes danzaron en un teatro antiguo a cielo abierto en la isla de San Pietro. Vinieron luego Montreux, el Circo Real de Bruselas, una estación transformada en teatro en Dortmund, el teatro de Lausana, donde Maurice Béjart asistió a las danzas y tuvo un encuentro con los monjes. En 2001 nos acogió Ariane Mnouchkine en el Théâtre du Soleil, que se había instalado en La Cartoucherie de Vincennes, donde permanecimos unos diez días alojados en *roulottes*. Allí celebramos el Año Nuevo tibetano con el equipo del teatro, que inició a los monjes en el futbolín. Se organizaron también conferencias, con el disidente chino Harry Wu, cabe destacar. Representamos incluso una de las danzas para los monjes de la Trapa de Cîteaux, donde nos invitaron a pasar una noche. Se realizó también un documental para la televisión sobre los monjes danzantes, que se emitió primero en Francia y luego en el mundo entero.[2] Un día en que acompañé a los monjes a Dieppe —buen número de ellos no había visto nunca el mar—, ensayaron en la playa una danza particularmente acrobática durante la cual los monjes saltan y se tocan la frente con la punta de los pies; fue entonces cuando saqué la foto de los «monjes voladores», que luego sería publicada y expuesta con frecuencia. Íbamos en autocar de ciudad en ciudad durante aquellas giras tan simpáticas y divertidas, que nos permitían presentar a un amplio público el rico patrimonio espiritual de estas meditaciones danzadas. No obstante, con el tiempo resultaron muy absorbentes, por lo que al cabo de una decena de años, tras una última representación en el Festival de Músicas Sagradas de Fez de 2004, decidimos hacer una pausa.

*

La música instrumental y el canto desempeñan un papel central dentro de los rituales y las danzas. Según las circunstancias, la música puede ser una ofrenda, una invocación, una llamada a la oración, una invitación, una cadencia rítmica o un apoyo para la meditación. Por este motivo, también la música se inscribe en el marco del aprendizaje de la visión pura, gracias a la cual todos los sonidos se percibirán como mantras cuya naturaleza última es la vacuidad. En este sentido, la música sagrada contribuye a la elevación espiritual.

Las melodías de ciertos cantos, ya sean practicadas en solitario o en común, están destinadas a generar el fervor. Es el caso, de modo ejemplar, de la *Llamada al lama que está lejos*, emotiva súplica del discípulo dirigida a su maestro. En otros casos, un maestro espiritual o un practicante entonan, en una melodía inspiradora, un poema cantado que transmite una enseñanza (sobre la impermanencia, sobre la renuncia...), o bien expresa la esencia de la realización espiritual. Los grandes yoguis Milarepa y Shabkar, entre muchos otros, eran famosos por enseñar de este modo.

Si el arte constituye una expresión connatural al ser humano, es preciso constatar cómo, dentro del marco de las artes sagradas, todas las formas de expresión están armoniosamente vinculadas al progreso espiritual.

A lo largo de los cincuenta años que he pasado en las montañas del Himalaya, me he esforzado constantemente por comprender y documentar estas diferentes formas de arte sagrado. Cada vez que tenía ocasión, ya fuera con motivo de las largas ceremonias del *drubchen* o de la representación de danzas monásticas, grababa la música sagrada, contribuyendo así en la medida de lo posible a las investigaciones de musicólogos tales como mi amiga Mireille Helffer, quien estudió los rituales y la música del monasterio de Shechen. He reunido una vasta colección de fotografías sobre la pintura y la escultura tibetana y butanesa, que está a disposición de todos. Más allá del trabajo propio del archivero y documentalista, para mí siempre se trataba fundamentalmente de contribuir a la preservación de la autenticidad de las tradiciones vivas plasmadas por los representantes del budismo tibetano.

CAPÍTULO 32

EN BUSCA DE LA REENCARNACIÓN DE DILGO KHYENTSE RINPOCHE

El Yangsi, reencarnación de Dilgo Khyentse Rinpoche, es reconocido gracias a las indicaciones de Trulshik Rinpoche, su discípulo más consumado. Ceremonia en la cueva de Maratika. El Yangsi se encuentra con el Dalai Lama. Entronización con gran pompa en Nepal.

Después de la muerte de Dilgo Khyentse Rinpoche, su nieto Rabjam Rinpoche tuvo un sueño, en el que confesaba a su abuelo hasta qué punto su fallecimiento, tan repentino, había supuesto una conmoción para él.

—Yo intentaba avisarte, pero tú ignoraste mis mensajes —le hizo notar Khyentse Rinpoche.

—¿Dónde vas a renacer? —inquirió Rabjam Rinpoche.

—No te preocupes, daré indicaciones claras.

Tal fue su respuesta.

Rabjam Rinpoche y los principales discípulos de Khyentse Rinpoche hicieron la petición a Trulshik Rinpoche, su amigo espiritual y discípulo más consumado, para que buscara su reencarnación. Por modestia, Trulshik Rinpoche declinaba por lo general este tipo de misión, pero en este caso aceptó desde el principio.

Trulshik Rinpoche no dio ninguna noticia durante más de tres años. Hasta que en abril de 1995, desde su monasterio de Thupten Chöling, situado en el distrito de Solu Khumbu, al nordeste de Katmandú, envió a un mensajero portador de una carta dirigida a Rabjam Rinpoche. La misiva narraba algo que él decía ser tan solo un sueño: «Era un sueño, pero yo no dormía», escribía humildemente. En lo que más parecía una visión, se le había aparecido Dilgo Khyentse Rinpoche, mostrando al principio una expresión severa, que se tornaba gozosa. Cantó un poema en el que señalaba un año de nacimiento, el nombre de dos padres y el lugar en el que se encontraba un niño «que era indudablemente Tashi Paljor (nombre de nacimiento de Khyentse Rinpoche), quien había regresado a la existencia (*yangsi* en tibetano)». Trulshik Rinpoche no quería conceder demasiada importancia a su visión, achacándola modestamente a su imaginación. Pero en lugar de desvanecerse tal como se había presentado, aquella visión fue imponiéndosele cada vez con mayor claridad a lo largo del día. Trulshik Rinpoche recibió igualmente señales según las cuales aún no había llegado el momento de divulgar la noticia. Había guardado por tanto los detalles en secreto durante un año, hasta abril de 1995. Fue entonces cuando envió a Rabjam Rinpoche la carta con el poema y las explicaciones.

En el poema, el nombre de los padres figuraba en sánscrito. El niño, venido al mundo el «año de aquel que nace en un nido», debía buscarse al nordeste de Shechen, una indicación que podría habernos llevado muy lejos, ¡hasta el Tíbet! Rabjam Rinpoche me llamó a su residencia y buscamos en un diccionario los equivalentes tibetanos de aquellos nombres sánscritos. Una vez esclarecido así el poema, la búsqueda fue breve. Resultó, en efecto, que el nombre personal (por lo general conocido únicamente por sus más íntimos allegados) de Tsikey Chokling Rinpoche (*Mingyur Dewai Dorje*, «Inmutable Felicidad Adamantina») y el de su esposa (*Dechen Paldrön*, «Gloriosa Llama de la Felicidad») se correspondían con exactitud a los del poema. La pareja había tenido un hijo nacido según el calendario tibetano en el año del Pájaro, el décimo día del quinto mes lunar (día del aniversario de Padmasambhava), es decir, el 30 de junio de 1993. El monasterio de Ka-Nying Shedrub Ling, en el que vivían, estaba situado al nordeste de Shechen, en Boudhanath. Renaciendo tan cerca de nosotros y dándonos unas indicaciones tan claras, ¡Khyentse Rinpoche nos había ahorrado una ardua búsqueda por tierras lejanas!

Rabjam Rinpoche envió respuesta a Trulshik Rinpoche, en la que detallaba el resultado de su indagación y le preguntaba si debía continuar la búsqueda. A vuelta de mensajero, Trulshik Rinpoche confirmó que ya no era necesario. Antes incluso de recibir aquella nueva información, había tenido otro sueño, una mañana poco antes del alba, en el que aparecían veinticinco estupas dorados desplazándose como sobre ruedas por un gran campo que separaba el monasterio de Shechen del de Ka-Nying Shedrub Ling. Tuvo entonces la convicción de que aquellos estupas contenían las reliquias de Dilgo Khyentse Rinpoche. Mientras se preguntaba cuál era la estupa principal, uno de ellos se detuvo delante de él: un maravilloso pájaro de una especie desconocida salió de la ventana habilitada en la parte superior de la construcción y se puso a cantar. Trulshik Rinpoche se acercó y dejó una estola de seda blanca delante del pájaro. En ese mismo instante, las veinticuatro estupas se alinearon detrás de la primera y marcharon en procesión hasta desaparecer en el monasterio de Ka-Nying Shedrub Ling, en el preciso lugar en el que vivían Chokling Rinpoche y su familia. Gracias a este sueño, Trulshik Rinpoche había confirmado la identificación del joven *tulku*, antes incluso de que Rabjam Rinpoche le hiciera llegar los detalles de su descubrimiento.

Trulshik Rinpoche escribió a continuación al Dalai Lama, solicitándole que tuviera a bien confirmar su intuición. Este último, ante la importancia de la cuestión, realizó un retiro de una semana, esperando obtener indicaciones probatorias. Al finalizar la semana de meditaciones, sin dar más precisiones, respondió: «No tengo ninguna duda de que ese niño es la verdadera encarnación de Dilgo Khyentse Rinpoche».

Trulshik Rinpoche instó a Rabjam Rinpoche a que guardara el secreto durante unos meses. Llegado el momento, Rabjam Rinpoche fue a encontrarse con el niño y con sus padres. Tuve la suerte de poder acompañarlo. Fue, cabe imaginar, un momento muy emotivo: escrutábamos cada expresión del rostro del niño con emoción, admiración y respeto. Sus padres mostraron una alegría inmensa al enterarse de que su hijo más pequeño había sido reconocido como encarnación de su propio maestro espiritual. Nos dijeron que otro viejo lama, Chogye Tri Rinpoche, les había confiado que él también había recibido señales indicativas de que su hijo era la encarnación de Khyentse Rinpoche, pero había estimado que no le correspondía a él hablar de ello abiertamente.

Algún tiempo más tarde, Rabjam Rinpoche, que está dotado de un gran sentido del humor, nos confesó que le había costado un poco imaginar el corpachón de Khyentse Rinpoche alojado en aquel niño pequeño, y que aquella situación le había recordado una película, *Honey,*

I Shrunk the Kids (*Cariño, he encogido a los niños*), en la que un científico un poco alocado reduce accidentalmente el tamaño de sus hijos.

Cierto episodio acontecido quince años antes cobró sentido también con motivo de aquella revelación. A finales de los años setenta, Chokling Rinpoche, el padre del joven *tulku*, había ido a ver a Dilgo Khyentse Rinpoche para informarle de que, al igual que sus encarnaciones precedentes, no deseaba ser un monje soltero, sino casarse y llevar la vida de un yogui con su propia familia. Estaba considerado como la tercera encarnación del gran *tertön* del siglo XIX Chokgyur Dechen Lingpa. Le había pedido, pues, consejo a Khyentse Rinpoche, quien le había respondido que reflexionaría sobre la cuestión. En 1980, Dilgo Khyentse Rinpoche se había dirigido a Darjeeling. Entre las personas que habían ido a verle, se encontraba una joven mujer, Dechen Paldrön, procedente de una familia de Gyantse, en el Tíbet. La noche anterior, Dilgo Khyentse Rinpoche había tenido un sueño premonitorio, de acuerdo con el cual preguntó a la joven y a sus padres si ella quería convertirse en la esposa de Chokling Rinpoche. Tras deliberar sobre ello, al día siguiente dieron una respuesta afirmativa.

Unos meses más tarde, en 1981, se organizó en Nepal una ceremonia en la residencia de Khyentse Rinpoche, una pequeña casa construida aparte, en las inmediaciones del terreno en el que pronto iba a edificarse el monasterio de Shechen. Chokling Rinpoche y Dechen Paldrön habían llegado adornados con sus más bellos atuendos, acompañados por sus parientes. Dilgo Khyentse Rinpoche había improvisado una ceremonia matrimonial y les había dispensado la bendición para una larga vida. Trulshik Rinpoche, presente en la escena, se había sentido sorprendido, ya que en el budismo tibetano no existe una ceremonia matrimonial propiamente dicha; como mucho se ofrece una bendición para la prosperidad y la longevidad de la pareja y de sus futuros hijos. Trulshik Rinpoche nunca había visto a Dilgo Khyentse Rinpoche hacer algo así. Una vez concluida la ceremonia, le preguntó por qué había tenido tanta deferencia con aquel matrimonio. «Ya lo verás, ya lo verás... cuando llegue el momento», fue su sibilina respuesta. En realidad acababa de casar a los padres de su propia reencarnación, ¡tanto como decir sus futuros padres!

De acuerdo con la tradición, y una vez la reencarnación anunciada, se encadenaron diversas etapas: la atribución de un nombre, la ceremonia de la primera tonsura y la entronización solemne.

*

El 27 de diciembre de 1995, en el este de Nepal, no lejos de la frontera entre la India y el Sikkim, Trulshik Rinpoche, a la cabeza de una procesión de monjes y laicos con una barrita de incienso entre los dedos, esperaba escrutando el cielo. El zumbido de un gran helicóptero ruso rompió el silencio de las montañas. Entre sus veintidós pasajeros se encontraban la joven reencarnación de Dilgo Khyentse Rinpoche, su madre, su hermano mayor Phakchok Rinpoche, Khandro Lhamo (la viuda de Dilgo Khyentse Rinpoche), Rabjam Rinpoche y otras personas, entre ellas también yo. En cuanto se posó el aparato, con las palas inmovilizadas en una nube de polvo, descendió el Yangsi, en brazos de un viejo monje. Trulshik Rinpoche le ofreció una estola ceremonial de seda de un blanco inmaculado y tocó pausadamente su frente con la suya. Era la primera vez que veía físicamente a la encarnación de su maestro, aquel a quien había identificado en sus experiencias visionarias. Acto seguido condujo al Yangsi en procesión hacia el pequeño templo en que iba a alojarse por unos días.

A la mañana siguiente, un inhabitual número de lamas, monjes, monjas y discípulos de diversos países se congregó en la inmensa cueva de Maratika, lugar sagrado en el que, según dicen, en el siglo IX, Gurú Padmasambhava y su compañera espiritual india, Mandarava, obtuvieron el *siddhi*, la consecución suprema de la «vida infinita», la realización de la vacuidad luminosa de la Iluminación que trasciende toda noción de nacimiento y de muerte. Se trata de un lugar en verdad impresionante, a mil metros de altitud, en zona semi tropical. Está situado a un día de marcha de un pequeño aeropuerto de montaña y a tres días de la carretera principal que comunica Nepal con la India (posteriormente se ha abierto una carretera transitable en coche). Desde un paraje ubicado por encima de un pequeño pueblo de una treintena de casas, hay que bajar por unas escaleras unos treinta metros hasta llegar a la amplia explanada de una inmensa cueva rocosa. Centenares de murciélagos van y vienen, se cuelgan de las múltiples asperidades de la bóveda y las paredes de este gigantesco santuario rupestre circular de setenta metros de diámetro y quince metros de alto.

Bajo la vasta cúpula de la gruta tuvo lugar una emotiva ceremonia. Trulshik Rinpoche, rodeado de otros lamas, ofreció al Yangsi el nombre otorgado por el Dalai Lama: Orgyen Tendzin Jigme Lhundrup

(«Depositario Intrépido y Espontáneamente Consumado de las Enseñanzas de Padmasambhava»), así como la bendición para una larga vida. Las lamparillas de mantequilla y las velas encendidas y puestas sobre las cornisas y entre las anfractuosidades de las paredes rocosas iluminaban la cueva con sus resplandores dorados. El Yangsi, su familia y la de Khyentse Rinpoche, el representante del Dalai Lama y algunos allegados habían ocupado su lugar en una pequeña plataforma rocosa, en torno a los tronos improvisados erigidos para Trulshik Rinpoche y Yangsi Rinpoche. Unas doscientas personas estaban sentadas más abajo, en la explanada de la cueva. Algunas habían llegado a pie desde lugares lejanos para contemplar el sol elevándose nuevamente en su corazón. La plegaria que el Dalai Lama había escrito unos días después de que Dilgo Khyentse Rinpoche hubiera abandonado este mundo se había cumplido:

> Cuantos más seres vulnerables existan,
> más corresponde a vuestra naturaleza el amarlos.
> A fin de hacer madurar y liberar a todos los seres de esta edad oscura,
> ¡revelad pronto la luna resplandeciente del rostro de vuestra emanación!

A continuación, Trulshik Rinpoche comenzó a repartir las píldoras que se bendicen para una ceremonia de larga vida. Después de haberlo observado unos instantes, el joven Yangsi, de dos años y medio de edad, cogió la copa de manos de Trulshik Rinpoche e insistió para que le dejara continuar él el reparto. Le dio una píldora a la esposa de Dilgo Khyentse Rinpoche, Khandro Lhamo, a su propia madre y a quienes estaban cerca del trono. Cuando el monje que le ayudaba en este ritual se dispuso a recuperar la pequeña copa, el Yangsi señaló hacia la multitud, indicando que quería darle píldoras a otra persona de la asistencia. El monje le señaló con el dedo a algunos fieles, pero el Yangsi los descartó negando con la cabeza. Un monje bajó a la explanada y se introdujo entre la multitud, siguiendo la dirección indicada por el niño, y mirando al Yangsi fue señalando con la mano a diversos participantes. Cuando designó a un butanés de edad avanzada, el Yangsi asintió con la cabeza y lo invitó a que se acercara. El hombre mayor se presentó delante del Yangsi, quien le llenó la mano de píldoras. El hombre estaba llorando. Se trataba de Norbu Gyaltsen, capitán retirado de la guardia real de Bután, que había servido a Khyentse

Rinpoche durante numerosos años. Se había unido a nuestro grupo con ocasión de aquel primer viaje al Tíbet de 1985. Había llegado la noche anterior a pie, en compañía de su familia y de un grupo de butaneses, y era la primera vez que veía al Yangsi. La mayoría de la gente no comprendió por qué el Yangsi había señalado a aquel hombre y no a otro, pero quienes conocían la identidad de aquel fiel se quedaron maravillados. Yo había oído contar muchas veces cómo los jóvenes lamas reencarnados reconocen espontáneamente a personas a las que habían conocido en su vida anterior, pero era la primera vez que era testigo directo de tal cosa.

Unos seis meses más tarde, cuando el Yangsi visitó Bután, el rey quiso ponerlo a prueba. A la llegada del Yangsi, una delegación de monjes, representantes del gobierno y miembros de la familia real lo esperaban en el aeropuerto. Sin avisarnos, el rey había enviado a cinco hombres de edad aproximadamente similar, vestidos con el mismo atuendo tradicional butanés, uno de los cuales había sido también miembro cercano del entorno de Dilgo Khyentse Rinpoche durante una decena de años. Cuando el Yangsi llegó, fue recibido por una numerosa asamblea. Un viejo lama, persona de confianza de la familia real, atrajo la atención del Yangsi sobre cinco hombres alineados en fila, y le preguntó con ingenuidad: «¿Reconocéis a alguno de vuestros servidores?». El Yangsi, que por entonces tenía tres años y un carácter juguetón, se puso muy serio, miró atentamente a los cinco hombres y, sin vacilar, señaló con el dedo a uno de ellos afirmando categóricamente: «¡Este!». Y pasó a otra cosa, jugando y riendo. El viejo monje se apresuró a telefonear al palacio para transmitir la noticia: «Ha superado la prueba con éxito».

Es evidente que este tipo de hechos pueden resultar desconcertantes para una mente occidental, y yo no tengo ninguna explicación ni interpretación por proponer que responda a los conocimientos actuales de la ciencia. No puedo sino transmitir aquello de lo que fui testigo. El budismo propone una causa de lo más simple: el Yangsi albergaba recuerdos de su vida anterior. ¿Qué otra cosa puede decirse?

Se produjeron numerosos hechos de este género mientras el Yangsi tuvo entre dos años y medio y cinco años. Poco después de conocerlo en casa de sus padres, recibí una mañana una llamada telefónica en las oficinas del monasterio. Una vocecita me dijo: «¡Matthieu! ¡Haz un buen trabajo!». Cuando comprendí que era el Yangsi, sentí como electricidad. Se lo conté a su madre aquella misma tarde y, según parece, había pedido llamarme por teléfono por iniciativa propia. ¡Intenté cumplir sus instrucciones lo mejor que supe!

En otra ocasión, en Nepal, en que íbamos en coche para un corto trayecto, el Yangsi iba sentado delante, y Rabjam Rinpoche, otro monje y yo detrás. De pronto, el Yangsi se volvió en su asiento y me agarró de la oreja, de la que tiró con suavidad unos segundos. Como observó Rabjam Rinpoche: «La única persona del mundo a la que había visto tirarle de la oreja así a Matthieu era... el anterior Khyentse Rinpoche». En efecto, Dilgo Khyentse Rinpoche tenía a veces ese gesto de afecto conmigo, recuerdo en especial cuando me despedí por última vez de él en el aeropuerto de Katmandú.

Después del Año Nuevo tibetano, en marzo de 1997, llevamos al joven *tulku* a Dharamsala con el Dalai Lama, para llevar a cabo la ceremonia de la primera tonsura. Hasta entonces, jamás unas tijeras se habían acercado al cabello del niño. En la residencia del Dalai Lama, se celebró una ceremonia íntima en presencia de Penor Rinpoche, a la sazón patriarca de la escuela Nyingmapa, de Rabjam Rinpoche, de la familia del Yangsi y de algunos de nosotros. El Dalai Lama, que estaba de humor alegre ante aquel encuentro con la encarnación de uno de sus principales maestros espirituales, bromeó con afecto con el niño, a quien recomendó sobre todo ser bueno, levantando el índice en un gesto para enfatizar sus palabras. Aconsejó a Rabjam Rinpoche darle una buena educación, pero evitar tratarlo como a una «eminencia» antes de que manifestara por sí mismo sus cualidades espirituales. Más tarde, aquella misma mañana, la administración tibetana en el exilio, acompañada por representantes de diversos monasterios de los contornos, organizó una ceremonia pública en el templo principal de Dharamsala, durante la cual numerosos fieles se acercaron para obsequiar al Yangsi con estolas ceremoniales.

Indudablemente había «algo» en el Yangsi que estaba fuera de lo común, en comparación con los demás niños de su edad. Con ocasión de aquel viaje a la India, me sorprendía la impresión que causaba en las personas con las que nos encontrábamos. Cuando esperábamos en un aeropuerto o en el andén de una estación de tren, y uno de nosotros lo sostenía en brazos mientras él simplemente miraba a su alrededor, no pasaba mucho tiempo antes de que se congregara una pequeña concentración de curiosos observándolo con curiosidad. El mismo fenómeno, en proporciones más notorias, se producía con su predecesor, Dilgo Khyentse Rinpoche. Cuando a una edad ya avanzada, sentado en su silla de ruedas, esperaba la llegada de un tren en un andén, siempre había ciudadanos indios que se acercaban a él, le tocaban los pies y las manos —gesto tradicional de respeto— y le pedían su bendición, mientras otro grupo de personas, que podían ser veinte, lo contemplaba formando un semicírculo a una distancia respetuosa. Nosotros, miembros de su séquito, nos comportábamos por supuesto con el mayor respeto hacia Rinpoche, pero no hacíamos ninguna ostentación que pudiera llamar la atención de los transeúntes.

*

En el otoño de 1997, en Boudhanath, Nepal, bajo la dirección vigilante de Rabjam Rinpoche, los monjes del monasterio de Shechen estuvieron muy atareados durante tres meses preparando la entronización del Yangsi. Siguiendo una minuciosa planificación, a cada uno de los trescientos monjes se le había asignado un papel específico, a fin de garantizar el buen desarrollo del memorable acontecimiento.

Durante los tres días que precedieron a la entronización, Trulshik Rinpoche llevó a cabo una ceremonia en un templo ubicado en el segundo piso del monasterio que alberga una estatua de Dilgo Khyentse Rinpoche de un realismo asombroso —su rostro fue modelado a la cera por parte de un artista del Museo Grévin de París—, así como una pequeña estupa dorada con sus reliquias. Se había pintado el exterior del monasterio para la ocasión y se había levantado en el atrio una gran tienda amarilla decorada con ramos de flores multicolores.

Finalmente llegó el gran día, el 5 de diciembre de 1997. La entronización del joven Dilgo Khyentse Yangsi se celebró con gran pompa y atrajo a más de quince mil personas de cerca de cuarenta nacionalidades diferentes. Cuando se levantó la bruma matinal, comenzó la afluencia de fieles y huéspedes distinguidos. Cada uno de ellos fue solemnemente recibido por Rabjam Rinpoche y conducido hasta el templo. Entre los invitados figuraban los patriarcas de las principales escuelas del budismo tibetano,[1] ciento treinta y siete *tulkus*, representantes del Dalai Lama y de la familia real de Bután, grandes eruditos occidentales como E. Gene Smith y Michael Aris, el esposo de Aung San Suu Kyi, los embajadores de Francia y Estados Unidos, el actor Richard Gere, amigo del monasterio, e innumerables discípulos llegados del mundo entero.

Luego llegó el pequeño Yangsi con su familia. Escoltado por Rabjam Rinpoche, cruzó el atrio, sobre el que se habían dibujado con arroz de colores símbolos de buen augurio. Una procesión de músicos y de bailarines de danzas giratorias iba por delante de él, así como dos leones de las nieves (dos grandes marionetas movidas por dos personas ocultas en el interior de cada una de ellas, una de las cuales se encarga de la cabeza y las patas anteriores, y la otra de las patas posteriores). En el momento en que llegó al patio, en medio del estrepitoso sonido de las trompetas y del crescendo de los címbalos, un estremecimiento de júbilo y emoción recorrió a la multitud. El templo acogió al mayor número posible de personas, mientras los fieles congregados en el patio y los jardines exteriores seguían atentamente la ceremonia retransmitida a través de grandes pantallas.

En el templo, el Yangsi se sentó primero en una silla, de cara al trono que le estaba reservado, mientras Trulshik Rinpoche realizaba una ceremonia de purificación para disipar cualquier obstáculo que pudiera pesar sobre su vida o entorpecer sus actividades. Acto seguido, el niño ocupó el trono de su predecesor. Trulshik Rinpoche le ofreció una estatua, un libro, una estupa, un jarrón y un objeto ritual (un *phurba*, daga de triple hoja que representa el poder de las tres sabidurías primordiales para extirpar los tres principales venenos mentales), símbolos respectivamente del cuerpo, la palabra, la mente, las cualidades y la actividad de un buda, y le dispensó la bendición para una larga vida.

Desenrollando a medida que leía el largo rollo de dos metros en el que Trulshik Rinpoche había redactado el texto, un monje proclamó en voz alta una descripción del advenimiento del budismo a este mundo y su expansión por el Tíbet, así como una evocación de la serie de las emanaciones de Dilgo Khyentse Rinpoche hasta el actual Yangsi. A continuación, Trulshik Rinpoche ofreció el mandala que representaba la integridad del universo, así como los ocho símbolos y las ocho sustancias de buen augurio que le fueron presentadas a Buda después de su Iluminación.

Después de esta entronización, que duró en torno a una hora, los grandes lamas hicieron por turno las ofrendas simbólicas de las cualidades de Buda, cubierta cada una de ellas con una estola blanca de seda, símbolo de la pureza de sus intenciones. Algunos representantes de los grandes monasterios realizaron ciento ocho ofrendas diferentes —estatuas, libros, objetos rituales, alfombras, bobinas de brocado, sacos de semillas, paquetes de té, etc.—, aportadas por una procesión de monjes. Acto seguido, miles de discípulos y fieles —nepalíes, tibetanos, butaneses, indios, occidentales, tailandeses, chinos, vietnamitas, japoneses y de muchos otros lugares— desfilaron uno a uno en una calma imbuida de alegría, para presentarle al Yangsi una estola blanca y una ofrenda.

Así pues, durante cuatro horas seguidas, el Yangsi, que por entonces solo tenía cuatro años y medio, permaneció pacientemente sentado en su trono con naturalidad y dignidad. A ratos con ganas de jugar y reír —se ponía la corona de loto haciendo gestos de risa, o le daba un vigoroso golpe en la cabeza a alguien a quien conocía como bendición—, a ratos solemne, acogía a todo el mundo con atención, aunando la alegre libertad de un niño con la gravedad innata de aquel a quien encarnaba. «Un niño de dos mil años...», tal fue el título de un artículo publicado por la revista cristiana *La Vie* («La vida») tras un encuentro con el Yangsi. En ningún momento, en el transcurso de aquel largo día, manifestó un humor caprichoso, ni dio la impresión de estar molesto o aburrido. Para concluir, Rabjam Rinpoche expresó este deseo: «¡Que las cualidades de este niño se desarrollen hasta igualar las de nuestro venerado maestro en su vida anterior!». Y añadió: «La entronización de un *tulku* establece un vínculo propicio para que cumpla el bien de los seres y preserve el Dharma».

Rabjam Rinpoche quería que yo estuviera disponible para ayudarle en las diversas tareas que había que cumplir con motivo de estas ceremonias, por lo que le había pedido a un amigo médico, Greg Rabolt, que también era un excelente fotógrafo, que documentara el evento. Para evitar la desorganización, Greg era el único fotógrafo autorizado en el templo, al margen de un pequeño equipo francés de filmación, dirigido por nuestro amigo Jean-Pierre Devorsine. Un fotógrafo profesional que vive en Katmandú, un poco ofendido, me hizo la siguiente observación: «¿Un médico haciendo de fotógrafo? Muy bien, la próxima vez que esté enfermo, ¡llámeme!».

Hacia el final de la tarde, los bailarines de Shechen, dirigidos por un maestro de danza butanés, representaron una danza sagrada de Bután raramente ejecutada, el *nga cham* de Dramitse (declarada desde entonces «patrimonio cultural inmaterial de la humanidad» por la Unesco). Haciendo las delicias de la multitud, continuaron con una «danza de los leones de las nieves», muy animada y burlesca. Durante los tres días siguientes, el Yangsi recibió todas las mañanas en el templo a los representantes de los monasterios nepaleses, indios y butaneses. Por la tarde, unos bailarines pertenecientes a diferentes grupos ejecutaron danzas culturales y religiosas. Entre ellos figuraba la compañía del TIPA (Tibetan Institute for Performing Arts), proveniente de Dharamsala; los jóvenes bailarines del asentamiento de niños tibetanos de Bir; el grupo Gesar, procedente de Kalimpong y constituido por practicantes originarios del monasterio de Riwoche, en el Tíbet, y varios grupos de Bután. Cada día se ofreció un almuerzo para más de mil personas, durante los cinco días que duraron las celebraciones.

A partir del 12 de diciembre de 1997 y durante unos diez días, Trulshik Rinpoche impartió por primera vez en su totalidad las iniciaciones y explicaciones de los veinticinco volúmenes de las *Obras completas* de Dilgo Khyentse Rinpoche.[2] Iban destinadas principalmente al joven Yangsi, pero también a la encarnación butanesa de Dudjom Rinpoche y a más de un millar de personas congregadas en el templo de Shechen.

Una vez pasados los momentos fastuosos de las ceremonias, llegaba el momento de la educación. Después de haber crecido con su abuelo y maestro espiritual, Rabjam Rinpoche decidió consagrar los años sucesivos a velar atentamente por el joven *tulku*. Llevó a cabo esta tarea acompañándolo con su presencia afectuosa y transmitiéndole las enseñanzas que él había recibido a su vez de Dilgo Khyentse Rinpoche. El Yangsi contó además con un excelente preceptor en la persona de Khenpo Yeshe Gyaltsen, y estudió la filosofía budista durante varios años en compañía de dos jóvenes *tulkus* de su edad. Por otra parte, adquirió un excelente dominio de la lengua inglesa gracias a Sally, la joven inglesa que vivía en su entorno, en Bután.

*

En 2010, año conmemorativo del centenario del nacimiento de Khyentse Rinpoche, Rabjam Rinpoche llevó al Yangsi, que por entonces tenía diecisiete años, al Tíbet oriental, para visitar los principales lugares en que había enseñado su predecesor. Luego fueron a Francia, a Norteamérica, a Malasia y a Hong Kong.

En diciembre de 2010, sesenta monjes y monjas, así como un grupo de peregrinos de todas las nacionalidades, acompañaron a Yangsi Rinpoche y a Rabjam Rinpoche a los ocho principales lugares santos budistas de la India y Nepal.[3] Obedeciendo a los votos formulados por Dilgo Khyentse Rinpoche antes de su muerte, en cada uno de estos lugares se consagró una estupa. Durante los rituales de consagración, lamas y monjes visualizan a todos los Budas del pasado, del presente y del futuro sentados en el espacio situado por encima de la estupa. Les hacen ofrendas materiales (flores, lamparillas, perfumes, alimentos), que depositan delante de la estupa y que visualizan multiplicadas hasta el infinito hasta llenar todo el espacio. Luego se invita a los Budas a que penetren la estupa y se disuelvan en ella, para darle vida por medio de su presencia, que une sabiduría y compasión. Para concluir, se rezan numerosas oraciones por el bien de todos los seres, por una larga vida para los maestros espirituales y por la perennidad de las enseñanzas de Buda.

Concluido aquel año de viajes y celebraciones, el Yangsi reanudó sus estudios en el colegio de filosofía de Shechen, en Nepal, así como también con su preceptor en Bután. De 2012 a 2015, durante los tres años que Rabjam Rinpoche pasó de retiro contemplativo en Bután, el Yangsi asumió la dirección de los tres monasterios de Shechen, secundado perfectamente por los monjes formados por Rabjam Rinpoche. No obstante, en 2018, decidió renunciar un tiempo a los asuntos monásticos para estar con su padre, Chokling Rinpoche, sometido a una larga hospitalización en Singapur (falleció en diciembre de 2020), y para realizar retiros contemplativos.

Como un loto que revela su pureza a medida que va eclosionando, Yangsi Rinpoche desarrolla unas cualidades que hacen esperar que actuará en bien de los seres con tanta abnegación y entrega como su predecesor.

LA REENCARNACIÓN DE DILGO KHYENTSE RINPOCHE

En diciembre de 1995, una emotiva ceremonia tiene lugar bajo la bóveda de la cueva Maratika, en Nepal. Trulshik Rinpoche ofrece a la reencarnación de Dilgo Khyentse Rinpoche, el Yangsi, «aquel que regresa a la existencia», una bendición de larga vida y un nuevo nombre, puesto por el Dalai Lama.

Sostengo en mis brazos a Dilgo Khyentse Rinpoche Yangsi, durante la primera visita que hizo al Dalai Lama en Dharamsala, en marzo de 1997. A la derecha, Neten Chokling Rinpoche.

Dilgo Khyentse Rinpoche Yangsi en el monasterio de Shechen, el día de su entronización, el 5 de diciembre de 1997.

CAPÍTULO 33

MONJE FOTÓGRAFO

Siendo aún muy joven descubrí mi pasión por la fotografía. En Oriente, inmortalizo a mis maestros espirituales y su entorno. Publicación de mis primeros álbumes de fotografía.

En 1995, me encontraba en Nueva York con una selección de mis diapositivas sobre la vida de Dilgo Khyentse Rinpoche, tomadas principalmente durante nuestros viajes al Tíbet. Una persona conocida que impartía clases de fotografía en la Universidad de Nueva York me propuso ir a ver a Michael Hoffman, director de Aperture, una editorial de prestigio en el mundo de la fotografía. A lo largo de casi treinta años seguidos, había acumulado preciosas imágenes de la vida de los maestros y de su mundo, pero nunca las había hecho otro uso de ellas que el de enseñarlas a algunos amigos y ponerlas a disposición de mis condiscípulos.

Acordamos una entrevista. Cuando me presenté en la recepción, Michael Hoffman, que estaba en su despacho, no se mostró demasiado interesado. Más tarde me confesó que le había dicho a su esposa y principal colaboradora, Melissa Harris: «Otro fotógrafo que nos trae imágenes del Tíbet. Ve tú y dile que estoy ocupado». Melissa bajó para hablar conmigo en una pequeña sala de reuniones. Conversamos unos momentos, y finalmente proyecté las diapositivas que había llevado. Al cabo de unos minutos, Melissa telefoneó a Michael y le dijo: «Creo que harías bien si bajas». Michael entró, y enseguida se estableció entre nosotros un vínculo de simpatía. Mantuvimos una conversación animada, pero él parecía seguir no interesado en mis imágenes. Entonces le propuse: «Mientras hablamos, permítame que pase las diapositivas», y reinicié la proyección. Los retratos de mis maestros y las imágenes del mundo en el que evolucionaban se sucedieron poco a poco en la pantalla, hasta que por fin retuvieron la atención de Michael. Al cabo de cinco minutos, comentó: «Tienen mucha fuerza, mucha fuerza... ¡Hagamos un libro!». Así comenzó mi hermosa amistad con Michael, quien un día en que nos encontrábamos en su despacho, en el que no dejaba nunca de visitarlo cada vez que iba a Nueva York, me espetó en tono de broma: «Me voy unos meses a tu monasterio, ¡ocupa tú mi lugar en Aperture!». Fue una relación fecunda, que desembocó en la publicación, en 1996, de *Journey to Enlightenment, The Life and World of Dilgo Khyentse Rinpoche,* editado en Francia unos años más tarde con el título *L'Esprit du Tibet* («El espíritu del Tíbet»); posteriormente publiqué *Moines danseurs du Tibet* («Monjes danzantes del Tíbet»). Así fue como me convertí en «fotógrafo». Las etiquetas no significan mucho. Dicho esto, no debo de tener el karma *ad hoc*, porque, todavía hoy, después de la publicación de buen número de álbumes, siguen preguntándome a menudo: «Muy bonito su libro, pero ¿quién ha hecho las fotos?».

Sin embargo, es una de las ocupaciones que más me gustan. He escrito bastantes libros, pero no me definiría como un escritor nato. Cada nuevo texto exige de mí un trabajo aplicado y unos cuantos intentos antes de obtener la forma definitiva. Por el contrario, en el terreno de la fotografía, con el paso de los años me he familiarizado con la técnica y experimento siempre un gran placer en inmortalizar instantes, y luego en compartir mis imágenes.

En 2000, cuando expuse en el festival «Visa pour l'Image», en Perpiñán, coincidí con Hervé de La Martinière, Olivier Föllmi y Yann Arthus-Bertrand. De aquel encuentro con Hervé nació una amistad sólida y una colaboración fructuosa, de la que nacieron numerosas publicaciones, entre las que destacan: *Himalaya bouddhiste* («Himalaya budista»), con Olivier y Danielle Föllmi; *Tibet, regards de compassion* («Tíbet, miradas de compasión»); *Un voyage immobile* («Un viaje inmóvil»); *Bouthan* («Bután»); *108 Sourires* («108 sonrisas»); *Visages de paix, terres de sérénité* («Rostros de paz, tierras de serenidad»); *Hymne à la beauté* («Himno a la belleza»); *Contemplations et Émerveillement* («Contemplaciones y fascinación»). Hoy, al reflexionar, pienso que *Un demi-siècle dans l'Himalaya* («Medio siglo en el Himalaya»), publicado en 2017, cincuenta años exactamente después de mi primer viaje a la India, constituye la réplica en imágenes del testimonio que presento en estas *Memorias*.

*

Todo empezó hacia la edad de doce años, cuando me regalaron una Foca Sport por mi cumpleaños. Fotografiaba charcos de agua y reflejos de luz. Decían: «No contéis con Matthieu para las fotos de familia». Nunca fui un niño de ciudad, siempre me sentí mejor en la naturaleza. Comencé a hacer fotos más en serio hacia los quince años, guiado por los consejos de mi amigo André Fatras, uno de los pioneros de la fotografía de fauna en Francia. Nos conocimos en circunstancias bastante particulares: se cayó de un bote neumático, tras estar a punto de hundirse, en una playa de La Turballe, cerca de la casa de mi tío en la Bretaña. Acababa de descender el Loira con su mujer de diecinueve años y un bebé de un año, con la intención de ver a mi tío, el navegador en solitario Jacques-Yves Le Toumelin. Por suerte, fue a dar con mi madre, que paseaba por la playa. Mi tío los acogió con sumo gusto, y acamparon unos días en la landa de Gwenved.

A partir de entonces, lo visité frecuentemente en su casa de Sologne, donde fotografiaba la fauna salvaje, los pájaros en particular. En casa de Dédé, yo soy «Mamá» o «Gofrera». No existe ningún origen para este apodo, simplemente en casa de Dédé todo el mundo se ve investido de un sobrenombre. Hace poco envié un correo electrónico a Martine, la esposa de Dédé, apodada «Mati», que firmé como «Gofrera», y durante dos semanas estuve recibiendo una cantidad impresionante de anuncios ¡en los que me ofrecían comprar planchas para gofres a buen precio! Dédé y Mati han tenido una vida apasionante, durante la cual visitaron siete veces las islas Kerguelen, pero también Spitsbergen, la Amazonia de la Guayana Francesa, la India, Islandia, las Galápagos, y viajaron a otros muchos otros destinos exóticos. Hay una imagen publicada por *Paris Match* que vale la pena recordar: su hijo Benjamin, disfrazado de pingüino emperador en medio de un centenar de miles de «congéneres», solo identificable a través de una pequeña abertura que descubre su rostro. Sigo en estrecho contacto con ellos y los visito tanto en Sologne como en su inmensa cueva abovedada de Les Causses, que Dédé ha hecho habitable poco a poco con sus compañeros, tras veinte años de dedicación. Un lugar único en su género: una gran ventana mirador deja entrar la luz del sol naciente por la abertura orientada al este, mientras otra permite al sol poniente iluminar la cueva por la abertura opuesta.

Continué aprendiendo fotografía sobre el terreno y, antes de marcharme de Francia en 1972, había publicado algunas fotos de naturaleza en varias revistas, entre ellas algunas sendas portadas en *Réalités* y *Connaissance de la campagne*. Mis mejores imágenes de aquella época se perdieron después de que TOP-Réalités, la pequeña agencia a la que las había confiado, cerrara sus puertas en mi ausencia. Tras establecerme en el Himalaya, fotografié sobre todo a mis maestros espirituales y su universo. Mi objetivo era el de compartir el esplendor, la fuerza y la profundidad de que era testigo. Utilizo la fotografía como una fuente de esperanza, con la intención de restaurar la confianza en la naturaleza humana y reavivar la fascinación por el lado salvaje del mundo.

*

Henri Cartier-Bresson había estudiado pintura con mi madre en el taller de André Lhote, justo antes de la Segunda Guerra Mundial, y su amistad con mis padres había continuado después. Yo había conocido a Henri en mi adolescencia y le había enseñado mis primeras fotos, ¡que no le habían impresionado nada! Me reveló entonces un principio que le había enseñado el mencionado maestro de la pintura: «Una buena composición debe poder mirarse tanto del derecho como del revés, y quedar bien». Henri aplicaba esta norma a la hora de juzgar la composición de una fotografía.

Con motivo de la publicación en Estados Unidos de *L'Esprit du Tibet*, le enseñé mis pruebas a Henri Cartier-Bresson. Esta vez observó las imágenes del libro en silencio, deteniéndose pausadamente en cada página, en particular con los retratos de los maestros espirituales. Al día siguiente partí con destino a la India. Al llegar me esperaba un fax de Henri: «Estaba paseando por los jardines de Luxemburgo, cuando me ha venido a la cabeza esta frase: "La vida espiritual de Matthieu y su cámara de fotos forman una sola cosa, de ahí nacen esas imágenes fugitivas y eternas"».

Con el paso del tiempo, estreché mi amistad con Henri y su esposa Martine Franck, también ella gran fotógrafa de Magnum. Iba a visitarlos con frecuencia cuando viajaba a París.

Todos aquellos que lo frecuentaron saben que, además de su genio, que le valió el sobrenombre de «ojo del siglo», Henri —HCB en los ambientes de la fotografía— estaba dotado de un carácter original. Cuando dedicaba sus libros, algunas veces había firmado: «En rit».* Entre otras anécdotas, recuerdo cuando en 2007 vino a la inauguración de una exposición de fotos que hice en el Forum des Halles de París. Al verme, prorrumpió: «Pero ¿qué haces aquí? ¡Nunca hay que asistir a la inauguración de tus exposiciones!». Un día en que había dado cita a un periodista de *Newsweek* un domingo a las ocho y media de la mañana —¡una hora muy poco habitual!—, me invitó a desayunar. Estábamos sentados a la mesa con Martine cuando llegó el periodista. Un poco intimidado, se sentó enfrente de Henri y dejó su pluma y su cuaderno de notas encima de la gran mesa redonda de madera barnizada. Señalando el cuaderno con el dedo, Henri preguntó: «¿Es usted de la policía?». Después de esta entrada en materia, un punto desestabilizadora, el periodista formuló la pregunta clásica: «¿Qué hace a un buen fotógrafo?». A lo que Henri replicó: «Yo no soy fotógrafo. Prefiero el dibujo. Además, cualquiera puede ser fotógrafo, basta con tener una cámara de fotos». Martine intervino para atenuar estas palabras: «Bueno, Henri, tú sabes que eso no es verdad». El resto de la entrevista se desarrolló con más normalidad, para gran alivio del periodista.

En 1991, Henri, que se interesaba desde hacía tiempo por el budismo, fue a Dordoña para hacer algunos retratos del Dalai Lama, quien impartía sus enseñanzas durante una semana a una decena de miles de personas, bajo un gran toldo blanco en lo alto de una colina que domina el valle del Vézère. Durante la pausa de mediodía, lo acompañé para que pudiera verse con el Dalai Lama en la pequeña tienda en la que recibía a los visitantes. Presenté a Henri como uno de los fotógrafos más admirados de nuestro tiempo. El Dalai Lama le preguntó qué era lo que caracterizaba a una buena imagen. Henri habló de su famoso concepto del «instante decisivo» y de la importancia de mantenerse en el momento presente. Bregado en cuestiones de lógica, el Dalai Lama observó: «Pero en el momento en que toma la fotografía, está pensando en el resultado, que pertenece al futuro; y en el momento en que la contempla, regresa al pasado. ¡Así que *nunca* está en

* «Se ríe de esto», que en francés se pronuncia de manera idéntica al nombre Henri. (N. del T.)

el momento presente!». Henri no es persona carente de capacidad de réplica, pero no supo muy bien qué responder.

No fue hasta la venerable edad de noventa años cuando Henri se introdujo de lleno en el budismo. Estudió con Dagpo Rinpoche, un maestro espiritual respetado que vive en Francia desde la década de 1970, cuyas enseñanzas ya seguía desde hacía algunos años y al que pidió la transmisión de los votos del Refugio en las Tres Joyas, el Buda, el Dharma y el Sangha. En 2004, dos semanas antes de su muerte (a los noventa y cinco años), pasé momentos de tranquilidad junto a él. Sobre su mesilla de noche simplemente había un pequeño buda, del que no se separaba nunca, y un vaso de agua.

*

La fuerza de una visión, de una imagen, se impone con evidencia en cuanto se presenta. La escruto atentamente para determinar la mejor forma de hacerle justicia, la técnica que contribuya a recuperar la impresión subjetiva que he experimentado al contemplar una escena. Me gustan tanto los colores intensos, como el «color sin color»: un pájaro blanco pasando por delante de un salto de agua bajo la nieve que cae. Danielle Föllmi —quien creó con su esposo Olivier la asociación HOPE (Himalayan Organisation for People & Education) y su propia editorial, en la que publiqué con su colaboración *Himalaya bouddhiste*— me dijo un día que yo «pintaba con la luz». No creo estar a la altura de un cumplido tan bonito, que me conmovió, pero como mínimo se corresponde con el ideal que persigo con la fotografía.

Cuando obtuve las imágenes para *Un voyage immobile, l'Himalaya vu d'un ermitage* («Un viaje inmóvil: el Himalaya visto desde una ermita»), permanecí un año sentado en el mismo lugar, como esperando la luz. Pero de hecho no esperaba nada, ni siquiera tenía el proyecto de publicar un libro: simplemente vivía en mi ermita para realizar un retiro. Desde el amanecer hasta el crepúsculo, contemplaba un paisaje sublime: la cadena del Himalaya se desplegaba majestuosamente ante mis ojos. A veces, una luz insospechada inflamaba unos instantes la escena que se ofrecía a mi mirada maravillada, y tomaba algunas imágenes. Los «momentos mágicos» que constituyen este álbum, captados todos ellos desde la terraza de mi refugio o como mucho a algunos centenares de metros de él, son fruto de aquella «espera sin espera», de la armonía de la naturaleza unida a la felicidad de la meditación.

A veces estoy meses sin hacer una sola fotografía. Hasta que llega el día en que los personajes, el lugar y la luz se me aparecen con tal belleza, que no puedo resistirme a captar una imagen, una ofrenda para todos aquellos que habrán de posar sus ojos en ella. Cartier-Bresson decía: «Son las fotos las que me toman a mí, no a la inversa». Así es como siento las cosas yo también. Por eso el ideal es el de vivir en los lugares donde uno fotografía, de forma que el tiempo juegue en su favor, para que cuando una escena excepcional se ofrezca a la mirada, uno esté presente.

Muchas veces he contemplado y admirado la obra de los grandes fotógrafos del pasado, Ansel Adams, Ernst Haas (en particular su obra *La creación*, que vuelvo a ver con regularidad), Galen Rowell y muchos otros. En la actualidad mantengo lazos de amistad con buen número de fotógrafos de la naturaleza a los que admiro: Jim Brandenburg, Vincent Munier y Yann Arthus Bertrand, por citar solo a estos. El contacto con ellos me permite seguir aprendiendo. En ocasiones contemplo una imagen especialmente impactante o inspiradora y me dejo imbuir largo rato por su belleza, por su composición, o por el mensaje que transmite, una imagen que permanecerá en mi memoria y enriquecerá mi pensamiento. Una fotografía lograda es una imagen que uno no se cansa nunca de contemplar y que procura un sentimiento de elevación.

Otro fotógrafo eminente, Robert Capa, hizo esta observación: «Las fotos están ahí, solo hay que hacerlas». De hecho, con el paso de los años es la mirada la que se educa, la que se afina y permite ver mejor aquello que se presenta, hacer honor a lo que el mundo y los seres nos ofrecen, y hacer luego vibrar los colores y cantar la luz para reencontrar el sobrecogimiento, la sensación de ruptura de la actividad cogitativa de la mente y el sentimiento de fascinación que nos embargó al contemplar una escena, un rostro, la inmensidad de un cielo, la majestuosidad de una montaña, la evanescencia de un reflejo, los laberintos de una corteza o la intimidad de una flor.

Las imágenes de violencia y de sufrimiento son necesarias para despertar conciencias y activar nuestra determinación a intervenir, a contribuir, a poner remedio a las injusticias. No obstante, no deberíamos perder nunca de vista el potencial de belleza interior presente en cada ser. Es importante mantener un justo equilibrio para evitar caer en el «síndrome del mundo malvado», consistente en vivir convencidos de que el ser humano es fundamentalmente malo. En realidad, todos poseemos en lo más profundo de nosotros, cual pepita de oro, un formidable potencial de bondad, de sabiduría y de iluminación. Esta «bondad original» no es una postalita piadosa, no consiste en una idealización exagerada. ¿Qué es lo que encontramos en el corazón mismo de nuestra conciencia? Ni el odio, la obsesión o la arrogancia, sino la conciencia pura, luminosa. Con motivo de la aparición en 2015 de uno de mis álbumes de fotos, *Visages de paix, terres de sérénité* («Rostros de paz, tierras de serenidad»), el semanario *L'Express* publicó un artículo titulado «Reportero de la paz», un epíteto que acepto encantado.

Ciertamente, no es fácil traducir estos valores en imágenes. Pero el fotógrafo puede esforzarse por evocar la belleza interior de un maestro espiritual, el resplandor de su benevolencia, la dulzura de un niño de mirada inocente o la serenidad de un viejo de sonrisa desdentada. Puede compartir el arrobamiento que lo ha sobrecogido al surgir ante él un paisaje sublime.

A veces me voy lejos para buscar ciertas imágenes. Cuando tenía dieciséis años, vi una foto emblemática de Ansel Adams, realizada con una cámara de fuelle: un lago rodeado de rocas en primer plano, con una gran profundidad de campo y montañas en segundo plano. Después de descubrir una foto de los lagos de Tsophu y con el fin de encontrar un escenario similar, caminé cuarenta años más tarde durante cuatro días por las montañas de Bután con unos amigos autóctonos para visitar estos lagos. Alcanzamos nuestro destino una tarde. Soplaba el viento y las condiciones no eran las óptimas para la fotografía. Les dije a mis amigos que me quedaría a dormir allí. Estábamos a 4.400 m de altitud y habíamos dejado nuestras tiendas a dos horas de marcha de allí, más abajo, en el campo base del Jomolhari. No se mostraron muy entusiastas, pero vacilaron a la hora de abandonarme a mi triste suerte. Encontramos a una familia de nómadas que nos dieron cobijo en su tienda por una noche. Yo sabía lo que iba a suceder al amanecer el nuevo día: a las seis de la mañana, el lago era como un espejo, y la imponente cumbre del Jichu Drake, con una altura de 6.900 m, se reflejaba de un modo inmaculado en su superficie. Guardé con deleite en mi aparato fotográfico una imagen que homenajeaba a la de Ansel Adams. ¡Sin duda bien valía cuatro días de marcha!

He fotografiado muchas veces la naturaleza agreste, los grandes espacios y los paisajes grandiosos. La fascinación ante la naturaleza salvaje no arreglará por sí sola la crisis ecológica, pero genera la toma de conciencia y el respeto hacia las extraordinarias fuerzas que operan en la naturaleza. Dejarse maravillar lleva al deseo de cuidar del objeto de fascinación, y el deseo provoca la acción. Sin embargo, ¿la emoción es lo suficientemente profunda como para poner manos a la obra con la determinación necesaria para cambiar radicalmente nuestros modos de vida? Nuestra actual actividad está llevando a la sexta extinción masiva de las especies desde la aparición de la vida en la Tierra. Todavía es posible evitar esta calamidad, pero sin voluntad política ni compromiso individual, ni siquiera iniciaremos el camino. Es urgente actuar, y si mis fotografías de las bellezas naturales pueden contribuir, aunque sea de un modo ínfimo, a tomar conciencia de ello, habré obtenido ya una buena recompensa.

Para salir del *impasse* de las recomendaciones sin efecto, es indispensable comprender plenamente la gravedad de las alertas lanzadas por los científicos y seguir las corrientes de ideas que promueven el altruismo y el verdadero bienestar como los auténticos guías en nuestra toma de decisiones. No se trata simplemente de sobrevivir, sino de vivir mejor, en armonía con nuestro ecosistema. Uno de los bienes más preciados que el mundo nos ofrece es su belleza, cada día renovada.

Hay también fotos que lamento no haber tomado. Un día, en Calcuta, vi pasar a un hombre que tiraba a duras penas de una calesa, seguida por un caballo que estaba atado a ella por una cuerda. Conservo todavía esta imagen en la mente, pero no en una película.

Me sucede a veces que dudo si tomar fotos, sobre todo en presencia de un maestro espiritual. Prefiero aprovechar plenamente su presencia, antes que hacerme el reportero. No obstante, si las circunstancias dan pie, tomo algunas imágenes, lo más discretamente posible, con el fin de compartir con otras personas la belleza espiritual de que he sido testigo. Hay que saber estar presente y al mismo tiempo permanecer invisible, para disparar la máquina con la mayor discreción posible, pidiendo respetuosamente en tu fuero interno permiso para penetrar en el espacio íntimo de estos seres excepcionales.

Poco a poco, sin ser verdaderamente profesional ni completamente *amateur*, he ido participando en numerosas exposiciones y publicado doce álbumes de fotografías acompañadas de textos en francés, y algunas en otras lenguas. Quizá me pregunten algún día: «Unas fotos magníficas, pero ¿quién ha escrito los textos?».

LA FOTOGRAFÍA

En las altas mesetas de Islandia, para el libro de fotos *Émerveillement*. Septiembre de 2018.

En 1970, en Sologne, con André Fatras, pionero de la foto de animales en Francia, quien me enseñó fotografía.

Cincuenta años más tarde, en el mismo lugar.

CAPÍTULO 34

UN CORAZÓN INMENSO: EL DALAI LAMA

Como intérprete francés del Dalai Lama, tengo oportunidad de conocer, gracias a él, a personalidades excepcionales como Desmond Tutu, Jody Williams o el Padre Ceyrac. Lo acompaño a la Gran Cartuja, en los Alpes franceses, un lugar en el que normalmente no se permite ninguna visita.

¡Tanta bondad! Tanta bondad... Nada más que bondad. Estas pocas palabras bastarían para describir la esencia de las cualidades del XIV Dalai Lama. Tal como me dijo Thupten Jinpa, su intérprete principal, que lo acompañó en sus múltiples viajes por el mundo entero: «Nunca he conocido a nadie tan preocupado por el conjunto de la humanidad». En el transcurso de uno de los diálogos organizado por el instituto Mind and Life, el Dalai Lama nos confesó que, durante sus prácticas matinales, no hay día que no derrame lágrimas al pensar en los sufrimientos inconmensurables de los seres humanos.

Naturalmente podemos evocar su sabiduría, su inmensa erudición, su vida consagrada al estudio y a la enseñanza del budismo, a la difusión de los valores éticos fundamentales indispensables para todo ser humano, creyente o no creyente; su sincera apertura al diálogo con la ciencia contemporánea y muchas cualidades admirables más. Pero es ciertamente su benevolencia incondicional lo que sitúa al Dalai Lama en una dimensión espiritual y humana fuera de lo común. Según Dudjom Rinpoche, hay muchos maestros que destacan por su nivel de realización espiritual, pero un maestro excepcional se reconoce por la magnitud de su amor por los seres y su compasión hacia aquellos que sufren.

Entre las numerosas ocasiones en que había tenido la suerte de encontrarme con este ser todo compasión, recuerdo en especial la de diciembre de 1989, cuando pasó por París de camino hacia Oslo para recibir el Premio Nobel de la Paz. Yo estaba casualmente en Francia y fui a recibir al Dalai Lama a su llegada al hotel. Hasta entonces, cuando visitaba un país de lengua francesa, sus palabras en tibetano pasaban por dos intérpretes, uno que las traducía del tibetano al inglés y otro que lo hacía acto seguido del inglés al francés. Dado que yo había acompañado muchas veces a Khyentse Rinpoche con motivo de sus visitas a Dharamsala, el Dalai Lama sabía que yo hablaba de manera habitual el tibetano y que poseía un conocimiento razonablemente suficiente del budismo. Durante la breve audiencia que me concedió en su hotel, el Dalai Lama le dijo a su secretario que resultaría más eficaz recurrir a un intérprete —yo, por ejemplo— que tradujera al francés tanto del tibetano como del inglés. Yo estaba por supuesto muy contento y honrado de poder servirle así, y era también consciente de la responsabilidad con que me investía. Así me convertí, de la noche a la mañana, en su intérprete francés para los siguientes treinta años.

Y así también fui testigo privilegiado de buen número de escenas edificantes sobre la naturaleza profundamente humana de este ser de excepción, en especial con motivo de encuentros imprevistos, particularmente reveladores del poder de su amor incondicional. Recuerdo una noche, a la salida de un diálogo con estudiantes de la Universidad de Burdeos. El Dalai Lama cruzaba por en medio de la multitud compacta de los que no habían podido encontrar sitio en el auditorio. A un lado esperaba una pareja de cierta edad, que no se atrevía a meterse entre el tumulto de gente. El marido estaba de pie, detrás de la silla de ruedas en la que, frágil y delicada, estaba sentada su mujer. La mirada siempre alerta del Dalai Lama se posó en ellos. Se abrió paso entre la multitud, tomó las manos de la señora mayor entre las suyas y la miró sonriendo, pronunciando unas palabras que mostraban una inefable bondad sin límites. Tras aquellos breves instantes que parecieron una eternidad, oí cómo el anciano le decía a su mujer: «¿Ves? Es un hombre santo...».

Cuántas veces he visto al Dalai Lama acercarse a darle la mano al portero o a la telefonista detrás de su mampara, o darse el pequeño y travieso placer de propinarle una fuerte palmada en la espalda al guardia republicano que, inmóvil, sable en ristre con su soberbio uniforme, se quedaba atónito pero encantado de que alguien lo tratara como a un ser humano de pleno derecho.

Con ocasión de una de sus visitas a Francia, fue recibido en el Palacio del Elíseo por el presidente François Mitterrand. Al finalizar la entrevista, el presidente acompañó al Dalai Lama a la escalera de entrada. Pero en lugar de meterse en el coche que lo esperaba al pie de las escaleras, el Dalai Lama, riéndose del protocolo, se fue hacia los guardias que estaban en su garita y les dio la mano uno por uno, mientras el presidente, algo desconcertado, dudaba entre volver a entrar en el palacio antes de la partida de su invitado, o esperar a que terminara su pequeña excursión. Finalmente esperó, y saludó al Dalai Lama con la mano cuando la comitiva arrancó por fin.

En otro de estos viajes, el Dalai Lama había sido invitado a intervenir ante la Comisión de Asuntos Extranjeros, en la Asamblea Nacional. Al marcharnos, nos topamos con un ministro que salía de otra sala, acompañado por un guardaespaldas. Este se había encargado de la seguridad del Dalai Lama en un viaje anterior y había pasado unos diez días con nosotros. Conservaba un recuerdo emocionado de aquella misión y llevaba una foto del Dalai Lama en la cartera. El Dalai Lama lo reconoció de inmediato y fue directamente hacia él. Le dio un abrazo, al tiempo que le decía con su voz bien timbrada: «¡Amigo mío!», sin prestar demasiada atención al ministro, al que no conocía y que observaba la escena sin saber muy bien cómo reaccionar.

Romper el protocolo para mostrar su interés hacia quienes garantizan la seguridad en la sombra es algo corriente en las visitas del Dalai Lama. En 2001, nos encontrábamos en el Parlamento Europeo de Estrasburgo, donde el Dalai Lama acababa de pronunciar un discurso. En su honor se había organizado un almuerzo oficial, que reunía a una veintena de jefes de delegación de los países europeos. Cuando entramos en el salón, el Dalai Lama se fijó en dos o tres cocineros que presenciaban la escena a través de la puerta entreabierta de las cocinas. Dejando plantados a los representantes de las naciones, se encaminó directamente hacia las cocinas y dedicó unos minutos a las personas que estaban en ellas trabajando. Acto seguido, se volvió hacia la gran mesa donde estaba todo el mundo esperándole y exclamó: «¡Qué bien huele!».

Ser su intérprete me proporcionaba también la ocasión de pasar momentos con él, en el coche por ejemplo, o en su antesala, entre una visita y la siguiente, o incluso una vez en que se hizo un chequeo médico que duró media jornada en el hospital Val de Grâce de París. Aquel día permanecí en su habitación para servirle de intérprete cuando pasaran los médicos. Aproveché para hablar con él de temas espirituales, también sobre Khyentse Rinpoche, y para pedirle consejos en torno a mi práctica. Insistía siempre en la importancia crucial de la compasión, de aprender a ser dueño de uno mismo, de saber conformarse con poco y de comportarse en conformidad con las enseñanzas. En el momento de marcharnos del hospital Val de Grâce, coincidimos con una mujer mayor en silla de ruedas. El Dalai Lama se acercó a ella, la miró con bondad y se interesó por su estado de salud. Ella no supo muy bien qué responder en aquel momento, pero el profesor que se había ocupado del Dalai Lama me escribió diciéndome que la señora había fallecido al cabo de un mes y que le había confiado que aquel encuentro con el Dalai Lama había iluminado sus últimos días.

Me acuerdo de otro ejemplo característico de la espontaneidad que acompaña en él a su compasión incondicional, un incidente acaecido en París durante las celebraciones del quincuagésimo aniversario de la Declaración de los Derechos Humanos, en diciembre de 1998. Para la ocasión, el Dalai Lama ofreció una conferencia con Robert Badinter en el Palacio de Congresos de la Porte Maillot. Se había puesto a llover y, al circular por un tramo en el trayecto de regreso, uno de los motoristas de la Gendarmería Nacional que abría la marcha resbaló y se cayó. Nada más llegar al hotel, el Dalai Lama preguntó acerca de su estado. Supimos que se trataba de una motorista y que, aunque por desgracia había sufrido un fuerte golpe en el brazo, se encontraba bien. El Dalai Lama partía al día siguiente con destino a la India y preguntó si ella podía y deseaba ir al hotel para que él pudiera verla. A la mañana siguiente, la motorista, con el brazo en cabestrillo, vino a visitarnos y fue recibida por el Dalai Lama en su antesala. Le dio un abrazo, con cuidado de su brazo dolorido, habló unos minutos con ella y le regaló uno de sus libros, que le dedicó. Ella estaba emocionada hasta saltársele las lágrimas. Parecía como si la suerte de aquella motorista estuviera más presente en la mente del Dalai Lama que el recuerdo de los hombres de estado con que se había entrevistado durante su estancia en Francia.

Con ocasión de aquella misma estancia, el Dalai Lama, invitado sorpresa del concierto de Amnistía Internacional celebrado en Bercy, apareció en el escenario iluminado por decenas de focos, entre canción y canción de rock. Quince mil jóvenes se alzaron como un solo hombre y dedicaron una estruendosa ovación al apóstol de la no violencia. En un silencio inhabitual en un lugar como aquel, escucharon atentamente las palabras, llenas de calidez humana, que les dirigió. Una parte de la audiencia manifestó ruidosamente su aprobación, pero vio cómo el resto de la asistencia la conminaba al silencio con un «¡Shhh!» muy sonoro. No estoy muy familiarizado con los conciertos de rock, pero ¿es habitual hacer «¡Shhh!» para reclamar silencio? Lo dudo. Yo estaba presente para hacer de intérprete, pero sus palabras en inglés eran sencillas y directas, por lo que no parecía necesario cortarle. Me quedé simplemente a su lado, por si se me requería, pues a veces, si no encuentra la palabra en inglés, un intérprete que lo conozca bien puede sugerírsela. Cuando el Dalai Lama abandonó el escenario, la asistencia hizo explotar de nuevo el aplaudímetro. ¿Cómo explicar tal unanimidad, tal grito salido del corazón de una multitud que no le esperaba? Vienen a la mente Gandhi, Martin Luther King... Aquellos quince mil jóvenes habían percibido la inmensidad de su corazón. Una espontaneidad así no puede ser falsa, ni se puede preparar.

Cuando se le pregunta al Dalai Lama por qué suscita este tipo de reacciones de simpatía, él responde con toda sencillez y humildad: «Yo no tengo ninguna cualidad especial. Quizá sea resultado de haber meditado durante toda mi vida varias horas al día sobre el amor y la compasión».

Rabjam Rinpoche preguntó ingenuamente un día a su abuelo Dilgo Khyentse Rinpoche: «¿Cuál es el mayor maestro espiritual de nuestro tiempo?». Khyentse Rinpoche respondió sin dudar: «Gyalwa Rinpoche, sin duda alguna». Gyalwa Rinpoche, «Victorioso Venerable», es uno de los nombres con que se conoce al Dalai Lama entre los tibetanos. «Victorioso» alude en este caso a la victoria sobre la ignorancia y sobre las causas del sufrimiento.

A lo largo del tiempo y del fluctuante curso del ser, su mensaje se ha mantenido constante e indefectible, y lo repite a todo aquel que quiera oírlo: «Toda persona, incluso la que me es hostil, es un ser vivo como yo que teme el sufrimiento y aspira a la felicidad. Tiene todo el derecho a no sufrir y a ser feliz. Esta reflexión nos ayuda a sentirnos profundamente implicados en la felicidad del prójimo, sea amigo o enemigo. Esta es la base de una compasión auténtica».

Así, pasar unos días o unas semanas en la presencia del Dalai Lama siempre fue para mí como un baño de rejuvenecimiento, espiritual y humano. Una de sus cualidades que más me impresionaban era su autenticidad en cada momento, la sencillez imbuida de bondad con que trata a todo aquel que encuentra, tanto a los humildes como a los grandes de este mundo. Siempre se comporta exactamente igual, con una presencia atenta, benevolente, curiosa, cuando está frente a una persona, sean cuales sean su función, su posición, sus cartas de nobleza.

Una grandeza de alma y una afabilidad no exentas de humor. La ausencia de ego permite en efecto un sentido del humor que a menudo se encuentra entre los grandes maestros tibetanos, o entre los laicos de la Morada de las Nieves, siempre preparados para disparar una broma. El Dalai Lama no es una excepción a este rasgo cultural: su autenticidad y su dignidad naturales están con frecuencia impregnadas de un humor espontáneo ante la incongruencia de una situación, un humor al que generalmente acompaña una risa franca, que el Dalai Lama prolonga con una mirada divertida hacia su interlocutor.

Aquel mismo año de 1989, por ejemplo, cuando hacía un alto en París, Danielle Mitterrand, la esposa del presidente, hizo entrega al Dalai Lama, conjuntamente con Serge Klarsfeld, del Premio de la Memoria, cuyo jurado presidía ella misma. El premio consistía en una obra del escultor César, en la que aparecían varios objetos aplastados por una prensa hidráulica. La obra en cuestión tenía forma de un cubo de metal de unos veinte por veinte centímetros, cuyos componentes no eran identificables a causa del tratamiento al que se habían sometido. Al concluir su discurso de agradecimiento, el Dalai Lama observó: «Y también he recibido...»; tras contemplar unos segundos el amasijo y sin saber muy bien qué decir, concluyó: «...una cosa».

A la mañana siguiente, cuando ya se habían marchado el Dalai Lama y su séquito, los miembros de la Oficina del Tíbet en París reunieron los regalos que le habían hecho durante la visita y estaban a punto de dejar encima de la mesa la susodicha escultura. Me permití informarles de que, en contra de las apariencias, era un valor en el mercado del arte y que harían bien llevándosela. A lo largo del tiempo he podido comprobar cómo los tibetanos son bastante impermeables al arte contemporáneo. Debo confesar que, aunque tengo un gran aprecio por las obras de mi madre alineadas con cierta «abstracción lírica», con demasiada frecuencia el arte contemporáneo me parece una divertida mistificación.

Al año siguiente, Danielle Mitterrand, que había tomado partido por las aspiraciones legítimas y pacíficas del pueblo tibetano, fue hasta Dharamsala, en la India, para ver al Dalai Lama. Él la acompañó a visitar el lugar y, al llegar frente a la gran estatua de Buda ubicada en el templo del monasterio situado más abajo de su residencia, mostró respetuosamente la estatua con la mano y profirió: «*My boss!*».

En Ginebra, en 1999, durante una conferencia pública, se había congregado una multitud en el parque Mon Repos. No había ninguna pantalla que retransmitiera la escena. Yo estaba de pie junto al Dalai Lama para hacer de intérprete, vestido exactamente como él, con el cráneo afeitado, y también llevaba gafas. Consciente de que algunas personas estaban situadas lejos, comenzó precisando: «¿Ven a este monje que tengo a mi lado? Es un duplicado, para que en caso de atentado el agresor no sepa a quién disparar», y soltó una sonora carcajada dándome unas sonoras palmadas sobre el hombro.

*

Ser intérprete del Dalai Lama constituyó para mí una experiencia muy particular, que resulta difícil describir. Se produce una especie de ósmosis, que tiene que ver con el respeto hacia el maestro; una ósmosis en el transcurso de la cual las palabras del Dalai Lama penetran directamente en mi mente, la cual debe permanecer libre de los pensamientos que habitualmente la estorban. Un momento de distracción puede, en efecto, hacerme perder irremediablemente el hilo del discurso. El intérprete debe estar presente con los cinco sentidos, con una atención máxima y despejada, pero sin estar tenso, en cuyo caso se cansaría demasiado deprisa. Al finalizar las largas sesiones de traducción para Khyentse Rinpoche, Tulku Pema Wangyal me recordaba también que la bendición del maestro desempeñaba a buen seguro un papel importante en la capacidad del intérprete para reproducir fielmente sus palabras. Cuando el Dalai Lama hablaba diez minutos seguidos antes de pasarme la palabra, era importante que yo retuviera en la memoria el encadenamiento de los principales puntos que acababa de exponer. ¡Sobre todo no había que perder el hilo! Ocasionalmente me sucedía que, en el momento en que el Dalai Lama me daba la palabra, no me acordaba de las primeras palabras de su exposición. El tiempo quedaba en suspenso mientras yo me quedaba callado unos segundos, buscando desesperadamente el comienzo de su discurso en medio de un silencio inhabitual y desconcertante. El público y el Dalai Lama, acostumbrados a oírme traducir sin demasiado esfuerzo aquellos largos razonamientos, se preguntaban qué me pasaba y por qué me había quedado de pronto sin voz. Por suerte, el comienzo buscado solía reaparecer en mi mente y el resto se encadenaba ya de forma natural. Y si no era así, traducía a partir de un punto que recordaba y la mayoría de las veces volvía a recordar el comienzo mientras traducía la continuación. Entonces lo añadía, tras aclarar que había olvidado un elemento.

En 2001, en Estrasburgo, con motivo de la intervención del Dalai Lama ante un Parlamento Europeo al completo, me encontré en la cabina de los intérpretes con los profesionales que se encargaban de la traducción a las diferentes lenguas europeas directamente a partir de las palabras del Dalai Lama cuando este hablaba en inglés, o bien a partir de mi traducción cuando se expresaba en tibetano. Me preguntaron si tenía una impresión del discurso que iba a pronunciar el Dalai Lama.

—Siempre improvisa —les dije.

—¿Dónde está tu compañero? —insistieron, pues por norma hay dos intérpretes por cabina para turnarse cada veinte minutos.

—¿Mi compañero? Me temo que estoy yo solo —precisé.

El Dalai Lama habló con un ritmo constante, mitad en inglés, mitad en tibetano, y yo hice lo mejor que pude la traducción simultánea. Aunque puede parecer sorprendente, es más fácil la traducción simultánea, porque no es necesario retener en la mente todo lo que el Dalai Lama explica durante sus largas intervenciones, antes de que haga una pausa para permitir intervenir al intérprete. En cualquier caso, al finalizar su discurso, que duró unos cincuenta minutos, los intérpretes, quienes dependían de mi traducción cuando el Dalai Lama hablaba en tibetano, eran todo sonrisas conmigo y me dijeron que no me había desenvuelto tan mal. Les agradecí el cumplido y les dije que los intérpretes del Dalai Lama estaban acostumbrados: a veces impartía enseñanzas de cinco o seis horas en un día.

En 2003, del Dalai Lama transmitió una serie de enseñanzas que se prolongaron durante cinco días en el estadio de Bercy de París, ante más de diez mil personas. Alejado de toda retórica encendida, el discurso del Dalai Lama desarrolló una filosofía profunda, una investigación de la naturaleza de la realidad y una exposición de los medios que permitían ser un ser humano mejor. No dejó de amenizar sus enseñanzas con consejos prácticos y toques de humor. La manera de enseñar del Dalai Lama está imbuida de pragmatismo. Las cosas simples de que habla son fruto de su experiencia directa y de una vida consagrada a la práctica espiritual.

La primera mañana, explicó cómo la filosofía budista rechaza dos puntos de vista que él califica de «extremos» o de desviaciones, en relación con la naturaleza de los fenómenos: el nihilismo y el materialismo (o realismo ingenuo). Citó en particular el *Tratado fundamental del conocimiento trascendente* (la *Prajnaparamita*), que precisa:

> Afirmar la «existencia verdadera» de los fenómenos es eternalismo;
> afirmar que son «no existentes» es nihilismo.
> Caer tanto en el extremo del eternalismo como en el del nihilismo
> es ser ignorante.
> Y la ignorancia impide liberarse del *samsara*.

El Dalai Lama pone constantemente el acento en la importancia del estudio de los grandes textos filosóficos budistas, las exégesis de las enseñanzas de Buda, compuestas por eminentes eruditos tales como Nagarjuna, Aryadeva, Asanga, Chandrakirti y Shantideva, los cuales vivieron en la India entre los siglos I y VII, y se cuentan entre los más grandes pensadores de la historia. En el Tíbet, se compusieron centenares de comentarios para explicar con penetración y clarividencia las concepciones filosóficas expuestas en esos textos. Según él, estos estudios en profundidad constituyen un fundamento indispensable para la práctica contemplativa.

Se entregó asimismo a una deconstrucción exhaustiva de la noción de identidad individual: un «yo» supuestamente independiente, singular y perdurable. Fue una manifestación de su profunda erudición, en la que se remitió a numerosas citas y comentarios canónicos. En el escenario, yo traducía lo mejor que sabía, mientras mis colegas y amigos intérpretes lo hacían desde la cabina, al inglés, al alemán, al italiano, al español y a algunas otras lenguas. Durante la pausa de mediodía, me confesaron que se habían apiadado de mi suerte, habida cuenta del nivel de dificultad de las enseñanzas impartidas, conscientes de que ser el traductor principal aumenta el sentimiento de responsabilidad para con el Dalai Lama y con el público.

Al final de la mañana, el Dalai Lama comunicó que los oyentes podían plantear preguntas por escrito, que él trataría de responder al comienzo de la sesión de la tarde. Fui ante su presencia antes de la reanudación de las enseñanzas y le comenté que había numerosos participantes que encontraban la noción de no-ego algo ardua. Preguntaban sobre todo que, si no existía el «yo», ¿cómo podía una persona ser responsable de sus actos? ¿Qué sentido tenía hablar del karma y de una sucesión de vidas si no había persona para reencarnarse? El Dalai Lama me dirigió una mirada divertida: «¡Es culpa tuya!», dijo, «debes de haber traducido mal. Yo no he dicho en ningún momento que el yo no existiera *en absoluto*». Acto seguido se echó a reír y añadió, sabedor de que yo había reproducido lo mejor posible su exposición: «Volveré a explicar este punto. El yo existe, pero tan solo de manera convencional, bajo la forma de un concepto agregado al continuum de la conciencia. Pero no es una entidad dotada de existencia propia».

Mi amigo Christof Spitz, el excelente intérprete tibetano-alemán con el que me he relacionado a menudo con ocasión de las enseñanzas del Dalai Lama en Europa, me contó que aquella mañana había sufrido un fuerte dolor de vientre y se había visto obligado a ausentarse durante unos minutos. Había otro intérprete alemán, menos experimentado que él, que lo secundaba en la cabina de traducción. Christof le pidió que ocupara unos momentos su lugar, en un pasaje en que el Dalai Lama estaba desarrollando un punto particularmente complejo. El amigo alegó: «¡Pero si no entiendo nada!». A lo que Christof replicó: «No importa. Di algo, ¡lo que se te pase por la cabeza!». Había olvidado apagar el micrófono, y los oyentes alemanes rieron de buena gana.

*

Paul Ekman, uno de los más eminentes especialistas en psicología de las emociones, destacaba que nunca había conocido, en cincuenta años de observación de las expresiones faciales, a nadie que manifestara sus sentimientos a través del rostro con tanta transparencia como el Dalai Lama. Este ignora la hipocresía y no se preocupa en absoluto por su imagen. Su sencillez natural derriba todas las barreras. Cuántas veces habré visto a personas acercarse a él con gesto rígido, reservado, o dubitativo, y marcharse un poco más tarde con lágrimas en los ojos y el corazón rebosante de calidez humana. Bastaba unos instantes para que la autenticidad del Dalai Lama los desarmara y su benevolencia sacara lo mejor de ellos mismos a la superficie.

Un ser como el Dalai Lama, que ha sabido liberarse del dictado del ego, piensa y actúa con una espontaneidad y una libertad que contrastan victoriosamente con la paranoia generada por el egocentrismo. Paul Ekman ha estudiado a personas a las que considera «dotadas de cualidades excepcionales».[1] Entre los rasgos destacables que advirtió en ellas, figuran: «una impresión de bondad, una calidad personal que los demás perciben y aprecian y, a diferencia de tantos charlatanes carismáticos, una perfecta conformidad entre su vida privada y su vida pública»; pero sobre todo «una ausencia de ego: estas personas inspiran a los demás por el poco caso que hacen de su propio estatus, de su nombre, en una palabra, de su yo. No se preocupan ni lo más mínimo por saber si su posición o su importancia se ven reconocidas». Tal ausencia de egocentrismo, añadía, «es simplemente desconcertante, desde un punto de vista psicológico». Paul subrayaba también que «la gente busca instintivamente su compañía, pues aunque no siempre sepan explicarse el porqué, encuentran su presencia enriquecedora». Tales cualidades presentan una diferencia sorprendente con las peculiaridades propias de los alimentadores del ego.

El propio Dalai Lama afirma: «En mis sueños, yo no me percibo como el Dalai Lama, sino como un simple monje». Cuando interactúa con el mundo, con la multitud de los seres, es en calidad de simple ser humano como se acerca a ellos para compartir unos valores que estima benéficos para todas y cada una de las personas. En una conferencia pública en Bruselas, en la que actué como intérprete suyo, comenzó con esta declaración: «Estoy aquí ante vosotros como un simple ser humano que comparte su experiencia con otros seres humanos. Si pienso: "soy tibetano", [estoy introduciendo] un nivel de separación; con "soy monje", serían dos niveles, y con "soy el Dalai Lama", tres niveles de separación. No, yo estoy aquí delante de vosotros como un simple ser humano».

Me viene a la mente una anécdota que ilustra particularmente esta calidad humana que se extiende por todas las personas y que es tan propia del Dalai Lama. En 1998, acompañé al periodista Michel Denisot a Dharamsala. Deseaba entrevistar al Dalai Lama para el programa «À part ça!» de Canal +.[2] La noche precedente a la del encuentro, durante la cena, Michel Denisot, por entonces presidente del club de fútbol del Paris Saint-Germain, estaba muy preocupado porque acababa de enterarse que su equipo había perdido. A la mañana siguiente, preparamos la grabación con el personal técnico, un equipo formado por cinco o seis personas. La tensión era palpable, acrecentada por una avería en el suministro eléctrico que obligó a instalar un grupo electrógeno de urgencia. La prohibición de fumar en la casa en que se alojaba el Dalai Lama probablemente no contribuía a que el equipo se relajara.

Finalmente, todo estuvo preparado. Entró el Dalai Lama y, en un instante, el frenesí se desinfló como un cazo de leche hirviendo al retirarlo del fuego. Vivimos más de una hora de entrevista apasionante entre el Dalai Lama y Michel Denisot, que yo iba reproduciendo en traducción simultánea. Cuando terminó la entrevista, un perfecto silencio reinaba en la estancia. El Dalai Lama le puso una estola ceremonial de seda blanca alrededor del cuello a cada uno de los miembros del equipo, y otra incluso sobre el objetivo de la cámara, riendo, y se despidió volviéndose varias veces para saludar a todos con la mano. La redactora, que tenía una gran responsabilidad y que estaba particularmente tensa antes de la emisión del programa, dijo entre sollozos: «¿Qué me está pasando? ¿Por qué lloro? Todo ha salido estupendamente».

*

En la India, al pie de la masa sombría e imponente de las cumbres himalayas, el pueblo de Dharamsala duerme apaciblemente. Unas luces vacilantes se encienden sobre la cresta de una colina boscosa. El XIV Dalai Lama se despierta. Son las tres de la madrugada (a veces incluso más temprano). Así comienza, con la plegaria y la meditación, la jornada de uno de los seres más notables de nuestro tiempo. Allá donde se encuentre, y sean cuales sean las circunstancias, cada mañana el guía espiritual del pueblo tibetano medita durante cuatro horas. Una meditación que es antes que nada una oración profunda por el bien de los seres.

El dormitorio es muy simple, revestido de madera embarnizada, despojado de las decoraciones multicolores de los templos tibetanos. Sobre el pequeño altar están dispuestos una estatua de Buda, las fotos de sus maestros espirituales y algunos textos sagrados. Hacia las seis, mientras escucha las noticias del mundo a través de la BBC, el Dalai Lama toma su desayuno con buen apetito, ya que no come nada por la noche, como todo monje budista. Luego sigue meditando hasta las ocho o las nueve.

El Dalai Lama se ciñe cueste lo que cueste a esta disciplina, de la que extrae la fuerza que tanto necesita para llevar adelante sus incansables actividades. Cuando en 1989 fue nominado para el Premio Nobel de la Paz, los periodistas se agolparon a primera hora de la mañana para obtener la primicia de las reacciones del líder tibetano. La única respuesta que recibieron por parte del monje afable y discreto que, desde hace más de treinta años, vela fielmente por las necesidades del Dalai Lama fue: «Todavía no se ha enterado de la noticia. Nunca lo molestamos durante sus prácticas espirituales». Para concluir su meditación, se desplaza a una estancia en la que se conservan las preciosas reliquias traídas del Tíbet, entre ellas una estatua de Buda de proporciones humanas esculpida en madera de sándalo, con que obsequiaron al Dalai Lama unos fieles que la habían salvado de la destrucción generada por la invasión china. Delante de esta estatua, que él se representa como Buda en persona, el Dalai Lama se prosterna cien veces: humilde homenaje que rinde no a un dios, a un profeta o a un santo, sino a la Iluminación, al conocimiento supremo.

Había oído decir que, si se solicitaba, era posible ver esta estatua. Comuniqué mi deseo al monje que atiende en todo momento al Dalai Lama y al que conozco bien. Al cabo de dos días, me convocaron por la mañana temprano. Cuando me hicieron pasar a las dependencias del Dalai Lama, este me esperaba, solo. Me tomó de la mano y me condujo a su templo. Me dejó que me prosternara tres veces delante de la estatua de Buda y me enseñó una por una las inestimables estatuas y reliquias que conservaba en unas vitrinas adosadas a lo largo de las paredes. Finalmente volvió a llevarme ante la preciada estatua de Buda, frente a la cual había una fotografía de su maestro-raíz, Ling Rinpoche. Cogió una magnífica pieza de cristal de roca allí dispuesta y me la dio, diciendo: «Eres un practicante de la Gran Perfección. Este cristal es un símbolo de la naturaleza de la mente». Antes de despedirme, le pedí, con el inmenso respeto que le profeso, que bendijera mi práctica espiritual. Yo era un buen monje, guiado por maestros espirituales auténticos, todo debería ir bien, me tranquilizó. Salí de allí con una sensación de ligereza, impulsado por un viento de alegría y plenitud que no intentaré describir: «¿Podría un mudo describir el sabor de la miel silvestre?», reza un proverbio tibetano.

*

La segunda parte de la mañana, el Dalai Lama la dedica a las tareas exteriores: «Hacia las nueve voy a mi despacho, si tengo que ver a alguien. Si no, leo tratados filosóficos. Reactivo en la memoria los textos que estudié en el pasado y profundizo en los comentarios de los grandes maestros de las diferentes escuelas del budismo tibetano. Reflexiono en las enseñanzas y medito un poco. Hacia la una, almuerzo. Luego, hasta las cinco de la tarde, me ocupo de los asuntos corrientes y recibo visitas. Hacia las seis, tomo el té. Si noto un vacío en el estómago», dice riendo, «me inclino delante de Buda y le pido permiso para comer unas galletas. Finalmente, rezo mis oraciones vespertinas y me voy a dormir hacia las siete y media. Y a continuación... ocho horas de sueño, ¡se lo recomiendo a todo el mundo!».

Los encuentros con los tibetanos procedentes de las altas mesetas de la Morada de las Nieves son siempre muy emotivos. Para ver al Dalai Lama, aunque sea una vez en la vida, algunas personas tienen que salvar pasos de montaña nevados a más de cinco mil metros de altitud y burlar al ejército chino que controla las fronteras, ya que la mayor parte de los tibetanos no obtienen autorización para salir de China. Sin embargo consiguen desafiar la prohibición, y no pueden contener las lágrimas de alegría cuando el Dalai Lama se interesa con su voz grave y sonora por su odisea personal y por la situación del Tíbet. A un monje que había pasado veinte años en la cárcel y había sido sometido muchas veces a tortura, le preguntó si había pasado miedo. El monje agachó humildemente la cabeza: «Mi mayor miedo era el de sentir odio hacia mis torturadores», respondió.

La residencia del Dalai Lama domina la inmensidad de las llanuras de la India, que se extienden hasta el infinito ante sus ojos. Los tibetanos se refieren a ella como el «palacio» (*phodrang*), si bien se trata de una simple casa con algunas dependencias que albergan la secretaría privada del Dalai Lama, una sala de audiencias y otra sala de reuniones. Es en esta última estancia donde tienen lugar, como nota destacada, seminarios y diálogos con científicos, filósofos o representantes de otras tradiciones espirituales y religiosas, que se prolongan a veces durante varios días.

Al norte, algunas cimas nos recuerdan que, más allá de la imponente cadena montañosa que rodea la Morada de las Nieves, el Tíbet no está más que a unos centenares de kilómetros a vuelo de pájaro, tan cerca y tan lejos, inaccesible para el Dalai Lama mientras sus habitantes no hayan recuperado el disfrute de las libertades más fundamentales.

En la residencia reina una atmósfera serena, una tranquilidad benefactora. Aquí se habla en voz baja, se es consciente de la vanidad de las palabras inútiles. Ni un gesto, ni una palabra superflua. Este silencio solo se rompe por el sonoro clamor de la risa en cascada de *Kundun*, la «Presencia», pues así es como los tibetanos llaman al Dalai Lama con respeto y amor. La Presencia: aquel que nunca está ausente, ya esté uno cerca o separado por la distancia. A veces esa risa jubilosa da paso a una sonrisa silenciosa, cuando el Dalai Lama realiza un retiro, que suele ser de varias semanas y que efectúa cada año, especialmente ahora que ya es de edad avanzada. Entonces no pronuncia más que oraciones y no se comunica más que por gestos o por escrito. El retiro... La alianza fértil entre una contemplación vuelta hacia el interior y una compasión que irradia su luz de continuo y sin esfuerzo hacia el exterior. Un «palacio» de serenidad, ciertamente.

*

Hasta que decidió, a la edad de ochenta y cinco años, no realizar más desplazamientos de larga distancia, la disposición ordenada de su tiempo con frecuencia daba paso al torbellino de viajes por todo el mundo y a las enseñanzas que impartió, durante cincuenta años, a multitudes que en ocasiones congregaban a varios centenares de miles de fieles. La necesidad de responder a las aspiraciones de todos y sustentar la causa del Tíbet, sofocado por el garrote de un régimen totalitario, obligaba a este infatigable peregrino de la paz a una actividad sin más tregua que la de unos preciosos minutos al día. A pesar de este ritmo, apenas soportable, *Kundun* conservaba la misma serenidad por los caminos de la compasión, la misma sinceridad. Ante cada persona que se le acercaba, desde una visitante hasta el transeúnte con que se cruzaba en un aeropuerto, se mostraba total e inmediatamente disponible, con la mirada rebosante de una bondad que franqueaba con alegría la puerta de acceso al corazón, para depositar en él una sonrisa antes de marcharse discretamente.

En 2006, cuando me disponía a pasar casi un año entero en mi ermita de Nepal, tuve ocasión de pedirle a Su Santidad que me diera un consejo. «Para empezar, practica la compasión; para continuar, practica la compasión, y para terminar, practica la compasión», me contestó. Por compasión entendía la unión entre el deseo de que los seres encuentren la felicidad y descubran sus causas (el altruismo), y el voto de que los seres se liberen del sufrimiento y de las causas del sufrimiento (la compasión).

Pero bondad no es debilidad, y cuando la ocasión lo requiere, el poder del orador despierta de pronto. En el colegio de abogados de París, donde fue calurosamente recibido, en especial por su amigo Roger Badinter, declaró: «Mi combate en defensa del pueblo tibetano no es de esas batallas en que, al terminar, hay un vencedor y un vencido, o, las más de las veces, dos vencidos. Lo que me esfuerzo por obtener con todas mis fuerzas es el triunfo de la verdad». Por «verdad» entendía, en este contexto, la victoria de las simples y legítimas aspiraciones de los tibetanos, quienes, siguiendo la idea de «vía media» propugnada por el Dalai Lama, no reivindican la independencia del Tíbet, sino simplemente poder conservar su cultura budista (cuando en la actualidad se espera de un «buen» tibetano que asimile plenamente la sociedad y la cultura chinas) y su modo de vida (con frecuencia se obliga a los nómadas a hacerse sedentarios, para que las autoridades puedan controlarlos más fácilmente). Esta «vía media», defendida muchas veces por el Dalai Lama, en el Parlamento Europeo, cabe destacar, consiste en obtener cierto grado de autonomía por lo que respecta a la lengua, la cultura, la religión y el modo de vida, en resumen, una parte de los asuntos internos, como se hace a menudo en el caso de los estados federales, permaneciendo en el seno de China y dejando en manos del gobierno central la administración de los asuntos exteriores, la sanidad y la defensa.

*

El Dalai Lama insiste a menudo sobre la noción de «no violencia», referida tanto a los seres humanos, como a los animales y al medio ambiente. Cuando en 1993 realizó su estancia más larga a Francia, de tres semanas de duración, visitó el Memorial de la Paz de Caen. Explicó entonces que la paz no era tan solo la ausencia de guerra: para que la paz tenga sentido, debe incluir la confianza en el otro y el respeto hacia él. Ha de ser capaz de perdonar sin olvidar, de practicar la no violencia sin debilidad, de promover el desarme interior para poder extenderlo al desarme exterior. «El siglo XX ha sido el siglo de las guerras», concluyó, «ha contemplado conflictos con una capacidad de destrucción sin precedente en la historia de la humanidad, guerras asimilables a incendios cuyo combustible eran los propios seres humanos. Que el siglo XXI sea el siglo del diálogo». Nos queda todavía mucho camino por recorrer…

Releo estas palabras entre las anotaciones que tomé aquel día, mientras hacía de intérprete para él: «¿Por qué a quien mata a un hombre se lo considera un asesino y al que mata a muchos, como un héroe? Toda guerra comienza con una simple enemistad que degenera en odio. Cuando hay que actuar es a la primera señal de animosidad, si no, será demasiado tarde. La violencia y la guerra no son más que perversiones de la naturaleza humana. Lo que necesitamos es recuperar nuestra verdadera identidad de seres humanos que aman la felicidad y temen el sufrimiento, y que, incluyendo todas las razas, religiones, lenguas y culturas, tienen el mismo derecho a conocer la felicidad y evitar el sufrimiento».

Con ocasión de otra visita a Francia, el Dalai Lama declaró: «Un país que vende armas vende su alma. La violencia llama a la violencia», subrayó, «y pone en marcha una reacción en cadena». Si se tiene en cuenta que el 95 % de las armas mundiales las fabrican y venden los cinco miembros permanentes del Consejo de Seguridad de las Naciones Unidas, precisamente aquellos que se supone que están para velar por la paz en el mundo, la incongruencia salta a la vista.

Sin embargo, la no violencia no significa en ningún caso según el Dalai Lama la sumisión a la agresividad de otras personas o a la tiranía, eso supondría una abdicación nefasta tanto para la víctima como para su verdugo. Por el contrario, es necesario romper el ciclo del odio. La no violencia consiste esencialmente en respetar al otro, a los seres humanos, a los animales y al medio ambiente, al conjunto de lo viviente. Los seres humanos y los animales comparten el mismo deseo de evitar el sufrimiento y preservar su vida, tal es nuestro derecho natural común. También la naturaleza debe ser respetada. Según el Dalai Lama: «Buscar la felicidad permaneciendo indiferente al sufrimiento de los demás es un trágico error». Coincide así con Martin Luther King, para quien: «La no violencia es un arma poderosa y justa, que corta sin herir y ennoblece al hombre que la maneja. Es una espada que sana».

Algunos se sorprenden de que el Dalai Lama no sea estrictamente vegetariano. Lo fue durante unos años, después de salir del Tíbet. Sin embargo, cuando cayó enfermo y contrajo la ictericia, su médico tibetano le ordenó consumir un poco de carne todas las semanas, cosa a la que se obliga desde su enfermedad. Durante uno de los encuentros organizados por el instituto Mind and Life, con un grupo de científicos especialistas en el medio ambiente, me permití apuntar, con el mayor respeto, que un régimen vegetariano equilibrado era muy conveniente para el mantenimiento de la salud del hombre. Él me miró con expresión maliciosa. Con ocasión del almuerzo celebrado en honor de dichos científicos, mientras estábamos de pie junto al bufé, el Dalai Lama observó dirigiéndose a las personas que se encontraban cerca: «Ya lo ven, yo como un poco de carne de vez en cuando», y añadió dándome una palmada en la cabeza y echándose a reír: «¡No como este monje que tengo al lado!».

Por el contrario, cuando imparte una o dos semanas de enseñanzas en la India y se reúnen cien mil fieles procedentes de toda la nación y de los países vecinos, sobre todo de Nepal y Bután, pide que todos sigan un régimen vegetariano mientras duren las enseñanzas, con el fin de evitar la masacre de animales que una concentración de tal magnitud no dejaría de ocasionar si los participantes consumieran carne. Actualmente, en la inmensa mayoría de monasterios tibetanos de la India y de Nepal ya no se cocina carne.

*

La instauración de una mejor armonía entre las religiones es un tema importante para el Dalai Lama. Cuando visita un país extranjero, afirma: «No he venido para convertir a una o dos personas más al budismo, sino para compartir mi experiencia acumulada a lo largo de una vida consagrada a cultivar la compasión y promover los valores humanos fundamentales, que todos necesitamos para un mundo benevolente. Ciertamente cada cual debe encontrar la vía que mejor convenga a sus aspiraciones, pero, en mi opinión, lo mejor es seguir la tradición espiritual y las costumbres que prevalecen en el propio país, con las que uno ha crecido y que comparte con sus antepasados. Es lo más sensato. Dicho esto, uno puede a veces ir a buscar en otras tradiciones las fuentes de inspiración que nos ayuden a profundizar en nuestra propia religión». Si, como es lógico, el Dalai Lama desea la pervivencia de las enseñanzas del budismo, para bien de los seres, también evita cuidadosamente toda forma de proselitismo. Muchas veces le he oído decir en privado a los lamas tibetanos que viven en Occidente que enseñen con toda autenticidad a quienes deseen practicar el budismo y promuevan los valores humanos en general, pero que eviten poner el acento en la propagación del budismo. Con el mismo espíritu, cuando se ha encontrado con misioneros evangelistas en Mongolia, les ha agradecido sus actuaciones caritativas, pero les ha instado a no utilizarlas para convertir a la población local.

El Dalai Lama deplora profundamente que las religiones se hayan convertido con tanta frecuencia en fuente de conflictos importantes. ¿Acaso no encontramos en todas las confesiones la noción de amor hacia todos los demás seres? Según él, los principios religiosos se desvían de su verdadera naturaleza cuando se enarbola la religión como una bandera que separa a los seres humanos, en lugar de comprender y practicar el sentido profundo de estas elevadas espiritualidades. Propone cuatro actuaciones susceptibles de contribuir a la eliminación de estas disensiones. La primera consiste en facilitar encuentros entre teólogos con el fin de que adquieran una comprensión más justa y profunda de sus tradiciones respectivas, lo que les permitirá apreciar aquello que los une y reconocer con respeto las diferencias. La segunda consistiría en reunir a personas contemplativas de diversas tradiciones, para que compartan sus experiencias espirituales, catalizando así la complicidad que de un modo natural se establece entre quienes han consagrado su vida a la práctica interior. La tercera manera de acercar a las grandes religiones sería invitando a sus representantes a ir juntos en peregrinación a los lugares sagrados de sus tradiciones respectivas. En efecto, los hombres y mujeres que, animados por un espíritu de humildad, realizan estas peregrinaciones y se imbuyen de la fuerza espiritual de esos sitios privilegiados, vuelven por lo general liberados de prejuicios sectarios y barreras intelectuales. Tales peregrinaciones multiconfesionales propician un clima de fraternidad y entendimiento. En este sentido, el Dalai Lama, en compañía de representantes de otras religiones, visitó Jerusalén, Lourdes, Fátima, Varanasi (Benarés), a Allahabad con motivo de la *Kumbhamela* (donde se congregaron setenta millones de hindúes en 2002), así como a muchos otros lugares santos del mundo. La cuarta iniciativa consistiría en organizar encuentros interreligiosos, como el que tuvo lugar en Asís en 1986, por invitación del papa Juan Pablo II, algo que permite a los jefes religiosos desarrollar el respeto mutuo y encontrar a través del diálogo remedios a las tensiones entre las diferentes comunidades.

*

El 29 de octubre de 1993, estábamos a primera hora de la mañana en el TGV que nos llevaba de París a Grenoble, donde el Dalai Lama había sido invitado por Alain Carignon, por entonces ministro de Información y alcalde de la ciudad. Él iba rezando sus oraciones mientras yo estaba sentado en el asiento de enfrente. Al pasar por el Macizo de La Chartreuse, le dije al Dalai Lama que al otro lado de la montaña, en un valle aislado, se encontraba un monasterio, la Gran Cartuja (Grande Chartreuse), donde había monjes contemplativos cristianos consagrados al retiro de por vida.

Llegados a Grenoble, Alain Carignon le preguntó al Dalai Lama si tenía algún deseo en particular. Inmediatamente, el Dalai Lama respondió que le gustaría mucho visitar la Gran Cartuja. El diputado y alcalde nos informó de que no se permitían visitas y que ningún dignatario religioso importante había traspasado hasta ese momento el umbral de la Cartuja, ni siquiera el papa Juan Pablo II cuando visitó la región en 1986, debido a la agitación que habría generado una vista así. No obstante, nos aseguró de que le haría llegar el mensaje al prior del monasterio, Dom André Poisson.

A la mañana siguiente, nos hicieron saber que el Dalai Lama era bienvenido, con la condición de que se presentara en el monasterio con el menor acompañamiento posible y que nadie tuviera noticia de la visita. Alain Carignon anunció a la prensa que había invitado al Dalai Lama a un almuerzo privado en su casa. En realidad nos dirigimos a un helipuerto de la gendarmería, desde donde un helicóptero nos llevó al Dalai Lama, su monje asistente, a Alain Carignon y a mí mismo hasta delante de la Gran Cartuja, situada en un hondo valle dominado por el Grand Som y rodeado por un hermoso bosque, a ochocientos metros de altitud. Alain Carignon permaneció en el exterior y nosotros fuimos admitidos a traspasar la gran puerta.

El prior Dom André y otro monje nos esperaban. Conversamos cerca de una hora en una pequeña estancia ubicada no lejos de la entrada principal. El tema de la conversación giró enteramente en torno a la vida contemplativa. El prior y el Dalai Lama compararon el modo en que los monjes realizan sus retiros, según las tradiciones cartujana y tibetana. Uno tras otro, expusieron a qué horas del día y de la noche oraban los monjes, los rituales que llevan a cabo y el tipo de inhumación cuando se producía un fallecimiento. Así por ejemplo, en la Cartuja el cuerpo se deposita bajo tierra directamente, sin ataúd, mientras que en el Tíbet, según las personas, se realiza a veces la cremación y más raramente el entierro, pero lo más frecuente es que el cuerpo se deposite sobre una piedra para que sea pasto de los buitres, a lo que se da el nombre de «funeral celeste».

Pasaron a continuación a los detalles sobre la oración y la contemplación: de cómo la oración se iniciaba apoyándose en un objeto material, en representaciones de los santos, para ir transformándose poco a poco en contemplación pura, hasta la unión indecible e inefable. A lo largo del intercambio, observaron que el espíritu y las modalidades de la vida eremítica de su respectiva tradición eran muy similares. Dom André nos dijo bromeando: «O los contemplativos cristianos y tibetanos tuvieron contactos hace más de mil años, ¡o han recibido del cielo la misma bendición!». Fue así un encuentro gozoso e inspirador a un tiempo. Hablaban el mismo lenguaje, el de la vida contemplativa.

El padre prior nos informó también de que la primera ermita de la Cartuja fue fundada en 1084 por San Bruno y que, en el pasado, cuando el número de monjes en una cartuja llegaba a cincuenta, se fundaba un nuevo monasterio en otro lugar para albergarlos. De este modo, entre los siglos XIV y XVI hubo en Europa centenares de cartujas, situadas en lugares apartados, con monasterios separados para monjes y para monjas. Concluyó su explicación diciéndonos con cierta nostalgia: «Hoy viven cuarenta monjes en la Gran Cartuja».

Al terminar la entrevista, el Dalai Lama preguntó si podíamos recogernos juntos en la capilla. Atravesamos un jardín, desde el que se veían otros edificios que albergaban las celdas de los monjes y el huerto cuidado por la congregación. Por todas partes reinaba un silencio sereno. La capilla estaba vacía y permanecimos en ella unos diez minutos en silencio. Mientras, antes de salir, el Dalai Lama estaba contemplando el libro de horas, adornado con bellas anotaciones musicales que el prior le explicó, cuando entró por el otro extremo de la capilla un monje vestido de blanco. Era evidente que le habían avisado de nuestra visita, pues se quedó como petrificado al ver a aquellos tres monjes de rojo junto al prior. Dio media vuelta y desapareció. Hay que decir que los monjes hacen voto de silencio y solo por motivos prácticos pronuncian algunas palabras ocasionales, pero no mantienen conversaciones. Acto seguido nos despedimos. Antes de separarse, el Dalai Lama y Dom André se estrecharon en un caluroso abrazo. Regresamos a Grenoble.

El secreto de aquella visita terminó por airearse y, cuando al término de sus tres semanas en Francia, donde se había encontrado con el presidente François Mitterrand, un periodista le preguntó al Dalai Lama sobre cuáles habían sido los momentos más especiales de su estancia, el Dalai Lama respondió diciendo que la visita a la Gran Cartuja había sido el momento culminante. «Al entrar en el edificio, he sentido una gran paz, un inmenso silencio. Es un lugar extraordinario, ¡aunque hacía un poco de frío! Hemos rezado juntos. Todos estábamos muy emocionados. Y luego, durante largos minutos, hemos meditado en medio del silencio monacal».[3]

*

Resulta siempre fascinante ser testigo de un encuentro entre el Dalai Lama y Desmond Tutu. No dejan de hacerse bromas, de reír como niños, mientras comparten con su auditorio palabras tan sencillas como profundas.

El 1 de junio de 2006, en Bruselas, el premio Light of Truth («Luz de la Verdad»), que la ICT (International Campaign for Tibet,

«Campaña Internacional por el Tíbet») había concedido en ediciones anteriores a Elie Wiesel y a Václav Havel, fue entregado por el Dalai Lama conjuntamente al arzobispo Desmond Tutu, Premio Nobel de la Paz, por su compromiso en favor del Tíbet, y a la Fundación Hergé, representada por la viuda del dibujante Hergé, Fanny Rodwell, en memoria del famoso *Tintín en el Tíbet*, que en cierto modo atrajo la atención sobre el Tíbet en una época en la que pocas personas se preocupaban por él. El Dalai Lama le puso una estola de seda blanca al arzobispo alrededor del cuello y le entregó una lamparilla de mantequilla tibetana, símbolo de la «luz de la verdad».

En el momento de su discurso, Desmond Tutu comenzó por enseñar una caricatura aparecida en la prensa sudafricana titulada: *Tintín y Tutu en el Tíbet*. No omitió además observar que el Dalai Lama adoptaba a veces un comportamiento travieso y que a menudo tenía que llamarlo al orden: «¡Pórtese bien! Nos están mirando, ¡debería comportarse como un hombre santo!». Y añadió: «Doy gracias a Dios por haber creado un Dalai Lama. ¿De verdad creen, como alguien ha dado a entender, que Dios se dice a sí mismo: "Este Dalai Lama está muy bien, qué lástima que no sea cristiano..."? ¡Pero si el propio Dios *tampoco* es cristiano!», concluyó Tutu.

El Dalai Lama recordó que la cultura budista tibetana no era patrimonio tan solo de seis millones de tibetanos, sino que en nuestra época podía aportar grandes beneficios a miles de millones de personas. Exhortó a conciudadanos y partidarios a no considerar a los chinos como sus enemigos.

Desmond Tutu, por su parte, estableció una comparación explícita entre el movimiento anti-apartheid y la campaña por la autonomía del Tíbet: «Es imposible detener la marcha hacia la libertad», afirmó. Tutu apeló igualmente al gobierno chino a «hacer lo que es de recibo» con respecto al Dalai Lama y al Tíbet. Expresó la esperanza de que China, en cuanto país emergente y potencia política mundial, se convierta en una «superpotencia, campeona en la promoción de la libertad en el mundo, y en particular en el Tíbet». Añadió también: «Los malos no tienen la última palabra. Ciertamente cuentan con el poder de las armas, pero ya han perdido... La justicia, la bondad, la compasión y el amor vencerán. Nada puede resistir a la libertad».

Un día de abril de 2008, el Dalai Lama y Desmond Tutu estaban charlando antes de dirigirse al estadio de Key Arena, en Seattle, Estados

Unidos, donde se disponían a desarrollar el tema de la importancia de la compasión en nuestras vidas. Les informaron de que se habían congregado sesenta mil personas para escucharlos. Tutu se volvió hacia el Dalai Lama y le espetó: «Yo no es que esté celoso... nada de eso. Pero en fin, que hayan venido sesenta mil personas para oír hablar a alguien que ni siquiera habla correctamente el inglés...». El Dalai Lama se desternilló de risa.

En mayo de 2015, cuando Desmond Tutu visitó Dharamsala, en la India, con motivo del cumpleaños del Dalai Lama, que cumplía ochenta años, pasaron una semana cara a cara, dialogando acerca de la alegría, el miedo, la ira, la soledad, la humildad, la generosidad... El arzobispo le confesó entonces al Dalai Lama: «Creo que una de las mejores cosas que me han pasado es haberte conocido».[4] Dirigiéndose a la multitud de tibetanos congregados en la gran plaza, Desmond Tutu dijo, sopesando cada una de sus palabras como él sabe hacer: «Es la persona más santa que he conocido jamás». Y entonces añadió, dirigiéndose indirectamente al gobierno chino: «¡Por favor! ¡Por favor! Escúchenme. El Dalai Lama es la persona más amante de la paz que existe en la tierra».

*

Con ocasión de una visita a Suiza, en 1999, invitaron al Dalai Lama y al abate Pierre a pronunciar el sermón del domingo por la mañana en la catedral de Ginebra. Esta estaba a rebosar, y también en el exterior se había congregado una gran multitud. Tras cruzar el porche de entrada, mientras resonaba el gran órgano, el Dalai Lama y el abate Pierre avanzaron juntos por el pasillo central hasta el altar. Yo iba detrás del Dalai Lama y los ojos se me llenaban de lágrimas. El Dalai Lama proclamó un magnífico sermón sobre el amor y sobre nuestra amistad común. El abate Pierre, por su parte, habló de la fragilidad de la vida, de la muerte, y añadió con un punto de humor teñido de cansancio que, por lo que a él respectaba, una vida era más que suficiente. ¡No deseaba ninguna más!

A la mañana siguiente, el abate Pierre y el Dalai Lama se dirigieron a la «viña de Farinet», la viña más pequeña del mundo registrada en un catastro, y que recibe su nombre de Joseph-Samuel Farinet, un joven campesino que encontró un yacimiento aurífero en la montaña y se dedicó a fabricar moneda falsa, que resultó más buscada que la auténtica, por cuanto contenía más parte de oro. Utilizaba la fortuna así adquirida para auxiliar a los más desfavorecidos, los niños en particular. Llegó a conocérsele como el «Robin de los Bosques suizo». En la actualidad, a lo producido por esta viña se añaden los aportes de las cosechas ofrecidos por los viticultores de la región, hasta obtener una producción de mil botellas numeradas, que se venden en beneficio de una obra caritativa para la infancia necesitada. Todos los años acuden para trabajar en ella personalidades del mundo del arte, el deporte y la política. El actor Jean-Louis Barrault, que encarnó a Farinet en una película del año 1939, *L'Or dans la montagne* («Oro en la montaña»), creó Les Amis de Farinet («Los Amigos de Farinet») y fue el primer propietario de la viña. Perteneció posteriormente al abate Pierre, quien se la transmitió al Dalai Lama en el transcurso de una ceremonia cordial.

*

Tuve la dicha de conocer al padre Ceyrac cuando fue a encontrarse con el Dalai Lama a París. En 1937, a la edad de veintitrés años, sin grandes recursos financieros pero con la riqueza de una bondad sin límites, este padre jesuita se instaló en el subcontinente indio. Con la ayuda de numerosos voluntarios indios, pero también franceses, construyó pueblos enteros para acoger a cerca de cincuenta millones de niños provenientes de las familias más desfavorecidas. Consiguió alimentar y escolarizar a estos marginados, a los que la sociedad india rechaza con demasiada frecuencia, y hacer de ellos «hombres con la cabeza alta». Construyó también dispensarios para los más necesitados, los leprosos, los intocables.

Volvimos a vernos gracias a nuestra amiga común, Claudine Vernier-Palliez, gran periodista y discípula del Dalai Lama.[5] El padre Ceyrac salía del metro y me dijo al llegar: «Las personas son tan hermosas. Pero no lo saben». Todavía hoy, esta frase resuena a menudo en mi mente. «A pesar de todas las bajezas», añadió, «me conmueve la inmensa bondad de las personas, aun por parte de aquellos que parecen tener el corazón y los ojos cerrados. Son los demás, todos los demás, los que fundamentan la trama de nuestra vida y forman la materia de nuestra existencia. Cada persona es "una nota en el gran concierto del universo", como decía el poeta Tagore. Y no hay nadie que pueda resistir a la llamada del amor. Siempre se cede al cabo de un tiempo. En verdad pienso que el hombre es intrínsecamente bueno. Siempre hay que ver lo bueno, lo hermoso de una persona; no hay que ser nunca destructivo».

Le respondí diciendo, en lo esencial, que estaba convencido como él que todo ser humano lleva en él un potencial de bondad inalterable que solo pide salir a la superficie. Y estos mismos seres humanos son capaces de lo peor cuando reniegan de esta bondad original de manera monstruosa. No obstante, sin ese potencial de bondad, la vida no tendría mucho sentido.

El padre Ceyrac tenía alguna experiencia de ello: durante trece años, entre 1980 y 1993, trabajó junto a los refugiados jemeres y vietnamitas, a lo largo de la frontera entre Camboya y Tailandia, bajo los bombardeos. Entre aquellos refugiados había jóvenes que, antes de llegar al campamento, habían sido enrolados a la fuerza por los Jemeres Rojos. Me contó: «Había jóvenes guardianas que llevaban el atuendo maoísta, con un cinturón negro que se ataban alrededor de la cintura, los pantalones bombachos, y que tenían una mirada dura, fría y negra. Unas muchachas bonitas a más no poder, de veinte, veintidós años. Nada conseguía hacerles sonreír. Y un día, de repente, vino un niño corriendo hacia mí y se me echó en brazos. Y todas aquellas chicas sonrieron con ternura. Otro día me encontré con un grupo de mujeres mayores, completamente desdentadas. Les habían roto también la nariz, pues las habían sometido a tortura. Debían de tener entre setenta y cinco y ochenta años, tenían la piel totalmente arrugada. Les dije: "¡Pero qué guapas!". Se pusieron tan contentas de que alguien aún pudiera encontrarlas hermosas —"¡Nadie nos dice eso!", exclamó una de ellas—, que quisieron sacarme en hombros. Pero como estaban tan débiles, no pudieron con mi peso».

Compartía con él la idea de que ser feliz de un modo egoísta es un modo funesto de ser feliz. La búsqueda de una felicidad egoísta es disfuncional y está condenada al fracaso. El amor debe ser tan natural como la respiración. «Se trata exactamente de eso», me contestó, «tenemos tanta necesidad de amar para vivir, como la tenemos de respirar».

A la palabra «caridad», que tiene un lado condescendiente, prefería la palabra «amor»: «Nuestra caridad burguesa argumenta lo que da. La verdadera caridad es todo lo contrario de un bar musical en el que quien paga elige la música. Dar es dar. Lo dado pertenece a quien lo recibe. En el amor, si uno no respeta, es que no ama. Sin ternura, no hay amor. La pobreza y la miseria son dos cosas diferentes. La miseria, como la riqueza, puede deshumanizar. La pobreza, nunca. Nuestra misión consiste en ayudar a nuestros amigos indios a ser más, y no tanto a tener más. Todavía tengo mucho que aprender, por eso hago horas extras de vida para aprender a amar más».

«Intento siempre ver cuál es la influencia que los demás tienen en mi vida», me confió durante uno de nuestros encuentros, cuando ya tenía noventa y siete años. Continuó diciendo: «Hay seres que me marcaron de por vida, como Mahatma Gandhi. A veces basta encontrarte con una persona durante tres segundos para que determine el resto de nuestra existencia. Es como cuando se cruzan dos trenes. Claro que hoy en día, en Occidente, los trenes van demasiado deprisa, ya no tienen tiempo para mirarse. En los trenes de la India, alguna vez he lanzado un beso a alguien que estaba en otro tren en el momento de cruzarse con el mío, y me ha llegado a responder con otro beso. Hace mucho tiempo, conocí a una bella mujer de veinticinco años, una francesa llamada Yvonne, que había llegado a la India en 1950. Conmocionada por la miseria de los barrios de chabolas de Calcuta, me dijo: "No tengo nada que darles, así que me doy a mí misma". Había ido a la India para tres meses y pasó el resto de su vida en Bihar, una de las provincias más pobres. No la vi más que unos instantes, pero lo recordaré siempre».

Antes de que se volviera por última vez a la India, a la venerable edad de noventa y siete años, un periodista de radio le preguntó si no era más sensato retirarse cómodamente en el seno de la comunidad de los jesuitas de París. «¡No quiero terminar mis días con esa pandilla de vejestorios!», exclamó. Cuando fue a despedirse de sus buenos amigos jesuitas, estos le interpelaron: «¿Te referías a nosotros, con eso de vejestorios?», y se echaron a reír.

«A mi edad, lo único que todavía sé hacer es amar», concluyó. Pierre Ceyrac se apagó en 2012 en la India junto a aquellos a los que tanto había ayudado y amado, a la edad de noventa y ocho años, en la quietud de un amanecer indio, «sin dolor, en calma, en paz», según quienes lo acompañaron. El título de una de sus obras resume bien su vida y su mensaje: *Tout ce que n'est pas donné est perdu* («Todo lo que no se da, se pierde»).

*

Fue también gracias al Dalai Lama como conocí a Jody Williams, en 2009, en una conferencia sobre la paz en el mundo, organizada en Vancouver por el Dalai Lama Center for Peace, en la cual participaba junto con otros tres premios nobel (Mary Robinson, Mairead Maguire y Betty Williams). Enseguida simpaticé con aquella mujer rubia de pelo corto, rebosante de energía. Es profesora de Paz y Justicia Social en la Universidad de Houston, pero no encaja muy bien con la idea que se tiene habitualmente de una académica. Es una militante impetuosa, de semblante decidido y modo de hablar potente, que no retrocede ante nada a la hora de luchar contra los males que azotan al mundo y de los que ella ha hecho su objetivo: «Creo que las personas pueden hacer cosas extraordinarias», afirma, «cuando piensan en el bien común».

¡No esperen diplomacia por parte de Jody Williams! No se anda por las ramas cuando se trata de defender sus argumentos y se muestra obstinada y creativa cuando tiene que defender su causa. Me contó de qué modo, junto con sus compañeros de la Campaña Internacional para la Prohibición de las Minas Antipersona, obtuvo en 1997 de los representantes de las Naciones Unidas en Oslo la adopción del acuerdo por el que se prohibía el uso de estas minas: hizo venir a una cincuentena de víctimas, lisiadas desde que en su camino se cruzara una de esas minas, que suele tener por consecuencia la pérdida de las piernas. Formaron con sus sillas de ruedas una fila que iba de punta a punta del camino de entrada que conducía al vestíbulo de la sala donde se celebraba la reunión, montando una «guardia de honor» para cada uno de los delegados que entraba o salía. Cada minuto, frecuencia con que una persona saltaba por los aires por culpa de una mina antipersona en el mundo, Jody y sus amigos hacían sonar una fuerte detonación en el exterior, que se oía con toda claridad durante los debates.

Interpeló a los delegados en estos términos: «Ahora están ustedes aquí, en esta asamblea, discutiendo por una coma y por un punto. Pero cuando vuelvan a casa, para reunirse con sus familias, con sus hijos, se convertirán de nuevo en seres humanos normales. ¡Sean seres humanos normales aquí y ahora y firmen este Tratado!». Cosa que hicieron el 18 de septiembre de 1997. En diciembre, Jody Williams recibió el Premio Nobel de la Paz en nombre de su organización.

Por desgracia, como sucede con harta frecuencia, Estados Unidos, Rusia, China y algunos otros países no figuraban entre los aproximadamente ciento sesenta signatarios. A pesar de la falta de cooperación de estos países sin escrúpulos, el Tratado fue eficaz. Su aplicación es amplia en el mundo entero y se han detectado y destruido millones de minas. También su producción ha disminuido y cada año se reduce el número de víctimas.

Jody posee además un gran sentido del humor, bastante burlón, al que nadie escapa, ni siquiera el Dalai Lama. El segundo día de la conferencia, durante la pausa de mediodía, el Dalai Lama visitó una universidad para dirigirse a los estudiantes, lo cual hizo que se retrasara un poco en su agenda. La primera mesa redonda de la tarde tuvo que comenzar sin él. Cuando llegó, delante de los miles de personas que asistían a los debates, Jody amonestó al Dalai Lama con su voz bien timbrada: «¡Llega tarde, Su Santidad!». En medio del silencio que siguió, el Dalai Lama, que siempre aprecia los comportamientos espontáneos y un punto irreverentes, se acercó a Jody desternillándose de risa y le dio tres toquecitos amistosos en la mejilla. Jody me contó también que, durante uno de sus numerosos encuentros, el Dalai Lama se inclinó hacia ella en pleno debate y le dijo en un aparte: «Ya sabe que yo practico la meditación y la plegaria». A lo que Jody repuso: «*Cool*, pero no es lo mío». El Dalai Lama se inclinó de nuevo hacia ella: «Pero no es la meditación ni la plegaria lo que resolverá los problemas del mundo, ¡sino la *acción*!». Era todo lo que Jody necesitaba oír, y lo que la llevó a expresar rotundamente: «*His Holiness is really very cool!*».

Durante años, el Dalai Lama expresó su deseo de crear un Consejo Internacional compuesto por sabios, científicos, pensadores eminentes, emprendedores sociales y el Premio Nobel de la Paz. Son las Naciones Unidas, solía añadir, las que deberían desempeñar este papel, pero los representantes que participan en sus sesiones tienden naturalmente a defender los intereses de sus países y les cuesta dar prioridad a los intereses de la población mundial y del planeta. De modo que estos sabios podrían ofrecer su punto de vista acerca de las graves cuestiones planteadas en el mundo transcendiendo los intereses nacionales. Había hablado de esto especialmente con Václav Havel, de quien el Dalai Lama fue el primer huésped oficial tras ser elegido presidente de la República de Checoslovaquia, una vez liberada de la dominación soviética como consecuencia de la Revolución de Terciopelo. Por desgracia, nadie más parecía verdaderamente interesado por la propuesta. Es un poco lo que, a pesar de todo, intentó llevar a cabo de manera más restringida el grupo The Elders («Los Mayores»), del que forman parte Mary Robinson, Jimmy Carter, Desmond Tutu y una decena de otras personalidades. Pero cuando han invitado al Dalai Lama a unirse a ellos, los chinos han armado tal revuelo, que han tenido que renunciar para no ver sus acciones obstaculizadas. Dirigiéndose a todos los seres humanos, el Dalai Lama propugna lo que él llama una «ética secular», o universal, que ha expuesto en *Sabiduría antigua, mundo moderno* y en *Más allá de la religión*, es decir, una ética aceptable por todos y beneficiosa para el conjunto de la humanidad. Cita como modelo la Constitución de la India, la mayor democracia del mundo, según la cual la laicidad no consiste en tomar posición contra las religiones, sino en respetar todas las confesiones y creencias, incluida la no creencia de los agnósticos y los ateos, sin adoptar oficialmente ninguna de ellas. De todos modos, esta destacable muestra de tolerancia específica de la Constitución de la India parece debilitada desde hace algunos años por parte de las nuevas instancias políticas indias.

Con motivo de una conferencia impartida en Salzburgo en 2016, el Dalai Lama concluyó su enseñanza con estas palabras: «Acabo de compartir algunas ideas con vosotros. Si os parecen útiles, practicadlas. Si no, ¡dejadlas a un lado! Pero sí os pido una cosa, y es que os deis cuenta de que lo más importante que hay en la vida es tener buen corazón». Viniendo de cualquier otro, esta afirmación podría parecer de una gran banalidad e ingenuidad. Pero cuando estas palabras proceden de un corazón inmenso y se da una perfecta adecuación entre ellas y la persona que las pronuncia, se convierten de pronto en una evidencia.

MÁS DE VEINTE AÑOS JUNTO AL DALAI LAMA

He sido intérprete en lengua francesa del Dalai Lama desde 1989. Aquí, en Estrasburgo, el 23 de octubre de 2001, durante un encuentro con parlamentarios europeos.

Su Santidad el Dalai Lama y el arzobispo Desmond Tutu, en Dharamsala, en 2012, con ocasión de la semana de conversaciones que mantuvieron estas dos grandes figuras morales y espirituales.

PARTE V

VEINTIUNA VECES EN LA MORADA DE LAS NIEVES

CAPÍTULO 35

AVENTURAS EN EL TECHO DEL MUNDO

La vida cotidiana de los nómadas del Tíbet oriental y mis viajes en compañía de Rabjam Rinpoche, abad del monasterio de Shechen.

Desde nuestro primer viaje, en 1985, hasta el día de hoy, he estado veintiuna veces en el Tíbet, diecinueve de ellas en su zona oriental. Acompañado por lo general por dos monjes del monasterio de Shechen, encargados de nuestros proyectos humanitarios, y por mi amiga Raphaële, implicada también en dichos proyectos, solíamos emprender casi siempre el mismo trayecto, desde la ciudad china de Chengdu, en el actual Sichuan, hasta el monasterio de Shechen, en la región de Kham. A partir de ahí, visitábamos los proyectos humanitarios emprendidos por Karuna-Shechen (organización que fundamos Rabjam Rinpoche y yo) en diferentes parajes de zonas diversas, así como los lugares en que había vivido Khyentse Rinpoche. Después continuábamos por la carretera que conduce a la región de Amdo, antes de regresar en avión a Chengdu, desde Xining. Estas son algunas de nuestras aventuras por el Techo del Mundo.

*

Los tibetanos de la zona oriental, los khampas (de Kham), son en su mayoría nómadas que cambian de campamento con el paso de las estaciones. A comienzos de verano, conducen sus rebaños hasta los 4.500 m de altitud. Cuando se acerca el otoño, vuelven a descender a altitudes más bajas, en busca de pastos más abundantes.

La vida en los campamentos de nómadas khampas parece inmutable, dictada siempre por las tareas cotidianas. En el verano de 2000, nos acercábamos a uno de estos campamentos, ubicado en el valle de Namdo, a un cuarto de hora de Shechen. Las volutas de humo se elevaban de una veintena de tiendas de recia tela negra, tejida con pelo de yak. Los niños acababan de recoger a los animales, que habían pastado todo el día por las verdes laderas. Era la hora de ordeñar las *dris* (hembras del yak) y las *dzomos* (hembras de la especie resultante del cruce entre un yak y una vaca), atadas en fila a unas grandes estacas. Las mujeres, madres e hijas, se aplicaban a recoger los dos o tres litros de leche que cada animal daba todas las tardes, y luego, como ocupación principal, a batir mantequilla y preparar queso seco. Terminado el ordeño, soltaban a los recién nacidos, hasta ese momento mantenidos a distancia, los cuales se precipitaban para mamar ávidamente el resto de leche que había quedado en las ubres de sus madres.

Cuando nos aproximamos a una de las tiendas, la madre de familia, hermana de uno de los monjes de Shechen, nos invitó a entrar con una gran sonrisa. En el centro de la tienda se encontraba el hogar, cuyo humo escapaba por una abertura habilitada en el techo y que solo se cierra cuando llueve a cántaros. Alrededor de todo el contorno había cojines planos, gruesos y duros, cubiertos de alfombras de lana. En el fondo se amontonaban diversos fardos. En un altar, una lamparilla de mantequilla iluminaba con su luz dorada una figura de Buda, rodeada de fotografías del Dalai Lama y de los maestros espirituales de la región.

El silencio no era roto más que por el fuego que crepitaba en el hogar, el agua de un cucharón al verterla en una gran olla, la voz de una niña pequeña que llamaba a alguien de otra tienda, el canto de un cucú, el silbido de un pastor que recogía su rebaño, el ronco ladrido de un mastín, el chasquido de una cuerda de la tienda contra la que se frotaba un caballo... Mientras hacía beatíficamente la siesta en el interior de una de aquellas tiendas, sentí de pronto una lengua rasposa que me lamía la planta de los pies. Un joven yak había pasado la cabeza por debajo de la pared de lona y había encontrado sin duda los pies de un monje francés muy de su gusto.

En invierno, algunos nómadas seguían viviendo en las tiendas, otros optaban por casas de tierra. Durante el día, llevaban a los rebaños hasta los lugares en que el viento había expulsado la nieve para dejar asomarse algunas matas de hierba quemadas por el hielo. En periodo invernal, dedicaban una buena parte del tiempo a recitar mantras y plegarias y a ofrecer miles de prosternaciones. La posibilidad de actividad se restringe en la medida de la crudeza del invierno: el termómetro puede descender a -30° C, a veces hasta -40° C. En días soleados, el frío seco es más soportable que el helor húmedo de los contrafuertes himalayos.

*

En 1995, siete años después de haber acompañado a Khyentse Rinpoche en su segunda visita, Rabjam Rinpoche recibió autorización para regresar al Tíbet oriental y alojarse en Shechen. Como abad titular del monasterio, fue recibido con alegría y con gran pompa. Impartió para la ocasión la transmisión a través de la lectura de una parte de los trece volúmenes que constituyen los escritos de Shechen Gyaltsap, el maestro de Dilgo Khyentse Rinpoche, transmisión que acabaría de completar progresivamente durante sus siguientes viajes, en 2002 y en 2010.

Rabjam Rinpoche estuvo siempre bien visto por parte de las autoridades locales. Continuando la obra de Khyentse Rinpoche, contribuyó al sostén de numerosos monasterios y colaboró en innumerables proyectos destinados a mejorar las condiciones de vida de la población. Desempeñó asimismo un papel unificador y pacificador entre diferentes clanes de la región. Sucedió en efecto que algunos de ellos se habían enfrentado por cuestiones de acceso a los pastos. Con tiempo normal, los nómadas llevan sus rebaños de un terreno de pastos a otro, según acuerdos tácitos establecidos desde varias generaciones atrás. Pero si se producen condiciones atmosféricas inhabituales que hacen que escasee la hierba, en ocasiones llegan a invadir el territorio del valle vecino, lo cual provoca interminables disputas. Desde hace unos años, estos conflictos se han exacerbado por la explotación de las praderas de alta montaña, en que se encuentra una gran abundancia de *Cordyceps*, el conocido hongo que los chinos compran a precio de oro por sus supuestas virtudes medicinales. No es raro que vengan intrusos de muy lejos con la intención de desenterrar *Cordyceps* en lugares donde no deberían recogerlos.

Al final de la visita de Rabjam Rinpoche de 1995, durante el camino de regreso a Chengdu, pasado Darzedo, nos adentramos en profundas gargantas por el fondo de las cuales bajaba un caudaloso y tumultuoso río, cuyo rugido repercutía a lo largo de las paredes rocosas. Había llovido torrencialmente y la crecida del río había erosionado la tierra que aguantaba el borde exterior de la carretera, hasta el punto de que en algunos lugares una parte de la calzada se encontraba en el aire, como suspendida sobre el vacío. Teníamos que circular lo más pegados posible a la pared rocosa para evitar que la carretera se derrumbara sobre el río a nuestro paso. Los colores ígneos del sol poniente llenaban toda la garganta de una viva incandescencia anaranjada. De vez en cuando se desprendían piedras de lo alto de la montaña, que se desplomaban sobre la carretera. Rabjam Rinpoche estaba con razón cada vez más inquieto por nuestra seguridad. Yo intentaba tranquilizarle lo mejor que podía, recordándole que a él le gustaban las películas de aventuras, y que por una vez éramos los actores. Por suerte llegamos sanos y salvos a Chengdu.

Durante su estancia en Shechen en 2002, Rabjam Rinpoche recibió numerosas invitaciones para comer con uno u otro de los lamas del monasterio de Shechen, o en casa de alguna familia del pueblo vecino. Dado que impartía enseñanzas y que las ceremonias y otras actividades ocupaban lo mejor de su tiempo, decidió aceptar todas aquellas invitaciones en bloque y concentrarlas en un solo día, hacia el final de su visita. Así fue como, en una sola jornada, desde las ocho de la mañana hasta las nueve de la noche, ¡le sirvieron veintiuna comidas en veintiuna casas diferentes! Nosotros éramos parte integrante de las celebraciones. El menú se repetía casi invariablemente: yogur de *dri* con un cuenco de boniatos silvestres, las *tromas*, bañados en mantequilla fundida y aderezados con azúcar —un plato de buen augurio que se sirve para recibir a un huésped importante—, al que seguía arroz acompañado de tres o cuatro cuencos con diferentes verduras, cocinadas generalmente en aceite, y carne de yak seca. Todo ello regado con té salado con mantequilla. Conscientes de lo que nos esperaba, desde la primera de estas colaciones comimos con gran moderación, y cada vez menos a medida que se sucedían los ágapes. Pero había que hacer los honores a lo que con tanto mimo habían preparado nuestros anfitriones:

¡habían esperado tanto aquel día! Comida tras comida, veíamos llegar la abundancia de los platos con una aprensión creciente. ¿Cómo íbamos a ingerir aquel exceso de alimento? Por cortesía, tomábamos una cucharada de yogur y probábamos un poco de cada plato.

Yo arrojé la toalla hacia las siete de la tarde y me volví a nuestro alojamiento. Rabjam Rinpoche, siempre sonriente, resistió como un valiente hasta la última invitación, a las nueve de la noche. También tenía que bendecir cada una de las casas y dispensar una iniciación para una larga vida a sus moradores y a los vecinos que se habían apremiado a asomar la cabeza para la ocasión. Si yo hubiera podido documentar sistemáticamente aquella jornada, Rabjam Rinpoche habría entrado sin duda en el *Libro Guinness de los Récords*, como el mayor número de invitaciones a comer cumplidas en un solo día.

Con motivo de un viaje posterior, en 2017, volvimos a vernos en una situación similar. Después de haber participado ya en varias cenas, de seis de la tarde a diez de la noche, y cuando Rabjam Rinpoche se disponía a volver a casa para descansar, se presentó un lugareño diciendo que había unas cien personas congregadas en un espacio de campo frente a su casa, esperando a que Rabjam Rinpoche las gratificara con una bendición para una larga vida y que rezara por los enfermos y las personas mayores. Aceptó una vez más. Se puso a nevar y, a la luz de las lamparillas vacilantes, en medio de un frío glacial, Rabjam Rinpoche llevó a cabo la transmisión hasta las once de la noche. En el coche que nos conducía de regreso al monasterio, a Rabjam Rinpoche y sus acompañantes les entró una risa irrefrenable al comentar las situaciones en las que les ponía la testaruda insistencia, llena sin embargo de devoción, de los fieles del Kham.

En una ermita, a un día de camino a pie del monasterio de Shechen, vivía un viejo lama llamado Yegyam,[1] abreviación de Yeshe Gyatso, «Océano de Sabiduría». Algo escéptico acerca de los lamas de nuestro tiempo, profesaba en cambio una gran devoción hacia Rabjam Rinpoche, por lo que no dejaba nunca de ir a verlo en cuanto se enteraba de su presencia. Habiéndome tomado amistad, bajaba igualmente de su ermita cuando oía decir que yo estaba por los alrededores. Solía pedirme que le leyera textos cuya transmisión había recibido de Dilgo Khyentse Rinpoche, tarea que habitualmente no me compete a mí, pero que realizaba con mucho gusto ante su amistosa insistencia. Con motivo de una de sus visitas, Rabjam Rinpoche lo obsequió con los veinticinco volúmenes de las *Obras completas* de Dilgo Khyentse Rinpoche que habíamos impreso en la India y que acababan de ser reeditadas en China por los lamas de Shechen. Yegyam se sintió en el séptimo cielo, y a la hora de volver a su ermita pidió prestado un caballo para poder transportar el fardo de libros. Me crucé con él cuando iba corriendo a toda prisa, con sus pasitos cortos y los pies descalzos (en aquella ocasión no se había molestado en calzarse), bajando por el prado que conducía hasta la carretera, a la entrada del valle de Shechen. ¿Por qué tanta prisa?, le pregunté. Estaba tan feliz por haber recibido aquellos preciados libros, que quería llevárselos lo antes posible, temiendo que alguien pudiera pedirle que se los diera. ¡Mejor salir pitando!

En 2002, Rabjam Rinpoche quiso honrar el deseo expresado por Khyentse Rinpoche antes de morir de recubrir de oro la estatua de Buda que adorna el monasterio de Derge, la capital histórica del Kham. Después de haber pasado una decena de días en Shechen, nos pusimos en camino, atravesando una vez más el paso de montaña de Throla, a 5.000 m de altitud. Este paso, como muchos otros en el Tíbet, representa el final de una larga ascensión y ofrece la visión única de la continuidad de dos paisajes que se unen, aquel que se abandona y el que se descubre ante los ojos. La mirada se pierde en la lejanía, sin que nada obstruya la inmensidad del cielo. En el Tíbet, los pasos de montaña están repletos de banderas de plegarias, que los viajeros cuelgan entre los amontonamientos de rocas. Estos hitos van elevándose a medida que los peregrinos añaden piedra sobre piedra a su paso. Tras abrir plenamente el corazón ante la maravilla que se ofrecía ante nosotros, iniciamos el descenso hacia el nuevo valle que se extendía a nuestros pies.

En Derge, la población se había congregado a lo largo de las callejas de la ciudad alta para recibir a Rabjam Rinpoche, que fue conducido al monasterio por parte de una procesión de monjes. Llevó a cabo las ceremonias de consagración de la nueva estatua, erigida en sustitución de la que había sido destruida por la guardia roja. Al atardecer del día siguiente, recibió la noticia de la muerte repentina de Tsering, su única hermana, a la que estaba estrechamente unido, y que era unos años menor que él. Estaba estudiando en Delhi y había sido víctima del tifus. Un buen rato antes del amanecer, partimos en coche y viajamos hasta bien entrada la noche para llegar a Chengdu, donde

Rinpoche cogió un avión. Tuvo que pasar una noche para hacer escala en Bangkok: «Estaba muy afectado», cuenta. «Aquella noche tuvo un sueño en el que vi con toda claridad a Khyentse Rinpoche sosteniendo la mano de mi hermana y diciéndome: "Yo me ocupo de ella, no tienes nada de qué preocuparte". Al despertar, el sentimiento de desamparo había desaparecido».

Por mi parte, decidí volver a partir de Chengdu, adonde había acompañado a Rabjam Rinpoche, con destino a Shechen, en el Kham, acompañado de dos monjes y de Raphaële, para pasar allí un mes más. Unos años antes, Raphaële militaba activamente en el seno de Greenpeace, donde participó en numerosas campañas a bordo del *Rainbow Warrior* , y luego se unió a la EIA (Environmental Investigation Agency). Algo desgastada por la intensidad y el encono de aquellas luchas, y atraída por el Tíbet desde su infancia, comenzó a practicar el budismo tibetano después de una visita al centro del XVI Karmapa en Hawái. Posteriormente conoció al Dalai Lama en Bodh Gaya y, en 1984, a Dilgo Khyentse Rinpoche. En estos encuentros halló la inspiración esencial que guía hoy su vida. Cuando se hizo discípula de Khyentse Rinpoche, descubrimos que éramos primos lejanos a través de nuestras familias bretonas. En 1986, integró el primer grupo de extranjeros que recibió autorización para visitar el Tíbet. Se quedó allí nueve meses y logró ir hasta el monte Kailash. Con posterioridad visitó una treintena de veces el Tíbet, cuya lengua aprendió. En 1987, fue sola al Kham, que seguía cerrado a los extranjeros, y la arrestaron varias veces. Sus múltiples aventuras darían para llenar un libro entero, además de acompañarme a buen número de las mías.

En esta ocasión nos dirigimos a la región de Nangchen, donde Karuna-Shechen había financiado la construcción de una escuela en el pueblo de Jamar, un lugar muy montañoso cercano a la frontera con el Tíbet central. Lama Chöjor, un viejo lama al que había conocido bien en la India y que había regresado para pasar sus últimos años a su país natal, nos había pedido la construcción de esta escuela para sesenta niños. Raphaële había estudiado también la posibilidad de realización de diversos proyectos en la distante provincia de Amdo. En 2001 había pasado casi un año en el lugar y había conseguido que se construyera una escuela para ochocientos alumnos, que daba servicio a veintiséis pueblos desprovistos de cualquier tipo de establecimiento escolar.

Tras abandonar la carretera principal, recorrimos a duras penas un camino apenas transitable hasta la orilla de un gran río, en el que terminaba la pista. Sin duda los coches debían vadearlo, como sucede a menudo en el Tíbet. Por lo general, tales vados se acondicionan para poder atravesarlos en invierno, y cuando las aguas son de poca profundidad y transparentes, se apartan las gruesas piedras, que podrían dejar bloqueados a los vehículos. Así, los vados casi siempre pueden salvarse, a condición de cruzarlos sin detenerse, para evitar que el agua penetre por el tubo de escape y remonte hasta el motor. Sin embargo, cuando nos adentramos con el coche en el río, caímos en un agujero. La parte trasera quedó sumergida en el agua y el depósito de gasolina se inundó, pues el tapón no cerraba herméticamente. Por suerte, un camión que pasaba nos sacó del atolladero tirando de cables y nos remolcó hasta una aldea situada en la orilla opuesta. Ayudado por los lugareños, nuestro conductor aplicó un sifón aspirando gasolina con la boca por un tubito para que se iniciara el trasvase, antes de que el principio de los vasos comunicantes operara su efecto. Acto seguido dejó que el carburante se decantara en un cubo grande. El agua flotó sobre la gasolina y pudo recogerse y tirarla. Hizo de nuevo sifón con la gasolina del cubo para volver a meterla en el depósito, y el coche tuvo a bien arrancar. Pero las peripecias no terminaron tan fácilmente. Unos kilómetros más adelante, comenzó a salir un denso humo del capó. Después del agua, el fuego. Salimos precipitadamente, por temor a que el coche se incendiara. Por suerte, el humo fue disipándose, pero al abrir el capó vimos que los cables se habían fundido formando una masa de plástico informe. Una hora más tarde, nuestros amigos del pueblo de Jamar, inquietos por el retraso, salieron a nuestro encuentro con otro vehículo, y así llegamos por fin a buen puerto. Jamar cuenta apenas con una cincuentena de casas de tierra, pero al pueblo acuden también niños nómadas de toda la región, para estudiar en la escuela que construimos.

Estimaba mucho a Lama Chöjor, que era el ejemplo perfecto de alguien que ha dedicado su vida a la práctica del Dharma. Siempre sonriente y de un humor estable, me manifestó en todo momento una gran benevolencia. Fue él quien había oficiado como maestro de ritual cuando Khyentse Rinpoche dispensó durante cuatro meses las iniciaciones del *Rinchen Terdzö* en Dehradun en 1979, trabajando todos los días hasta entrada la noche para preparar los mandalas y objetos rituales necesarios para las transmisiones del día siguiente. Había realizado años de retiro y dormía sentado con las piernas cruzadas, recitando mantras desde que se despertaba en mitad de la noche. Había salmodiado un número impresionante de ellos: cien millones de veces el mantra en doce sílabas de Padmasambhava. Cuando hay que contar números tan elevados, cuya recitación requiere de bastantes años, al ritmo indefectible de varias horas al día, el practicante utiliza pequeños «contadores» atados al *mala*. Un contador incluye diez pequeños anillos, de latón o de plata, a través de los cuales pasa una trenza de lana. Cada contador (se utilizan hasta cuatro para los números muy altos) termina en un pequeño *vajra* o una campanilla. Cuando el practicante termina un *mala*, lo cual representa cien mantras, hace pasar un anillo de arriba abajo por el primer contador; cuando han pasado diez anillos, hace bajar un anillo del segundo contador, y así sucesivamente hasta el cuarto contador. Cuando han bajado todos los anillos del cuarto contador, ello representa un millón de mantras.

Después de visitar la escuela de Jamar y disfrutar de la compañía de Lama Chöjor, emprendimos el camino de regreso, en el que encontramos nuestro todoterreno abandonado. Lo cargamos en la parte trasera de un camión, que lo transportó hasta la carretera principal. Desde allí, con ayuda de otro *jeep* que nos habían prestado, lo remolcamos hasta Yushu, a cincuenta kilómetros. Debido al estado de la carretera y las sacudidas infligidas a la cuerda que unía ambos vehículos, esta se rompió varias veces, hasta que quedó en apenas metro y medio de largo. Había que conducir por tanto con mucha prudencia para evitar que los vehículos chocaran. Rodábamos a veinte kilómetros por hora. Cayó la noche. Nos dimos cuenta de que los faros del todoterreno que iba delante no funcionaban. Tuve que ir iluminando la carretera con ayuda de una linterna, sacando el brazo por la ventanilla. En determinado momento, estuvimos a punto de chocar con dos oscuros yaks que dormían apaciblemente sobre el negro asfalto en medio de una noche azabache. Cuando por fin llegamos a Yushu, hacia medianoche, tras algunos intentos infructuosos conseguimos encontrar un alojamiento donde dormir.

Todavía en 2005, durante otra escapada a la región de Sinda, para llegar a la cual tuvimos que cruzar a escondidas la frontera de la Región Autónoma del Tíbet, a la que no teníamos permiso para acceder, descubrimos que no existía ninguna carretera transitable para visitar los dos monasterios de Sinda y Shona, para los cuales subvencionábamos la construcción de una escuela y de un colegio de filosofía. Había que circular por pequeñas pistas trazadas por los lugareños y sus rebaños de yaks, o simplemente y muy a menudo a través de los prados. El conductor que nos llevaba era un virtuoso sin igual en toda la región a la hora de negociar los terrenos pantanosos, bajar o por mejor decir deslizarnos sobre la hierba de las praderas de empinada pendiente y atravesar ríos en apariencia invadeables. Claro está que había recibido una excelente formación para realizar tales proezas: era un ladrón de coches arrepentido. Pero, ¡cuidado!, un ladrón de coches no exento de cierto código moral: solo robaba los 4x4 de lujo de los altos funcionarios chinos destinados en el Tíbet, jamás vehículos pertenecientes a tibetanos. Una vez al volante del todoterreno, escapaba a todo intento de persecución adentrándose por parajes tan aparentemente impracticables como los que estábamos atravesando. Ningún conductor sensato se habría aventurado por ellos. Para terminar, vendía en Lhasa sin demasiadas dificultades el producto de su rapiña. Vividor, jovial, enmendaba su mal karma poniéndose al servicio del monasterio al que nos dirigíamos. Recuerdo en especial cuando nos hizo cruzar un río tan profundo, ¡que el agua llegaba hasta las ventanillas! Reímos mucho… una vez llegados sanos y salvos a la orilla opuesta.

Por el camino, y siempre gracias a él, tuvimos la ocasión única de visitar un notable grupo de una veintena de monjas que vivían a 3.800 m de altitud en las ermitas de Jimnar Trakar, las cuales dominan un paisaje grandioso. La mayor parte del año, se consagran a la práctica espiritual, y durante los dos meses de estación estival, de mediados de junio a mediados de agosto, descienden de las alturas para recorrer los pueblos y campamentos de nómadas y recoger limosnas en forma de *tsampa*, mantequilla y queso seco, que se llevan a sus ermitas. En ocasiones las invitan a permanecer unos días en las casas o las tiendas, para rezar oraciones y realizar ceremonias. Desde entonces colaboramos con su mantenimiento ofreciéndoles una contribución anual.

En 2013, tras media jornada en coche desde Yushu, visitamos el pueblo de Seruma, para el que nos habían pedido insistentemente que hiciéramos construir un dispensario destinado en particular a asistir partos. El invierno anterior, doce mujeres del valle habían fallecido durante el parto. De modo que construimos un dispensario de cinco estancias, dotado de un equipamiento sanitario básico para que el médico —que por suerte había regresado a su pueblo natal tras retirarse de un hospital de Yushu— pudiera realizar el acompañamiento de las futuras mamás en las mejores condiciones posibles, cortando las eventuales hemorragias y practicando sencillas intervenciones quirúrgicas. Con la participación de los lugareños, la clínica se construyó en tres meses. El jefe del pueblo nos enseñó fotos de un leopardo de las nieves que había tomado con su teléfono móvil ¡a una treintena de metros de distancia! Pensé que habría causado sensación en *National Geographic*, por cuanto en aquella época prácticamente no existían fotografías de leopardos de las nieves en su hábitat natural. Con posterioridad, mi amigo Vincent Munier y otros fotógrafos de talento han captado en esta misma región imágenes espléndidas de estos felinos míticos que reinan en las alturas rocosas por encima de 4.000 m de altitud.

*

En junio de 2010, veinticinco años casi día por día después del primer viaje de Dilgo Khyentse Rinpoche al Tíbet en junio de 1985, su reencarnación Khyentse Yangsi Rinpoche visitó el Tíbet oriental, acompañado de Rabjam Rinpoche y de algunos discípulos de los que formé parte. ¡Cuántas similitudes y cuántas diferencias entre estos dos momentos importantes! Como su predecesor, Yangsi fue recibido con una gran procesión. En esta ocasión, los caballos habían cedido su lugar a un centenar de motos y varias decenas de coches, que precedieron a Yangsi a lo largo de los diez últimos kilómetros hasta el monasterio de Shechen.

El monasterio era una fiesta, pero nuestra llegada no revestía el mismo carácter intensamente emotivo del regreso de Khyentse Rinpoche después de treinta años de exilio y el reencuentro con los supervivientes. Tan solo algunos de los viejos monjes que habían acogido a Khyentse Rinpoche en 1985 seguían aún con vida. El entusiasmo y fervor de la multitud continuaban intactos, y los días en que Yangsi Rinpoche y Rabjam Rinpoche dieron una bendición pública, hasta diez mil fieles se congregaron en el valle, en el que viven habitualmente menos de un millar de personas.

Una mañana, varios centenares de yaks, cuyos propietarios habían decidido perdonarles la vida como homenaje a Yangsi Rinpoche, fueron conducidos hasta un prado, más abajo del monasterio, para que los bendijera. Otro día fue el turno de un centenar de caballos, los cuales recibieron la bendición en el curso de un festival de verano llamado *ta-sang*, literalmente «caballos y ofrenda de incienso». Se apiló un cúmulo de ramas de enebro en determinado lugar consagrado del llano, y se le prendió fuego. Inmensas nubes odoríferas se elevaron como ofrenda a las divinidades locales que protegen el valle. Tras la bendición de los caballos, los jinetes galoparon describiendo círculos en torno a altas volutas de incienso. Me encaramé rápidamente sobre una elevación en la vertiente de la colina para tomar algunas fotos de aquella escena espectacular.

En 1985, cuando tuvo lugar la primera visita de Khyentse Rinpoche, no quedaban más que algunas paredes del monasterio. En 1988, los monjes y la población local habían reconstruido un templo de tierra, de quince metros de alto. Pero, curiosamente, ¡las paredes de metro y medio de grosor no tenían más que dos ventanas! Un edificio adyacente, erigido de forma similar, se había terminado para la visita de Rabjam Rinpoche de 1995. En 2010, Rabjam Rinpoche y la comunidad de lamas y monjes del monasterio decidieron reconstruir el conjunto con sillares, según las reglas del arte, y edificar de forma idéntica en el mismo emplazamiento tantos templos como el monasterio había albergado en sus orígenes. Khenpo Gyurme Tsultrim, uno de los principales asistentes de Rabjam Rinpoche, que vivía en el monasterio de Shechen de Nepal desde su infancia, se puso al frente de la tarea. Durante siete años, pasó la mayor parte del año en el Tíbet oriental, invitando a todos los lamas del valle a aunar sus esfuerzos en torno a este proyecto. Asistido por un arquitecto alemán, Michael, su mujer Helen y Pema Dorje, un arquitecto chino fiel practicante del budismo tibetano, llevó a buen puerto la construcción de una espléndida edificación de cinco pisos cuyos templos principales están adornados con frescos pintados por los mejores artistas de la región.

En 2017, el día del plenilunio del mes de agosto, Rabjam Rinpoche se dirigió de nuevo al Tíbet oriental y procedió a la consagración de este nuevo monasterio, en presencia de un millar de monjes, monjas y fieles laicos llegados de todas las regiones del Kham. Hoy, la comunidad cuenta con doscientos monjes, mientras que el colegio de filosofía, reconstruido en gran parte gracias a la ayuda de Karuna-Shechen, ofrece un programa de nueve años de estudios a seiscientos estudiantes provenientes de ochenta monasterios. Así, Shechen vuelve a cumplir su papel de preservador del patrimonio cultural y espiritual del Tíbet, a pesar de las imposiciones aplicadas por el régimen totalitario que domina el país.

CAPÍTULO 36

LA MONTAÑA DE PLATA Y EL LAGO DEL ETERNO FRESCOR

Rabjam Rinpoche, unos amigos y yo descubrimos el monte Kailash y el lago Manasarovar. En la frontera occidental del Tíbet, los impresionantes vestigios del reino de Guge.

Desde hacía mucho tiempo, Rabjam Rinpoche y yo deseábamos ardientemente realizar la peregrinación al monte Kailash. Esta montaña mítica que se eleva sobre las altas mesetas del extremo oeste del Tíbet es uno de los lugares más sagrados de Oriente, venerado por los hindúes, los jainistas y los budistas. El monte Kailash, la «Montaña de Plata», es conocida como Kangkar Tise («Blanca Montaña de las Nieves») por los tibetanos, quienes consideran que su cumbre, cubierta de nieves perpetuas, es el palacio de la deidad Chakrasamvara en el centro de su mandala, mientras que los hindúes la consideran como la residencia de Shiva. Para los jainistas, es el lugar donde Rishabhadeva, el fundador de su filosofía, alcanzó la liberación del ciclo de las existencias.

Rabjam Rinpoche deseaba hacer esta peregrinación de incógnito. Decidimos partir en octubre de 1988. Él, un monje que velaba por sus necesidades, Pempa, y yo nos ataviamos pues con la indumentaria y los pertrechos propios del más típico excursionista. Nos acompañaban tres amigos de Hong Kong, Christian y Maria Rhomberg, y Hon Wai-Wai. Una agencia de viajes tibetana de Lhasa había organizado la expedición. En Nyalam, primer pueblo tibetano de importancia, situado a una treintena de kilómetros de la frontera, nos esperaban cuatro tibetanos, equipados con dos coches y un pequeño camión que transportaba material de acampada, una bombona de gas y provisiones. Entramos en el Tíbet por la carretera de Nepal, cruzando el puesto fronterizo de Dram, y pasamos la primera noche en un albergue tibetano en Nyalam. Cuidamos de no hablar en tibetano entre nosotros, y Rabjam Rinpoche había pedido que no le trataran con particular respeto. Pero nuestro subterfugio no logró engañar a nuestra anfitriona tibetana. A la mañana siguiente, durante el desayuno, declaró: «Este es un lama», señalando a Rabjam Rinpoche, «y los otros dos son monjes, ¿verdad?». No se puede escapar al propio destino. Pero, al margen de aquel ejemplo de tibetana perspicacia, conseguimos pasar prácticamente desapercibidos el resto del viaje. Solamente hacia el final de nuestra estancia revelamos la identidad de Rabjam Rinpoche a los tibetanos que nos acompañaban. Aunque habían terminado sospechándolo...

El paisaje de la provincia de Ngari, en el Tíbet occidental, es bastante diferente del de la provincia de Kham. Inmensas mesetas áridas se extienden hasta el infinito, bordeadas al sur por las nieves imponentes del Himalaya y separadas a este y oeste por collados hasta perderse de vista. La tierra desnuda está salpicada de arbustos secos y matojos de hierbas altas amarillentas, que ondulan al viento. Aquí y allá, en las proximidades de los ríos, aparecen pequeñas extensiones verdes que suavizan el paisaje. La mayoría de los habitantes no han visto un gran árbol en toda su vida. Antes de nuestra partida con destino al monte Kailash, había desdeñado la idea de proveerme de un bastón para caminar, pensando que encontraría uno con facilidad en el lugar. Pero una vez llegados, cuando pregunté dónde encontrar un bastón, me miraron como si hubiera pedido la luna y la madera no fuera cosa que uno encuentra debajo de un árbol. Detuve a un joven para asegurarme de que me entendían: «¿Qué entendéis por "árbol"?», pregunté empleando el término tibetano *shin*. Me señaló un matorral desmedrado y se quedó estupefacto cuando le enseñé la fotografía de un árbol de hermosa talla. A lo largo de todo nuestro periplo, lo máximo que llegamos a ver muy de vez en cuando fue un bosquecillo de sauces en algún valle resguardado y húmedo.

En algunos lugares, los minerales infundían a la tierra asombrosas tonalidades ocres, doradas, rojizas o púrpuras, que resultaban realzadas por los lagos de color turquesa insertados en el paisaje como joyas de luz. Las nubes de un blanco resplandeciente emergían y se deshacían en medio de la profundidad del cielo azul. Aquí y allá, descubríamos algunos pueblos de casas de tierra, o nos cruzábamos con nómadas desperdigados que vivían con mayor frugalidad que los del Kham. En el Kham, el interior de las tiendas de los nómadas está cubierto con hermosas alfombras, baúles de madera pintados con motivos multicolores, y denota cierta comodidad. Al penetrar en el interior de algunas tiendas en nuestro camino hacia el Kailash, nos sorprendió no encontrar más que algunas alfombras desgastadas, dos o tres fardos colgados de las estacas de la tienda y el hogar central. Los nómadas iban pobremente vestidos y muy poco protegidos contra el frío, cuyas dentelladas comenzaban a dejarse sentir. Su alimento consistía principalmente en una mezcla de *tsampa* (harina de cebada tostada) y de *chang* (cerveza de mijo).

En 1998, había muy pocos puentes construidos, por lo que tuvimos que vadear muchas veces los ríos. En medio de ninguna parte, nos cruzamos con un valeroso ciclista japonés quien, tras partir de Singapur, había pedaleado hasta el monte Kailash durante tres meses. Con el rostro sonriente, curtido por el sol de las alturas, iba vestido con un simple mono de corredor, en un lugar en que helaba por las noches. Llevaba la bicicleta provista de tres macutos, uno delante y dos detrás, que contenían un pequeño saco de dormir y una tienda minúscula. No se alimentaba más que con dos paquetes de fideos al día.

La grandiosa monotonía del Tíbet occidental se interrumpe puntual y súbitamente con espectáculos de raro esplendor que superan todo lo esperable, como cuando, al cabo de tres días de paisaje desértico, se nos apareció la perfecta pirámide del monte Kailash cubierto de nieves perpetuas. Así es como se avista desde el «Collado de las Prosternaciones» (Tchatsel Gang), que debe su nombre al hecho de ser el primer lugar desde el cual los peregrinos divisan las nieves perpetuas del monte Kailash y se prosternan entonces en dirección a la montaña sagrada, destino de su viaje. Algunos llegan tras una semana de traqueteo en la parte trasera de un camión; otros, después de haber caminado durante un mes o más, mientras que aquellos peregrinos con una voluntad más férrea han recorrido el camino prosternándose, una aventura que puede llegar a requerir de seis meses, dependiendo del punto de partida. Los peregrinos acuden a este lugar desde hace siglos: «Algunas montañas son solo montañas, mientras que otras poseen una personalidad propia, y de ahí el poder de influir en los hombres. La mayor de todas estas, desde el comienzo de los tiempos, ha sido y sigue siendo el monte Kailash», escribió Lama Anagarika Govinda en *La senda de las nubes blancas*. Lama Anagarika Govinda fue en primer lugar monje budista en Sri Lanka, para luego abrazar la tradición del budismo tibetano. Su primera peregrinación al monte Kailash fue en 1932, al que regresó en 1948, en el transcurso de un largo periplo. En aquella época todos estos viajes se realizaban a pie, en el mejor de los casos a caballo.

En lo alto del Collado de las Prosternaciones, los peregrinos cuelgan banderas de plegarias del montículo de piedras que los fieles han ido elevando a lo largo de los años. Pronto surge otra visión extraordinaria que se suma a la de la Montaña de Plata: la inmensidad azul turquesa del lago de Manasarovar. Situado a 4.600 m de altitud, se necesitan entre tres y cuatro días para recorrer su perímetro a pie. Múltiples nombres adornan este lago, de una belleza indescriptible: «Invencible Lago Turquesa», «Lago del Eterno Frescor», «Lago del Divino Loto». Rodeado de ciénagas cubiertas de plantas anaranjadas, verde oscuro o rojo ladrillo y de playas de arena negra, podría llamarse también el lago de los mil colores. Un poco más lejos se entrevé igualmente el otro gran lago que se encuentra en contigüidad, el Rakshastal,[1] el «Lago de los Ogros Demonios», cuyas aguas son salobres y que no es visitado por los peregrinos.

Aquella noche acampamos a orillas del lago Manasarovar. Habiendo salido a comienzos de octubre, nos asegurábamos disfrutar de un inmaculado cielo azul. A los peregrinos que van en verano, la estación de las lluvias, puede sucederles que al finalizar su visita a los lugares sagrados no hayan podido entrever sino fugazmente el monte Kailash, tapado por las nubes del monzón. A comienzos de aquel otoño hacía un tiempo soleado, cierto, pero muy frío: aquella noche habíamos llegado a los diez grados bajo cero en el interior de la tienda. Por la mañana, me encontré las lentillas, que había puesto en remojo durante la noche, hechas un bloque de hielo (por suerte cuando se deshizo el hielo estaban intactas).

Al salir el sol, fui a sentarme a orillas del lago y oí el parpar de dos patos escarlatas. Los busqué con la mirada sobre la superficie del lago, sin conseguir localizarlos. Finalmente los vislumbré a lo lejos, a varios centenares de metros. Atravesando el silencio perfecto del lugar, sus graznidos se habían deslizado sobre el agua en calma y parecía como si los hubieran emitido a mi lado.

El cielo, de un azul profundo y luminoso, se fundía en el espejo turquesa del lago. Al sur resplandecían las nieves del Gurla Mandhata. Al norte se veía la pirámide perfecta del Kailash. La meditación se desarrollaba tan bien por fuera como por dentro, de un modo fácil y natural. El recuerdo del gran yogui tibetano Shabkar, que vistió el Kailash a principios del siglo XIX, resurgió en mi mente. Escribió: «Un día en que estaba descansando a orillas del lago, conocí una libertad exenta de todo concepto, un estado claro, amplio y abierto». Una experiencia que le inspiró este canto:

> La naturaleza de la mente, fuente del *samsara* y del nirvana;
> infinitud, vacío resplandeciente,
> libre de todo apego a la realidad.
> Esto, lo he reconocido.
>
> [...]
> Cuando me fundo en esta inmensidad
> clara y vacía,
> sin fin, sin límites,
> mente y cielo no hacen sino uno solo.
>
> En esta dimensión de luz,
> el esfuerzo es inútil,
> todo adviene de uno mismo,
> con naturalidad, con serenidad.
> ¡Alegría absoluta!
>
> El amor compasión hacia los seres,
> mis madres de antaño, salió del fondo de mí;
> no son vanas palabras:
> de ahora en adelante, ¡me consagraré al bien de los demás![2]

Sentado a orillas del lago evocando este canto, maravillado por el esplendor del lugar y la luminosidad de los cielos, todo me parecía de una perfecta armonía.

Tras un desayuno bien caliente y reconstituyente, Christian Rhomberg y yo nos hicimos la reflexión de que no podíamos dejar de bañarnos al menos una vez en las aguas benditas del lago Manasarovar. Sadhus y familias enteras de devotos realizan el viaje a pie desde la India (o a caballo en el caso de las personas mayores o menos entrenadas) para tener el privilegio de sumergirse en estas aguas sagradas, cantando a voz en grito himnos a Shiva. Nos desnudamos y, haciendo acopio de valor, corrimos directamente hacia el lago. Cuando el agua nos llegó a las rodillas, nos zambullimos. Fue como un latigazo: el agua debía rondar los cinco grados. Después de nadar una veintena de metros, con toda la energía posible para ahuyentar la mordiente sensación del frío, dimos media vuelta y salimos disparados del agua en busca de nuestras toallas. El cuerpo reaccionó enseguida, y nos invadió un suave calor y una deliciosa beatitud bajo los rayos del sol matinal. El lago bien merecía su nombre: «Lago del Eterno Frescor».

Además de los sadhus que llegan a pie con su hatillo al hombro, cada año miles de indios presentan su solicitud para realizar la peregrinación, el *yantra*, al lago Manasarovar y al monte Kailash. Varios centenares de afortunados, elegidos por sorteo, reciben autorización para partir, en grupos escalonados, de junio a septiembre. Raphaële, que permaneció varios meses en el Kailash (desde 1986), me contó que en cierta ocasión se encontró con una veintena de indios a caballo que habían salvado puertos a 5.500 m de altitud, cubiertos de nieve, y que acampaban en tiendas militares. Ofrecían un cuadro pintoresco: los hombres, barbudos tras dieciocho días de vicisitudes, llevaban unos pasamontañas de lana provistos de unos pequeños orificios para los ojos y la nariz, y sombreros de fieltro; las mujeres iban en sari, y embutidas en gruesos jerséis, con la cabeza protegida con gorros. Llegados al final de su largo viaje, estaban de muy buen humor y llenos de fervor. Sin embargo, no es raro que algunos de estos peregrinos, provenientes de las llanuras de la India y poco acostumbrados a los rigores de las alturas, pierdan la vida en el transcurso de este periplo sagrado.

La región del Kailash es la parte más elevada de la meseta tibetana occidental y constituye la divisoria de las aguas. Cuatro grandes ríos tienen su nacimiento en ella. El Brahmaputra fluye hacia el este, atraviesa una gran parte del Tíbet, para a continuación girar hacia el sur cruzando la región de Pemako y proseguir su curso hacia Assam; el Karnali baja en dirección sur, hacia Nepal; el Sutlej fluye hacia el sudoeste, en dirección a la India, mientras que el Indo dibuja un gran bucle en su camino hacia Cachemira y Pakistán.

*

La circunvalación completa del monte Kailash requirió tres días de marcha completos. Comenzó en el pequeño pueblo de Darchen, en el que pasamos la noche siguiente para dar tiempo a nuestros guías a organizar la caravana de yaks que iban a transportar nuestras tiendas, las provisiones y la bombona de gas. Darchen, la «Gran Bandera», debe su nombre al inmenso mástil con banderas de plegarias que se encuentra un poco más arriba, siguiendo el camino de circunvalación, y del que cuelga una gran bandera de plegarias de un metro de ancho por una veintena de metros de alto. Cada año, en el plenilunio del cuarto mes lunar (generalmente en mayo), aniversario de la Iluminación y de la muerte (*paranirvana*) de Buda, el mástil, traído del Tíbet central o de Nepal, ya que no hay árboles en la región, se tumba en el suelo y se le engancha una nueva bandera de plegarias, coronada con un estandarte de victoria de tela multicolor. Una cincuentena de peregrinos se aplica a la delicada tarea de volver a alzarlo de forma que la base quede bien encajada en el agujero que lo mantiene recto. Otras banderas se cuelgan también de los vientos que van en todas direcciones desde la cúspide del mástil hasta el suelo, donde quedan fijados con estacas. Cuando se iza por fin la gran bandera, centenares de peregrinos acompañan el momento con oraciones y deseos de buen augurio, queman montoncitos de ramas de enebro que desprenden nubes de humo aromático y lanzan al cielo miles de finos papelitos multicolores cuadrados en los que hay impresas plegarias dedicadas a la prosperidad de todos, y que vuelan transportados por las corrientes ascendentes.

Nos pusimos en marcha al día siguiente muy temprano. Nuestro grupo comprendía las seis personas que íbamos como peregrinos, nuestros tres guías, cinco jinetes, una decena de yaks y los grandes perros pastores que acompañaban a sus amos. Rodeando el monte Kailash en el sentido de las agujas del reloj, como debe hacerse, fuimos siguiendo el curso de un río de aguas cristalinas y pasamos por delante de una cortada de tierra ocre en cuyo flanco había excavadas docenas de pequeñas cuevas. Aquí fue donde, según dicen, quinientos *arhats*, los discípulos más próximos de Buda Shakyamuni, vinieron a meditar hace más de dos mil quinientos años. Mientras avanzábamos a nuestro ritmo, nos alcanzó un monje solitario. Aminoró la marcha para seguir a nuestro paso e intercambiar algunas frases. Por su típico acento, reconocimos que era originario de la región de Riwoche, en el este del Tíbet. Nos contó que había realizado trece veces la vuelta a la montaña. Salía a las tres de la madrugada, recorría el perímetro del Kailash en un solo día y estaba de regreso en Darchen para las ocho de la tarde. Descansaba un día y, a la madrugada siguiente, vuelta a empezar. Tras conversar con Rabjam Rinpoche, se despidió y partió como una flecha, a un ritmo el doble de rápido que nosotros, para perderse en el horizonte. Al contrario que este monje apresurado, quienes realizan el camino prosternándose necesitan una veintena de días para completar la vuelta entera. ¡Proezas ambas que superaban con mucho nuestras modestas capacidades!

A primera hora de la tarde, alcanzamos la cara norte del Kailash, que ofrece una vista majestuosa. Enfrente de la montaña, al otro lado de un riachuelo, se encuentra la entrada de una cueva en la que se alojó, en el siglo XIII, el gran eremita Gyalwa Götsangpa, famoso por su renuncia y su compasión. A la llegada de Götsangpa, la *dakini* con cabeza de león, una divinidad femenina de sabiduría que aparta los obstáculos exteriores e interiores que pudiera encontrar el practicante en su camino, se metamorfoseó en *dri* (la hembra del yak) y guio al eremita hasta esta cueva. Una vez llegados, ella desapareció a través de la pared de la cueva, no dejando más que la huella de un cuerno en la piedra.

Situada a 5.200 m de altitud, esta cavidad se conoce desde entonces con el nombre de Drira Phuk, «La Cueva del Cuerno de Dri». Los escritos de Götsangpa sobre el amor altruista, la visión pura y la devoción son particularmente edificantes.[3] En su juventud, llevó la vida de un artista de talento, recorriendo el país con una compañía que realizaba espectáculos de música, de canto y de baile en las plazas de los pueblos. Hasta que sintió un profundo hastío hacia las actividades de la vida ordinaria y decidió consagrarse a la práctica espiritual. Un día, al oír pronunciar el nombre de Tsangpa Gyare, quien había de convertirse en su maestro espiritual, se sintió invadido por un profundo fervor. Cuando llegó a su presencia, este exclamó: «¡Está aquí! ¡Es maravilloso!», y así, con esta sencillez, fue como se convirtió en su discípulo. A la muerte de su maestro, aplicó al pie de la letra sus últimos consejos: «Abandona toda ambición mundana y permanece en la soledad de las montañas». Pasó numerosos años meditando en las cuevas, sobre todo en las del monte Kailash. En la segunda mitad de su vida, su influjo atrajo a numerosos discípulos y fundó varios monasterios. Fue Götsangpa, este gran eremita, quien instauró la tradición de la peregrinación alrededor del monte Kailash, cuyo recorrido estableció.

Conocimos al lama que ocupaba la cueva en la que antaño viviera Götsangpa. Resultó ser el sobrino de nuestro amigo Lama Chöjor, de Jamar. Reconoció a Rabjam Rinpoche y se unió a nosotros para lo que quedaba de nuestra circunvalación al monte Kailash.

Llegados a Drira Phuk, Maria y Wai-Wai estimaron que el paso de montaña del día siguiente y las dos jornadas de marcha que faltaban serían demasiado duras para ellos, por lo que regresaron con Christian a Darchen.

Tras acampar en un prado ubicado delante de la cueva de Götsangpa, llegó para nosotros el día más arduo de la peregrinación, la travesía del paso de montaña de Drolma La. De camino nos detuvimos en el emplazamiento de un cementerio a cielo abierto. Según cuentan, una gran roca plana es el espejo del dios de la Muerte, Yama, sobre el que se reflejan todas nuestras acciones pasadas y se dibuja nuestro karma futuro. Con el fin de recordarnos las enseñanzas sobre la certidumbre de la muerte y la imprevisibilidad de su hora, según lo que dicta la tradición nos tumbamos por turno sobre la mencionada roca plana, mientras un compañero imitaba mediante gestos el acto de despedazarnos para ofrecer nuestro cuerpo como pasto para los buitres. Los peregrinos dejan también un pedazo de sus vestimentas, símbolo del abandono de sus bienes como también el de su cuerpo. Todavía hoy, se entregan en este lugar despojos humanos a los buitres.

A medida que ganábamos altura, iba faltándome el aliento, por lo que, durante las dos últimas horas de marcha, cada paso que daba me costaba un poco más que el anterior. Por el camino nevado, cerca de lo alto del puerto, tenía que detenerme cada tres pasos para recuperar el resuello. Llegado a lo alto del paso, a 5.600 m, me dije que sin una aclimatación y un entrenamiento apropiados, habría sido incapaz de ir mucho más arriba, de haber sido necesario. Nuestros guías caracoleaban alegremente y no parecían cansados en lo más mínimo. Rabjam Rinpoche, que no gozaba de un perfecto estado de salud, montó a lomos de un yak. Colgamos algunas banderas de plegaria entre las piedras y, tras pronunciar votos por que todos los seres se vean liberados del sufrimiento, ofrecer incienso y dedicar unos momentos a contemplar el sublime paisaje que se extendía ante nosotros, emprendimos el descenso, dejando atrás a nuestra derecha un pequeño lago turquesa, el lago del buda de la compasión, Avalokiteshvara, también llamado Gauri Kund por los hindúes. Montamos el campamento para pasar la noche a 5.200 m de altitud. Esto puede no parecer muy elevado para unos montañeros avezados, pero habíamos esperado los permisos para visitar el Kailash más tiempo de lo previsto, por lo que habíamos tenido que quemar etapas entre Katmandú y la montaña sagrada sin haber tenido tiempo para aclimatarnos suficientemente a la altitud. Aquella noche fue la única vez en el transcurso de mis numerosos viajes al Tíbet en que padecí seriamente del mal de altura. Tras vomitar varias veces, comencé a sentir serias molestias, perdí las fuerzas y tuve dificultades respiratorias que fueron agravándose. La única solución habría sido descender para perder altitud, lo cual era imposible: estábamos a una jornada de marcha de Darchen, situado a 4.300 m, una altitud de por sí respetable, ¡y por supuesto no podía excavar un agujero para descender más! En mi desesperación, recosté unos momentos la cabeza sobre las rodillas de Rabjam Rinpoche, invoqué a mis maestros espirituales y puse mi destino entre sus manos, pensando: «Maestros benevolentes, ¡vosotros lo sabéis! Hágase lo que se pueda...». Por fortuna, me recuperé poco a poco, pude dormir unas horas y a la mañana siguiente estaba en pie, dispuesto a partir.

En la vertiente meridional del monte Kailash, visitamos una cueva en la que vivió el más famoso eremita del Tíbet, Jetsun Milarepa. Más tarde, delante de su cueva se practicó un pequeño vestíbulo que albergaba un altar de madera sobre el que se depositaban varias estatuas y ofrendas, las cuales tapaban en parte la propia cueva.

Yo sabía, por haber traducido su autobiografía, que la cueva de Shabkar, un gran yogui que vivió entre los siglos XVIII y XIX, estaba situada en las proximidades de la de Milarepa. Pero ningún peregrino sabía dónde se encontraba con exactitud. Finalmente encontré a alguien que supo indicarme el lugar, a unos centenares de metros por encima de la cueva de Milarepa, en la ladera de la montaña. Hacia allí nos dirigimos. Contrariamente a la de Milarepa, la cueva de Shabkar había permanecido intacta. Una pared baja de piedras provista de una minúscula puerta protegía la entrada. Unos escalones descendían hasta la única estancia, de unos tres por tres metros. Había algunas ofrendas depositadas en una anfractuosidad de la roca, que formaba una especie de hornacina. A uno de los lados, se apreciaba todavía el lugar ennegrecido por el humo donde se había ubicado el hogar, el mismísimo en que Shabkar había hervido té, que mezclaba con *tsampa*. Nos parecía como si Shabkar se hubiera marchado el día anterior. Le hice la petición al lama de la cueva de Götsangpa, que nos acompañaba, que tuviera a bien hacer erigir una estatua de Shabkar y colocarla en la cueva en que este gran santo y asceta había vivido y meditado. Él aceptó amablemente. Le hice una ofrenda y, cuando estuve de regreso en Katmandú, le envié algunas reliquias de Shabkar que me había dado en Amdo, para que las introdujera en el interior de la estatua.

Aquella cueva se llamaba «La Huella Blanca», porque no lejos de ella se distinguía claramente en una roca una gran huella en forma de pie, que correspondería, según dicen, a la huella dejada por Buda Shakyamuni cuando llegó milagrosamente al monte Kailash acompañado por quinientos *arhats*.

Después de visitar aquellas dos cuevas, la marcha se hizo más fácil, pues el camino seguía un suave declive. Llegamos así rápidamente a Darchen, donde disfrutamos de una noche reparadora.

*

Según un dicho popular, en el Kham se alcanza la Iluminación gracias a los maestros espirituales, en el Tíbet central gracias al estudio de los textos y en el Tíbet occidental gracias a los lugares sagrados. ¿Por qué realizar peregrinaciones a estos lugares? De entrada, es la señal de cierta actitud: uno parte, a menudo en buena compañía, en un estado mental virtuoso, con la intención de ser mejor, inspirado por el carácter sagrado de los lugares y la evocación de los seres de excepción que han vivido en ellos. Practicar un mes en sitios donde han vivido grandes santos del pasado es tan benéfico, según dicen, como practicar un año en un paraje sin nada especial. En efecto, al recordar las cualidades de estos maestros, tales lugares nos remiten constantemente a la práctica espiritual. La peregrinación permite asimismo entrenarse en la «visión pura», el reconocimiento de la naturaleza de buda presente en todos los seres y de la pureza original de los fenómenos. El mundo es percibido como un mandala, los sonidos como mantras y los pensamientos como manifestaciones de la Iluminación. Pero, por inspiradora que sea, lo que realmente da valor a la peregrinación exterior es la peregrinación interior, la del camino hacia la Iluminación, que puede cumplirse sin moverse, en los pocos metros cuadrados de una ermita.

Tuve ocasión de realizar numerosas peregrinaciones al Himalaya y al Tíbet. De entre las que ya he relatado y las que me quedan aún por contar en esta obra, la de la Ciudadela del León de las Nieves, Sengue Dzong, en el nordeste de Bután, fue la más ardua, y también la que con mayor intensidad me infundió la sensación de hallarme «fuera del mundo». La de Pemako, en el extremo sudeste del Tíbet, fue la más colmada de bendiciones y del sentimiento palpable de la presencia de mi maestro-raíz Kangyur Rinpoche. La de Amne Machin, en Golog, me dio la impresión de ser más clásica: una larga caminata de alta montaña, acompañada de la visita a las ermitas de Shabkar y de la visión inspiradora y majestuosa de las nieves eternas, que de vez en cuando asomaban resplandecientes entre las nubes.

En cuanto a la peregrinación del monte Kailash, fue incontestablemente la más grandiosa. La inmensidad del cielo y del paisaje con los cuales la mente se confunde, la perfecta disposición de los dos lagos, las cumbres imponentes del Gurla Mandhata al sur del lago Manasarovar y la pirámide majestuosa del Kailash al norte evocaban una perfección que nunca había tenido ocasión de contemplar hasta entonces. Surgiendo como joyas engastadas en las vastas mesetas áridas del Tíbet occidental, los elementos naturales formaban por sí solos un mundo de belleza imbuido por la presencia intemporal de los eremitas que vivieron en él. El cielo, de un azul profundo y luminoso como solo lo es el azul del firmamento a gran altitud y el aire vivificante aumentaban el sentimiento de elevación, de completitud. La intensidad de estos momentos me parece tan única y ocupa un lugar tan particular en mi memoria, que no he experimentado el deseo acuciante de volver a estos lugares. Nada podrá nunca superar la experiencia que viví en aquel mes de octubre de 1998, en compañía de Rabjam Rinpoche y de nuestros compañeros de peregrinación.

*

Tras aquella inolvidable circunvalación, proseguimos nuestro viaje hacia el oeste en coche para descubrir otras maravillas. En primer lugar Pretapuri, a cincuenta kilómetros del monte Kailash, un lugar considerado como uno de los veinticuatro principales sitios sagrados del Tíbet y la India, bendecido además por Gurú Padmasambhava, quien dejó la huella de su pie sobre una roca. Asombrosas fuentes de agua caliente a cielo abierto se superponen unas a otras a modo de pilones formando una gran pirámide escalonada. Qué deleite, después de ocho días por carreteras polvorientas y tres días de ardua peregrinación, sumergirse bajo un cielo azul inmaculado en unas aguas límpidas cuya temperatura varía entre 30° y 40° según los pilones. El frío exterior contrastaba deliciosamente con el calor del agua que penetraba en nuestro cuerpo rendido hasta la médula de los huesos. El cansancio acumulado se esfumó en unas decenas de minutos. Tras este interludio tan bienvenido como reconstituyente, continuamos nuestro camino hacia la ciudad mítica de Tsaparang, capital del antiguo reino de Guge, el punto más occidental de nuestro viaje y del Tíbet, no lejos de la frontera con Ladakh, en la India.

Durante el trayecto, en mitad de ninguna parte (no existía vivienda alguna en cincuenta kilómetros a la redonda), apareció una pequeña cabaña ocupada por una pareja cuya hijita de aspecto angelical poseía unos grandes ojos azules, rasgo rarísimo en el Tíbet. Colgado en la parte delantera de la cabaña, un gran cartel anunciaba en tibetano: «Té y yogur». Tomamos gozosamente del uno y del otro, y tomé un retrato fotográfico de la niña de ojos azules, un rostro que conservo como uno de mis favoritos.

En 1948, Anagarika Govinda, un alemán que fue uno de los primeros practicantes occidentales del budismo tibetano, y su mujer de origen parsi,[4] Li Gotami, tardaron dos años en llegar a Tsaparang a pie desde Nepal, tras realizar largas paradas durante el camino, en el monte Kailash (que Govinda había visitado ya en 1932) y en diversos monasterios y ermitas. En *La senda de las nubes blancas*, describe así el momento de la tan esperada llegada: «Cuando a la salida de un desfiladero aparecieron de pronto los altivos castillos de la antigua ciudadela de Tsaparang, que parecían cortados a pico, a modo de monolito aislado, nos quedamos inmóviles de fascinación, apenas podíamos dar crédito a nuestros ojos». Lama Govinda y Li Gotami, artistas ambos, pasaron seis meses recuperando los frescos de Tsaparang. Los dibujos y relatos que recogieron sacaron a este lugar histórico del olvido.

Únicamente necesitamos una larga jornada en coche para llegar a Tsaparang desde el monte Kailash, pero nos sentimos de inmediato subyugados tanto por la grandeza como por el carácter insólito de este emplazamiento. Después de atravesar durante largas horas el desierto mineral de las altas mesetas, descendimos hasta el valle del río Sutlej. Recorrimos inmensos macizos de altas paredes rocosas, catedrales rupestres del color de la arena, mosaicos de barrancos y relieves dorados esculpidos por el curso del Sutlej, los siglos de erosión eólica y los torrentes de las raras lluvias del monzón estival. A lo lejos, hacia el sur, divisamos la cima del Nanda Devi, de 7.800 m de altitud. Luego fue el turno de Tsaparang: de las ruinas majestuosas del palacio del reino de Guge, colgadas sobre una roca piramidal de doscientos metros de alto, ejemplo lacerante de la perennidad de todas las cosas. Del reino que conociera su momento de gloria entre los siglos IX y X, no subsisten más que vestigios vacíos y silenciosos. Tan solo una aldea de un centenar de habitantes en la parte alta del valle da testimonio de que es posible vivir en estos parajes desolados.

Visitar el palacio requiere entrar literalmente en el vientre de la montaña, para luego ascender por un largo túnel de pronunciada pendiente excavado en sus entrañas, antes de ir a parar a un entrelazado de túneles y cuevas que conduce a los aposentos reales. En la cima, en una terraza, se alza, rojo y solitario, el palacio de verano, desde el que se divisa hasta perderse de vista un paisaje de tierra de selenita ocre amarillenta. Recuerdo elocuente del sitio que, según las crónicas tibetanas, sufrió el rey Yeshe-Ö en el siglo X, rodeado por un ejército turco. La fortaleza tenía fama de inexpugnable, pero el hambre dio buena cuenta del rey de los súbditos atrincherados con él: al cabo de unos meses, se rindieron.

En el camino de regreso, a una veintena de kilómetros de Tsaparang, hicimos un alto en el monasterio de Tholing, cuya considerable influencia se extendió hasta Ladakh y Cachemira, regiones situadas a trescientos cincuenta y quinientos kilómetros respectivamente. Tholing (que debería escribirse Thöding según la ortografía tibetana y significa «Flotando en el Cielo») es el monasterio más antiguo de la provincia de Ngari, la más occidental del Tíbet. Por inspiración del famoso traductor Rinchen Zangpo, que fue su abad, el rey Yeshe-Ö hizo construir el monasterio en 997. Este monarca desempeñó un papel capital en la historia del Tíbet al invitar en 1042 al gran *pandit* indio Atisha, quien pasó tres años en Tholing antes de emprender el camino del Tíbet central, donde fundó la tradición Kadampa, una de las principales escuelas del budismo tibetano. Construida en una terraza sobre el cauce del río Sutlej, el templo está flanqueado por una fila de ciento ocho estupas, cuya resplandeciente blancura destaca sobre el ocre de la tierra.

Diversos soberbios frescos y estatuas, de entre los más bellos de su época (siglo XI), han sobrevivido al paso del tiempo y a la destrucción de la Revolución Cultural. Otros están dañados por la erosión, o fueron desfigurados por la guardia roja, que destrozó también gran número de esculturas antiguas de arcilla. Tal como lo describió Lama Govinda, a propósito del abandono de estos lugares y de las consecuencias del paso del tiempo: «Desaparecido el poder, la belleza planeaba todavía sobre las ruinas y las obras de arte creadas humilde y pacientemente a la sombra del poder».

Esta incursión en la parte más occidental del Tíbet concluyó aquel viaje memorable. En unos días de coche, alcanzamos el paso de Gong La, a 5.050 m de altitud. Desde allí, algunos de los amigos tibetanos que nos habían ayudado con tanta amabilidad a lo largo de todo el viaje hubieron de volver a Lhasa, mientras que el resto nos acompañaría hasta la frontera nepalesa, dos horas de carretera más abajo. Rabjam Rinpoche dispensó su bendición a nuestros compañeros de viaje y yo repartí para ellos y sus familias cordelitos rojos que los tibetanos se anudan alrededor del cuello, explicándoles que habían sido bendecidos por la mano misma del Dalai Lama. Era menos arriesgado llevar aquel tipo de bendiciones, que fotos del Dalai Lama, que habrían podido acarrearnos mayores problemas por parte de las autoridades. Recibieron los cordelitos con gran fervor. Les confié que pronto volvería a ver al Dalai Lama y les pregunté si deseaban que le transmitiera algún mensaje. Tras un momento de silencio, uno de ellos respondió: «Dígale que seguimos aquí».

CAPÍTULO 37

TRAS LAS HUELLAS DE SHABKAR

Después de haber traducido del tibetano las mil páginas de la autobiografía de Shabkar, consumado yogui, sabio y poeta, viajo al Tíbet oriental para reunir los catorce volúmenes de sus escritos y exploro los lugares donde vivió. Estancia en la isla de Tsonying, en el lago de Kokonor.

En 1952, como se recordará, Dilgo Khyentse Rinpoche, siguiendo los consejos de Khyentse Chökyi Lodrö, se dirigió a Amdo, provincia del noroeste del Tíbet, para comunicar la transmisión de los sesenta volúmenes del *Tesoro de las enseñanzas reveladas*. En el transcurso de aquella estancia, visitó Yama Tashikhyil, el pequeño monasterio encaramado en lo alto de una colina boscosa y rodeado de ermitas, en la región de Rekong. En este lugar vivió Shabkar (1781-1852), consumado yogui, sabio y poeta, considerado en todo el Tíbet como el segundo Milarepa, el famoso eremita del siglo XI. Shabkar pasó los veinticinco últimos años de su vida en Tashikhyil. Le gustaba particularmente sentarse en un gran banco de piedras lisas, bajo un gran enebro. Allí era donde enseñaba y entonaba los cantos de realización que iluminan su autobiografía. Cuando Dilgo Khyentse Rinpoche visitó el lugar, los lugareños lo invitaron a tomar asiento en este trono y le pidieron que impartiera también él sus enseñanzas. Khyentse Rinpoche improvisó algunos cantos de realización espiritual: apareció un arco iris y cayeron suavemente finos copos de nieve, como una lluvia de flores. Los testigos de este acontecimiento sacaron la conclusión de que

Khyentse Rinpoche debía ser una reencarnación de Shabkar. Al contar esta anécdota, Dilgo Khyentse Rinpoche comentó: «Sin duda había algo de verdad de tal suposición».

Inspirado por Khyentse Rinpoche (así como también por Gene Smith, quien me había confiado que era la autobiografía más notable que había leído), me sumergí en el relato de la vida de Shabkar y me sentí entusiasmado por aquella historia vívida, profunda y emocionante que nos da de su existencia desde su más tierna infancia hasta su última realización espiritual. Shabkar fue un «bardo de la Iluminación» que recorrió el Tíbet de este a oeste y que, al igual que Milarepa, además del relato en prosa de las peripecias de su vida, dio muestra de una increíble capacidad para improvisar en toda ocasión cantos de una gran poesía. Leía el mundo exterior como las páginas de una guía de la vida interior: una nube blanca evocaba a su maestro espiritual sentado, majestuoso y radiante, sobre la nebulosa; un cielo luminoso realzaba su realización de la Gran Perfección; la fragilidad de una flor le recordaba la de la vida; el murmullo de los riachuelos y el canto de los pájaros sonaban como palabras y enseñanzas. Con un asombroso virtuosismo, componía un cuarteto utilizando la misma vocal inicial al comienzo de cada verso, o también un poema en que cada verso comenzaba sucesivamente con cada una de las letras del alfabeto tibetano. La franqueza y la simplicidad con las que relató su camino interior nos convencen de que un fervor sincero junto con una diligencia indomable pueden llevar, incluso a los menos dispuestos de entre nosotros, hasta la Iluminación.

Creía firmemente que una biografía tan rica e inspiradora tenía que estar traducida a una lengua occidental. Dado que el texto ocupaba casi un millar de páginas en tibetano, recluté a algunos amigos traductores para que me ayudaran. Establecieron un primer borrador de siete capítulos, de los quince que comprendía la obra, mientras yo me dedicaba a los otros ocho, llevando en paralelo las investigaciones necesarias para la correcta comprensión del relato, de los lugares y de las enseñanzas citadas por Shabkar. A medida que la traducción avanzaba, redacté hasta un millar de notas, seis apéndices, cinco índices, un catálogo descriptivo de las obras completas de Shabkar, mapas y árboles genealógicos de su linaje espiritual, así como un glosario.

Esta tarea me ocupó diez años, pues al mismo tiempo servía lo mejor que podía a Dilgo Khyentse Rinpoche, en su día a día. Disfrutaba no obstante de las condiciones más favorables: si tenía que aclarar algunos puntos para mi comprensión del texto, podía consultar no solo con Dilgo Khyentse Rinpoche, sino también con los numerosos eruditos que gravitaban en torno a él. Estos, originarios de diferentes regiones del Tíbet, ubicaban los lugares de los que hablaba Shabkar, pero me explicaban también las expresiones vernáculas del Amdo que él utilizaba a veces. Concluí el trabajo durante los seis meses de retiro que pasé en Darjeeling en 1989.[1] Constance Wilkinson, una amiga versada en poesía y que vivía en Katmandú, le dio toda la elegancia al texto inglés, lengua a la que hicimos la traducción inicial.

Los escritos de Shabkar figuran entre los más claros y elegantes de la literatura tibetana. Según se lee su biografía, es el conjunto de las enseñanzas del budismo lo que se descubre. Mezclando a la pulcra exposición de las enseñanzas múltiples anécdotas y cantos espirituales que prodigan consejos y al mismo tiempo relatan sus experiencias meditativas, Shabkar no tiene más preocupación que la de orientar el espíritu de los seres hacia el Dharma, sostener su determinación y su entusiasmo, e impedir toda desviación o estorbo en el camino de la liberación. Aunque poseía enormes conocimientos, pues había estudiado con maestros de todos los linajes del budismo tibetano, su objetivo es el de hacer vibrar en nosotros la esencia de las enseñanzas, y en ningún caso el de exponer su saber teórico.

The Life of Shabkar, The Autobiography of a Tibetan Yogi, se publicó en 1994, tres años después de la muerte de Khyentse Rinpoche. Resultó bastante difícil encontrarle editor. Uno de los posibles candidatos, me dijeron, se contentó con sopesar el manuscrito ¡y declararlo demasiado voluminoso para ser rentable! Recuerdo que después de haber sufrido unos cuantos rechazos, una noche oí en una emisión de la BBC, que escuchaba en mi radio de onda corta, que un antiguo piloto de helicóptero norteamericano en el Vietnam acababa de recibir un adelanto de más de cien mil dólares por la publicación de sus memorias. Me pregunté en qué mundo vivíamos para que una de las obras maestras más veneradas de la literatura tibetana no encontrara quien la publicara, mientras que los editores se arrancaban de las manos las memorias de un piloto que había servido en una terrible guerra.

Fue gracias a la intercesión de Matthew Kapstein, un tibetólogo norteamericano, como el manuscrito fue finalmente aceptado por las Prensas Universitarias de Nueva York.[2] Se convirtió así en fuente de inspiración para numerosos practicantes del Dharma. Una versión abreviada (la traducción inglesa, presenta a doble columna, ocupaba también mil páginas) se tradujo al francés.

Al leer las obras de Shabkar y establecer su catálogo (la mayor parte de ellas se mencionan en la autobiografía y obtuve también varias listas de sus escritos procedentes del Amdo), decidí reunir sus obras completas con el fin de encargar su impresión en la India y ponerlas a disposición de todos.

*

Así pues, ¿quién fue Shabkar? Nació en 1781, entre los yoguis de la región de Rekong. Desde su más tierna infancia, manifestó una profunda inclinación por la vida contemplativa y, a los catorce años, conoció a su primer maestro espiritual, Jampel Dorje («Dulce Gloria Adamantina»). Cuenta que, al escuchar las enseñanzas de este maestro, nació en su espíritu un profundo sentimiento de cansancio y de renuncia hacia el *samsara*, el mundo condicionado por la ignorancia y el sufrimiento. Cuando Jampel Dorje impartió la introducción a la naturaleza de la mente, el joven Shabkar recibió la plena comprensión de esta naturaleza, semejante al cielo, luminosa y libre de toda dualidad.

Posteriormente Shabkar conoció a otros maestros espirituales, uno de los cuales le aconsejó ir en busca del rey del Dharma —título honorífico de ciertos maestros que son además los «reyes» de una provincia o de una tribu, en este caso la comunidad mongola establecida en la región»—, Chögyal Ngakyi Wangpo, que vivía en un campamento de nómadas de la «Pequeña Mongolia», distrito situado en las zonas altas de Tsekok, en Amdo, al sur de la región de Rekong. En el instante mismo en que Shabkar oyó pronunciar por primera vez el nombre de este gran maestro, sus ojos se llenaron de lágrimas de devoción y no tuvo más pensamiento que el de ir en su busca. Habiendo alcanzado una profunda realización espiritual, este fino erudito era un rey mongol venerado como emanación de Gurú Padmasambhava.

Tras recibir todas las instrucciones espirituales de Chögyal Ngakyi Wangpo, Shabkar se marchó para ponerlas en práctica durante cinco años a la cueva de Tseshung, un lugar de retiro agradable a media jornada de marcha del campamento de Ngakyi Wangpo. Fue en esta amena soledad donde profundizó sus experiencias meditativas y su realización. A continuación regresó con su maestro y le transmitió las visiones y experiencias que había vivido. Muy satisfecho con su relato, el rey del Dharma le dijo sonriendo: «¡Hijo mío! La perseverancia a que te has obligado a lo largo de tu retiro ha hecho nacer en ti la renuncia, el espíritu de la Iluminación y la visión justa».

Unos años más tarde, Shabkar, de acuerdo con su maestro, juzgó necesario partir hacia lugares más solitarios, como la isla de Tsonying, en medio del lago Kokonor, o las cuevas del macizo de Amne Machin, con la finalidad de izar el estandarte de la victoria de la práctica meditativa. Describe de modo particularmente emotivo los últimos momentos que pasó en presencia de su maestro venerado:

> Por la mañana temprano, mientras tomaba el té, me dijo: «Entonces, renunciando, después de haber bebido esta taza de té, ¿vas a partir?».
>
> «Sí, maestro», respondí.
>
> Me ofreció el resto de su té. Cuando terminé de beberlo, posó su mano derecha sobre mi cabeza y me dio su bendición, al tiempo que me comunicaba un último consejo espiritual.
>
> Durante todo el tiempo que duró esta plegaria, tocaba sus pies con mi cabeza, visualizando que recibía una iniciación. «¿Quién sabe si volveré a ver a mi guía espiritual en esta vida? ¿Y qué haría si no volviéramos a vernos?», me dije para mí. Lloré a lágrima viva y le ofrecí un canto de despedida.
>
> Mientras lo recitaba, me invadió una profunda emoción y las lágrimas rodaron de nuevo por mi rostro. Emocionado, el venerado rey del Dharma derramó también lágrimas y luego me mostró un magnífico cristal con matices de arco iris, que poseía desde hacía tiempo.
>
> «Te lo doy», me dijo, «en señal de la perfecta pureza del vínculo espiritual que nos une, como padre e hijo. Conserva este cristal, pues existen felices auspicios ligados a él». Lo puso en mi mano, añadiendo: «No llores, ermitaño de las montañas. Padre e hijo volverán a verse».
>
> Cuando salí por la puerta de la tienda, me volví para contemplar el rostro de mi maestro, anegado en lágrimas. Durante unos instantes, me fue imposible alejarme. Finalmente me decidí a partir y me dirigí a la tienda de su esposa y su séquito. Les deseé que continuaran con buena salud, les regalé estolas ceremoniales y les ofrecí un canto de despedida. Luego me marché, con el corazón henchido de tristeza.
>
> Descendí lentamente por el camino, volviéndome constantemente hacia el campamento de Urgeh, la residencia del rey del Dharma. En el momento en que perdí de vista el campamento, fui incapaz de continuar

mi camino. Di media vuelta: a lo lejos se extendían las tiendas resplandecientes de Urgeh. Ardía en deseos de volver sobre mis pasos.

Entonces recordé que había recibido todas las profundas instrucciones y que por tanto no tenía ningún motivo para volver atrás. Pensé que después de hacer un retiro en la isla de Tsonying, podría volver a ver al venerado rey del Dharma. Recé para no estar nunca separado de mi maestro espiritual a lo largo de mis existencias.

A pesar de todo ello, de nuevo me fue imposible avanzar. Permanecí inmóvil. Al cabo de un momento, reanudé la marcha, con el corazón roto de dolor. En toda mi vida había sufrido tal desamparo. Era la señal de que no iba a volver a ver nunca más a mi preciado maestro.

Shabkar significa «Pies Blancos». Su sobrenombre procede del hecho de que, allá por donde pasaba, el suelo se emblanquecía bajo sus pies, metáfora que significa que sus enseñanzas movían a quienes lo encontraban a practicar la virtud. El sobrenombre quizás esté también vinculado con la cueva de las estribaciones del monte Kailash, donde se estableció para un retiro y la cual yo había tenido la fortuna de visitar; esta cueva está cerca de la famosa «Huella Blanca», una de las cuatro huellas de pisadas dejadas, según dicen, por Buda Shakyamuni durante su viaje milagroso a esa montaña.

Su verdadero nombre, que le fue impuesto por el rey del Dharma, era Tsogdruk Rangdröl, lo cual significa «Liberación Espontánea de los Seis Sentidos». En su autobiografía, Shabkar cuenta cómo se estableció en una cueva próxima a la orilla de la isla de Tsonying:

Aquel año, con excepción del té del mediodía, no cociné apenas. Observé un silencio total durante ocho meses y me consagré a las prácticas espirituales más esenciales, pues mi meta era dejar mi mente reposar en el estado natural y ecuánime de la radiante Esencia adamantina de la Gran Perfección.

Cada primavera, miles de aves lacustres acuden a nidificar a lo largo del litoral. Mientras Shabkar meditaba a la entrada de su cueva, observaba un águila que todos los días atrapaba tres o cuatro polluelos todavía incapaces de volar. Cuenta:

La rapaz extirpaba y devoraba el corazón de aquellas desdichadas criaturas aún vivas. Compadecido por aquellos pajarillos, durante los dos meses de primavera me esforcé por protegerlos del águila. No tardaron

> en comprender que los defendía: se juntaban y se apretujaban contra mí, en la orilla de la isla. En cuanto el águila se acercaba, comenzaban a piar de un modo lastimero.
>
> Un día, perseguí al águila blandiendo una honda. Cuando el ave de presa me vio, perdió el equilibrio y cayó al lago. Batía las alas sobre la superficie, agotado.
>
> Comenzó a hundirse en el agua mirándome directamente a los ojos. Me dio lástima. La saqué del lago y lo dejé en la orilla. Cuando estuvo casi seca, le até la honda alrededor del cuello y la reñí: «Cuando devoras los polluelos te sientes muy valiente, ¿verdad?». Con un bastoncillo, le propiné varios golpes en el pico y en las garras. La tuve así unos momentos antes de soltarla. No volví a verla durante un tiempo. En el transcurso de aquellos tres años que pasé en la isla, conseguí salvar así varios miles de polluelos.

Durante su retiro en la isla, compuso numerosos textos y poemas, entre ellos el famoso *Vuelo del Garuda*, recopilación de veintitrés cantos sobre la naturaleza de la mente.[3]

Todos los inviernos, Shabkar y los demás ermitaños cruzaban el lago helado para ir a mendigar provisiones entre los nómadas y pastores que vivían en los contornos. Pero un año los víveres se agotaron antes de que el lago se helara, y los ermitaños tuvieron que someterse a un drástico racionamiento.

La búsqueda de elevados lugares espirituales llevó a Shabkar a numerosos sitios sagrados, en los que realizó una serie de retiros: los glaciares del Amne Machin, la ardua peregrinación a los barrancos de Tsari, el monte Kailash y el valle de Lapchi, en la frontera con Nepal. Pasó varios años de retiro en cuevas en las que el gran eremita del siglo XII, Jetsun Milarepa, y otros santos habían meditado antes que él. Fue también a Nepal, donde hizo volver a dorar la espira de la estupa de Boudhanath con el oro que le habían regalado los fieles.

Durante su vida de yogui errante, impartió sus enseñanzas a todos, desde bandidos hasta animales salvajes. En 1828, con cuarenta y siete años de edad, Shabkar regresó a Amdo, donde pasó los últimos veinte años de su vida enseñando, restableciendo la paz en la región y meditando en lugares solitarios, en particular en su ermita de Yama Tashikhyil, donde vivió sus últimos días.

*

¿Cómo compilar las obras de un asceta itinerante que se pasó la vida de cueva en cueva y de peregrinación en peregrinación, desde el Tíbet oriental hasta el extremo oeste mineral del monte Kailash, pasando por Lhasa? Existen manuscritos de algunas obras de Shabkar en el Tíbet central y occidental, donde residió largo tiempo, pero es en su región natal, en Amdo, donde se reunió la totalidad de sus obras. Yo sabía que uno de sus propios discípulos, Sangye Rinchen, había grabado diversas xilografías tras su muerte en Tashikhyil, pero ignoraba qué había sido de ellas. De modo que le pedí a mi amiga Raphaële, quien deseaba vivamente visitar esta provincia, que buscara a quienes pudieran ayudarnos a cumplir este proyecto.

En 1987, Raphaële había intentado por primera vez entrar en Amdo, pero sin éxito. La retuvieron en Sherchou, en cuanto penetró en esta pequeña localidad ubicada en la provincia china de Qinghai, en la que está integrada también la región de Amdo. Al año siguiente, en 1988, al término del segundo viaje al Tíbet oriental de Dilgo Khyentse Rinpoche, Raphaële había conseguido unirse a nosotros por tres meses, a pesar de las diversas tentativas de expulsión de que había sido objeto por parte de las autoridades locales, y que siempre había conseguido burlar. Por aquella época, no se permitía a los extranjeros visitar estas regiones. Mientras nosotros íbamos camino de regreso hacia Chengdu, Hong Kong y la India, ella decidió quedarse en el Tíbet y volver a intentar llegar a Amdo, después de un rocambolesco paso por el Kham.

Partió sola, llena de entusiasmo, pero apenada al mismo tiempo por separarse de Khyentse Rinpoche. Fue un acierto, por cuanto en la siguiente etapa de nuestro regreso a Chengdu, descubrimos que la buscaba la policía, decidida a detenerla por haber permanecido durante tanto tiempo sin autorización en el Kham. Raphaële se les escapaba, una vez más...

Sin embargo, la provincia de Amdo seguía estrictamente vedada a los extranjeros. Durante aquella segunda tentativa, Raphaële consiguió no obstante pasar escondida en un autobús, con la complicidad del chófer, y llegar a su destino en el distrito de Rekong, lugar de nacimiento de Shabkar. En el depósito de autobuses, buscó a alguien que pudiera guiarla para seguir la pista de Shabkar. Por suerte, dio de inmediato con Yudrung Gyal, un pintoresco personaje sobrino del famoso erudito Gendün Chöphel. Hablaba la lengua de Lhasa —el dialecto de Amdo es francamente difícil para los no iniciados— e invitó a Raphaële a su casa, en el pueblo de Shophon Chi, a la mismísima casa en que naciera y pasara su infancia Gendün Chöphel. Yudrung Gyal presentó a Raphaële a la encarnación de Shabkar, la cuarta del linaje, y la llevó hasta Yama Tashikhyil, donde Shabkar había vivido tanto tiempo. Tomaron un pequeño sendero empinado y sinuoso que, partiendo de la orilla de un río en el fondo del valle, ascendía por la colina boscosa en lo alto de la cual se elevaban el templo-ermita y el centro de retiro adyacente que estaban entonces en reconstrucción, y en los que trabajaban con afán un centenar de lugareños, monjes y yoguis. Desde allí se contemplaba un extenso paisaje de bosques, de entre los que salían aquí y allá paredes cortadas de piedra roja, dominadas por verdes pastos.

Raphaële quedó seducida por la suavidad de Amdo, de sus habitantes y de los yoguis de largos cabellos trenzados que se enrollaban sobre la cabeza. Comparado con Kham y Golog, todo parece más amable en Amdo: la altitud es más baja, entre 2.000 m y 3.000 m; los paisajes, las costumbres y los habitantes son más agradables. En esta región nacieron numerosos sabios y eruditos, entre ellos el XIV Dalai Lama, Tenzin Gyatso. Raphaële realizó un primer retiro en Tashikhyil, lugar al que iba a volver a menudo.

Dos meses más tarde, Raphaële regresó a Nepal entusiasmada y portadora de excelentes noticias: los bloques de piedra grabados en Tashikhyil habían sido destruidos durante la Revolución Cultural, pero la casi totalidad de los escritos de Shabkar habían sido preservados en forma de impresiones realizadas a partir de esos mismos bloques y de manuscritos en posesión de los yoguis de la región. Año tras año, Raphaële volvió en peregrinación, para efectuar retiros y con el fin de emprender proyectos humanitarios en el marco de nuestra organización Karuna-Shechen. Más que nunca, estaba deseoso de ir tras las huellas de Shabkar, de visitar los lugares en los que había meditado y compuesto sus tan valiosos escritos, y de encontrarme con aquellos que los conservaban.

*

No fue hasta 2001 cuando pude por fin poner este proyecto por obra. Tras partir de Shechen, al término de un viaje de tres días en coche y en autobús, entré en el Kham y llegué a orillas del lago Kokonor («Mar Azul» en mongol), inmensa extensión de agua salada de 360 km de perímetro, situada en un altiplano rocoso a más de 3.200 m de altitud enmarcado por un paisaje grandioso y bordeado al sur por colinas en las que pacen los rebaños de ovejas. Raphaële, procedente de Rekong, tenía que unirse conmigo para ir juntos en peregrinación a la isla de Tsonying, en medio del lago, al lugar en que Shabkar había pasado cuatro años de retiro y donde se encontraba un templo destruido durante la Revolución Cultural y reconstruido durante la década de 1980. Estaba ocupado desde entonces por media docena de monjas y algunos monjes y laicos. Durante su anterior viaje, en 1988, cuando los extranjeros no estaban todavía autorizados a visitar la isla, Raphaële había conseguido, gracias a la complicidad de un viejo yogui al que encontró en la orilla del lago, realizar con él la travesía a bordo de una pequeña embarcación, y había permanecido varias semanas practicando en la isla.

Esperé a Raphaële en una pequeña posada a orillas del lago. Una tarde, mientras paseaba por la playa, llegué hasta un rincón desierto y decidí darme un baño. Unos segundos antes de zambullirme en aquellas aguas transparentes, llamé a mi madre a Francia con el teléfono móvil, de los más rudimentarios que había en la época: «¡Imagínate, querida mamá! ¡Mientras te estoy hablando tengo los pies metidos en el agua del lago Kokonor!», lo cual no dejó de impresionarla vivamente. Y me puse a correr. Al cabo de una cincuentena de metros, el agua me llegaba hasta las rodillas y decidí llegado el momento de la zambullida. ¡Mala decisión! La dura arena del fondo del lago subía bruscamente en ese punto y me di un brutal golpe en la cabeza. Me quedé unos segundos al borde del desmayo. Por suerte no perdí el conocimiento, si no, como le expliqué más tarde a mi madre, ante su gran espanto, aquella llamada telefónica podría haber sido la última. Salí bastante bien parado, apenas con dos dientes delanteros algo desplazados.

Raphaële llegó aquella misma tarde y volvió a encontrarse con los amigos con los que había simpatizado con ocasión de su primera visita. Con ayuda de estos, puso en práctica la excelente idea de traerles a las monjas de la isla una parabólica de cemento, de dos metros de diámetro, recubierta de pequeños espejos que concentraban la luz del sol en un recipiente puesto en el centro, sobre un trípode móvil que podía orientarse en función de la dirección del sol. Este ingenioso sistema permitía hacer hervir una docena de litros de agua en unos diez minutos. La parabólica pesaba más de cien kilos, por lo que no fue tarea fácil subirla al barco y transportarla a la isla hasta su pequeño templo. Las monjas se entusiasmaron ante aquel regalo de lo más útil. Hasta entonces su único combustible habían sido los excrementos de oveja y de yak secos, que tenían que traerles en barco en grandes cantidades.

Raphaële y yo visitamos la pequeña isla y nos instalamos en dos pequeñas cuevas situadas a un centenar de metros una de otra, de cara al lago. Mi vivienda era tan pequeña, que me resultaba imposible estar de pie. Además, la roca sobre la que extendí mi estera y mi saco de dormir tenía una fisura en escalón de unos quince centímetros, justo en medio del único lugar en que podía tumbarme. Pero poco me importaban aquellas condiciones, como mínimo espartanas, pues me sentía feliz de poder estar unos días en aquel paraje.

Cada uno de los dos tenía un termo, que las monjas nos llenaban de agua hirviendo durante la comida de mediodía, que nos invitaban a compartir con ellas. De este modo podíamos prepararnos en nuestras respectivas cuevas un primoroso desayuno de té y *tsampa*.

La isla, cuyo perímetro puede recorrerse a pie en una hora, está cubierta por prados ligeramente ondulados, que estuvieron arbolados antes de que los ermitaños de antaño tuvieran la enojosa idea de introducir corderos. Hoy, tanto árboles como corderos han desaparecido. Nos detuvimos largo rato en el hermoso prado que domina la inmensidad del lago y visitamos otra de las cuevas en que había vivido Shabkar, en la orilla norte. Rendimos también visita al ermitaño que ocupaba desde hacía un año la cueva principal de Shabkar, la cual daba a un arenal, al sur de la isla, no lejos de las nuestras. Había más practicantes que vivían dispersos por los contornos.

Cada instante vivido en este lugar santo fue de una gran felicidad. Al cabo de una semana, una mañana, oímos a lo lejos el ruido sordo del motor de un barco que se acercaba. Media hora más tarde, apareció. Fuimos a recabar novedades hasta el pequeño promontorio en que había atracado y preguntamos cuándo realizarían el siguiente pasaje. Estábamos en el mes de septiembre y se acercaba el otoño. El capitán nos dijo que no podía asegurar que fuera a volver en las semanas sucesivas. Yo tenía que coger un avión a Nepal diez días más tarde, de modo que pareció lo más prudente no dejar pasar la ocasión. Fuimos rápidamente en busca de nuestras cosas, nos despedimos de las monjas y embarcamos para regresar al continente.

*

Raphaële y yo tomamos el camino al distrito de Rekong, donde nos dispensaron el más caluroso de los recibimientos. Me sentí muy feliz de conocer a la cuarta encarnación de Shabkar, que tenía entonces dieciocho años, así como a su simpático y erudito preceptor Jigme Thekchog, quien me proveyó de la lista de las obras completas de Shabkar y me garantizó su apoyo.

Eran los comienzos de la era de la fotografía digital. Sirviéndome de una pequeña cámara que me permitía con todo obtener imágenes de dos megapíxeles, me pasé una decena de días fotografiando lo esencial de los volúmenes de las obras completas de Shabkar, a razón de tres folios de vez, allá donde estuvieran disponibles. Hicimos también fotocopias de algunos volúmenes, cuando ello era posible, y nos llevamos prestados cierto número de ellos.

Volví al año siguiente con Raphaële para continuar este trabajo y le propuse a la reencarnación de Shabkar, a Tsering Gyatso,[4] monje de Tashikhyil especialmente simpático que se convirtió en buen amigo, y a una pareja de amigos de Rekong ir todos juntos en peregrinación a los diversos lugares en que Shabkar había vivido y meditado. Resultó que el *tulku* todavía no había visitado la mayor parte de estos lugares. Así, durante una quincena de días, fuimos peregrinando de cueva en cueva y de ermita en ermita. Nos habíamos llevado algunos volúmenes de las obras de Shabkar, y aproveché las paradas que hacíamos en estos lugares sagrados para pedirle al *tulku* que nos impartiera la transmisión por la lectura.

Fuimos en primer lugar a Jadrön, en Rekong, una cueva sita en una pared de piedra cerca del pueblo natal de Shabkar, lugar donde este realizó su primer retiro a la edad de veinticinco años. Luego nos dirigimos a las altas mesetas de Tsekok, al sur de Rekong, donde visitamos Tseshung, una bonita cueva situada a un cuarto de hora de marcha por encima de un río que serpentea por una inmensa llanura llamada «Pequeña Mongolia», pues en el siglo XVII se establecieron en ella tribus mongolas. Uno de estos mongoles era el rey del Dharma,

Chögyal Ngakyi Wangpo, el maestro espiritual de Shabkar. Pasamos la noche en la cueva de Tseshung, tumbados sobre la roca, y por la mañana, cuando penetró en ella el sol naciente, el *tulku* de Shabkar nos leyó un centenar de páginas de uno de los volúmenes. Era un lugar de lo más ameno, del cual Shabkar cantó alabanzas en su autobiografía. Al comenzar su retiro, tomó la siguiente resolución:

> De acuerdo con las palabras de mi maestro, no abandonaré este lugar hasta que nazcan en mí unas experiencias meditativas y una realización fuera de lo común. Por la noche, no dormiré como un cadáver, en la posición de la gente corriente, sino que permaneceré sentado, con las piernas cruzadas y el torso bien recto. Pondré fin a las conversaciones inútiles y guardaré silencio. No comeré más que una vez al día, a mediodía. No tendré más compañeros que la soledad. Las enseñanzas de mi maestro constituirán mis únicos pensamientos. No buscaré la comodidad, sino que aceptaré las dificultades de la vida de ermitaño que me he propuesto. Hasta que mi realización espiritual sea perfectamente estable, me guardaré de toda distracción exterior. En resumen, practicaré día y noche sin dejar que mi cuerpo, mis palabras y mi mente caigan en lo ordinario. ¡Que los lamas-raíces y los maestros de linaje me dispensen sus bendiciones para que pueda cumplir estas promesas!

Volvimos luego para pasar el día en la isla de Tsonying, donde habíamos pasado unos diez días el año anterior, antes de proseguir nuestro periplo por los otros lugares de retiro de Shabkar. Uno de ellos, Takmo Dzong, la «Fortaleza de la Tigresa», en la carretera de Golog, resultó particularmente impresionante. Ascendimos durante media hora por un pequeño camino a partir de la carretera principal hasta llegar a un circo rodeado de altas paredes rojizas, amenizado con un único bosquecillo en el fondo de este enclave natural. En las paredes de las cortadas hay dos cuevas, en la más pequeña de las cuales Shabkar pasó cuatro meses de retiro. Accedimos a ella a través de una estrecha y escarpada cornisa, para pasar la noche.

Cuando, tras haber continuado en diagonal hacia el sudoeste, llegamos a Amnye Getho, cerca del monasterio de Raguia, recordé un episodio de la vida de Shabkar. Al pasar por esta región, se encontró con una vieja mongola que, con el cuerpo casi descompuesto por la enfermedad, estaba abandonada al borde del camino. Se fue en busca de los monjes del monasterio de Raguia para mendigar comida para ella y al volver le dio el alimento, llorando ante tan gran calamidad, y le prodigó algunos consejos espirituales. La anciana murió al cabo de dos días. Shabkar llevó a cabo con ella la transferencia de conciencia, visualizando que la mujer se transfería hacia la Tierra Pura del Buda Amitabha, el buda de la «luz infinita».[5]

Continuamos en descenso hacia el sur y llegamos a la provincia de Golog, donde se elevan las montañas rocosas de Trakar Drel Dzong, la «Ciudadela del Mono de la Roca Blanca», situadas al norte del macizo del Amne Machin. En estos lugares, Shabkar compuso numerosos cantos en los que enfatizaba con humor los errores y defectos en los que caen los practicantes distraídos, arrogantes o incluso descarriados. Ardiente defensor del vegetarianismo,[6] Shabkar imaginó un diálogo con un viejo cordero, abogado de los animales muertos por el placer de comer su carne:

> Un día en que estaba tomando el aire
> en medio de un prado,
> unas cabras y unos corderos llegados de los pastos vecinos
> formaron un círculo a mi alrededor.
> De entre el rebaño, un viejo cordero tomó la palabra:
> «Viejo monje, ni vil ni virtuoso,
> tengo algo que decirte».
> «Muy bien, acércate y habla», respondí.
> «Quiero pedir un gran favor a los ilustres lamas
> que vienen a recaudar las limosnas en verano y en otoño:
> Cuando un monje mofletudo de tez rubicunda y cuello de toro
> llega a la entrada de nuestro pueblo con unos caballos de carga que apenas se sostienen bajo el peso de las albardas,
> acompañado por un lugareño, viene directamente hacia nosotros, los corderos.
>
> »El cordel de protección que ofrece
> es para nosotros un nudo corredizo.
> Lo anudan alrededor del cuello de los donantes
> y poco después es a nosotros a los que atan por el pescuezo. [...]
>
> »Deberíais dejarnos vivir,
> ¡no permitáis que vuestra sabiduría, vuestra compasión y vuestro poder se debiliten a tal punto! [...]

»Así pues, no os veléis el rostro,
visitad por el contrario a los donantes
después de haber tenido la bondad de decirles por anticipado:
"No matéis a vuestros corderos, perdonadles la vida".

»Cuando los lamas entren en una casa
y se sienten cómodamente en el lugar de honor,
a nosotros nos degüellan detrás de la puerta:
¡no finjáis ignorar lo que se prepara!
Cuando en esta tierra
nada escapa, según dicen, a vuestra clarividencia,
¿cómo podéis desconocer esta masacre? [...]

»Desde el fondo de nuestro corazón os suplicamos
que pronunciéis la palabra que suspenderá nuestra ejecución.
Pensad que cuando nos asfixian,
no hay mayor bondad sobre la tierra
que la de dejarnos respirar una bocanada de aire». (...)

En respuesta a su alegato, respondí: (...)
«Abandonar vuestro cuerpo para mantener con vida a un lama
es un acto de gran valor.
¿No es verdad que no hay fin más elevado que el de sacrificarse por el Dharma?».

En el momento en que pronunciaba estas palabras, las cabras y los corderos exclamaron en coro:
«¡Oh! ¡Es uno de los lamas carnívoros!».
Y el rebaño huyó, presa de terror.

Mientras proseguían en su desbandada, añadí:
«No obstante, transmitiré vuestro mensaje a los lamas,
¡algunos me maldecirán e incluso podrían atentar contra mi vida!».

Shabkar se había hecho vegetariano en Lhasa. Un día, después de haber estado orando con gran fervor delante de la estatua del Buda Coronado de Jowo y de permanecer en un estado de profunda meditación, realizó la gran circunvalación que da la vuelta a la ciudad vieja de Lhasa, en cuyo centro se alza el venerado templo de Jokhang, y vio numerosos cadáveres de corderos y cabras que habían sido abatidos. Cuenta así la escena:

Experimenté una dolorosa compasión hacia todos los animales que se matan por su carne en el mundo entero. Regresé ante el Buda Coronado y me prosterné, realizando el siguiente voto: «A partir de este momento, no volveré a cometer el acto vil de comer la carne de los seres que han sido mi madre en vidas anteriores».

Desde entonces, y aunque me he consagrado a múltiples actividades para ayudar a los demás, nadie volvió a matar nunca jamás un animal para ofrecerme alimento. (...) He tenido la gran suerte de salvar la vida de centenares de miles de cabras, corderos, yaks, aves y otros animales. También he salvado la vida de más de un centenar de personas que se encontraban en el umbral de la muerte: mendigos hambrientos, peregrinos, viajeros provenientes de lugares lejanos, enfermos, condenados a muerte y personas beligerantes que se mataban entre sí por culpa de luchas sangrientas.

*

A mi regreso a Nepal, provisto de todos los valiosos textos que había fotografiado y de los que me habían prestado, un equipo de monjes se aplicó a la tarea de informatizar el conjunto de estos escritos. A continuación, los textos se ofrecieron a la lectura de diversos eruditos, se les dio formato tradicional y se imprimieron en Delhi, a cargo de Shechen Publications. Preparé asimismo un catálogo detallado del conjunto de las obras de Shabkar, acompañado de algunas fotos de los lugares donde había vivido. Así fue como, en 2003, se publicaron finalmente catorce volúmenes de seiscientas páginas cada uno.[7] Poco después, el *tulku* de Shabkar publicó en Amdo una edición de las *Obras completas* con el formato occidental para los libros.

Shabkar murió en Yama Tashikhyil en 1851. Algunos pasajes de su relato conmueven hasta las lágrimas, mientras que otros arrancan carcajadas, pero en cualquier caso, como decía Dilgo Khyentse Rinpoche: «Al leer la narración de su vida, nuestra mente se orienta indefectiblemente hacia el Dharma».

En 2006, de retiro en mi ermita de Namo Buddha, en Nepal, una tarde en que me había puesto a practicar arrebujado en una recia capa forrada de gruesa lana roja, me vino somnolencia y tuve un sueño en el que se me apareció un yogui de unos treinta años, de buena presencia, revestido de un chal blanco y una túnica roja, y con el largo cabello anudado en lo alto de la cabeza. Caminaba hacia mí. Yo lo contemplaba con respetuosa curiosidad, y él me dijo, con mirada penetrante: «¿No me reconoces?». Y, tras una breve pausa: «Soy Shabkar». Al poco desperté, ¡así que nunca conoceré la continuación! Permanecí unos momentos absorto en aquel sueño, que vino a ser sin duda como un guiño a la sincera devoción que me había impulsado a traducir su biografía y a publicar sus obras.

CAPÍTULO 38

¿MÁS ALTO QUE EL EVEREST?

El Amne Machin

En 2003, realizo la circunvalación del Amne Machin, una de las montañas más sagradas del Tíbet. Regreso a ella en pleno invierno de 2016.

Hacía tiempo que oía hablar del Amne Machin, montaña mítica situada en el corazón del Golog. Entre 1923 y 1946, tres exploradores estimaron su altura en más de 9.000 m, lo que habría hecho de él la cima más alta del mundo. Durante la Segunda Guerra Mundial, unos aviadores norteamericanos que habían sobrevolado las regiones transhimalayas comunicaron que, al emerger de entre las nubes, a 9.000 m, había visto una cima más alta que el Everest. La noticia dio la vuelta al mundo. ¡Una montaña más alta que el Everest! Bastantes años más tarde, uno de los pilotos reveló que habían gastado una jugarreta a las agencias de prensa británicas, que no dejaban de reclamarles noticias sensacionales. Su avión, un DC-3 con motor a hélice, ni siquiera tenía capacidad para volar a esa altitud. De hecho habían tenido que contentarse con sobrevolar la región a 5.000 m de altitud. La cima más alta del Amne Machin se eleva a la altitud respetable, pero más modesta, de 6.280 m.

En 2003 decidí dar la vuelta al Amne Machin, situado a mitad de camino entre el monasterio de Shechen del Kham, en el que me encontraba, y el Amdo, adonde deseaba volver con Raphaële para visitar los proyectos patrocinados por Karuna-Shechen, de los que se ocupaba. A partir del año 2000, en especial, organizó la construcción de una gran escuela para ochocientos niños. Además de la peregrinación a la montaña sagrada, deseaba ardientemente visitar las ermitas de Shabkar diseminadas por todo el sagrado trayecto. Desde el valle de Shechen, en el Kham, llegamos a Yushu. Allí, Ato Rinpoche, uno de los sobrinos de Dilgo Khyentse Rinpoche, envió su viejo Beijing Jeep, con las ventanillas laterales tapadas con plásticos, para que nos llevara hasta Dzogyen Rawa, un pequeño pueblo en el que, en el marco de los proyectos de Karuna-Shechen, habíamos construido una clínica y tomado bajo custodia a una veintena de huérfanos, así como a una cincuentena de personas mayores alojadas en edificios proporcionados por el estado. Este proyecto pudo montarse gracias a un hombre del pueblo, Yeshin, personaje pintoresco y afectuoso cuyo hijo es monje en el monasterio de Shechen, en el Kham. Yeshin nos había alertado acerca de la situación precaria de los habitantes de esta zona rural. Fue también él quien aceptó guiarnos a lo largo de la peregrinación al Amne Machin. Un monje de Shechen que se encontraba en la región, así como un nómada que nos proporcionó dos yaks, un caballo y una mula para llevar nuestra gran tienda, las provisiones y nuestros pertrechos, completaron el equipo.

Los habitantes de la región de Golog han tenido durante mucho tiempo reputación de temibles bandidos que desvalijaban a los viajeros que se encontraban de paso. Es sin duda un pueblo rudo, pero también muy amable, si bien más bien callado. Al iniciar la circunvalación del macizo montañoso, nos cruzamos con un hombre que descendía de las alturas y se dirigía hacia la carretera que acabábamos de dejar. El diálogo, en el más puro dialecto golog, de acento áspero y difícil de entender, podría resumirse como sigue:

—¿Baja? —preguntó nuestro guía.

—Sí... ¿Suben?

—Sí.

—Ah... Está bien —concluyó el hombre.

Fin de la conversación. Lo cual tiende a confirmar la reputación de los habitantes del Golog como personas poco locuaces.

Para la primera noche, después de cinco o seis horas de marcha, acampamos cerca del paso norte, el más elevado, situado a 4.600 m, a un nivel inferior de la primera de las dos cuevas en que vivió Shabkar.

Yeshin encendió el fuego con ayuda de un fuelle confeccionado con una piel de cordero. Nuestros amigos pudieron así prepararnos una buena cena caliente. Pasamos la noche los cinco, uno junto a otro, en nuestra tienda de lona blanca.

Al día siguiente, cruzamos un gran río al sur de la montaña. Las mulas tienen las patas más firmes que los caballos a la hora de transitar por caminos escarpados, pero vadear los ríos les resulta difícil, pues tienen propensión a resbalar más que estos últimos sobre las piedras redondas y mojadas. Pero teníamos que cruzar el río montados sobre ellas, pues el agua era profunda y glacial, y la corriente habría podido arrastrarnos con facilidad. Pasamos pues de uno en uno y despachábamos las monturas a la orilla de origen, una vez alcanzada la de destino. Tal vez fatigada por tanta ida y vuelta, o porque le cogió ojeriza por alguna misteriosa razón, el caso es que la mula se negó a que Yeshin la montara. Se había quedado el último en la orilla, sin nadie que pudiera ayudarle. Ver cómo pugnaba por montar al recalcitrante animal era, hay que confesarlo, bastante gracioso. Finalmente consiguió montar la mula y reunirse con nosotros.

Al tercer día llovió intensamente durante toda la jornada. No había ningún lugar donde guarecernos, así que tuvimos que continuar la marcha. Yo llevaba puesta mi vestimenta monástica y no me había llevado impermeable ni paraguas, que ya en tiempo normal no utilizo demasiado. En un visto y no visto, estaba empapado de pies a cabeza. Teníamos por delante ocho horas de marcha. ¡Raphaële me hizo saber que pocas veces me había visto una expresión tan desdichada!

A media tarde la lluvia amainó. Montamos nuestra tienda tibetana y encendimos un buen fuego para secarnos. Estábamos a comienzos del mes de agosto, el periodo más cálido del año. Sin embargo, al caer la noche se puso a nevar. Nuestros amigos declararon que iban a acostarse fuera.

—Pero si hay sitio de sobra en la tienda —les dije.

—Tenemos que cuidar de los caballos, por si pasan bandidos. Además, ¡es verano! —concluyeron con buen ánimo.

Durmieron por tanto al raso y, al despuntar el día, sacudieron sus gruesas pellizas para hacer caer la nieve acumulada. Años más tarde, en 2016, tuve ocasión de entender lo que eran los auténticos rigores invernales en el macizo del Amne Machin, donde la temperatura puede fácilmente descender hasta los -30° C. Nada que ver, en efecto, con aquel «cálido» mes de agosto.

Al cuarto día pudimos por fin avistar las montañas más sagradas y más altas de la cordillera: Tuk-kar Yeshin Norbu («Joya de los Deseos en el Centro del Corazón») y Tachok Gangkar («Blanca Montaña, Supremo Corcel»), en referencia al caballo alado de Magyal Pomra, el poderoso protector de estos lugares. La capa de nubes se entreabrió unos instantes, ofreciéndonos una visión efímera de las tan esperadas cumbres nevadas.

Cruzamos un riachuelo para visitar, en la vertiente opuesta, la principal ermita en la que, en 1809, Shabkar Tsogdruk Rangdröl pasó un año de retiro solitario. Las paredes de la ermita, construida con piedras planas al abrigo de un saliente rocoso a pleno sol, se mantenían todavía en pie. Después de que Shabkar y los dos ayudantes que lo habían acompañado terminaran la construcción de aquella vivienda, apenas lo suficientemente grande para albergar a su ocupante, estos últimos se marcharon con sus yaks. Shabkar entonó entonces este canto de júbilo:

> Llevando siempre conmigo a mi maestro, perfecto y sagrado,
> como un atavío sobre la cabeza,
> yo, Tsogdruk Rangdröl, alimentaba el poderoso deseo
> de venir a la montaña de Machin.
>
> Por fin se habían reunido el centelleante glaciar,
> la pequeña cabaña de piedra
> y yo mismo, Tsogdruk Rangdröl:
> continué meditando con todo mi ser.

Durante la estancia de Shabkar, llovió muy poco en los meses de verano y los lagos, faltos de las aguas aportadas por los torrentes de montaña, se secaron. Tal fue el caso de uno de los dos pequeños lagos situados más abajo de la ermita. Shabkar descendió a la orilla y descubrió diminutas formas de vida, renacuajos y pececillos a punto de morir consumidos por el sol. En una treintena de viajes de ida y vuelta, los transportó en una bolsa de cuero llena de agua hasta el lago superior, que todavía no estaba seco, salvando así miles de vidas.

Un día, meditando, Shabkar tuvo la visión de valles, países y campos celestes desconocidos. En su meditación vio nítidamente una pareja de patos amarillos en la orilla de uno de los dos lagos. Se preguntó si aquellas aves de verdad estaban allí. Con el deseo de tener el corazón limpio, salió de su ermita: los dos patos estaban en la orilla, tal como se le habían aparecido en la meditación.

Mientras estábamos sentados delante de la ermita, dejándonos imbuir de las bendiciones y la serenidad del lugar, contemplé la escena que se ofrecía a mis ojos. Había en efecto dos pequeños lagos, uno seco y el otro con agua, y en la superficie de este último flotaban... dos patos amarillos. Era como si Shabkar acabara de partir apenas unas semanas antes. Me invadió una gran alegría.

Un día, mientras Shabkar practicaba apaciblemente, una pandilla de los temibles bandidos golog irrumpió en su cueva y hurgó en sus bolsas de provisiones. «No hace falta que busquéis más, todos mis víveres están ahí. Uno de vosotros podría preparar té para el almuerzo, y luego hablamos acerca de qué es lo que necesitáis», les dijo. Aceptaron la invitación de Shabkar y bebieron té, mientras charlaban de esto y lo otro. Él les enseñó todos los víveres de que disponía y les dio la mitad de lo que le quedaba. Acto seguido les cantó estos versos:

Maestro, más preciado aún que la Gema de los Deseos,
permanece como una diadema sobre mi cabeza.

Vosotros poseéis ahora esta existencia humana
tan difícil de obtener.
¿Quién sabe cuándo os llegará la hora?
La muerte puede golpear mañana mismo.

Ineluctablemente, las buenas y las malas acciones
madurarán.
En el momento de morir, vuestras acciones
encontrarán su justa retribución.

A falta de saber refrenar vuestros deseos y aprender a conformaros con
poco,
aunque poseyerais todas las riquezas del país
nunca estaríais satisfechos.

Hoy habéis sido buenos conmigo:
me habéis permitido practicar la generosidad y la paciencia.
De este modo, ¡mis modestos bienes han adquirido un valor inestimable!
¡Maravilla! ¡Cuán afortunado es este yogui!
Que todos cuantos establecen un vínculo conmigo,

en bien o en mal,
disfruten siempre de felicidad y alegría.

Después de que Shabkar hubiera improvisado este canto, el ladrón de más edad tomó la palabra: «Hemos cogido de tus provisiones porque no teníamos nada que comer. Si no, jamás te habría robado». Y le pidieron al ermitaño que los bendijera: «Eres un practicante auténtico. ¡Ojalá vivas cien años! ¡Tómanos bajo tu protección espiritual!».

Al día siguiente, otros trece bandidos se presentaron en la cueva, pero estos no cogieron nada, todo lo contrario. Se prosternaron con fe y respeto ante Shabkar y, después de pedirle que los bendijera, le ofrecieron víveres. En el momento en que se disponían a partir, él les cantó este poema:

Fieles bandidos aquí reunidos,
escuchad el canto del yogui.

Soy un ermitaño errante de las montañas.
Por la gracia de mi maestro de bondad ilimitada,
he comprendido la caducidad
y las imperfecciones del *samsara*,
en el cual todos los seres han sido mis padres.

Desde el fondo de mi ser se ha elevado el poderoso deseo
de esperar la budeidad para bien de los demás.
Consciente de que la práctica espiritual es la única vía,
he renunciado a todas las ambiciones mundanas.

Han transcurrido así varios años,
de retiro en retiro solitario.

¡Oh, piadosos bandidos! ¡Practicad el Dharma!
Y ahora, partid en paz:
Rezaré por que tengáis una larga vida sin enfermedades.

Al concluir el canto, uno de ellos exclamó: «¡Qué suerte hemos tenido de conocerlo! ¡Aunque solo lo veamos una vez! Este hombre santo no tiene nada que ver con el común de los yoguis que vagabundean por estos parajes. ¡No hay más que verlo! No es de la clase de peregrinos que vienen a las laderas del Machin porque no encuentran otro sitio adonde ir».

Shabkar cuenta también que un día en que paseaba por una de las crestas situadas detrás de su ermita, enfrente del monte Machin, con la mente totalmente relajada, barrió con la mirada todo el horizonte. En un estado de gran claridad interior, se sentó con la espalda erguida y contempló la inmensidad del cielo. Su mente se fundió en el espacio, hasta no hacer sino uno con él. Escribe en su autobiografía:

> Liberé mis percepciones en la naturaleza última de la mente, vacía, luminosa, libre de todo agarre, transparente y omnipresente. En este estado, semejante al espacio ilimitado, entoné este canto:
>
> La inmensidad luminosa del espacio absoluto,
> virgen de centro y de límites,
> está primordialmente presente,
> amplia, clara y radiante.
>
> Iluminación nacida de sí misma,
> vasta como el cielo,
> sin fuera ni dentro,
> sin dirección ni medida.
> Transparencia que todo lo abarca,
> tal es el espacio absoluto,
> inseparable de la Iluminación.
> En esta vasta extensión increada,
> aparecen los fenómenos,
> intangibles, como arcos iris.
> (...)
>
> Alegría de fundirse en este modo de ser,
> en todo momento,
> tanto de día como de noche.
> ¡Maravilla!

Comenta así esta experiencia:

> De la misma manera que el esplendor del sol ilumina el cielo claro del otoño, la vacuidad luminosa, la auténtica naturaleza de la mente, me fue desvelada. En este modo de ser vacío como el espacio, en el que centro y contorno quedan abolidos, todos los fenómenos, formas y sonidos, están

> presentes en su espontaneidad primera, tan resplandecientes como el sol y la luna, los planetas y las estrellas.
>
> La mente y los fenómenos se mezclan indisociablemente en un sabor único. Amigo o enemigo, oro o piedra, esta vida o la siguiente, la mente y el cielo: todas las diferencias quedan ahora aniquiladas. Al concluir esta experiencia, me sentía preparado para ocupar un lugar entre los «yoguis cuya mente es semejante al cielo».

Poco tiempo después de esta experiencia, se puso a nevar día y noche sin parar durante una semana, hasta un grosor de dos codos, configurando así los límites naturales del retiro de Shabkar. En efecto, es costumbre que el practicante de un retiro fije un radio hasta que poder desplazarse alrededor de su refugio, un límite que no sobrepasará. En su caso, los elementos se habían encargado de determinar el perímetro. Ni siquiera tenía con qué hacer hervir té. Solo bebía nieve fundida mezclada con un poco de harina de cebada. Continuó así en tranquila meditación.

*

Regresé en invierno al Amne Machin, en febrero de 2016, visita que constituyó una experiencia por completo diferente. En el Golog, en esta estación, las temperaturas a menudo bajan hasta los -20° C, y en ocasiones hasta -40° C. Incluso a los yaks, animales con reputación de ser muy resistentes al frío, se les agrieta el hocico por efecto del gélido aire invernal. Lagos y ríos se cubren de una gruesa capa de hielo, sobre la cual los seres humanos, los animales y los vehículos pueden transitar sin temor. Hombres y mujeres llevan recios abrigos confeccionados con pieles de cordero cosidas unas a otras. Las mejillas, atizadas por el viento, se encienden de un rojo escarlata, y los labios se cortan. En el interior de las tiendas, o de las pequeñas casas, sus habitantes se reúnen en torno al hogar de la estancia principal, que cumple la función de cocina y de dormitorio, con las camas de la familia dispuestas a lo largo de la pared. Por la mañana, cuando se realiza la ofrenda de siete cuencos de agua clara delante de la estatua de Buda, apenas se acaba de llenar el último cuenco, que el primero ya se ha congelado. Por fortuna, el cielo ofrece casi siempre un aspecto de una claridad inmaculada y los días son soleados.

Me interesaba especialmente visitar el Tíbet en invierno para observar con mis propios ojos la situación en las escuelas construidas por iniciativa de Karuna-Shechen, pero también para conocer por experiencia los grandes fríos de la «Morada de las Nieves», que forma parte integral de la vida de los tibetanos y de su cultura. Numerosos exploradores, fotógrafos y habitantes del Gran Norte canadiense, de Groenlandia, de Finlandia o del lago Baikal, hablan de su atracción por los lugares fríos del planeta. Esta fascinación por las condiciones extremas, y por la resistencia y entereza que exigen, coexiste con la alegría que supone exponerse al rigor del frío para luego volver y apreciar la felicidad simple de un cálido cobijo. Al igual que todos esos aventureros, siempre he sentido una afinidad por la nieve y el hielo, así como también por las alturas. Me siento perfectamente bien en Shechen, en el Kham, a 3.800 m de altitud, y siempre tengo la impresión de caer en una especie de humedad debilitante durante el descenso a las llanuras. No hay nada místico en todo ello, es una simple inclinación personal.

Aquel año, aterrizaremos directamente en las altas mesetas, en el nuevo aeropuerto de Yushu, a 3.900 m. Nos recibieron los dos monjes de Shechen[2] que se ocupan de los proyectos de Karuna-Shechen en nuestra ausencia y que nos habían guiado en nuestras peregrinaciones por el Kham. Raphaële estaba siempre dispuesta a apuntarse a la aventura, tanto más cuanto que estaba muy avezada a los fríos extremos. Conocía el Tíbet en invierno por haber realizado un retiro invernal en la cueva de Shak Zimphuk, en el Gangri Thökar, a una hora de camino por encima del monasterio de monjas de Shuksep, en el Tíbet central. En el siglo XIV, la cueva fue bendecida por la presencia de uno de los maestros más eminentes del budismo tibetano, Gyalwa Longchen Rabjam, quien vivió retirado en ella. Una monja que ocupaba una cueva vecina y ayudaba de vez en cuando a Raphaële nos contó que una mañana nuestra amiga se había lavado el pelo en la fuente que manaba incluso en pleno invierno. Al cabo de unos instantes, sus largos cabellos formaban una melena de rígidos filamentos de hielo. La noticia atrajo a las dos o tres monjas que vivían en las cuevas y ermitas vecinas. Todas ellas, incluida Raphaële, rieron de buena gana.

Por lo que a mí respecta, mis amigos monjes me habían equipado con una gruesa túnica forrada de un tejido artificial muy ceñido a la cintura, para ponérmelo encima de mi túnica de monje, todo ello cubierto con un abrigo de lana forrado por el interior con una apretada capa de pelo de oveja. ¡Todo el conjunto pesaba sus buenos diez kilos! Pero al menos el frío no tenía forma de penetrar. Salvo por los puntos débiles: el rostro y las manos.

Tras visitar algunos de los proyectos de Karuna-Shechen, retomamos la carretera del Amne Machin. Durante el trayecto, visitamos a las personas mayores objeto de la ayuda de Karuna-Shechen. Nuestro amigo Yeshin estaba en el lugar.

Pasamos una noche en casa de un amigo de Yeshin en Dzogyen Rawa y, a la mañana siguiente, tomamos la pista que conduce hacia la entrada del camino de circunvalación del Amne Machin. Habían pasado quince años desde nuestra primera visita, y ahora podíamos realizar un tercio del trayecto que rodea la montaña en 4x4. Deseaba redescubrir las montañas sagradas bajo el cielo azul y volver a ver la cueva de Shabkar, ubicada al oeste de la cadena. Sin embargo, no teníamos tiempo, ni estábamos equipados para realizar la gran vuelta a pie, como en la anterior visita. De modo que nos tomamos la libertad de recorrer una pequeña parte de la circunvalación en sentido inverso al tradicional. Normalmente, los peregrinos dan la vuelta a las montañas sagradas, monasterios y otros monumentos dejándolos a su derecha, considerado el lado de honor; es decir, en el sentido de las agujas del reloj. Tan solo los bonpos, adeptos de la religión anterior al budismo del Tíbet, dan la vuelta en sentido inverso.

Al cabo de una hora, después de atravesar un río helado, llegamos al lugar más elevado de la peregrinación, que se encuentra enfrente de las dos cumbres principales: Tuk-kar Yeshin Norbu y Tachok Gangkar, cuyo cegador esplendor centelleaba al sol. Pensé un momento en el himno que Shabkar había escrito en homenaje a esta montaña sagrada:

Un manto de seda blanca
envuelve la majestuosa cumbre inmaculada.
Quienes contemplan estos glaciares adamantinos
alimentan pensamientos puros y florecen en el Dharma.

Permanecimos unos momentos en meditación ante aquellas sublimes montañas sagradas y ofrecimos banderas de oración en el lugar consagrado, junto a la base de los glaciares. Luego atravesamos el valle a pie, para volver a ver la ermita de Shabkar. También en este lugar nos sentamos unos instantes e hicimos una ofrenda de humo de ramas de enebro. Todo estaba congelado. ¡Los patos amarillos formaban parte esta vez de los abonados ausentes! Habían emigrado a tierras más clementes.

A continuación, volvimos sobre nuestros pasos y atravesamos el paso norte, donde nos detuvimos para añadir algunas banderas al bosque de estandartes de plegarias ofrecidos por los peregrinos. En este tiempo, el cielo se había tapado y el pálido disco dorado del sol se transparentaba a través de la capa nubosa que descendía casi a nuestro nivel. El viento violento añadía a la temperatura ya de por sí glacial, -25° C en el termómetro, una sensación de frío aún mayor. Quise tomar unas fotos y me quité los guantes. En unos segundos, los dedos se me entumecieron de tal forma, que era incapaz de manipular los ajustes de la cámara. Logré no obstante obtener algunas imágenes de mis amigos monjes en medio de la ventisca, entre las banderas.

Proseguimos la marcha del otro lado del paso de montaña. En el punto en que el camino pedestre se bifurca para rodear la cadena de montañas, continuamos en línea recta hasta una carretera transitable que nos permitió llegar al caer la noche a Pema, en el corazón del Golog. Tres días más tarde, después de visitar algunos de los lugares en que había vivido el gran maestro Patrul Rinpoche, la última etapa de este gran bucle nos condujo al monasterio de Shechen, punto de llegada de aquel viaje infernal.

Aprovechamos para realizar un encuentro con los ciento cincuenta niños de la escuela de Shechen, la primera de las veinticinco escuelas que Karuna-Shechen construyó en el Tíbet oriental. Iban todos muy bien abrigados con sus pieles de cordero y sus excelentes gorras. Estudiaban muy contentos y no parecían en modo alguno perturbados por los rigores del invierno, que formaban parte de su vida cotidiana desde siempre y que no les sorprendían. Los pastos verdes del verano estaban quemados por el hielo, tan solo algunas matas de hierba amarillentas subsistían entre las placas de nieve, sobre una tierra congelada hasta niveles profundos. Durante el invierno, los yaks pueden llegar a perder hasta una tercera parte de su pelo, y si caen nevadas tardías, pueden quedar diezmados por el hambre. Las *dris* paren en primavera, entre marzo y abril, para que sus crías puedan alimentarse lo mejor posible a partir del deshielo y ganar peso con rapidez durante el buen tiempo, de mayo a septiembre, antes del retorno del frío.

Como todos los inviernos, un centenar de nómadas y aldeanos se habían congregado para pasar una decena de días en el patio del colegio de filosofía de Shechen, bajo la dirección de Khenpo Pema Dorje, el superior del colegio. Acompañados de los monjes, desde aquel momento y hasta el final de su estancia, iban a recitar todos juntos no menos de cien millones de veces el mantra de doce sílabas de Padmasambhava: *Om Ah Hum Vajra Guru Padma Siddhi Hum*. Al final de la jornada, cada fiel comunica al maestro de ceremonia el número de mantras recitado durante el día, el cual se suma al total global, hasta alcanzar la cifra requerida.

Con pesar, como siempre que voy al Tíbet, tuvimos que tomar el camino de regreso.

CAPÍTULO 39

LOS JINETES DEL TECHO DEL MUNDO

En 2004, viaje animado hasta Mani Guenkok, aldea del Kham a 3.800 m de altitud. Millones de nómadas y aldeanos se reúnen en la extensa llanura para una gran fiesta de tres días de carreras, acrobacias y juegos ecuestres.

Una mañana del verano de 2004, cuando íbamos de camino hacia Mani Guenkok, una aldea del Kham ubicada en el lindero de una gran extensión de prados rodeados de montañas, el agua del radiador de nuestro todoterreno chino comenzó a hervir. Cada quince kilómetros, Tsenor, nuestro monje conductor titular, tenía que bajarse a desenroscar con precaución el tapón del radiador con un trapo y apartarse raudamente mientras un géiser de agua hirviendo salía disparado hacia el cielo: el radiador estaba perforado. Tsenor, cuyo ingenio no conoce límites, desapareció unos instantes en un prado alfombrado de ranúnculos y volvió muy risueño con una buena ración de estiércol de caballo, que embutió en el radiador. «Una receta infalible», nos dijo. Una técnica sencilla a más no poder y aparentemente ingeniosa, ¡para vergüenza de nuestros mecánicos! La «reparación» pareció funcionar durante un tiempo. La felicidad fue efímera... Diez kilómetros más adelante, la papilla alcanzó el punto de ebullición y, cuando Tsenor abrió la tapa, ¡una curiosa mezcla brotó del radiador a más de un metro de altura! Además, tuvimos que soplar con toda la fuerza de nuestros pulmones por el orificio del radiador para vaciarlo. La cosa dio para una buena sesión de risas. Mientras tanto, nos adelantó un grupo de tibetanos a caballo, que nos observaron como diciendo: «No hay nada como los medios de locomoción de antaño, ¿verdad?».

Llegamos mal que bien a Mani Guenkok, a 3.800 m de altitud, por la tarde. Era pleno verano, e íbamos a asistir durante tres días a un gran festival que se celebraba por primera vez en diez años. Miles de nómadas y aldeanos ataviados con sus más bellos atuendos habían acudido de todas partes y habían plantado sus tiendas en la gran llanura. Las mujeres exhibían una gran porción de ámbar en la cabeza y pesadas joyas de coral, de turquesa y de ágatas, heredadas de sus antepasadas. Todos se deleitaban con el calor estival, que no duraría mucho tiempo, sentados con las piernas cruzadas o semi estirados sobre hermosas alfombras de lana, extendidas sobre la espesa hierba de la pradera, embellecida de flores amarillas y azules. Deshicieron macutos de cuero multicolores repletos de *tsampa* (harina de cebada tostada), bloques de *tu* (mezcla de queso seco, mantequilla y melaza), carne de yak desecada y fruta confitada. Sobre un fuego de bostas de yak, hicieron té en unos hervidores de aluminio abollados.

Dio comienzo la fiesta. Unas danzas con máscaras, ejecutadas por monjes, reproducían los hechos más importantes de la vida del legendario rey Gesar de Ling, supuestamente nacido en el siglo VI, en Tsatsa, no lejos de Shechen, y cuyo reino se extendía sobre las altas mesetas de Ling. Unos jinetes ataviados de forma suntuosa y provistos de unos cascos centelleantes de formas sorprendentes, desfilaban portando estandartes victoriosos. Gesar fue un guerrero invencible que combatió contra pérfidos enemigos tales como el odio, el apego, la arrogancia y la envidia. Blandía el sable del conocimiento, que hacía girar y con el que rasgaba los velos de la ignorancia para conquistar la paz interior y la sabiduría.

Los episodios de la epopeya de Gesar se narran en numerosos volúmenes. Se cuentan más de treinta y algunos de sus pasajes los tradujo al francés Alexandra David-Néel, autora de *La Vie surhumaine de Guésar de Ling* («La vida sobrehumana de Gesar de Ling»). Gracias a los bardos, esta gesta se propagó por todo el Tíbet y hasta Mongolia. Estos bardos son capaces de contar la historia-río de Gesar durante horas, o incluso días enteros, acompañados por una melopea desgarradora, y dando la impresión como si leyeran sin la menor vacilación un libro interior, cuando a veces dichos bardos son simples nómadas analfabetos. Este don de declamar a veces les viene de modo súbito, como fue el caso del joven de veinte años de la provincia del Amdo, de cuya historia se hizo eco la BBC, el cual, sin que nada lo hubiera predispuesto a ello ni nadie le hubiera podido explicar este don, se puso a cantar sin parar las hazañas del monarca indomable.

Algunos bardos se desplazan de un pueblo y de un campamento a otro. Estos juglares del Techo del Mundo llevan a veces un tocado particular que indica su estatuto y enarbolan un bastón cubierto de cintas de seda multicolor y colgantes de plata. La comunidad les ofrece su hospitalidad durante los días en que se reúne para escucharlos. Por desgracia, los bardos inspirados que improvisan así la epopeya o la recitan de memoria son cada vez más raros y la mayor parte de ellos la declaman en la actualidad sirviéndose de los textos.

Durante dos días, se sucedieron las carreras y los juegos ecuestres. Los espectadores se agolpaban a lo largo del recorrido, u observaban el espectáculo sentados en las laderas de la pequeña colina que bordea la pradera, o incluso subidos por grupos sobre los vehículos aparcados en los alrededores. Para disfrutar de una mejor visión del espectáculo, un agente de policía, un monje y un aldeano compartían un estrecho taburete sobre el que se encaramaban, en precario equilibrio. Los caballos más veloces eran verdaderas celebridades cuya reputación alcanzaba a toda la provincia. Piafaban con tal agitación en la línea de salida, que hasta a los jinetes más avezados les costaba retenerlos. En cuanto se daba la señal, se precipitaban con fogosidad por entre las estrechas filas que dejaban los entusiasmados espectadores. Con la intención de sacar algunas fotos, me introduje en la pista para estar lo más cerca posible de los caballos, lanzados en plena carrera. Mientras estaba completamente absorto por las imágenes que quería captar, el caballo que estaba fotografiando me rozó inesperadamente el hombro cuando pasó al galope. Durante las carreras de larga distancia, de tres o cuatro kilómetros, podía sentirse y compartirse el sufrimiento de los caballos, a los que sus jinetes espoleaban hasta la extenuación.

Después de las carreras, los jinetes, en pleno júbilo, se entregaban a todo tipo de acrobacias al galope, haciendo ondear sus largas cabelleras trenzadas con hilos de seda roja. Iban ataviados con vestimentas magníficas, con botas de fieltro multicolor y largos cuchillos, que llevaban sujetos a la cintura en vainas de madera o de plata cincelada. Con sus antiguos mosquetones, disparaban contra una diana de papel dispuesta entre dos estacas clavadas al suelo. Cuando daban en el blanco, la diana se volatilizaba por efecto de la descarga de pólvora que salía del cañón del arma en medio de una nube de humo blanco. Cuando erraban el disparo, provocaban las risas del público reunido en un ambiente bonachón.

Para concluir la matinal, los jinetes tenían que recoger con la mano las estolas de seda blanca que habían sido dispuestas sobre la hierba de la pista, en sentido transversal. El ejercicio los obligaba a inclinarse peligrosamente sobre un flanco de su silla de montar, a la que solo les retenía una cinta de tela enrollada en torno al muslo. La parte más difícil venía luego, a la hora de recuperar la verticalidad cuando no se aguantaban de la silla más que con una pantorrilla.

Al atardecer, dejaban los caballos sueltos por la llanura. Los khampas tienen la facultad, misteriosa para mí, de identificar casi al instante su montura de entre la multitud de puntos negros, blancos y pardos desperdigados por los prados y las laderas de la colina. Un humo azulado salía de las tiendas, en las que las familias reunidas para la fiesta hervían la sopa de pasta fresca con carne de yak. Pronto el campamento se dormía, y el profundo silencio de la noche ya no se veía interrumpido por la alteración de los mastines que vigilaban con celo su territorio y que ladraban al menor ruido.

Al llegar el nuevo día, se sucedieron las danzas populares de todas las comarcas del Kham. Los grupos folclóricos, llegados en gran número, se mostraban muy orgullosos de las particularidades que distinguían sus danzas, sus cantos y sobre todo sus trajes. Hombres y mujeres danzaron primero en formaciones separadas, para a continuación cruzarse y juntarse, cantando por turno armoniosas melopeas. Pero todo tiene un final y, al atardecer del tercer día, plegaron las tiendas y la multitud desapareció tan rápidamente como había aparecido. En el fondo de ellos mismos, algunos saben sin duda que la más hermosa de las fiestas es la de la felicidad inmutable, que nace de la meditación y de la transformación de la mente.

CAPÍTULO 40

REGRESO DE UN MAESTRO AL VALLE DEL RENACIMIENTO

Visita de Dzongsar Khyentse Rinpoche, encarnación del segundo maestro espiritual de Dilgo Khyentse Rinpoche. En Dzongsar, su monasterio de origen, se lleva a cabo una gran celebración y se imparten bendiciones. Retrato de Lodrö Phuntsok, el hombre que reconstruyó el monasterio y reinstauró el arte y las artesanías tradicionales en el valle.

«¡El lama regresa al país!». La tan esperada noticia se expandió como un reguero de pólvora. Miles de campesinos y nómadas acudieron para recibir a Dzongsar Jamyang Khyentse Rinpoche, unos procedentes de los valles vecinos, otros de los pastos de las tierras altas, a más de 4.500 m de altitud, adonde llevan a sus rebaños de yaks durante los meses de verano. Dejaron allí a algunos miembros de su familia para que se ocuparan de los animales. Al día siguiente, estos pastores volverían a subir, para que sus allegados pudieran bajar para recibir también ellos la bendición del lama. Este regreso representaba todo un acontecimiento, era tan solo la segunda vez, aquel año de 2004, dieciséis años después de su visita de 1988 en compañía de Dilgo Khyentse Rinpoche, que Dzongsar Jamyang Khyentse Rinpoche volvía, proveniente de la India, al monasterio de su predecesor.

Se plantaron centenares de tiendas a orillas del río, en una gran llanura, enfrente del monasterio de Dzongsar que se encuentra al sur de Derge, la capital del Kham, en el Tíbet oriental. Dichas tiendas están confeccionadas de un recio algodón blanco y decoradas de arabescos hechos con cintas de tejido azul o negro, recortadas y cosidas a mano. Las más grandes, auténticas carpas, pueden albergar a varios centenares de personas. Una de ellas atraía particularmente a la multitud. Allí era donde iba a estar el lama durante los días venideros.

Algunos jinetes que habían partido al encuentro del maestro se presentaron al galope: «¡Ya llegan! Ya han pasado el puente de Mechö!». Todo el mundo se puso en movimiento. Unos monjes desplegaron las trompas telescópicas de cuatro metros de largo, mientras otros ajustaban la boquilla de los *gyalings*, especie de oboes de madera de sándalo rojo con engastes de oro y plata. Se formó la procesión de bienvenida, en medio de un alegre bullicio. Subí rápidamente a un promontorio para fotografiar la escena.

Llegó un centenar de jinetes orgullosamente dispuestos sobre sus monturas, con traje de gala: pantalones bombachos de seda salvaje blanca, abrigos de lana marrón y turbante escarlata. Enarbolaban banderas y estandartes que ondeaban al viento mientras galopaban hacia las tiendas, abriéndose paso entre las nubes de humo blanco y odorífero que se elevaban de las múltiples fogatas de ramas de enebro encendidas por los fieles. Ante la multitud divertida, algunos caballos se encabritaban y otros parecían a punto de desbocarse, ¡pero hace falta algo más que eso para desmontar a un jinete del Kham!

«¡Ahí está!». A unos kilómetros del campamento, el lama había cambiado el vehículo todoterreno en el que lo habían conducido durante tres días desde Chengdu por un caballo pardo enjaezado con brocados y estolas de seda. La crin y la cola del animal estaban entretejidas con cintas multicolores.

La profunda devoción que profesan los habitantes de esta región a Dzongsar Jamyang Khyentse Rinpoche se debe al hecho de que este lama, a la sazón de cuarenta y cuatro años de edad, es la reencarnación de uno de los maestros más venerados del antiguo Tíbet, Jamyang Khyentse Chökyi Lodrö, que vivió en Dzongsar, fue uno de los principales maestros de Dilgo Khyentse Rinpoche y murió en el Sikkim en 1959, un año después de haber huido de la invasión china. En 1988, Dzongsar Jamyang Khyentse Rinpoche, nacido en Bután, había acompañado a Dilgo Khyentse Rinpoche con motivo de su segundo viaje al Tíbet oriental y había podido visitar por vez primera el monasterio de su predecesor.

Los habitantes, agolpados a ambos lados del camino, se inclinaban respetuosamente a medida que el lama llegaba a su altura y lanzaban montones de flores como gesto de bienvenida. Durante los tres días de fiesta que se celebraron en su honor, se llenaron literalmente de su presencia hasta la saciedad. El lama, precedido por los músicos, iba en el centro de la procesión, escoltado por los jinetes que se abrían paso entre la marea humana. Llegó por fin a la tienda, en la que se retiró unos momentos antes de presentarse ante aquellos que habían venido para rendirle homenaje, y dar su bendición a la multitud de fieles.

Varios miles de nómadas se habían sentado en el prado, delante de la gran tienda. Dzongsar Jamyang Khyentse Rinpoche tomó asiento en una silla y, con ayuda de un altavoz dispuesto por el monasterio, ofreció sus votos a la asamblea. Acto seguido hizo el relato de las circunstancias de su viaje, impartió algunas enseñanzas, así como también sencillos consejos para la vida, instando a todos a evitar por todos los medios las peleas, frecuentes entre estos rudos nómadas. Preguntó si había quienes estuvieran dispuestos a comprometerse a no volver a beber alcohol: la mitad de la asistencia levantó la mano; a no volver a cazar, a proteger el medio ambiente y a no volver a tirar bolsas de plástico en medio de la naturaleza: una vez más, la mayoría dio su asentimiento. El diálogo se llevó a cabo en términos de campechanía y buen humor. La multitud reía con ganas al ver quiénes se sumaban a las promesas y quiénes se abstenían.

Llegó a continuación la hora de la bendición. Dzongsar Khyentse Rinpoche recitó un texto sagrado y llevó a cabo un ritual para la larga vida. Acto seguido se puso de pie y pasó lentamente entre las filas de personas, posando sobre la cabeza de cada una de ellas una estatuilla bendecida. Lo precedía un monje hierático que abría el camino haciendo oscilar de derecha a izquierda barritas de incienso y una estola ceremonial de seda blanca. Entre la multitud se formaban espontáneamente pasillos, de tal forma que dos o tres filas de fieles arrodillados recibían juntos las bendiciones. Hombres, mujeres, niños y ancianos caían en ocasiones unos sobre otros. En sus miradas brilla a un tiempo la alegría y la veneración. Algunos recitaban plegarias en voz alta, deseando la felicidad para todos los seres y una larga vida al lama.

Durante las dos horas que duró la ceremonia, dos monjes tocaron sin pausa el *gyaling*. Al oyente no familiarizado puede impresionarle grandemente la capacidad de los monjes para obtener de este instrumento de viento un sonido continuo durante largos minutos. De hecho los músicos recurren a una técnica particular llamada «respiración circular», que permite insuflar aire en el instrumento sin interrupción vaciando gradualmente la bolsa de aire que el intérprete ha formado inflando las mejillas, mientras sigue respirando por la nariz.

Pasamos la mayor parte del día en su compañía, bajo la lona de la tienda, junto con Raphaële, nuestros monjes de Shechen y tres benévolos médicos ingleses que habían venido para contribuir a la causa de Karuna-Shechen y que constataron con asombro el sofisticado conocimiento de la cultura occidental que afloraba en la conversación de Dzongsar Khyentse Rinpoche.

Descendiente de un linaje de grandes maestros espirituales, fino conocedor de la filosofía budista y de los modos de pensamiento occidentales, ha vivido y enseñado en los cinco continentes y se encuentra a gusto tanto en las altas mesetas del Tíbet como en Hong Kong, en Londres o en los viejos barrios de Delhi. Está al frente de varios centros y monasterios y de un colegio de filosofía, y ha escrito diversas obras, entre ellas *Tú también puedes ser budista*[1] y *No para la felicidad.*[2] Con el nombre de Khyentse Norbu, ha realizado varias películas, como *La copa*, que fue presentada en el Festival de Cannes. Por iniciativa suya se han llevado a cabo diversos grandes proyectos, entre ellos Khyentse Foundation y Siddhartha's Intent, que actúan por la preservación de la herencia espiritual y académica del budismo; y *84.000* (el número de aspectos de las enseñanzas de Buda), que ha asumido el objetivo de traducir del tibetano, de aquí a veinticinco años, la integridad del *Kangyur*, la compilación de las palabras de Buda (ciento tres volúmenes), y de aquí a cien años, la del *Tengyur*, los comentarios de sus discípulos indios (doscientos trece volúmenes).

La tarde llegaba a su fin. El lama se dirigía hacia el monasterio, donde iba a pasar la noche. De nuevo, se organizó una larga procesión para acompañarlo a lo largo de los dos kilómetros que separaban el campo improvisado de la colina sobre la que se erigía el monasterio, restaurado en el transcurso de los últimos quince años. Un poco antes de llegar, Dzongsar Khyentse se apeó del caballo y, por respeto a este lugar sagrado y a todos los grandes maestros que vivieron en él, recorrió a pie los cien últimos metros. A continuación, precedido en todo momento por los músicos y los monjes que portaban los estandartes, se adentró por las estrechas callejas que lo condujeron a su residencia. Allí, todavía lo esperaba una docena de visitantes para verse con él en privado, transmitirle novedades o pedirle consejos. Lo mismo sucedió a la mañana siguiente, temprano, antes de que Dzongsar Khyentse se sumara a las festividades que se prolongaron durante dos días: juegos ecuestres, danzas folclóricas y, una vez más, la bendición de la multitud.

*

Al igual que sucediera a partir de 1985, a los tibetanos de la zona oriental del Tíbet se les permitió reconstruir sus monasterios, colegios de filosofía y centros de retiro. El hombre al frente del renacimiento del valle de Dzongsar es un arquitecto, Lodrö Phuntsok, quien, secundado por su mujer y sus diez hijos, llevó a cabo la reconstrucción del monasterio, la protección de los tesoros que habían sobrevivido, la revitalización de once tipos de artesanía y la edición de decenas de volúmenes de textos importantes. Con ayuda de nuestra asociación Karuna-Shechen, Lodrö Phuntsok, uno de los mejores especialistas en medicina tibetana del Tíbet oriental, construyó en 2001 una gran clínica de medicina tradicional para atender a numerosos pacientes de toda la región. En esta misma clínica se manufacturan siguiendo las reglas del arte tradicional decenas de medicamentos de la farmacopea tibetana, para ser distribuidos por todo el Tíbet e incluso en China. Cuando uno penetra en la inmensa estancia en que se disponen centenares de bolsas de plantas medicinales y minerales recogidos en las montañas, queda sobrecogido por la variedad de perfumes. Los ingredientes se muelen y se mezclan —en asociación de hasta treinta esencias para ciertos medicamentos—, y luego, en unas salas adyacentes, se añade un poco de agua a la mixtura, que a continuación se transforma en pastillas sólidas. Dos ayudantes se encargan entonces de darles su aspecto liso y reluciente: colocan las pastillas en largas bolsas de tela que sostienen cada uno de una extremidad y las mecen con un movimiento de vaivén durante horas para pulirlas. No todas se pulen manualmente, una parte pasa a una especie de pequeña hormigonera que da vueltas todo el día. Sobre el tejado de la clínica, decenas de miles de pastillas se ponen a secar en cedazos. Se empaquetan luego cuidadosamente en unas bonitas cajitas, antes de ser distribuidas a los pacientes.

En Dzongsar, Karuna-Shechen subvencionó igualmente durante numerosos años una escuela elemental donde las clases se impartían en tibetano, y que proponía además formación en diversas tradiciones artesanales destinadas a las mujeres.

Siguiendo el valle, a lo largo de una decena de kilómetros, descubrimos con alegría y curiosidad un conjunto de talleres que dan nueva vida a la artesanía local tradicional. La manufactura de pintura de *thangkas*, dirigida por un excelente profesor y que cuenta con una veintena de estudiantes, es una de las mejores del Tíbet oriental. En cada uno de los demás talleres —de alfarería, de escultura, de grabado en madera, de tejido y bordado, de orfebrería, de trabajo en cuero—, uno o varios depositarios de las técnicas ancestrales transmiten su saber a los aprendices que perpetuarán esta artesanía secular.

En el fondo del valle de Dzongsar, en la ladera de una colina, en dirección a Pema Shelphuk («Cueva del Loto de Cristal»), se halla dispuesto por pisos un conjunto de ermitas únicas: cerca de quinientos eremitas, hombres y mujeres, monjes y laicos, acuden a ellas para realizar retiros de meditación durante unos meses al año, y en algunos casos, durante toda la vida.

Con su sencillez bondadosa y despreocupada y su sonrisa benevolente, Lodrö Phuntsok nos recibió cada año con una amabilidad indefectible y nos acompañó en nuestras peregrinaciones por los alrededores. Nos invitó igualmente a memorables excursiones campestres con ocasión de las fiestas a las que los tibetanos son tan aficionados en los apacibles días veraniegos. Por mucho que fuera el señor del valle, muy respetado por todos, sigue manifestando una humildad a toda prueba. Por todo ello nos sentimos particularmente felices de haber podido contribuir, gracias a Karuna-Shechen, a la puesta en práctica de su admirable obra.

CAPÍTULO 41

EL VAGABUNDO DE LA ILUMINACIÓN

Patrul Rinpoche, gran sabio y erudito del siglo XIX, enseñaba allá donde le llevaba su camino itinerante. Después de haber reunido durante treinta años las anécdotas acerca de la vida de este notable maestro espiritual, transmitidas por la tradición oral, visito sus lugares de retiro más apartados.

El aire es vivo, el horizonte vasto y luminoso, las extensas llanuras se ensanchan entre las colinas, que se elevan hasta unirse a los glaciares entre las nieves. Algunos raros granjeros son los únicos habitantes de la región de Dzachuka, situada en la zona norte del Kham, en los confines de Golog, una región de clima rudo, de veranos breves, una tierra hostil para los cultivos agrícolas. La mayor parte de los habitantes de estos altos pastos son ganaderos nómadas cuya subsistencia depende desde hace siglos de la cría de yaks y, a medida que se avanza en dirección norte hacia el Amdo, de la de corderos. La región recibe su nombre del río Dzachu que la atraviesa, el cual se convierte en el Mekong al abandonar el Tíbet.

Sin más viviendas que sus tiendas de pelo de yak, estos pastores nómadas cambian de campamento según se suceden las estaciones, conduciendo su preciado ganado de un prado a otro, en busca de los mejores pastos.

Aquí es donde nació, en 1808, una de las figuras más notorias del budismo tibetano, Patrul Rinpoche, cuyo nombre de nacimiento era Urgyen Jigme Chökyi Wangpo. Desde mis primeros viajes a Darjeeling, oí a la familia de Kangyur Rinpoche hablar de este maestro fuera de lo común, y a lo largo de los años escuché numerosas anécdotas acerca de su vida. Es más, desde que comencé a practicar la vía gradual, uno de los principales textos de referencia para mis camaradas y para mí fue *El camino de la Gran Perfección*. Esta obra, la más conocida de Patrul Rinpoche, debe su popularidad a su accesibilidad: rezuma historias edificantes —a menudo extraídas de sutras de Buda— y presenta una exposición simple e inmediata de lo que es una auténtica práctica espiritual. Patrul Rinpoche se preocupa por ser lo más directo posible para ayudar al máximo a los principiantes, para que puedan adentrarse correctamente en la vía de la liberación del sufrimiento, sin extraviarse por los vericuetos hacia los que sus tendencias habituales corren el riesgo de desviarse. Mientras permaneció de retiro en lugares apartados, Patrul redactó numerosos tratados, profundos y originales, los cuales fueron recopilados después de su muerte en seis volúmenes.

La ejemplaridad de la vida de Patrul Rinpoche ofrece a los practicantes una fuente de inspiración renovada sin cesar. Renunció con facilidad y desapego a las ocho preocupaciones mundanas que constituyen tanto las expectativas como los temores de cualquier persona corriente: la esperanza de ganancia y el temor a la pérdida, la esperanza del placer y el temor a lo desagradable, la esperanza de la alabanza y el temor a la reprobación, la esperanza de la fama y el temor a la oscuridad. Pasó la mayor parte de su vida errando por las montañas, viviendo en cuevas, bosques y ermitas, lejos del mundo.

Cuando empecé a leer en tibetano, busqué una biografía de Patrul Rinpoche. Descubrí que existían dos, compuestas por sus discípulos directos. La primera, de una treintena de páginas, fue escrita por Dodrupchen Tenpai Nyima; la segunda, dos veces más larga, fue redactada por Khenpo Kunphel, quien de hecho enriqueció la versión de Tenpai Nyima.

En una cultura en que la transmisión oral desempeña un papel importante, los tibetanos son famosos por su capacidad para memorizar y transmitir oralmente historias en sus menores detalles. Recuerdo en especial algunas veladas en presencia de Khyentse Rinpoche en Punakha, en Bután, en que grabamos a Nyoshul Khen Rinpoche, un gran erudito que fue discípulo de varios maestros pertenecientes al linaje de Patrul Rinpoche en el Tíbet. Me contó un gran número de historias relacionadas con la vida de Patrul Rinpoche, con tal profusión de detalles y tal entusiasmo, que al escucharlo tenía el sentimiento de ser testigo directo de los acontecimientos. Viví la misma experiencia en el Kham al escuchar a maestros de más de ochenta años contarme con el mismo ardor lo que retenía de haber oído a discípulos directos de Patrul Rinpoche. Por fortuna, pude grabar a varios de ellos, como Khenpo Palga, por entonces de noventa años de edad, que había perdido todos los dientes y hablaba el dialecto de los nómadas de Dzachuka. De regreso a Shechen, con ayuda de los dos monjes que me habían acompañado, volvimos a escuchar varias veces la grabación, con el fin de transcribirla. También Dilgo Khyentse Rinpoche solía contar de forma improvisada anécdotas de la vida de Patrul Rinpoche o de otros grandes sabios del pasado. En tales casos, cuando no tenía una grabadora al alcance de la mano, ponía sus narraciones por escrito inmediatamente después de haberlas oído. En treinta años pude así recoger más de un centenar de anécdotas referidas por dieciocho maestros espirituales y eruditos, la mayor parte de los cuales ya no están en este mundo. Esta preciosa tradición oral corría el riesgo de perderse y pensé que era importante conservarla de cara a las generaciones futuras.

Con posterioridad, me esforcé también por ordenar todas estas narraciones y situarlas lo mejor posible en el marco de un desarrollo cronológico establecido a partir de la biografía de Patrul Rinpoche escrita por Khenpo Kunphel. Fui anotando con esta idea todas las indicaciones que me permitieran situarlas en su contexto geográfico y temporal.

Aproveché asimismo mis viajes al Tíbet oriental para visitar los lugares más importantes de la vida de Patrul Rinpoche y para buscar los parajes, de difícil acceso, en los que realizó sus retiros. Gracias a Khenpo Dönnyi, del monasterio de Guemang, pude conocer a los descendientes de la hermana de Patrul Rinpoche, que viven en el pequeño valle casi deshabitado de Khormo Olu, a 4.300 m de altitud. Es en esta aldea recóndita donde nació Patrul Rinpoche, en una tienda en medio de un prado, y es también aquí donde su vida concluyó. Su familia conserva los escasos objetos que pertenecieron al ermitaño errante: su túnica monástica (se vestía como un nómada corriente para pasar desapercibido, pero conservaba como un preciado tesoro la capa monástica amarilla recibida con motivo de su ordenación), una estatuilla de Buda, una pequeña pintura enrollada que representa a su maestro-raíz, Jigme Gyalwai Nyugu, su rueda de plegaria y el viejo hervidor metálico que llevaba siempre consigo. Por lo que respecta a su cuenco de mendicante, uno de los objetos que recibe un monje en el momento de su ordenación, se conservaba en un monasterio del Tíbet oriental, cerca de Nangchen: tuve la inmensa fortuna de que me lo diera uno de los responsables de este monasterio, que vive actualmente en la India y se lo había traído del Tíbet. Por el momento lo conservo como el tesoro más preciado y como una bendición, y se lo ofreceré como obsequio llegado el momento a uno de mis maestros.

Vestido con un recio abrigo de fieltro, la *chuba*, o protegido con una gruesa piel de oveja en invierno, Patrul se desplazaba solo y, exteriormente, nada lo distinguía de cualquier persona común. En el transcurso de sus peregrinaciones, se detenía en un lugar, donde residía un tiempo, sin ninguna intención particular; cuando decidía marcharse, abandonaba el lugar sin un destino concreto. Se paraba allí donde buenamente le parecía: en bosques, cuevas, valles, montañas nevadas, en medio de ninguna parte o bajo una tienda. Se quedaba en determinado lugar todo el tiempo que deseaba, sin demorarse demasiado. Vivía en consonancia con la sabiduría de sus predecesores:

> «Allá donde hayas estado un tiempo, no dejes más huella que la de tus posaderas.
> Allá por donde hayas caminado, no dejes más huellas que las de tus pasos».

Cuando residía en los grandes espacios naturales del Tíbet, meditaba de un modo particular sobre la *bodichita*: el deseo de liberar a todos los seres del sufrimiento y conducirlos a la libertad última de la Iluminación. Patrul dispensaba sus instrucciones sin ningún tipo de parcialidad, a partidarios de todas las escuelas del budismo tibetano.

En general rechazaba las ofrendas que tradicionalmente se hacen a un maestro o a un sabio respetado. Hacia el final de su vida, no obstante, por consejo de otro maestro, Jamyang Khyentse Wangpo, las aceptó para asistir a las necesidades de los escultores en piedra que trabajaban en la ampliación de una obra notable, el muro de piedras Mani de Palgue, así llamado por haber sido iniciado por un predecesor de Patrul llamado Palgue. La palabra «Mani» remite al mantra *Om Mani Padme Hum*, el mantra del buda de la compasión, Avalokiteshvara, que recubre gran número de estas piedras grabadas. Este muro se eleva en la llanura de Mamos, a unos kilómetros del lugar de nacimiento de Patrul. Se prolongaba, según dicen, a lo largo de un kilómetro y fue desmantelada durante la Revolución Cultural china. Dado lo remoto de la región en que se erigía la pared, los pesados bloques de piedra que la constituían no se los llevaron, sino que los diseminaron por los alrededores. Hacia mediados de la década de 1980, los habitantes del valle reconstruyeron la edificación, que fueron agrandando con regularidad los numerosos escultores en piedra que se instalaron en las proximidades. Añadieron nuevos bloques grabados encargados por los fieles, o por iniciativa propia. Fue así como, en los años noventa, un lama apadrinó el grabado en piedra de ¡la totalidad de los ciento tres volúmenes del *Kangyur*, el compendio de sermones de Buda! La construcción de esta auténtica muralla se considera fuente de grandes méritos para quienes la ofrecen, para los grabadores en piedra y para quienes realizan su circunvalación. Se cree también que todos los textos y mantras así grabados contribuyen a la paz local y mundial. A lo largo de la construcción se erigieron también numerosas estupas.

En la actualidad, el muro de Mani de Palgue, constituido en su integridad por piedras esculpidas, mide aproximadamente 1,8 km de longitud, tiene una altura de 4 m y alcanza los 18 m de ancho. Cada vez que visitamos la región, no dejamos de dar al menos una vez la vuelta a su perímetro, lo cual nos lleva tres cuartos de hora a buen paso.

Cuando Patrul murió, a la edad de ochenta años, además de los pocos objetos conservados por los descendientes de su hermana, tenía por todo bien únicamente dos textos: *El camino a la Iluminación* de Shantideva y los *Versos fundamentales del Camino Medio* de Nagarjuna.

En febrero de 2016, en pleno invierno, mi búsqueda de los lugares en que había vivido Patrul Rinpoche me condujo a Dzagyal Thrama Lung, situado a 4.400 m de altitud, a una veintena de kilómetros del muro de Mani y accesible a través de una pista de montaña apenas transitable. Aquí es donde Patrul Rinpoche recibió de su maestro principal, Jigme Gyalwai Nyugu, no menos de veinticinco veces, las explicaciones acerca de las prácticas preliminares de la vía gradual del budismo tibetano, enseñanzas que recogió en *El camino de la Gran Perfección*. En el lugar viven hoy una decena de ermitaños, entre ellos un *khenpo* de unos cuarenta años, que hizo sus estudios en el colegio de filosofía de Larung Gar y que me contó varias anécdotas de la vida de Patrul que añadí a las que ya había recogido. Al visitar Thrama Lung, lugar desierto, desolado, expuesto a la más ruda intemperie (el termómetro marcaba -20° C, temperatura a la que se sumaban fuertes ráfagas de viento), lejos de todo, pude valorar la determinación indomable de los practicantes a la hora de buscar lugares de retiro perfectamente solitarios.

Con ocasión de mi última visita a Khormo Olu en 2017, en compañía de algunos monjes de Shechen y de un grupo de amigos occidentales que habían venido para asistir a la consagración por parte de Rabjam Rinpoche del nuevo templo de Shechen, ascendimos de nuevo por el camino que lleva a una pequeña estupa de piedra construida en el lugar donde se realizó la cremación de Patrul Rinpoche. En el momento en que abandonábamos el monasterio de Guemang, una hora antes, había comenzado a formarse un halo solar. Cuando llegamos al punto desde el que podíamos ver la estupa, directamente sobre nosotros, el halo solar formaba una resplandeciente mandorla con los colores del arco iris. Duró bastante rato, e iluminó las plegarias y prácticas que realizamos al pie de la estupa. ¿Un regalo de Patrul Rinpoche, tal vez?

De este modo, la inspiración que me infundieron durante más de treinta años la lectura de las enseñanzas de Patrul Rinpoche, los relatos de su vida, las biografías de sus contemporáneos y la visita de los lugares en que vivió, me impulsó a recoger en *Le Vagabond de l'Éveil* («El vagabundo de la Iluminación») todo cuanto pude aprender de su vida. Las anécdotas que, como muestra, no me resisto a compartir a continuación[1] ilustran la forma en que los hechos y gestas de un sabio encarnan en la realidad cotidiana las enseñanzas que por otra parte se encuentran en los textos.

EL LINGOTE Y EL LADRÓN

Un día en que Patrul estaba sentado sobre un montículo cubierto de hierba y acababa de enseñar *El camino hacia la Iluminación* a una multitud numerosa, un anciano que estaba entre los asistentes se acercó a él para regalarle un gran lingote de plata. De acuerdo con su costumbre, Patrul rechazó el obsequio, pero el anciano estaba decidido: depositó el lingote a los pies del maestro y se alejó rápidamente. En el momento de marcharse él también, Patrul dejó allí todas las ofrendas que le habían hecho, incluido el lingote.

Un ladrón se enteró del valioso regalo que le habían hecho al maestro y decidió sustraérselo. Patrul se desplazaba solo, por lo general, y muchas veces pasaba la noche al raso. Aprovechando la oscuridad, el bandido se acercó al ermitaño dormido y se puso a registrar sus escasas posesiones. Al no encontrar lo que buscaba, el ladrón le palpó las vestimentas, acción que no podía por menos de despertar a Patrul, quien exclamó bruscamente:

—¿Qué haces hurgando en mi ropa?

—¡Sé que te han regalado un lingote de plata! ¡Lo quiero! ¡Dámelo! —exigió el bandido sorprendido.

—¡Alto ahí! —exclamó Patrul—. Date cuenta de la triste vida que llevas, corriendo de un lado para otro como un idiota. ¿Y has hecho todo este camino por un pedazo de plata? ¡Qué lamentable! Escúchame bien. Vuélvete al sitio de donde vienes. Al amanecer llegarás al pequeño montículo desde el que he enseñado. Allí encontrarás el lingote.

El ladrón recelaba, pero el hecho comprobable era que el lingote no estaba entre las cosas de Patrul, ni lo llevaba él encima. Aunque dudaba de que el maestro hubiera dejado allí tirado un regalo como aquel, volvió sobre sus pasos, llegó al montículo de hierba, buscó y descubrió finalmente el lingote abandonado.

Sin embargo, el hombre, que era de edad avanzada, no podía dejar de pensar en las duras palabras de Patrul y le entró desasosiego por el género de vida que llevaba, hasta el punto de lamentarse en voz alta: «Ese Patrul es un maestro auténtico, libre de todo apego. Por querer robarle, ¡me he ganado un karma ruinoso!».

Atormentado por el remordimiento, volvió en busca del maestro. Cuando por fin lo encontró, Patrul exclamó:

—¿Otra vez tú? ¿No vas a dejar nunca de correr montes y valles como un energúmeno? ¿Qué quieres ahora?

—He encontrado el lingote y me arrepiento profundamente de haber obrado tan mal contigo, que eres un verdadero maestro espiritual. ¡Y pensar que estaba dispuesto a robarte lo poco que tienes! Perdóname, bendíceme ¡y acéptame como discípulo! —replicó el ladrón entre sollozos.

—No necesitas implorarme perdón. De ahora en adelante, practica la generosidad e invoca las Tres Joyas. Con eso basta —le contestó Patrul.

Las circunstancias hicieron que los habitantes de los contornos se enteraran de la mala acción del bandido y lo molieron a palos. Cuanto Patrul tuvo noticia del hecho, los amonestó con severidad:

—Si pegáis a este hombre, me estáis pegando a mí. ¡Dejadlo tranquilo!

Patrul solía insistir acerca de las numerosas preocupaciones y problemas irresolubles causados por las posesiones. Decía: «Si tienes dinero, tienes problemas de dinero. Si tienes una casa, tienes problemas de casa. Si tienes yaks, tienes problemas de yak. Si tienes cabras, tienes problemas de cabra». Por tanto, para alcanzar la sabiduría y la Iluminación, es preferible desapegarse del concepto de propiedad.

PATRUL Y LA VIUDA

Cierto día en que Patrul atravesaba a pie una extensa meseta, se encontró con una pobre mujer a cuyo marido acababa de matar un *dremong*, gran oso de las estepas. Se dirigía con sus tres hijos a Dzachuka para mendigar un poco de comida. La pérdida de su marido la había dejado completamente desamparada.

No pudo reprimir el llanto mientras le contaba su historia a Patrul.

—No se preocupe, yo la ayudaré. Yo también voy a Dzachuka, hagamos el camino juntos —le propuso Patrul.

Ella aceptó y caminaron juntos durante varios días. Al caer la noche, dormían al raso. Uno, o a veces dos de los niños se arrebujaban entre los pliegues del abrigo de piel de oveja de Patrul, mientras que la viuda estrechaba al más pequeño contra ella. Durante el día, Patrul llevaba a uno de los pequeños a cuestas, la madre se encargaba del otro y el tercero caminaba con ellos.

Cuando la viuda mendigaba en los pueblos y campamentos de nómadas por los que pasaban, Patrul hacía lo mismo sin separarse de ella, pedía *tsampa*, mantequilla y queso. Los viajeros con los que se cruzaban por el camino los tomaban por una familia de mendigos. Nadie, comenzando por la propia viuda, sospechaba acerca de la verdadera identidad del gran yogui.

Llegaron por fin a Dzachuka. Ese día, la mujer se fue a mendigar por su cuenta y Patrul por la suya. Cuando volvieron a reunirse por la noche, la viuda reparó en el semblante sombrío de Patrul.

—¿Qué sucede? Pareces preocupado —le dijo ella.

—No es nada. Tenía aquí una tarea que cumplir, pero la gente no me va a dejar terminarla. Arman mucho alboroto por nada —repuso Patrul de forma elusiva.

—Y ¿qué es lo que tenías que hacer aquí? —insistió la mujer, sorprendida.

—No te preocupes, vámonos —replicó el lama.

Llegaron al pie de una colina en cuya ladera se elevaba un monasterio. Patrul se detuvo. Se volvió hacia la viuda y le dijo:

—Tengo que entrar en este monasterio. Tú también, pero no ahora, sino dentro de unos días.

—Oh, no. No nos separemos. ¡Entremos juntos! Has sido tan bueno conmigo y con mis hijos... hasta podríamos casarnos. Pero si tú no lo deseas, yo podría simplemente vivir contigo y disfrutar de tu amabilidad —suplicó la viuda con desconsuelo.

—Es imposible. Hasta ahora he hecho todo lo que he podido por ayudarte, pero aquí la gente habla como cotorras. De verdad, no podemos entrar juntos en el monasterio. Vuelve dentro de unos días y me encontrarás aquí —le dijo Patrul.

Patrul ascendió por la ladera hasta el monasterio, mientras la viuda y sus hijos se quedaban abajo, mendigando para comer.

Desde su llegada, y contrariamente a su costumbre, Patrul ordenó que todas las ofrendas y provisiones que le regalaran se guardaran aparte, porque esperaba a un invitado muy especial que las necesitaría.

Al día siguiente, la noticia de la llegada del gran maestro se difundió por todo el valle: «¡Patrul Rinpoche está aquí! ¡Va a enseñar *El camino hacia la Iluminación*!».

Todos los habitantes se apresuraron para recibir las enseñanzas de Patrul Rinpoche. Al oír el anuncio de la noticia, la viuda de Golog sintió un gran alborozo: «¡Ha llegado un gran lama! Tengo que aprovechar esta gran ocasión para hacerle ofrendas y pedirle oraciones por el bien de mi difunto marido», pensó.

Siguiendo a la multitud, subió hasta el monasterio con sus tres hijos. Tuvieron que sentarse entre los últimos asistentes para escuchar las enseñanzas de Patrul. Estaba tan lejos, que no podía distinguir con claridad los rasgos del gran maestro. Al final del acto, como todos los participantes, se levantó y se sumó a la larga fila de los que esperaban recibir sus bendiciones. Finalmente llegó un momento en que se encontró lo bastante cerca como para darse cuenta de que el gran lama en cuestión, Patrul Rinpoche, no era otro que su harapiento compañero de viaje.

Presa de una mezcla de estupefacción y de fervor, se acercó a Patrul:

—¡Perdóneme por no haberle reconocido! ¡Perdóneme por haberle hecho cargar a cuestas con mis hijos y por haberle propuesto casarse conmigo! ¡Perdóneme por todo!

Patrul no hizo caso de sus excusas, quitándoles importancia:

—¡No pienses más en ello! No tienes nada de que reprocharte. —Se volvió hacia los monjes del monasterio y les dijo—: El invitado especial al que esperaba es *ella*. Traed toda la mantequilla, el queso y las demás provisiones que habéis guardado aparte y dádselas a esta mujer.

PATRUL RECIBE SUS PROPIAS ENSEÑANZAS

Patrul había decidido dirigirse al monasterio de Kathog y acumular méritos haciendo la circunvalación de las estupas de Kathog Kumbum. Algunas personas se fijaron en aquel lama desaliñado que se paraba delante de cada estupa, apoyando la cabeza contra la pequeña cavidad central y murmurando oraciones. Sin embargo, no había nada particular en él que lo distinguiera de los demás peregrinos. Se alojaba en casa de un viejo lama de Gyarong.

—¿Has recibido ya enseñanzas sobre el Dharma? —le preguntó el lama.

—No muchas. He recibido *El camino hacia la Iluminación* y algunos otros textos, más o menos eso es todo —respondió Patrul.

—Pareces tener una predisposición virtuosa. Dado que vienes de lejos, debes de ser un buen practicante. ¿Te interesaría que te enseñara algunos conocimientos básicos del Dharma?

—¡Claro que me interesaría! ¿Quién puede prescindir del Dharma?

—Hay una enseñanza llamada *El camino de la Gran Perfección*, de Dza Patrul Rinpoche. De verdad que te puede ayudar mucho. Porque si rezas mientras das la vuelta a las estupas sin la actitud y la comprensión adecuadas, tus esfuerzos no te van a aportar demasiado beneficio —le explicó el viejo lama.

—¡Ah! ¡Tengo verdadera necesidad de tus enseñanzas! ¡Ten la bondad de impartírmelas! —exclamó Patrul.

Así fue como, capítulo a capítulo, el viejo lama de Gyarong enseñó a Patrul *El camino de la Gran Perfección*. De vez en cuando, el lama nómada, ingenuo y analfabeto en apariencia, planteaba preguntas muy pertinentes acerca del sentido del texto. El lama de Gyarong estaba perplejo frente a aquel discípulo de apariencia tan modesta, pero que hacía observaciones tan penetrantes.

Patrul abandonó la casa del lama de Gyarong para instalarse al lado mismo, en casa de una anciana, cuando habían llegado hacia la mitad de la enseñanza del texto. Poco tiempo después, unos peregrinos de Dzachuka, la región natal de Patrul Rinpoche, llegaron a Kathog para realizar la circunvalación de las estupas y advirtieron la presencia de aquel lama de aspecto mísero. Sus compatriotas lo reconocieron de inmediato:

—¡Apu! ¡*Apu* está aquí! —exclamaron con alborozo, al tiempo que se prosternaban ante él con reverencia.

Apu («tío») era el nombre familiar con que se solía designar a Patrul.

Contrariado, Patrul regañó a los peregrinos:

—Hasta ahora había vivido aquí la mar de tranquilo, ganando méritos. Pero ahora venís vosotros y proclamáis a los cuatro vientos: «¡Patrul está aquí! ¡Patrul está aquí!», con lo cual, ¡se acabó la tranquilidad!

Y sucedió como él había previsto: en brevísimo tiempo, se había extendido el rumor de que había llegado Patrul Rinpoche, si bien nadie sabía muy bien dónde estaba.

Cuando Patrul se presentó en casa del viejo lama para recibir las enseñanzas, como todas las tardes, el anciano le anunció con agitación:

—¡Patrul Rinpoche en persona está aquí! ¡Lo dice todo el mundo!

Patrul no mostró particular entusiasmo por la noticia.

Aquel día, al anochecer, como de costumbre, Patrul volvió a la casa de la anciana, la cual le dijo también muy agitada:

—¡Patrul Rinpoche está aquí! ¿Se da cuenta?

—¡Tampoco hay que ponerse así! ¿Qué tiene de particular, ese tal Patrul? No es más que un lama nómada, como tantos otros. Si quiere que le diga mi opinión —continuó con tono provocador—, ¡ese Patrul suyo está un poco sobrevalorado! Mejor haría en implorar a los grandes lamas de Kathog —concluyó Patrul con tono burlón.

La mujer se enfureció y estuvo a punto de darle un buen correctivo:

—¡Será miserable! ¿Cómo se atreve a decir semejantes cosas? Ni aunque el propio Patrul Rinpoche, el mismísimo Buda en persona, llamara a su puerta, ¡sería capaz de no sentir ninguna devoción! ¡Seguro que lo despacharía tratándolo de «viejo lama nómada! ¡Maldito individuo!

Patrul se calló.

Poco tiempo después de este episodio, lograron localizar a Patrul. Los dos principales lamas de Kathog lo invitaron a enseñar *El camino hacia la Iluminación*. La piadosa anciana, al enterarse de la noticia, se llenó de alegría al pensar en que por fin iba a poder conocer al hombre santo. A la mañana siguiente, el sonido del gong llamó a los habitantes a congregarse para recibir las enseñanzas. Patrul salió de la casa de la anciana, como cada mañana a la misma hora, como si fuera a realizar sus circunvalaciones cotidianas. La anciana, por su parte, se apresuró a ir al monasterio. Allí descubrió atónita, sentado en un trono, al andrajoso lama al que ofrecía su hospitalidad desde hacía semanas.

La mujer se prosternó a los pies de Patrul y le dijo:

—¡Qué mal karma me he ganado! Le he reñido e incluso he estado a punto de pegarle. ¡Le pido perdón!

—No ha hecho nada malo —la tranquilizó Patrul con dulzura—. No hace falta que se confiese por nada, no se preocupe. Tiene usted una mente pura. El buen corazón es la raíz de todos los Dharmas. De hecho, tal es la esencia misma de *El camino hacia la Iluminación* que voy a enseñar ahora. Es todo lo que uno necesita.

En el momento en que Patrul comenzó a impartir su enseñanza, el viejo lama de Gyarong se dio cuenta también de que su fiel alumno, el mísero lama al que había explicado *El camino de la Gran Perfección*, día tras día y capítulo tras capítulo, no era otro que su autor, el propio Patrul Rinpoche... Se sintió ciertamente confuso, pero Patrul lo tranquilizó, asegurándole que había enseñado muy bien el texto.

*

Según cuentan, cuando Patrul exponía el Dharma, el espíritu de los oyentes se transformaba por completo. Enseñado por él, un punto aparentemente sencillo se convertía en algo semejante a una puerta que se abriera a un centenar de comprensiones espirituales. Utilizaba un lenguaje directo que encontraba eco en las experiencias interiores de cada persona.

Fuera cual fuera, más alto o más bajo, el estatus social de cada cual, Patrul daba siempre el mismo consejo: «Tenga buen corazón y obre con bondad. No hay enseñanza más profunda». Cuando le pedían que impusiera un nombre a alguien, acostumbraba a elegir alguno que comenzara por *nyingje*, que significa «compasión».

Rehusaba bendecir a las personas poniéndoles la mano sobre la cabeza, justificándolo del siguiente modo: «¿De qué sirve que os toque la cabeza con las manos a modo de bendición? Lo que de verdad necesitáis es practicar correctamente la meditación y cambiar vuestra mente desde el interior».

Las palabras de Patrul estaban exentas de hipocresía y despojadas de toda pretensión. Sus palabras y su conducta eran de una rectitud irreprochable. Vivió una vida libre de contradicciones. Sus valores, sus metas y su comportamiento estaban siempre en consonancia con la vía. No se mostraba nunca obsequioso en presencia de los nobles y los poderosos, como tampoco condescendiente hacia los más sencillos. No perdía el tiempo con individuos complicados que exhibían una cortesía afectada para ocultar la duplicidad de sus intenciones. No tenía nada que perder ni nada que ganar con los asuntos de este mundo. Su mente era tan amplia e insondable como el océano. En su prefacio a *El vagabundo de la Iluminación*, Jigme Khyentse Rinpoche escribe:

> Patrul Rinpoche es una referencia y una fuente de inspiración a la vez. A menudo me pregunto: «¿Qué habría hecho Patrul Rinpoche en esta situación?»; o bien: «¿Qué habría pensado?». Aunque ya no está en este mundo, su figura no ha perdido nada de su capacidad para hacernos sentir incómodos y para acabar con la hipocresía o con la inseguridad que sentimos como discípulos. Esta capacidad puede transformar nuestra vida. Aun si intentamos ignorar ese malestar, su actividad compasiva continúa rondándonos, a pesar de las gruesas capas de nuestra ignorancia atávica.

La tradición oral refiere que de entrada Patrul Rinpoche podía parecer brusco, o podía intimidar, pero cuanto más tiempo pasaba uno a su lado, más se constataba su perfecta ecuanimidad, es decir, su ausencia total de esperanza y de miedo. Siempre abierto y distendido, en realidad resultaba fácil estar en presencia de alguien que consideraba toda circunstancia, buena o mala, dotada de un sabor único.

De hecho se dice que cuando uno estaba en su presencia, no podía decidirse a separarse de él.

CAPÍTULO 42

UNA CIUDAD DEDICADA A LA FILOSOFÍA

Visita invernal de Larung Gar, uno de los más grandes colegios de filosofía de la historia, que reúne a no menos de seiscientos *khenpos*, eruditos docentes, y a diez mil monjes y monjas.

En febrero de 2016, en compañía de dos monjes de Shechen y de Raphaële, se me presentó la ocasión de visitar por primera vez el colegio filosófico de Larung Gar, cuyo acceso estuvo durante mucho tiempo prohibido a los extranjeros. Finalmente se permitía a los extranjeros visitarlo, pero no residir en él, por lo que tuvimos que marcharnos al anochecer.

Al doblar un pequeño collado, se ofreció ante nosotros un panorama único: ¡la mayor universidad budista de la historia, al margen de Nalanda y Vikramashila, célebres instituciones que florecieron en la India hace dos mil años! El colegio de filosofía de Larung Gar, situado en el Kham a 4.200 m de altitud, reunía a más de diez mil monjes y monjas (las cuales forman la mayoría de la población monástica), así como varios centenares de estudiantes laicos. Desde lo alto de las colinas vecinas, se aprecia la grandeza de esta ciudad del espíritu. La mirada abarca el inmenso mosaico constituido por el alineamiento de las pequeñas viviendas de los estudiantes que se extienden por las tres vertientes del valle.

Nuestra llegada coincidía con una semana de oración en la que participaba toda la comunidad. Cada día, una monja y un monje se alternaban para dirigir las plegarias que se realizaban en los dos templos principales erigidos en medio de las viviendas. Difundida por los altavoces, la voz de la monja que dirigía la oración aquel día se imponía sobre la salmodia de los miles de practicantes, de forma que todos pudieran cantar al unísono. Cuando ascendimos a lo alto de una de las colinas cubiertas de banderas de plegarias que dominaban el valle y nos sentamos un rato sobre una gran roca, me hice la siguiente reflexión: «¿En qué otro lugar del mundo existe un valle del que, durante una semana, no ascienda otra cosa todo el día más que las melopeas del Dharma que llenan el espacio con su serena armonía?».

*

En 1980, Khenpo Jigme Phuntsok, después de haber estudiado con los mejores eruditos de su tiempo, fundó con un puñado de discípulos este colegio filosófico en un valle deshabitado cerca de la pequeña ciudad de Serthar, en la parte sudeste del Golog. Durante el periodo más intenso de la represión china, entre 1960 y 1980, había llevado una vida de nómada, practicando en las ermitas de las montañas. Muy pronto, el carisma de Jigme Phuntsok y la calidad de las enseñanzas impartidas en el colegio filosófico de Larung Gar atrajeron a un creciente número de estudiantes, hasta formar una pequeña ciudad, habitada no solamente por tibetanos, sino también por centenares de chinos que acudían para recibir las enseñanzas en su propia lengua.

En 1989, Jigme Phuntsok viajó a la India por invitación de Penor Rinpoche, fundador del más importante colegio filosófico de la tradición Nyingmapa en el subcontinente indio (tres mil monjes y monjas estudian en él). En 1990, visitó al Dalai Lama en Dharamsala y posteriormente a Dilgo Khyentse Rinpoche en Delhi. Se prosternó tres veces delante de Khyentse Rinpoche, y uno de sus monjes me dijo más tarde que era la primera vez que lo veía prosternarse delante de un lama que no fuera el Dalai Lama. Jigme Phuntsok llevó a cabo asimismo una peregrinación a Bután, donde intercambió enseñanzas con Dilgo Khyentse Rinpoche.

A su regreso al Tíbet, se negó a denunciar al Dalai Lama, como exigían los chinos, lo que le acarreó serios problemas. El gobierno le denegó en lo sucesivo permiso para viajar. En 2001, varios miles de miembros del ejército chino hicieron irrupción brutalmente en la

Universidad de Larung Gar y derribaron con buldóceres una tercera parte de las viviendas. Fue una más de las numerosas acciones arbitrarias que el gobierno efectuaba contra la vitalidad y la fuerza de resiliencia de la cultura budista. Miles de estudiantes fueron expulsados y los alojamientos de tres mil monjas destruidos con el fin de reducir la población de eruditos y estudiantes. A partir de ese momento quedó estrictamente prohibido el acceso a los extranjeros, ya que las autoridades querían evitar la presencia de testigos de las destrucciones y atropellos cometidos. Si algunos consiguieron entrar clandestinamente, yo no podía, a pesar de mi deseo de descubrir este importante centro de espiritualidad, correr el riesgo de poner en peligro a mis amigos del monasterio de Shechen y nuestros proyectos humanitarios, los cuales ya de por sí era delicado sacar adelante habida cuenta de todas las restricciones impuestas por el gobierno.

En 2004, Jigme Phuntsok falleció a la edad de setenta años, dejando al colegio filosófico huérfano, pero no menos próspero en el plano espiritual y filosófico.

En Larung Gar se encuentran no menos de seiscientos *khenpos*, «doctores en filosofía» que han cumplido un mínimo de doce años de estudios y que enseñan los textos fundamentales del budismo a clases de entre treinta y cuarenta alumnos. La ausencia de jerarquía académica y clerical es un rasgo característico del funcionamiento de este colegio filosófico. Aun si algunos de los *khenpos* son muy respetados en el Tíbet y en China, tales como Khenpo Tsultrim Lodrö o Khenpo So-Dargye, por citar solo a estos, el sistema es estrictamente horizontal en Larung Gar, y no tienen derecho a ningún tratamiento especial o posición elevada. Los *khenpos* más eminentes viven en las mismas casitas de dos habitaciones que constituyen la norma para todos. Con ocasión de las grandes ceremonias, el maestro de canto se sienta en un pequeño trono, pues debe ser visible y audible cuando dirige las plegarias, mientras que los demás miembros de la comunidad monástica se sientan en el orden de llegada y no, como es el caso en la mayoría de los monasterios, según su antigüedad o preminencia.

En 2014, en Chengdu, conocí a Khenpo Tsultrim Lodrö, quien, junto con Khenpo So-Dargye, es el principal *khenpo* y sucesor espiritual de Khenpo Jigme Phuntsok. Era quincuagenario, y me sorprendieron la sencillez y la afabilidad de este gran erudito, además de pensador comprometido, que ha contribuido en especial a la causa del vegetarianismo en el Tíbet. Recuerda con especial insistencia cómo en el *Sutra del Gran Paranirvana* Buda afirmó: «Comer carne destruye la gran compasión». La adopción de un régimen vegetariano ha existido siempre en el Tíbet y fue promovida por un gran número de maestros del pasado, sin llegar no obstante a ser mayoritaria, sin duda debido a las condiciones climáticas (el cultivo agrícola no es posible por encima de 3.800 m y los inviernos son largos y especialmente crudos). Khenpo Tsultrim Lodrö y sus discípulos chinos devuelven a la libertad cada año a los lagos y ríos a más de un millón de peces vivos, comprados en los mercados mayoristas y que estaban destinados al consumo humano.

*

A lo largo de varios meses, entre 2015 y comienzos de 2016, se suavizaron las medidas restrictivas. Sin embargo, a partir del verano siguiente, el de 2016, volvió a prohibirse el acceso. El gobierno había decidido, en efecto, emprender una nueva fase de destrucción de viviendas monásticas. Desde esta radical medida del verano de 2016, tan solo las personas originarias del distrito de Serthar estaban autorizadas para estudiar en este valle académico, las demás fueron obligadas a regresar a su lugar de procedencia. Con el fin de facilitar su acceso y la «regulación» de la expansión del colegio, los chinos abrieron también amplios pasajes en medio de las viviendas. Hay que reconocer que estas vías de acceso presentaban ciertas ventajas. Los incendios, por ejemplo, no eran raros como consecuencia de la contigüidad generalizada de las viviendas. De hecho, mientras estábamos en lo alto de la colina, se declaró un pequeño incendio en el límite de la zona en que en 2001 se derribaran un gran número de viviendas. En cuestión de minutos, vimos a doscientos o trescientos monjes puestos en fila y llevando y trayendo cubos de agua por el flanco de la colina. Gracias a su diligencia y energía consiguieron extinguir el fuego.

Compartimos la reflexión de que, frente a la política sistemática de persecución de los monjes y de supresión de las instituciones monásticas, Larung Gar representaba un ejemplo extraordinario de la resiliencia del budismo y de la determinación inflexible de los tibetanos en esta tierra por tanto tiempo perseguida. Admirados y conmovidos por las escenas excepcionales de las que habíamos sido testigos en esta universidad única en el mundo, que reunía a diez mil estudiantes de filosofía, en que las oraciones ascienden del valle y llenan la atmósfera, abandonamos Larung Gar, este gran centro de la tradición filosófica tibetana, con el corazón en un puño.

A lo largo de mis múltiples viajes al Tíbet, entre 1985 y 2017, he desarrollado una profunda afinidad con la Morada de las Nieves. Sus parajes son aquellos en que me encuentro más a gusto y donde encuentro la más poderosa inspiración para desarrollarme, estudiar y practicar. Me siento inclinado por naturaleza hacia la altitud, por lo que los fríos de las altas mesetas del Tíbet constituyen para mí un marco de vida ideal. Existen muchos otros paisajes sublimes en nuestro planeta Tierra, pero en el Tíbet estos lugares de gran belleza están impregnados de la presencia sutil, pero palpable, de los maestros espirituales, hombres y mujeres, de los ermitaños, los monjes, las monjas y los practicantes laicos, quienes todos ellos, desde Padmasambhava hasta nuestros días, han habitado estos lugares de excepción, física y espiritualmente.

El patrimonio de la cultura budista tibetana está gravemente amenazado, pero a pesar de la adversidad, la transmisión espiritual se ha preservado hasta nuestros días. No podemos dejar de desear, desde lo más profundo del corazón, que una vez más supere los obstáculos a los que debe hacer frente bajo el yugo de un régimen totalitario.

PARTE VI

EN PLENO TORBELLINO

CAPÍTULO 43

EL MONJE Y EL FILÓSOFO

Nacimiento y realización del libro de diálogo con mi padre, el filósofo Jean-François Revel, que señala un punto de inflexión en mi vida. Pasamos unos días en una colina en Nepal y conversamos acerca de la manera de llevar a buen puerto nuestra existencia.

Todo empezó con un reportaje emitido por el informativo semanal *Envoyé spécial* a comienzos de 1996. Durante el verano de 1995, un equipo de televisión había venido a Nepal para rodar un reportaje sobre el «monje francés» —casualmente yo— que vivía desde hacía veinticinco años en el Himalaya. Todavía no habíamos fundado Karuna-Shechen, ni emprendido ningún proyecto humanitario. Por aquella época, me dedicaba a colaborar en la protección del patrimonio del budismo himalayo y a servir a Rabjam Rinpoche en sus esfuerzos por perpetuar el legado espiritual de Dilgo Khyentse Rinpoche, principalmente traduciendo del tibetano las enseñanzas orales de este último, que yo había grabado, y recopilando sus escritos con vistas a su publicación.

Poco después de la emisión de este reportaje por France 2, sonó el teléfono en el monasterio de Shechen en el que vivía. La oficina del monasterio acababa de obtener una línea telefónica, toda una proeza en una época en que era casi imposible disponer de tal medio de comunicación en Katmandú. La llamada provenía de Francia. Una editora parisina me propuso de buenas a primeras el proyecto de un diálogo con mi padre, el filósofo Jean-François Revel. Mi primera reacción fue contestar: «Pregúntele a él, a ver qué le parece». Me costaba imaginar a mi padre, un intelectual y reputado polemista, arriesgándose a dialogar con un monje budista, aunque fuera su propio hijo. El único interés por la espiritualidad que le había visto manifestar hasta entonces no pasaba de las visitas a las antiguas iglesias románicas a las que nos llevaba a veces durante las vacaciones de verano, para admirar su arquitectura, cuando mi hermana y yo habríamos preferido claramente hacer castillos de arena en la playa. Tras una breve y cortés conversación, colgué el auricular convencido de que nunca iba a volver oír hablar de aquella insólita idea.

Sin embargo, quince días más tarde, para gran sorpresa por mi parte, la misma editora volvió a llamar para anunciarme: «¡Su padre ha aceptado!». Había invitado a mi padre a comer en un restaurante de tres estrellas de París, el tipo de propuesta que mi gastrónomo de padre no rechazaba jamás. Como a veces hacen los editores en busca de autores, le había propuesto varios temas para escribir un libro, que mi padre declinó cortésmente uno tras otro. Entonces, a la hora del postre, según me contó ella, le preguntó: «¿Y qué le parecería un diálogo con su hijo Matthieu?». Casi se le cae la pera de la boca y, tras un breve silencio, él respondió: «Eso no puedo rechazarlo».

Mi primera reacción fue pensar: «Pues estoy aviado. Mi padre, con su consabida elocuencia, me va a pasar por encima el rodillo». Tras darle vueltas en la cabeza a toda velocidad, y aferrándome a mi antigua experiencia como futbolista, le contesté: «Bueno, pero en todo caso tendría que ser aquí, en Nepal». Al menos ¡mejor jugar en casa!

Por la noche, le conté la propuesta a Rabjam Rinpoche, el abad del monasterio, con quien me une una estrecha amistad. Le confesé que temía que todo aquello pudiera acarrearme no pocas complicaciones. Pero él me convenció para que aceptara, diciéndome que un diálogo así podría contribuir a una mejor comprensión del budismo en Occidente. De modo que di mi asentimiento al proyecto.

Mi padre tenía su agente literario, práctica común en Estados Unidos, pero poco extendida todavía en Francia. Este agente fue a visitar a la editora provisto de su maletín y de una propuesta de contrato en que reclamaba un adelanto considerable sobre los derechos de autor. La editora estaba ciertamente entusiasmada con la idea de aquel diálogo cuyo proyecto había propuesto a su editorial, pero al ver la suma que le pedían, el director de la editorial se inquietó e hizo notar al agente literario: «Todos sabemos que el señor Revel es un autor cuyas obras gozan de un amplio eco entre el público lector, pero el hijo... ¿quién sabe? Habrá que ver un poco el resultado...». El sobreentendido se interpretaba con claridad: «Puede que no sea más que uno de esos iluminados que se van a desbarrar a la India». El agente literario se hizo el ofendido y replicó algo del tipo: «¿Cómo se atreve a dudar de...?», etc. Lo único que podía hacer era marcharse con su contrato no firmado bajo el brazo. Por otra parte, me enteré más tarde de que había sido mi madre, Yahne Le Toumelin, la que había sugerido la idea de este diálogo a la editora, Maren Sell, a la que conocía bien y a la que había dicho: «Esos dos deberían debatir entre ellos».

De forma paralela, Nicole Lattès, quien había fundado unos años antes NiL Éditions, entre otros logros de una gran carrera editorial, nos vio a mi padre y a mí en la portada de una revista, a raíz de la emisión del reportaje del programa *Envoyé spécial*. Llamó por teléfono a mi padre, cuya *Historia de la filosofía occidental* había vuelto a publicar con éxito, y le contó la sorpresa que había tenido al enterarse de que tenía un hijo budista. Con su habitual sentido del humor, mi padre le contestó: «¡Tengo otro que es judío y una hija ortodoxa, si te interesa!». Quedaron para comer juntos lo antes posible, y ella le propuso la idea de un diálogo entre un filósofo y un monje. Mi padre respondió:

—Tiene gracia, hay otro editor que me ha hecho la misma sugerencia, pero le han entrado dudas y la cosa se alarga.

—¡Pues yo estoy decidida! Como sabes, no hace mucho he montado una editorial y puedo proponerte un anticipo muy razonable. ¿Estás de acuerdo? —le contestó Nicole de inmediato. Se dieron palmaditas en las manos y regaron el acuerdo con un buen vino. Mi padre me llamó para informarme de estas conversaciones y anunciarme que estaba encantado de venir a Nepal.

Así fue como mi padre, acompañado de su esposa, Claude Sarraute, aterrizó en Katmandú un hermoso día de mayo de 1996. Después de acompañarles a visitar el monasterio y presentarles a Rabjam Rinpoche, subimos a Hatiban, lugar de veraneo situado a una veintena de kilómetros al sur de Katmandú. Este encantador conjunto hotelero está constituido por casitas bajas diseminadas por un bosque de pinos, en lo alto de una colina desde la que se contempla el valle de Katmandú. Pero para llegar hay que abandonar la carretera principal y ascender en *jeep* por un camino de tierra lleno de baches, que serpentea por entremedio del bosque. Al cabo de unos minutos, mi padre manifestó su inquietud y exclamó: «¡Nos estás llevando al fin del mundo!». Sin embargo, cuando llegamos a la bonita casa principal que hacía las veces de recepción y de restaurante, y se vio obsequiado con un collar de flores y una limonada fresca, enseguida recuperó la serenidad gracias a la paz y la belleza del lugar.

*

No he leído todos los libros de mi padre, pero me había preparado para aquel diálogo leyendo su *Historia de la filosofía*, que tiene el mérito de ser extraordinariamente clara. La había escrito bebiendo de su excepcional memoria, como si se encontrara en una isla desierta sin ningún libro al alcance de la mano, dejando en blanco las citas que quería introducir. Decía a propósito de ciertos pensadores contemporáneos de discurso abstruso, que tenía en muy baja estima: «Si tienen buenas ideas, ¿por qué no las exponen con claridad?». Cuando, siendo yo adolescente, le confesé que no había entendido estrictamente nada de los escritos de algunos filósofos, me tranquilizó diciendo: «No te preocupes, lo cierto es que no hay nada que comprender».

Yo había preparado al azar una lista de temas en torno a los cuales poder debatir. Cuando se la enseñé a mi padre, para al día siguiente entablar nuestro primer diálogo, él le dio una rápida ojeada y exclamó: «Pero bueno, ¡si es todo de lo que la humanidad lleva debatiendo desde hace dos mil años!». Se llevó la lista y no volví a verla durante los ocho primeros días de conversación.

Establecimos un plan diario: dialogábamos todas las mañanas de nueve a once; luego íbamos a pasear por el bosque y almorzábamos con Claude. Por la tarde, mi padre se retiraba para hacer su siesta habitual y reanudábamos la conversación desde las tres hasta las cinco de la tarde.

A pesar de todo, mi padre debía de albergar algunos recelos previos con respecto a aquellas charlas, porque ya la primera noche envió un fax a Nicole Lattès en el que le decía simplemente: «Todo va bien».

Efectivamente, todo se desarrolló a pedir de boca. Mi padre condujo las conversaciones y estableció la planificación del libro. Yo respondía a sus preguntas a la luz de mis experiencias acumuladas a lo largo de los veinticinco años que había pasado en Nepal, en Bután, en el Tíbet y en la India con mis maestros espirituales. Enseguida me sentí sorprendido y aliviado por su apertura de mente. Ponía toda su inteligencia y sus conocimientos al servicio de sus preguntas y respuestas, pero en ningún momento aprecié ningún tipo de estrechez de espíritu, de dogmatismo o de cínica ironía, que no hubieran podido por menos de envenenar nuestros debates. Estaba dispuesto a hablar de todo, a escuchar con paciencia mis respuestas y a seguir adelante planteando preguntas pertinentes.

La última mañana, mi padre volvió a sacar mi lista de preguntas. Señaló con el dedo varios temas, diciéndome: «De este punto aún no hemos hablado, ¿verdad?».

Bajamos de las colinas de Habitan en dirección a Katmandú, con el espíritu en paz, felices de habernos abierto tan sinceramente el uno al otro. Algunos han escrito a veces que nuestros diálogos consagraban «el reencuentro entre padre e hijo». Ciertamente, nuestro vínculo familiar facilitó considerablemente el diálogo, pero, exceptuando la breve introducción redactada por mi padre, el contenido del libro que nacería de aquellos días en Nepal se ciñó casi exclusivamente a la confrontación intelectual de nuestros puntos de vista acerca de los temas que habíamos abordado: ¿por qué pasar de la investigación científica a la búsqueda espiritual? El budismo, ¿es una religión o una filosofía? ¿Es una ciencia del espíritu? ¿Cómo conciliar vida contemplativa y vida activa?, etc. Se trataba por encima de todo del encuentro y del diálogo entre un monje budista y un filósofo occidental.

Mi padre había abordado nuestras conversaciones a partir del siguiente cuestionario: «Los griegos se planteaban tres grandes preguntas: "¿Qué puedo conocer? ¿Cómo gobernar la ciudad? ¿Cómo orientar mi existencia?"». Según él, la ciencia ha respondido en gran parte a la primera pregunta y la democracia a la segunda. En cuanto a la tercera, consideraba que los filósofos que siguieron a Spinoza abandonaron totalmente la cuestión, para consagrarse a la elaboración de grandes edificios intelectuales destinados a reconstruir el mundo como si nadie hubiera pensado antes de ellos. Ante este fracaso de la filosofía moderna, mi padre se preguntaba si el naciente interés por el budismo en Occidente no podría deberse al hecho de que llenaba un vacío al ofrecer respuestas pragmáticas con respecto al modo de orientar lo mejor posible nuestra existencia. Su interés por el budismo, por consiguiente, no estribaba tanto en la metafísica de esta tradición espiritual, a la que no se adhirió en ningún momento, ni al principio ni al final de nuestras charlas, cuanto en el «arte de vivir» que proponía y que sedujo a mi padre. Durante nuestro viaje de promoción por Estados Unidos, me sorprendió incluso constatar varias veces cómo hacía apología del budismo antes de que yo tuviera tiempo siquiera de abrir la boca.

Los acontecimientos se desarrollaron a continuación de forma rápida y sin tropiezos. En mayo, fui a Francia y me entrevisté con Nicole Lattès, con quien establecí de inmediato unos lazos de amistad que habrían de perdurar en el tiempo. Al ver el contrato, me quedé atónito ante la cuantía del adelanto (a la edad de cincuenta y un años, mi fortuna personal ascendía a dos mil o tres mil euros de hoy). No tenía ninguna necesidad de aquel dinero que me proponían. Después de veinticinco años manteniéndome al margen de todo comercio administrativo, me dije que el mejor uso que podía hacer de aquella suma sería destinándola a causas humanitarias y a la preservación del patrimonio cultural y espiritual del Tíbet. Tras discutirlo con Nicole, se decidió que el contrato estipulara que yo hacía donación de mis derechos de autor a la Fundación Padmasambhava, creada en 1979 bajo la égida de la Fundación de Francia, y consagrada a la conservación y difusión de la herencia cultural budista. Tuvimos por tanto que ir a un notario, someter la donación a la aprobación del prefecto, etc. Curiosamente, ¡no es tan fácil hacer uno donación de sus bienes! Más tarde, con Rabjam Rinpoche, fundamos nuestra propia asociación caritativa, Karuna-Shechen (*karuna* significa «compasión» y Shechen era el nombre de nuestro monasterio), una asociación laica, diferenciada del monasterio, que hoy en día presta auxilio a más de trescientas mil personas en la India, en Nepal y en el Tíbet, en los ámbitos de la salud, la educación y los servicios sociales, poniendo el acento en la consecución de autonomía para la mujer. Esta hermosa aventura y los beneficios a ella asociados tuvieron, pues, por punto de partida *El monje y el filósofo*.

A principios de junio, me reuní con mi padre en su propiedad de Pleubian, en el norte de la Bretaña, donde grabamos el capítulo de conclusión. Esta vez era yo el que deseaba dirigir la conversación, con el fin de plantearle algunas preguntas existenciales. Sobre la muerte, en especial, me dijo: «Pienso que no podemos alcanzar ningún tipo de plenitud. Todo ser humano que se sabe mortal, que no cree en el más allá, no puede experimentar un sentimiento de plenitud. Puede experimentarlo en relación con determinados objetivos provisionales, lo cual no excluye cierta realización. Pero creo que no hay una solución completa en sentido existencial, al margen de las grandes soluciones trascendentes, sean religiosas, pararreligiosas o políticas».

Intenté no obstante presionarlo un poco en sus posiciones fortificadas, argumentando: «A mí me parece que es posible adquirir una sabiduría, una plenitud y una serenidad que nacen del conocimiento, o de lo que podría llamarse realización espiritual. Una vez que se descubre la verdadera naturaleza de la mente, este descubrimiento es intemporal. [...] La realización espiritual trasciende la vida y la muerte, es la verdad inmutable que uno pone en acto en el interior de sí mismo, una plenitud que ya no depende del acaecer». A lo que mi padre concluyó con las últimas palabras del libro: «¡Está bien! Puesto que tu hipótesis es más optimista que la mía, pensando en la felicidad de los lectores, te dejaré la última palabra...».

Rápidamente se llevó a cabo la transcripción de nuestros diálogos. Mi padre, cuyo dominio de la lengua francesa era incomparablemente superior al mío, enseguida hizo algunas correcciones con su pluma Waterman (nunca utilizó una máquina de escribir, menos aún un ordenador), mientras que yo me extenué durante un mes en intentar mejorar formalmente un poco mis intervenciones. Mi madre, que leyó el manuscrito, comentó: «¡Tu padre está acabado! Ha perdido toda su elocuencia. Este libro no va a funcionar». Muy afortunadamente, su predicción no se cumplió y el libro fue francamente exitoso.

*

Antes de la publicación de *El monje y el filósofo*, yo era un perfecto desconocido que vivía muy tranquilo desde hacía veinticinco años, al margen de la agitación del mundo, en el Himalaya, sin radio ni periódicos (como no fuera los que se usaban para envolver las verduras), en compañía de maestros espirituales de regiones remotas. Con motivo de la publicación del libro, en 1997, salimos en la portada de *Le Point* (como revista más destacada) y durante tres semanas tuvimos que hacer frente a un torbellino de entrevistas en todos los medios de comunicación imaginables, que se sumaron a la participación del

Dalai Lama (de visita en Francia) en *La Marche du siècle*, en la que hice de intérprete. Para alguien que nunca había pisado un estudio de televisión, el cambio fue cuando menos brusco.

Lo inesperado del hecho tuvo al menos la virtud de evitar tomarme a mí mismo demasiado en serio. Yo seguía siendo la misma persona, que, del total anonimato, había pasado de pronto a ser conocida y reconocible por mi vestimenta de monje, que hacen de mí una bandera ambulante. La fama parece que tiene que ver con que tu rostro salga en la caja tonta, con la difusión de tu voz a través de las ondas y con lo que digan de ti en la prensa.

Según el punto de vista que adopte, por un lado *El monje y el filósofo* marcó el principio de mis problemas (pues iba a verme propulsado a un torbellino de actividades para los siguientes veinte años), y por otra parte representó la oportunidad de compartir ideas y experiencias, fuente de un inmenso enriquecimiento interior en mi vida, de emprender proyectos humanitarios gracias a los ingresos de mis libros y conferencias, de participar en otros diálogos apasionantes, con el físico Trinh Xuan Thuan en especial, y de escribir cierto número de obras inspiradas en diversos encuentros. Así fue como me vi en los lugares más improbables para un monje budista, como el Foro Económico Mundial de Davos, al que me invitaron diez veces, o incluso las Naciones Unidas, donde me propusieron participar en el debate acerca de la puesta en práctica de una resolución presentada por Bután para incluir el bienestar de la población (la famosa «felicidad nacional bruta») en la agenda de esta organización internacional. Idea que fue aprobada por una gran mayoría. Además, comencé a recorrer el mundo para responder a todo tipo de invitaciones. *El monje y el filósofo* se tradujo a veintitrés lenguas. Se publicó incluso en China, pero, en el capítulo sobre el Tíbet, todas las alusiones al Dalai Lama fueron debidamente censuradas. Después de la edición china original oficial, que alcanzó varios miles de ejemplares, apareció en el mismo país una edición pirata, también incompleta, ¡de la que se vendieron cien mil ejemplares!

*

Mi padre y yo nunca tuvimos diferencias que nos marcaran. «Las únicas nubes que se cernieron sobre nuestras cabezas fueron las del monzón asiático», observó en su introducción. Nuestros viajes y diálogos por Francia, Inglaterra y Estados Unidos, con ocasión de la publicación del libro, reforzaron y profundizaron nuestra afectuosa complicidad.

Realizamos una gira por Estados Unidos, organizada por Schocken Books, nuestro editor norteamericano, con la ayuda de Vivian Kurz, una amiga y discípula de Khyentse Rinpoche que se ocupa de las obras del monasterio de Shechen en Estados Unidos y que nos acompañó en todos los desplazamientos. Esta gira, por lo demás muy agradable, dio lugar a algunos episodios más bien cómicos.

En la costa Este, nos invitaron a departir en la Divinity School de la Universidad de Harvard. Antes de la conferencia, algunas copas de Bloody Mary habían contribuido a animar un poco a mi padre. Enunció sus ideas con su vigor e inteligencia habituales, pero se expresó con gran lentitud, aunque en un inglés perfecto. Era muy apreciado en los medios intelectuales norteamericanos; varias de sus obras, en especial *Ni Marx ni Jesús*, habían sido además best sellers en Estados Unidos. De modo que la audiencia estaba pendiente de sus palabras. Yo compensaba la lentitud de su expresión con una mayor prestación lingüística en mis intervenciones, no en vano el inglés se había convertido en la lengua que más utilizaba, junto con el tibetano. Llegó luego el momento de las preguntas por parte de los asistentes. Después de varias intervenciones convencionales, una persona sentada en el fondo del auditorio preguntó con voz potente:

—Señor Revel, ¿qué piensa usted del amor?

Mi padre guardó silencio unos instantes, manteniendo el suspense, hasta que se inclinó hacia delante y, sopesando cada palabra que recalcaba acompañada con un movimiento del dedo índice, declaró:

—Estoy totalmente a favor del amor.

La conferencia concluyó con una carcajada general, compartida por mi buen amigo el tibetólogo Gene Smith, que estaba sentado en la primera fila. Entre bastidores, mi padre me confió: «Con los americanos es fácil, basta decir una buena broma». Antes de partir, le confesó a Vivian: «I love America».

Cuando el gran amigo y colega de mi padre Olivier Todd pronunció su elogio fúnebre en el cementerio Père Lachaise de París, en 2016, observó con un punto de humor afectuoso: «*El monje y el filósofo* fue el libro más vendido de Jean-François, cosa a la que no era insensible». Hélène Carrère d'Encausse, secretaria perpetua de la Académie Française, en cuyo seno fue admitido mi padre en 1998, le contó a una amiga común que este le había confesado que *El monje y el filósofo* había significado mucho para él hacia el final de su vida. A mí nunca me dijo nada en este sentido, fiel a su pudor habitual.

En abril de 2017, casi exactamente veinte años después de la publicación del libro, organizamos una reunión de los principales colaboradores de nuestra asociación humanitaria Karuna-Shechen. Un reencuentro simpático que reunía a una treintena de personas, incluyendo a los responsables de los proyectos sobre el terreno en Nepal y la India, y a aquellos que contribuían a la realización de nuestras acciones dando a conocer Karuna-Shechen por todo el mundo; algunos de nuestros principales donantes estaban igualmente presentes. Sanjeev Pradhan, encargado por entonces de los proyectos en Nepal, y yo mismo habíamos elegido Hatiban como lugar para la reunión. Al concluir la primera mañana de discusiones, conduje a todos los participantes frente a uno de los *bungalows* del Hatiban Resort y les dije: «Amigos míos, aquí es donde comenzó todo. Este es el lugar donde mi padre y yo dialogamos en 1996».

CAPÍTULO 44

DE UN LIBRO A OTRO...

Dialogo con el astrofísico Trinh Xuan Thuan, con el neurocientífico Wolf Singer, y también con mis dos «amigos en el bien», Christophe André y Alexandre Jollien. Los libros se suceden, entre ellos tres «alegatos» que precisan de numerosos años de investigación.

Por lo que a mí respectaba, *El monje y el filósofo* debía señalar el comienzo y el final de mi carrera como escritor. Mis intenciones eran diáfanas: retomar lo antes posible mis traducciones de textos tibetanos. La traducción de las mil páginas de *Shabkar, autobiografía de un monje tibetano*, sobre la que había trabajado una decena de años, acababa de publicarse en inglés por parte de New York University Press, y algunas traducciones de las enseñanzas de Dilgo Khyentse Rinpoche se habían editado en Shambhala Publications. No tenía más aspiración que la de continuar por esta vía. Pero las cosas iban a resultar de otro modo.

EL INFINITO EN LA PALMA DE LA MANO

A raíz de la publicación de *El monje y el filósofo*, en 1997 me invitaron a la Universidad de Verano de Andorra, donde tuve la fortuna de conocer al astrofísico Trinh Xuan Thuan. Simpatizamos de inmediato y entablamos apasionantes discusiones durante nuestros paseos por el grandioso escenario de las montañas pirenaicas. Yo deseaba en particular esclarecer ciertas cuestiones en torno a la noción de «límite» en física. ¿Por qué es imposible concebir una velocidad mayor que la de la luz, lo cual entra en contradicción con las leyes de la relatividad especial? ¿Y por qué dicha velocidad resulta ser de 300.000 km por segundo, con preferencia a otro valor? ¿Representa el Big Bang un verdadero «comienzo»? ¿Qué decir entonces del «vacío cuántico» del cual el Big Bang parece surgir? ¿Por qué, en los primerísimos momentos del Big Bang (por debajo del tiempo de Planck),[1] la descripción del universo escapa a las leyes de la física tal como las conocemos? Aunque budista de nacimiento, Thuan no había tenido ocasión de profundizar en esta filosofía y deseaba contrastarla con sus conocimientos científicos. Un científico occidental convertido en monje budista, o sea yo, parecía poder servir a tal propósito. Tuvimos también provechosas discusiones con Christian de Duve, Premio Nobel de Medicina, sobre los orígenes de la vida. El caso es que Thuan me propuso entablar un diálogo siguiendo el mismo principio que en *El monje y el filósofo*. Era difícil rechazar un ofrecimiento tan tentador, así que al poco tiempo volvimos a reunirnos durante unos días en la Dordoña para sentar las bases de nuestras conversaciones, que proseguimos a lo largo de diversos encuentros y por escrito.

Debatimos lo mejor que supimos acerca de algunas cuestiones fundamentales: ¿es posible que el universo haya tenido un verdadero comienzo por el que «nada» llegó a ser «algo»? ¿Es verdaderamente necesario que haya habido un comienzo? Si, como sostiene el budismo, los fenómenos están exentos de existencia propia, estas preguntas no se plantean ya de la misma forma, puesto que los fenómenos no han «nacido» verdaderamente, sino que aparecen y se transforman, desprovistos siempre de realidad última. Todas las religiones y las filosofías se han tropezado con este problema, el de la creación. Para desembarazarse de él, la ciencia ha eliminado la noción de un dios creador y el budismo ha excluido la noción misma de comienzo en sentido propio. El budismo considera que existen dos puntos de vista tan extremos como erróneos: el nihilismo y el realismo materialista. Según la vía media del budismo, no hay ni «nada» ni un «algo» que estuviera dotado de realidad última.

Para Thuan, no obstante, el hombre no ha surgido por azar en un universo indiferente, el cual parece estar perfectamente organizado para la aparición de los seres vivos. Resulta, en efecto, que un cambio incluso mínimo de una quincena de «constantes» en el universo —la constante de gravitación, la intensidad de las fuerzas nucleares fuerte y débil, la velocidad de la luz, entre otras— acarrearía su esterilidad y no permitiría a la alquimia nuclear de las estrellas producir elementos pesados como el carbono, necesarios para la vida. Todo depende por tanto de un equilibrio muy delicado. El universo parece regulado de forma precisa para albergar la vida y la conciencia. Es lo que se ha llamado «principio antrópico».

Para el budismo, por el contrario, es inútil invocar la intervención de un principio organizador, de un «gran relojero» o de una finalidad cualquiera, que habría regulado el universo con una precisión perfecta para que apareciera la conciencia: si, como el budismo propone, universo y conciencia coexisten desde un tiempo sin comienzo, por el hecho de ser ambos «hechos primeros»,[2] coexistentes e interdependientes, y no habiendo podido aparecer *ex nihilo*, son naturalmente compatibles uno con otro y no pueden excluirse mutuamente. Las constantes del universo no son entonces más que un reflejo de su compatibilidad sin comienzo ni fin. El principio antrópico equivale a contemplar las dos mitades de una misma nuez y a maravillarse: «Es increíble, como si la primera hubiera sido creada para permitir a la segunda encajar perfectamente con ella».

Uno de los puntos más fascinantes de nuestras discusiones fue el de la correspondencia entre el concepto de interdependencia, central en el budismo, y la demostración por parte de la física cuántica de que la realidad no está constituida por un conjunto de elementos autónomos dotados de propiedades intrínsecas que les pertenezcan como suyas (aquello que los físicos llaman «propiedades locales»), sino que es global e interdependiente, está «entrelazada» según la expresión consagrada. Este entrelazamiento es la característica principal de la mecánica cuántica. Los fenómenos cuánticos no interactúan entre ellos de forma secuencial en el tiempo y el espacio, en el seno de una realidad limitada y localizable, dejando de coordinarse más allá de determinada distancia: están esencialmente conectados. Determinista convencido, Einstein no podía aceptar el papel primordial que la mecánica cuántica atribuía al azar. «Dios no juega a los dados», dijo. De acuerdo con esta concepción ideó un famoso experimento mental con Boris Podolsky y Nathan Rosen. Se conoce como paradoja EPR, por las iniciales de los tres autores. En 1982, Alain Aspect y su equipo realizaron una serie de experimentos con parejas de fotones con el fin de someter a prueba el efecto EPR: se estimula un átomo de tal forma que emita simultáneamente dos fotones en direcciones opuestas; los campos electromagnéticos de estos fotones deben oscilar en direcciones estrictamente ortogonales, lo cual es confirmado por los detectores. Se dice entonces que los espines de estos fotones apuntan en direcciones opuestas. Precisemos que el espín de un fotón es una característica cuántica de las partículas íntimamente ligada a sus propiedades de rotación. Ahora bien, a nivel cuántico, los espines de estos fotones entrelazados no tienen una dirección definida antes de ser detectados. Es únicamente una vez observados cuando se determina la dirección de su espín. Ahora bien, en ese momento, los fotones están separados en el espacio, y sin embargo tanto la detección de uno como del otro indica dos direcciones estrictamente opuestas, como si se hubieran comunicado la dirección de su espín instantáneamente. Ahora bien, es posible mostrar experimentalmente que no puede haberse transmitido ninguna información y que la similitud de sus comportamientos no resulta de una «causa común» que hubieran llevado consigo al propagarse en el espacio y en el tiempo. De modo que se da coordinación sin comunicación. Esta globalidad colisiona con las predicciones de Einstein y contradice dos leyes fundamentales: el principio de «localidad», según el cual en los objetos tan solo influye su entorno inmediato (sea cual sea la distancia a la que se detectan los fotones, el resultado es el mismo: su espín se determina el uno en relación con el otro), y la ley de la relatividad especial (si los fotones se «comunicaran» su espín instantáneamente, deberían hacerlo o bien más rápidamente que la velocidad de la luz, considerada insuperable, o bien retrocediendo en el tiempo). En 1998, el físico suizo Nicolas Gisin, con quien trabé amistad años más tarde, verificó esta hipótesis para largas distancias. Las dos partículas, por alejadas que estén una de otra, continúan formando parte de una misma realidad global fuera del espacio-tiempo. Los físicos llaman a esta situación la «no separabilidad». La naturaleza es por tanto «no local», concluyó Nicolas Gisin.[3] Esta constatación debería tener inmensas consecuencias en la forma en que percibimos comúnmente el mundo, como constituido por entidades autónomas dotadas de existencia intrínseca. Si los fenómenos están íntimamente conectados y aparecen como dependientes unos de otros, nada existe en sí y por sí.

En uno de sus sermones, Buda describía la realidad como un entrelazado de perlas: en cada una de las perlas, todas las demás se reflejan, así como el palacio cuya fachada adornan y el universo entero. En otras palabras, en cada elemento de la realidad están presentes todos los demás. Esto no es más que una imagen, pero ilustra bien la noción de interdependencia, según la cual no puede existir en el universo una sola entidad totalmente disociada del conjunto.

¿Existe una realidad velada detrás de los fenómenos aparentes, o bien estos no son más que una cristalización efímera, resultante del encuentro entre cierto tipo de conciencia —en este caso, nuestra conciencia humana— y un conjunto de fenómenos hasta entonces indeterminados?

Esta noción, la de la existencia en sí de un sustrato real por detrás del velo de nuestras percepciones, es un tema sobre el que la filosofía budista ha debatido durante largo tiempo.[4] La forma en que percibimos el mundo es muy específica. Si los seres humanos perciben el mundo de una manera más o menos idéntica, es porque su conciencia y su cuerpo tienen, por así decir, una configuración similar. La realidad de un ser humano difiere considerablemente de la de una hormiga o de la de un murciélago, cuyas realidades perceptivas resultan para nosotros totalmente inconcebibles. En los textos budistas encontramos el ejemplo del vaso de agua. Nosotros por lo general lo percibimos como una bebida o como un líquido que sirve para refrescarnos o para lavarnos, mientras que para un enfermo de rabia es susceptible de provocar un espanto agudo, para un pez es su hábitat y para un físico que utiliza un microscopio electrónico es un conjunto de moléculas. Un buda percibe el agua como la unión de la vacuidad y las apariencias: los fenómenos indiscutiblemente aparecen, «existen» en este sentido, por lo que no puede hablarse de «nada»; pero cuando examinamos la naturaleza de esta existencia, apreciamos que está «vacía» de existencia propia, al no ser ni autónoma ni permanente. Tampoco puede por tanto hablarse de una realidad pura y dura, creencia que responde a lo que podría llamarse «realismo ingenuo», denominado a veces «materialismo» o «eternalismo». Según la vía media del budismo, no hay ni nada (nihilismo) ni algo (materialismo realista): únicamente la visión que unifica vacuidad y apariencia resiste al análisis.

Para Thuan, esta afirmación concuerda con las palabras de Niels Bohr cuando postula que los objetos atómicos y subatómicos no poseen ningún atributo que les sea propio. Cuando no están bajo observación, es imposible atribuirles, ni siquiera en pensamiento, una velocidad determinada y una trayectoria a lo largo de la cual ocupasen un lugar preciso en cada instante. El objetivo de la física ya no es la descripción de la realidad en sí, sino la descripción de la «experiencia humana comunicable», es decir, la de las observaciones y medidas.

Nos encontramos aquí con las nociones de verdad relativa y de verdad absoluta propias del budismo. La verdad relativa corresponde a la manera en que los fenómenos se nos aparecen, con unas características identificables. La verdad absoluta corresponde a la ausencia de existencia propia de estas características, lo cual implica que la naturaleza última de los fenómenos, la vacuidad, está más allá de toda descripción y de todo concepto.

Finalmente, nos pareció que la diferencia principal entre la ciencia y el budismo estriba en su finalidad: para el budismo, la adquisición de conocimientos se hace con el objetivo terapéutico de liberarse del sufrimiento, cuya causa primera es una concepción errónea de la realidad y del «yo» que imaginamos ser en el centro de nuestro ser. La ciencia apunta esencialmente a describir la realidad de la manera más ajustada posible y a sacar a la luz las leyes que rigen los fenómenos observables y los mecanismos que permiten explicar aquello que es observado. Pero para un científico, los conocimientos así adquiridos no implican necesariamente un cambio en la manera de ser de dichos fenómenos ni en la orientación de su existencia.

El infinito en la palma de la mano, título que recoge un verso de William Blake, es un libro que aborda cuestiones complejas, pero fundamentales. Y a pesar de la aparente dificultad de su temática, fue muy bien acogido, lo que motivó que mi padre comentara que no hay que subestimar a los lectores.

*

EN DEFENSA DE LA FELICIDAD

Mi tercer libro, *En defensa de la felicidad*, nació igualmente de una concurrencia de circunstancias, que yo casi calificaría de malentendido, sobre la noción de felicidad. *El arte de la felicidad*, diálogo entre el Dalai Lama y Howard Cutler raramente esclarecedor, que conoció un éxito mundial, fue ignorado por la crítica francesa y hasta en cierto modo maltratado por ciertos pensadores, por lo demás brillantes y cultivados. La noción de felicidad no parecía gozar demasiado del favor de los intelectuales de mi país...

Para Aristóteles, sin embargo, la felicidad es «el único fin que elegimos siempre por sí mismo y nunca en vistas a otro fin». En la misma línea de pensamiento, el Dalai Lama afirma: «La felicidad es el fin de la existencia». En esta perspectiva, aquel que declara aspirar a otra cosa —la libertad, la justicia, el amor, la amistad, los placeres— en definitiva busca la felicidad con otro nombre, por la sencilla razón de que nuestros pensamientos, palabras y acciones tienden normalmente a «estar mejor», y no al aumento de nuestro sufrimiento y del de los demás (a menos que uno haya caído prisionero de una espiral autodestructiva, o que lo mueva la malevolencia o la perversión). Esta aspiración se extiende así al dominio de la vida cotidiana, del de la ética, la justicia, el estado del planeta, o a cualquier otro aspecto de nuestra existencia. Este deseo inspira de un modo tan natural cada uno de nuestros actos, cada una de nuestras palabras y pensamientos, que ni siquiera lo percibimos, como el oxígeno que respiramos durante toda nuestra existencia sin que nos demos cuenta. Esto participa de lo evidente, por no decir de lo banal, como escribe André Comte-Sponville, «porque la felicidad, casi por definición, interesa a todo el mundo».[5]

Y sin embargo, es corriente encontrar personas que afirman no buscar la felicidad y que incluso llegan a considerar tal búsqueda como algo ingenuo. Así, Pascal Bruckner escribe en *La euforia perpetua*: «La felicidad no me interesa».[6] ¿Cómo es posible mantener dos visiones tan diametralmente opuestas acerca de algo que para la mayoría de nosotros es un componente fundamental de la existencia? ¿No podría tratarse de un profundo malentendido a propósito de la definición misma de felicidad? Seguramente, el Dalai Lama y los defensores de la posición contraria no deben estar hablando de lo mismo. A petición de cierta revista, hablé con Pascal Bruckner, con quien mantenía relaciones amistosas, en una conversación que no daba más que para un artículo. De regreso a mi ermita de Nepal, me dije que el tema merecía seguir explorándose.

De entrada, me sorprendió encontrar en la literatura y la filosofía prácticamente todas las definiciones de la felicidad y sus contrarias. Para ciertas personas, la felicidad consistía en una vida con un sentido y en su consecución; para otras, estaba hecha de momentos «mágicos» e inaprehensibles o de placeres efímeros; para algunos, más prosaicos, consistía en un buen plato de espaguetis... Sí, sí, se trata de una definición de felicidad que descubrí en un semanario francés durante mis investigaciones. (Confieso no haber conservado la referencia).

Es como si la palabra hubiera perdido hasta tal punto su dignidad, que estaría justificado desinteresarse por la felicidad misma. Sencillamente, parecería que nos sintiéramos asqueados por el consumismo y su «felicidad enlatada», por la publicidad que promete una felicidad perfecta a un precio que desafía toda competencia, por los presentadores de los programas del sábado por la noche que saltan de «felicidad» hasta caer exhaustos, por los «cruzados de la incandescencia» a los que desenmascara Pascal Bruckner, y por las mil y una búsquedas individualistas y narcisistas de la felicidad, que son otras tantas ilusiones que no pueden desembocar sino a un amargo desencanto. «¡Vivir intensamente!» se ha convertido en el *leitmotiv* del hombre moderno. Una hiperactividad compulsiva en la que es imperioso que no exista ningún mal momento, no fuera uno a encontrarse consigo mismo. Poco importa el sentido, con tal de que haya intensidad. De ahí el gusto y la fascinación por la proeza, la excitación al máximo de los sentidos, la violencia... Superarse para no ir a ninguna parte, cruzar la barrera del sonido de lo inútil y poner en un pedestal al vacío. He ahí a lo que se reduciría vivir plenamente.

Pero no arrojemos el grano con la paja. Si bien es verdad que podemos perdernos y andar errantes por buscar el camino de la felicidad, y a veces hasta volverle la espalda, eso no significa que no valga la pena recorrerlo.

¿De dónde nace esa nebulosa que envuelve la noción de felicidad? Según Henri Bergson: «Se da la palabra "felicidad" a algo complejo y confuso, uno de esos conceptos que la humanidad ha preferido mantener en lo incierto para que cada cual lo determine a su manera».[7] Desde un punto de vista práctico, dejar la comprensión de la felicidad en lo incierto no sería demasiado grave si se tratara de un sentimiento fugaz y sin consecuencias, pero en el caso de una cualidad de ser que determina cada instante de nuestra existencia, el problema merece un poco más de atención.

Tomemos la cuestión a la inversa: parece que será más fácil ponernos de acuerdo sobre el hecho de que nadie se despierta por la mañana deseando sufrir todo el día, y menos aún por el resto de sus días. Por tanto, podemos decir que es deseable evitar en la medida de lo posible el sufrimiento y sus causas. Este es ya un buen punto de partida sobre el que estar de acuerdo, una base a partir de la cual se hace posible analizar las causas del sufrimiento, considerar posibles remedios y ponerlos en práctica.

Podemos una vez más remitirnos a Aristóteles: «Sobre la naturaleza misma de la felicidad, ya no hay consenso, y las explicaciones de los sabios y de la multitud están en desacuerdo».[8] Podemos, en efecto, buscar la felicidad allí donde no se encuentra y de paso perpetuar las causas de nuestro sufrimiento. El sabio, por su parte, da prueba de discernimiento al identificar correctamente las causas del sufrimiento y aquellas que lo conducirán a la *eudaimonía*, término griego que significa «felicidad» o «culminación» y que ha dado su nombre al eudemonismo, doctrina filosófica que considera la felicidad como el soberano bien de la existencia.

Inicié así un trabajo de síntesis interdisciplinar que tiene en consideración los puntos de vista de los grandes pensadores del pasado, tanto de Occidente como de Oriente, así como los estudios realizados acerca del «bienestar» en psicología experimental y social, y en el campo de las neurociencias.

Me pareció especialmente necesario poner en evidencia la diferencia fundamental entre el placer, que es una sensación frágil y fugaz, y la felicidad como manera de ser perdurable, constante, resultado de la convergencia de un conjunto de cualidades humanas que es posible cultivar.

«El placer no es más que la sombra de la felicidad», dice un proverbio hindú. Provocada por estímulos de orden sensorial, estético o intelectual, la experiencia efímera del placer depende de las circunstancias, de los lugares, así como de momentos privilegiados. Su naturaleza es inestable, y la sensación que produce el placer puede rápidamente convertirse en neutra o desagradable. La repetición del placer conduce por lo general a que se vuelva insulso, incluso repulsivo. Por otra parte, el placer no pasa de experiencia individual, esencialmente centrada en uno mismo, razón por la cual fácilmente puede asociarse al egocentrismo y entrar en conflicto con el bienestar de los demás. El placer puede coaligarse con la maldad, con la violencia, con el orgullo, con la avidez y con otros estados mentales incompatibles con una verdadera felicidad. «El placer es la felicidad de los locos, la felicidad es el placer de los sabios»,[9] escribía Barbey d'Aurevilly.

A la inversa de lo que sucede con el placer, la felicidad nace del interior. Es cierto, en ella influyen las circunstancias, pero no se les somete. Y lejos de transformarse en algo antagónico a sí misma, perdura y crece a medida que uno la experimenta. Genera un sentimiento de realización y de satisfacción que, con el tiempo, se convierte en un rasgo fundamental de nuestro temperamento.

En consonancia con buen número de filósofos de la Antigüedad griega (que hablan como hemos dicho de *eudaimonía*) y de tradiciones espirituales, pero también con los estudios de la filosofía contemporánea, conceptualicé la felicidad como un estado adquirido de plenitud que sostiene e impregna cada experiencia, cada comportamiento, y abraza todas las alegrías y pesares. Viene acompañada por una vulnerabilidad reducida frente a las circunstancias, buenas o malas. Una fuerza anímica altruista y resiliente sustituye así al sentimiento de inseguridad y al pesimismo que afligen a tantas mentes. Examiné igualmente los diferentes factores mentales que contribuyen al bienestar y, a la inversa, aquellos que lo socaban.

Puse también el acento en el hecho de que la felicidad es incompatible con el egocentrismo; la búsqueda de una felicidad egoísta está condenada al fracaso, ya que somos fundamentalmente interdependientes. La verdadera felicidad procede de una benevolencia siempre disponible, sin ostentación ni cálculo, que desea desde lo más hondo del corazón que cada cual encuentre un sentido a su existencia y se desarrolle al máximo.

Antes de emprender esta nueva obra, me había planteado seriamente esta cuestión: «¿Cuál es mi motivación profunda?». Ante mis ojos, este trabajo no tenía ningún valor si mi único objetivo no era el de ser útil a mis semejantes, aunque fuera mínimamente. Cualquier otra razón me parecía fútil, en particular la de pergeñar un libro de éxito. Uno de mis libros preferidos, por ejemplo, *El vagabundo de la Iluminación*, que relata la vida de Patrul Rinpoche y en el que trabajé intermitentemente durante treinta años, recogiendo en el Tíbet un centenar de anécdotas de la tradición oral, ¡solo tuvo una tirada de mil ejemplares![10] No es mucho en comparación con los trescientos mil de *En defensa de la felicidad*, pero es igual de caro a mi corazón.

*

LA CIUDADELA DE LAS NIEVES

En abril de 2005 acompañé a Rabjam Rinpoche a un lugar mítico muy apartado, Sengue Dzong, en el este de Bután. Nuestro periplo de cuatro días, a razón de doce horas diarias de marcha por la selva, que relataré un poco más adelante, finalizó a 4.000 m de altitud, en un circo rodeado por montañas grandiosas, habitado únicamente por un puñado de monjes y ermitaños. A nuestro regreso, en Paro, donde permanecí dos meses en compañía de Rabjam Rinpoche, decidí transcribir esta experiencia única y tan rica espiritualmente en forma de cuento, protagonizado por un niño, Dechen («Gran Felicidad»), propenso a la vida contemplativa desde su más tierna edad. Cuando su tío, que vivía con un gran maestro espiritual en la «Ciudadela del León de las Nieves», un lugar «tan lejos de los hombres, tan cerca de los dioses», descendió por unos días al pueblo, el niño decidió marcharse con él.

Mezclando el relato de nuestra peregrinación con hechos históricos que se produjeron en épocas y lugares diversos, escribí en tres semanas este cuento que recrea las etapas del camino espiritual y describe la vida con un maestro y su muerte como «cuerpo de arco iris». Tras unos años de retiro en una cueva, Dechen elige la vida de bardo errante y se va por los caminos a compartir las enseñanzas recibidas bajo la forma de cantos edificantes, siguiendo así su propio camino hacia la Iluminación.

*

EL ARTE DE LA MEDITACIÓN

A menudo, después de una conferencia sobre los estados mentales aflictivos, las investigaciones en neurociencia sobre el entrenamiento de la mente y las condiciones interiores para una felicidad auténtica, alguien se acercaba para preguntarme: «Me gustaría meditar, pero ¿cómo debo hacerlo? ¿Por dónde hay que empezar?». ¿Qué podía responder en pocas palabras? Consciente de que había en ello una necesidad ante la que me encontraba desprovisto, un invierno en que me encontraba en mi ermita, decidí redactar una guía muy simple, fundada en la sabiduría y la experiencia del budismo, pero destinada a todos, practicantes o no. La concebí como si le explicara a una persona a la que tuviera delante los rudimentos de la meditación: ¿por qué meditar? ¿Cómo meditar y sobre qué? Con el fin de ser tan accesible y práctico como fuera posible, sin reducir por ello el texto de una manera que resultara simplista, expuse cierto número de meditaciones distintas: sobre la presencia atenta, la manera de cultivar una mente más sosegada, estable y clara, la gestión de los pensamientos discursivos y del dolor, el amor altruista, la compasión y la imparcialidad, etc. El conjunto se fundaba en las enseñanzas recibidas de los maestros a los que había conocido y seguido, completado con citas de sus enseñanzas.

A mi regreso a Francia, le enseñé el manuscrito a un amigo íntimo que solía releer mis textos. Tras repasarlo, me espetó: «¡Esta cosa no llega ni a borrador!». De modo que me puse a trabajar el texto para darle forma, y *El arte de la meditación* se publicó en 2008. De la «cosa» en cuestión se editaron finalmente más de trescientos mil ejemplares. Podía por tanto esperar que hubiera encontrado su público y respondido felizmente, al menos en parte, a las expectativas de los aspirantes a meditadores. Pero... Un día iba sentado en el tren junto a una persona que me dijo: «He leído su libro y creo que lo he entendido. Pero dígame, ¿cómo debo hacer para meditar *de verdad*?». Vuelta a la casilla de salida.

Aquella observación me demostró, una vez más, que no hay nada que pueda sustituir a la transmisión viva impartida por un enseñante experimentado o, si es posible, por un maestro espiritual consumado. Pero al menos seguía confiando en que aquel pequeño manual no incluyera nada que contradijera a las formas más elaboradas y profundas del entrenamiento de la mente. Para quienes desearan seguir adelante por esta vía, publiqué *Caminos espirituales*, una pequeña antología de los textos tibetanos que más me habían enriquecido en el transcurso de los cuarenta últimos años, y que traduje al francés.

*

EN DEFENSA DEL ALTRUISMO

La obra que deseo presentarles a continuación la llevo especialmente en el corazón. Nuestra época se enfrenta a numerosos desafíos. Una de nuestras dificultades capitales es la de conciliar los imperativos a corto plazo —alimentar a la propia familia, sobrevivir en un sistema económico de fluctuaciones inquietantes—, con la búsqueda a medio plazo de una vida feliz y realizada, y, como gran objetivo a largo plazo, el respeto del medio ambiente para bien de las generaciones futuras. La economía y las finanzas siguen su curso, cada vez más frenético e insensato. El grado de satisfacción de una vida se mide en relación con un proyecto de vida, de carrera, de familia... Se revela también en la calidad de cada instante que pasa y en nuestras relaciones con los demás. En cuanto al medio ambiente, hasta época reciente su evolución se medía en eras geológicas, biológicas y climáticas. En nuestros días, el ritmo de estos cambios no deja de acelerarse a causa de los trastornos ecológicos provocados por la actividad humana. Cuando los ciudadanos preocupados por su precariedad, los economistas, los políticos y los científicos medioambientales confrontan sus aspiraciones y sus opiniones, lo más frecuente es asistir a un diálogo de sordos. Para que puedan sentarse en torno a una mesa y considerar juntos los medios de actuación en favor de un mundo mejor, necesitan un hilo de Ariadna. El altruismo es el único concepto que permite conjugar con naturalidad estas tres escalas temporales —corto, medio y largo plazo— y armonizar sus exigencias. El egoísmo no resulta.

Si los diferentes agentes de la economía y las finanzas tuvieran más consideración por el bienestar del prójimo, optarían por un sistema solidario al servicio de la sociedad. Si las personas que deciden y otros agentes sociales tuvieran más consideración por la calidad de vida de sus conciudadanos, velarían por la mejora de sus condiciones de trabajo, de la vida de familia, por que hubiera una mayor justicia social, y por muchos otros aspectos de su existencia. Actuarían con más determinación en vistas a poner remedio a las desigualdades, a la discriminación y a la indigencia. No podrían evitar reconsiderar, todos lo haríamos, la manera en que tratamos a las especies animales, y dejaríamos de reducirlas a la condición de objetos de consumo sometidos a nuestro ciego dominio. Un cerdo no es un amasijo de salchichas en potencia. Es un «sujeto de vida», con sensaciones, emociones, una inteligencia, la capacidad de reconocerse en un espejo, en una palabra, dotado de conciencia. Finalmente, si todos nosotros tuviéramos más consideración con respecto a las generaciones futuras, no sacrificaríamos ciegamente el planeta a nuestros intereses efímeros, para no dejar a quienes vengan detrás de nosotros una Tierra contaminada y empobrecida.

En defensa del altruismo es con mucho el libro que me exigió una cantidad de trabajo más considerable. Es también el que representa la culminación de cuanto he recibido en esta vida en términos de inspiración y conocimientos. Además de lo que había aprendido de mis maestros espirituales y mentores científicos, consagré cinco años de encarnizado trabajo a realizar las investigaciones que permitieran sustentarme en las fuentes más serias posibles: el libro incluye unas mil seiscientas referencias a publicaciones científicas y filosóficas que consulté. Hice este trabajo de documentación yo mismo, guiado por mis amigos de todos los horizontes, con el fin de integrar mejor estas informaciones y poder relacionarlas entre sí. Poco a poco, con el paso de los años, las piezas del rompecabezas fueron encajando. Cada año dedicaba varios meses a mis investigaciones documentales y a entrevistarme con científicos, filósofos, emprendedores sociales y otros agentes de la sociedad, para luego retirarme a mi ermita y ordenar el conjunto de estas nociones y comprender cómo se interrelacionaban estas ideas. A continuación volvía a comenzar, abordando otro ámbito de conocimiento.

Para definir el altruismo y la compasión, y diferenciarlos de la empatía cognitiva y afectiva, elaboré el inventario de los múltiples avatares del altruismo interesado susceptibles de ser calificados de altruismo verdadero, y me esforcé por mostrar la incoherencia filosófica de la teoría del egoísmo universal. Para ello, me remití sobre todo a los trabajos de psicología experimental —principalmente a los llevados a cabo durante treinta años por Daniel Batson—, que demostraron que el altruismo verdadero existe fehacientemente.

Tuve que exponer también el modo en que la cooperación había resultado esencial en el proceso de la evolución para alcanzar niveles de complejidad creciente, que culminan con los animales sociales, incluida la especie humana, y probar que el altruismo no se limita necesariamente a nuestros allegados, ni siquiera a la especie humana.

Los datos de las neurociencias y de la epigenética[11] muestran que podemos actuar para cambiar. Abundan así en el sentido de las tradiciones contemplativas, las cuales, desde hace miles de años, utilizan métodos de entrenamiento de la mente para cultivar la atención, el equilibrio emocional, el amor altruista, la compasión y otras cualidades, para que estas se conviertan en la fuerza viva de nuestros estados mentales. Un punto clave, que resultó una verdadera revelación para mí, fue el de comprender cómo, gracias a la evolución de las culturas, es posible pasar de la transformación individual a la de la sociedad y las instituciones, y cómo este proceso se realiza en la historia.

No obstante, era preciso también tomar la medida de las fuerzas contrarias: el individualismo exacerbado, el narcisismo, la violencia y sus causas, así como ciertos movimientos intelectuales que se postulan como portavoces del egoísmo. Para ello era necesario abordar el problema del egoísmo institucionalizado de determinados agentes sociales, las compañías de tabaco por ejemplo, que matan indirectamente a seis millones de personas al año, o los comerciantes de armas, los negacionistas del calentamiento climático, cuyo único fin es el de promover sus intereses inmediatos... por solo citar algunos.

Finalmente, resultaba indispensable hacer inventario de las soluciones que permitan construir un mundo mejor y progresar hacia una sociedad más altruista: la educación debería así encontrarse en el centro de nuestras prioridades y de nuestras preocupaciones; y nosotros deberíamos obrar por el establecimiento de una armonía perdurable (que conduzca a una mayor justicia social en el presente y al respeto del medio ambiente a largo plazo) y promover una economía que se preocupe por todos, así como un gobierno fundamentado en el compromiso local y al mismo tiempo en la responsabilidad global.

Al principio, no tenía sino una intención modesta: la de mostrar que el altruismo auténtico existe y que es posible cultivarlo. Pero a medida que avanzaba, como si el terreno que labraba fuera engrandeciéndose de surco en surco, me di cuenta de que la mayor parte de los aspectos importantes de nuestra existencia están regidos por la dualidad del egoísmo y el altruismo. No tenía ninguna intención de escribir un largo capítulo sobre el problema del medio ambiente, por ejemplo, pero se hizo evidente que también en este caso intervenían las nociones de egoísmo y altruismo, al tener en cuenta a las generaciones futuras. Si somos indiferentes a su suerte, la cuestión del medio ambiente no se plantea, porque ya no estaremos presentes para ser testigos de su sufrimiento ni de la sexta gran extinción de especies desde la aparición de la vida en la tierra. Como decía mi filósofo político favorito, Groucho Marx: «¿Por qué debería preocuparme de la suerte de las generaciones futuras? ¿Qué han hecho ellas por mí?». El problema es que buen número de los agentes sociales sostienen, *in fine*, un discurso similar, solo que con aplomo y seriedad. Así, en una ocasión oí al multimillonario norteamericano Steven Forbes declarar en Fox News a propósito del aumento del nivel de los mares: «Modificar nuestro comportamiento porque algo vaya a producirse dentro de cien años, me parece francamente chocante, diría yo».[12] Dicho de otro modo: después de mí, el diluvio…

Sentía una gran alegría zambulléndome en estas investigaciones, plasmando estas ideas por escrito, descubriendo relaciones insospechadas entre diversos aspectos del altruismo y hablando con mentes privilegiadas cuyos trabajos suministraron los fundamentos de la obra. En ocasiones me desalentaba la magnitud de la tarea. No veía el final. A veces, cuando terminaba el trabajo de investigación sobre un capítulo, ¡me daba cuenta de que requería más de cien páginas! Tenía entonces que desbastar todo ese cúmulo de informaciones, a la manera en que un escultor talla un bloque de piedra para hacer que aparezcan los contornos de una estatua y afinar los detalles. Esta formidable tarea me recordaba divertido, en un campo por completo diferente, a la de Bernard Palissy, quien consagró veinticinco años de su vida a penetrar en el secreto del esmalte, del que quería recubrir sus piezas de cerámica, y llegó al extremo de utilizar los muebles y el suelo de su casa para alimentar el fuego de su horno de cerámica. Quemar los listones del suelo de mi ermita no habría servido para adelantar mucho, pero comprendía su determinación inflexible para continuar su obra hasta el final. A veces me venía a la mente una fórmula o una idea mientras caminaba por la montaña, o al despertar al alba, y la anotaba apresuradamente en un pedazo de papel antes de que se desvaneciera.

Un año mejor, otro peor, durante cinco años trabajé sin respiro. Escribía en todo momento, mientras esperaba el equipaje en el aeropuerto a las seis de la mañana al regresar de un viaje a la India, en el metro, en un banco público, en el avión, en un taxi de Hong Kong, en un coche por una carretera caótica del Tíbet, pero también en la tranquilidad de mi ermita, donde el texto tomaba forma. Solicité también la ayuda de algunos buenos amigos para que releyeran y mejoraran mi francés, un poco oxidado.[13]

Yo ya veía que el libro adquiría dimensiones colosales, ¡cerca de dos millones de caracteres! Le envié el manuscrito a Nicole Lattès. Esta me llamó al cabo de unos días: «Hemos dado formato a tu libro y adivina cuántas páginas ocupa... ¡Más de mil!». Me sentía como un niño que derrama la sopa en el mantel. ¿Qué podía hacer? Me tranquilizó un poco ver en una librería algunas obras de más de mil páginas sobre temas a veces oscuros. El texto fue reducido un poco, pero alcanzó de todos modos las novecientas páginas. Una amiga a la que le regalé un ejemplar me dijo que se lo había llevado a la playa, ¡y que no había llegado al final de la tabla de materias! Pero para mí, este considerable trabajo de investigación servirá cuando menos de base para seguir explorando ciertos aspectos del altruismo y del egoísmo. Tuve el sentimiento de haber contribuido a mostrar que el altruismo no era un lujo ni una utopía, sino una necesidad, la única respuesta pragmática y realista a los desafíos de nuestro tiempo.

Algunos buenos momentos me proporcionaron algún consuelo con respecto a la utilidad de este trabajo, en especial una mañana en París, cuando un obrero con casco se bajó de un andamio para darme la mano y decirme: «¡Bravo por el altruismo!». Por la tarde del mismo día, se detuvo al lado un Ferrari rojo, y el conductor bajó la ventanilla y me gritó: «¡Siga en favor del altruismo!». Me sentía feliz al comprobar que este tema parecía generar emoción a todo el mundo, fuera cual fuera la clase social a la que perteneciera. Cuando el libro se publicó en Estados Unidos, tuvo éxito de crítica, y recibí una carta manuscrita de Bill Clinton: «Gracias, lo estoy leyendo... ¡Bravo!».

Mis amigos Jean-Pierre y Cécile Devorsine decidieron producir un documental basado en las ideas, los trabajos de investigación y las iniciativas en el mundo de la educación, la economía y el medio ambiente expuestas en esta obra, *En defensa del altruismo*. Confiaron la tarea a dos talentosos realizadores,[14] que viajaron al encuentro de investigadores y agentes sociales para realizar un film instructivo, tan alentador como sólidamente documentado. *Vers un monde altruiste?*

(«¿Hacia un mundo altruista?») se emitió por Arte en 2010. Mis amigos habían producido antes un centenar de documentales con el apoyo del CNC (Centro Nacional del Cine y de la imagen), pero cuando solicitaron financiación para esta película a la comisión del cine de su región, les fue rechazada. Motivo: «Este proyecto no se sustenta en ninguna prueba científica». Los prejuicios tienen la piel dura...

La partida, por tanto, no está ganada, lejos de eso. La epidemia de narcisismo gana terreno, así como la demagogia, el populismo y la exacerbación de las divisiones. Las *fake news* («noticias falsas») y las teorías de la conspiración siempre han existido, y ganan en amplitud y fuerza. Aunque en 1682, durante el reinado de Luis XIV, el Parlamento de Francia promulgó un decreto por el que se prohibían los procesos por brujería, hace tan solo doscientos años, en Europa, todavía se quemaban brujas acusadas de haber provocado las peores calamidades.[15] Pero en la actualidad, la volatilidad de las redes sociales, la ausencia de espíritu crítico y de rigor en la investigación, la falta de capacidad en temas complejos y el sometimiento a un imaginario malsano generan un tsunami de confusión.

Por ello necesitamos más que nunca altruismo, benevolencia, generosidad, conocimientos válidos, honestidad y colaboración.

*

EN DEFENSA DE LOS ANIMALES

Me sentía muy feliz por haber llevado a buen puerto el trabajo de *En defensa del altruismo*, pero me había jurado a mí mismo que sería el último libro para el que me impondría un trabajo tan grande de investigación. Aun así, tuve una pequeña recaída con *En defensa de los animales*.

En efecto, cuando envié el manuscrito de *En defensa del altruismo* a mi editora, Nicole Lattès, esta me hizo la observación de que había dedicado siete capítulos a la cuestión de los animales, en los que iba desde la colaboración y el altruismo de los que ellos mismos son capaces de dar muestra, hasta la explotación sin piedad que nosotros llevamos a cabo con las demás especies. Habida cuenta de la sobreabundancia de páginas de la obra, me sugirió no conservar más que uno o dos capítulos y reservar los otros para alguna otra obra dedicada a la cuestión animal. La idea me gustó mucho, y al año siguiente recuperé los siete capítulos en cuestión, frotándome las manos por anticipado, puesto que tenía ya a mi disposición lo esencial del libro. De hecho no fue así, por cuanto no pude resistirme a la tentación de continuar mis investigaciones y leer numerosas obras más que rastreaban la historia de nuestra relación con las demás especies animales, mostraban la magnitud del tráfico de animales salvajes, o trataban de los derechos de los seres vivos. Me zambullí igualmente en la literatura científica en torno a la inteligencia animal. Al cabo de un año de trabajo, tenía entre las manos una obra completamente nueva sobre el tema, ampliada, enriquecida y mejor sustentada.

Así, algunas cifras recogidas durante mis investigaciones se han revelado elocuentes: se estima entre ciento diez mil millones y ciento veinte mil millones el número de *Homo sapiens* que han vivido sobre la Tierra desde la aparición de nuestra especie. No olvidemos que no habíamos pasado de unos pocos millones hace apenas doce mil años, cuando el clima se estabilizó a comienzos del holoceno. Ciento diez mil millones es también el número de animales que matamos *cada dos meses*, como si nada, inconscientes de la enormidad de la masacre que perpetuamos. Indiferentes como si tal cosa no planteara un problema ético mayor a nuestras sociedades. Resulta además que la segunda causa de emisión de gases de efecto invernadero (es decir, el 14 % de los mismos), por detrás de las viviendas y por delante incluso de los medios de transporte, la constituye la cadena de producción industrial de la carne. Esta se inicia con la deforestación que abre paso al cultivo intensivo de soja y de cereales diversos, destinados al engorde del ganado, y termina en la ración de carne presentada en su embalaje de plástico en el estante del supermercado. Entre medio han intervenido los diversos medios de transporte, las deyecciones de los animales y sus emisiones de gas (metano), las cadenas de transformación, etc. En resumen, en el mercado de la carne, no hay ganadores, todo el mundo pierde.

En defensa de los animales no tiene por objetivo dar lecciones de moral a nadie, simplemente dirijo una petición al lector para que no vuelva a darle la espalda a una problemática esencial de nuestro tiempo. Lejos de toda voluntad de culpabilizar, invito a cada cual a que se enfrente en conciencia y con toda sinceridad a las falsas excusas que nos damos a nosotros mismos para dejar que prosiga el maltrato animal, al que preferimos no mirar de frente, como si los animales no fueran más que objetos sin importancia.

En esta obra de cuatrocientas páginas que concebí lo más completa y documentada posible, dediqué un capítulo a la posición que las diferentes religiones mantienen o han mantenido con respecto a los animales. Dentro de este único capítulo, tan solo unas páginas exponen el punto de vista del budismo (y es la única referencia a esta tradición en todo el libro, dicho sea de paso). Sin embargo, para mi sorpresa, un artículo de media página publicado en un gran periódico nacional, presentado como una reseña de mi libro, afirmaba que yo me había prestado a una «apología del budismo» (¡por cuatro páginas entre cuatrocientas!). Su autor, un filósofo afincado en Suiza, no aportaba ni una sola cita —¡que le habría resultado difícil extraer de aquellas cuatro páginas entre las cuatrocientas de la obra!— para sustentar sus palabras. Pretendía además que yo soy de los que afirman que la vida de un ratón es tan valiosa como la de un ser humano, una idea absurda que ni siquiera los defensores más extremistas de los derechos de los animales han defendido jamás. (Lo que sí defienden es que un ratón es por sí mismo un «sujeto de vida», y que como tal merece ser respetado). Me sentí un poco desconcertado, pero no consideré la opción de reaccionar. ¿Para qué pelearse? Nicole Lattès, en cambio, decidió no dejar las cosas así y llamó al director del periódico. Este se informó, ¡y resultó que el autor del artículo no había leído el libro! El director se comprometió entonces a que Luc Ferry redactara un artículo más objetivo, lo cual hizo de manera excelente.

Esta anécdota es representativa de cierta animosidad a la que hube de enfrentarme, hasta tal punto molesta la cuestión animal. No es agradable, en efecto, exponer nuestra incoherencia ética al respecto. Con motivo de un programa de televisión, me vi atacado por dos filósofas parisinas, una de las cuales afirmó que me había pasado la vida reprimiendo mi violencia interior (¡vaya!, no me había dado cuenta de eso hasta aquel día...), mientras que la otra me espetó con tono perentorio: «¿No le parece indecoroso preocuparse por la suerte de los animales, cuando hay seres humanos sufriendo tanto en Siria y en tantos otros lugares?».

Me enfrentaba al «sofisma de lo indecoroso». El mismo al que Luc Ferry apuntaba certeramente en su artículo: «Me gustaría que me explicaran qué beneficio obtienen los seres humanos de torturar animales. ¿Acaso mejora la suerte de los cristianos de Irak porque despedacen en China cada año miles de perros, antes de dejarlos agonizar durante horas, con el cruel pretexto de que, cuanto más atroz es su dolor, mejor es su carne? ¿Es el maltrato a los cánidos lo que nos hace más sensibles a la desgracia de los kurdos? (...) Cada uno de nosotros puede ocuparse de los suyos, de su familia, de su profesión, y comprometerse además en política o en la vida asociativa sin tener que cometer masacres de animales».[16]

Dedicar algunos de nuestros pensamientos, de nuestras palabras y de nuestras acciones a la reducción de los sufrimientos innumerables e innombrables que infligimos deliberadamente a unos seres sensibles, ¿constituye algún tipo de ofensa a los sufrimientos humanos? ¿Qué diremos entonces de emplear el tiempo en escuchar France Musique, en hacer deporte, cuidar de un jardín, o ponerse moreno en la playa? Quienes practican estas actividades, y tantas otras, ¿serán individuos abominables por el hecho de no consagrar la integridad de su tiempo a paliar el hambre en el Yemen?

En mi humilde opinión, este falso proceso se antojaba más bien incongruente, desde el momento en que Karuna-Shechen, la organización humanitaria que fundé y a la que entrego la totalidad de mis ingresos desde su creación, presta auxilio a cientos de miles de seres humanos cada año. A alguien que ironizó sobre la utilidad *in fine* de sus acciones caritativas en Egipto, la hermana Emmanuelle le contestó: «¿Y usted, señor? ¿Qué hace usted por la humanidad?». Pero yo no tuve la presencia de ánimo para replicar así a las «sofistas de lo indecoroso». Actuar para ahorrar sufrimientos enormes a los animales no disminuye en nada mi determinación para poner remedio al padecimiento humano. Hay que perseguir y aliviar todo sufrimiento inútil, esté donde esté, sea el que sea. El combate debe librarse en todos los frentes, y puede hacerse. Nos incumbe a todos continuar favoreciendo la implantación de una justicia y de una compasión imparciales con respecto al conjunto de los seres sensibles. La bondad es una manera de ser, una actitud, es la intención de hacer el bien a todos aquellos que entren en el campo de nuestra atención y poner remedio a su sufrimiento. No se ama menos a los hombres porque se ame también a los animales. Todo lo contrario, se los ama mejor, porque nuestra benevolencia se hace más grande y por tanto más auténtica.

Dediqué *En defensa de los animales* a Pema Wangyal Rinpoche y a Jigme Khyentse Rinpoche, incansables defensores de la causa animal, que a lo largo de los años han salvado la vida de casi diez millones de animales destinados al consumo humano. Deseo mencionar también a otro estimado amigo, el abogado Steven Wise, que lucha desde hace treinta años en los tribunales de Estados Unidos y en otras partes para hacer que se reconozca a los grandes simios como «personas», y que se aplique con ellos el principio de *habeas corpus* que prohíbe mantener a una persona inmovilizada en un lugar contra su voluntad. Y por supuesto, no he dejado de rendir homenaje a Jane Goodall, quien revolucionó la etología al poner en evidencia, en los años sesenta, la capacidad de los chimpancés para utilizar y fabricar utensilios. Y lo que es más importante, contra viento y marea demostró que estos grandes simios no son un número de registro más en el inventario de los investigadores, sino individuos completos, que tienen personalidades distintas y están dotados de emociones que pertenecen a la misma continuidad evolutiva que las emociones humanas.

En varias ocasiones, en diferentes lugares del mundo —en Australia, en Francia y en Bélgica—, he tenido la oportunidad de encontrarme con Jane Goodall y dialogar con ella. Tuve incluso la dicha de compartir un largo viaje en avión en su compañía. Su apariencia frágil, debida al paso de los años que no perdona a nadie, contrastaba con su seguridad, sólida como una roca, reflejo de la intrepidez de la que dio muestra durante los años que pasó en los bosques de Gombe. Jane Goodall ha cumplido sin ninguna duda el consejo de su madre: «Si deseas algo con todo tu corazón y pones todos los medios para llevarlo a cabo, sin descanso, encontrarás infaliblemente la manera de cumplir tu sueño». Esta determinación sin falla se transparenta en la claridad límpida de su mensaje, transmitido con una voz armoniosa y pausada, pero que sin concesiones para con quienes deciden, que sufren de una incapacidad crónica para tomar las medidas necesarias para la preservación del medio ambiente y de la biodiversidad.

A quienes subordinan la preservación de nuestro planeta madre a la misión hipotética de conquista del espacio y de otros planetas, responde: «Sí, lo mejor para el planeta Tierra sería enviar a los seres humanos a otros planetas con una única recomendación: "Sobre todo, ¡no vuelvan!"». En su presencia, se percibe de entrada «esa serenidad de las raras personas que han librado con ética e integridad combates más grandes que ellos mismos, al servicio de los demás. La humildad de quien se ha convertido en un icono un poco a su pesar es desconcertante, y sin embargo totalmente natural. No hay nada en ella fingido, ni sus sonrisas, ni sus miradas, francas y benevolentes»,[17] como escribe un periodista de *National Geographic*.

Jane viaja trescientos días al año, reservándose dos meses de respiro en el refugio de su casa familiar en Inglaterra. Recibe a sus interlocutores con amabilidad, al tiempo que mantiene la distancia necesaria en una persona que todos los días ve rostros nuevos y no puede por decencia penetrar en la esfera personal de cada uno. Presta toda su atención a quienes se presentan ante ella, pero uno presiente que, cuando habla de los grandes simios y otras especies por las que tanto afecto siente, está «junto a ellos», visualizándose allí, en su entorno natural.

Tuve en otra ocasión la experiencia de este mismo sentimiento cuando hice escala en Hong Kong, durante un viaje de regreso al Tíbet. Unos amigos me invitaron al restaurante de un club privado de los más elegantes y, mientras hablábamos, la visión de las escuelas que acabábamos de construir en el Tíbet y los rostros de los jóvenes alumnos procedentes de familias nómadas surgió en mi mente. No pude por menos de pensar que el precio de aquella comida bastaría para alimentar a los niños de una escuela durante un mes. Me tranquilicé pensando que aquellos amigos eran muy generosos y que sería inapropiado reprocharles su modo de vida con el pretexto de que el precio de su coche equivalía al coste de la construcción de una escuela para un centenar de niños en las altas mesetas de la Morada de las Nieves.

Cuando tuve ocasión de dialogar con Jane en Brisbane, Australia, en 2011, le pregunté si la continuidad que se advierte entre las diferentes especies animales y los seres humanos no debería llevarnos a reevaluar nuestras relaciones con ellas. «Por supuesto», me contestó, «no hay ninguna duda de que existe una continuidad de sentimientos y de emociones, y de que, particularmente, los animales sienten dolor. No sé hasta qué nivel de las especies existe esta percepción, pero estoy segura de que los insectos experimentan una forma de dolor, puesto que evitan los estímulos desagradables o amenazadores. En cuanto a los animales dotados de un cerebro más complejo, no tan solo sienten dolor, sino también miedo y sufrimiento, tanto mental como físico». Dentro del ámbito de su fundación, el Jane Goodall Institute, la primatóloga creó el programa Roots and Shoots («Raíces y Brotes»):

quince mil grupos de jóvenes emprenden cada uno un proyecto por el bienestar de los seres humanos, uno por el de las demás especies y un último por la preservación del medio ambiente. «La única forma de sensibilizar a largo plazo a las personas», dice, «es trabajando con los jóvenes».

Jane considera que las prácticas de la industria de la carne son especialmente ofensivas, por cuanto están validadas por los gobiernos y la población: «Aunque no las aprueben conscientemente, lo hacen al comer carne. Lo que más me impacta, es la esquizofrenia que parece sufrir la gente cuando les mencionas las condiciones horribles que reinan en los criaderos intensivos, donde hay tantos animales a los que ni siquiera se los aturde antes de ser desollados vivos o metidos en agua hirviendo. Cuando le explico todo esto a la gente, muchas veces contestan: "Oh, por favor, no me hable de eso, soy muy sensible y adoro a los animales". Y pienso: "Pero, ¿qué es lo que funciona mal en su cerebro?"».

Le hice notar también esta paradoja de los medios audiovisuales: las cadenas difunden sin pestañear las películas de terror más violentas, pero nadie quiere difundir ni ver lo que sucede en nuestros criaderos y mataderos industriales. Estos últimos, además, están protegidos como si fueran instalaciones militares, y para filmar el horror que tiene lugar en ellos cotidianamente, hay que hacerlo con una cámara oculta, como lo hace L214, con todas las dificultades que ello conlleva. Jane me confió una idea al respecto: «Pienso en los niños. Podría realizarse una película en que apareciera un niño adorable en compañía de un pollo, o de una gallina salvada de un criadero industrial, a la que se le hubiera cortado el pico. En la primera escena, la gallina estaría jugando en la hierba con ese niño tan mono, el cual plantearía la pregunta: "¿Por qué tiene el pico así?". Y entonces, un *flashback*, en el que se vería el pico seccionado en la granja intensiva; y la imagen volvería rápidamente a la escena apacible, para no herir demasiado las sensibilidades. Luego se pondría otra pregunta, que daría paso a un nuevo *flashback*: la gallina perdiendo todas las plumas porque está confinada en ese horrible espacio restringido. Aún no he encontrado a nadie para realizar esta película, ¡pero lo haré!».

Pero por supuesto también hay buenas noticias. Desde hace treinta años, la movilización en favor de los animales no ha dejado de crecer. No es obra de unos pocos «animalistas» fanáticos, sino de personas sensatas cuya empatía y compasión se ha orientado hacia los animales. Cada vez se hace más difícil fingir que uno ignora la relación entre los padecimientos de la ternera y la costilla que está comiendo. La simpatía hacia la protección de los animales no deja de crecer en la opinión pública.

En la actualidad, en Francia hay tantos vegetarianos y veganos (entre uno y dos millones) como cazadores (aproximadamente un millón doscientos mil), y el número de estos últimos disminuye cada año, tanto en Francia como en el resto del mundo.

Un número cada vez mayor de nosotros ya no se conforma con una ética restringida al comportamiento del hombre con sus semejantes, y considera que la benevolencia hacia todos los seres no es una opción facultativa, sino un componente esencial de un proceso. Nos incumbe a todos continuar favoreciendo la implantación de una justicia y una compasión imparciales hacia el conjunto de los seres sensibles. La bondad no es una obligación: es la más noble expresión de la naturaleza humana.

*

TRES AMIGOS EN BUSCA DE LA SABIDURÍA

Delphine, una amiga muy estimada a la que suelo visitar en las montañas suizas, había tenido la idea de invitar a David Servan-Schreiber y a Christophe André, a quienes conocía, con el fin de que dialogáramos los tres en la serenidad de su chalet. La enfermedad y desaparición prematura de David no permitieron por desgracia que se cumpliera este proyecto. Pero mientras tanto, Christophe me presentó a Alexandre Jollien, un filósofo diferente a los demás, penetrante y exuberante a la vez, capaz de las más profundas reflexiones, pero también de ocurrencias espontáneas de una gracia irresistible. La vida lo había marcado dolorosamente, por cuanto había pasado diecisiete años en una institución para personas minusválidas (padece de una discapacidad motora cerebral). Alexandre continúa sufriendo las consecuencias de su discapacidad, si bien ello no le ha impedido fundar una maravillosa familia, escribir magníficos libros y ser tan reconocido como estimado. Viviendo en Lausana, no dejaba nunca de venir a pasar un día a casa de Delphine, cuando yo estaba en ella. En tales ocasiones llamábamos a nuestro amigo Christophe y lo invitábamos a unirse a nosotros en un lugar tan agradable.

A raíz de la publicación, casi simultánea, de nuestros respectivos libros en torno a la felicidad,[18] una grande e indefectible amistad se había instaurado entre Christophe, un hombre fundamentalmente bueno, y yo. Cuando estaba preparando *En defensa del altruismo*, con motivo de una de mis visitas a París, Christophe y su esposa Pauline invitaron a su casa a varios pensadores con los que yo deseaba charlar sobre la cuestión del altruismo: André Comte-Sponville, Tzvetan Todorov (entre cuyas obras destaca *Frente al límite*), Michel Terestchenko (*Un barniz tan frágil de humanidad*) y... Alexandre Jollien (*El oficio de ser hombre*).

Alexandre recuperó la idea de un diálogo entre tres. Todo estaba organizado para reunirnos en Suiza en enero de 2005, pero los problemas de salud de Delphine y los de su madre, nonagenaria que vive ahora en la Dordoña, nos llevaron a replegarnos al Périgord. Fue así en el corazón del bosque, durante una quincena de días de trabajo en un ambiente amistoso, donde dialogamos acerca de la manera de conducir nuestra existencia, no para impartir lecciones, sino para compartir nuestras experiencias: un fecundo contraste de pareceres sobre los grandes temas que interpelan a todo ser humano, un trío fraternal hablando de la vida real.

Vivimos aquellas jornadas de intercambio en una casa muy sencilla, sobre el valle del río Vézère, desde la que podíamos admirar la salida del sol invernal elevándose suavemente de entre la bruma e iluminando poco a poco el paisaje. Como explica Christophe en la introducción: «Alimentados por una suculenta cocina vegetariana, no teníamos otra cosa que hacer más que reflexionar, sentarnos a conversar los tres junto al fuego. Para dar respiro a nuestro cerebro, dábamos estupendos paseos en plena naturaleza, nos sentábamos a la mesa a charlar con los amigos de paso y visitábamos la comunidad budista del Centro de Estudios de Chanteloube». Las conversaciones giraban en torno a temas que habíamos definido antes de nuestro encuentro, y cada noche decidíamos el tema del día siguiente, a fin de que la noche nos aportara su consejo. Comenzábamos dejando que cada cual desarrollara su pensamiento, sin interrumpirlo, para luego expresar por turnos nuestro punto de vista. A diferencia de tantos diálogos en el transcurso de los cuales uno anticipa las respuestas en cuanto el interlocutor toma la palabra, yo esperaba las intervenciones de mis dos compañeros con gozosa curiosidad: casi siempre me sorprendían por la luz nueva que aportaban a nuestro tema de discusión. Nuestras editoras vinieron para asistir a nuestros debates, así como, de vez en cuando, mi madre y algunos amigos. Catherine Meyer realizó a continuación un notable trabajo para extraer el meollo sustancial de las más de mil páginas transcritas.

Cuando llegó el momento de buscar un título para nuestro libro a tres voces, las propuestas dieron lugar a risas alegres y comunicativas: *Tres hombres en un villorrio, Los zapateros de la compasión, Los gánsteres del ego, Los leñadores del altruismo, Los fontaneros de la gratitud, Los charlatanes del Vézère, Los basureros del yo, yo, yo,* etc. Las ideas no faltaban, al menos en cuanto a la cantidad...

Tres amigos en busca de la sabiduría se publicó en enero de 2016. Cada mañana, antes de comenzar la conversación, deseábamos de todo corazón que nuestra obra pudiera ser útil a quienes la leyeran, pero no esperábamos que fuera a convertirse en el libro de no ficción más leído de 2016. Ello se explica sin duda por nuestra complicidad, nuestra complementariedad y nuestro respeto mutuo.

*

CEREBRO Y MEDITACIÓN

«Si ya han practicado el alpinismo o realizado excursiones de alta montaña, sabrán que escalar una cumbre representa una actividad extenuante. Pero habrán conocido también el sabor de la recompensa de haber llegado. Uno no lamenta jamás el esfuerzo realizado: el aire puro, el viento de las cumbres y las nuevas vistas que se ofrecen a la mirada absorta justifican todos nuestros esfuerzos. De igual modo, hay libros que no son de fácil acceso. Se habla en estos casos de libros "exigentes": reclaman de toda nuestra atención y nuestra inteligencia para acceder a ellos, comprenderlos, saborearlos». Así era como Christophe André presentaba *Cerebro y meditación* en su prefacio.

Conocí al eminente neurocientífico Wolf Singer, director del Instituto Max Planck para la neurociencia de Fráncfort, en Londres en 2005, en torno a un primer diálogo sobre el tema de la conciencia. El mismo año nos encontramos en Washington, esta vez para discutir los fundamentos neuronales de la meditación, con ocasión de un encuentro organizado por el instituto Mind and Life. Durante los ocho años siguientes aprovechamos cualquier ocasión para continuar con estos intercambios, en Fráncfort —en una casa donde vivió Hermann Hesse—,[19] en Nepal por dos veces, en la selva tropical tailandesa invitados por nuestro amigo Klaus Hebben, y en compañía del Dalai Lama en Dharamsala, en la India. *Cerebro y meditación*, publicado simultáneamente en inglés por M.I.T. Press con el título *Beyond le Self* («Más allá del yo»), representa el fruto de estas entrevistas, alimentadas por nuestra amistad y por nuestros intereses comunes. La obra se esfuerza así por sintetizar ocho años de discusiones fecundas entre budismo y neurociencia, facilitando el encuentro entre un conocimiento singular nacido de prácticas milenarias y un saber objetivo sometido a prueba experimental sobre temas tan diversos como: los efectos del entrenamiento de la mente en el cerebro y la consiguiente noción de neuroplasticidad, los procesos inconscientes y las emociones, la forma en que adquirimos conocimientos —¿cómo sabemos lo que sabemos?—, el examen de la noción de «yo», el libre albedrío y la responsabilidad y finalmente la naturaleza de la conciencia.

Así, entre otros puntos de encuentro, surgió una convergencia inesperada entre el budismo y las neurociencias, en relación con la noción de «yo»: el budismo deconstruye la noción de un yo unitario y autónomo asentado en el centro de nuestro ser; el neurocientífico confirma que no hay ninguna área cerebral que asuma un papel central de «puesto de mando» en el cerebro. El concepto de un jefe de orquesta así no es más que una ilusión cómoda para funcionar en el día a día.

A lo largo de nuestros encuentros cordiales, de nuestro diálogo y de nuestra profunda amistad, hemos mantenido un hermoso espíritu de apertura. El diálogo entre la ciencia occidental y el budismo se desmarca del debate, con frecuencia difícil, entre la ciencia y las religiones. Es verdad que el budismo no es una religión en el sentido que entendemos habitualmente en Occidente. Podría definirse el budismo como una vía de transformación que conduce de la confusión a la sabiduría, del sufrimiento a la libertad. Comparte con las ciencias la voluntad de examinar la mente de manera empírica. Esto es lo que hace posible y fructuoso el diálogo entre un monje budista y un neurocientífico.

Intentamos realizar una comparación entre las perspectivas occidentales y orientales, dicho de otro modo, entre las diferentes teorías que tratan de la constitución del yo y de la naturaleza de la conciencia consideradas desde un punto de vista científico y otro contemplativo. Movidos por la curiosidad y por una amistad recíproca, abordamos ciertos problemas fundamentales que afectan a la naturaleza de la mente humana. Nuestra intención era la de asociar nuestros saberes respectivos y sacar provecho de las dos fuentes de conocimiento complementarias: la perspectiva desde la primera persona, caracterizada por la introspección y la práctica contemplativa, y la perspectiva desde la tercera persona, método propio de las neurociencias. Desde el inicio de nuestras conversaciones, sabíamos que no llegaríamos a proporcionar respuestas definitivas a las profundas cuestiones sobre las que la humanidad lleva debatiendo desde hace miles de años. No obstante, esperamos haber podido explicitar ciertos puntos de encuentro, así como las divergencias que subsisten en el ámbito de nuestros conocimientos respectivos.

Al igual que yo, Wolf destinó sus derechos de autor a las obras humanitarias de Karuna-Shechen, y también vino a visitarnos a Nepal, en compañía de su esposa Francine. Más tarde, colaboré durante largo tiempo con su hija Tania, también ella eminente neurocientífica, en torno a proyectos de investigación que tienen por objetivo diferenciar la empatía de la compasión.

*

¡VIVA LA LIBERTAD!

«Aquí no hemos venido a trabajar, nos hemos reunido por el gusto de vernos, para charlar, disfrutar del aire puro...». Nuestra amiga Delphine, una vez restablecida, nos había invitado de nuevo a los tres, Christophe André, Alexandre Jollien y yo, a su chalet enclavado en el corazón de los Alpes para celebrar con ella nuestra amistad. Para nosotros supuso la ocasión de agradecerle el haber sido nuestra musa para *Tres amigos en busca de la sabiduría*, publicado un año antes. Todo estaba dispuesto para pasar una semana apacible y reconstituyente en aquel remanso de paz. Estábamos preparados para realizar épicas carreras en trineo, visitar pueblos de montaña, observar las huellas de los animales salvajes en la nieve... Hacia el final de la primera tarde, nos encontrábamos en el salón revestido de madera de abeto, cuyas ventanas daban a las cumbres montañosas. En medio de aquel buen humor en torno al fuego de la chimenea, mientras las llamas crepitaban, la charla se reanudó como si no se hubiera detenido jamás. Los temas serios se sucedían como si se invitaran unos a otros, amenizados con nuestras risas y nuestra cordial complicidad: ¿cómo arreglárselas con la dependencia emocional? ¿Cómo mantener el rumbo cuando las emociones perturbadoras, las pasiones tristes, o un gravoso malestar parecen llevarnos directamente al desaliento? Por supuesto, la idea germinó...: qué lástima dejar que todo este intercambio se pierda en el aire. Dejé inocentemente una grabadora encima de la mesa, «solo por si acaso...». Mis dos compañeros no protestaron. Poco a poco, nos enganchamos en el juego. El tema de la libertad se nos impuso por sí mismo, en forma de invitación a profundizar, a construir un arte de vivir, a fabricar utensilios. Hay que decir que, juntos, nos incitábamos a modo de feliz emulación a abandonar el modo piloto automático, a despojarnos del yugo de la costumbre, para probar vías nuevas. Vasto programa...

¿Qué es la libertad interior? ¿Cuáles son los obstáculos que la entorpecen? La dependencia emocional, el miedo, el desaliento y la desesperación, el egocentrismo a buen seguro, la desorientación... La ecología de la libertad: ¿cuáles son los entornos físicos, culturales y humanos favorables a su desarrollo, y cuáles la sofocan? ¿Cómo esfuerzos atinados en pos de la libertad? Y finalmente, ¿cuáles son los frutos de la libertad interior? Las respuestas estaban ahí, surgían de nuestras fecundas conversaciones: la paz interior, una forma de afrontar la muerte con serenidad, una ética coherente y una benevolencia incondicional.

Yo experimentaba cierta aprensión antes de abordar nuestra discusión en torno a la muerte. Christophe y Delphine acababan de pasar por graves problemas de salud, y Alexandre nos recordó que uno de sus héroes, Spinoza, había muerto a los cuarenta y tres años y que él se acercaba a esta edad, todo un funesto presagio para él. Me acordé entonces de la historia del gran sabio tibetano Drukpa Kunleg.

Cuando viajó al reino de Bután, invitaron a Drukpa Kunleg a que formulara votos de buen augurio para los residentes de una casa. Dijo entonces: «Mueren los abuelos, mueren los padres, mueren los hijos». La declaración fue acogida con un silencio respetuoso, aunque algo incómodo. Al cabo de unos momentos, el maestro se explicó: «Bueno, si mueren en este orden, no tiene por qué haber ningún drama desgarrador en la familia». A Alexandre, el más joven de nosotros tres, le encantó la historia, y con su exuberancia habitual fue de un lado a otro por toda la casa proclamando a voz en grito: «¡Muere Matthieu, muere Christophe, muere Alexandre!». Puesto que era el más joven, salí bastante bien parado. Una vez encontrado el tono, compartimos conversaciones iluminadoras en torno a la muerte. Una mañana temprano, me acordé de una película, llena de ternura, de René Clair, *Viva la libertad.* Adoptamos el título. Este libro nos parecía más logrado que el anterior, teníamos la impresión de haber abocado en él lo mejor de nosotros mismos.

Así pues, paso a paso, a partir de encuentros que desembocaban en amistades y de investigaciones que daban lugar a descubrimientos, sin ser verdaderamente escritor, he terminado perpetrando unos cuantos libros, con el apoyo de mis editores de siempre, Nicole Lattès y Guillaume Allary para los libros de texto, y Hervé de La Martinière para las obras de fotografía. Mis derechos de autor, destinados íntegramente a Karuna-Shechen, han permitido el desarrollo de múltiples proyectos, lo cual me proporciona una gran alegría. La escritura no es para mí un don natural, pero experimento una gran satisfacción al expresar con la mayor claridad posible unas ideas que me son muy caras y que me han enriquecido mucho, compartiéndolas con quien lo desee para que las haga suyas o no, para que le sirvan de alimento, les dé pervivencia y las comparta a su vez.

LOS LIBROS

Con mi padre, Jean-François Revel, en Hatiban, Nepal, durante las conversaciones que dieron lugar a *El monje y el filósofo*, cuya publicación en abril de 1997 transformó radicalmente mi vida.

También en 1997, coincidí con el astrofísico Trinh Xuan Thuan en la Universidad de Verano de Andorra. Tres años más tarde, publicaríamos juntos *El infinito en la palma de la mano*.

En 2007, en Nepal, con Wolf Singer, neurocientífico y director del Instituto Max Planck de Fráncfort. El libro *Cerebro y meditación* fue el fruto de nuestros ocho años de conversaciones.

Con el filósofo Alexandre Jollien y el psiquiatra Christophe André, con ocasión del diálogo de diez días que tuvo lugar en Dordoña en enero de 2015 y que dio origen a *Tres amigos en busca de la sabiduría*.

CAPÍTULO 45

UN INESPERADO RETORNO A LA CIENCIA

Primera participación, en 2000, en un diálogo organizado por el instituto Mind and Life sobre las emociones destructivas. Me presento voluntario para participar en las investigaciones en neurociencia sobre el entrenamiento de la mente. Treinta años después de haber abandonado el Instituto Pasteur, mi nombre vuelve a aparecer en publicaciones científicas.

LOS INICIOS DE LA AVENTURA

En 2000, tuvo lugar en Dharamsala (India) un encuentro excepcional. Algunos de los más eminentes especialistas de las emociones, psicólogos, investigadores neurocientíficos y filósofos, se reunieron para conversar con el Dalai Lama en la intimidad de su residencia en los contrafuertes del Himalaya. La reunión tenía por tema: las emociones destructivas. Francisco Varela, investigador neurocientífico de gran reputación, que visitaba regularmente Nepal para estar con su maestro espiritual Tulku Urgyen Rinpoche, así como con Dilgo Khyentse Rinpoche, había creado en 1990 con Adam Engle, hombre de negocios norteamericano, el instituto Mind and Life, cuyo objetivo es el de organizar encuentros entre científicos de renombre internacional y el Dalai Lama, a quien interesa mucho la ciencia desde su primera juventud.

El Dalai Lama fue la fuente de inspiración del instituto Mind and Life, organización laica que acoge a representantes de diversas tradiciones contemplativas, como el hermano benedictino David Steindl-Rast, el padre Thomas Keating y el rabino Awraham Soetendorp, así como a representantes del hinduismo, del islam y del jainismo de la India. A lo largo de los años, el instituto ha organizado una treintena de encuentros entre personas contemplativas y eminentes representantes de diferentes campos del saber, que van desde la física cuántica hasta las neurociencias, pasando por la psicología, la educación, las ciencias medioambientales y la economía solidaria. Varios laureados con el Premio Nobel han participado en estos encuentros, entre ellos el Premio Nobel de Física Steven Chu y el Premio Nobel de Economía Daniel Kahneman, así como Eric Lander, quien descifró por primera vez el genoma humano en el Massachusetts Institute of Technology (MIT), la universidad de investigación de Cambridge, cerca de Boston.

El instituto Mind and Life Europe está presidido en la actualidad por Amy Cohen-Varela, la viuda de Francisco Varela. Entre los miembros del consejo figuran o figuraban neurocientíficos como Wolf y Tania Singer, director y directora de investigación respectivamente de los institutos Max Planck de Fráncfort y de Leipzig, y el filósofo de la ciencia Michel Bitbol.

Al margen de los encuentros íntimos que se sucedían durante cinco días en la residencia del Dalai Lama en la India, Mind and Life organizó también encuentros de dos días y medio, abiertos al público, en diferentes países. El primero de ellos, organizado en 2003 en colaboración con el prestigioso MIT de Boston, congregó a más de un millar de científicos. El último, Power and Care (Poder y altruismo),[1] tuvo lugar en Bruselas en 2016. Entretanto me convertí en miembro del consejo del instituto Mind and Life USA y posteriormente del de Mind and Life Europe.

En 2000, en el momento en que me unía a esta prestigiosa asamblea en Dharamsala, no había mantenido realmente contactos con el medio científico desde hacía casi treinta años. Fue entonces cuando Francisco Varela me propuso participar en un diálogo de cinco días sobre las emociones destructivas, con él mismo, Richard Davidson, Paul Ekman, Daniel Goleman y algunos otros eminentes investigadores.[2] Yo debía presentar el punto de vista del budismo. Lo menos que puede decirse es que me sentía un poco intimidado al entregarme a aquel ejercicio bajo el atento ojo del Dalai Lama, cuyos conocimientos sobrepasaban ampliamente los míos, y de científicos de renombre internacional. Me sentía en la piel del joven estudiante que tiene que someterse a un examen oral ante lo más emérito de sus profesores. Pero lo hice lo mejor que pude, y al final el Dalai Lama me dijo con tono divertido: «Has aprobado el examen de *geshe*», título equivalente al de doctor en filosofía en la tradición escolástica. ¡Qué alivio! Aquel encuentro fue uno de los más memorables en la historia de Mind and Life, hasta el punto de que en 2021 organizamos virtualmente un diálogo de tres días con la mayor parte de los participantes de la época, para conmemorar los veinte años del evento y hacer balance de los avances científicos.

Una vez validado mi «diploma», me convertí en participante regular de los encuentros Mind and Life. En el transcurso del que versó sobre el tema de las emociones destructivas, el Dalai Lama declaró una mañana: «Todas estas discusiones son muy interesantes, pero ¿qué podemos aportar en concreto a la sociedad?». A la hora del almuerzo, los participantes debatieron en torno a la pregunta con animación y propusieron la idea de emprender un programa de investigación sobre los efectos a corto y largo plazo del entrenamiento de la mente, o lo que suele llamarse más comúnmente, la «meditación». Por la tarde, en presencia del Dalai Lama, se adoptó el proyecto con entusiasmo, lo cual señaló la aparición de un nuevo campo de investigación, el de las «neurociencias contemplativas». Por razón de mi transcurso vital —de investigador científico a monje budista que había consagrado su vida a la espiritualidad—, me presté voluntario para participar en estas investigaciones.

Voluntario y espontáneo, pues, ¡pero también imprudente! Estaba lejos de sospechar que aquella propuesta fuera a llevarme a incontables laboratorios de investigación en los que, durante más de un centenar de horas, iba a someterme a IRM, y durante varios días al año iba a convertirme en cobaya para experimentos de toda índole. Del catálogo de experimentos en un ser humano que consiente voluntariamente, no me ahorraron nada: explosiones súbitas para estudiar el sobresalto, estimulaciones transmagnéticas craneanas para estudiar la conectividad del cerebro, agua a cuarenta y nueve grados y descargas eléctricas en las muñecas para determinar los efectos mediadores de la meditación sobre el dolor, inyección de sustancias radioactivas para medir el metabolismo de mi cerebro en su envejecimiento... ¡y no sigo! En una ocasión llegué a pasar diez horas en una IRM en dos días. Como acertadamente explica Yongey Mingyur Rinpoche, quien participó también en estas investigaciones, la IRM tiene cuatro características: «Es estrecha, oscura, fría y ruidosa». Es más, hay que permanecer estirado sobre la espalda sin mover la cabeza ni un milímetro durante todo lo que dure el experimento. ¡Las condiciones «ideales» para meditar, o para hacer la siesta si uno está en pleno desajuste horario! Pero, a decir verdad, siempre he sentido un gran placer en volver a encontrarme con mis amigos científicos y en colaborar en estos experimentos con ellos, en un espíritu de cordial complicidad.

La aventura dio comienzo en 2000 en el laboratorio de Francisco Varela en el CREA,* en el hospital de La Salpêtrière, a raíz del encuentro en Dharamsala. En el CREA, no realizamos sino algunas investigaciones preliminares sobre las fases de sincronización que tienen lugar entre diversas áreas del cerebro cuando se reconoce una imagen visual. Francisco había descubierto que se producía un aumento de oscilaciones gamma y de sincronía entre las áreas corticales cuando los sujetos lograban identificar un rostro humano a partir de pictogramas. Por el contrario, si no veían en la imagen más que contornos pictográficos no interpretables, las oscilaciones gamma eran de amplitud más débil y no estaban tan bien sincronizadas.

Estos experimentos, que no se publicaron, mostraban que, cuando el meditador permanece en estado de «presencia abierta», las transiciones entre estos diversos estados son más claras que en sujetos no entrenados y la sincronización en cuestión está menos marcada.

Enseguida aprecié la cálida atmósfera de creatividad, de descubrimiento y de rigor intelectual que encontraba entre mis amigos científicos, que se han convertido para mí en una especie de *Sangha*, una comunidad virtuosa, deseosa de aunar los esfuerzos de todos para el progreso de la ciencia y contribuir al bien de la sociedad, como lo había deseado el Dalai Lama.

UN NEUROCIENTÍFICO VISIONARIO

Mientras proseguía con el físico Trinh Xuan Thuan el diálogo que daría lugar a la publicación de *El infinito en la palma de la mano*,

---

* Centre de Recherche en Épistémologie Appliquée (Centro de Investigación en Epistemología Aplicada).

pregunté a Francisco Varela que leyera algunos capítulos, en especial el dedicado a la naturaleza de la conciencia. Poco después, en 1999, me encontré con Francisco en el vestíbulo del hotel en el que esperábamos al Dalai Lama, recién llegado para efectuar una estancia en Francia. Francisco me dijo entonces: «Los diálogos sobre la física y la naturaleza de la realidad son muy interesantes en el plano de las ideas, pero en ningún momento encontrarás en un laboratorio de física un experimento que proponer, que pueda hacer avanzar los conocimientos. Desde este punto de vista, pierdes el tiempo. Por el contrario, si vinieras a los laboratorios de neurociencia, la colaboración con los investigadores podría conducir a progresos apasionantes».

Me quedé un poco desconcertado ante una opinión tan categórica, pero la continuación de los acontecimientos demostró hasta qué punto Francisco tenía razón. Estaba dotado de una penetración intelectual fuera de lo común y de una visión que trascendía las fronteras y el *statu quo* de las teorías, todo ello unido al más estricto rigor científico. Fue el fundador de la neurofenomenología, que se caracteriza por una interacción dinámica entre la observación de los fenómenos cerebrales desde el exterior, con ayuda de los dispositivos experimentales, lo que se llama «observación en tercera persona», y la descripción detallada de los estados mentales proporcionados por el sujeto sobre su experiencia, percepciones a las que se califica como experiencias «en primera persona». Aunque las capacidades de observación y de exposición de las experiencias varíen de una persona a otra, dichas capacidades pueden reforzarse mediante diversos métodos que permiten entrenar la atención, regular las emociones y ser consciente con mayor finura de los acontecimientos cerebrales. Tales prácticas se dan en fenomenología, en psicoterapia y en las tradiciones de meditación contemplativa. Gracias a estos métodos, los sujetos pueden tener acceso a aspectos de su experiencia que de otro modo les habrían escapado. De este modo, el sujeto (el meditador en el caso de las investigaciones en que participé) se implica activamente en la descripción de su experiencia y en la interpretación de los datos a la luz de esta experiencia, es decir, en la comprensión de los elementos fenomenológicos específicos de su experiencia, mientras que el neurocientífico se guía por estas informaciones en primera persona en el análisis de la interpretación de los datos fisiológicos.[3]

Además de poseer esta inteligencia profunda, Francisco era un gran practicante de la meditación, que profesaba un respeto sin límite por su maestro espiritual, Tulku Urgyen Rinpoche, el cual vivía en un pequeño monasterio-ermita por encima del valle de Katmandú.

Francisco hubo de someterse a un trasplante de hígado. Me confió que, cuando despertó de la larga anestesia tras aquella complicada operación, su campo de conciencia se llenó de inmediato con la presencia de Tulku Urgyen.

En 2016, también yo tuve que someterme a una anestesia general en Toulouse, para una más benigna operación de la rodilla, tras haberme visto súbitamente incapacitado para caminar. Temía la opacidad generada por la anestesia, pero contrariamente a lo que había esperado, al despertar dos horas más tarde, la presencia de mis maestros espirituales iluminó mi paisaje mental. Durante una hora, permanecí en un estado mental ligero y luminoso, lleno de una devoción y de una confianza sin mezcla. Estaba solo en la habitación y me puse a cantar bajito unos versículos en invocación del maestro. Pensé también en algunos seres queridos. Me dije a mí mismo que, si las cosas iban igual de bien en el momento de la muerte, ¡no iba a ser tan malo! ¿Era la anestesia una especie de ensayo general? Un momento como aquel, ¿era revelador de lo que está presente en lo más hondo de la mente, cuando los pensamientos que entorpecen el campo de la conciencia quedan en silencio? Aquello estaba en las antípodas del círculo de la reflexión: era de una simplicidad perfecta. Me sentía como un niño pequeño que descubre la belleza de la vida con una mente nueva y transparente. Fue entonces cuando me acordé del testimonio de Francisco. Probablemente habíamos vivido una experiencia similar.

Después de una primera y breve visita al laboratorio de Francisco, en 2001, visité el laboratorio de Richard Davidson en Madison (Wisconsin), donde trabajaba también Antoine Lutz, uno de los principales alumnos de Francisco. La cuestión era profundizar en las investigaciones orientadas a explorar las diversas formas de meditación con el objetivo de determinar las que parecieran más aptas para aplicarse en un contexto laico y las mejor adaptadas para un gran número de practicantes de la meditación (y a un grupo de otros tantos novicios, como elemento de comparación).

Se estableció un protocolo, que preveía que yo partiera de un estado mental neutro y alternara numerosas veces entre ese estado neutro y varios estados específicos de meditación, que implicaran estrategias atencionales, cognitivas y afectivas diferentes. Se eligieron cinco tipos de meditación: la concentración en un solo punto, la compasión, la «presencia despierta», la visualización de imágenes mentales y el fervor hacia el maestro espiritual.

La concentración en un objeto de atención único exige el abandono de miríadas de pensamientos errantes que cruzan por la mente y provocan distracción. Para este experimento, escogí un punto, un remache en la pared del IRM, que se encontraba siguiendo la línea de prolongación de mis ojos. Fijé la mirada en él y la mantuve lo mejor que pude, volviendo a «capturar» mi mente cada vez que se distraía.

La meditación sobre el amor y la compasión consiste en dirigir la atención hacia los sufrimientos de los seres animados, en tomar conciencia de que todos ellos aspiran a la felicidad y evitar el sufrimiento, y posteriormente en adoptar una disposición mental en que no exista nada más que compasión y amor por todos los seres, tanto afines como extraños o enemigos, tanto humanos como no humanos. Uno se entrega entonces a una compasión incondicional, sin cálculo, sin exclusión. Se genera así un amor universal, hasta el punto de que la mente entera queda imbuida de él.

La presencia despierta, llamada «presencia abierta» en las publicaciones científicas, es un estado mental luminoso, extenso, abierto y alerta, libre de concatenaciones de pensamientos y desprovisto de actividad mental intencional. La mente no se concentra en nada, pero permanece perfectamente presente. Cuando surgen los pensamientos, el practicante de la meditación no intenta ni suprimirlos, ni alentarlos; sobrevienen y desaparecen sin dejar rastro, como un ave que surca el cielo.

La visualización consiste en este caso en reconstruir mediante la imaginación la representación precisa de una deidad budista. El practicante de la meditación comienza por visualizar meticulosamente los detalles del rostro, de la vestimenta, de la postura, etc., pasándoles revista uno por uno. Acto seguido, visualiza la divinidad entera y estabiliza la imagen así creada mentalmente.

En la meditación sobre el fervor, desempeña un papel preponderante la evocación de las cualidades del maestro espiritual. A medida que el recuerdo del maestro se hace cada vez más presente, la mente se llena de una profunda estima y de una inmensa gratitud ante las cualidades que encarna.

Estas diversas meditaciones forman parte de los ejercicios espirituales que un practicante del budismo cultiva cotidianamente en el transcurso de sus años de camino hacia la Iluminación. Pero, a pesar del hecho de que todas las formas de meditación ofrecen resultados interesantes, a nuestro parecer solo las tres primeras —atención focalizada, amor y compasión, y presencia despierta— podía utilizarse en un contexto secular y cumplir así con la prerrogativa que nos había confiado el Dalai Lama: asegurarnos de que estas investigaciones redundaran en una contribución útil para la sociedad en los campos de la educación, el trabajo y la vida personal.

En el marco de la misa iniciativa, visité también los laboratorios de Paul Ekman y de Robert Levenson en San Francisco y en Berkeley.

Unos días después de estas primeras investigaciones centradas en las cinco principales formas de meditación, el Dalai Lama vino a Madison para visitar el laboratorio de neurociencias. Dedicaron una mañana a presentarle los primeros resultados, muy prometedores, obtenidos por Richard Davidson y Paul Ekman. Francisco Varela, en el proceso final de su enfermedad mortal, compartió nuestros descubrimientos desde su habitación, en París, desde la cual podía seguir en directo lo que sucedía a través de una pantalla. En determinado momento, el Dalai Lama se dirigió directamente a Francisco mirando a la cámara y le ofreció sus consejos y su sostén para afrontar los últimos instantes. La emoción nos embargaba a todos hasta provocarnos el llanto.

Unas semanas más tarde, visité a Francisco en París, poco antes de su fallecimiento. Me confesó hasta qué punto se sentía colmado de satisfacción al comprobar aquellos primeros resultados concretos de unas investigaciones que él había promovido con sus votos y que había alentado. Hablamos largo y tendido de la proximidad de la muerte. Francisco temía morir en un estado de letargo, habiendo perdido la claridad de la mente, tan crucial en ese momento crítico. Su esposa Amy, que le ayudó lo mejor que pudo a permanecer sentado en la postura de la meditación en el momento de su muerte, nos informó de que Francisco había logrado descansar en la «presencia despierta», clara y luminosa, hasta su último aliento.

Así pues, la enfermedad se llevó a Francisco prematuramente, ambos teníamos la misma edad. Permanece un mentor invisible, pero sonriente, benevolente y exigente, para todos aquellos que lo conocieron y que participan hoy en esta fructífera colaboración entre neurocientíficos y practicantes de la meditación. En cuanto al Dalai Lama, conserva en su libro de oraciones una pequeña foto de «su amigo» Francisco y habla siempre de él con emoción.

MONJES EN LOS LABORATORIOS

Una vez obtenidos los primeros resultados en Madison, volví a Nepal provisto de las fotos de imágenes cerebrales que mostraban diferencias considerables entre el cerebro de un practicante experimentado en plena meditación y en reposo. Se las enseñé a los monjes de Shechen que habían realizado numerosos años de retiro. Enseguida se sintieron intrigados y aceptaron visitar el laboratorio de Richard Davidson a fin de que se estudiaran los efectos de la meditación en un número suficiente de sujetos para confirmar que las diferencias observadas no se debían a particularidades individuales, sino principalmente al entrenamiento de la mente al que se habían entregado los sujetos. También participaron en estas investigaciones practicantes occidentales, hombres y mujeres, laicos, de todas las profesiones, que habían realizado largos retiros contemplativos (de entre tres y nueve años).

Estos estudios revelaron que, cuando los practicantes experimentados inician su meditación con la compasión, se observa un aumento apreciable de la amplitud de las oscilaciones rápidas sobre una banda de frecuencia de 40 Hz, la banda de frecuencia gamma (que habían sido puestas en evidencia por Wolf Singer hacía treinta años). Estas oscilaciones desempeñan un papel importante en los procesos cognitivos. La oscilación neuronal de frecuencia gamma permite, en especial, la integración dinámica de la actividad de una población de neuronas que se sincroniza con motivo de la presencia de una función cognitiva.

Esta actividad, bastante más elevada que la constatada en el grupo testigo compuesto por diez voluntarios adiestrados durante una única semana de meditación, fue, según Richard Davidson, «de una magnitud jamás descrita en la literatura neurocientífica».

Estos resultados constituían el primer estudio experimental serio acerca de los estados meditativos. Publicado en las prestigiosas *Actas de la Academia Nacional de Ciencias* de Estados Unidos (PNAS, o *Proceedings of the National Academy of Sciences*), el artículo alcanzó más de ciento cincuenta mil descargas y, al cabo de un año, todavía figuraba en la quinta plaza de entre los artículos más leídos del sitio de internet de la revista. Por retomar los términos empleados por Richard Davidson: «Estos trabajos parecen demostrar que el cerebro puede entrenarse y modificarse físicamente de un modo que pocas personas habrían imaginado».

La persona contemplativa que se presta así a estas investigaciones no es un sujeto pasivo, una simple cobaya, sino un colaborador de pleno derecho. Su contribución es indispensable desde el momento mismo en que se establece el protocolo experimental. Este es el motivo por el que Richard Davidson quiso incluirme entre los colaboradores del artículo. En realidad, estudiar la «meditación» en general no tiene mucho sentido. La meditación es un entrenamiento, y todo depende de qué es aquello para lo que uno se entrena. Si le decimos a alguien: «Me estoy entrenando», nos preguntará: «¿Para qué? ¿Para practicar el rugby? ¿Para tocar la flauta? ¿Para jugar al ajedrez?». Lo mismo sucede con la meditación. Cada forma de meditación requiere de un entrenamiento específico. Las investigaciones en neurociencia han demostrado, por otra parte, que cada tipo de meditación se corresponde con un sello específico en el cerebro, que activa o desactiva un conjunto diferente de zonas cerebrales. Se ha comprobado también en muchas ocasiones que la repetición de una meditación particular termina por modificar el cerebro, no solo en el plano funcional durante la meditación, sino también estructuralmente, a largo plazo. Las zonas del cerebro cuya participación se requiere regularmente, terminan por aumentar en volumen y en densidad.

¿Cómo estudiar, por ejemplo, la meditación sobre la compasión? ¿Hace falta esperar quince minutos a que el meditador se instale en este estado meditativo, o le bastan quince segundos para alcanzar el nivel compasivo óptimo correspondiente a su nivel personal de desarrollo espiritual? Solo el meditador puede responder a esta pregunta. La interacción entre los investigadores y el practicante de la meditación permite así establecer el protocolo más apropiado para dilucidar los efectos de la meditación en el cerebro. Así fue como procedimos desde los primeros experimentos en los que participé en el laboratorio de Richard Davidson sobre la concentración en un punto, el amor y la compasión, la presencia despierta y la visualización de imágenes mentales. Cuando yo ya estaba en el IRM siguiendo el protocolo establecido por los investigadores, sugerí algunas modificaciones en cuanto a la duración a través del micro, y volvimos a comenzar el experimento desde el principio. Esta interacción constante permitía así afinar la experimentación.

Pero esto no era todo. Una vez concluido el experimento y analizados los resultados, el punto de vista del practicante de meditación, llamado «perspectiva en primera persona», es indispensable para proponer una interpretación de los datos que corresponda con la experiencia vivida. Recuerdo por ejemplo que Richard Davidson se preguntaba por qué cuando yo comenzaba la meditación sobre la compasión, las zonas premotoras del cerebro, que están asociadas con la preparación para la acción, se activaban igualmente, además de las zonas asociadas a los afectos positivos, la empatía y el sentimiento de pertenencia. Propuse entonces una interpretación: que la meditación sobre la compasión venía acompañada de una disponibilidad para la acción. Cuando la mente se imbuye de una compasión incondicional con respecto a todos los seres, uno está dispuesto a actuar por el bien de todos aquellos que entran en el campo de atención y por paliar sus sufrimientos. Así es como el diálogo entre los investigadores y el meditador permite a menudo proponer explicaciones e hipótesis innovadoras.

Hoy en día sabemos que el cerebro puede modificarse profundamente con arreglo a un entrenamiento específico, por ejemplo el que se requiere para el aprendizaje musical o la práctica de un deporte. Este descubrimiento sugiere que la atención, la compasión e incluso la felicidad pueden cultivarse y que responden en gran medida a una pericia adquirida.

Ahora bien, toda competencia requiere de un entrenamiento prolongado. Uno no puede esperar ser un virtuoso del piano o un campeón de tenis sin practicar asiduamente. Un pianista que da su primer concierto tiene por lo general no menos de diez mil horas de estudio en su haber. Algunos practicantes de meditación sometidos a prueba en los laboratorios de investigación no contaban con menos de cincuenta mil horas de práctica a sus espaldas. Es perfectamente concebible que la mente se entrene al igual que se entrena el cuerpo. Por tanto, uno puede dedicar cada día cierto tiempo a cultivar la compasión o cualquier otra cualidad positiva. Para el budismo, «meditar» significa «cultivar», o incluso «familiarizarse con». La meditación consiste, en efecto, en familiarizarse con una nueva manera de ser, de percibir el mundo y de administrar los pensamientos y las emociones de un modo más controlado y equilibrado. Las neurociencias evalúan estos métodos y examinan su impacto en el cerebro.

Estas investigaciones se llevaron a cabo con un espíritu de descubrimiento, como toda experimentación científica digna de este nombre, y nunca han tenido por objetivo el de «probar» la eficacia de las técnicas de meditación budista, o de la oración cristiana en el caso de otros proyectos de investigación. El practicante que medita en su ermita no necesita de la ciencia para validar una vida contemplativa cuyo valor él o ella aprecia un día tras otro a lo largo de toda su vida. Es más, una actitud así iría en contra del rigor exigido por toda investigación científica que se tenga por válida.

RECONOCIMIENTO DE LAS EXPRESIONES FACIALES

En 2001, fui a California por invitación de Paul Ekman, con quien me había encontrado con ocasión del diálogo sobre las emociones destructoras, en Dharamsala. La primera serie de experimentos llevados a cabo por Paul utilizaba un sistema de medida para el reconocimiento de las expresiones faciales, según expresan diferentes emociones. El protocolo consistía en observar una cinta de vídeo en la que desfilaba rápidamente una serie de rostros que exhibían expresiones diversas. Primero aparecía un semblante neutro, que se animaba con una expresión identificable, pero que solo permanecía en la pantalla una trigésima parte de segundo. Su paso era tan fugaz, que un simple parpadeo podía hacer que no se viera. A cada expresión emocional le seguía de nuevo una expresión neutra. El test consistía en identificar, durante esa trigésima parte de segundo, los signos faciales que acababan de verse: ira, miedo, repulsión, desprecio, sorpresa, tristeza o alegría.

La capacidad para reconocer expresiones fugaces señala una disposición a la empatía. Las siete microemociones objeto del experimento son universales, están biológicamente determinadas y se expresan del mismo modo en el mundo entero. Existen ciertamente diferencias culturales en la gestión consciente de las emociones, pero estas expresiones naturales aparecen y desaparecen tan deprisa, que escapan a las barreras impuestas por los tabúes culturales. Las microexpresiones abren así una ventana única para asomarse a la realidad emocional de una persona.

A través del estudio de miles de sujetos, Ekman había apreciado que quienes obtenían el mejor resultado en el test, se revelaban también más abiertos, más curiosos en todas las cosas, más concienzudos; fiables y eficaces a un tiempo. «Así que pensé que el hecho de llevar numerosos años de experiencia en meditación, práctica que requiere de tanta apertura de mente como de rigor, debía proporcionar una mejor aptitud para realizar este ejercicio», explicó Paul al Dalai Lama durante la reunión de Madison, aquel mismo año de 2001, al hacerle partícipe de los resultados.

De hecho, Alan Wallace y yo, los dos únicos practicantes de meditación experimentados que nos sometimos al test, habíamos obtenido resultados ampliamente superiores a los de cinco mil sujetos participantes con anterioridad en el test. «Superan a los policías, los abogados, los psiquiatras, los agentes de aduanas, los jueces, e incluso los agentes de los servicios secretos», que eran los que hasta entonces se habían mostrado más precisos. «Parece como si uno de los beneficios que les ha aportado su formación es el de una mayor receptividad hacia las señales sutiles del estado mental de otra persona», observó Paul. Personalmente, estos resultados me sorprendieron, porque cuando me presté a las pruebas, no había tenido la impresión de haberlas realizado particularmente bien.

EL SOBRESALTO REFLEJO

Entre las diversas experimentaciones a las que me presté con Paul Ekman, se desarrolló una en Berkeley que tenía por objeto estudiar el sobresalto reflejo, uno de los automatismos más primitivos del repertorio de respuestas corporales humanas. El sobresalto es la consecuencia final de una sucesión de espasmos musculares muy rápidos, como respuesta a un ruido estrepitoso e inesperado, o a un hecho súbito potencialmente peligroso. Es algo que sucede a todo el mundo: los cinco mismos músculos faciales se contraen casi instantáneamente ante la percepción del estímulo, en especial en torno a los ojos. El proceso entero no dura más que un tercio de segundo y sigue invariablemente las mismas etapas. Estamos hechos así. Como todos los actos reflejos, el sobresalto responde a la actividad del tronco cerebral, la parte más primitiva, reptiliana, del cerebro, y escapa a la regulación voluntaria.

Hasta donde sabía la ciencia, ningún acto intencional podía alterar el mecanismo que lo controla.

A Paul le interesaba el sobresalto porque su intensidad es un indicador de la importancia de las emociones negativas experimentadas por el sujeto, incluyendo el miedo, la ira, la tristeza y la repulsión. Cuanto más se sobresalta una persona, más proclive es a sentir emociones negativas. Por el contrario, no existe ninguna relación entre el sobresalto y las emociones positivas, la alegría por ejemplo.

Paul me llevó, pues, al laboratorio de psicofisiología de su colega Robert Levenson, en Berkeley. El equipo encargado del experimento me controló los movimientos corporales, el pulso, la tasa de sudación y la temperatura de la piel. Filmaron las expresiones de mi rostro, con el fin de captar todas las reacciones fisiológicas ante la emisión de un ruido inesperado. Finalmente, fijaron el umbral máximo de tolerancia humana en una potente detonación, equivalente al disparo de un arma de fuego que se produjera cerca del oído.

Me dijeron que, en un instante indeterminado durante los siguientes minutos, oiría una fuerte detonación, y que yo tenía que poner en práctica alguna estrategia para no sobresaltarme. Se trata de un ejercicio para el que algunos demuestran mejores aptitudes, pero nadie consigue suprimir por completo el sobresalto, ni siquiera al precio de los esfuerzos más intensos por refrenar los espasmos musculares. De entre los cientos de sujetos sometidos a prueba, ninguno lo había conseguido, y ni siquiera los tiradores de élite de la policía, que se entrenan a diario, habían podido contener el acto reflejo. Algunos sujetos sueltan un grito y otros están a punto de caerse de la silla, tan brutal puede ser el sobresalto. A la reacción inicial sigue por lo general un: «Ah...» de alivio, y a veces risas.

Le había dicho a Paul que, de entre los diversos tipos de meditación, la «presencia despierta» o «presencia abierta», durante la cual la mente está perfectamente presente y disponible, tan vasta como el espacio, me parecía ofrecer la mejor estrategia que podía adoptarse a la hora de prepararse para un hecho así. En estado de presencia abierta, la mente es semejante a un vasto cielo, claro y luminoso, libre de construcciones mentales. No toma parte en la percepción de los cinco sentidos, manteniéndose perfectamente lúcida.

Así, fue este estado meditativo el que elegí para llevar a cabo el experimento. En el momento de las explosiones, el sobresalto reflejo no se dio, o fue casi imperceptible. Si bien ninguno de mis músculos faciales se había movido, mis parámetros fisiológicos por el contrario (pulso, sudación, presión arterial) habían experimentado el aumento que acompaña habitualmente al sobresalto. Esto significa que el cuerpo responde como es debido al estímulo, registra los efectos de la detonación, pero que la mente es lo suficientemente vasta y libre como para que lo que podría interpretarse como un peligro potencial no tenga ningún impacto emocional. Dado que la magnitud del sobresalto es proporcional a la intensidad con que el sujeto vive las emociones dolorosas, este resultado indicaba, según Paul, un notable nivel de ecuanimidad emocional. De hecho, en el caso de un practicante de la meditación en estado de presencia abierta, tampoco se observa una reacción de alivio después del sobresalto. Es precisamente el tipo de ecuanimidad que los textos antiguos describen como uno de los frutos de la práctica meditativa.

Con el fin de completar la experiencia, la reprodujimos mientras yo adoptaba diferentes estados mentales, entre ellos una intensa concentración (la mente centrada por entero en la detonación inminente) y un estado de distracción inducida (me imaginé a mí mismo conduciendo por una carretera de montaña en el Tíbet). En todos estos otros casos, me sobresalté en el momento de la detonación, pero es en estado de distracción cuando el sobresalto era más intenso.

Paul le explicó al Dalai Lama: «Cuando el meditador intenta dominar el sobresalto, lo hace desaparecer prácticamente. Nunca habíamos visto a nadie capaz de ello. Ni tampoco ningún otro investigador. Es un éxito espectacular. Sin embargo, no tenemos la menor idea de las características anatómicas que le permiten reprimir su sobresalto reflejo». Paul añadió, algo pensativo, este comentario: «Yo lo consideraba un desafío, me parecía altamente improbable que nadie pudiera suprimir a voluntad un reflejo tan ancestral, tan rápido. Pero por lo que sabíamos de la meditación, nos parecía que valía la pena probar».[4]

Una vez más, el diálogo con los científicos se había demostrado muy útil. Mi interpretación era que una mente distraída está «en otra parte». E incluso cuando está intensamente concentrada en la llegada inminente de la detonación, se halla movilizada por esta misma concentración y no está verdaderamente «disponible». Cuando se produce la detonación, esta devuelve bruscamente a la mente al momento presente, lo cual constituye un acto reflejo de supervivencia en caso de amenaza. En cuanto a la presencia abierta, por el contrario, la mente reposa sin discontinuidad en el momento presente, despojada de toda construcción mental y de objeto alguno de concentración. Cuando se produce la explosión, la mente en tal estado no necesita ser devuelta al momento presente, puesto que en ningún momento lo había abandonado. Sin embargo, la detonación se percibe muy claramente. De hecho, justo después de la detonación —yo soporté toda una serie de ellas en dos días—, siempre tuve la experiencia de encontrarme en un estado mental aún más claro y límpido que antes de la detonación, semejante a un cielo inmaculado, perfectamente consciente y libre de pensamientos discursivos.

DESACTIVAR LA CONFRONTACIÓN

Llevamos también a cabo experiencias centradas en la fisiología de la confrontación con personas agresivas. Paul Ekman y Robert Levenson dirigían investigaciones sobre la resolución de conflictos. Paul propuso debatir con dos personalidades muy diferentes acerca de un tema que se prestara a controversia. Se planteó dar una explicación al hecho de que un antiguo investigador en biología molecular hubiera elegido, por una parte, convertirse en monje budista y, además, adherirse a nociones tan insensatas como la continuidad de la conciencia y la reencarnación. Estábamos cargados de sensores para controlar las pulsaciones cardiacas, la tensión arterial, la respiración, la conductividad cutánea, la transpiración y los movimientos corporales. Nuestras emociones faciales eran grabadas por una cámara de vídeo, cuyos datos iban a analizarse al detalle a fin de detectar las microexpresiones reveladoras de las reacciones psíquicas. Mi primer interlocutor fue el profesor Donald Glaser, Premio Nobel de Física, que había orientado sus investigaciones hacia la neurobiología. Era una persona en extremo afable, de mente muy abierta. Fue un placer mutuo hablar sobre el tema, y al finalizar los diez minutos de entrevista, ambos lamentábamos no disponer de más tiempo para continuar el diálogo. Nuestros parámetros fisiológicos indicaban una actitud tranquila, exenta de todo conflicto. A continuación los investigadores hicieron pasar a una segunda persona, conocida por su carácter virulento (cosa que no le habían explicado, por supuesto). Debíamos entablar una confrontación. La cosa parecía evidente para mi detractor, quien entró de lleno en el meollo de la cuestión. Sus parámetros fisiológicos se dispararon de inmediato. Yo hacía todo lo posible por permanecer tranquilo y ofrecerle respuestas razonables, en un tono amistoso. Sus parámetros no tardaron en apaciguarse, y al cabo de los diez minutos, declaró a los investigadores: «No puedo discutir con este tipo. Se expresa con palabras sensatas y no deja de sonreír. Y además emana de él una especie de aura de simpatía». Dos no se pelean si uno no quiere, o como dice el proverbio tibetano: «No se puede aplaudir con una sola mano».

Paul Ekman concluyó su exposición subrayando que cada uno de los estudios llevados a cabo con este primer practicante de meditación, o sea yo, había dado unos resultados que él no había visto jamás en treinta y cinco años de investigación. A lo largo de estas diversas experiencias, Paul se convirtió en gran amigo y lo visité en numerosas ocasiones en California. Con él, con Richard Davidson y con Alan Wallace, escribimos y publicamos en una revista científica un artículo en el que se comparaban las perspectivas occidental y budista sobre las emociones y el bienestar.[5] Todo ello me llevó a volver a poner mi firma como colaborador en una docena de publicaciones científicas, junto con mis amigos investigadores.

SUEÑO Y ESTRÉS EN LOS PRACTICANTES DE MEDITACIÓN

Durante una estancia en mi ermita de Nepal, hice algunas observaciones sobre el sueño de los practicantes de retiro. Richard Davidson y Antoine Lutz me habían pedido que, una vez por semana durante un mes, recogiera muestras de saliva de los practicantes de meditación que realizaban el retiro de tres años, con el fin de medir sus tasas de cortisol, un indicador del nivel de estrés. A título de comparación, recogí también muestras de entre nepalíes de los contornos, sobre todo de quienes se ocupaban del centro de retiro, personas que vivían en el mismo lugar tranquilo pero sin practicar la meditación. Los voluntarios tenían que depositar sus muestras de saliva en un tubo nada más despertar, treinta minutos más tarde y otras tres veces durante el resto del día. Acto seguido mandaba las muestras a Estados Unidos. Las personas que practicaban retiro debían además apuntar la hora en que se acostaban y aquella en que se despertaban. Advertí que la mayor parte de ellos dormían espontáneamente menos de lo habitual. Algunos solo dormían desde las diez de la noche hasta las dos de la madrugada, sin experimentar sin embargo cansancio ni somnolencia en el transcurso de la larga jornada que seguía.

Yo mismo había notado que, cada vez que realizaba un retiro de varios meses, mi necesidad de sueño disminuía de forma gradual, en mi caso hasta las seis horas de descanso nocturno. Mi intento de interpretación es el siguiente: los días, ciertamente, están ocupados con una práctica espiritual sostenida, pero siguen una disposición ordenada, regular y libre de perturbaciones. Durante el sueño, además, no hay pensamientos ni recuerdos parásitos o inútiles que eliminar, elementos todos ellos que nacen de actividades, las percepciones, impresiones y experiencias variadas, a veces caóticas, propias de una jornada ordinaria ajetreada. Los practicantes de meditación someten la mente a entrenamiento, sí, pero lo hacen de un modo metódico y coherente, día tras día, sin tener necesidad de asimilar acontecimientos o circunstancias exteriores nuevas.

Por otra parte, con motivo de un encuentro con neurocientíficos en Washington, un especialista del sueño reveló que, por término medio, un individuo se da vuelta entre quince y veinte veces durante el sueño. Durante un retiro, personalmente tengo la impresión de que el cuerpo permanece más tranquilo. Yo me duermo del lado izquierdo y, si se da el caso de despertarme durante la noche, miro siempre la hora en el pequeño despertador que dejo puesto a mi izquierda, encima de la mesilla de noche, al alcance de la mano: me despertaba siempre en la misma posición, con el despertador delante de los ojos. Son otras tantas observaciones que merecerían un estudio posterior.

UNA VISITA A FRANÇOIS JACOB

A comienzos de los años 2000, tuve el deseo de regresar al Instituto Pasteur para volver a ver a François Jacob y a algunos de mis amigos de antaño. François Jacob me recibió cordialmente y repitió varias veces que yo tenía «buen aspecto». Sin duda quería dar a entender que no parecía demasiado descontento por el camino que había elegido. Le hablé de las investigaciones en neurociencias en las que participaba y del instituto Mind and Life. Pero, como en la época en que lo había conocido, François Jacob continuaba siendo un espíritu reservado. Mostró interés, me hizo algunas preguntas sobre las investigaciones en las que había participado, pero no se explayó mucho en comentarios. Con posterioridad volvimos a vernos brevemente un par de veces, recuerdo en especial la del Fórum Mundial Biovisión, en Lyon. Le enviaba regularmente mis modestos libros, y él me envió su pésame con motivo de la muerte de mi padre, al que frecuentaba en la Academia Francesa.

LA DISTINCIÓN CRUCIAL ENTRE EMPATÍA Y COMPASIÓN

Entre los diversos proyectos de investigación en los que colaboré, uno de los que me abrieron más perspectivas nuevas en torno a los estados mentales fue el llevado a cabo con Tania Singer. Permitió distinguir sin ambigüedad la empatía del amor altruista y de la compasión. La empatía afectiva permite entrar en afinidad con el estado afectivo de alguien: si la persona que está delante está alegre, se nos dibujará rápidamente una sonrisa en los labios; si sufre, sentiremos y compartiremos su sufrimiento. La empatía está orientada hacia uno mismo. Responde al efecto que las emociones de los demás tienen en nosotros. Si es usted una persona empática y su trabajo le lleva a entrar en afinidad afectiva con los sufrimientos ajenos un día tras otro, el impacto acumulado de las emociones negativas termina por desembocar en un agotamiento emocional, el *burnout*. Así sucede por ejemplo con quienes tratan cotidianamente con las personas sin hogar, los migrantes, o un allegado con dificultades. Para paliar esta desazón empática, a falta de mejor solución, se recomienda por lo general tomar distancia para protegerse emocionalmente. Pero ya se comprende que distanciarse así de los demás no es la solución ideal, pues se corre el riesgo de caer en cierta frialdad.

Los experimentos llevados a cabo por Tania Singer demostraron, a grandes rasgos, que si la desazón empática conduce al *burnout*, el amor altruista y la compasión, por el contrario, regeneran nuestra aptitud para cuidar de nuestro prójimo con serenidad, benevolencia y buen ánimo. Estos estados emocionales, por tanto, no provocan una «fatiga de la compasión», término utilizado a veces en medicina, sino al contrario, una «fatiga de la empatía». Es preciso saber que un estudio realizado en Estados Unidos ha puesto de relieve que el 60 % del personal sanitario padece o ha padecido de *burnout*, y que una tercera parte del mismo está tan afectado, que se ha visto obligado a interrumpir su actividad.[6] Esta tasa se ha evaluado en el 80 % en los hospitales de Singapur, que sin embargo están muy bien equipados.

Empecé a colaborar con Tania en 2007, en Maastricht, en el laboratorio de Rainer Goebel, quien había desarrollado una nueva tecnología de IRMf-tr (Imagen por Resonancia Magnética funcional), que permite seguir los cambios de actividad del cerebro en tiempo real, cuando habitualmente los datos se analizan *a posteriori*. Tania me pidió que generara un poderoso sentimiento de empatía visualizando a personas afectadas por penosos sufrimientos. Tuve que alternar una veintena de veces periodos durante los cuales generaba un estado de empatía afectiva con periodos de pausa, emocionalmente neutros. En el transcurso de estudios precedentes, el experimento realizado consistía en pedir a los sujetos que observaran a una persona sentada junto al escáner y que recibía descargas eléctricas dolorosas en la mano. Tania había comprobado que una parte de la red cerebral asociada al dolor se activaba en los sujetos cuando no hacían otra cosa más que observar a alguien sufriendo: sentían efectivamente el dolor al ser testigos del sufrimiento de otro.[7]

Al finalizar una primera serie de meditaciones, Tania me preguntó: «¿Qué haces? Esto no se parece en nada a lo que observamos habitualmente cuando las personas experimentan empatía». Le expliqué que había meditado sobre la compasión incondicional, esforzándome por experimentar un poderoso sentimiento de amor hacia personas que sufrían, pero también con respecto a todos los seres sensibles.

Tania me preguntó si podía generar *tan solo* empatía por el sufrimiento de otra persona, de un ser querido por ejemplo, sin que interviniera el amor altruista o la compasión. Era algo un poco inhabitual para mí, pero me esforcé por concentrarme intensamente en este sentimiento de empatía. La noche anterior había visto un documental estremecedor por la BBC, sobre niños deficientes mentales de una institución rumana. De una delgadez espantosa, estaban prácticamente abandonados a su suerte. Uno de ellos era tan frágil, que se había roto una pierna simplemente al caminar. Las cuidadoras se habían conformado con entablillarlo y dejarlo marchitándose en su camastro. Cuando los aseaban, la mayor parte de los niños gemían de dolor. Otro niño, esquelético, sentado por el suelo en un rincón de una habitación vacía, movía la cabeza de arriba abajo sin parar, con la mirada perdida. Me imaginé también a una persona querida, herida en un accidente de coche, en medio de un charco de sangre en la cuneta de una carretera de noche, sin ningún tipo de auxilio. Fui presa de una angustia mezclada con aversión, ante tan cruento espectáculo.

Pasó una hora para entrar en afinidad con todos estos sufrimientos, hasta que la experiencia se hizo insoportable. Sentía un malestar que me incapacitaba y que me impidió volverme espontáneamente hacia los niños. Una experiencia breve, pero intensa, de empatía disociada del amor y de la compasión me había llevado ya al *burnout.*

Tania me dijo a través de los auriculares que, si estaba dispuesto a continuar con el experimento, podíamos realizar una sesión suplementaria con el escáner y pasar enseguida a la meditación sobre la compasión, programada inicialmente para la tarde. Acepté la propuesta con alivio. En cuanto reorienté la meditación hacia el amor y la compasión, mi paisaje mental cambió por completo. Las imágenes del sufrimiento de los niños subsistían con claridad en mi mente, pero en lugar de crear en mí un sentimiento de desasosiego y de impotencia, sentía un amor sin límites por esos niños, como si hubiera abierto unas compuertas que liberaran torrentes de emociones positivas, abocadas sobre los sufrimientos de esos niños. Cada átomo de sufrimiento era reemplazado por un átomo de amor. Entonces, mi impotencia y mi sufrimiento frente a ese niño tan frágil que gemía al menor contacto, o frente a esa otra persona ensangrentada, fueron reemplazados por la fuerza benevolente que yo proyectaba sobre ellos; los tomaba mentalmente entre mis brazos con delicadeza, inundándolos de afecto. Estaba convencido de que, en una situación real, habría sabido arropar a aquellos niños con una ternura y una solicitud que no habrían podido dejar de proporcionarles consuelo.

Advertí también que la compasión y la benevolencia hacían aumentar la fuerza anímica y el deseo de acudir en ayuda de los demás. Si la empatía tiene que ver con la capacidad de sentir y compartir los sentimientos del otro de manera reactiva, la compasión y el amor altruista están orientados hacia el otro en un sentido activo. Estos estados afectivos poseen una dimensión plenamente afectuosa y se revelan constructivos; como tales, son mucho más poderosos que la empatía. Me parece evidente que si la persona que acude en ayuda de aquellos que sufren irradia benevolencia, se desprende de ella una tranquilidad apaciguadora. Sabrá mostrarse atenta, y el paciente se verá reconfortado por esta actitud. En esencia, el amor y la compasión no generan fatiga ni desgaste, sino que por el contrario ayudan a superarlos y a reparar las heridas emocionales. Pueden servir de antídoto frente al agotamiento emocional del *burnout*.

El análisis completo de los datos confirmó que las redes cerebrales activadas por la meditación sobre la compasión eran diferentes de las asociadas a la empatía, que Tania estudiaba desde hacía años. En particular, la red vinculada con las emociones negativas y con el desasosiego permanecía inactiva durante la meditación sobre la compasión, mientras que se activaban ciertas zonas cerebrales asociadas a las emociones positivas y al amor maternal.[8]

Estas tres dimensiones afectivas —el amor al prójimo, la empatía (la resonancia emocional ante el sufrimiento ajeno o su percepción cognitiva) y la compasión— están naturalmente vinculadas. En el seno del amor altruista, la empatía afectiva, que es la capacidad de entrar en afinidad con lo que el otro siente, se manifiesta cuando uno se ve confrontado a esos sufrimientos. Debe generar de paso la compasión, el deseo de poner remedio a su dolor y sus causas. Así, cuando el amor altruista pasa a través del prisma de la empatía, se convierte en compasión. Pero la empatía entregada a sí misma, sin el acompañamiento del altruismo y de la compasión, se parece a una bomba eléctrica que gira sin aceite: termina por quemarse.

EL PROYECTO RESOURCE

A la estela de este estudio tridimensional, Tania Singer y sus colegas llevaron a cabo un estudio longitudinal (que observa durante meses, a veces años, la evolución de los sujetos),[9] un proyecto bautizado como ReSource, que tenía por objeto entrenar durante un año a un grupo de novicios voluntarios en diversas formas de capacidades afectivas y cognitivas. Para comenzar, Tania Singer y sus colegas dividieron a un centenar de sujetos en dos grupos. Uno de ellos meditaba sobre el amor y la compasión, mientras que el otro trabajaba únicamente la empatía. Tras una semana de meditaciones orientadas hacia el amor altruista y la compasión, los sujetos percibían de manera más positiva y benevolente los fragmentos de vídeos que se les mostraba, en que aparecían personas sufriendo. «Positiva» no significa que los observadores consideraran el sufrimiento aceptable, sino que reaccionaban a este con estados mentales constructivos, como el valor o el deseo de aliviar el sufrimiento, en lugar de estados mentales «negativos», los cuales generan el desasosiego, el desaliento y la evitación.[10]

Por el contrario, cuando los sujetos de estudio dedicaban una semana a cultivar únicamente la empatía entrando en afinidad con los sufrimientos de los demás, continuaban asociando la empatía a valores negativos y manifestaban una percepción acrecentada de su sufrimiento, a veces hasta el punto de no poder controlar sus emociones ni sus lágrimas. Este grupo de participantes experimentó igualmente más sentimientos negativos en relación con las escenas habituales de la vida cotidiana. Una de las participantes testimonió que, al observar a las personas a su alrededor que cogían el tranvía por la mañana, percibía sufrimiento por todas partes y los ojos se le llenaban de lágrimas.[11]

Conscientes de estos efectos potencialmente desestabilizadores, Tania Singer y su colega Olga Klimecki añadieron al segundo grupo un entrenamiento en el amor altruista (de una hora al día) después de la semana consagrada a la empatía. Observaron entonces que este añadido contrapesaba los efectos negativos del entrenamiento en la empatía: los afectos negativos volvían a descender hasta sus niveles de partida y los afectos positivos aumentaban. Estos resultados, una vez más, estaban asociados a diversos correspondientes cambios en las redes cerebrales implicadas.[12] Los investigadores, además, pudieron mostrar también cómo una semana de entrenamiento en la compasión aumentaba los comportamientos sociales en un juego virtual ideado para medir la tendencia a prestarse en ayuda de otro. A título de comparación, una semana de entrenamiento en la memoria no comportó ningún tipo de mejora en los comportamientos sociales.[13] Tras este estudio preliminar, Tania y su equipo realizaron un seguimiento de un grupo de ciento noventa voluntarios que se embarcaron en tres meses de meditación de plena conciencia, tres meses de meditación orientada a tener en cuenta la perspectiva de los demás (ponerse mentalmente en el lugar del otro) y tres meses de meditación sobre el amor altruista, en cada casa a razón de cuarenta minutos al día. Este estudio longitudinal, el más completo hasta la fecha, mostró que cada tipo de meditación inducía cambios estructurales específicos en áreas cerebrales diferentes. Es más, si la meditación de plena conciencia hace aumentar la atención, únicamente la meditación sobre el amor altruista induce a un favorecimiento de los comportamientos sociales.

MODULAR LOS NIVELES DE CONCIENCIA

Participé en muchos otros programas de investigación, pero citaré más que otros dos, que abren perspectivas muy innovadoras. Conocí al neurocientífico belga Steven Laureys durante una conferencia en París, y enseguida nos hicimos buenos amigos. Él había realizado investigaciones punteras que permitían diferenciar diferentes estados de coma: en ciertos casos, la persona permanece consciente, e incluso es posible en cierta medida comunicarse con ella; si por ejemplo se le pide que se imagine a sí misma jugando al tenis con la mano derecha, puede detectarse actividad cerebral en el área motora correspondiente al uso de esta mano. Steven me invitó a su laboratorio del CHU de Lieja para someter a proceso de verificación el principio según el cual un practicante de meditación puede modular su nivel de claridad de conciencia, nivel que estos investigadores evalúan midiendo la reactividad del cerebro a los estímulos magnéticos transcraneanos (TMS), pues se considera esta actividad como un indicador del nivel de conciencia. Marcello Massimini, otro especialista de la conciencia y de la técnica de TMS que íbamos a utilizar, se unió también a nosotros. Normalmente, en un sujeto dado y en función de las circunstancias, el nivel de reactividad del cerebro varía bastante poco en estado de vigilia, aproximadamente en un 5 %. Este nivel desciende considerablemente en los estados inconscientes: sueño profundo, desvanecimiento, anestesia y coma. Se planteaba la cuestión de saber si un practicante de meditación podía modular a voluntad su nivel de conciencia. Propuse establecer dos extremos en contraste: la presencia abierta, que para un practicante de meditación representa el estado de mayor claridad posible, y un tipo de meditación que inventé para la ocasión, la «opacidad cognitiva auto-inducida». El estado mental de mayor estupidez que uno pueda imaginar. ¡Me sentí muy orgulloso de mi innovación!

Dejé pues que mi mente se sumiera en el estado más amorfo y embrutecido posible, con el mínimo de actividad mental, sin más contenido que el del propio letargo, un estado casi por completo privado de claridad. El sistema mental queda estancado en un estado de atonía, como si se hubiera sumergido en un estanque de lodo opaco, sin sentir nada, sin percibir nada, casi como si se hubiera detenido. Este estado no es ni agradable ni desagradable, no tiene ninguna cualidad y se corresponde con una percepción mínima de la existencia del mundo. De vez en cuando, surgen pensamientos como las burbujas que se forman lentamente en el lodo y quedan enseguida reabsorbidas. Un paso más en esta dirección, y uno se duerme.

El procedimiento parecía haber funcionado, por cuanto entre la presencia abierta, límpida y luminosa, y la opacidad inducida, la reactividad del cerebro mostró una variación netamente superior a la normal, de un 30 % aproximadamente, según me dijeron los investigadores.

Antoine Lutz se había unido a nosotros para colaborar en estos experimentos. Había abandonado el laboratorio de Richard Davidson en Madison para fundar su propio laboratorio de investigación en el INSERM, en Lyon. Esta serie de pruebas, realizadas a lo largo de dos días bien aprovechados, se reveló típica de los desafíos que el practicante debe superar para practicar la meditación en el entorno de un laboratorio. El aparato de TMS, colocado en lo alto de la cabeza, pesa lo suyo. Los estímulos envían a través del cráneo diversas poderosas ondas de choque por segundo. A ello se añaden los ciento veintiséis electrodos para el electro-encefalograma que se combina con la TMS. Para evitar que el ruido de los estímulos TMS interfiera en las mediciones, a través de unos auriculares se transmite un «ruido blanco» al practicante de meditación. Este ruido consiste en una especie de siseo de alta intensidad, que de hecho no tiene nada de «blanco». Mientras yo hacía todo lo posible por permanecer en reposo en mi «presencia abierta», unos investigadores y un equipo que filmaba el experimento iban y venían por mi campo visual. En determinado momento, dado que no podía oír a quien hubiera querido hablarme, Antoine me mostró un tablero en el que había escrito: «Intenta no parpadear».

Los músculos asociados al parpadeo, en efecto, perturban con su actividad eléctrica el registro del electroencefalograma. Siguió un nuevo tablero: «Entra en presencia abierta».

Estuve a punto de echarme a reír. Todo aquello duró más de una hora. Hacia el final, un nuevo tablero de Antoine: «¿Puedes intentar dormirte?».

Los investigadores querían comparar el nivel de reactividad de mi cerebro en estado de vigilia y en estado de sueño.

«Puedo intentarlo», respondí.

Con todo aquel tinglado sobre la cabeza, la siesta quizá no iba a ser muy descansada. Pedí que bajaran la luz y que inclinaran ligeramente mi asiento. El martilleo de la TMS y el siseo del ruido blanco continuaban con toda su intensidad. Finalmente conseguí dormitar unos instantes y todo el mundo quedó satisfecho, sobre todo yo, pues ello señalaba el final del experimento. Al día siguiente repetimos el mismo protocolo. Mientras tanto, pasé dos horas en un escáner IRM y me sometí a una prueba PET[14] para medir el metabolismo del cerebro de un practicante de meditación en reposo. Parece ser diferente del de sujetos no entrenados. Estas investigaciones dieron lugar a la publicación de un artículo científico.[15]

Me faltaba por superar todavía una etapa en mi carrera de cobaya: estudiar el envejecimiento del cerebro en los practicantes de meditación antes de que el mencionado cerebro desaparezca.

EL PROYECTO SILVER SANTÉ

En 2006, Gaël Chételat, del centro de investigación Cyceron, y Antoine Lutz, que ocupa un puesto en el INSERM de Lyon, me pidieron que reclutara a personas que hubieran hecho al menos un retiro de meditación de tres años para realizar un estudio piloto que permitiera obtener subvenciones de la Comisión Europea para emprender un programa de mayor envergadura, el Silver Santé, destinado a estudiar la influencia del modo de vida y la práctica de la meditación en el proceso de envejecimiento. Seis practicantes de meditación experimentados se prestaron para estas investigaciones, y los resultados se compararon con los de ciento ochenta y seis sujetos que no habían practicado nunca la meditación. Se observaron diferencias notables en el volumen de ciertas áreas cerebrales y en el metabolismo del cerebro. Aunque los científicos evitan por prudencia avanzar este tipo de cifras, a la vista de los gráficos publicados,[16] si se compara con el grupo testigo de ciento ochenta y seis sujetos, el cerebro de los meditadores presenta características equivalentes a las de personas con quince años menos de edad. No obstante, no se trata más que de un estudio piloto, y estos datos deben confirmarse estudiando a largo plazo un número más importante de practicantes.

Estos primeros resultados permitieron no obstante que la Comisión Europea aprobara el proyecto, y que pudiera emprenderse un estudio longitudinal de dieciocho meses con ciento ochenta voluntarios de más de sesenta y cinco años. La mitad de ellos —elegidos al azar— practicó todos los días la meditación y la otra mitad aprendió o perfeccionó el inglés en condiciones similares (práctica regular, reuniones de grupo, dirección por parte de instructores motivados, etc.). Visité dos veces el laboratorio de Caen donde se desarrollaban las investigaciones.

Mis visitas dieron lugar a algunos episodios cómicos. Además de las pruebas efectuadas durante el día, los investigadores examinaban también la calidad del sueño. Así, hacia las diecinueve horas volví a pasar por el laboratorio para que me encasquetaran una especie de solideo provisto de treinta y dos electrodos, y luego fui a casa de Gaël a cenar. Sus hijos se sorprendieron solo moderadamente al verme llegar tocado con semejante casquete. Pero al volver al hotel, cuando me proponía meterme discretamente en mi habitación, me encontré en la recepción con un grupo de turistas, los cuales se me quedaron mirando fijamente con aire alarmado, y en algunos casos incluso compadecido. Les pareció que venía directamente del hospital.

Al día siguiente, por la tarde, cogí el tren justo después de pasar por el escáner para una prueba PET, que mide el metabolismo del cerebro analizando isótopos radioactivos inyectados en el flujo sanguíneo. El responsable de seguridad radioactiva me acompañó a la estación en coche. Durante el trayecto, en el bolsillo de su chaqueta no dejaba de oírse un persistente bip-bip. Le pregunté de qué se trataba.

—De usted —me respondió.

Su contador Geiger reaccionaba a mi radiactividad. Encantador... Le pregunté cuánto tiempo iba a chisporrotear de aquella manera.

—Oh, en cuestión de veinticuatro horas todo se habrá eliminado a través de la orina.

Rogué por que las brigadas antiterroristas no fueran equipadas con contadores Geiger. Llegado a París, no dije nada para no alarmar a nadie, pero me guardé de darles un abrazo radiactivo a mis amigos.

Los resultados de este estudio longitudinal, el más importante realizado nunca acerca del impacto de la meditación en el envejecimiento, se encuentran en la actualidad en proceso de análisis. En vistas del estudio piloto, cabe razonablemente esperar que las personas que habían practicado la meditación dieciocho meses presentaran una ralentización del envejecimiento del cerebro y de las células del cuerpo, el cual se midió a través de la actividad de una enzima, la telomerasa. Los telómeros son segmentos de ADN situados en el extremo de los cromosomas. Aseguran la estabilidad de los genes en el proceso de la división celular, pero se acortan cada vez que la célula se divide. Cuando la longitud del telómero disminuye por debajo de cierto umbral crítico, la célula deja de dividirse y entra gradualmente en un estado de senescencia. No obstante, los telómeros están protegidos por una enzima llamada telomerasa. Así, el envejecimiento de las células de nuestro cuerpo, nuestra salud y nuestra longevidad resultan afectados por las tasas de actividad de la telomerasa. Varios estudios han demostrado, en efecto, que la actividad de la telomerasa era claramente más elevada al final de los tres meses de retiro consagrados a una meditación de seis horas diarias.

EL BUDISMO Y LA CIENCIA

Esta colaboración entre el budismo y la ciencia puede sorprender a veces. Sin embargo, obedece a una sana lógica. En efecto, la ciencia puede definirse como una investigación empírica y rigurosa de la realidad, cuyo objetivo es el de descubrir y explicar fenómenos naturales y predecir su funcionamiento. Su dominio no es únicamente el de los fenómenos exteriores, por los que se interesan la física y la biología. El funcionamiento de la mente, que se enmarca en las ciencias cognitivas, y el de la naturaleza de la experiencia vivida, que pertenece al ámbito de la introspección, de la fenomenología y de la comprensión de la naturaleza de nuestra propia mente, son otros tantos campos de la investigación y del conocimiento científico. La ciencia no se presta por tanto ni a las creencias ciegas ni a los dogmas, como tampoco a las hipótesis que no pueden refutarse empíricamente.

Una hipótesis científica, en efecto, debe no solo ser susceptible de dar lugar a una verificación experimental, sino que debe también presentar la posibilidad de ser refutada por unos hechos que, en caso de producirse, prueben su falsedad. Entonces, si una teoría está formulada de tal forma que se verifique siempre, sean cuales sean los hechos observados, no hace progresar el estado de los conocimientos. Como lo mostró Karl Popper, una teoría de entrada no falsable, no es científica, es una ideología.

Por consiguiente, la mayor parte de las religiones que se sustentan en dogmas inverificables, como el de la creación del universo, no son competencia de la ciencia. Esta dimensión dogmática es la que ha hecho tan difíciles y espinosos la mayor parte de los diálogos entre ciencia y religión.

El caso del budismo es algo diferente: desde su origen, se ha atribuido la misión de llenar el vacío entre las apariencias y la realidad, es decir, entre el modo en que percibimos las cosas y su naturaleza verdadera. Tenemos especial tendencia a percibir ciertas cosas o entidades como permanentes y dotadas de existencia autónoma e intrínseca, lo cual es una deformación de la realidad, puesto que son, de hecho, transitorias e interdependientes, es decir, desprovistas de existencia propia. Tales distorsiones del sustrato del ser no son cuestiones estrictamente intelectuales, pues están cargadas de consecuencias. Conducen, en efecto, a la solidificación de la dualidad entre uno mismo y el resto del mundo, lo cual genera pulsiones de atracción y de aversión, y a partir de ahí, gradualmente, diversas toxinas mentales: animosidad, deseos obsesivos, falta de discernimiento, envidia, orgullo y todas sus conjugaciones posibles. Este extravío conduce finalmente al sufrimiento de los seres.

La historia de las ciencias subestima ampliamente la contribución de los filósofos budistas, por no decir que la ignora por completo, como si los pensadores de la Antigüedad griega hubieran sido los primeros y los únicos en reflexionar sobre las cuestiones fundamentales. Sin embargo, antes de la era cristiana, el budismo había propuesto ya una refutación de la existencia de partículas indivisibles mucho más sofisticada que la teoría de los «átomos ganchudos» propuesta en la Grecia antigua por Leucipo y Demócrito.

Los filósofos budistas razonaron de la siguiente forma: si suponemos que la materia está hecha de partículas indivisibles, estas deben asociarse. Pero, ¿cómo podrían entrar en contacto dos partículas «indivisibles»? Si tienen dimensión, el lado oeste de una partícula, por ejemplo, tocará primero el lado este de otra. Pero si las partículas tienen un lado oeste y un lado este, entonces tienen partes, y ya no podemos hablar de indivisibilidad. Si respondemos no tienen lados ni partes, se desprende que no tienen dimensiones. En este caso, el único medio para que esas partículas entren en contacto es que se fusionen. Si dos partículas pueden fusionarse, ¿por qué no tres? Una montaña, o el universo entero, podrían fusionarse con una sola partícula. La realidad fundamental no podría en tal caso ni agregarse ni desplegarse. Este razonamiento por reducción al absurdo condujo a los filósofos budistas a la teoría de que el universo no puede haber surgido de partículas puntuales e indivisibles. Si respondemos diciendo que las partículas no necesitan entrar en contacto para formar la materia, eso significa que hay un espacio vacío entre dos partículas; y, dado que carecen de dimensión, una infinidad de partículas y en definitiva el universo entero podrían alojarse entre dos partículas. Refutar así la noción de partícula indivisible quiebra en nuestra mente la idea de que la realidad pueda estar constituida por partículas insecables, permanentes, independientes y sin otra causa que ellas mismas. Este razonamiento se desarrolló en el siglo VI a. C., para ser posteriormente recuperado y debatido hasta el siglo VII d. C. en numerosos tratados filosóficos.

Hacia el siglo I d. C., los filósofos budistas escribieron múltiples tratados que sorprenden por su modernidad acerca de la teoría de la percepción. Por otra parte, una de las ramas de la filosofía budista, llamada *pramana* (término sánscrito que significa «prueba» o «medios de conocimiento»), fundada en un elaborado sistema de lógica, asumió el objetivo de establecer un «conocimiento válido» de la realidad: proyecto científico donde los haya.

Gracias a estos fundamentos de gran rigor intelectual, el budismo se encontró de entrada muy cómodo en el diálogo con la ciencia. El principal escollo entre estas dos disciplinas estriba en la investigación en torno a la naturaleza de la conciencia, cuestión compleja entre todas. Según el budismo, así como para la fenomenología, la conciencia es un «hecho primero» que no está ligado necesariamente al funcionamiento del cerebro, opinión que no coincide evidentemente con la de la inmensa mayoría de neurocientíficos.

Sin embargo, como me confió Richard Davidson, nunca se había visto a tantos científicos corriendo para asegurarse sitio en las primeras filas de los «Encuentros de la Sociedad de Neurociencias», celebrados en Washington. Porque es lo que sucedió el 12 de noviembre de 2005, cuando se abrieron las puertas del inmenso auditorio, donde el Dalai Lama iba a pronunciar el discurso de apertura de este encuentro anual que reúne a más de treinta mil científicos. Durante treinta minutos, el Dalai Lama insistió en la naturaleza pragmática y experimental del budismo, que asume el objetivo de eliminar el sufrimiento a través de un mejor conocimiento del funcionamiento de la mente. Afirmó que si los conocimientos adquiridos por la ciencia contradecían ciertos escritos antiguos del budismo, estos últimos debían considerarse caducos, a lo que añadió: «El budismo puede en cambio compartir con la ciencia moderna los conocimientos adquiridos a lo largo de más de dos mil años de dedicación al entrenamiento de la mente».

Así, el Dalai Lama afirmó que si la ciencia demostraba de manera irrefutable que ciertas proposiciones del budismo resultaran ser falsas, habría que abandonarlas. Declaró así que la cosmología budista tradicional (fundada a su vez en la cosmología hindú vigente en la India hace más de dos mil quinientos años) estaba anticuada a la luz de los conocimientos científicos actuales. Para valorar en su justa medida tal afirmación, sería como si el Papa cuestionara la creación del mundo en seis días.

El Dalai Lama dice a menudo: «Ejercitando su mente, las personas pueden llegar a ser más tranquilas, más serenas, más altruistas. Este es mi objetivo principal: no intento promover el budismo, sino más bien la forma en que la tradición budista puede contribuir al bien de la sociedad».

NO SUBESTIMEMOS LA FACULTAD DE TRANSFORMACIÓN DEL ESPÍRITU

Todas estas investigaciones confirman que un entrenamiento mental regular permite desarrollar y acrecentar buen número de cualidades humanas. Otras investigaciones muestran igualmente que no es necesario ser un practicante emérito para beneficiarse de los efectos de la meditación, y que veinte minutos de práctica diaria contribuyen significativamente a la reducción de la ansiedad y del estrés, pero también de la tendencia a la ira (cuyos efectos nefastos para la salud están demostrados). Ocho semanas de meditación de plena conciencia (de tipo MBSR),[17] a razón de treinta minutos diarios, conllevan un refuerzo notable del sistema inmunitario y de las facultades de atención, así como una disminución de la tensión arterial en los sujetos hipertensos y una aceleración en la curación de la psoriasis. Centenares de publicaciones científicas aparecen cada año sobre estos temas. Treinta años de investigaciones confirman sobre todo que seis meses de «terapia cognitiva basada en la plena conciencia» (MBCT) reducen entre un 30 y un 40 % el riesgo de recaída en los pacientes que han sufrido al menos dos episodios graves de depresión, y continúan protegiéndolos varios años después de la intervención terapéutica.[18]

Lo que más importa en la práctica de la meditación no es el tiempo que dediquemos a ella, sino la regularidad. Si el cerebro recibe el requerimiento a diario, unos treinta días bastarán para ver aparecer una modificación significativa en las funciones neuronales. Considerado antaño como algo fantasioso, el estudio de la influencia de los estados mentales en la salud está cada vez más a la orden del día en la investigación científica.[19]

El Dalai Lama describe a menudo el budismo como ciencia de la mente, antes que nada. Esto no tiene nada de sorprendente, puesto que los textos budistas insisten particularmente en el hecho de que todas las prácticas espirituales, mentales, físicas o éticas, tienen por objetivo directo o indirecto la transformación de la mente. Es más, existen tratados enteros consagrados al establecimiento de una taxonomía de los estados mentales. Estas obras nombran y describen cincuenta y ocho estados perniciosos capitales, detallando sus matices, sus derivados, y mencionan otras modalidades mentales que pueden estar asociadas a ellos.

Hace tan solo cuarenta años, según dogma aceptado casi unánimemente en el medio de las neurociencias, el cerebro contenía al nacer todas sus neuronas, y su número no era modificado por las experiencias vividas. En la actualidad, se sabe por el contrario que hasta la muerte se generan nuevas neuronas, y se ha creado el término «neuroplasticidad». Esta da cuenta del hecho de que el cerebro evoluciona continuamente en función de nuestras experiencias y que sus estructuras son susceptibles de verse profundamente modificadas como consecuencia de un aprendizaje específico, ya se trate de un arte, de actividades físicas o de cualidades personales. Así pues, la atención, el altruismo, el conjunto de las cualidades humanas fundamentales, pueden cultivarse y responden en gran medida a una «pericia» que es posible adquirir.

Como escribe Yongey Mingyur Rinpoche: «Una de las principales dificultades que se encuentran al intentar examinar la propia mente procede de la convicción profunda y a menudo inconsciente de que uno es como es, y que no podemos cambiar nada».[20]

Subestimar la capacidad de transformación de nuestra mente es un error cargado de consecuencias. Nuestros rasgos de carácter perduran en tanto no hagamos nada para dominarlos ni corregirlos. Y nos resultará imposible desarrollar lo mejor que hay en nosotros mientras dejamos que nuestras propensiones habituales y nuestros automatismos se mantengan, por no decir que se refuercen, pensamiento tras pensamiento, día tras día, año tras año.

Frente a los estudios que afirman que entre el 40 y el 60 % de nuestros rasgos de carácter vienen determinados por la genética, están tanto los neurocientíficos que trabajan en los campos de la neuroplasticidad, como los especialistas de la epigenética, rama de la investigación en pleno auge, que estudia la forma en que la expresión de los genes se activa o se inhibe. Recordemos que los genes constituyen una especie de «plan» que puede o no ejecutarse, y que no tiene nada de absoluto. Incluso en la edad adulta, la expresión de los genes puede resultar fuertemente influida por las condiciones de nuestra existencia.

No encontramos nada anormal en dedicar años a aprender a caminar, a leer, a escribir o a seguir una formación profesional. Nos pasamos horas ejercitándonos físicamente para estar en forma, a veces pedaleando encarnizadamente sobre una bicicleta fija que no va a ninguna parte. Para emprender una tarea, sea cual sea, debemos sentir un mínimo de interés y de entusiasmo, ser conscientes de los beneficios que vamos a recoger.

¿Por qué misterio escaparía la mente a esta lógica e iba a poder transformarse sin el menor esfuerzo, simplemente porque uno lo desea? Esto no tendría más sentido que si esperáramos tocar un concierto de Mozart golpeteando de vez en cuando las teclas de un piano. De modo que el único secreto es: «practicar, practicar, practicar».

UNA BUENA BROMA: «EL HOMBRE MÁS FELIZ DEL MUNDO»

Una broma, ciertamente, pero de la cual me cuesta tanto deshacerme como al capitán Haddock de su pedazo de esparadrapo en *Vuelo 714 para Sídney*. Una noche de 2007, recibí en Nepal una llamada de la clínica de Shechen y a continuación otra de Francia, diciéndome que el BBC World Service, la radio británica internacional, intentaba contactar conmigo urgentemente. Me dieron un número de teléfono para devolver la llamada y, hacia las once de la noche, me encontré interviniendo en directo en la emisión de *News Hour*. Me preguntaron qué impresión me producía ser «el hombre más feliz del mundo». A la mañana siguiente aparecía en primera página del periódico *The Independent* un artículo que se hacía eco de esta extraña información asociada a mi nombre... Mi respuesta fue, en sustancia: «Todos podemos ser el hombre o la mujer más feliz del mundo, si buscamos la felicidad allí donde se encuentra. Tal título no tiene ningún fundamento científico, unos segundos de reflexión bastan para comprender que es imposible conocer el nivel de bienestar de siete mil millones de seres humanos. Es más, no existe en el cerebro una zona para la felicidad. Es mejor eso que ser conocido como el hombre más desgraciado del mundo, y es una atribución que proporciona una buena fórmula a los periodistas, pero no es nada más que "la broma más grande del mundo"».

¿Qué había sucedido? Dos o tres años antes, la cadena de televisión australiana ABC había realizado una serie de documentales en torno a la ira, el miedo y la felicidad. Habían venido a filmar nuestros experimentos a Madison mientras yo estaba en el laboratorio de Richard Davidson, y también a Nepal. En una de las últimas secuencias del documental, se me veía bajando de la montaña por un pequeño sendero, mientras el comentarista decía: «¿Tal vez estemos viendo al hombre más feliz del mundo?». Y la cosa quedó ahí... por un tiempo. Pero un día, un periodista muy simpático que me entrevistaba con motivo de la publicación en Inglaterra de *En defensa del altruismo*, y que había visto aquel documental, tituló en primera página: *The happiest man in the world?* («¿El hombre más feliz del mundo?»). A partir de ese momento, ya no tuve control alguno sobre los acontecimientos. Lejos de olvidarse como esperaba, la noticia se reprodujo en una docena de periódicos, desde Chile hasta Tailandia, y vuelve a aparecer periódicamente en la prensa, pues los periodistas no se resisten a la tentación de utilizar un título con tanto gancho. Al mes siguiente, me entrevistó otro periodista del mismo periódico, *The Independent*, e intenté corregir el desaguisado, pero una vez más apareció en grandes caracteres en la página: *Meet Mr. Happy* («Conozcan al Sr. Feliz»).

¿En qué se basaban los periodistas de ABC y de *The Independent* para utilizar esta fórmula? En el momento de su visita a Madison,

Richard Davidson y Antoine Lutz acababan de realizar las investigaciones que mostraban que los practicantes experimentados que se adentran en una meditación sobre la compasión generan oscilaciones dentro de las frecuencias gamma de una intensidad jamás descrita en neurociencia. Yo solo era uno más de los sujetos de experimentación, de entre una quincena de practicantes de meditación a largo plazo que habían participado en estas investigaciones y que habían mostrado resultados similares. Una de las zonas activadas durante esta meditación está asociada igualmente a las emociones positivas: los periodistas no necesitaron más para declarar que habían encontrado al hombre más feliz del mundo. Comuniqué a mis amigos científicos mi incomodidad e hice todos los esfuerzos posibles por rectificar aquel efecto estilístico de los periodistas. Pero mis intentos no sirvieron de mucho. De modo que desde entonces me esfuerzo por tomarme ese rumor con filosofía y buen humor, y de sacar de ello una lección de humildad.

LA CIENCIA Y EL BUDISMO

Desde hace más de treinta años, los encuentros del instituto Mind and Life favorecen los intercambios entre la ciencia, maestros y contemplativos, en su mayoría budistas, pero también de otras religiones. He participado regularmente en ellos desde el año 2000. Aquí, en 2011.

En 2001, en el laboratorio de Richard Davidson en Madison, Wisconsin, tras dos horas en un IRM para el estudio del efecto de diversos tipos de meditación en las funciones del cerebro.

CAPÍTULO 46

AL SERVICIO DE LOS MÁS DESFAVORECIDOS

Karuna-shechen

En el año 2000, los derechos de autor de *El monje y el filósofo* y el encuentro con un filántropo me permiten emprender unos cuarenta proyectos humanitarios en el Tíbet, Nepal y la India. Estas acciones desembocan, en 2004, en la fundación de la asociación Karuna-Shechen.

En 2001, después de haber emprendido el año anterior los primeros proyectos humanitarios en el Tíbet oriental, uno de mis viajes me llevó, tras dos días en coche desde Shechen, hasta el pequeño pueblo de Dzogyen Rawa, en el Golog, situado a 4.000 m de altitud, y al que llegué al atardecer. Incluso en verano, en cuanto se pone el sol hace frío. A la mañana siguiente, visitamos diversas comunidades de nómadas. En una tienda de crin de yak, había una niña de doce años dando vueltas con una gran cuchara de madera a una cacerola puesta sobre un fogón de barro. Cocía a fuego lento queso de leche de *dri*. Los rayos del sol iluminaban las volutas de humo que escapaban lentamente a través de una abertura dispuesta en el techo de la tienda. La abuela de la pequeña, sentada en un rincón, musitaba plegarias mientras pasaba en silencio los granos del *mala* entre sus dedos. En un lateral de la tienda, Lhamo, la madre, yacía en un lecho, con aspecto frágil y los ojos demasiado grandes por efecto de su rostro demacrado, y con una mirada de una extraña fijeza.

Cuando Lhamo había caído enferma, la habían llevado a lomos de un caballo hasta un pequeño hospital, a una jornada de marcha. Le habían diagnosticado tuberculosis osteoarticular, pero su familia no podía costearse los medicamentos, demasiado caros. De modo que la enfermedad había avanzado. Lhamo llevaba tres meses en cama. Su marido había muerto el año anterior. Su anciana madre y su hija llevaban la carga de todas las tareas cotidianas de la manada.

Por fortuna, a través de la intermediación del médico de la clínica de Dzogyen Rawa, para la cual habíamos construido un ala suplementaria, nos fue posible ofrecerle un tratamiento adecuado y le explicamos detalladamente a su hija cómo administrarle los medicamentos. Ella nos escuchaba atentamente, mientras en su rostro se traslucía una luz de esperanza mezclada con incredulidad. Mientras musitaba sus plegarias y contenía sus lágrimas, la abuela nos dio las gracias efusivamente.

Al año siguiente, regresamos al Golog y volvimos a ver a Lhamo, que había cambiado de pastos, como suelen hacer los nómadas. Sabíamos por Yeshin, nuestro amigo y coordinador local, que había sobrevivido a su enfermedad, pero no esperábamos encontrarnos con una mujer de sonrisa radiante, casi irreconocible. Lhamo había recuperado peso y caminaba con ayuda de dos bastones de madera junto a su hija, resplandeciente de felicidad y gratitud.

Una vida salvada... Una entre un millón y medio de pacientes a los que nuestra asociación Karuna-Shechen acude en auxilio. En veinte años de actividad, salvamos sin ninguna duda muchas otras. Veinte años de corazonadas con final feliz.

LOS INICIOS

Todo comenzó en 1997. Tras la publicación de *El monje y el filósofo*, me encontré de pronto ante la perspectiva de contar con unos recursos de los que no tenía ninguna necesidad. Con ocasión de la promoción del libro, un periodista me preguntó si había algo que lamentaba en la vida. Yo me consideraba increíblemente afortunado con mi existencia, respondí, pero me habría gustado dar mayor aplicación práctica a la compasión que había cultivado lo mejor posible en el transcurso de veinticinco años de práctica meditativa con la guía de mis maestros. Por suerte, aquel deseo iba a poder cumplirse. Hasta entonces, había constatado con impotencia las dificultades que encontraban las poblaciones cuyo día a día había compartido en la India, Nepal y el Tíbet.

Pero no disponía de ningún medio financiero para emprender ningún tipo de iniciativa que pudiera resultarles útil.

Dilgo Khyentse Rinpoche deseaba abrir una clínica cerca del monasterio de Shechen, en Nepal. Este deseo comenzó a concretarse cuando Rabjam Rinpoche me llamó un día para confiarme que le habían inspirado mucho, como también a mí, las declaraciones de Su Santidad el Dalai Lama en las que animaba a las comunidades budistas a comprometerse de un modo más activo en el servicio de las poblaciones locales que le habían prestado su hospitalidad cuando habían llegado procedentes del Tíbet, en un estado de indigencia total. Rabjam Rinpoche profesaba también una gran admiración por la Madre Teresa, como por todos aquellos que dedican su vida al bien de los demás. Deseaba vivamente que emprendiéramos proyectos caritativos. Las cosas iban a ponerse en marcha.

En 1999, consideramos diversas posibilidades, primero en Nepal, cerca de Shechen, pero también en Bodh Gaya, en la India, donde estábamos construyendo un monasterio. Rabjam Rinpoche había visitado a unos talladores de piedra, que vivían en una zona apartada del campo, y la precariedad de su situación sanitaria le había impactado profundamente. Se le ocurrió organizar un servicio clínico móvil, dotado de un médico, una enfermera, material sanitario básico y medicamentos. La clínica ambulante consistía en un simple vehículo 4x4 que realizaba un recorrido regular por algunos pueblos. A aquella primera iniciativa siguió la decisión de construir la clínica de Nepal. Nos dedicamos entonces a recaudar los fondos necesarios para su edificación. Los recibimos principalmente de la familia Oltramare, de Suiza, que mantenía relación con el Dalai Lama y con Bután. En la década de 1950, los abuelos de Delphine Oltramare, Fritz y Lisina von Schulthess, habían entablado amistad con la familia real. Eran ellos quienes habían traído a Bután al granjero suizo Fritz Maurer, con sus vacas helvéticas. Estos donantes se convirtieron todos ellos en grandes amigos, en particular Delphine, la misma que nos acogió a Christophe André, Alexandre Jollien y a mí en su chalet suizo, donde se desarrollaron las conversaciones que darían nacimiento a *¡Viva la libertad!* En la actualidad es presidenta de Karuna-Shechen Suiza. Varios mecenas japoneses y estadounidenses contribuyeron también a la construcción de la clínica de Shechen, en Boudhanath, cerca del monasterio, que abrió sus puertas en 2000 y fue dirigida con entusiasmo durante varios años por Dominique Marchal, antigua piloto profesional, ganada para la causa humanitaria, y posteriormente por Isabelle Pastor y Dany Laigret.

Las cosas pronto iban a cobrar amplitud. En 1999, poco después de la publicación de *El monje y el filósofo* en inglés, recibí una invitación de Guen Wangchen, el monje tibetano que dirige Casa Tíbet de Barcelona con gran determinación y al mismo tiempo con un indefectible buen humor. Me invitó a dar una conferencia con ocasión del quinto aniversario de la fundación de Casa Tíbet. Esta organización cultural y espiritual contaba con el sostén de un mecenas alemán, Klaus Hebben, que había financiado también varios proyectos en la India apadrinados por el Dalai Lama, entre ellos dos residencias para personas mayores en Ladakh y Simla. Había leído *El monje y el filósofo* y deseaba conocerme. Nos vimos en Barcelona. Durante los almuerzos y paseos por las calles de la capital catalana, nació una larga y sólida amistad. Fue el comienzo de una aventura como mínimo poco corriente.

Klaus me preguntó si era factible la idea de emprender proyectos humanitarios en el Tíbet. «La represión todavía es muy estricta», le contesté, «pero podríamos intentarlo y empezar con una escuela y un pequeño dispensario cerca del monasterio de Shechen, en el Kham, lo que facilitaría la supervisión de estos proyectos».

Klaus aceptó sin dudar y envió los fondos a un amigo de confianza, a Hong Kong. En 2000, regresé al Tíbet oriental y, asistidos por dos monjes de Shechen que habrían de acompañarnos a lo largo de los siguientes veinte años, conseguimos sacar adelante aquellos dos primeros proyectos. Temíamos un poco la reacción del gobierno chino, pero al año siguiente comprobamos con alivio que tanto la escuela como la clínica funcionaban a la perfección y que las autoridades aprobaban nuestra iniciativa.

Con ocasión de mi regreso al Tíbet oriental en 2001, un centenar de niños —entre los que se contaba un gran número de niñas, como había sido nuestro deseo— estudiaban felizmente en la escuela (que ofrecía el programa de cinco años de la escuela primaria), y la clínica atendía a una treintena de pacientes al día. Volví, pues, tranquilizado, con un informe y con fotos, que entregué a Klaus.

—Podemos hacer más. Dime qué —concluyó Klaus.

Los años que siguieron vienen a representar algo así como el «Salvaje Oeste» de nuestros proyectos humanitarios. No habíamos fundado todavía ninguna organización, por lo que no era fácil regular las transferencias de dinero a China. A pesar de todo, logramos construir dispensarios, escuelas, puentes y casas de acogida para personas mayores. Sucedía a veces que, al visitar aquellos lugares, detectaba la necesidad de un nuevo proyecto, llamaba por teléfono a Klaus para que me diera luz verde y lo emprendía en el momento mismo. En otras ocasiones, a las seis de la mañana, dos o tres fornidos khampas abrían de par en par la puerta de mi habitación, se sentaban en el suelo y me suplicaban que fuera a visitar su pueblo, donde tanto necesitaban una escuela o un dispensario. Tengo que consultar a mi «patrón», solía responderles. Entonces, con ayuda de mis acólitos, nos informábamos sobre el pueblo en cuestión y sobre las personas susceptibles de poder supervisar el proyecto *in situ*. Acto seguido, íbamos a visitar el lugar y tomábamos una decisión.

Algunas veces nos acompañaban también médicos. Jean-Noël Cheveau, sobre todo, visitó en cuatro ocasiones el Kham e hizo mucho por mejorar nuestros servicios de salud, mientras que Christopher Hillman, un simpático médico de origen amerindio, vino diversos años consecutivos a pasar varios meses seguidos en Shechen. Se ocupaba en especial de la salud de los niños de la escuela. Durante una de sus estancias, tomó la decisión de quedarse a pasar el invierno. Yo le había avisado que las condiciones invernales serían inclementes. Una mañana, Christopher tumbó sobre la mesa la taza de té caliente que acababa de llenar. Cuando el té dejó de desparramarse, se había quedado convertido en hielo. Nuestro médico decidió que había llegado el momento de partir... Otros médicos de Suiza, de Inglaterra, de Israel y de Corea realizaron igualmente estancias en condiciones con frecuencia difíciles.

Durante los cuatro primeros años de nuestras actividades, pudimos llevar a cabo hasta cuarenta proyectos en el Tíbet, construyendo veinte dispensarios y otras tantas escuelas. No habíamos esperado en cambio tener que construir puentes, tarea encomendada por lo general al gobierno. Sin embargo, ante las demandas repetidas e insistentes de los lugareños, que venían a vernos año tras año, ¡construimos dieciocho! Los puentes mejoraban considerablemente la vida diaria de la población local. En 2005, por ejemplo, construimos un puente suspendido de ochenta metros de longitud sobre el río Yangtsé (que se llama Drichu en el Tíbet), en una región en que no había ningún medio posible para cruzarlo en sesenta kilómetros. En verano, los ribereños atravesaban sus tumultuosas aguas en frágiles embarcaciones, y cada año se perdían varias vidas humanas. Un grupo de aldeanos nos contó que el invierno anterior habían encontrado la muerte tres niños, cuando el hielo que recubría el río delante de su pueblo se había resquebrajado bajo su peso. Se erigieron igualmente tres puentes suspendidos sobre el Dzachu (Mekong), así como numerosas obras más modestas para salvar barrancos y gargantas peligrosas. Para llegar a pie al monasterio de Tsedron, por ejemplo, donde hemos construido una escuela y una clínica, a veinte kilómetros a vuelo de pájaro de la carretera principal, un pequeño camino serpenteaba por las gargantas escarpadas sobre las que cruzaban nueve pasarelas y pequeños puentes de madera. Varios de ellos amenazaban con derrumbarse, a pesar de los esfuerzos repetidos de la población local para afianzarlos. Sin esos puentes, había que caminar durante un día entero por las crestas para llegar a Tsedron, un itinerario peligroso por el que no podían transitar ni los caballos ni los yaks que cargaban con las mercancías. Construimos, pues, cinco puentes cuyos tablones de madera se sustentan sobre sólidos pilares de hormigón, mientras que la población local se encarga de acondicionar el camino. Actualmente solo se precisan cuatro horas a caballo o en moto para llegar a Tsedron desde la carretera principal que discurre a orillas del río Drichu.

En el Tíbet, los trayectos se miden en horas y no en kilómetros, pues todo depende del estado de las carreteras. Estas se han mejorado con el paso del tiempo, pero todavía hoy sucede con frecuencia que no se pueda ir a más de treinta kilómetros por hora, por unas pistas llenas de baches o por carreteras someramente alquitranadas, en las que reaparecen las roderas.

KARUNA TOMA VUELO

En 2004, una vez que los proyectos que habíamos puesto en marcha en Asia habían adquirido cierta envergadura, una francesa, Pascale Sevault, me propuso fundar una asociación, lo cual permitiría que se conociera nuestra actuación y que pudiéramos recibir legalmente donaciones. Yo había pensado llamarla «Compasión en Acción», pero me hicieron notar que esta expresión sonaba muy «religiosa». La llamamos Karuna, «compasión» en sánscrito, que viene a significar lo mismo sin que nadie lo sepa, y añadimos al término el nombre de nuestro monasterio, Shechen, pues ya existían varias asociaciones en el mundo llamadas Karuna. Me nombraron «presidente», por mucho que este tipo de título no se integre realmente en el marco de mis aspiraciones. Entre los miembros fundadores figuraba también Michel Tardieu, antiguo alumno de HEC, que ha actuado toda su vida en el mundo de las causas humanitarias, al margen de sus actividades profesionales, y que continúa acompañándonos incansablemente. Pascale organizó varias conferencias en favor de Karuna-Shechen con la esperanza de convencer a las grandes empresas para que nos brindaran su sostén. Organizó en especial un encuentro en el marco de una cena durante el cual hablé de la felicidad y el altruismo a media docena de grandes empresarios. Como conclusión a mi breve exposición, expliqué con detalle nuestros proyectos humanitarios. Todo el mundo parecía encantado. Algunos días más tarde, Pascale recibió una notificación en la que le comunicaban que, como muestra de agradecimiento, el pequeño grupo de empresarios deseaba regalarme una pequeña impresora portátil. Me resultó muy útil...

Afortunadamente, además de mis derechos de autor y de los ingresos por mis conferencias, todo ello íntegramente destinado a los proyectos de Karuna-Shechen, hubo filántropos, fundaciones familiares e innumerables personas del mundo entero que se sumaron a la familia Karuna. Para poder recibir donaciones deducibles de los impuestos de los donantes, se crearon filiales de Karuna-Shechen en Estados Unidos,[1] en Hong Kong, en Canadá y en Suiza, mientras que Karuna-Shechen Francia pasó a ser Karuna-Shechen Europa. La presencia de Karuna-Shechen en el Reino Unido estaba garantizada gracias a mis amigos Anne y Gérard Tardy, quienes me acogían en Londres cuando me invitaban allí con ocasión de la promoción de un nuevo libro o de alguna de las conferencias que me fue posible impartir sobre temas diversos, por iniciativa sobre todo de Lord Richard Layard, fundador de Action for Happiness. Este movimiento mundial tiene por objetivo situar el bienestar de los ciudadanos en el centro de las instituciones y de las decisiones políticas, en lugar de considerarlo un mero efecto secundario de la prosperidad económica.

En Nepal, además de la clínica que curó durante veinte años a casi cuarenta mil pacientes anuales, emprendimos una multitud de proyectos, entre ellos la creación de nueve escuelas enteramente construidas con bambú, capaces de acoger cada una entre mil y mil quinientos niños, y encomendadas a la dirección de Uttam Sanjel, personaje ingenioso, avispado y apasionado donde los haya. El coste de la escolarización desafiaba toda competencia: los padres no pagaban más que un euro por mes y por niño.

Uttam tenía un don para explicar las cosas. Levantando el índice para imitar la forma de la letra I (que pronunciaba como «yo» en inglés), mostraba cómo ese «I» se erigía en muro entre los seres humanos, contra el que nos tropezábamos constantemente. Entonces iba bajando el dedo hasta colocarlo en posición horizontal, y añadía: «Si el "I" se inclina, se convierte en un puente entre las personas». Tenía también un método de reclutamiento muy innovador: si necesitaba cincuenta profesores para enseñar en una de sus escuelas, publicaba un anuncio en la prensa, por el que podía recibir hasta mil candidaturas. Seleccionaba unas ciento cincuenta, que repartía en grupos de tres profesores, pidiendo a cada uno que impartiera clase durante una semana en las cincuenta aulas de la escuela. Finalmente, preguntaba a los niños que escogieran a aquel profesor con el que más habían disfrutado estudiando. Un método que sin duda sería difícil de hacer que adoptara nuestro ministerio francés de Educación Nacional... Pero, además de su originalidad, a Uttam le gustaba ir por su cuenta a la hora de gestionar sus escuelas, y desde hace unos diez años dejamos libertad para que siguiera independientemente sus iniciativas. No quería amoldarse a las exigencias de gestión de los proyectos caritativos aprobados por las instancias de los países donantes.

Siguiendo con Nepal, bajo la dirección de Nadine Donnet, y luego del visionario Sanjeev Pradhan durante siete años, al que sucedió Shalav Rana, Karuna-Shechen ha extendido sus actividades a numerosos distritos desfavorecidos. En 2015, dos terribles seísmos asolaron el país. En estrecha colaboración con el monasterio de Shechen, un equipo de la clínica de Shechen y una treintena de monjes salieron cada día durante dos meses en dos camiones para distribuir alimentos, prendas de abrigo y otros artículos de necesidad en los pueblos afectados, así como para administrar sus cuidados a los habitantes. Así fue como, en colaboración con diversas organizaciones locales, socorrimos a doscientas mil personas en doscientos veinte pueblos, aportando seiscientas toneladas de arroz y quince mil tiendas, entre otras cosas. Incluso apareció un artículo en primera página del *Kathmandu Post*, el principal periódico del país, en que se mostraba una foto de los monjes en un pueblo. Llevaba por título: *They walk the talk* («Predican con el ejemplo»). Desde entonces, en los doce distritos más afectados proseguimos un programa de reconstrucción de escuelas, de seguridad alimentaria (agricultura biológica duradera y provechosa), de formación de mujeres para la electrificación solar de su pueblo, de práctica en primeros auxilios y de prevención del tráfico de seres humanos, que afecta principalmente a chicas muy jóvenes y a mujeres, así como del tráfico de órganos. Rehabilitamos igualmente escuelas gubernamentales abandonadas por la administración, aportando una ayuda material y motivando a profesores y aldeanos. Navaraj Sodari, por ejemplo, enseña en la escuela elemental de Jamuna en Begu, en el distrito de Dolakha. Cuenta en una entrevista filmada para Karuna-Shechen: «Cuando me seleccionaron para ser maestro aquí, fue uno de los mejores días de mi vida. Otro día muy feliz fue cuando nuestra escuela comenzó a recibir el apoyo de Karuna-Shechen. Todos los maestros se sienten ahora motivados gracias a los cambios que este sostén ha conllevado».

En nuestras sociedades, más ricas, muchas veces es difícil apreciar el valor de una ayuda, por modesta que sea. Equipar enteramente, por ejemplo, una casa con energía solar supone una inversión de unos cuatrocientos euros, pero supone un cambio muy grande en el día a día de sus habitantes. Sadikshya es una niña vivaracha de sexto curso en una escuela rural nepalí. Vive con su madre. «No me acuerdo de la cara de mi padre», dice Sadikshya sonriendo a la cámara, en un encuentro filmado con colaboradores de Karuna-Shechen. «Nos abandonó cuando yo era un bebé, y me crie gracias al cuidado de mi madre y de nuestros vecinos. Puede que no seamos ricos, pero tenemos bastante para comer y para vestirnos. Y mi madre me quiere mucho. Eso es lo principal». Durante dos años, Sadikshya y su madre pasaron todas sus veladas en la oscuridad. «Después del terremoto», continúa Sadikshya, «nos pusieron lámparas solares, y las usamos seis meses sin recargar la batería. Desde entonces vivimos solo con una linterna. Por la noche iba muchas veces a casa de mis vecinos para hacer los deberes». Posteriormente, la casa de Sadikshya fue una de las cien viviendas seleccionadas del pueblo de Walting, en el distrito de Kavre, para dotarla de paneles solares. «Ahora, gracias a esta luz solar, puedo estudiar y ayudar a mi madre a aprender a leer y escribir», testimonia la niña.

En la India, los proyectos se desarrollaron considerablemente bajo la dirección experta y creativa de Shamsul Akhtar, y continúan diversificándose en los dos estados más pobres del país, Bihar y Jharkhand. Establecimos centros de salud desde los cuales parten clínicas ambulantes hacia pueblos alejados, a los que acuden para curarse pacientes de varios centenares de pueblos vecinos. En 2019, más de cien mil pacientes se beneficiaron de estos servicios. En 2020 y 2021, prestamos ayuda a varias decenas de miles de personas en situación de gran debilidad a consecuencia de la pandemia del covid-19, personas mayores, con minusvalías o en situación de necesidad alimentaria.

Creamos igualmente setenta centros de alfabetización destinados a mujeres adultas, algunas de ellas de más de cincuenta años de edad. El programa Small Money, Big Change («Poco Dinero, Gran Cambio») asumió por objetivo favorecer la creación de sesenta mil huertos que permitieran a las familias ser autosuficientes, por un coste de ciento veinte euros por huerto. Y es que, a causa de los monocultivos predominantes, los campesinos raramente cultivan las frutas y hortalizas necesarias para alimentarse, por lo que tienen que comprarlas en el mercado. Nosotros les suministramos plantones, un amplio muestrario de semillas alimentarias y técnicas de producción de terreno orgánico para que puedan recuperar cierta autonomía. Excavamos igualmente estanques para la irrigación. Creamos también centros de formación profesional para las mujeres (cestería, bordado, fabricación de velas decorativas, toallas sanitarias, etc.). Prestamos sostén a docenas de centros de educación de niños, el equivalente a la escuela maternal (preescolar) en Francia. Formamos a animadoras para educarlos a través del juego y el aprendizaje del sentido de colaboración; hacemos donación de juguetes y mobiliario escolar a estas pequeñas estructuras gubernamentales en el campo. Equipamos centenares de casas de pueblo con sistemas de captación de agua de lluvias y hemos plantado miles de árboles.

*

Hasta 2008, visitaba todos los años los proyectos sobre el terreno y emprendía nuevas iniciativas. Raphaële y yo tomábamos fotos, y luego yo hacía recuento y daba formato a una selección de imágenes. Con la impresora del monasterio de Shechen imprimía un informe anual de una treintena de páginas, que enviaba a los principales benefactores. Posteriormente, Patricia Christin, que ha supuesto desde aquella época una ayuda estimable, se convirtió en presidenta de Karuna-Shechen Francia, y decidimos alternar la presidencia cada dieciocho meses.[2] Recientemente, gracias a los esfuerzos de Jean Timsit y Quentin Durand, hemos aplicado un sistema de gobernanza basado en la noción de interdependencia, concretada en «círculos de competencias» dedicados a los proyectos sobre el terreno, a la comunicación, a los aspectos legales y financieros, a la visión de una sociedad más altruista, a las relaciones con nuestros benefactores, etc. Estos círculos permiten a todos aquellos de nosotros que asumen competencias particulares ponerlas al servicio de nuestros proyectos de la mejor forma posible, independientemente de su ubicación geográfica. Este sistema se inspira en principios de autogestión concebidos por Frédéric Laloux, con quien asistimos a un seminario muy fructuoso, y plasmados en su obra *Reinventing Organizations*.

Karuna-Shechen dispone en estos momentos de un equipo de colaboradores dinámicos que han posibilitado un auge que no imaginábamos en nuestros inicios. Por primera vez en veinte años, disponemos de un despacho en París, y recientemente hemos decidido apoyar proyectos caritativos en Francia y en Europa, con el SAMU Social y un conjunto de organizaciones dedicadas a poner fin a los sufrimientos inútiles y hacer disminuir la exterminación de las demás especies. Cabe citar L214, la fundación Good Planet, o la fundación Jane Goodall.

Cuantos participan en los proyectos de Karuna-Shechen están convencidos, no solo de la importancia del altruismo, sino también de la necesidad de cultivar en nuestra propia vida la benevolencia, la integridad, la resiliencia, la abnegación, la humildad y la alegría de vivir. Con demasiada frecuencia, son las debilidades de la naturaleza humana —los conflictos de ego, la corrupción, etc.— las que explican el derrumbamiento de ciertas organizaciones caritativas, y no la falta de proyectos por cumplir o de recursos.

Confío en el hecho de que nuestros colaboradores, presentes y futuros, perpetuarán estos valores. Quiero por tanto dar las gracias desde lo más hondo de mi corazón a nuestros equipos, voluntarios y generosos benefactores que han constituido la familia Karuna-Shechen a lo largo de nuestras diferentes fases de desarrollo y a quienes la constituyen hoy.[3] Esta sinergia es un hermoso ejemplo del concepto de interdependencia que ocupa un lugar central en el budismo: interdependencia entre las poblaciones que tienen necesidad de ayuda, nuestros abnegados colaboradores que operan sobre el terreno, las diferentes filiales de Karuna-Shechen que dan a conocer nuestra acción y recogen fondos, y nuestros fieles benefactores. Todos, cada uno a su manera, hacen esta obra posible y perenne.

Nuestro enfoque siempre fue pragmático y centrado en la labor sobre el terreno y sobre las necesidades expresadas por las propias poblaciones, tomando en consideración su realidad vital, sin ideas preconcebidas.

En la actualidad, ayudamos anualmente a más de trescientas mil personas, en términos aproximados, en los campos de la salud, la educación y los servicios sociales. Emprendida por un puñado de voluntarios apasionados, Karuna-Shechen se ha convertido en una organización capacitada para tener un impacto significativo en el bienestar de las poblaciones de las regiones donde intervenimos. Dado que mis derechos de autor están destinados al conjunto de los gastos de gestión, el 100 % de las donaciones se dedica a la realización de los proyectos.

*

Pero, ¿verdaderamente es posible incidir en este mundo a través de nuestras simples acciones individuales? ¿Habría hecho mejor llevando mi vida de monje, de ermitaño en los refugios del Himalaya, prosiguiendo mi camino espiritual con todo mi corazón, lejos de la agitación del mundo y de la dispersión que inevitablemente generan las actividades incesantes? Me hice esta pregunta con particular intensidad cuando, hace unos meses, mientras sobrevolaba Asia Central al regresar de Nepal, veía *Human*, la conmovedora película de Yann Arthus-Bertrand.

El amor y la felicidad son las aspiraciones más universalmente compartidas. Sin embargo, las desigualdades forman legión y no cesa de ahondarse el abismo entre los más pobres y desfavorecidos y un puñado de ricos que acumula el dinero por miles de millones en la cúspide de la pirámide. ¿Qué peso tienen nuestros ideales de bondad y de altruismo ante esta constatación? ¿Cómo contribuir a la felicidad de todos en medio de la confusión que parece presidir el curso del mundo?

Ciertamente, mis elecciones e iniciativas, y mucho más las de Karuna-Shechen, han podido aportar algo de bien, salvando numerosas vidas, cosa de la que me regocijo desde el fondo del corazón. De modo que esa fue la reflexión que me hice: que quizás era eso lo esencial, la chispa de partida...

No hay que subestimar el poder de las ideas ni de quienes las llevan a la práctica. Al transformar nuestra propia mente y nuestra visión del mundo, poco a poco podemos contribuir activamente a cambiar nuestras prioridades y transformar nuestra cultura. No pocos grandes cambios que se han producido en la sociedad parecían improbables a primera vista. *Satyagraha*, el principio que inspiró la resistencia no violenta propugnada por Gandhi, significa «la fuerza de la verdad». Es ella la que actúa y desplaza montañas.

Todo cambio es iniciado por algunas personas conscientes de la necesidad de obrar por un mundo mejor. Poseen la íntima convicción de que es posible realizar sus aspiraciones, sus sueños. Pueden a veces ser tachados de idealistas, incluso de agitadores, y verse hostigados por parte de los detentores del *statu quo*. Poco a poco, sin embargo, otros abren también los ojos y se unen a su causa. Cuando su número alcanza una masa crítica, la opinión pública da un vuelco. «Primero os ignoran, luego se ríen de vosotros, a continuación os combaten y al final vencéis», decía Gandhi.

*

En el transcurso de las numerosas visitas que realicé sobre el terreno para llevar a buen puerto estos proyectos que tanto me importaban, conocía a muchas personas inspiradoras, cada una de las cuales contribuye a su manera a este cambio en profundidad con una admirable abnegación. Podríamos llamarlas los héroes anónimos de la compasión. Gurmit Singh es uno de ellos.

En la carretera que me conducía de Bodh Gaya a Nepal, Shamsul Akhtar, que se ocupa con energía de los proyectos de Karuna-Shechen en la India, me presentó a este santo corriente, cuya autenticidad y sencillez me maravillan cada vez que pienso en él.

Lo que hace Gurmit Singh es muy simple y no requiere más que de un impulso del corazón presente en cada uno de nosotros, pero al que rara vez dejamos expresarse. Gurmit demuestra una espontaneidad y una abnegación poco comunes. Desde hace casi veinticinco años, en Patna, en el estado de Bihar, todas las noches hacia las nueve, cierra su tienda de ropa, compra comidas calientes, tortas, verduras, huevos, yogures, dulces, y se monta en su scooter sobrecargado de peso para ir a visitar a los enfermos más desposeídos, a los desahuciados de los dos hospitales de la capital de una de las provincias más pobres de la India. Se los conoce como *lawaris*, los «abandonados», pues no tienen a nadie a quien pedir ayuda. Se les reserva una sala común, destartalada, sucia y maloliente.

Hasta pasada la medianoche, Gurmit reparte alimento y consuelo entre quienes yacen muchas veces sobre el suelo de cemento mismo del hospital, o sobre unos bancos rudimentarios, por cuanto las camas decentes están ocupadas por los pacientes más pudientes. Dos veces al día pasan enfermeras, que les sirven una pobre ración, apenas comestible. El resto del tiempo los enfermos son abandonados a su triste suerte. Las ratas corren por todas partes y a veces les muerden. Pero cuando Gurmit Singh llega con provisiones y da de comer muchas veces con sus propias manos a quienes son incapaces de hacerlo, las sonrisas vuelven a aquellos rostros marcados por el sufrimiento.

Gurmit prestó ayuda de este modo a una mujer muy pobre, encinta, a la que había atropellado un tren y habían tenido que amputarle una pierna. Había perdido también gran parte de su memoria. Gurmit consiguió encontrar a un miembro de su familia colgando su foto en las redes sociales. Compra también los medicamentos que el hospital no suministra gratuitamente y que los pacientes carecen de medios de procurarse. Es donante regular de sangre y motiva a sus amigos para que hagan lo mismo.

Gurmit no espera nada a cambio de su generosidad, y sin embargo, en dos ocasiones, los dos hospitales en los que hace el bien todos los días le han prohibido el acceso. Una ceguera apenas concebible, debida quizás al sentimiento de culpabilidad de quienes dirigen esos establecimientos como empresas comerciales y temen por su reputación. No les gusta que cada día les recuerden que la bondad debe pasar por delante de cualquier otra consideración. Con determinación, Gurmit consigue cada vez hacer intervenir a alguien para poder proseguir con su labor.

Su mayor inquietud es la de faltar a una de sus visitas diarias. «¿Quién se ocupará de ellos, si yo no voy?». De hecho, lleva trece años sin irse de vacaciones ni salir siquiera de Patna, por temor a desatender a los abandonados. Salvo en una única ocasión, cuando la comunidad sij expatriada en Inglaterra celebró un acto en honor de su abnegación.

Para sufragar todos estos gastos, Gurmit y sus cinco hermanos, que viven en modestos apartamentos en el mismo inmueble, depositan el 10 % de sus ingresos en una caja para donaciones. En la familia, han sustituido las fiestas y los regalos de cumpleaños por una contribución a la hucha.

El hecho que actuó de detonante tuvo lugar, veintitrés años atrás, cuando una mujer que sobrevivía vendiendo bolsas de plástico puerta a puerta entró llorando en su tienda sosteniendo en brazos a su pequeño, con graves quemaduras. Gurmit los llevó al hospital, para encontrarse con que los médicos estaban de huelga. Indignado, se las arregló para que el niño recibiera los primeros auxilios, y a partir de entonces decidió volver para ocuparse de otras personas olvidadas tanto por el hospital como por la sociedad.

Sin duda es esta «banalidad del bien», esta «cegadora proximidad de la bondad» encarnada por Gurmit Singh, la que más nos llega y nos conmueve. Descubrimos en ella la generosidad en estado puro, sin afectación ni pretensiones.

Todos necesitamos ejemplos capaces de inspirar nuestras vidas, modelos que encarnan la bondad en su forma más esencial. La calidad no es una cuestión de cantidad. Nada podría reemplazar a los Gurmit Singh para iluminar nuestro camino y reavivar nuestra confianza en la naturaleza humana.

He intentado demostrar en un libro que el verdadero altruismo existe. Gurmit Singh resume las ochocientas páginas de *En defensa del altruismo* en unas pocas palabras: «La felicidad es ayudar a los demás», me dijo. Otro hombre había escrito ya: «Todas las personas a las que he conocido, para ser verdaderamente felices, aprendieron cómo servir a los demás». Era Albert Schweitzer, Premio Nobel de la Paz en 1952. Había construido un hospital en la selva ecuatorial. No es Premio Nobel quien quiere, pero todos podemos ser un Gurmit Singh. Basta abrir nuestro corazón de par en par.

*

EN EL BAREFOOT COLLEGE

Sanjit «Bunker» Roy es otro modelo de compasión en acción. Lo conocí en presencia del Dalai Lama, en Zúrich, en 2010, con ocasión de un seminario de Mind and Life Europa que versaba sobre el tema «El altruismo y la compasión en los sistemas económicos».[4] Sentí una complicidad inmediata con aquel hombre íntegro, jovial, preocupado por el bien de los demás y asombrosamente creativo. En 2013, junto con un pequeño grupo de colaboradores de Karuna-Shechen, realicé una estancia en Tilonia, donde se encuentra su Barefoot College («Colegio de los Niños Descalzos»), en el estado de Rayastán, en la India. Bunker y su equipo nos acogieron con los brazos abiertos. Todo el mundo vive allí con gran sencillez, al estilo de las comunidades de Gandhi, y nadie cobra más de cien euros al mes. Después del almuerzo, todo el mundo pasa por turno por el grifo para lavar sus platos y cubiertos (con agua fría). La primera mañana, después de plantar un árbol simbólico, visitamos el taller de formación de las «abuelas analfabetas», mujeres procedentes de todo el mundo con la promesa de convertirse en ingenieras solares en el espacio de seis meses. Bunker había observado que los hombres que habían realizado estudios se marchaban a las ciudades para no regresar. No eran de ninguna utilidad para sus pueblos. «Los hombres son irrecuperables», le gusta decir con malicia. Le pareció evidente que era preferible educar a las mujeres, y de entre estas, de forma particular, a las jóvenes abuelas de entre treinta y cinco y cincuenta años, que disponían de más tiempo que las madres de familia. Se dijo que aunque fueran analfabetas, tenía que ser posible formarlas para convertirlas en «ingenieras solares», competentes para la fabricación de paneles voltaicos. Y además, el riesgo de que abandonaran su pueblo era escaso.

¿Cómo este hombre tan inspirador, que más parece un patriarca indio que un campesino del Rayastán, había ido a parar a Tilonia, en medio del desierto de este estado? Hijo de una familia de la alta sociedad india, Bunker Roy se educó en uno de los más prestigiosos colegios de la India, en Dehradun. Su madre lo veía ya médico, ingeniero o, quién sabe, funcionario del Banco Mundial. En 1965, cuando Bunker acababa de cumplir veinte años, se declaró una terrible hambruna en la provincia de Bihar, una de las más pobres de la India. Inspirado por Jayaprakash Narayan, gran figura moral india, amigo de Gandhi, Bunker Roy decidió partir con destino a Bihar con varios amigos de su edad. Volvió unas semanas más tarde, transformado, y declaró a su madre que deseaba instalarse en un pueblo del Rayastán. Tras un momento de consternación en silencio, su madre le preguntó:

—¿Y qué vas a hacer en ese pueblo?

—Trabajar como obrero no cualificado excavando pozos —respondió Bunker.

«Mi madre casi entra en coma», cuenta Bunker con humor. Los demás miembros de la familia intentaron tranquilizarla, diciéndole: «No te preocupes, no es más que una pequeña crisis de idealismo que le ha entrado. Cuando vea lo mal que lo pasa, en unas semanas se habrá desencantado y volverá». Pero Bunker no volvió, sino que pasó cuarenta años de pueblo en pueblo. Durante seis años, abrió con el martillo neumático trescientos pozos en los campos del Rayastán. Su madre estuvo años sin dirigirle la palabra. Cuando finalmente se instaló, lejos de todo, en aquel pequeño pueblo perdido de Tilonia, en el Rayastán, las autoridades locales tampoco comprendieron lo que había ido a hacer allí:

—¿Está huyendo de la policía?

—No.

—¿Ha suspendido los exámenes, o las oposiciones para una plaza de funcionario?

—No, tampoco es eso.

No tenía sentido encontrar en aquel pueblo a alguien de su extracción social y dotado de aquel nivel de educación, pero Bunker se sentía como si aquel fuera su lugar. Y se dio cuenta de que tenía que hacer algo más, al margen de excavar pozos, tanto más cuanto que la mayor parte de los pozos de los pueblos de la zona estaban regularmente secos. En un amplio barranco, al pie de una de las colinas que se elevaban en medio de aquel desierto, descubrió las ruinas de lo que parecía un antiguo dique. Comprendió de pronto que había servido para retener el agua de lluvia. Raramente llueve en el Rayastán, pero cuando lo hace, es de forma torrencial y con gran violencia. El agua se precipita por las pendientes, forma riadas efímeras que van a parar al cauce de algún curso de agua cercano, y en cuestión de días, todo ha desaparecido, sin tiempo a que el suelo absorba la humedad. Decidió movilizar a los aldeanos para reconstruir el dique. La construcción quedó enteramente restaurada. Cuando llegó la estación de las lluvias, retuvo una gran cantidad de agua, formando un pequeño lago que se extendió por el subsuelo, de forma que cientos de pozos de los pueblos de los alrededores volvieron a llenarse de agua potable. En adelante, las mujeres ya no iban a tener que caminar cada día durante horas para traer sobre la cabeza o contra la cadera las pesadas vasijas llenas de un agua con frecuencia contaminada.

En el Barefoot College, el agua de lluvia recogida en los tejados de las viviendas se encauza y almacena en grandes cisternas de cien mil litros, suficientes para abastecer de agua al colegio durante todo el año. Bunker instaló sistemas de captación de agua de lluvia en todos los pueblos de la región. Siguiendo su ejemplo, Karuna-Shechen ha desarrollado un vasto programa de captación de agua de lluvias en los pueblos de Bihar y Jharkhand.

Visitamos igualmente algunas de las ciento diez escuelas vespertinas puestas en funcionamiento por Bunker, y a las que acuden con un entusiasmo contagioso los niños de los pueblos, quienes pueden así aprender a leer y escribir de forma lúdica, ¡muchas veces hasta las diez de la noche! Los alumnos de estas «escuelas de pastor», como Bunker las bautizó, constituyeron un «Parlamento de los Niños», con una fuerza de cuarenta diputados, la mayoría niñas, el único en el mundo que funciona a lo largo de todo el año y se reúne una vez al mes para debatir acerca de cuestiones que afectan a la vida de los más jóvenes. Toman así conciencia de sus derechos y no dudan en plantear las cuestiones más delicadas cuando se cometen abusos con algunos de ellos. Los padres se toman esta «institución» muy en serio, y a sus deliberaciones asiste (en silencio) una delegación de padres, junto con las autoridades de los pueblos. Los niños hacen campaña cada dos años por los pueblos cuando hay que celebrar elecciones, una forma de aprender los principios de la democracia. El Parlamento de los Niños del Rayastán demostró ser más eficaz de lo previsto, y consiguió mejorar en gran medida la suerte de los niños de la región. El Parlamento recibió incluso un premio en Suecia, y la primera ministra, una niña de trece años, fue recibida por la reina. Esta quedó impresionada por el aplomo y la tranquilidad que la aldeana manifestaba en medio de una asamblea de dignatarios adultos, por lo que le preguntó: «¿Cómo puedes mostrar tanta seguridad?». A lo que la joven campesina repuso: «Soy primera ministra, Su Majestad».

Bunker fue durante mucho tiempo ignorado, y luego criticado por las autoridades locales y las organizaciones internacionales, incluido el Banco Mundial. Por supuesto se ha reconciliado con su familia, que ahora está orgullosa de él. Así, lo que durante muchos años les parecía a sus allegados un sacrificio insensato, para él constituía un éxito que lo colmaba de entusiasmo y de satisfacción. Lejos de desanimarle, las dificultades que encontró en el camino no hicieron sino estimular su inteligencia, su compasión y su creatividad, y lo mismo valdría para su esposa, Aruna Roy, famosa en la India por sus acciones en favor de la población más vulnerable, en particular de la clase campesina. Desde hace cuarenta años, Bunker ha desarrollado una multitud de proyectos destacables en veintisiete países. Centenares de abuelas analfabetas han participado en la electrificación solar de cerca de un millar de pueblos tanto de la India como de África. Su acción recibe en el presente financiación del gobierno indio y de otros organismos caritativos. En el Barefoot College, los maestros no tienen ningún diploma, pero comparten su experiencia, fundamentada en años de práctica y sustentada en la maestría ancestral de los campesinos y los artesanos.

Para enseñar a los aldeanos de una forma animada, organizan representaciones con grandes marionetas de papel maché. A modo de guiño para aquellos que los miraban por encima del hombro, dichas marionetas están fabricadas con informes reciclados del Banco Mundial.

UNA DETERMINACIÓN SIN IGUAL TRAS LA MÁS SENCILLA DE LAS APARIENCIAS

Otro héroe del buen corazón al que tuve la dicha de conocer: Fazle Abed, con quien coincidí por primera vez en Vancouver, en torno a una taza de té, con ocasión de la conferencia de paz organizada con los auspicios del Dalai Lama. Me preguntó cuál era mi campo de actividades y le contesté que me ocupaba de una organización humanitaria que había construido unas cincuenta escuelas y treinta dispensarios. Lo ignoraba todo de él y le hice la misma pregunta. Me respondió sin la menor afectación: «He construido treinta y cinco mil escuelas». Me sentí muy pequeño. Volví a verle algún tiempo después en Delhi y le pregunté cómo había conseguido realizar proyectos a tal escala. Me contestó riendo: «Es muy sencillo, ¡no tienes más que multiplicar lo que haces por cien!». Así era, en cualquier caso, como había procedido él.

Nacido en Pakistán Oriental, Fazle realizó estudios de perito contable en Londres. De regreso a su país, lo contrataron en la petrolera Shell, donde sus competencias le permitieron escalar rápidamente. En 1970, trabajaba en la sede de la compañía en Londres cuando un ciclón asoló su país, causando trescientas mil víctimas. Fazle decidió abandonar su empleo altamente remunerado y regresar a Pakistán Oriental, donde con algunos amigos creó HELP, una organización cuyo objetivo era ayudar a los damnificados de la isla de Manpura, que acaba de perder las tres cuartas partes de su población. Pero se vio obligado a abandonar su país al cabo de unos meses, a causa de los combates que precedieron a la escisión entre Pakistán Oriental y Pakistán Occidental. Cuando terminó la guerra de independencia, de la que nació en 1971 Bangladesh, Fazle vendió su apartamento de Londres y regresó una vez más a su tierra, con todo lo que poseía, dispuesto a dedicar sus ahorros y sus capacidades a su país.

El antiguo Pakistán Oriental salía de una guerra devastadora, y los diez millones de personas que habían buscado refugio en la India estaban de regreso. Fazle decidió iniciar sus actividades en una región rural apartada del nordeste y fundó el BRAC (Bangladesh Rural Advancement Committee). Gracias a sus dotes organizativas y a su lucidez, el BRAC se ha convertido en la mayor ONG del mundo. Este organismo ha prestado ayuda a setenta millones de mujeres y, en total, a más de ciento diez millones de personas en sesenta y nueve mil pueblos. No es exagerado decir que el BRAC ha transformado el paisaje de Bangladesh. No hay un lugar en el campo donde las siglas de esta ONG no figuren en la puerta de una escuela, de un taller de formación de mujeres o de un centro de planificación familiar. Fazle Abed ha ganado su apuesta. Ha multiplicado sus actividades no ya por cien, sino por cien mil, en una docena de países, sin perder un ápice de su eficacia ni de su humanidad.

Volvimos a vernos en el Foro Económico Mundial de Davos en 2010, para asistir al cual buen número de participantes aterrizan en avión privado en el aeropuerto de Milán, para llegar en helicóptero o en limusina a la célebre estación balnearia suiza. Al finalizar el Foro, a las cinco de la madrugada, cuando me disponía a subirme al primer autobús en dirección al aeropuerto de Zúrich, me encontré a Fazle sentado solo en el fondo del vehículo de transporte. Eso decía mucho para mí acerca de la sencillez y la modestia tras las cuales se oculta la indomeñable determinación que le permite realizar tan grandes bienes.

Siempre discreto, evitando las luces de los escenarios y poniendo de relieve el trabajo de sus colaboradores, Fazle Abed, fallecido en 2019, era una personalidad que se medía con las fuerzas de la naturaleza.

BELLO OCÉANO DE TURQUESAS, SÍMBOLO DE NUESTRAS ACCIONES HUMANITARIAS

En 2005, visitamos una región apartada del Tíbet oriental para evaluar los progresos de un proyecto de clínica, construida el año anterior. Entré en la sombría cocina aledaña a la clínica. Junto al hogar había una niña de rostro puro, con el cabello revuelto y unos ojos risueños y graves a un tiempo, cuya sonrisa franca y cuya mirada directa, totalmente desprovistas de timidez, iluminaban aquel lugar. Le saqué un retrato, antes de que siguiera comiendo su *tsampa*. Al cabo de unos minutos volví a verla en compañía de su tío, médico de la clínica, que estaba tomándole el pulso. Cautivado de nuevo por su inocencia, los fotografié juntos.

Estas imágenes me recuerdan la razón de ser de nuestra misión en los terrenos de la educación y de la salud, de un modo muy particular con respecto a las mujeres. Algunos años más tarde, quise volver a ver a aquella niña y le pregunté a su tío si era posible dar con ella. Se organizó un encuentro, sin yo saber que, para llegar hasta nosotros, había tenido que caminar un día y medio para descender desde los pastos de altitud, donde pasaba el verano con sus padres nómadas.

Tras los ocho años pasados, emanaba de ella la misma sencillez y la misma luz de cuando la conociera, siendo una niña, en 2005. Su nombre es Druk-kar Tsho. En tibetano, *druk-kar* designa poéticamente una «bella turquesa», y *tsho* significa «océano». Así pues, su nombre podría traducirse como Bello Océano de Turquesas. Pero es con el nombre de Karuna Girl con el que la niña de trece años a la que fotografié de nuevo con ocasión de aquel reencuentro se convirtió en el símbolo de nuestra visión humanitaria: desde entonces, su retrato figura en la cabecera de nuestra página web y de nuestros folletos y carteles.

Le enseñé su foto y le di las gracias por haberse convertido, con su sonrisa, en la embajadora de nuestros proyectos humanitarios. «Esta foto la han visto decenas de miles de personas en todo el mundo», le dije. Me miró con amabilidad, pero mis palabras no le decían nada: ¿por qué mirarían su foto miles de personas? Gracias Druk-kar Tsho por el regalo de su graciosa sonrisa, ¡símbolo de tantos niños en situación de precariedad en todo el Himalaya!

KARUNA SHECHEN, UNA ASOCIACIÓN AL SERVICIO DE LOS MÁS DESFAVORECIDOS

Raphaële Demandre, durante una sesión de educación en los cuidados necesarios para la reducción de la mortalidad materna e infantil en los nacimientos, un programa que desarrolló durante cinco años en el Tíbet oriental.

Una de las nueve escuelas de bambú que hemos construido en Nepal.

Clínica construida en el valle de Dzongsar, en el Tíbet oriental.

Puente construido sobre el río Dzachu (Yalong), en el Tíbet oriental.

CAPÍTULO 47

DIPLOMÁTICO *AMATEUR*

En 2008, a unos meses de los Juegos Olímpicos de Pekín, en todo el Tíbet se declaran manifestaciones, que son severamente reprimidas. El presidente de Francia, Nicolas Sarkozy, me invita al Palacio del Elíseo para hablar de la situación del pueblo tibetano. Desea ser el promotor del diálogo entre China y el Dalai Lama.

En 2008, los tibetanos vieron en los Juegos Olímpicos de Pekín una última oportunidad para ser oídos por parte de un mundo que llevaba mucho tiempo ciego y sordo a la opresión que soportaban desde hacía medio siglo. A partir del 10 de marzo, día del aniversario de la sublevación de Lhasa de 1959, se formaron manifestaciones en Lhasa, que pronto se extendieron a todo el Tíbet. En numerosos distritos se decretó la ley marcial. La policía y el ejército chinos dispararon sobre los manifestantes, causando más de doscientos muertos. Fieles a los requerimientos del Dalai Lama, los tibetanos no cometieron ningún acto de violencia frente al ocupante.

Cincuenta años antes, el 10 de marzo de 1959, cerca de treinta mil tibetanos se habían congregado en torno de la residencia veraniega del Dalai Lama, el Norbulingka, para impedir que fuera apresado por los chinos. La represión no tuvo piedad. Cerca de quince mil tibetanos fueron muertos en unos días. El 17 de marzo, el Dalai Lama, acompañado por su familia y por una escolta de resistentes, huyó en plena noche. Dos días más tarde, el Norbulingka fue bombardeado y sus ocupantes muertos. Los chinos buscaron en vano el cuerpo del Dalai Lama entre los cadáveres. Marchando a pie y a caballo día y noche, el Dalai Lama logró alcanzar la frontera india el 31 de marzo, agotado.

En marzo de 2008, los extranjeros que se encontraban de visita en Lhasa fueron confinados en sus hoteles, y luego expulsados. Todo el Tíbet quedó cerrado a los visitantes. Las únicas informaciones accesibles provenían de los despachos de la agencia gubernamental Xinhua y de la prensa china. En Nepal, no obstante, recibíamos SMS enviados por tibetanos que conseguían utilizar sus teléfonos móviles entre los numerosos cortes de red. Varias radios francesas contactaron conmigo y me preguntaron por lo que estaba sucediendo, pudiendo así transmitirles estos escasos testimonios con la condición de que mi intervención se mantuviera en el más estricto anonimato, para no malograr mis oportunidades de volver al Tíbet. Tras una de estas entrevistas, una de las emisoras de radio recibió una llamada de la embajada de China en París, en la que insistían para saber quién era aquel «hombre de negocios francés afincado en Shanghái que hablaba además de la situación en el Tíbet». La mirada de Pekín decididamente se había desviado mucho...

A comienzos de abril, viajé a Francia y una amiga afín a la causa tibetana, Sofia Stril-Rever, mostró su deseo de organizar una conferencia de prensa. Tras sopesar pros y contras, decidí que los acontecimientos eran demasiado graves como para dejarlos pasar en silencio, aunque pudiera costarme caro. Estaban presentes unos cincuenta periodistas, entre ellos mi amigo Olivier Weber, del semanario *Le Point*. Les expliqué lo mejor que pude lo que sabíamos de la situación en el Tíbet.

El 10 de abril, me dirigí a Zúrich, al laboratorio de neurociencias de Tania Singer. Mientras estábamos en plena reunión con los investigadores, la secretaria del laboratorio entró en la sala, teléfono en mano: era una llamada para mí de la Presidencia de la República. No tengo ni idea de cómo pudieron encontrarme. El presidente Sarkozy, me dijeron, deseaba verme para hablar del Tíbet. Yo tenía que volver al día siguiente a París, de modo que me citaron el sábado 12 de abril por la mañana.

Tras llegar a pie al Palacio del Elíseo, me introdujeron en la residencia presidencial. Nicolas Sarkozy me recibió en lo alto de las escaleras del primer piso y pasamos a un pequeño salón, donde hablamos durante tres cuartos de hora, en compañía de Jean-David Levitte, consejero del presidente para Asuntos Extranjeros, y de su asistente. El presidente estaba sinceramente preocupado por la situación del Tíbet. Le recordé brevemente algunas características de este país tan particular, siete veces mayor que Francia, que alberga las fuentes de la mayoría de los grandes ríos de Asia, muy rico en minerales, y que cuenta con más de dos mil kilómetros de frontera común con Birmania, Bután, Nepal y la India. A continuación le conté lo que sabíamos acerca de los acontecimientos en el Tíbet e insistí en que en numerosas ocasiones los militares habían disparado sobre la población civil desarmada, causando muertes, como en Garzê especialmente, en el Tíbet oriental, donde había habido un centenar de víctimas. Los tanques habían tomado posiciones en las calles de las ciudades tibetanas. Habían paseado en un camión por las calles de Lhasa a hombres encadenados, a los que habían presentado como criminales enemigos de la nación. Entre cinco y diez mil personas habían sido enviadas a prisiones lejanas, para que se pudrieran por largo tiempo, sin ningún tipo de proceso.

Le repetí igualmente la postura del Dalai Lama, quien a lo largo de los años había declarado muchas veces que él no reivindicaba la independencia del Tíbet, sino una solución mutuamente aceptable que concediera al Tíbet una forma de autonomía en el seno de China —un país, dos sistemas—, por la que poder administrar los asuntos interiores, culturales y religiosos, así como la enseñanza de la lengua tibetana, dejando que China se ocupara de los asuntos exteriores, la defensa, la economía, etc.

El presidente afirmó entonces con convicción: «Voy a ir a Pekín a hablar con el presidente, para decirle que debería recibir al Dalai Lama y dialogar con él de manera constructiva para resolver la cuestión del Tíbet». El consejero del presidente, visiblemente inquieto por las posibles consecuencias que pudiera acarrear tal iniciativa, hizo valer su opinión de que era preciso asegurarse de que las dos partes —Francia y China— quedaran como vencedoras. El presidente quizá podía comenzar hablando con su homólogo chino por teléfono, sugirió. «No es suficiente», replicó Nicolas Sarkozy, «hay que hablar cara a cara». Me sentía más bien admirado ante la voluntad y la determinación del presidente. Su consejero lo informó entonces de que a la semana siguiente tenía que encontrarse con un alto funcionario chino, y que abordaría con él esta cuestión. Las cosas quedaron ahí.

El 24 de abril, con ocasión del aniversario de su primer año en la Presidencia, Nicolas Sarkozy fue entrevistado en la televisión por

Patrick Poivre d'Arvor y David Pujadas. Las preguntas sobre política exterior se abrieron con el Tíbet. Patrick Poivre d'Arvor, que había tenido noticia de mi audiencia en el Elíseo, preguntó al presidente si estaba en contacto directo o indirecto con el Dalai Lama. El presidente respondió afirmativamente. «A través de Matthieu Ricard, ¿verdad?». «Sí», reconoció el presidente. Al oír aquello, me dije a mí mismo: «¡Adiós visado! ¡Y adiós a los viajes y a los proyectos en el Tíbet!».

Poco después, Nicolas Sarkozy puso como condición para su presencia en la apertura de los Juegos Olímpicos de Pekín a una mejoría de la situación en el Tíbet y al establecimiento de un diálogo con el Dalai Lama. Una postura valerosa que, añadida a los incidentes con la llama olímpica, que los manifestantes en defensa de la causa del Tíbet apagaron durante unos instantes en las calles de París, se tradujo en un boicot masivo de los productos franceses en China. Algunos taxis chinos, que solían llevar en sus vehículos un cartel con el aviso: «No dog» («Perros, no»), ponían ahora uno en el que se leía: «Ni perros, ni franceses». Habíamos caído en desgracia.

Algunas semanas más tarde, Bernard Kouchner, el ministro de Asuntos Extranjeros, al que conocía bien, me llamó para hacer llegar al Dalai Lama la idea de proponer a los veintisiete países europeos recibir juntos al Dalai Lama en Bruselas y redactar una declaración por la que se pidiera a China entablar negociaciones constructivas sobre el destino del Tíbet. El proyecto no siguió adelante, por temor a irritar a China.

A finales de julio, me encontraba en Croacia, acompañando a Rabjam Rinpoche, quien debía impartir allí enseñanzas durante una semana. Tras haber viajado desde Asia y más allá del Atlántico durante los meses precedentes, debido sin duda a la postura sedente durante tantos y tan largos viajes transcontinentales, se me había reventado un quiste poplíteo detrás de la rodilla, causando vivos y persistentes dolores y la imposibilidad de doblar la pierna inflamada. Un médico que asistía a las enseñanzas, temiendo una flebitis, me llevó al hospital en Zagreb. Me estiraron en un diván, y vino un médico a visitarme. Con un metro, se puso a tomar medidas. «¿Qué está midiendo?», le pregunté con curiosidad. «El tamaño de su ataúd», respondió el médico con una carcajada. A mí la broma me hizo sonreír, pero no al amigo que me acompañaba, quien recomendó que me hicieran una ecografía de la pierna para ver si había riesgo de flebitis. «Entonces, volveré mañana por la mañana», le dije al médico. «Solamente si firma usted un descargo eximiéndome de toda responsabilidad en caso de morirse esta noche», replicó este. «Está bien, me quedo», concluí.

Me metieron en una habitación con un señor mayor croata que insistía en darme conversación, por mucho que yo me esforzara por transmitirle por gestos que no entendía su lengua.

Disponía de un teléfono móvil, pero como solo estaba en Francia durante breves visitas, utilizaba una tarjeta prepago recargable y me quedaba muy poco crédito. De pronto vi que entraba un SMS: «El presidente desea hablar con usted, ¿puede llamarle en diez minutos?». Comprendí que, estando en el extranjero con un número francés y tres euros de crédito, la comunicación se interrumpiría al cabo de dos minutos. Contesté enseguida diciendo que me estaban haciendo unas pruebas en el hospital. ¿Sería posible hablar al día siguiente? Me dieron cita.

Por la mañana me liberaron. No había que temer nada grave. Le expliqué a Rabjam Rinpoche que teníamos que hacer una pausa en las enseñanzas (que yo traducía del tibetano al inglés), pues estaba esperando aquella importante llamada. Había dado el número de teléfono de un amigo croata para poder hablar sin temor a que se cortara la comunicación, si hablaba con el mío.

Sonó el teléfono. Me despedí y me refugié en una estancia vecina. Era Jean-David Levitte, que llamaba para informarme de que el presidente deseaba encontrarse con el Dalai Lama durante la visita de este a Francia, prevista del 11 al 23 de agosto, unos días antes de la apertura de los Juegos Olímpicos de Pekín. Añadió que pensaba que no era el mejor momento y que los consejeros del Dalai Lama eran de la misma opinión (lo cual resultó no ser exactamente el caso...). El presidente iba a preguntarme qué pensaba yo.

Al cabo de unos minutos, me llamó el presidente, muy cordial como durante nuestro primer encuentro, y me formuló la pregunta anunciada. En sustancia, le contesté: «Señor presidente, mi corazón me dice que debería verse con el Dalai Lama, pero si tanto los consejeros de usted como los de él piensan que es más juicioso esperar a que hayan pasado los Juegos Olímpicos, yo puedo aconsejarle lo contrario». Tras una corta conversación, el presidente concluyó diciéndome que le pediría a su esposa que fuera a ver al Dalai Lama y que él personalmente se encontraría con él más adelante. Jean-David Levitte volvió a llamarme con gran cortesía para darme las gracias.

El Dalai Lama llegó, pues, a Francia e impartió cinco días de enseñanzas en Nantes, primer motivo de su viaje, realizado por invitación de la Federación de Budismo Tibetano. Yo le hice de intérprete, como de costumbre, esta vez sentado en una silla, en lugar de sobre un cojín, pues seguía sin poder doblar la pierna. Fue recibido en el ayuntamiento con gran pompa por el diputado y alcalde de Nantes, Jean-Marc Ayrault, quien hizo ondear la bandera tibetana en el ayuntamiento junto a la bandera francesa. Ségolène Royal acudió también para rendir visita al Dalai Lama. Antes de marcharse de Francia, el Dalai Lama visitó brevemente algunos centros budistas que lo habían invitado, entre ellos el centro de Lerab Ling, cerca de Lodève, con motivo de la inauguración de un nuevo templo. Fue con tal ocasión cuando Carla Bruni-Sarkozy se presentó para encontrarse con él, acompañada de Bernard Kouchner, ministro de Asuntos Exteriores y amigo desde hacía tiempo del Dalai Lama, y de Rama Yade. Alain Juppé figuraba igualmente entre los invitados destacados.

Finalmente, el 6 de diciembre de 2008, el presidente Sarkozy se encontró con el Dalai Lama en Polonia, paralelamente a las ceremonias conmemorativas del aniversario de la concesión del Premio Nobel de la Paz a Lech Wałęsa, figura de la emancipación polaca frente a la URSS. Como represalia, Pekín postergó una cumbre anual con la Unión Europea prevista en Lyon.

A finales de mayo de 2009, me dirigí a Hong Kong, donde efectuaba generalmente las formalidades para la obtención de visados a China, de camino a las altas mesetas tibetanas. Me acompañaba un médico que iba a visitar los dispensarios que Karuna-Shechen había contribuido a construir en el Tíbet. La respuesta llegó al día siguiente. Visado denegado. ¿Motivo? «No nos han dado ninguna razón», nos dijeron en la agencia de viajes que hacía de intermediaria. Mi amigo médico obtuvo el visado y partió sin mí hacia el Tíbet para encontrarse con nuestros colaboradores locales.

¿Qué decir? ¿Qué hacer? No tenía nada que reprocharme, y solo iba al Tíbet para servir a la población tibetana.

La noche siguiente tuve un sueño muy vívido con Khyentse Rinpoche, en el que este estaba presente como si fuera real. Sonreía y me decía que todo iría bien. Me indicó una práctica, para que la realizara durante un retiro, centrada en una deidad de sabiduría particular. Oí también un mantra cantado por una voz femenina, con una melodía sublime. Me desperté en mitad de la noche, con la mente imbuida por una intensa felicidad. Canté aquel mismo mantra durante unos instantes, con la melodía que había oído, pensando que me acordaría por la madrugada. Pero por desgracia, al despertar tanto mantra como melodía se habían desvanecido en el cielo del olvido.

Regresé a Nepal, con el espíritu en paz, y realicé un retiro de dos meses en mi ermita de Namo Buddha, siguiendo las instrucciones recibidas en sueños de Khyentse Rinpoche. Por entonces trabajaba además en la redacción de *En defensa del altruismo*.

Pensé que mis viajes al Tíbet habían terminado, pues sin duda a partir de entonces figuraba en alguna lista de personas no gratas. Pero al año siguiente, gracias a un amigo que tenía vínculos profesionales con China, obtuve un visado, para mi gran sorpresa. Cuando dicho amigo me envió mi pasaporte con el preciado sello, no podía dar crédito a mis ojos y me quedé un rato sentado en un banco del jardín de las Tullerías, disfrutando del aire fresco y del sol matinal, contemplando a los niños jugar y a las personas mayores pasearse. Luego volví a paso ligero y saltando hasta la plaza de Victor Hugo, donde me alojaba, en casa de un amigo. Estaba rebosante de alegría ante la idea de poder volver a la Morada de las Nieves.

CAPÍTULO 48

LOS CLARINES DE LA FAMA

Comparto mi mensaje de altruismo y de benevolencia por el mundo entero, tanto entre el gran público, como con los grandes de este mundo, incluso en Davos. Se multiplican las entrevistas y me pregunto sobre los efectos beneficiosos reales de mis intervenciones públicas.

Con motivo de la publicación de *En defensa del altruismo*, no escatimé esfuerzos, casi hasta el agotamiento, para hacer valer las ideas que presentaba y que tanto significaban para mí, en bien de los demás. Recuerdo haber participado en una conferencia vespertina en Ginebra, seguida de una salida muy temprana al día siguiente con destino a Rennes, donde pasé una agradable tarde rodeado de simpatía como «redactor jefe del día» en la redacción de *Ouest-France*, antes de concluir con una nueva conferencia, aquella misma noche. Durante el trayecto de los locales de *Ouest-France* al lugar de la conferencia, estuve a punto de sufrir un síncope, y me di cuenta de que verdaderamente había tirado demasiado de la cuerda. Había llegado el momento de descansar. Me acordé de las palabras que me había dicho David Servan-Schreiber poco antes de morir a causa de un tumor cerebral: «He puesto en práctica todo lo que recomendaba en mis libros, salvo lo relacionado con el "estrés positivo"». Entendía por tal concepto no el estrés, que es negativo y que se acumula cuando uno se enfrenta a un exceso de actividades que no dominamos y que nos pesan, sino el desgaste que nace del incremento de actividades que nos apasionan.

En múltiples ocasiones me he visto ante este tipo de situaciones, con las que es muy difícil saber dónde poner el límite. En el otoño de 2016, me invitaron a participar en un seminario de tres días que trataba de cuestiones medioambientales en el Garrison Institute, en la boscosa campiña del valle del Hudson, a una hora en tren de Nueva York. Había llegado directamente de Nepal, lo cual representaba veinticuatro horas de viaje, en tres aviones y un tren. Al finalizar el seminario, durante mi última noche en aquel lugar, el teléfono, que imprudentemente había dejado conectado, me despertó a las tres de la mañana del deseado sueño. Una periodista de un semanario francés estaba preparando un artículo sobre los derechos de los animales y la cuestión de los mataderos industriales, y deseaba entrevistarme. Sintiéndome en el deber de introducir estas cuestiones en el debate público, le contesté que podría conversar con ella a las siete y media de la mañana, pero que debido al desfase horario, me parecía razonable dormir unas horas más. Realizamos pues la entrevista a primera hora de la mañana, antes de la conclusión del seminario, a la hora del almuerzo. Luego tenía que partir en avión hacia San Diego, en California, para participar en un simposio de tres días, organizado por el instituto Mind and Life. Más de un millar de científicos y facultativos se reunían para presentar sus trabajos sobre los efectos a corto y largo plazo del entrenamiento de la mente, lo que suele designarse también con el término de «meditación».

Al llegar a San Diego a las nueve de la noche, con cuatro horas suplementarias de desfase horario (como mi organismo seguía regulado según la hora de Nepal, para mí eran las ocho de la mañana), no tenía más aspiración que la de reposar la cabeza en una de las confortables almohadas que se me ofrecían y dormir el sueño de los justos. En un despreocupado gesto rutinario, consulté el ordenador por sí había algún mensaje relacionado con el simposio o cualquier otro asunto urgente. Mal hecho, pues encontré un correo de la mencionada periodista en el que me enviaba la entrevista por escrito: el periódico tenía que cerrar el número en unas horas, por lo que, si tenía alguna corrección que proponer, había de ser de inmediato. Así que allí que me puse durante una hora, dando cabezadas de cansancio, a corregir el resumen de mis palabras, el cual, como suele pasar, utilizaba términos que no eran los míos, cosa que a veces reduce demasiado lo que uno ha explicado, o lo tergiversa en parte. Reenvié el texto corregido con la esperanza de que llegara a tiempo, antes del cierre de la edición. Y así fue, para mi gran alivio.

Evidentemente no tenía nada que reprocharle a la periodista, todo lo contrario. Había tomado la iniciativa de dar voz pública a un abogado de la causa de los animales; además, es una tarea muy ardua resumir correctamente las palabras de viva voz de alguien, y ella había tenido la mentalidad abierta y la profesionalidad de darme su artículo a leer, lo cual no siempre sucede.

Los libros se escriben para compartir y hacer valer las ideas que contienen. Uno no puede por menos de sentirse feliz de que encuentren eco, cuando tantas obras escritas por excelentes autores que transmiten ideas importantes no tienen el impacto que merecerían, por la simple razón de que los medios de comunicación no les prestan atención.

Con ocasión de la publicación de *El monje y el filósofo*, yo era totalmente desconocido la víspera, y tras algunos programas de televisión, la gente empezó a abordarme por la calle, a invitarme a tomar un café. Un coche incluso se paró una vez a mi altura y el conductor me dijo: «¿Puedo llevarle a alguna parte?». Le dije que ya había llegado a mi destino. «No importa, suba y damos la vuelta a la manzana para charlar un poco».

Justo después de la efervescencia de *El monje y el filósofo*, estuve tentado de derribar los puentes y mantenerme al margen de las fanfarrias. Al pasar por la Dordoña, fui a ver a Pema Wangyal Rinpoche, el hijo mayor de mi primer maestro Kangyur Rinpoche, que se había retirado a una pequeña casa en el bosque, con una sola habitación, donde realizaba un retiro en solitario que había de durar cuatro años. Tuvo no obstante la bondad de recibirme. No hablaba, pues había hecho voto de silencio, pero a veces se comunicaba a través de notas. Le expliqué aquella situación nueva para mí y le pedí consejo.

«¡Acéptalo todo!», escribió.

Así pues, jugaba al juego y aceptaba lo que me proponían, sin sospechar el giro que iba a dar mi compromiso. Las cosas cobraron velocidad con rapidez. Siguieron varios libros e innumerables viajes, hasta ochenta cartas de embarque al año. Ni muy ecológico ni muy relajante. ¿Útil? Un poco, esperemos.

Las ideas que defiendo me han granjeado a menudo cierta simpatía, que se manifiesta cuando la gente me aborda en lugares públicos.

Aquellos para quienes no soy más que un cretino redomado, tienen la amabilidad de no saltarme al cuello para decírmelo.

Me ha sucedido en más de una ocasión, como también les ha pasado a Alexandre Jollien y a Christophe André, que un transeúnte me para en la calle y me dice: «Su libro me ha cambiado la vida»; o incluso: «Usted me ha salvado la vida», lo cual produce estremecimientos. Uno se siente desconcertado por el abrupto contraste entre el impacto que puede haberse ejercido sobre alguien y el hecho de desconocerlo por completo. ¡Qué responsabilidad! ¿Qué decir ante eso? Tiendo a responder que me siento verdaderamente conmovido por tales palabras, y que si el libro en cuestión le ha sido útil aunque sea a una sola persona, ya ha valido la pena escribirlo. A veces le doy un abrazo a esa persona que me ha parado por la calle y le deseo todo lo mejor en la vida. Y luego seguimos cada cual nuestro camino, para, muy probablemente, no volvernos a ver. Este tipo de cosas son desconcertantes y alentadoras a la vez.

Es evidente que tal notoriedad se ha debido en buena parte al ruido mediático que ha rodeado la publicación de mis libros. Algunos presentadores me han preguntado a veces por qué un monje se prestaba a ir a los platós de televisión. Yo les respondía diciendo que estaba allí porque ellos me habían invitado amablemente, y que me sentía feliz de poder compartir mis ideas, que significan mucho para mí. Y cuando me daban tiempo suficiente, procuraba precisar que no tenía nada que ganar ni perder por el hecho de ir a la televisión, y que si no me hubieran solicitado, me sentiría muy a gusto en mi ermita frente al Himalaya.

*

Una mañana de enero de 2006, partí de mi ermita en un viejo Jeep en dirección al aeropuerto de Katmandú, a dos horas y media por carretera. Me dirigía por primera vez al Foro Económico Mundial de Davos, en Suiza. ¿Qué iba a hacer yo en aquel barullo? La transición no podía ser más brutal…

El año anterior, una organizadora del Foro se había puesto en contacto conmigo para invitarme. Aunque se lo agradecía, le dije que no veía muy bien cuál podía ser mi papel en un encuentro de ese tipo. Sin desanimarse, volvió a contactar conmigo al año siguiente y me recalcó que, al margen del intercambio de ideas, el Foro era un lugar excelente donde recabar ayuda para nuestros proyectos humanitarios.

En mis primeras participaciones, algunos periodistas franceses me preguntaron qué hacía yo allí. Buena pregunta. Solía responder diciendo que habría podido quedarme fuera con los contestatarios altermundistas, los cuales, la primera vez que fui a Davos se manifestaron desnudos en la nieve con unos globos, pero ya que me habían dado la palabra y libertad para expresar mis opiniones, quizá no era del todo inútil tener voz en los debates. Una voz que corría a veces el riesgo de molestar, porque, con motivo de los encuentros programados por las grandes organizaciones internacionales, más de una vez se me habían echado encima nada más llegar, conminándome: «¡Sobre todo no hable del Tíbet!», aunque mi intervención versara sobre otro tema.

Me invitaron durante diez años consecutivos a intervenir en el Foro de Davos. Allí conocí por otra parte a algunas personas que iban a convertirse en fieles amigas y benefactoras de nuestros proyectos humanitarios. De modo que a veces es bueno salir de nuestra «zona de confort». Cuando me zambullía en la efervescencia reinante en el lugar, donde van y vienen más de dos mil participantes, entre las múltiples conferencias y presentaciones que se ofrecen simultáneamente en las diversas salas de reunión, me daba un poco de vértigo. Todos los años, treinta o cuarenta jefes de Estado, con los que uno puede codearse libremente, asisten a Davos, y por poco que uno se interese por los acontecimientos mundiales, resulta fascinante ver de cerca cómo se desenvuelven estos personajes y, dado el caso, participar en una mesa redonda con ellos. Y sobre todo, uno se cruza además con centenares de científicos de alto nivel, de activistas de todo género (Jody Williams por ejemplo, o Jane Goodall), de «jóvenes emprendedores sociales», de inventores, etc. Conocí a eminentes científicos, algunos de los cuales se convirtieron en amigos, como Johan Rockström, uno de los mejores especialistas en cuestiones medioambientales. Todos ellos fueron de valiosa ayuda para mí cuando escribí *En defensa del altruismo*.

En el Foro de Davos, paralelamente a los encuentros vinculados con la economía y las finanzas, para las que no tenía la más mínima competencia, participaba en los diálogos sobre las emociones, la naturaleza de la conciencia (con Steven Pinker y el filósofo Daniel Dennett en especial), la experimentación animal (con Francis Collins, director del NIH norteamericano, el Ministerio de Salud e Investigación); se abordaron temas muy variados. Por dar tan solo unos ejemplos, hubo encuentros sobre un tema innovador titulado «Del PIB a la Felicidad Nacional Bruta» con Daniel Kahneman, Premio Nobel de Economía, así como sobre la salud mental en el mundo con el redactor jefe de la revista científica *Nature*. Durante los encuentros sobre «Sabiduría antigua, cuestiones modernas», tuve ocasión de dialogar con Bartolomé I, patriarca ortodoxo de Constantinopla, así como con el rabino David Rosen, con el arzobispo de Dublín y con el gran muftí de Bosnia. Las sesiones regulares que compartí con estos líderes religiosos me permitieron pasar un tiempo con Desmond Tutu, a quien tuve tanta dicha en frecuentar.

En el Foro de 2012, durante uno de estos encuentros entre representantes religiosos, Tutu declaró: «No conozco ninguna religión que afirme que sea admisible matar». Me permití sugerir a los dignatarios reunidos que este punto fuera objeto de una declaración común inequívoca, destinada a los fieles de las diferentes religiones. Añadí que, viniendo de un simple monje budista, la idea no tenía ningún peso, pero si la proponía el arzobispo Tutu, Premio Nobel de la Paz, y si la apoyaba el conjunto de representantes de las grandes religiones, tenía una oportunidad de ser escuchada. La cuestión fue eludida por parte de los demás dignatarios religiosos con el pretexto de que existía «diversidad de puntos de vista sobre este tema...». Aprecié igualmente el encuentro con el jeque Abdallah bin Bayyah, nacido en Mauritania, y muy respetado por su sabiduría; ha denunciado abiertamente el terrorismo y declarado la «guerra a la guerra».

*

Desde hace casi treinta años, continúan llegando las solicitaciones de todas partes, y entre los buenos y hermosos acontecimientos en los que he tenido ocasión de participar figuran las Jornadas de la asociación Émergences. Tienen lugar todos los años en Bruselas desde 2009, y desde hace doce años asisto ininterrumpidamente, muy a menudo en compañía de mis queridos amigos Christophe André y Alexandre Jollien. Organizadas por Ilios Kotsou, Caroline Lesire y un entusiasta equipo de personas benévolas, estas Jornadas congregan a pensadores, científicos, hombres y mujeres comprometidos, grandes testigos —el hijo de una pareja muerta en un campo de concentración y el de un oficial nazi, que se convirtieron en buenos amigos, por ejemplo— y artistas, que debaten en torno a temas pertinentes como «Cambiar uno mismo, cambiar el mundo», «Felicidad y adversidad», «En el corazón del miedo», «La transmisión», «Cambiar de mirada», etc. El etólogo Frans de Waal, los neurocientíficos Tania Singer y Steven Laureys, el fundador del programa MBSR (Reducción del Estrés a través de la Plena Conciencia), Jon Kabat-Zinn, la educadora Céline Alvarez, el explorador ciego Jean-Pierre Brouillaud, el abogado de la «sobriedad feliz» Pierre Rabhi, la portavoz y directora de L214 Brigitte Gothière, quien milita por que dejemos de hacer sufrir inútilmente a miles de millones de animales cada año, y muchos otros más se encontraron en el transcurso de estas Jornadas apasionantes, repletas de intercambios y de diálogos. Juntamente con el veterano pacifista Satish Kumar, quien durante la década de 1960 realizó una marcha de dos años desde la India hasta Europa, a través de Rusia, sin dinero, para ser finalmente detenido delante del Palacio del Elíseo por orden del general De Gaulle, hicimos también una marcha silenciosa a favor de «la paz y la justicia climática» por las calles de Bruselas, acompañados por varios miles de personas.

La atmósfera de las Jornadas, a las que asisten generalmente más de dos mil personas, es de lo más cordial, y los oyentes vienen muchas veces de lejos. Los beneficios se destinan a organizaciones caritativas, y quienes intervienen lo hacen todos a título de beneficencia.

Las presentaciones se alternan con interludios musicales. Fue en esa ocasión cuando tuve la dicha de conocer a la maravillosa pianista Maria João Pires. De este encuentro nació una amistad que no ha dejado de hacerse más profunda a lo largo de los sucesivos reencuentros, e incluso tuve la oportunidad de visitar a Maria en Belgais, en Portugal, en la apacible propiedad en que acoge a jóvenes músicos deseosos de aprender y de recibir la inspiración de su presencia profunda y fascinante. Maria João tocaba varias veces según se sucedían las intervenciones, eligiendo una obra en particular para cada circunstancia. Antes de que ella iniciara la interpretación, en algunas ocasiones yo introducía la pieza musical con una breve invitación a escucharla de un modo más contemplativo, abierto y atento. Al recordar estos momentos, se nos ocurrió la idea de dar un concierto dedicado a nuestras respectivas organizaciones caritativas y en el que se maridaran la música con la meditación.

Los dos primeros tuvieron lugar con ocasión del encuentro organizado por el instituto Mind and Life entre el Dalai Lama y un grupo de científicos y pensadores sobre el tema «Poder y altruismo». Nos reunimos en el Palacio de Bellas Artes de Bruselas. Sobre el tema «El arte de la fuga y el arte de la meditación», alternamos preludios y fugas de Bach con meditaciones guiadas y progresivas, que iban desde la presencia atenta hasta el amor incondicional. Para preservar la calidad del silencio, en cuyo seno nacen tanto la música como la meditación, rogué a los oyentes que aplaudieran todo lo que desearan entre pieza y pieza, pero «con una sola mano», con total libertad para emplear las dos al final del concierto meditativo.

Posteriormente, Maria João ha incluido impromptus de Schubert en sus interludios musicales, y dimos otros seis conciertos. Uno de los más memorables fue el de Arles, donde, en dos sesiones consecutivas a la hora de la puesta de sol, Maria tocó a cielo abierto en el teatro antiguo, acompañada por el canto de los pájaros, que iban apagándose a medida que caía la noche.

*

Soy monje, y seguía, sigo y seguiré siendo monje, no necesito nada más que las numerosas bendiciones que esta opción de vida me ha aportado. Más caro a mi corazón que cualquier otra condecoración o concesión de premio, conservo el recuerdo conmovedor de una pluma de águila que me regaló un representante de una nación amerindia. Si mis actividades han podido aportar algún bien, tal es por sí misma la mejor de las recompensas que podría esperar. Contribuir a la felicidad de las personas debería ser considerado por todos el más alto logro posible.

Con este fin esencial, la noción de «bienestar» de una población, abordada ya en el Foro de Davos, fue retomada en las Naciones Unidas, donde tuvo lugar un debate que desembocó en la aceptación de una resolución propuesta por Bután. Esta animaba a los gobiernos a considerar seriamente esta noción del «bienestar» de los ciudadanos a la hora de tomar sus decisiones. El gobierno butanés me había pedido que invitara a algún representante de las principales religiones, y se nos unieron así el hermano Thierry-Marie Courau por el cristianismo, el rabino Awraham Soetendorp por el judaísmo, Faouzi Skali por el islam, Bikkhu Anil Sakya por el budismo Theravada[1] y Swami Atmapriyananda por el hinduismo. El secretario general, Ban Ki-moon, abrió la sesión. Yo participé en especial en la primera mesa redonda, dirigida por Helen Clark, primera ministra de Nueva Zelanda. Tenía la misión de explicar en cuatro minutos las «condiciones interiores de una felicidad verdadera». Más tarde, Helen Clark, con quien coincidí de nuevo en el Foro de Davos, me recordó una frase que yo había pronunciado: «Si un país es el más rico y el más poderoso del planeta, pero sus habitantes son desdichados, ¿de qué sirve?».

A juzgar por la lista de participantes que intervinieron en el debate, el tema se tomó muy en serio. Puede citarse entre ellos: al primer ministro butanés, Jigme Thinley, elocuente defensor de la noción de Felicidad Nacional Bruta desarrollada en Bután; a varios premios nobel de economía, como Joseph Stiglitz y Daniel Kahneman, así como Lord Richard Layard y John Helliwell (autores del informe anual *World Happiness Report*). La resolución, adoptada por amplia mayoría, forma parte de los «diecisiete objetivos de desarrollo duradero» que definen a los proyectos sufragados por las Naciones Unidas en la próxima década.

*

Un día, en la isla de La Reunión, después de una conferencia, viéndome rodeado por un grupo de personas muy simpáticas que deseaban hacerme preguntas o que les firmara un libro, no sabía muy bien en qué dirección mirar. Un hombre que había observado la escena me dijo: «Se diría que ya no se pertenece usted a sí mismo…». Cuando se trata de estar de verdad al servicio de los demás, como un enfermero en un campo de batalla o técnico de primeros auxilios durante una catástrofe natural, es bueno no pertenecerse a uno mismo. No obstante, en aquella ocasión, podía preguntarme con toda razón si lo que yo hacía era verdaderamente útil, o si simplemente me había visto arrastrado a un engranaje fútil y sin objeto en el que ya no había un minuto de mi vida que fuera mío.

Esta pregunta me ha perseguido a lo largo de estos últimos treinta años. En otra ocasión en que me preguntaba seriamente acerca de la utilidad de continuar «dando un espectáculo de un extremo a otro del mundo», descubrí un artículo en dos partes de mi padre titulado «El suplicio de la notoriedad», I y II, publicado en la revista *Commentaire*. Su lectura fue para mí un alivio, sazonado con alguna que otra carcajada, pues mi padre poseía una elocuencia y un estilo que yo por desgracia no he heredado. Me habría gustado que siguiera con vida para decirle hasta qué punto me reconocía en aquellas páginas, a una escala más modesta:

> «¡Oh! Nada muy largo, dos o tres hojas», pero por supuesto «corre mucha prisa», como muy tarde para pasado mañana. ¿Y por dónde cortar, a poco que la causa sea noble, que el tema esté relacionado con un episodio en el que uno ha desempeñado un papel, ya no digamos un debate en el que uno acaba de entrar a fondo? El trabajo nunca me ha dado miedo. Pero, precisamente porque tengo mucho, me resulta indispensable que esté bien organizado.
>
> El periodista, o bien no se ha leído el libro a propósito del cual ha pedido una cita con el autor, o bien no ha podido tener el gusto, según dice, más que de «ojearlo». Eso significa que ha echado un vistazo rapidito al texto de presentación que figura en la contraportada. [...] En una palabra, lo que el visitante llama «entrevistar» al autor es hacer que este resuma en cuatro simplezas elementales su obra para los lectores del periódico.
>
> Lo requieren para que repita empeorándolo y para que reduzca sumariamente en unas pocas réplicas simplistas aquello que tanto le costó escribir de un modo preciso y matizado.

También encontré a un buen número de periodistas excelentes que llevaban la conversación por derroteros enriquecedores y que tenían el don de sacar lo mejor de uno mismo.

Pero la notoriedad, aunque relativa en mi caso, atrae también las críticas. Algunas son constructivas, están fundadas y son bienvenidas, te permiten progresar. Otras proceden simplemente de una falta de información o incluso de cierta animosidad hacia tus ideas y hacia lo que puedes representar a ojos de personas que no comparten tu punto de vista.

Ya he mencionado el caso de un filósofo que había escrito una crítica de *En defensa de los animales* para un gran periódico, atribuyéndome palabras que yo jamás había dicho. Me he visto en bastantes situaciones de esta clase. Me han calificado de «budista *new age*» (entre mis amigos budistas se me considera más bien tradicional), me han acusado de propagar subrepticiamente el budismo en Occidente, cuando no tengo la menor inclinación al proselitismo. Me parece por otra parte un sabio consejo el que dio el Dalai Lama a un pequeño grupo de enseñantes del budismo tibetano en Francia (yo mismo no soy enseñante): «No propaguéis demasiado el budismo, pero eso sí, enseñad a las personas a ser buenos seres humanos».

Según algunos, yo vendría a ser una especie de cantor de la meditación de «plena conciencia». Siento un respeto inmenso por el bien que Jon Kabat-Zinn y los enseñantes de la plena conciencia llevan haciendo desde hace treinta años a través del programa MBSR («Reducción del Estrés a través de la Plena Conciencia). Pero prácticamente no he escrito nada sobre la «plena conciencia» como método secular. No he hecho más que sugerir, siempre con precaución, que se incentive primero el entrenamiento en la benevolencia, a fin de evitar una eventual instrumentalización egocéntrica y torcida de la meditación, extraña a su vocación inicial.

Según varios periodistas, habría promovido igualmente la búsqueda del placer —la felicidad hedonista—, de la satisfacción de los sentidos, y habría consolidado a mis lectores en el egocentrismo. En suma, exactamente lo contrario de lo que siempre he escrito y defendido. En el libro *En defensa de la felicidad*, dediqué un capítulo entero a diferenciar el placer de la felicidad. En él demostré que la felicidad verdadera no se reducía a una sucesión ininterrumpida de sensaciones agradables, lo cual se parecería más a una autopista hacia el agotamiento. En ese capítulo se explica que la felicidad es una manera de ser que deriva del florecimiento de un conjunto de cualidades humanas, entre ellas el altruismo, la libertad interior y el desarrollo de recursos interiores que permiten transcurrir por los altibajos de la existencia con resiliencia y benevolencia. He analizado muchas veces las consecuencias nefastas del individualismo egocéntrico, desmontando la noción de un ego concebido como una entidad singular, autónoma y perdurable. En pocas palabras, ¡soy más bien un «aniquilador del ego», según la expresión de Alexandre Jollien!

Habría promovido además una visión instrumental del altruismo, destinada principalmente al bien de uno mismo, cuando, al contrario, me esforcé por mostrar en el libro *En defensa del altruismo* que eso sería una de las formas de «altruismo interesado» que difiere notablemente del altruismo verdadero. Con el apoyo de referencias científicas, he explicado precisamente y en detalle cómo un sentimiento de satisfacción puede derivarse «por añadidura» de los actos inspirados por el altruismo auténtico, pero que de ningún modo podría constituir la razón primera de un comportamiento benevolente. La finalidad de este es la de aumentar el bienestar de los demás y paliar sus sufrimientos, y no de convertirlos en un medio para alcanzar el bien propio o para promover los intereses personales a corto o largo plazo.

Nadie tiene ninguna obligación de leer mis escritos, pero atribuir a alguien palabras que no son suyas constituye, en el mejor de los casos, un error de juicio, y en ocasiones por desgracia una falta de honestidad intelectual. No se trata en este caso de un mal propio de nuestra época, ¡siempre ha sido más rápido imaginar lo que un autor ha escrito que leerlo!

LA «VISIÓN PURA» FRENTE AL MAL

Entre los mensajes y principios del budismo que, de corazón, más me gusta compartir con el mayor número de personas posible —insisto, sin intentar nunca «convertir» a nadie, sino con el ánimo de proponer las enseñanzas universales que contienen, susceptibles de contribuir al bienestar y a la felicidad de todos—, se encuentra la «visión pura». Según el budismo, esta consiste en ver la naturaleza de buda en cada ser. ¿Cómo puede armonizarse con los horrores que se perpetran todos los días en el mundo? Niños asesinados delante de sus padres o a la inversa, mujeres, niñas violadas por mercenarios, víctimas de abusos por parte de personas cercanas que se aprovechan de la intimidad familiar, o de la confianza en instructores o en otras figuras de autoridad en instituciones deportivas, escuelas, iglesias, centros budistas, orfanatos o en campos de trabajos forzados, desde el gulag de Kolimá hasta los campos de reeducación para los uigures, donde la violación es moneda corriente. Es evidente que el ser humano es capaz de lo mejor y de lo peor. Es la única especie capaz de realizar conscientemente tanto un bien como un mal inmensos. Los sufrimientos de las víctimas son terribles, duraderos, y el resultado de lamentables perversiones por parte de sus depredadores.

La visión pura no es, sin embargo, una vía de escape hacia una percepción angélica del ser humano. No ignora el sufrimiento de las víctimas, ni minimiza la gravedad de los crímenes. Pero va necesariamente de la mano con una benevolencia incondicional. Es necesario prevenir los abusos de toda índole, especialmente facilitando a las víctimas la posibilidad de confiarse sin temor ni vergüenza a aquellas personas que están en situación de liberarlas de su opresión, en el marco de unas estructuras que las acojan y escuchen con afecto. Las escuelas deberían incluir en sus programas una sensibilización ante los signos precursores de abusos y animar a los niños a señalarlos sin vacilar en cuanto se manifiesten.

La visión pura frente a la crueldad consiste en conservar siempre presente en la mente el potencial de transformación que hay en cada uno de nosotros y no caer en el «síndrome del mundo cruel». Por dolorosas que puedan ser las tragedias que han vivido, las víctimas tienen la posibilidad de renacer de sus cenizas y abrirse a la existencia. Por abominables que sean los actos de los criminales, estos encierran el potencial de hacerse mejores, lo cual es deseable para el conjunto de la sociedad.

Hacia 1995, a petición de un grupo de encarcelados, me invitaron a dar una charla en el centro de detención de Muret, al sur de Toulouse, cuyos prisioneros purgan largas penas. Durante toda una tarde, hablé con una veintena de reclusos. El contraste entre las numerosas barreras de seguridad que crucé para llegar hasta ellos y la atmósfera cordial de nuestra conversación resultaba algo desconcertante. Yo les hablé sobre todo del hecho de que todo ser humano alberga en su interior una pepita de oro que puede permanecer mucho tiempo enterrada en la ganga, o que puede haber caído en el lodo como resultado de determinado acontecimiento, pero que siempre es posible extraer esa pepita, pulirla y devolverle todo su brillo. El oro en sí mismo nunca se degrada.

Uno de los reclusos comentó que veía en eso un mensaje de esperanza: «Cuántas veces», compartió con nosotros, «lo primero que nos dicen es que hemos nacido manchados por una falta original, y que luego hemos cometido un crimen, por lo que somos doblemente malvados. Y a eso se añade el hecho de que estamos en prisión». Por eso los prisioneros no le veían mucha salida a ese triple yugo. Poner el acento en la posibilidad de sacar a la superficie la parte mejor del ser humano les parecía como una pequeña luz al final del túnel. La cuestión no era «absolverlos» de su crimen, ni ignorar la desgracia de las víctimas, sino simplemente sacar a la luz la posibilidad de hacer el bien para reparar el mal. La pena de muerte, que paradójicamente mata para mostrar que es abominable matar, excluye toda posibilidad de redención. Con excepción de uno o dos detenidos que escuchaban con expresión sombría —uno de ellos me dijo al terminar que estaba constantemente sumido en la ira y que lo único que esperaba era «salir para arreglar cuentas con quien lo había denunciado»—, la conversación con los reclusos se pareció más a un encuentro de amigos que a una visita a la cárcel.

La «visión pura» podría compararse, pues, con una «bondad original». En ella subyace la idea de que la naturaleza última de nuestra mente no resulta modificada por los venenos mentales que pueden invadirla por un tiempo, los cuales es posible neutralizar. Lo contrario de la visión pura sería por tanto la creencia de que el mundo y los seres humanos son fundamentalmente malos. Esta concepción llevaría a condenar en bloque el conjunto de una comunidad humana por el hecho de que algunos individuos se comportan de manera abyecta. Este «síndrome del mundo cruel» sería lo que podría llamarse una «visión impura» de los seres humanos. En esencia, la respuesta a las atrocidades que el género humano cometa con demasiada frecuencia pasa por la transformación y la benevolencia, no por el odio y la venganza.

En general, no tengo ninguna inclinación a enzarzarme en polémicas que enseguida se hacen acerbas y no generan nada bueno. Es más, de sobra sabemos que por razón del «sesgo de confirmación», cuanto más se le demuestra a alguien que sus argumentos son infundados, más se aferra el individuo a su postura y rechaza en bloque las informaciones que refutan sus creencias. Estas controversias crean un estado mental detestable. Recuerdo también en este caso lo que escribía mi padre: «Las polémicas no existen, tan solo existen buenos y malos argumentos». Y yo me permitiré añadir: «Tan solo existen hechos y ficciones». Prefiero por tanto estar en paz, dejar que las afirmaciones erróneas se disuelvan en el espacio y remitirme a los consejos de Patrul Rinpoche:

> Las palabras, declaró Buda, se parecen al eco.
> Pero en estos tiempos nuestros, toda palabra es el eco de un eco:
> actuad de acuerdo con el Dharma, e iréis en contra de sus dictados;
> hablad con justicia, e irritaréis a la mayoría de la gente.
> Por sincera que sea vuestra bondad, siempre encontrarán algo que decir.

De modo que tenéis que empezar a no mostrar lo que sois.

Mi maestro Dilgo Khyentse Rinpoche comenta así esta estrofa del *Tesoro del corazón de los seres iluminados*, que he traducido del tibetano:

> Todas las alegrías y los sufrimientos que pueden provocar la alabanza y la crítica son pasajeros. No os dejéis ganar por el orgullo cuando seáis objeto de cumplidos. Pensad que son palabras que habéis oído en un sueño, o simplemente el producto de vuestra imaginación. Considerad que no es vuestra persona a la que se alaba, sino las cualidades que habéis desarrollado gracias a la práctica espiritual. En verdad, los únicos seres realmente dignos de elogio son aquellos que han alcanzado la liberación.
>
> Cuando os critiquen, aprovechad la ocasión para reconocer vuestras faltas ocultas y demostrar más humildad. Como ya se dijo: «Las críticas son vuestro maestro, porque destruyen vuestro apego y vuestra vanidad. ¿Cómo podríais dejar de agradecerles un favor tan grande?».
>
> Para un *bodhisattva* que ha tomado conciencia de la naturaleza onírica de la palabra, agravios y palabras malevolentes no hacen sino reforzar su meditación. ¿Qué importan las circunstancias, buenas o malas? Le permiten acrecentar sus méritos y su compasión, ganar en sabiduría. El deseo, la inquietud, la repulsión o el desaliento no lo confunden jamás, hasta tal punto su mente está firmemente instalada en la visión correcta. Y como ha abandonado toda preocupación mundana, disfruta de la estimación de todos sin buscarla.
>
> En cuanto a nosotros, aunque adquiriéramos renombre mundial al precio de un esfuerzo continuado, siempre habrá alguien para calumniarnos. Aunque nuestra fuerza, nuestro valor y nuestra belleza nos condujeran al pináculo de la gloria, esta no sería sino efímera. ¡Cuán innecesario, dejarse afectar por los altibajos de la vida!

Desde hace unos años, el principal motivo —encuentros familiares y amistosos al margen— para bajar de mi ermita en Nepal ha sido el de velar por la continuidad de los proyectos humanitarios de Karuna-Shechen. A partir de 2019, gracias al gran compromiso de todos los implicados en Karuna-Shechen, y a un sistema de gestión y de funcionamiento duradero y eficaz, basado en la sapiencia de personas competentes, he comenzado a apartarme sin hacer ruido, confiando en que el bien que Karuna-Shechen lleva realizando desde hace más de veinte años, continuará todavía durante muchos años más.

CAPÍTULO 49

DORDOÑA, CUARENTA AÑOS MÁS TARDE

Desde 1970, el Centro de Estudios de Chanteloube, en la Dordoña, ha experimentado un excelente desarrollo. Durante veinticuatro años lo he visitado como traductor. Actualmente voy allí para pasar tiempo con la familia de Kangyur Rinpoche, con mi madre, mi hermana y con mis amigos espirituales.

La aventura budista de la Dordoña se inició a principios de la década de 1970, cuando un discípulo de Kangyur Rinpoche, Bernard Benson, ofreció unos terrenos a algunos grupos de lamas tibetanos quienes, con el paso del tiempo, crearon cuatro centros de enseñanzas y de retiro en el valle del río Vézère. Tuve la suerte de frecuentar a todos los miembros de esta destacable comunidad unida en torno a la búsqueda espiritual, centrada en la práctica, el estudio y la traducción, con tanta determinación como humildad.

Tras la muerte de Khyentse Rinpoche, realicé estancias más frecuentes en la Dordoña, con el fin de recibir enseñanzas de los hijos de Kangyur Rinpoche, disfrutar de la presencia de su esposa, Jetsun Jampa Chökyi, y pasar tiempo con mi madre anciana, con mi hermana Ève y con mis hermanos y hermanas espirituales. Una especie de retorno a las fuentes, saludable y regenerador, una etapa benefactora, antes de regresar a Nepal.

Tulku Pema Wangyal, el hijo mayor de Kangyur Rinpoche, había sido invitado a Francia a finales de 1975 por parte de los discípulos occidentales de su padre. Vio en ello la ocasión para cumplir la visión de este y obrar para el bien de los seres en una tierra en que el conocimiento y la práctica del budismo eran todavía muy limitados. A finales de los setenta, estableció su domicilio principal en la Dordoña, hizo venir a su familia desde Darjeeling e invitó a buen número de grandes maestros a enseñar allí, tales como Dudjom Rinpoche, Dilgo Khyentse Rinpoche, Trulshik Rinpoche, Tenga Rinpoche, Penor Rinpoche, Su Santidad el XIV Dalai Lama (en 1991), Su Santidad Sakya Trizin, Dzongsar Khyentse Rinpoche, Yongey Mingyur Rinpoche y muchos otros más.

Desde hace cuarenta años, gracias a su incansable determinación ha podido desarrollarse el Centro de Estudios de Chanteloube, con sus tres centros de retiro de tres años —a día de hoy, en 2021, está en curso un noveno retiro de tres años—, el comité de traducción de Padmakara, los seminarios de verano y los «retiros paralelos». Estos últimos permiten a los discípulos que continúan con sus ocupaciones profesionales o familiares seguir durante nueve años o más un programa comparable al de los retiros de tres años, asistiendo dos veces al año a un seminario de tres o cuatro días.

También por iniciativa suya se construyeron, en las proximidades del principal centro de retiro de Chanteloube, ciento ocho estupas de granito en las que se incluyen preciadas reliquias, textos y mantras dedicados a la paz en el mundo. En el interior de los muros del recinto, se dispusieron varios centenares de miles de estatuillas hechas con molde y consagradas, paciente labor que se continúa desde hace cinco años.

Pema Wangyal Rinpoche es igualmente el promotor de varias asociaciones caritativas, como la Maison 24 en la Dordoña, o la Casa de Portugal y la de Brasil, dedicadas a las personas sin hogar y a las que apenas pueden alimentarse; o como Friends of the Earth («Amigos de la Tierra») y Siddhartha en la India. Finalmente, actúa sin descanso en favor de la causa animal y ha liberado en su medio natural a más de diez millones de animales que estaban destinados a ser muertos por los seres humanos. Es a él a quien me dirijo siempre para recibir instrucciones e indicaciones cuando emprendo un retiro.

Por su realización espiritual y por todo lo que irradia, Pema Wangyal Rinpoche, a sus setenta y cinco años de edad, recuerda inevitablemente a su padre, a todos aquellos que lo conocieron. Enteramente desapegado de las consideraciones mundanas, no tiene más preocupación que la de aliviar los sufrimientos de los seres humanos y de los animales, y preservar de manera auténtica las enseñanzas del budismo.

*

La esposa de Kangyur Rinpoche, Jetsun Jampa Chökyi, más conocida para nosotros con el nombre de Amala, se instaló en el seno de la comunidad de Chanteloube con su familia a finales de los años setenta. Allí ha dedicado desde entonces la mayor parte de su tiempo a la práctica espiritual. No impartía enseñanzas de una manera formal, sino que ofrecía valiosos consejos a quienes la solicitaban. Su luz se irradiaba sobre todos cuantos se acercaban a ella, y buen número de personas, entre las que me incluyo, la consideraban una maestra espiritual. Indisociable en mi mente de Kangyur Rinpoche desde nuestro encuentro en 1967, me ofreció en todo momento un punto de referencia inmutable por la calidad de su presencia, su humildad y su dulzura, reflejo todo ello de una realización espiritual auténtica.

Los dos últimos años de su vida, quiso vivir en las montañas del Algarve, en Portugal, lugar donde buen número de practicantes realizan hoy sus retiros. De vez en cuando, pedía que la llevaran a la ciudad más próxima, Portimão, donde se acomodaba en una cafetería en medio de un bullicioso supermercado repleto de gente. Tranquilamente sentada en una mesa, Amala no iba allí simplemente para tomar una taza de té, sino para zambullirse entre la multitud, en medio del ir y venir de las gentes, y rezar por todos y cada uno de ellos, estableciendo así un vínculo benéfico. A veces se le acercaban algunos visitantes, intrigados o atraídos por su presencia serena. Entonces intercambiaba con ellos algunas palabras, por intermediación de una de sus hijas.

Cuando, en el invierno de 2003-2004, su salud empeoró, salí de Nepal para verla por última vez. La encontré en cama, con dificultades respiratorias. Ya casi no hablaba, pero cuando me permitieron entrar a verla y ella levantó los ojos hacia mí, me obsequió con uno de los más bellos regalos que he recibido jamás: una sonrisa celestial, inefable, que iluminó no solo su rostro, sino la habitación entera. Si los males se traducen en lo que llamamos «dolor» en el plano fisiológico, en ella esta experiencia no acontecía de la misma manera que en nosotros. En medio del deterioro de su cuerpo, su serenidad permanecía inmutable. Se dice que soportando las aflicciones, una persona de elevada realización espiritual carga sobre ella los sufrimientos del mundo. Amala debía llevar una gran parte.

Amala falleció poco después de este último encuentro, el 15 de febrero de 2004, a la edad de ochenta y cuatro años. Al término de cuarenta y nueve días de oraciones y rituales particulares, Trulshik Rinpoche viajó de Nepal a Portugal para presidir la ceremonia de cremación que tuvo lugar delante de la casa en que había vivido sus últimos años. En todo momento, el mero hecho de pensar en ella y evocar su rostro me devuelve a lo esencial.

*

Recientemente, Pema Wangyal Rinpoche pidió a su hermano menor, Jigme Khyentse Rinpoche, que asumiera la mayor parte de las enseñanzas. Como se recordará, Kangyur Rinpoche había afirmado antes de morir que Jigme Khyentse Rinpoche garantizaría la continuidad de su linaje espiritual. Así ha sido.

Las enseñanzas de Jigme Khyentse Rinpoche tienen la facultad de derretir el caparazón de los más cansados y hastiados de nosotros. En efecto, uno de los obstáculos más grandes que acechan a los practicantes es el de saturarse, volviéndose impermeable a las enseñanzas. Al escucharlas, la persona se dice a sí misma: «Oh, eso ya lo he oído antes…». En el Tíbet se dice que uno se vuelve como el cuero de un odre, que puede permanecer años en contacto con la mantequilla sin impregnarse jamás de ella, o como una roca que yace en el lecho de un río, sin embeber ni una sola gota de agua.

A la manera de un músico genial que improvisa sobre un tema, circunscribiéndose a la perfección en las reglas de la armonía, Jigme Khyentse Rinpoche abre perspectivas insospechadas en la comprensión de las enseñanzas que tantas veces habíamos oído sin saber extraer de ellas su sustancioso meollo. A mí me maravilla constantemente la forma en que presenta los puntos clave del budismo, bajo un prisma que se había escapado hasta ese momento, al tiempo que preserva impecablemente su autenticidad.

Por poner un ejemplo en otros, suelen distinguirse tres fases en el camino hacia la Iluminación: la liberación individual (*pratimoksha*), el deseo de alcanzar la Iluminación para bien de los seres (*bodichita*) y la visión pura que reconoce la unión de la vacuidad y de las apariencias en todas las cosas. Podría entenderse la primera etapa como el deseo «individualista» de liberarse uno solo del sufrimiento, un objetivo que a un espíritu timorato le parece más accesible que el de consagrarse a liberar a todos los seres. Es más, es evidente que, si uno está liberado él mismo del *samsara*, será muy difícil sustraer de este a los demás, pues un ciego no puede guiar a otros invidentes. Pero Jigme Khyentse Rinpoche define el concepto de *pratimoksha* como la necesidad de desprenderse de la noción misma de «individuo». En efecto, mientras uno siga apegado a la creencia en la existencia real de una entidad individual —un «yo» unitario, autónomo y perdurable—, no tendrá ninguna oportunidad de liberarse del *samsara*, mucho menos de liberar a los demás. Este esclarecimiento se corresponde perfectamente con una de las características de los *arhats* —los practicantes del Vehículo fundamental que han alcanzado el cese del sufrimiento, el nirvana limitado—: la de estar liberado del apego a la existencia de un «yo» individual, aunque aún le faltara captar la ausencia de identidad del conjunto de los fenómenos.

Jigme Khyentse Rinpoche recurre a veces a fórmulas impactantes para penetrar en el entendimiento. Con ocasión de un seminario de verano, al que asistía un amigo apasionado por la cuestión de la felicidad, declaró: «Lo que vosotros llamáis generalmente felicidad, nosotros lo llamamos sufrimiento». Una forma de subrayar sin contemplaciones que solemos buscar la felicidad allí donde no está —en la intensidad y la renovación incesante de los placeres, en las ganancias, en las alabanzas, en la fama, en la belleza física, en el poder, etc.—, lo que hace que nos precipitemos alegremente hacia el origen mismo del sufrimiento.

A veces sucede que Jigme Khyentse Rinpoche enseña durante toda una mañana acerca de un tema en apariencia anecdótico, al que, inspirado por las circunstancias del momento, infunde un significado vasto y profundo. Con ocasión de un seminario organizado en México por el monasterio de Shechen, Rabjam Rinpoche y Jigme Khyentse Rinpoche, que comparten una estrecha relación desde la infancia, debían impartir ambos sus enseñanzas. El avión de Rabjam Rinpoche sufrió un retraso, por lo que este no pudo llegar a tiempo para la apertura del seminario. Jigme Khyentse Rinpoche comenzó su enseñanza con estas palabras (cito de memoria): «Estamos esperando a Rabjam Rinpoche, ¿no es así? Pero, a decir verdad, siempre estamos esperando algo en la existencia, a veces algo preciso, otras veces algo indefinido, que se supone que debe colmar unas aspiraciones no formuladas. Este estado de espera crónica alimenta las esperanzas y los temores que turban nuestra mente y que generan un sentimiento de insatisfacción pertinaz». A lo largo de la mañana, desarrolló una enseñanza apasionante en forma de variaciones sobre el tema de la espera.

Yo también me di cuenta de que algunos de los momentos más gratificantes que había vivido llevaban aparejada una ausencia total de esperanzas o de deseos, de la naturaleza que fueran. Hace unos años, me disponía a despegar del aeropuerto de Katmandú para impartir a la tarde siguiente en Ámsterdam una conferencia, que los organizadores habían preparado esmeradamente. Desde allí debía continuar con una visita a Francia. De pronto, el panel de información anunció que el vuelo a Delhi, donde tenía que hacer escala, se había anulado. Fui a preguntar enseguida a las diversas compañías aéreas que operan en Katmandú: era sencillamente imposible estar en Ámsterdam el día siguiente por la tarde. Me sentí disgustado por los organizadores y los llamé para informarles de la situación. Cogí el equipaje y me senté en un banco frente al aeropuerto. Era el final de una tarde de primavera. No había nadie esperándome, ni allí ni en ningún otro lugar. Me había despedido del monasterio, se suponía que había partido de viaje. Contemplaba con una felicidad serena a los viajeros que iban y venían, a los pajarillos que buscaban migajas de alimento por el suelo, al sol que estaba a punto de ocultarse tras las montañas, hacia poniente; escuchaba todo tipo de ruidos, que carecían para mí de un significado particular, que no tenían ningún efecto sobre mi suerte. Libre de cavilaciones, saboreaba con deleite la espontaneidad del instante. «No estaría tan mal», me dije, «si pudiera estar todo el tiempo en un estado de ligereza interior así...». De pensamiento en pensamiento, llegué a los ermitaños errantes que, como Patrul Rinpoche, van de un lugar a otro, sin que nadie les preste atención: no pueden perderse, puesto que no tienen una destinación precisa; no pueden llegar nunca tarde, pues nadie los espera. Al cabo de media hora, me levanté, cogí mi macuto y me volví tranquilamente al monasterio.

*

Los demás miembros de la familia de Kangyur Rinpoche son seres humanos cuyo trato es igualmente enriquecedor, con cada cual a su manera. Rangdrol Rinpoche, el hijo menor de Kangyur Rinpoche, fue reconocido por Dilgo Khyentse Rinpoche como la reencarnación de Tsawa Rinchen Namgyal, un maestro de finales del siglo XIX. En compañía de su hermano mayor, Pema Wangyal Rinpoche, estudió en el Instituto de Altos Estudios Tibetanos de Sarnath, y luego recibió numerosas enseñanzas de los grandes maestros de nuestro tiempo. Enseña regularmente en los retiros de tres años. Practicante excepcional, pasa una buena parte del año de retiro.

Rigdzin Chödrön, la hija mayor de Kangyur Rinpoche, hoy ya de edad avanzada, había aprendido medicina tradicional tibetana de su padre y sanó a innumerables pacientes en Francia y en otros lugares. Su hermana menor, Yangchen Chözom, que es monja, ofrece uno de los mejores ejemplos de abnegación y diligencia que conozco. Parece como si nunca dejara de estar activa, tanto de día como de noche, entregada por entero al cumplimiento de la visión de su padre y de las actividades de Pema Wangyal Rinpoche. La hermana más pequeña, Pema Chökyi, trabaja con ella y pasa también mucho tiempo de retiro.

Así pues, tal y como fui también testigo durante nuestro primer encuentro en 1967, el conjunto de la familia de Kangyur Rinpoche, incluyendo actualmente a las dos hijas de Rigdzin Chödrön que por entonces no tenían más que dos o tres años, Dawa Tsedrön, junto con su marido Étienne, y Dekyi Lhakpa, ofrecen en todo momento un ejemplo edificante de coherencia entre las enseñanzas, la práctica espiritual y la acción. Inspiran a toda la comunidad de los discípulos, que viven diseminados por el valle y las colinas del río Vézère y que se reúnen para las prácticas en común, las enseñanzas y los diversos trabajos.

*

En 1994, Tulku Pema Wangyal pidió a Rabjam Rinpoche que enseñara el *Tesoro de cualidades preciosas*, del que este último había recibido las explicaciones detalladas de Dilgo Khyentse Rinpoche. Durante periodos de diez días, en tres veranos consecutivos, Rabjam Rinpoche explicó los primeros capítulos de este tratado, cuyo comentario se extiende en dos volúmenes de setecientas páginas cada uno. Cuando llegó al noveno capítulo, consagrado a los aspectos filosóficos más complejos de la Vía Media (*madhyamaka*), pidió a Khenpo Pema Sherab, uno de los mejores eruditos de nuestro tiempo, que enseñara este capítulo y los siguientes. Khenpo Pema Sherab fue discípulo de Dilgo Khyentse Rinpoche en el Tíbet y lo acompañó durante su agitada huida con motivo de la invasión china. Llegado a la India, estudió con eruditos que habían conseguido escapar del Tíbet y vivían en campos de refugiados. Se convirtió en doctor en filosofía (*khenpo*) y dirigió en el sur de la India el Colegio de Filosofía de Namdroling (en el monasterio de Penor Rinpoche), en el que estudian tres mil monjes y monjas. Aceptó la petición de Rabjam Rinpoche, con la condición de que yo actuara de intérprete (mantenía una estrecha relación con Khenpo Pema Sherab desde hacía cuarenta años y estaba familiarizado con su manera de enseñar).

Desde 1997, Khenpo, al que por respeto llamamos Khen Rinpoche («Preciado Erudito»), ha venido enseñando tres semanas al año en el Centro de Estudios de Chanteloube, lo que representa en total un año y tres meses de enseñanzas y traducciones cotidianas. Tras concluir el *Tesoro de cualidades preciosas* a lo largo de un periodo de trece años, Khen Rinpoche enseñó otros textos capitales de la tradición Nyingmapa.[1]

Servirle como intérprete ha sido un privilegio, pero también un desafío único. Hace apenas unos años, enseñaba durante cuatro horas seguidas por la mañana y dos horas por la tarde. Yo ojeaba rápidamente el texto por la mañana temprano y Khen Rinpoche enseñaba de nueve a una, con una pausa de quince minutos hacia la mitad. Como traductor, no podía relajar la atención más que unos segundos, a riesgo de perderme una parte de la enseñanza. Khenpo hablaba en periodos de cinco a diez minutos y yo acto seguido reproducía sus explicaciones lo mejor que podía en francés o en inglés. Dado que lo que explicaba era un texto, yo debía mantener la mirada pegada al texto y memorizar al mismo tiempo las explicaciones que él daba. De haber tomado notas, habría perdido el hilo del texto y cualquier intento por recuperarlo habría hecho muy difícil el seguir escuchando. En cuanto yo terminaba, Khen Rinpoche reanudaba sus explicaciones. Debo confesar que, durante buena parte de la sesión de la mañana, evitaba mirar el reloj puesto sobre la mesa, por miedo a ver el tiempo que todavía me faltaba para traducir. No porque fuera reticente a colaborar con aquel enseñante sin igual, sino por la intensa concentración que requería la tarea. Mi resistencia era puesta a prueba. Advertía no obstante que las cosas iban de la mejor manera posible cuando entraba en un estado de «fluir», la experiencia óptima descrita por el psicólogo Csíkszentmihályi, y que tanto la escucha como la traducción se desarrollaban en un espacio tranquilo y abierto, en cuyo seno las palabras y el sentido de las enseñanzas se encadenaban como las notas de una sinfonía.

Afortunadamente, la estructuración y claridad de las enseñanzas de Khenpo Pema Sherab me facilitaban la tarea. Cuando al leer el texto antes de las enseñanzas veía pasajes particularmente arduos, con los que esperaba pasarlo mal para traducirlos, sus explicaciones eran luego tan claras, que raramente me veía en aprietos.

En 2001, Khenpo Pema Sherab estaba en Portugal impartiendo su enseñanza anual en un centro de las colinas del Algarve. Una mañana, cuando fui a buscarlo para desayunar, se señaló la boca con el dedo, dándome a entender que no podía hablar. Había sufrido una isquemia cerebral, una interrupción momentánea del flujo sanguíneo al cerebro, que altera las funciones de este. Más tarde me confesó que el primer pensamiento que le había venido a la cabeza al constatar que había perdido el uso del habla, había sido el de su enseñanza del *Tesoro de cualidades preciosas*, tan brutalmente interrumpido. No se había preocupado más allá de lo debido por su suerte. Fue hospitalizado unos días y, tras unas semanas, por fortuna fue recuperando el habla poco a poco. Desde entonces, los miembros de su entorno lo han convencido de limitar sus enseñanzas a dos o tres horas al día, por la mañana.

En 2019, después de veinte años traduciendo de este modo las enseñanzas de Khenpo Pema Sherab, al que ahora llamamos, tanto por su venerable edad como por el respeto de que goza en el mundo del budismo tibetano, Khen Rinpoche (el «preciado khenpo») o también Khenchen (el «gran khenpo»), pedí a un joven erudito, Khenpo Sonam, que tomara mi relevo. Había estudiado filosofía budista durante trece años, para enseñar luego varios años bajo la égida de Khen Rinpoche. Yo ya había constatado en otras ocasiones que era un traductor sin par, que aunaba un perfecto conocimiento de los textos con un excelente dominio del inglés. En lo que a mí atañe, mi cerebro no tiene ya la vivacidad de antaño y mi oído declina. Además, a pesar del cuidado que pongo en preparar las enseñanzas y en traducirlas, soy muy consciente de que, aunque hablo constantemente en tibetano, me es imposible no cometer ningún error, ya que no es mi lengua materna. Continúo no obstante encargándome de la traducción simultánea al francés para el menor número de oyentes que no entienden el inglés.

A los ochenta y cuatro años, Khen Rinpoche se retiró de sus funciones en el colegio de Namdroling, y desde entonces vive una parte del año en la Dordoña, justo al lado de la casa de mi madre. Ejemplo perfecto de los frutos de una vida consagrada al estudio y a la práctica, de un humor siempre constante y benevolente, emana de él una tranquilidad apaciguadora. Satisfecho en toda circunstancia, tiene muy pocas necesidades. Cuando sus estudiantes del Colegio de Filosofía de Namdroling, en Mysore, que reagrupa a un millar de alumnos (de entre los tres mil monjes del monasterio), quisieron comprarle un coche, él les hizo comprender claramente que no quería ninguno. Comienza sus prácticas bastante antes del alba, para luego pasar el día leyendo textos y paseando por el bosque, una actividad por la que siente particular afición. Cuando visito la Dordoña, lo acompaño todos los días en su caminata de la tarde, junto con Khenpo Sonam y Ani Pema, una monja proveniente del Tíbet que atiende desde hace veinte años a sus necesidades.

Gracias también a las explicaciones de Khenpo Pema Sherab, los traductores del comité de traducción de Padmakara pudieron traducir los textos que enseñó y publicarlos en francés en Éditions Padmakara y en otras lenguas en el extranjero. Estos traductores, que desde hace treinta y cinco años trabajan incansablemente en medio de la tranquilidad de los bosques del Périgord, se cuentan entre los más competentes de nuestro tiempo. A lo largo de los años han publicado una cincuentena de volúmenes de textos mayores del budismo indio y tibetano. Estas publicaciones incluyen clásicos, *El camino hacia la Iluminación* de Shantideva, por ejemplo, acompañado de un comentario en tres volúmenes; guías de práctica espiritual como *El camino de la Gran Perfección* de Patrul Rinpoche; tratados filosóficos como *El ornamento de la Vía Media* de Shantarakshita; biografías, tales como *La vida de Yeshe Tsogyal*. A ello se añaden «sumas» canónicas como las mil quinientas páginas del *Sutra de la entrada en la dimensión absoluta* (traducido del chino), que comienza con una introducción de quinientas páginas, así como transcripciones de enseñanzas orales traducidas del tibetano, *En el corazón de la compasión* de Dilgo Khyentse Rinpoche,[2] por ejemplo. Numerosas traducciones de este comité se han publicado también directamente en inglés, en las Shambhala Publications, así como en español, en portugués y en alemán. Durante todos estos años yo he traducido además del tibetano, al inglés o al francés, una decena de volúmenes de enseñanzas de Dilgo Khyentse Rinpoche, así como textos compuestos por otros autores.[3]

*

Mi viejo amigo Gérard Godet, al que veía tan a menudo cuando yo todavía vivía en París, antes de partir definitivamente hacia Darjeeling, y al que consideraba como un segundo tío, también se había unido a la comunidad de Dordoña, tras abandonar sus actividades profesionales. Profesó los votos monásticos y realizó tres retiros consecutivos de tres años cada uno, para pasar los últimos años de su vida practicando en una pequeña casa muy próxima a la de mi madre. Era uno de los mejores ejemplos del practicante modesto y sincero, apreciado por todos. A su muerte en 2010, permaneció una decena de días en un estado al que los tibetanos llaman *tukdam*, una especie de meditación *post mortem* que se observa en algunos practicantes adelantados, como ya conté al referirme al caso de Sengdrak Rinpoche. El alcalde concedió un permiso excepcional para conservar el cuerpo sin tocarlo durante todo ese tiempo. Al concluir el periodo de diez días, el médico que firmó el certificado de defunción no pudo por menos de constatar que el cuerpo no mostraba señal alguna de descomposición, ni olor ni rigidez cadavérica. Gérard parecía simplemente estar sentado meditando, con los ojos cerrados y los miembros y la piel flexibles. Finalmente, cuando este estado tan particular terminó, mostró todos los signos habituales de la muerte. Aquel día, unas grullas migratorias que volaban como siempre en línea recta, describieron un amplio bucle por encima de la casa. Como coincidencia de buen augurio, lució un doble arco iris en el momento en que el cuerpo de Gérard abandonó su casa en dirección al crematorio.

Tampoco allí las cosas se desarrollaron como de costumbre. Yo no estuve presente, pero varios amigos me han contado la escena muchas veces. Por lo general, la cremación completa del cuerpo requiere veinte minutos, pero al cabo de media hora, la persona que se ocupaba del crematorio salió para informar a Pema Wangyal Rinpoche que el cuerpo todavía no se había consumido. No comprendía qué pasaba. Pema Wangyal Rinpoche le sugirió que siguieran. Al cabo de diez minutos volvió a salir, visiblemente alterado. Invitó a Pema Wangyal Rinpoche y a otro de los allegados a que se acercaran a mirar por la pequeña ventana que daba al interior. El cuerpo seguía visible en medio de las llamas. «¡Hagan algo!», imploró el responsable, desorientado. Pema Wangyal Rinpoche musitó algunas oraciones y, súbitamente, como si de una cerilla encendida arrojada a un charco de gasolina se tratara, el cuerpo prendió y quedó reducido a cenizas en cuestión de segundos. El encargado pidió a nuestros amigos que tuvieran la bondad de no divulgar el incidente, por temor a que la gente pudiera decir que su equipamiento era defectuoso. Para terminar, cuando los restos de la cremación se pasaron por la máquina que los reduce a cenizas, esta se bloqueó: el corazón no se había quemado.

Con ocasión del fallecimiento de Gérard, numerosas personas de las que nunca habíamos oído hablar, así como diversas asociaciones caritativas, se manifestaron para dar testimonio de la ayuda que él les había prestado, sin que ninguno de nosotros estuviera al corriente. La discreción de un corazón puro...

*

Hasta hace dos o tres años, visitaba con regularidad el centro de retiro de Chanteloube para hacer de intérprete y asistir a los seminarios de verano, lo que me daba ocasión para pasar tiempo con mi madre, Yahne Le Toumelin. Ella había participado en el segundo retiro de tres años en la Dordoña y se había establecido luego en el valle del río Vézère a fin de vivir cerca de sus maestros espirituales. Iba a visitarla también cuando hacía algún viaje a Francia. A medida que se ha ido haciendo mayor, he ido pasando más tiempo con ella en la Dordoña. La casa de una planta —que cuenta con una gran sala y su pequeño dormitorio—, de la que tiene el usufructo mientras viva, es un lugar abierto donde los amigos saben que serán afectuosamente acogidos para comer, o para compartir un momento de amistad, o de descanso y afecto, o incluso para recibir una pequeña lección de pintura. La gran sala hacía las veces de taller. A quienes le dicen que es luminosa, responde invariablemente: «Es por el maestro que me ilumina». Durante mis estancias, suelo alojarme en una pequeña cabaña de madera de dos metros y medio por tres metros, contigua a la casa.

Con noventa años de edad, conservaba todavía todas sus facultades y seguía dedicándonos sus perlas de lenguaje. Tengo algunas anotadas. Como no llegó a sacarse el carné de conducir, le gustaba decir: «Yo, en lugar de autodidacta, soy bicididacta». O bien, en una postal enviada por Navidad, escribía: «Ha nacido el Divino Instante, Inmaculado de conceptos». Una mañana, tras una noche en que había dormido poco por culpa de su reumatismo, prorrumpió: «Cómo voy a quejarme de mis huesos, cuando han sido tan buenos conmigo durante tanto tiempo». En referencia a Xavier Emmanuelli, cofundador de MSF, del SAMU y del SAMU social, en colaboración con quien di una conferencia en Périgueux a beneficio de las personas en situación de precariedad alimentaria, auxiliadas por Maison 24, dijo: «Tiene un corazón en cada mano». Cuando estaba afónica, comentaba que tenía «un gato en la garganta», como decimos los franceses, y exclamaba: «¡Sonríe!».* Con noventa y cuatro años, constataba con humor: «Cada vez más soy menos»; y: «El silencio es la lengua del futuro».

En enero de 2016, bajo los auspicios del ayuntamiento de Burdeos, dos amigos bordeleses, Christian Jean, llamado Cazaux, y Patrice Géraudie organizaron una gran retrospectiva de sus obras (setenta años de pintura) en los locales históricos de la Sala Capitular del museo de arte de Cour Mably. Se expusieron setenta cuadros. Con motivo de la inauguración, llegaron amigos de los cuatro puntos cardinales para asistir a la alegre celebración. Ha dejado de pintar desde hace algunos años, tras haber perdido poco a poco la movilidad, así como el uso de la mano izquierda.

Antes de que sus recuerdos se desvaneciesen para siempre, pregunté a mi madre sobre su vida y fotografié varios centenares de sus pinturas en casa de mi hermana en la Dordoña, donde se almacenan buen número de sus cuadros, pero también en casas de coleccionistas, cuya pista encontré. En el otoño de 2016, publicamos en Éditions de La Martinière *Lumière, rire du ciel* («Luz, risa del cielo»), un álbum que rememora los episodios más significativos de su vida y de su obra, acompañados de textos de André Breton, Jean Markale y Michel Bitbol. Anteriormente, en 2011, había publicado un pequeño tratado de pintura con el mismo título (inspirado en el filósofo y poeta italiano del Renacimiento Marsilio Ficino), en Éditions Pauvert.

* «*¡Souris!*»: «¡Sonríe!»; pero también en francés: «¡Ratón!».

Desde 2017, sus facultades cognitivas declinan gradualmente, pero a día de hoy continúa recitando sus plegarias y leyendo en voz alta, tres o cuatro horas al día, libros que elegimos para ella. Canta mucho, con una voz que conserva su timbre asombrosamente cristalino, ya sean cantos budistas, como el *Ave Maria* de Schubert, *La Mer* de Charles Trenet, o canciones que cantaban su madre y su tía en los años treinta y cuarenta, y que nosotros no habíamos oído nunca, como: «Si t'es dans la purée, reviens vers moi…». La memoria a corto plazo se borra para ceder su lugar a escenas y personajes desaparecidos hace cincuenta años y a detalles lejanos que resurgen en su paisaje mental.

Mi madre tiene actualmente noventa y ocho años, y me sobrevivirá tal vez. Mientras tanto, la asisten dos amigas de la comunidad budista de la Dordoña que se alternan en sus cuidados, y yo vuelvo con frecuencia de Nepal para acompañarla durante una parte del año.

*

Ève, mi hermana, vive también una parte del año en la Dordoña. Ocupa una bonita casa a cinco kilómetros de la de mi madre. Enfermó precozmente de Parkinson, con cuarenta y dos años de edad, y reaccionó con gran valor, como se aprecia en sus conmovedores relatos *Parkinson Blues* y *Une étoile qui danse sur le chaos*.[4] Los jóvenes enfermos de Parkinson no cuentan con el beneficio de la ayuda social destinada a otros trabajadores con invalidez (trabajo a media jornada, etc.), pues es una enfermedad que afecta principalmente personas de edad avanzada, que por lo general han dejado ya de trabajar. A pesar de su patología, Ève continúa ejerciendo su oficio de ortofonista y dedicándose a tiempo completo a, como ella dice, «niños no muy tratables, de los que no se ven en las fiestas de cumpleaños».

A pesar de sus treinta y seis años de servicio en el hospital de Sainte Anne y en otras instituciones del ayuntamiento de París, y de su entrega a los niños desfavorecidos de los que se ocupaba, a Ève la mantuvieron en su condición de interinaje temporal: vacaciones sin sueldo, contrato nuevo de principiante a cada temporada… Según la ley, deberían haberla hecho titular al cabo de dos años, pero la administración hizo oídos sordos a sus solicitudes. Finalmente, por una ironía del destino, ¡la nombraron titular dos años antes de retirarse! Y para por fin obtener esta condición, hubo de someterse con cincuenta y ocho años a un examen ante jóvenes ortofonistas con muchos menos años de experiencia profesional que ella. Uno de los examinadores le preguntó:

—¿Cuál es, para usted, la cualidad principal que debe poseer un ortofonista?

—¿En lo personal o en lo profesional?

—Una cualidad personal.

—Ser afectuosa.

Ève destacó que la respuesta le había venido de inmediato a la mente y que le había parecido evidente.

Un día, se dio cuenta casualmente de que uno de los niños a los que acompañaba desde hacía más de un año había aprendido por fin a leer, pero fingía no saber todavía. La razón de su disimulo era de lo más simple y conmovedor: no quería verse privado de una presencia acogedora, afectuosa y tranquilizadora, algo que tanto le faltaba en la vida.

La esperanza de una apertura está siempre presente, como en el caso de aquel niño que no escribía más que insultos y que, un buen día, descubrió con Ève la belleza de las palabras. Finalmente, dejó la tiza y declaró, maravillado: «Más adelante, quiero ser *poema*».

«La dama de las palabras», así la llamó uno de esos niños para quienes las palabras son un misterio y sufren por no poder utilizarlas más, o por no poder hacerlo mejor, por no poder abrirse a la lectura, a la escritura, a todo un vasto mundo. Este sobrenombre se convirtió también en el título del libro que escribió Ève para compartir su experiencia con ellos. Un primer editor le devolvió el manuscrito de *La dama de las palabras* unos días después de haberlo recibido, aduciendo que «era evidente que la autora no había entendido nada de los niños, y que no se escribía un libro con buenos sentimientos». Mi editora y amiga Nicole Lattès fue lo bastante sabia como para publicar este libro, rico en enseñanzas. Me parece que Ève ha entendido a los niños de un modo que uno desearía ver extenderse por este mundo, y que «con buenos sentimientos» se puede no solo escribir un libro, sino edificar una existencia entera.

El homenaje más hermoso que recibió Ève se lo rindió sin duda Lala, una de sus antiguas alumnas, quien coincidió con ella al cabo de algunos años, después de haber encontrado trabajo y de haber fundado una familia. Llevaba una vida equilibrada y feliz, y le dijo simplemente: «Hicimos todo un camino juntas».

Ève y Yann, su marido, me ofrecen una lección de vida constante, que transmiten mediante el ejemplo, a cada instante, con sencillez, perseverancia y dignidad. Ève me enseña lo que es tener ánimo; Yann, a ser solícito. La entereza de Ève no consiste tan solo en hacer frente con fortaleza a una enfermedad que la pone a prueba y de la que sabe que no se curará, sino en haber adoptado y mantenido sin flaquear una visión y una actitud positiva y resiliente con respecto a la dolencia que padece: «Sé que tengo una enfermedad», dice, «pero yo no soy esa enfermedad, ni lo seré». Al negarse a identificarse con la enfermedad, ha abierto para sí un espacio de libertad para vivir, crear y amar. Ève cuenta también con la bendición de dos hijos que la quieren, Raphaël y Guillaume, y unos nietos encantadores, Amaya, Akiko, Elio y Esther, de los cuales soy por tanto tío abuelo.

Por grandes que puedan ser el padecimiento y el dolor físico, con frecuencia intenso —con seis meses de intervalo tuvo que someterse a una grave operación de la columna vertebral y se fracturó las dos caderas—, nunca he visto a Ève manifestar un cambio brusco de humor, ni un ápice de ira o de desmoralización. No se aprecia en ella el menor rastro de resentimiento. «Esta enfermedad», escribí en el prefacio de *Una estrella sobre el caos*, «la has tomado entre tus manos como una virtuosa que se encuentra en el camino un instrumento estropeado y sabe sacar de él una melodía emocionante, que nos sorprende y nos transporta».

*

Atesoro una gran riqueza en mis parientes y amigos, una riqueza que me colma de gozo. He conocido a innumerables personas que llevan una «buena vida», constructiva, personas que hacen el bien en su entorno y que manifiestan cualidades humanas loables, por no decir excepcionales. De modo que es posible actuar conjuntamente para ir hacia un mundo más altruista, una sociedad más solidaria y una humanidad más consciente de lo que está en juego con respecto al futuro del planeta y el de la biodiversidad en su conjunto. Este *samsara* más ético y responsable es infinitamente mejor que un mundo en el que reinaran la animosidad, el egoísmo y la indiferencia.

Pero por deseable que sea este mundo en tanto que el mejor de los posibles, aún puede serlo mucho más si aprendemos a poner remedio a las causas profundas del sufrimiento. A la vista de aquello de lo que he sido testigo junto a mis maestros espirituales y a la luz de las enseñanzas que he recibido, no me parece muy factible, en efecto, reelaborar un *samsara* revisado y corregido, que seguiría siendo el *samsara*, es decir, el mundo condicionado por el sufrimiento. El *samsara* no es reparable, ni sirve de nada presentarlo bajo un aspecto halagador, no más de lo que serviría repintar un muro en ruinas. Es sumamente loable y deseable ser un ser humano bueno y comportarse con dignidad, generosidad, honestidad, simplicidad e inteligencia, pero si no se actúa desde la raíz del sufrimiento, por mucho que podamos encontrar una satisfacción legítima en el éxito de nuestras acciones altruistas, pronto nos veremos atrapados por la subida de las aguas de la insatisfacción y de la frustración.

Con ocasión de uno de los seminarios de verano impartidos en Dordoña por Jigme Khyentse Rinpoche, en lo más intenso de la canícula estival, una mujer manifestó esta observación: «Tengo que confesar que, más que de seguir escuchando las enseñanzas, de lo que tengo ganas de verdad es de dar un paseo en canoa por el río Vézère y bañarme en un remanso tranquilo». Jigme Khyentse Rinpoche respondió más o menos en estos términos: «Imagino que, en la idea de ir a buscar el frescor del río Vézère, subyace el deseo más que comprensible de encontrarse mejor. Pero, más allá de esta aspiración inmediata, ¿qué le impulsa a ello?». «El deseo de bienestar», contestó la persona aludida, tras un instante de reflexión. «Muy bien, y ese bienestar puede adoptar diferentes aspectos, niveles y grados de duración, ¿no es así? ¿Cuál es, pues, el objetivo de las enseñanzas del Dharma?». Y durante el resto de la mañana, Jigme Khyentse Rinpoche desarrolló diversas facetas de una clara enseñanza que permitía distinguir el bienestar palpable pero efímero, ligado a las sensaciones, de un bienestar más amplio y duradero, nacido de la eliminación de las causas latentes de las frustraciones y sufrimientos que sin cesar se renuevan en la existencia. «En esencia», concluyó, «la enseñanza del Dharma es un remedio fundamental para el sufrimiento».

Así pues, pueden escribirse tratados enteros sobre la manera de llevar una «buena» vida. Es una tarea eminentemente necesaria en estos tiempos de turbación, y los escritos de interés general que humildemente he compartido son unas gotas añadidas al océano. Pero es indispensable ofrecer puntos de referencia acerca de lo que pueda ser una emancipación real de las causas primeras del sufrimiento, una vía que yo he elegido tomar, por la que me falta un inmenso camino por recorrer, aunque tengo el sentimiento de hallarme en la dirección que me permite realizar mi potencial y emplear de la mejor manera posible el tiempo que se me ha dado en esta vida. He intentado expresar este punto de vista en unas palabras, como conclusión a *En defensa de la felicidad*:

> La felicidad, a todo el mundo (o casi) le interesa. Pero, ¿a quién le interesa la Iluminación? Esta palabra parece muy exótica, vaga y lejana. Sin embargo, la única felicidad verdadera es aquella que va de la mano con la erradicación de la ignorancia, y por tanto del sufrimiento. El budismo llama Iluminación a un estado de libertad última que lleva aparejado un conocimiento perfecto de la naturaleza de la mente y de la del mundo de los fenómenos. El agotado viajero ha despertado del sueño letárgico de la ignorancia, y las deformaciones de la psique han dado paso a una visión justa de la realidad. La escisión entre un sujeto y un objeto dotado de existencia propia se ha desvanecido en la comprensión de la interdependencia de los fenómenos. [...] El sabio se da cuenta de que todos los seres tienen el poder de emanciparse de la ignorancia y de la desdicha, pero que lo ignoran. ¿Cómo no experimentaría entonces una compasión infinita y espontánea por todos aquellos que, engañados por los sortilegios de la ignorancia, caminan errantes en medio de los tormentos del *samsara*?
>
> Aunque este estado pueda parecer muy alejado de nuestras preocupaciones corrientes, ciertamente no queda fuera de nuestro alcance. [...] De la leche se origina la mantequilla, pero la leche no producirá mantequilla si se la deja sin más a su suerte; hay que batir la nata. Las cualidades de la Iluminación se manifiestan al final de la larga transformación que constituye el camino espiritual. Esto no significa sin embargo que haya que sufrir el martirio hasta que un día lejano e improbable uno alcance de pronto la beatitud de la tierra prometida. En realidad, cada etapa significa un acercamiento a la plenitud y a la satisfacción profunda. El viaje espiritual es comparable a viajar de un valle a otro valle: la superación de cada paso de montaña revela un paisaje más magnífico que el anterior. [...] En el seno de la Iluminación, más allá de la esperanza y de la duda, la misma palabra «felicidad» carece ya de sentido. Las sombras de los conceptos se han evaporado al salir el sol de la no-dualidad. [...] Quien ha percibido la naturaleza última de las cosas es como el navegante que desembarca en una isla enteramente formada de oro fino: aunque busque guijarros normales, no los encontrará.

En ocasiones me han dicho: «Lleva usted una vida muy fácil en su retiro de ermitaño: sin familia, sin una casa que mantener, sin horarios que respetar, sin un entorno profesional difícil de soportar. Es usted un privilegiado». Privilegiado es posible, pero ¿en qué sentido? No soy ningún *golden boy*, ningún heredero afortunado dándose la gran vida al borde de una piscina en California. A la edad de veinte años, tomé la decisión de abandonar mi profesión, inspirado por otra forma de vivir, y elegí lanzarme en pos de una vida nueva, diferente, sin ninguna presunción en cuanto a mi porvenir material, sino con la única aspiración de compartir el día a día de un maestro espiritual.

Me siento privilegiado, en efecto, por haber conocido a las personas que han orientado mis opciones vitales y por haber tomado esta decisión lo suficientemente joven como para poder poner plenamente en práctica mis aspiraciones. No fue una opción por lo fácil: objetivamente, los años de Darjeeling, pasados en una habitación de tres por tres metros, sin electricidad, ni agua corriente ni calefacción, fueron como mínimo austeros. Sin embargo, desde mi punto de vista, fueron años hermosos y felices, ricos y fecundos. Cuando lo abandoné todo, me lancé sin «salvavidas», no podía contar más que con lo poco que tenía, y las cosas podían no haber salido tan bien.

Yo no sé si, desde 1972, estoy de vacaciones o no lo he estado nunca. Vivo al día. Tanto si me dedico a la práctica espiritual, como si trabajo en cualquier proyecto, para mí no existen sábados ni domingos. Hago lo que me apasiona, lo que me importa en el alma, sin contabilizar esfuerzos, sino a mi ritmo.

Por atípico que pueda parecer un recorrido vital como el mío, ¿y si mis experiencias personales y todo aquello de lo que he sido testigo pueden resultar útiles a mis semejantes, de la manera que sea? El hecho de haber gozado mucho viviendo la vida que he vivido podría ciertamente atribuirse a un temperamento despreocupado y complaciente, pero yo pienso más bien que esta conformidad interior nace de cierto número de factores que están al alcance de cada uno de nosotros, si tal es la voluntad de cada cual.

Lo que por encima de todo me parece esencial es ser siempre coherente con aquello que más nos inspira. Las circunstancias pueden parecer desfavorables para la realización de nuestras aspiraciones, pero con determinación y perseverancia, en la mayoría de los casos es posible superar los obstáculos y alcanzar nuestros fines. Sean cuales sean las condiciones de partida, si la dirección está clara en nuestra mente, todo es posible. Como nos lo recuerda el adagio: «Donde hay voluntad, hay un camino».

LOS LIBROS

De izquierda a derecha, Khenpo Pema Sherab (gran erudito, antiguo discípulo de Dilgo Khyentse Rinpoche), a los 84 años de edad; Jigme Khyentse Rinpoche (el hijo menor de Kangyur Rinpoche), y Pema Wangyal Rinpoche (el hijo mayor).

Jetsun Jampa Chökyi «Amala», la mujer de mi primer maestro, Kangyur Rinpoche. Aquí aparece con 73 años de edad, posando con su hija, su nieta y una de sus bisnietas. Dechen, 1995.

Yahne, mi madre, con 95 años de edad, siempre tan chispeante de vida. 2018.

PARTE VII

RETORNO A LAS FUENTES

CAPÍTULO 50

LA CIUDADELA DEL LEÓN DE LAS NIEVES

Rabjam Rinpoche me lleva en peregrinación a Sengue Dzong, lugar mítico entre todos, en el nordeste de Bután. Tras una ardua marcha a través de una selva semitropical, descubrimos el circo de la Ciudadela del León de las Nieves, a más de 4.000 m de altitud.

Quedaba en Bután un lugar mítico entre todos por el que Rabjam Rinpoche y yo sentíamos vivos deseos de descubrir: Sengue Dzong, la «Ciudadela del León de las Nieves». Se trataba de un peregrinaje que despertaba sentimientos particularmente entrañables en Rabjam Rinpoche, pues representaba el cumplimiento de un voto de Dilgo Khyentse Rinpoche, quien había expresado varias veces el deseo de visitar el lugar. Solo habría podido llegar en helicóptero, debido a las grandes dificultades que presenta el acceso a un emplazamiento ubicado a gran altitud, conocido por sus bruscos cambios meteorológicos, que hacen que los vuelos sean arriesgados. El rey de Bután, preocupado por la seguridad de Dilgo Khyentse, le había desaconsejado respetuosamente emprender aquel viaje.

Nosotros lo hicimos en abril de 2005, con el permiso del rey, sin el cual no era posible en aquella época visitar este lugar particularmente sagrado y recóndito, localizado en el este de Bután, en la provincia de Kurtö, muy cerca de la frontera tibetana.

Desde Paro, necesitamos tres días de coche para atravesar el Bután central, la provincia de Bumthang, el valle de Ura y los impresionantes bosques primigenios de árboles inmensos y poblados por una multitud de especies de aves, algunas de ellas endémicas. Los tigres, que pueden encontrarse hasta los 4.000 m de altitud, atraviesan en ocasiones estos espesos bosques. Esta afortunada circunstancia, única en el mundo, se debe a la situación excepcional de un país cuya constitución exige que se preserve intacto no menos del 60 % del ecosistema natural del territorio, lo cual permite a estos felinos transitar sin obstáculo desde las selvas subtropicales al sur, que señalan las zonas fronterizas con la India, hasta el límite de las nieves perpetuas al norte.

Nuestro trayecto por carretera finalizó en el *dzong* de Lhuntse, en la provincia de Mongar. Este *dzong* se encuentra encaramado en lo alto de una elevación boscosa que domina el río Kuri Chu. A la mañana siguiente, al alba, nuestro pequeño grupo de peregrinos se puso en marcha. Estaba constituido por Rabjam Rinpoche, naturalmente, acompañado por dos de sus monjes, tres jóvenes butaneses de su entorno, una discípula china que hablaba fluidamente el tibetano y por mí. Tras franquear un puente colgante de aspecto arcaico, atravesamos el pequeño pueblo de Khorma, que contaba con apenas cincuenta casas, último conjunto de viviendas que íbamos a encontrar hasta el final del viaje. Algunos lugareños reconocieron a Rinpoche y le pidieron su bendición. A la salida de Khorma, nos cruzamos con una aldeana que, al vernos caminar alegremente con nuestras pequeñas mochilas a la espalda, exclamó: «¡Pobres! ¿Cómo harán, si no llevan casi nada?». Conocía sin duda la dura excursión que nos esperaba, pero no sabía que detrás de nosotros, a un cuarto de hora de intervalo, venía una caravana compuesta por una decena de mulas cargadas con tiendas y víveres, y conducida por cinco o seis soldados que el rey nos había asignado para cuidar de Rabjam Rinpoche y sus compañeros de ruta.

Caminamos durante dos horas a lo largo del turbulento río Khorma Chu, para luego penetrar en una jungla exuberante. Los árboles inmensos formaban una bóveda esmeralda desde la que se derramaban, aquí y allá, torrentes de luz. El tupido sotobosque, sembrado de troncos de árboles en descomposición, de musgo y de orquídeas, estaba recorrido por riachuelos que se ramificaban y extendían formando interminables barrizales.

Con un bastón en cada mano, con la túnica monástica enrollada hasta media pantorrilla y equipado con calzado para caminar, tenía que ir saltando de piedra en piedra —con la esperanza de que no rodaran bajo mis pies—, pasar lo más deprisa posible por encima de un tronco de árbol estrecho y medio podrido y, antes de que este se desmoronara bajo mi peso, localizar el siguiente tronco o una piedra apenas visible y llegar al punto elegido dando una gran zancada. ¡Más valía no distraerse! Pudimos superar tan peligrosa gimnasia no del todo mal: con el transcurso del tiempo, incontables viajeros y pastores habían ido disponiendo piedras y palos en los lugares adecuados entre el fango.

El bosque estaba poblado por aves de extraño canto: el tucán, cuyas llamadas sonoras y melodiosas resonaban desde todas las direcciones; la urraca del Himalaya, de graznido disonante, cuya inmensa cola ondea, a modo de estola de azules plumas deslizándose sobre el verdor, cuando alza el vuelo inesperadamente a pocos metros del caminante. Grandes mariposas pasaban como flores arrastradas por la brisa. No menos hermosos, pero más peligrosos para quienes tienen con ellos un encuentro de improviso, están los osos que también habitan la región; por fortuna, no nos cruzamos con ninguno.

A decir verdad, las sanguijuelas se revelaron más temibles. Pululaban por millares. A modo de finas lenguas negras, se erguían cimbreantes sobre las hojas de los laterales y las hierbas del camino, como si hubieran presentido nuestro paso, o bien se descolgaban sobre nuestras cabezas desde las ramas de los árboles. Todas las mañanas, algunos de nosotros nos friccionábamos los pies y las pantorrillas con sal, a fin de que aquellas depredadoras no se nos incrustaran en la carne. Pero siempre había algunas que se escurrían bajo la ropa. Su mordedura era indolora en el momento, y solo advertíamos su presencia cuando veíamos la sangre deslizarse a lo largo de la pierna o aflorar a través de la camisa. Las arrancábamos pasando con cuidado la uña por debajo de su punto de fijación para evitar matarlas. Al atardecer, buscábamos las que se habían infiltrado por debajo de la ropa. En cualquier caso, no es nada de gravedad, como mucho la mordedura pica un poco durante una semana, pero las sanguijuelas no representan ningún peligro, ni transmiten parásitos a los seres humanos. Las mulas no tenían manera de defenderse contra ellas, por lo que no tardaban en quedar ensangrentadas, sobre todo en las zonas donde tienen la piel más fina, en las patas, en torno a los ojos y en los ollares.

Durante doce horas, la alternancia de subidas y bajadas parecía no tener fin. Las depresiones del terreno, que nos llevaban en ocasiones a la orilla de un torrente, no suponían ningún alivio: además de las precauciones que había que tomar para acometer aquellas pendientes a veces delicadas, descendíamos conscientes de que luego habría que recuperar toda la altitud perdida.

Cayó la noche y se puso a llover. Desde que habíamos penetrado en el bosque, no habíamos encontrado ningún lugar en el que poder detenernos para acampar, pero al llegar el crepúsculo, se había abierto de pronto un claro en la vegetación y aparecieron pequeños campos cultivados formando terrazas. Más abajo, una profunda garganta hendía el valle boscoso, abriendo una cortada vertiginosa. En la vertiente opuesta, una gran cascada se precipitaba hasta el torrente, como una cinta de seda blanca que se desplegaba lentamente contra la pared sombría.

Descubrimos una aldehuela que contaba en total con tres pequeñas casas. Bajo el tejadillo de un granero se apilaba una gran cantidad de leña. La campesina que reinaba en aquel hogar, Am Phurba, acogió con solicitud a Rabjam Rinpoche y sus acompañantes.

Elaboraba espléndidos tejidos de hilo de seda muy coloridos, llamados *kishuthara*. Según la complejidad del motivo, una gran pieza puede representar de tres meses a un año entero de trabajo. Su venta permitía asistir a las modestas necesidades de la familia. Tras prepararnos una cena reconstituyente, Am Phurba cubrió su labor de tejido con una gran tela, su marido echó ceniza sobre las brasas y pronto toda la casa se durmió. Tan solo el lejano rumor del río y el tictac de un gran despertador indio, que señalaba las horas por aproximación, habitaban el profundo silencio de la noche.

Con los primeros resplandores del alba, todo el mundo se levantó, a excepción de los dos más pequeños de la familia, que siguieron durmiendo en la cama de sus padres. Cada cual se aprestó de inmediato a sus tareas cotidianas: había que reavivar el fuego, disponer las ofrendas en el pequeño altar doméstico, ir por leña y por agua, preparar algo de comer y sacar a los animales.

Am Phurba no tardó en sentarse delante de su tejido. La lanzadera iba y venía con un ritmo tan fluido y regular, que parecía moverse sola, como por arte de magia. De vez en cuando, la tejedora ataba sin vacilación nuevos hilos de seda de colores vistosos, haciendo nacer bajo sus dedos el motivo complejo que tenía en mente. Mientras tejía, charlaba con nosotros.

Pero había llegado el momento de despedirnos de aquella encantadora familia que con tanto afecto nos había acogido, y reanudamos la marcha. Aquella mañana, en aquel remanso perdido en medio del bosque semitropical, nos encontramos con algunos yaks que pacían en un sotobosque pantanoso. ¿Cómo habían llegado hasta allí aquellos animales que habitualmente viven en los altos pastos, en territorio de los nómadas? Pronto distinguimos unas cabañas ocupadas por dos familias tibetanas. Los padres habían huido de la invasión china más de treinta años antes con una docena de yaks y se habían instalado allí, donde llevaban una vida sencilla y austera en aquellas precarias chozas. Nos ofrecieron suero de leche, del que tenían excedente en verano, estación durante la cual batían mantequilla a lo largo de todo el día.

Al caer la tarde, instalamos el campamento en un claro a orillas del río. Nuestros acompañantes recogieron madera muerta para encender fuego y preparar cena caliente. Extendimos sobre el suelo varias capas de ramiza de pino, cuyas largas agujas formaban una mullida alfombra. Un búho marcaba de vez en cuando una ruptura en el silencio con su «¡buh!» grave y altivo.

Durante la mañana del tercer día, salimos por fin del bosque y, girando oblicuamente hacia el oeste, bordeamos un torrente cuyos borbotones de espuma rompían contra enormes bloques negros que pulían desde hacía siglos. Se formaban remolinos en torno a fosas invisibles, para salpicar en forma de fina lluvia plateada en medio de la cual vibraban todos los colores del arco iris. Durante las horas que siguieron, encontramos las primeras placas de nieve. El sendero se había vuelto más abrupto y ascendía zigzagueando entre enormes rocas. La ascensión duró buena parte de la tarde; yo tenía que detenerme con frecuencia para recuperar el aliento.

La vegetación cambiaba rápidamente. Gencianas amarillas y azules, edelweiss y enebros habían reemplazado a las especies tropicales. Llegamos a un altiplano verde atravesado por un torrente que tuvimos que cruzar varias veces haciendo de equilibristas sobre los troncos de árbol arrojados en medio de su curso. Finamente, ascendimos por una suave cuesta hasta lo más alto del camino, el paso de las Prosternaciones, donde, como manda la tradición, nos prosternamos tres veces con reverencia, pero también con fascinación, en dirección hacia la «Ciudadela del León de las Nieves». Una cincuentena de banderas de plegarias fijadas sobre largas estacas de bambú ondeaban al viento. A continuación, descendimos hacia el majestuoso circo, una gran extensión abierta entre paredes rocosas dominadas por crestas cubiertas de nieves perpetuas. Fue en este lugar santo y retirado, de esplendor primigenio, donde en el siglo IX meditó Padmasambhava, mientras Yeshe Tsogyal, «Reina del Océano de Sabiduría Primordial», su principal discípula y compañera espiritual, se entregaba a la ascesis en una cueva perdida en medio de la nieve, en una zona de las montañas todavía más alta. El circo forma un círculo casi perfecto que contiene una llanura de brezos y de bosques de abetos, a 4.500 m de altitud. Por el centro serpentea un río de azulados reflejos. Hacia la derecha, a unos dos kilómetros, resplandecía bajo el sol un pequeño templo instalado sobre un espolón rocoso, como una pepita de oro en su estuche de montañas negras, construido para engastar la cueva de Padmasambhava.

Después de haberlo pasado mal durante la ascensión, caminaba con paso ligero, imbuido de una alegría renovada. Cada piedra, cada árbol, todo parecía eminentemente presente, todo era como de una realidad más viva e intensa. Las cumbres nevadas estaban bordeadas de promontorios que se inclinaban hacia el centro del llano. Parecían elefantes yacentes que ofrecían su lomo a quien deseara cabalgar sobre ellos, o unos leones orgullosamente plantados que desafiaran al viajero intrépido. El llano propiamente dicho dibujaba una flor de loto de ocho pétalos, y el cielo se recortaba por encima de las blancas crestas a la manera de un *gankyil*, una «rueda de la alegría». Diversos cursos de agua surcaban los prados, en medio de los cuales se extendía como en reposo un pequeño lago de color turquesa, como una copa de ambrosía ofrecida en plena naturaleza. Las capas de bruma envolvían las vertientes y se adherían a las copas en forma de sombrilla de los grandes pinos. Hacia el cielo se elevaban los picos almenados y las aristas dentadas, como olas cuyo movimiento tumultuoso hubiera quedado fijado en la piedra. El paisaje entero desprendía una impresión de paz y de una majestuosidad inmutable. En ningún otro lugar he tenido tan claramente el sentimiento de hallarme en el «fin del mundo». Cada roca, cada cueva, cada río, cuenta una historia que se remonta a los orígenes. La tierra es sagrada, el cielo es sagrado. Al caminar, en ocasiones hacíamos levantar el vuelo a unos faisanes variopintos que aleteaban a toda velocidad. Tan solo una veintena de ermitaños habitaban en el circo. Los leopardos de las nieves, tan feroces como raramente visibles, recorren las alturas rocosas.

En apenas tiempo, el cielo se tapó y comenzó a nevar. Después de plantar rápidamente las tiendas, mientras nos apretujábamos en torno a un fuego de leña, una docena de siluetas rojas se perfilaron a través de los copos de nieve. Eran los practicantes de retiro del valle que, al enterarse de la llegada de Rabjam Rinpoche, venían a su encuentro. Se sentaron en círculo a su alrededor y le pidieron que les impartiera una enseñanza para establecer un vínculo espiritual. A medida que Rabjam Rinpoche les hablaba, los copos iban acumulándoseles en la ropa, hasta que el blanco de la nieve predominó sobre el rojo de sus túnicas. Acto seguido se despidieron y desaparecieron tras la cortina de nieve.

Al anochecer, me vi aquejado por una fiebre muy alta que por suerte no duró más que una noche, pero que inquietó un poco a Rabjam Rinpoche. A la mañana siguiente, un cielo azul inmaculado resplandecía sobre el circo y nos pusimos en ruta, atravesando las praderas que llevaban, a media hora de camino, hasta el pequeño templo en el flanco de una roca, en el interior del cual se hallaba la entrada de la cueva de Padmasambhava. Un altar albergaba estatuillas de barro descoloridas y textos sagrados ante los que había dispuestas diversas ofrendas. Sobre el suelo de oscura madera barnizada se reflejaba un juego de sombras y luces. Las paredes estaban adornadas con algunos *thangkas* enmarcados de brocado cuya pintura se veía desteñida. En el aire flotaba un ligero perfume de pino y de enebro, mezclado con incienso. Recitamos unas plegarias y nos recogimos en silencio.

Se preparó una ofrenda de incienso a orillas del pequeño lago cristalino que espejeaba cerca del templo. Se apilaron ramas de enebro empapadas en el agua del lago sobre un fuego de leña, en el que crepitaba la harina de cebada con mantequilla, miel y melaza. Se elevaban densas volutas de olores suaves en las que visualizábamos una infinidad de flores multicolores, joyas centelleantes, alimentos de cien sabores, perfumes y músicas que llenaban los cielos como ofrenda a los budas del presente, del pasado y del futuro, a modo de dones sin fin, imbuidos de la intención de aliviar los sufrimientos de la infinidad de los seres, y aportarles paz y felicidad.

Esperábamos poder llegar también hasta el lago Negro y el lago Blanco, situados a más de 5.000 m de altitud, para visitar la cueva en que Yeshe Tsogyal alcanzó la conciencia suprema de la naturaleza de su mente. Pero los ermitaños nos informaron de que era imposible en aquella época del año: el camino estaba cubierto por más de un metro de nieve y el ascenso era arduo.

Tras haber pasado dos noches y aprovechado los esplendores que se nos ofrecían, acometimos el camino de regreso con el espíritu y el paso ligero. El descenso siempre es más fácil, y la vuelta nos pareció mucho más cómoda. ¿O eran los beneficios revitalizantes de aquel lugar celestial los que nos daban alas?

Cuando al cabo de dos días llegamos de vuelta a Khorma, los aldeanos habían tenido ya noticia de la peregrinación de Rabjam Rinpoche y le pidieron que les diera la bendición para una larga vida. Así lo hizo. A continuación rindió visita a un estrecho discípulo de Dudjom Rinpoche, Lama Namdröl Sangpo, conocido con el nombre de Khorma Rinpoche, a quien yo ya había conocido en Nepal y que vivía desde hacía diez años en una ermita de bambú, más arriba del pueblo. Le había hecho llegar a Rabjam Rinpoche la petición de que fuera a visitarlo a su retiro, y tuve ocasión de acompañarle. Pasamos algunos momentos espiritualmente enriquecedores y humanamente valiosos en compañía de aquel monje ermitaño que respiraba una serenidad madurada a lo largo de tantos años de práctica. A petición suya, Rabjam Rinpoche le dispensó también una bendición de larga vida.

Después de una noche de descanso en el *dzong* de Lhuntse, reanudamos la marcha hacia Paro. Con el corazón rebosante de aquella enriquecedora peregrinación, al llegar a la tranquilidad de la morada de Rabjam Rinpoche en Satsam Chörten, tuve la idea de un pequeño cuento espiritual, *La Ciudadela de las Nieves*,[1] que escribí durante las semanas que siguieron.

CAPÍTULO 51

PEMAKO, EL LUGAR EN FORMA DE FLOR DE LOTO

Me dirijo con emoción a la zona india de Pemako, tierra sagrada en la que Kangyur Rinpoche vivió cuatro años y fue el único en el siglo XX en alcanzar su lugar más secreto, el *yangsang*.

Pemako constituye un gran territorio, con una superficie de unos treinta mil kilómetros cuadrados, situado a caballo entre el sudeste del Tíbet y el norte del estado de Arunachal Pradesh, en la India. Tras partir de sus fuentes al pie del monte Kailash, el Brahmaputra atraviesa los altiplanos y contornea las nieves perpetuas del Namcha Barwa (a 7.756 m), para adentrarse por fin en el territorio sagrado de Pemako, donde el majestuoso río se transforma en un gigantesco torrente que se precipita entre las montañas y, veinte kilómetros más adelante y 2.700 m más abajo, resurge tumultuosamente entre gargantas. No fue hasta 1998, tras una serie de aventuras extraordinarias y de ocho expediciones a estas regiones de acceso casi imposible, cuando tres exploradores, Ian Baker, Hamid Sardar —quienes vivieron mucho tiempo en Katmandú y fueron discípulos de Chatral Rinpoche— y Ken Storm lograron al fin llegar hasta las legendarias «cascadas ocultas» situadas en el gran bucle que forma el Brahmaputra. Para alcanzar este lugar mítico, tuvieron que abrirse camino a través de bosques infestados de sanguijuelas y salvar las abruptas cortadas de las gargantas del gran río. Aunque los habitantes locales ya conocían las cascadas, su hazaña se anunció como el último gran descubrimiento geográfico que quedaba por realizar en el siglo XX.[1]

Desde hacía cincuenta años soñaba con poder visitar algún día la región de Pemako, ver ese lugar con mis propios ojos y entrar en intimidad con su potencia. Kangyur Rinpoche y su familia hablaban muy a menudo de los cuatro años, benditos entre todos, que habían pasado allí, de 1956 a 1960, última etapa de su exilio del Tíbet con destino a la India. Un lugar fuera del mundo, una «tierra oculta», un *beyul*, término con que en tibetano se designa a estos lugares eminentemente sagrados la potencia de cuyas bendiciones está en proporción con la dificultad de acceder a ellos. Se dice que ciertas partes de estas «tierras ocultas» son «muy secretas» y se las llama *yangsang*, y que no son accesibles más que para algunos seres que han alcanzado una profunda realización espiritual. Los seres corrientes pueden pasar días en sus contornos buscándolos sin encontrarlos, topándose con obstáculos insuperables. Para quienes tienen la gran fortuna de descubrirlos y penetrar en su seno, estas tierras son portadoras de potentes poderes de transformación: les permiten progresar rápidamente hacia la Iluminación, si es que no la han alcanzado ya. Pemako es uno de estos altos lugares.

Según una predicción, el maestro espiritual de Kangyur Rinpoche, Jedrung Rinpoche, debía dirigirse al *yangsang* de Pemako. Sin embargo, las circunstancias no le permitieron hacer que se cumpliera esta predicción. Kangyur Rinpoche le prometió que él iría en su lugar, lo cual hizo dos veces. Contó a su familia que reinaba en este lugar una serenidad inefable. Los animales salvajes se acercaban a él sin temor, algunos de ellos murieron junto a él, como en meditación. Cada día, unos arcos iris tendían un puente luminoso entre la tierra y el cielo. Con motivo de otra expedición, Ian Baker y un pequeño grupo de exploradores habían logrado visitar el lugar más sagrado accesible a los peregrinos, el «Palacio de Vajrasattva», Dorsem Phodrang, una impresionante montaña monolítica de roca negra, rodeada por ocho lagos también sagrados. Desde allí había esperado abordar la región «muy secreta», *yangsang*. Pero únicamente Kangyur Rinpoche pudo acceder a ella en el siglo XX.

En 1994, Raphaële, a quien nada detiene, consiguió llegar a la región de Pemako. Desde Lhasa, y después de atravesar en secreto la región de Kongpo, situada al sur del Tíbet, viajó en el remolque de un camión de patatas. Al llegar a las proximidades de un puesto de control, sus compañeros de viaje la escondieron en uno de los sacos. En

Pe, el último pueblo antes del alto paso de montaña que da acceso a Pemako, se encontró con un hombre bajito y de aspecto bonachón, que realizaba el trayecto a pie y que la aceptó como compañera de viaje. Un guía bienvenido, quien sin embargo tenía problemas con el alcohol ¡y al que a Raphaële le costaba lo suyo hacer que se levantara por la mañana! Consiguió no obstante franquear el paso de montaña y permaneció diez días en el pueblo de Hami, cerca del cual se encontraban tres cuevas bendecidas por Padmasambhava: Marpung, Pema y Shelri. Sin embargo, no pudo ir más lejos: a unas horas de marcha, había que cruzar el cañón del Yarlung Tsangpo —el más largo y profundo del mundo— por un puente custodiado por el ejército chino. Acababan de arrestar a un excursionista norteamericano que había intentado la aventura.

Como consecuencia de la toma de poder en 1959 de China sobre el Tíbet, que se extendió hasta los confines más remotos, el Pemako quedó dividido en dos partes. La más elevada, al norte, pertenece en la actualidad al Tíbet chino, mientras que la más baja forma parte del estado indio de Arunachal Pradesh, al norte de Assam. Es la zona india la que tuve la fortuna de poder visitar en enero y febrero de 2020.

Dada su proximidad con la frontera china, la parte india de Pemako estuvo durante mucho tiempo prohibida a los extranjeros. Todavía hoy se necesita para visitarla un permiso especial, difícil de obtener. Por este motivo no tenía demasiadas esperanzas de ver cumplido algún día mi deseo, hasta que Rabjam Rinpoche recibió en 2019 la invitación de Khenpo Tsering Dorje, el fundador del principal monasterio de la región, situado en Tuting, la última población importante antes de la frontera con el Tíbet, veinticinco kilómetros más al norte. Mi amigo el monje inglés Sean pudo acompañar a Rabjam Rinpoche. Yo me hallaba en aquellos momentos de retiro en Namo Buddha, por lo que no pude unirme a ellos. Pero al año siguiente tuve la alegría de que me invitaran a mí también, junto con el gran erudito Khenchen Pema Sherab, de ochenta y cinco años de edad, discípulo de Dilgo Khyentse Rinpoche, al que sirvo como intérprete desde hace tiempo en los seminarios que imparte todos los años en la Dordoña. Formaban también parte del grupo Khenpo Sonam y dos monjas.

Llegar a Tuting, pequeña ciudad del nordeste del estado de Arunachal Pradesh es ya de por sí toda una aventura: dieciséis horas de coche desde Dibrugarh, el aeropuerto más cercano, y las ocho últimas horas en 4x4 por un camino de tierra enfangado y lleno de baches. Esta pista, que remonta el curso del Brahmaputra, está constituida por una sucesión de subidas y bajadas y discurre por entre grandes bosques semitropicales, desde donde es posible avistar algunas cumbres nevadas en dirección norte. Llegamos a Tuting cuando ya había anochecido, y Khenchen Pema Sherab fue recibido por una hermosa procesión formada por monjes y lugareños.

Desde la mañana siguiente, mientras visitaba el monasterio de Tuting, que alberga preciadas reliquias, y me paseaba por los alrededores, me embargó la atmósfera, muy particular, de estos lugares. Aquello era la viva imagen que uno se hace del mítico país de Shangri-La, el paraíso terrenal de la novela *Horizontes perdidos*, de James Hilton, adaptada al cine por Frank Capra. Un lugar fuera del mundo, donde todo parece sencillo, apacible y armonioso, donde no hay nada que hacer, sin que por ello uno sienta la necesidad de atarearse. Un lugar lleno de bendiciones que no han sufrido alteración desde tiempo inmemorial, y en que cada átomo de tierra, de agua y de aire parece vibrar con la presencia de una sabiduría y una compasión intemporales.

Durante esta estancia en Pemako, experimenté plenamente lo que es la «percepción pura» de un lugar o de un entorno. Tenía el sentimiento distinto de que la única barrera entre mi estado mental y la visión pura era aquella que yo mismo creaba con mis tendencias habituales. Bastaba con que deshiciese aquellas barreras artificiales para percibir la pureza primordial de la infinidad de los fenómenos, tal cual es y ha sido siempre. Por supuesto, no logré sino acercarme un poco a tal realización, pero había tenido más que nunca un anticipo, que me llenó de una felicidad sin mezcla y de una gran liviandad interior, como si la solidez de las apariencias ordinarias se derritiese poco a poco por la acción del sol de aquella visión pura. Sin «ver» no obstante propiamente nada (a semejanza de grandes yoguis que tuvieron experiencia de visiones extraordinarias), tenía el sentimiento constante de que la tierra, los bosques y el espacio entero abundaban en *dakas* y *dakinis*, esos seres de sabiduría masculinos y femeninos, que simbolizan y encarnan las cualidades de la Iluminación.

Para profundizar en mi inspiración, durante esta estancia emprendí la traducción de un texto que enseñó en el siglo XII el maestro y ermitaño Gyalwa Götsangpa. En 1983, Dilgo Khyentse Rinpoche le había pedido a Sengdrak Rinpoche que le dispensara la transmisión a través de la lectura de tres volúmenes pertenecientes a los escritos de Götsangpa, y tuve la fortuna de recibirla yo también en esa misma ocasión. En este texto se encuentran las instrucciones siguientes:

> Puesto que el cuerpo, la palabra y la mente
> de todos los seres no forman sino uno solo con el cuerpo, la palabra y la mente iluminadas del maestro,
> busco refugio en todos los seres de los seis dominios de la existencia
> que no son otros sino la asamblea de las deidades de sabiduría.
>
> La mente de todos los seres
> es luminosa, pero inaprehensible.
> Su propia conciencia,
> inmensa felicidad libre de todo concepto,
> es la naturaleza de buda.
> Busco respetuosamente refugio
> en los seres de los seis mundos,
> indisociables del plano absoluto, luminoso.
>
> La tierra, el agua, el fuego, el aire y el espacio
> son las cinco deidades femeninas de las cinco familias de buda.
> En estos elementos, dotados de la naturaleza de las deidades femeninas,
> busco respetuosamente refugio.

Por la mañana, visualicé el espacio entero por encima de Pemako, aureolado de una luz dorada en el centro de la cual estaba mi maestro-raíz, Kangyur Rinpoche, rodeado de halos arco iris y de una nube de *dakas*, *dakinis*, deidades de sabiduría y maestros espirituales del pasado. Aunque no demasiado dotado para las visualizaciones, conseguí mantener aquella con claridad toda la mañana, en un estado de profunda alegría.

Aunque Kangyur Rinpoche ya no estuviera presente con su cuerpo físico, se encontraba en todas partes. Mi maestro tomaba mil formas diferentes para revelar su presencia en todas las cosas. Los sonidos, el soplo del viento, el murmullo del arroyo, los cantos de los pájaros... todo resonaba con la voz del maestro. Incluso en profundo silencio de la noche estaba colmado con su presencia. La mente del maestro resplandecía detrás de cada pensamiento, como la luz que permite ver las formas y los colores.

Permanecimos un par de semanas en Tuting, alojados en una pequeña casa situada en las inmediaciones del monasterio. Era la época del Año Nuevo en la parte india de Pemako, que se celebra un mes antes que el Año Nuevo tibetano, aunque el ciclo de las grandes festividades anuales se basa en el mismo calendario lunar. Nos sumamos a las diferentes celebraciones: ceremonias de ofrendas en el templo, danzas sagradas y populares en el atrio del monasterio, todo ello en medio de una atmósfera festiva y amigable.

Nos dirigimos también a algunos lugares de peregrinación, no lejos de Tuting. Uno de los más sorprendentes está formado por dos grandes rocas negras con forma de águila, a las que se considera dos *garudas*, macho y hembra, ave mítica que simboliza las enseñanzas de la Gran Perfección, pues alza el vuelo en cuanto sale del huevo, así como la Gran Perfección conduce directamente a la Iluminación. Visitamos asimismo otro lugar de peregrinación situado a orillas del Brahmaputra, donde se eleva un impresionante conjunto de rocas negras de todas las formas, entre las que se hallan diseminados una multitud de charcos de agua en cuyo fondo subyace un lodo bermellón, de un vivo color naranja. Este lugar sagrado está dedicado a las Ocho Herukas, ocho deidades que simbolizan los aspectos iluminados del cuerpo, de la palabra, de la mente, de las cualidades espirituales y de la actividad benefactora de los budas.

El resto de la jornada realizamos con Khenchen Pema Rinpoche diversas circunvalaciones en torno a nueve estupas dispuestas en círculo, conmemorativas de los nueve episodios principales de la vida de Buda, situadas en un gran terreno en el que se divertían algunos monjes novicios y un grupo de niños del pueblo. El espacio estaba situado entre el monasterio y la pendiente que desciende hacia el Brahmaputra. Reinaba en aquel lugar un silencio que parecía inalterable.

Llegó el momento de partir en peregrinación con destino a los emplazamientos indios más sagrados de Pemako, al margen de los del Tíbet, ubicados en un valle a cinco horas de camino de Tuting. Pero ¡qué camino! Más nos valía agarrarnos firmemente a los asideros del *jeep* que nos transportaba, zarandeados como íbamos en todas direcciones por culpa de los baches. Durante la mayor parte del trayecto, la carretera no era más que un gran barrizal por el que patinábamos una y otra vez. Por fortuna viajábamos con dos vehículos, uno de los cuales siempre podía ayudar al otro a salir del atolladero cuando se requería.

Desde Yoldong, pequeña aldea de apenas unas casas, descubrimos de pronto el suntuoso valle que alberga varios lugares santos, entre los cuales Devikota, el más importante de ellos. En la pendiente del paso de montaña, desde donde se dominaba el paisaje, un joven lama había construido un pequeño templo y varias ermitas, en las que pudimos albergarnos para pasar la noche. A primera hora de la mañana, los rayos del sol naciente jugaban a esconderse entre las nubes que se extendían por encima del valle. A través de la bruma plateada se adivinaba la presencia de las cumbres nevadas que marcan la frontera con el Tíbet: Pema Shelri («Loto de Cristal»), residencia del buda de la luz infinita, Amitabha, símbolo del *dharmakaya*, el plano absoluto; el Riwo Tala, del nombre de la montaña mítica, el Potala, que se eleva en la Tierra Pura del buda de la compasión, Avalokiteshvara, el *sambhogakaya*, la dimensión sutil; y el Citta Puri, la «Ciudadela del Corazón-Mente», palacio del Guru Padmasambhava, el *nirmanakaya*, la dimensión manifestada.

Estas cimas, salpicadas de lagos sagrados, son también lugares de peregrinación. Nadie vive en ellas, debido a la altitud, y aunque se puede subir hasta ellas en un par de semanas de marcha en verano, la nieve las hace inaccesibles en invierno. Más allá de estas montañas, situadas a unos treinta kilómetros a vuelo de pájaro se extiende el Tíbet. Entre Devikota y las montañas, se hallan diseminados por el valle otros lugares de meditación, tales como Tashi Chöling y Pema Drepung.

Descendimos de Yoldong a pie, atravesando el pequeño pueblo de Munkotra. Cruzamos el «Río Secretísimo» (*Yangsang Chu*), que baja de las montañas sagradas, por un puente de bambú que nos produjo algún sudor frío. Hacía falta aplomo para caminar con pie firme por aquellos tres bambús juntados, podridos en algunos lugares, que de puente no tenían más que el nombre, sobre los que apenas conseguíamos mantener un precario equilibrio agarrándonos a las dos guías que lo flanqueaban, escasamente un metro por encima de las tumultuosas aguas del torrente.

En lo alto de la colina, al otro lado del puente, se elevaba un templo lo bastante grande para albergar a un centenar de personas. Fue en este lugar donde, a la edad de diecisiete años, Dudjom Rinpoche dispensó por primera vez la transmisión de los sesenta volúmenes del *Tesoro de las enseñanzas reveladas*, el *Rinchen Terdzö*, que impartió no menos de diez veces a lo largo de su vida. El recuerdo de Dudjom

Rinpoche, un maestro de quien tuve el privilegio de recibir numerosas enseñanzas, tanto en Nepal como en Francia, donde murió, permanece un siglo más tarde omnipresente en Pemako. Fue el maestro más influyente, así como la autoridad de la región durante algunos años, pues el gobierno de Lhasa no podía administrar las provincias más apartadas del Tíbet.

El recuerdo de la estancia de cuatro años que realizó Kangyur Rinpoche en el Pemako a finales de la década de 1950 permanece igualmente muy vivo en la memoria de los habitantes de mayor edad. Dos de ellos en especial, de ochenta y uno y ochenta y dos años de edad, habían ayudado a Kangyur Rinpoche a transportar desde Rinchen Pong, la parte tibetana de Pemako, hasta la zona india los preciados tesoros salvaguardados del Tíbet, principalmente libros. Me sentí muy emocionado al oírles evocar unos recuerdos que habían compartido con mi maestro. De acuerdo con una predicción que había recibido en una visión, Kangyur Rinpoche había pensado en establecerse en un lugar llamado Pema Pong, el «Cúmulo de Loto», ubicado más al norte, en el valle de Devikota. De haberlo hecho así, mi vida habría discurrido de un modo sin duda diferente, y no estaría hoy escribiendo estos *Cuadernos de un monje errante*. Pero un funcionario mal dispuesto complicó el cumplimiento de aquel voto y Kangyur Rinpoche decidió proseguir su periplo en dirección a la India, a Assam y finalmente a Darjeeling, donde yo lo conocí.

*

Pemako está poblado por butaneses y tibetanos procedentes principalmente del Kham, que han conservado su identidad y sus costumbres, como las relativas a la vestimenta, entre otras. No obstante, la mayoría de los habitantes (el 60 %) pertenecen a la etnia tribal de los lhoba, cuyos pueblos, constituidos por casas construidas sobre pilotes, de madera o de fibras de bambú trenzadas, salpican el bosque. El interior de sus viviendas, provistas de ventanitas muy pequeñas y carentes de electricidad, es sombrío. La familia se reúne en torno al fuego, permanentemente encendido en medio de la única habitación espaciosa. Al margen de este amplio espacio donde se desarrolla la vida familiar, la casa consta únicamente de una entrada, una especie de zaguán y uno o dos cuartos minúsculos destinados a almacenar los bienes o las provisiones.

La mayor parte de los habitantes de Pemako llevan una vida sencilla y se autoabastecen. Cultivan la tierra, pero no venden el fruto de su cosecha, consistente principalmente en arroz, así como en una variedad de verduras. En caso de excedente de arroz, lo reservan para al año siguiente en pequeñas cabañas de madera instaladas sobre pilotes, aisladas de los roedores, y ceden una parte como ofrenda a los monasterios de los alrededores durante las ceremonias estacionales.

Un monje que se había criado en Munkotra, antes de marcharse a estudiar a un monasterio del sur de la India, me contó que, durante su infancia, también daban lo que les sobraba de la cosecha a los peces del río que discurre frente al pueblo. Nadie se dedicaba al comercio y los aldeanos no codiciaban ninguna posesión. Las únicas cosas que compraban en la pequeña población de Tuting, situada a un largo día de camino de Munkotra, yendo por atajos, eran el combustible para las lámparas de keroseno con las que se iluminaban al anochecer, cerillas y algo de ropa. Para estas modestas compras, utilizaban el escaso dinero proveniente de la venta de ganado y de madera. Los niños de la pequeña escuela estudiaban a la modesta luz de la llama de estas lámparas. Encendían el fuego del hogar con una piedra y estopa. La mayor parte de los aldeanos carecía de calzado. El monje que me contó cómo era la vida cotidiana de los habitantes durante su infancia tuvo su primer par a la edad de quince años. Las callosidades que se les formaban en los pies los protegían de las asperezas del suelo y de los pinchos de las plantas. Este monje añadió que los lhoba, que a veces salían a cazar durante varios días a los tupidos bosques primigenios que cubren las pendientes de las montañas, decían que les costaba desplazarse con zapatos, con los que se resbalaban más que si iban descalzos. Todavía hoy, cuando los lhoba parten en expedición de caza por varios días, duermen en el bosque, sin cobijo ni mantas.

Si una familia desbrozaba un pedacito de tierra y lo cultivaba, se convertía *de facto* en su propietaria. En la actualidad, sigue sin existir título de propiedad alguno que atribuya legalmente las tierras situadas en torno a la aldea. Los pueblos tribales se repartían también diversas secciones de los ríos y riachuelos, ricos en pesca. Una pareja solía tener entre cinco y ocho hijos, los cuales, tan pronto tenían edad, ayudaban en los trabajos del campo, realizados a mano, pues la pendiente abrupta de las laderas no permite el uso de animales de labor. Al final del día, todo el mundo se acostaba temprano. Las únicas distracciones eran las fiestas aldeanas y las ceremonias religiosas.

Hoy, añadió el monje con una nota de nostalgia, buen número de estas tierras ya no se cultivan, y la gente hace continuos viajes de ida y vuelta a las llanuras para comerciar. No obstante, para un observador de fuera, estos cambios son todavía muy limitados. Es cierto que se ven algunas instalaciones eléctricas de energía solar, pero no hay red telefónica, ni tiendas, y la serpenteante pista, llena de barro y de baches, que conduce de Tuting a Yoldong requiere casi cinco horas en 4x4 para recorrer una distancia de cuarenta y cinco kilómetros. Los lhoba continúan hoy viviendo en un régimen casi de autosuficiencia y aislados prácticamente del mundo. Pero la ciudad se acerca a ellos: se está construyendo una carretera.

Las palabras de aquel joven monje me recordaron la estancia que realicé en Nepal en 2012, en el monasterio de Shey, en el alto Dolpo, a más de 4.200 m de altitud, cerca de la montaña de Cristal (Shelri). Rabjam Rinpoche había sido convidado como invitado de honor a un festival que se celebraba cada doce años, en el año del Dragón. Para la ocasión, más de un millar de montañeses, que habían realizado entre tres y quince días de marcha desde los distritos vecinos, se habían congregado en Shey, que cuenta habitualmente con menos de un centenar de habitantes. Uno de los aldeanos que se había acercado a ver a Rabjam Rinpoche mencionó en la conversación que en Shey el dinero no les era de ninguna utilidad: el paisaje es extenso y la tierra gratuita; los yaks se reproducen cada año, por lo que no es necesario comprarlos; no hay carretera, de modo que de nada serviría tener coche; y no hay electricidad, por lo que resultaría inútil tener televisor o electrodomésticos.

Después de esta peregrinación encantadora, una vez de regreso en Tuting, y a petición de las comunidades de aldeanos que deseaban agasajar a Khenchen Pema Sherab, nos dirigimos a algunos pequeños pueblos del norte. En el último de estos, la carretera transitable se detenía a veinte minutos de marcha de un pequeño paso montañoso en lo alto del cual se elevaba una estupa que señala la frontera con el Tíbet, estrictamente custodiada por el ejército chino. Por allí no pasa nada ni nadie. Únicamente algunos lhoba, que vagabundean durante días con ocasión de sus expediciones de caza, a buen seguro entran y salen sin que nadie lo sepa, escondidos en los bosques casi impenetrables que solo ellos conocen, sin preocuparse por las fronteras.

Al cabo de tres semanas, tuvimos que abandonar a nuestro pesar este lugar maravilloso entre todos y retomar el camino de las llanuras de la India.

En esta última etapa de mi vida, el descubrimiento de Pemako me ha proporcionado un profundo sentimiento de completitud: había podido visitar este lugar del que había oído hablar a través de Kangyur Rinpoche y volver a sumergirme de un modo casi palpable en la potencia espiritual de su presencia intemporal.

CAPÍTULO 52

LA ERMITA DE LAS MAÑANAS EN CALMA

Mi preciada ermita de Namo Buddha, en Nepal, cuyo emplazamiento designó mi maestro Dilgo Khyentse Rinpoche, quien al visitarlo había exclamado: «¡Qué hermoso sería terminar mis días en un lugar como este!». Es mi lugar predilecto desde el año 2000, desde el cual contemplo todas las mañanas, en una extensión de doscientos kilómetros, la cadena del Himalaya.

En 1969, Dilgo Khyentse Rinpoche se dirigió en peregrinación a Nepal, a Namo Buddha, al lugar en el que, según dicen, en una existencia pasada Buda ofreció su cuerpo a una tigresa y a sus cachorros hambrientos. Desde allí, Khyentse Rinpoche veía en una colina vecina el emplazamiento donde veinte años más tarde se construyó Pema Ösel Ling, el «Lugar de la Luz del Loto», el centro de retiro del monasterio de Shechen que alberga mi ermita. De regreso a Katmandú, escribió a un amigo espiritual: «¡Qué hermoso sería terminar mis días en un lugar como este!». Cuando estoy en mi ermita, el recuerdo de esta carta me reconforta ante la idea de que es en verdad un lugar propicio para la práctica espiritual, bendecido por mis maestros.

En Namo Buddha, con las primeras luces del alba las estrellas son todavía visibles. La cadena del Himalaya se perfila contra un cielo gris azulado. Las montañas adquieren una tonalidad rosa carmesí, hasta que llega el momento mágico en que el primer pico de más de ocho mil metros recibe los rayos del sol naciente y se inflama con un color naranja incandescente. Rápidamente, el conjunto de la cadena se define con claridad y la luz rasante ilumina el mar de nubes que se extiende al pie de las montañas cubriendo los valles, que permanecerán durante una hora más envueltos en la bruma.

Es el comienzo de una mañana en calma.

Desde la terraza de mi ermita, abrazo la majestuosidad del Himalaya que se despliega ante mis ojos en más de doscientos kilómetros. La inmensidad y la belleza incesantemente cambiante de este paisaje sublime impregnan el ser como un néctar. El silencio es tan perfecto que puedo distinguir hasta el más mínimo sonido: las voces de los campesinos nepaleses a varios centenares de metros en la colina de enfrente, un cuervo que declama su repertorio de graznidos desde la copa de un árbol, la lejana respuesta de un congénere que no quiere ser menos y, durante el monzón estival, el rumor del frente de lluvias que se aproxima y va ganando poco a poco en intensidad antes de alcanzarme.

Una situación como esta favorece la observación de los pensamientos que surgen de la vacuidad para volver a disolverse en ella, como el tañido de una campana que se desvanece en el silencio del que emanó.

¿Cómo describir el sentimiento de felicidad, tan particular, que siente en esta ermita? Cuando llego a ella, me bastan unos instantes para soltar el lastre de todas las preocupaciones que saturan mi mente. Me doy una ducha fría en el pequeño cuarto de baño dispuesto en el exterior de la única habitación de tres por tres metros de la ermita, para recomenzar como nuevo después de haberme liberado de la polución de la ciudad. Me preparo una buena taza de té y me siento en el balcón desde el que se contemplan hasta donde alcanza la vista los valles y las montañas. Permanezco allí, sin pensar en nada concreto, aspirando el aire puro, dejando que mi mirada se funda en la inmensidad del espacio y del paisaje que se trasluce a través del velo azulado que difumina la frontera entre el cielo y la tierra. Dejo mi mente reposar en una simplicidad clara, en la tranquilidad del estado natural que aparece claramente cuando la mente se libera de la confusión de las incesantes fabricaciones mentales. Paladeo una libertad sabrosa que no cambiaría por nada en el mundo. Sintiéndome cercano a todos aquellos a los que amo, sin la necesidad imperiosa de hallarme en su presencia, me siento satisfecho sin tener que reavivar la incandescencia de paraísos imaginarios. ¿Qué más se puede desear? Todo está ahí, sin complicaciones, sin nada que perder ni ganar.

No necesito nada, no me falta nada. Este viaje inmóvil me entusiasma y me colma mucho más que un periplo hasta las fuentes del

Orinoco, o una ascensión al Kilimanjaro. La libertad interior, la alegría de alimentar el fervor por el maestro espiritual, de reposar en el estado natural de la mente y de cultivar el amor altruista hacia todos los seres son los más preciados de todos los bienes.

Cuando se contempla la simplicidad natural de la mente, desnuda, límpida, libre de todo artificio, parece casi aberrante haber podido en otros momentos ser presa de la animosidad, de las obsesiones y de cualquier otro estado mental opaco o atormentado. Olvidar esta presencia pura iluminada, perder de vista que todos nuestros pensamientos y nuestras percepciones son manifestaciones de esta, ahí radica la ignorancia fundamental: tan pronto como nuestro juicio y nuestras fijaciones dan cuajo a estas manifestaciones, crean un velo que enmascara la Iluminación, la naturaleza fundamental de la mente, la conciencia pura libre de conceptos.

Cuando sentimos momentos de una perfecta completitud, esta engloba todo cuanto podríamos desear. La noción misma de deseo o de carencia se desvanece.

Retirado en esta soledad serena, el silencio exterior abre las puertas de la interioridad. La pureza del momento presente reina sobre el fluir del tiempo e impregna el corazón de cualidades benefactoras. Paz exterior y paz interior no hacen sino una sola.

Para un practicante de la meditación que sabe preservar su libertad interior en toda circunstancia y no se distrae jamás del reconocimiento de la naturaleza de su mente, no hay demasiada diferencia entre residir en la soledad de una ermita en el Himalaya y estar inmerso en los atascos parisinos. Pero mientras uno no haya alcanzado un grado mínimo de estabilidad en su práctica, no conseguirá conservar el mismo estado mental en un atasco parisino que en un lugar en el que todo lo que se percibe favorece la paz interior. Nos aprovechará por tanto jugar todas las bazas que podamos a nuestro favor eligiendo un lugar propicio para la contemplación. Nuestro estado de debilidad inicial nos prohíbe sustentarnos en condiciones desfavorables como catalizadores para nuestro progreso espiritual. De modo que es bueno perder tiempo en cultivar nuestros recursos interiores en unas circunstancias que faciliten este entrenamiento.

Los textos describen con detalle las características de los lugares favorables para la práctica espiritual, así como de aquellos que la obstaculizan. Es importante evitar los lugares susceptibles de reforzar nuestros venenos mentales, que puedan perturbar nuestra mente y oscurecer nuestro discernimiento. Esto incluye los entornos sociales y familiares, fuente de incesantes tensiones y dispersiones. Conviene elegir, si es posible, un lugar bendecido por los maestros del pasado y del presente, en el que uno pueda procurarse sin demasiadas dificultades provisiones y otros artículos indispensables para una estancia prolongada (una fuente de agua, en especial); un lugar exento de peligro y que sea accesible para aquellos que vayan ocasionalmente para dar instrucciones a los practicantes de retiro.

Los textos indican igualmente las características de los lugares propicios para prácticas específicas. Cuando la meditación se centra en la calma interior —*samatha*—, se buscará un bosque o cualquier otro lugar al abrigo y retirado. Para cultivar la visión ampliada —*vipassana*—, que capta la naturaleza última de las cosas, y meditar sobre la «presencia abierta», la conciencia despierta a la Iluminación, práctica centrada en el aspecto luminoso de la mente, se escogerán espacios elevados que se abran a paisajes extensos, con una visión despejada del cielo. Si uno se entrena en dominar las emociones fuertes, buscará terrenos accidentados, gargantas y barrancos por los que discurran poderosos torrentes, y poblados de animales salvajes. En el Tíbet, los practicantes que aspiran a arrancar el ego de raíz se van a meditar a los cementerios al aire libre ubicados en la montaña, lugares particulares en que se abandonan los cuerpos de los muertos para que sean pasto de los buitres. Es conveniente por tanto elegir con discernimiento el lugar más favorable para la práctica espiritual concreta que se haya emprendido en tal determinado momento.

En cuanto a las especificaciones de los lugares beneficiosos para el establecimiento de un centro de retiro o de un monasterio, lo ideal es que esté construido de cara al sur, desde el que se ofrezca una vista plenamente despejada, y que la tenga también al este, hacia el sol naciente. El emplazamiento debe contar con una ligera elevación al oeste y una montaña más alta al norte. Es bueno que en el valle, salpicado de pequeñas colinas que formen como un ramillete de joyas, discurra un río de este a oeste. Por el contrario, no es deseable que enfrente haya una barrera de montañas con un pico que se erija por detrás de ellas, a modo de colmillo amenazador.

Como añadidura, es particularmente inspirador realizar un retiro en un lugar en el que hayan vivido y meditado santos del pasado. Se dice que un mes de meditación en un lugar así generará un progreso mayor al de un año de retiro en un sitio corriente. Hay varias razones que lo explican. Evocar e imbuirse de la vida de los grandes sabios en los lugares mismos en que vivieron ofrece una fuente de inspiración que confiere a la meditación una agudeza y una claridad particulares. El lugar sagrado nos recuerda además la determinación inamovible de que hicieron prueba tales sabios para recorrer el camino de la Iluminación y las cualidades que desarrollaron. Su presencia invisible impregna los periodos de meditación, los intervalos entre estos periodos, el descanso, las comidas y cualquier otra actividad.

*

En 2006 pasé un año entero de retiro en mi ermita. Un retiro que se vio no obstante interrumpido durante unas semanas por el viaje a Francia con motivo de la enfermedad de mi padre, quien vivía sus últimos días en el hospital de Kremlin-Bicêtre. Pude así pasar sus últimas dos semanas de vida junto a él. Se mostró tranquilo y sereno, lo cual no era su rasgo dominante, y daba las gracias efusivamente a cuantos lo cuidaban. Mi hermana Ève, mi hermano Nicolas, mi madrastra Claude Sarraute y sus otros hijos, Martin y Laurent, venían a visitarlo con regularidad. Pero ellos tenían que atender a sus obligaciones profesionales, mientras que yo que había ido expresamente a estar con él, pasaba la mayor parte del día junto a su cabecera. Los últimos días me quedé tanto de día como de noche. Las enfermeras, con toda su buena voluntad, me habían dado permiso para dormir en su habitación, tumbado en un pequeño colchón de espuma que extendía sobre el suelo. Por la mañana, iba a darme una ducha y a desayunar a casa de mi amigo el filósofo Michel Bitbol, que vivía enfrente del hospital. Tulku Pema Wangyal había venido también a visitarlo. Mi padre lo recibió con cortesía. Tulku Pema Wangyal me había dado un *yantra*, dibujo hecho de mantras destinados a favorecer tránsito de la conciencia al estado intermedio que sigue a la muerte, el *bardo*, que le introduje en el bolsillo del pijama. La enfermera detectó aquel papel doblado y me preguntó si se trataba de una «carta de amor» para mi padre. Asentí con una sonrisa. Una mañana, mi padre me confesó: «Creo que voy a morir». Poco después añadió: «Vamos en un barco rumbo a Argentina, ¿verdad?». Las enfermeras me dijeron que muchas personas, al final de la vida, evocan el tema del viaje. Un gran viaje sin ninguna duda. Una mañana, la tensión arterial le bajó al máximo. Cayó en un estado más o menos de inconsciencia. Las enfermeras me aconsejaron que avisara a las personas más allegadas, y así lo hice. Mi madre Yahne, su primera esposa, acudió también y le musitó algunas palabras de cariño al oído. Mi padre vivió cuatro días más. Una enfermera comentó: «Sí, es un modelo de los antiguos, ¡son más resistentes!». Yo ayudaba cuanto podía para que mi padre estuviera lo mejor posible en sus últimos días.

El sábado 29 de abril de 2006, poco después de la medianoche, cuando acababa de adormecerme sobre el colchón estirado en el suelo, habiendo dormido apenas en los últimos dos días, me desperté de pronto y comprobé que en la habitación reinaba un silencio inhabitual. Mi padre había dejado de respirar. Las enfermeras no tenían que hacer la ronda hasta las tres de la madrugada, y una vez confirmada la defunción, deberían ocuparse inmediatamente del cuerpo. Aproveché aquel intervalo para pasar media hora de paz en la oscuridad, rezando y practicando con toda la bondad de mi corazón, en comunión con él. Luego llamé a la familia. Acudieron rápidamente y nos quedamos todos unos momentos en torno al lecho de muerte de mi padre. Después de observar que presentaba una expresión bella y tranquila, Claude, que apenas unos días antes me había manifestado con vigor que «por supuesto que no hay nada después de la muerte», me preguntó: «¿Dónde crees que estará ahora?». Me abstuve de emitir hipótesis. Mi hermana me dio un beso en la frente.

Tulku Pema Wangyal me había dicho que sería bueno dejar reposar el cadáver veinticuatro horas sin tocarlo mucho, lo cual no va mucho con la costumbre de los hospitales. Después de aquellos momentos en familia junto a mi padre, las enfermeras nos pidieron que las dejáramos ocuparse del cuerpo. Pero una de ellas precisó: «Mañana es domingo y es el Primero de Mayo, de modo que no tocaremos el cuerpo, simplemente lo dejaremos en frío hasta el lunes». Así pues, la recomendación de Tulku Rinpoche se respetó espontáneamente.

La noticia se anunció el domingo por la mañana. Por la tarde nos reunimos en casa de mi hermano Nicolas. En el informativo de las ocho, el primer titular fue: «El filósofo Jean-François Revel ha muerto. Se nos ha ido tal vez uno de los últimos espíritus independientes.

Se le recordará sobre todo por el diálogo que mantuvo con su hijo, el monje budista Matthieu Ricard, en *El monje y el filósofo*». A continuación se sucedieron algunas imágenes de nuestro encuentro. Me hice el desapercibido, pues para Claude mi padre había participado en *El monje y el filósofo* por darme gusto, y este libro constituía un «incidente circunstancial» en su carrera.

Mi padre fue enterrado en el cementerio de Père Lachaise. Claude había elegido un lugar soleado, y Olivier Todd pronunció un discurso conmovedor. Mi hermana va con regularidad a dejar unas flores en su tumba. Mi padre había vivido la vida plenamente, había muerto sin demasiados sufrimientos, yo había podido llegar a tiempo y todos lo habíamos rodeado de nuestro afecto. Me marché, pues, con el espíritu sereno. Consciente de la transitoriedad de todas las cosas y de la fragilidad de la vida, en ningún momento tuve el sentimiento de pasar por un periodo de duelo propiamente dicho. Experimentaba más bien un sentimiento de agradecimiento: él era quien me había dado la vida. Junto a su lecho de muerte, le había dicho a mi hermana Ève y a mi hermano Nicolas que la mejor forma de rendir homenaje a nuestro padre no era dejándose llevar por la tristeza, sino cumpliendo cosas hermosas durante el tiempo que nos quedara de vida.

*

Poco tiempo después de la muerte de mi padre, volví a mi retiro de Nepal para el resto del año, un espacio de tiempo que estuvo lleno de felicidad de principio a fin. Disfrutaba de cada instante de práctica con una delectación sin mezcla, y la sola idea de tener meses de meditación por delante me colmaba de una alegría simple, a semejanza de un campesino al que le dieran un campo fértil por cultivar.

No tuve demasiadas «señales» de realización, tal como se describen en los textos, a no ser la que consiste en «experimentar una alegría extrema en la práctica espiritual y en sentirse ligero, física y mentalmente, como a punto de volar». Fueron momentos de una riqueza sin igual.

Al cabo del tiempo, se edificaron algunas pequeñas viviendas no lejos de la mía, y entonces hice construir una ermita más retirada, en medio de la paz, y también más pequeña (de tres por dos metros y medio de espacio interior, además de un balcón cubierto), en una pendiente que dominaba un bosque de pinos por el que pasan muy pocas personas, al margen de algunos aldeanos que recogen madera muerta. Desde entonces, es aquí donde paso mi tiempo cuando tengo la alegría de hallarme de retiro. Es un lugar que reúne todas las condiciones favorables para practicar.

A veces me preguntan si no termino por aburrirme en mi ermita. Nunca he experimentado ese estado, todo lo contrario. A la inversa de lo que sucede con el tiempo y las actividades corrientes, que a menudo son insulsas, cuando uno se entrega en cuerpo y alma a una práctica espiritual, y esta no se ve perturbada ni interrumpida por las distracciones exteriores, el tiempo adquiere un valor por completo diferente. Cada instante es como una gota de oro puro que con el paso de las horas va formando un río dorado que discurre lentamente por el valle del tiempo, un elixir benefactor que alimenta cada fibra del ser que se encuentra en una soledad tan plena.

La soledad del practicante de meditación se distingue de la que sufren quienes están inmersos en la multitud, la de una gran ciudad por ejemplo. A las preguntas de los investigadores, aproximadamente una quinta parte de los norteamericanos declaran haber experimentado un profundo sentimiento de soledad en el transcurso de las dos semanas anteriores al sondeo.[1] Se sentían aislados de los demás, olvidados, y afirmaban no tener a nadie a quien confiarse o pedir ayuda. Este aislamiento social es fuente de numerosos males, físicos y mentales.

Por el contrario, quienes disfrutan de vínculos sociales abundantes y amistosos gozan de mejor salud mental y de un sistema inmunitario más eficaz, están menos sujetos a las diferentes dependencias (tabaco, alcohol, drogas), sufren menos enfermedades cardiacas y demencia senil, y finalmente viven por término medio más tiempo.

Sin embargo, existe otra manera de estar solo, más apacible, que es la que se experimenta en el seno de los grandes espacios y que refuerza el sentimiento de comunión con la naturaleza y los seres. Esta soledad constituye en verdad una «completitud». Es también la soledad voluntaria del ermitaño que elige por un tiempo un aislamiento que le permite profundizar sin distracción en su práctica espiritual. Lejos de cortarnos los vínculos con el mundo, se convierte en un poderoso medio de abrirse a los demás, de tomar conciencia de la interdependencia de todas las cosas y de generar un amor sin límites hacia todos los seres.

Más aún, la misma noción de soledad deja de tener sentido cuando nuestra mente se funde en la dimensión última, que todo lo incluye: la multiplicidad infinita de los fenómenos y todos los seres en tanto que existen. ¿Puede llamarse «soledad» a un estado interior en cuyo seno la noción de «separación» está abolida? En esta práctica solitaria, libre de toda traba, el practicante se hace uno con cada pájaro que canta, con las ramas que se mecen al viento, con la hierba y el cielo, con cada átomo del universo, con el silencio y con los murmullos que lo pueblan. Un estado de unión, tan simple, tan gozoso y sereno. El retiro en los lugares solitarios nos proporciona el tiempo y el espacio precisos para comprender que la felicidad auténtica es un estado de plenitud duradero.

*

¿Cómo se desarrolla una jornada típica de un practicante de retiro? Se levanta bastante antes del amanecer. Al despertar, entona un canto melodioso que invoca a su maestro espiritual:

> Espacio primordialmente puro de la dimensión última,
> ¡oh, maestro benevolente! ¡Volved vuestra mente hacia mí! [...]
> Lejos de mi país natal, que cortando el apego al yo en el seno de la naturaleza absoluta,
> pueda pronto alcanzar el estado de buda.

De este modo, suscita en él un profundo fervor que con frecuencia hace que se le llenen los ojos de lágrimas. Acto seguido, reaviva su diligencia pensando en la transitoriedad de todas las cosas, en la fragilidad de la vida humana y en la necesidad de darle un sentido. Los seres vivos se cuentan por miles de millones, pero ¿cuántos llegan siquiera a tomar conciencia del valor de su existencia? Y de los que comienzan a practicar, ¿cuántos persisten y alcanzan la Iluminación? Estos últimos son tan poco numerosos como las estrellas al amanecer. El meditador reflexiona entonces sobre la importancia de las leyes de causalidad —aquello que conviene cumplir y evitar para poner remedio al sufrimiento— y sobre las imperfecciones del *samsara*, la Rueda de las Existencias. A continuación se consagra a las diversas etapas de los Preliminares, que ya he descrito: la toma de

Refugio, el voto altruista por alcanzar la Iluminación para bien de los seres (la *bodichita*), la purificación por la meditación sobre Vajrasattva, la ofrenda del mandala del universo y el yoga del gurú, la unión con la mente del maestro. Estas prácticas se repiten hasta que impregnan profundamente la mente.

Posteriormente, el meditador se entrega a los ejercicios cotidianos vinculados a las principales enseñanzas y transmisiones que ha recibido. Finalmente, inicia la práctica principal, en la que, siguiendo los consejos de su guía espiritual, va a concentrar sus esfuerzos durante los días, semanas o meses que dure su retiro. Para concluir, dedica los beneficios de su meditación a todos los seres.

Llega así el momento del desayuno. En mi caso, tomo una taza de té y un cuenco de muesli nepalés o de *tsampa* en el balcón de mi ermita. Esta simple plataforma sin barandilla domina una abrupta pendiente a cuyo pie se extiende un bosque de pinos, al que suceden pequeños valles envueltos en la bruma y, a lo lejos, majestuosas montañas nevadas.

Durante la mañana, según las instrucciones recibidas para cada retiro, me dedico por lo general a las visualizaciones de deidades que simbolizan los diversos aspectos de la Iluminación y a la recitación de mantras. Aprendo así a desarrollar una visión pura del mundo y de los seres. Cada forma se convierte en deidad, cada sonido en mantra y cada pensamiento en un reflejo de sabiduría.

Después de la comida de mediodía, leo textos inspiradores, a veces escribo un poco o adelanto una traducción en curso. Hace unos años tendieron una línea eléctrica hasta el centro de retiro, pero son frecuentes los cortes, que pueden durar horas, lo cual me obliga a adaptarme a los caprichos de la técnica. A continuación me dedico a la observación de la naturaleza de la mente, es decir de la presencia despierta, límpida y luminosa que se manifiesta desde que la niebla de los pensamientos discursivos se disipa y se desvanece en el cielo de la simplicidad. Al anochecer, recito plegarias por el bien de todos los seres y me duermo uniendo mi mente a la de Kangyur Rinpoche o a la de Dilgo Khyentse Rinpoche, que no forman sino uno solo en el plano definitivo. Este último escribía:

> Así, poco a poco, a lo largo de los días y los meses, tu mente se volverá más clara y más estable. Ya no se verá arrastrada como antes por las olas de los pensamientos negativos que minan tu paz interior. Se liberará de

los flujos de pensamientos que nos impulsan, impotentes, a la codicia, el odio y el sufrimiento.

Un día, contemplaba durante largo rato una mariposa posada en una flor que se mecía suavemente por efecto de la brisa. Libaba, sin razón aparente echaba a volar, revoloteaba de un lado a otro y volvía a desplegar sus bellas alas azules sobre el pistilo anaranjado. Esta actuación, repetida varias veces, me llevó a recordar las instrucciones sobre la forma de estabilizar la mente: «Cuando adviertas que te distraen nuevos pensamientos, vuelve una y otra vez sobre el objeto de tu concentración. Si tu mente se cansa y tu concentración se relaja, déjala simplemente reposar en su estado natural, preservando esa libertad interior, sin fomentar los pensamientos ni tratar de suprimirlos. Contempla la naturaleza misma de la mente. ¿Tiene forma, color, ubicación? Al no encontrarlos, permanece cómodamente relajado en eso "no encontrable". Deja que los pensamientos se deshagan a medida que se forman, como un dibujo trazado con el dedo sobre la superficie del agua».[2]

No soy precisamente poeta, pero un día escribí estas líneas, como reflejo de las divagaciones de mi mente:

Hastiado de luchar contra mis pensamientos, les pregunté:
«¿No vais a dejarme tranquilo?».
Como una pandilla de chiquillos burlones,
se rieron a carcajadas.
Intenté huir.
Ellos me persiguieron burlándose más todavía.

Cansado, me senté en la ladera de una colina.
«¿Conseguiré escapar de ellos alguna vez?».
Miré pensativo al cielo.
De repente una idea me vino a la mente:
«Bastaría poder volverme invisible:
¡un pedazo de cielo por ejemplo!».
Pero no encontré ningún lugar del que colgar
mi pedacito de cielo en el gran cielo.

A medida que, desarmado, contemplaba el espacio,
mi mente comenzó a fundirse en él.
«¡Ya está!», me dije,

riéndome con ganas al imaginar la cara de desconcierto de mis pensamientos.
Pero al cabo de poco ya no me reía,
porque yo ya no estaba.

Si hago balance de los años de retiro pasados primero en Darjeeling y luego en Namo Buddha, compruebo que cada uno de ellos constituyó una etapa de maduración y de profundización tanto en la compasión, como en la comprensión del estado natural de la mente. Así, cuando vivía en Darjeeling, tras la muerte de Kangyur Rinpoche en 1975, me quedé cuatro años en mi ermita, más arriba del monasterio, durante algunos periodos en retiro estricto, sin ver más que a Pema Wangyal Rinpoche, quien me daba las instrucciones. Posteriormente, a partir de 1979, tuve el privilegio de vivir durante trece años en compañía de Dilgo Khyentse Rinpoche. Después de que también él dejara este mundo, en 1991, volví con regularidad a mi ermita de Namo Buddha, en Nepal, donde permanecí un año entero en 2006. En total, he pasado más de cinco años de retiro solitario entre Darjeeling y Namo Buddha, que se cuentan indiscutiblemente entre los más fértiles de mi existencia.

En 2014, regresé al monasterio de Orgyen Kunsang Chökhorling, en Darjeeling. Pasé largos y emotivos momentos en la habitación de Kangyur Rinpoche. Volví a visitar también mi ermita, cuarenta y dos años después de su construcción. La madera por supuesto se había ennegrecido, y habían cerrado el balcón para agrandar la minúscula habitación. La ocupaban tres monjes novicios. Pareció como si me tomaran por loco cuando les dije que yo había vivido siete años en ese lugar.

*

Recuerdo una entrevista en la BBC en la que me preguntaron de qué modo un ermitaño contribuía al bien de la sociedad. ¿No es alguien fundamentalmente egoísta? Pero, ¿cómo tachar de egoísta una práctica uno de cuyos objetivos principales consiste en erradicar el egoísmo? Las preocupaciones egocéntricas reinan demasiado a menudo en nuestra existencia. Emprender la tarea de eliminarlas responde, con toda evidencia, a un modo de proceder altruista. Puede privilegiarse la acción sobre la contemplación, pero si la acción está henchida de egoísmo, podemos apostar a que no generará muchas cosas buenas para el prójimo. Como dice un escrito tibetano: «Lo que no se hace para bien de los seres, no merece la pena realizarlo».

De modo que el ermitaño no se desinteresa en modo alguno por la suerte de la humanidad, sino que se da cuenta con lucidez de que, en su condición presente, no solo es incapaz de obrar para bien de los demás, sino que está igualmente incapacitado para emanciparse de sus propios sufrimientos. Si opta por un tiempo vivir solo, es para profundizar en su práctica y consagrar a ella los años necesarios para generar los recursos interiores que le permitirán contribuir de una forma lúcida al bienestar de los demás. El ciervo herido se oculta en el bosque hasta que sana, para luego poder saltar de nuevo por montes y valles. El ermitaño es comparable a un médico que, después de tomar conciencia de que no es suficiente con operar de urgencia en la calle, emprende la tarea de construir un hospital para curar a los innumerables enfermos de una manera más eficaz, aunque en el intervalo los trabajos de albañilería y de fontanería no curen a nadie.

*

Una de las grandes lecciones que obtuve de todos esos años que pasé de retiro en las ermitas de montaña, meditando y contemplando la naturaleza salvaje, por oposición a la inmersión en el caos de la vida moderna, es la de la simplicidad.

Estando un día sentado en el balcón de mi ermita, me hice la siguiente reflexión: «Si un hada me propusiera formular tres deseos, circunscritos únicamente al plano material, ¿qué podría pedirle?». Vistas las proporciones de mi ermita, las posibilidades eran limitadas: imposible alojar una cadena de alta fidelidad, ni siquiera un ordenador de pantalla grande. En mi altar hay varias estatuillas, una veintena de libros y algunas prendas de ropa y objetos de utilidad. Al cabo de un momento, me eché a reír: no encontraba nada que desear, que representara un beneficio y no fuera más que un estorbo. Así se impone este mantra que me procura un inmenso sentimiento de alivio en cuanto recito una decena de veces: «¡No necesito nada! ¡No necesito nada! ¡No necesito nada!». ¡Viva la feliz simplicidad!

Me gustan mucho estas palabras de Henry David Thoreau:[3] «Simplificar, simplificar, simplificar…». Simplificar nuestros pensamientos, simplificar nuestras palabras y simplificar nuestros actos no supone disminuir nuestra creatividad y encoger nuestra existencia, sino apreciar intensamente la serenidad sin igual de una mente en reposo en su estado natural. Representa soltar el lastre, con el que durante tanto tiempo hemos cargado, de los constructos artificiales y distorsionados que no dejan de proliferar en nuestra mente, de turbarla, de agitarla en todos los sentidos, de fragmentarla, de comprimirla, de encadenarla… En una palabra: de atormentarla.

La simplicidad es dejar reposar nuestros pensamientos en la naturaleza de la mente, como las hojas que se desprenden del árbol y caen con toda naturalidad en el suelo; es el sol que se eleva por encima de un mar de nubes; es el espejo de un lago de aguas transparentes; es el aire vivo y puro de la montaña; es la mirada que se funde en un cielo sin nubes, o que se extiende a lo lejos sobre una concatenación de colinas boscosas; es la mirada interior que se posa en la simplicidad natural de la mente.

No tengo más deseo que el de poder morir en mi ermita de Namo Buddha, o en un lugar similar en el Tíbet o en otra parte, y tener la capacidad de conservar hasta el último momento la lucidez necesaria para unir mi mente a la de mi maestro-raíz Kangyur Rinpoche, que no hace sino uno con la de Khyentse Rinpoche, y descansar en la simplicidad inmutable de la naturaleza de la mente, de acuerdo con las instrucciones de este último:

> Aunque la muerte me cayera hoy mismo como un rayo, estate preparado para morir sin tristeza ni pesar, sin el menor apego por lo que dejas detrás de ti. Reposando en el reconocimiento de la visión última, deja esta vida como un águila que vuela en el azul del cielo.

RETORNO A LA ERMITA

En 2014 regresé a Darjeeling, al monasterio de Kangyur Rinpoche. Después de treinta y cinco años, me reencontré con esta pequeña ermita, en la que viví de 1972 a 1979. La madera se había ennegrecido, y habían cerrado el balcón para ganar espacio interior y ampliar un poco la pequeña y única habitación de dos metros y medio por tres metros.

EPÍLOGO

Al llegar al final de estos recuerdos, dos aspectos sobresalen hasta cristalizar en mi mente. Por una parte, en el plano personal, desde los veinte años de edad mi vida ha seguido la inspiración de la sabiduría y la benevolencia de mis maestros espirituales y sus enseñanzas. Han proyectado claridad en mi caminar, y aunque yo sea un pobre caminante, cada paso era un poco más ligero que el anterior, y ha sido siempre gozoso, una recompensa a todos los esfuerzos. Estas enseñanzas, junto con la filosofía budista, de una profundidad insondable, continúan suscitando en mí una admiración y una fascinación sin límite.

Por otra parte, en el plano general de las ideas, después de haber madurado la cuestión durante toda mi vida, el altruismo se me aparece como el concepto más esencial para contribuir al bien de los seres humanos y de los ocho millones de especies que viven con nosotros, así en el presente como en el futuro.

«No hay nada más poderoso que una idea cuyo tiempo ha llegado», escribía Victor Hugo. Más que nunca, en el momento actual el altruismo me parece ser esa fuerza transformadora.

La benevolencia, cuidar de los demás, no debe por tanto relegarse al rango de pensamiento utópico propugnado por unos cuantos ingenuos de buen corazón. Si no formara parte más que de las elucubraciones de un monje caído de su ermita himalaya, sería una idea carente de importancia. Pero en estos últimos veinte años ha ido ganando terreno en un gran número de corrientes de pensamiento, desde la psicología hasta las ciencias de la evolución, pasando por el mundo de los emprendedores sociales y el de los especialistas del medio ambiente. La necesidad de fomentar la cooperación, la solidaridad, la fraternidad, el respeto a los demás, el tener en cuenta el destino de las demás especies y de las generaciones futuras, todo ello me anima a contribuir al auge de esta mutación de nuestras sociedades. Los cambios son más lentos de lo que desearíamos, pero están en marcha y me siento feliz de formar parte con entusiasmo de este gran movimiento que me hace pensar en las primeras flores de la primavera: primero se abre una flor, luego otra, luego ya son cuatro, y muy pronto el prado está alfombrado de flores multicolores.

Llegado a este punto, me parece que después de haber compartido las ideas que me eran más caras y de haber traducido del tibetano los textos que más profundamente me han inspirado, es el momento de concentrarme en el camino espiritual: propiamente la razón que me movió a partir con destino a la India a la edad de veinte años. Si tengo que elegir, prefiero morir en mi ermita, con la mente clara y serena, antes que en un aeropuerto.

Contemplo con alegría los días, los meses o los años en el transcurso de los cuales me sea dado todavía sumergirme en la práctica espiritual acompañado de mis maestros, presentes en mi mente. Siempre podré recorrer a la inspiración que me proporciona esta plegaria de Gyalse Ngulchu Thogme, autor de las *Treinta y siete prácticas de los bodhisattvas*, que permite ensanchar el espacio de nuestra ecuanimidad:

> Si sigo con buena salud,
> utilizaré mis fuerzas para entregarme a la práctica espiritual.
> Si caigo enfermo,
> utilizaré mis males para aumentar mi compasión hacia los que sufren.
> Si vivo mucho tiempo,
> utilizaré cada instante para hacer el bien a los demás y a mí mismo.
> Si mi vida toca a su fin,
> viviré lo mejor posible el momento de la muerte para obtener un renacimiento favorable en la búsqueda de la Iluminación.

Me queda por recorrer la mayor parte del camino hacia la liberación y la Iluminación, pero el que ya he realizado me conforta, en la idea de que es posible cambiar. De hecho, mis modestos progresos me han permitido ya pasar del estado de adolescente refunfuñón, —un «mequetrefe», le gusta decir a mi amigo Dédé— al de monje de avanzada edad que goza en cada instante de progresar en el camino de la libertad.

En ocasiones he ofendido a quienes he frecuentado, por torpeza, por negligencia, o lo que es peor, por influencia de una falta de benevolencia, por irritación o por apego. No habría sucedido tal cosa de haber estado lo suficientemente atento y preocupado por su suerte. A todos pido perdón desde lo más hondo de mi corazón, con el voto de contribuir humildemente al bien de los demás en esta vida y en todas las que tengan que venir. No tengo más excusa que la de mi propia confusión. ¡Ojalá algún día se disipe por completo!

Un último billete de ida. Dentro de unos meses, de unos años tal vez... ¿Quién sabe?

Caen dando vueltas algunos copos de nieve, a 3.800 m de altitud. El monasterio de Shechen, en el Tíbet, se extiende por niveles en la verde ladera de la colina. Más arriba de la vertiente, la pequeña ermita donde vivió y meditó Shechen Gyaltsap, el maestro de Dilgo Khyentse Rinpoche, atrae la mirada. Al cabo de media hora de arduo ascenso, llego al centro de retiro, un centenar de metros por debajo de la ermita.

Con su amplia sonrisa desdentada, un viejo monje me recibe con la fórmula consagrada: «¡Bienvenido! Ya has vuelto a esta tierra. ¡Ojalá vivas cien años!».

Por tiempo que dure el espacio,
y por tiempo que existan seres,
que también yo pueda permanecer
para hacer desaparecer el sufrimiento del mundo.

SHANTIDEVA, *El camino a la Iluminación*

UN LUGAR APACIBLE ENTRE TODOS

Langtang Lirung (7.227 m de altitud) y la cadena del Himalaya vista desde mi ermita en el centro de retiro de Namo Buddha, Pema Ösel Ling, el «Lugar de la Luz del Loto». Nepal, abril de 2020.

MAPAS

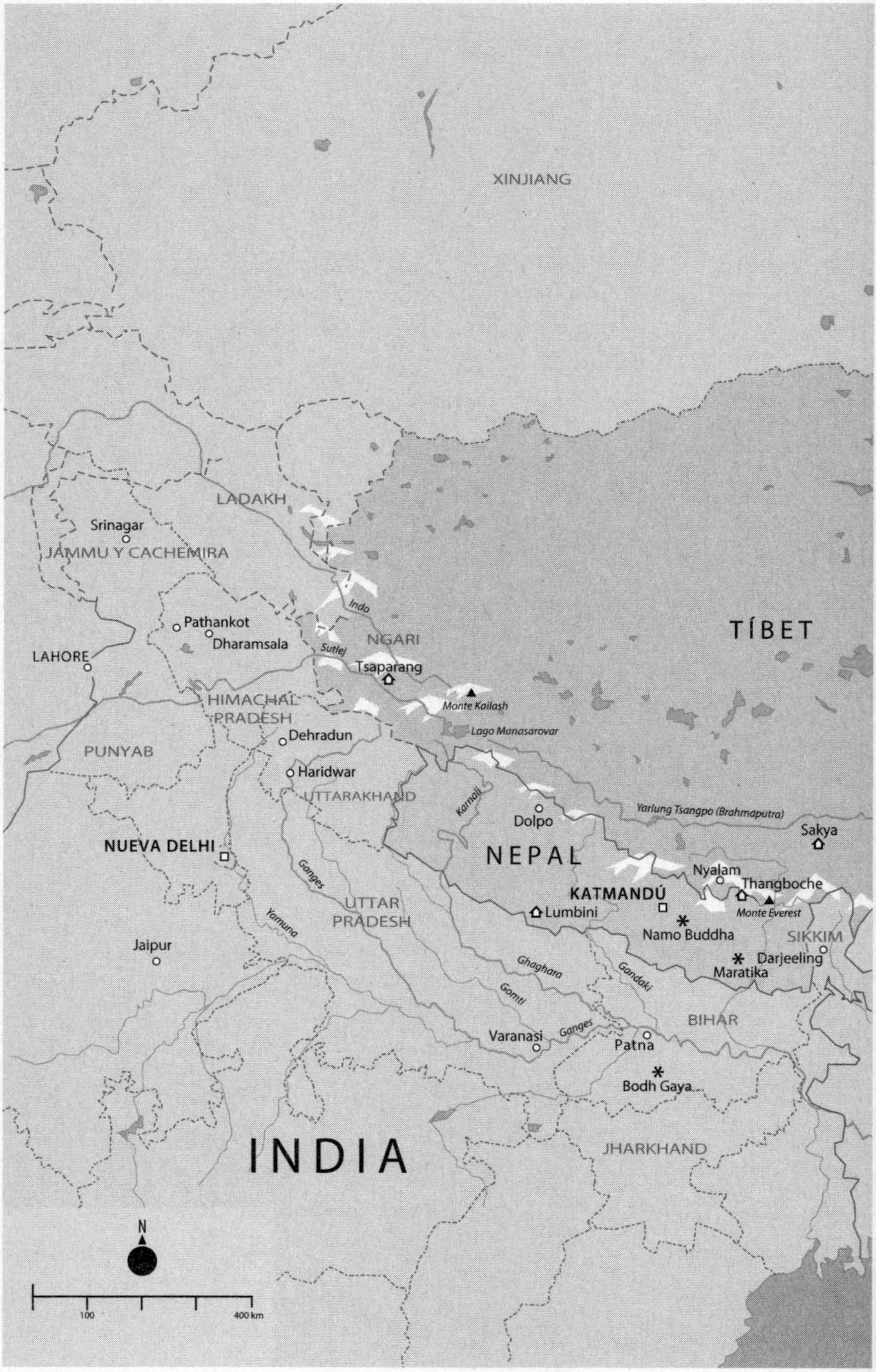
XINJIANG
LADAKH
Srinagar
JAMMU Y CACHEMIRA
Indo
Pathankot
Dharamsala
NGARI
TÍBET
LAHORE
Sutlej
Tsaparang
HIMACHAL PRADESH
Monte Kailash
Lago Manasarovar
Dehradun
PUNYAB
Haridwar
UTTARAKHAND
Karnali
Dolpo
Yarlung Tsangpo (Brahmaputra)
Sakya
NUEVA DELHI
NEPAL
Nyalam
Thangboche
Ganges
KATMANDÚ
Monte Everest
UTTAR PRADESH
Lumbini
Namo Buddha
SIKKIM
Yamuna
Jaipur
Darjeeling
Maratika
Ghaghara
Gandaki
Gomti
BIHAR
Varanasi
Ganges
Patna
Bodh Gaya
INDIA
JHARKHAND
N
100
400 km

CHINA
GANSU
Lago Kokonor
Xining
QINGHAI
Rekong
AMDO
Amne Machin
Yangtsé
Río Amarillo
Yushu
Denkhok
Shechen
Derge
KHAM
Dzongsar
CHENGDU
Darzedo
Ya'an
Mekong
Salween
SICHUAN
LHASA
KONGPO
Shigatse
Samyé
PEMAKO
Tuting
Mindrolling
ARUNACHAL
PRADESH
BUTÁN
YUNNAN
Brahmaputra
ASSAM
KUNMING
BANGLADESH
Golfo de Bengala
Montaña
Paso de montaña
Monasterio
Lugar sagrado

N
50
150 km
Lago Hara
GANSU
Lago Kokonor
Tsonying Mahadeva
Xining
Kumbum
CHABCHA
TRIKA
Takmo Dzong
MANGRA
Amnye Getho
REKONG
AMDO
Shophon Chi
Yama Tashikhyil
Labrang
Tsö
Trakar Drel Dzong
TSEKOK
Dzogyen Rawa
Tseshung
MATO
Amne Machin
Lago Kyaring
Lago Ngoring
SOGPO
MACHIN
MACHU
DZOGE
Machu (río Amarillo)
Nyempo Yurtse
Dzagyal Thrama Lung
Yalong
Palge Mani
NGAWA
PADMA
Karchung Khormo Olu
Guemang
Juniong
Serxu
Arik Dza
MEWA
Rio Do
GOLOG
YUSHU
DZACHUKA
Drichu (Yangtsé)
Dodrub
Benchen
Tsatsa
DZAMTHANG
Denkhok
SERTHAR
Larung Gar
BARKHAM
Ku La
Sakar
Lingtsang
Shechen
Zurmang
Dzogchen
Muri La
KHAM
Cadena de Tro Sitrön
Mani Guenkok
Sinda
Tro La
Lago de Yilung
DERGE
GANGZE
Wolong
Palpung
Dzongsar
TRANGO
Siguniang
JOMDA
Kawalungring
GYALMORONG
Dzong Shö
Khampagar
Kathog
Nyoshul
TAWU
Riwoche
PELYUL
Adzom
THROMTHAR
CHENGDU
CHAMDO
Rio Ngul
Thromgo
NYAKRONG
GONJO
Lhagong
Rio Ngul
Gu-nye La
Nyakchu (Yalong)
Minyak Rabgang
Dzachu (Mekong)
MINYAK
Gye La
DARZEDO
YA'AN
DRAYAB
Chazam
LITANG
Erhlan Shan
Pomda
MARKHAM
BATANG
Getse
Minyak Kangkar
Kala
GARTOK
Drichu (Yangtsé)
Ngajuk La
KARPO
Chaktreng
Dungri Karpo
Demo La
GYEZIL
DABPA
Dagpa Lhari

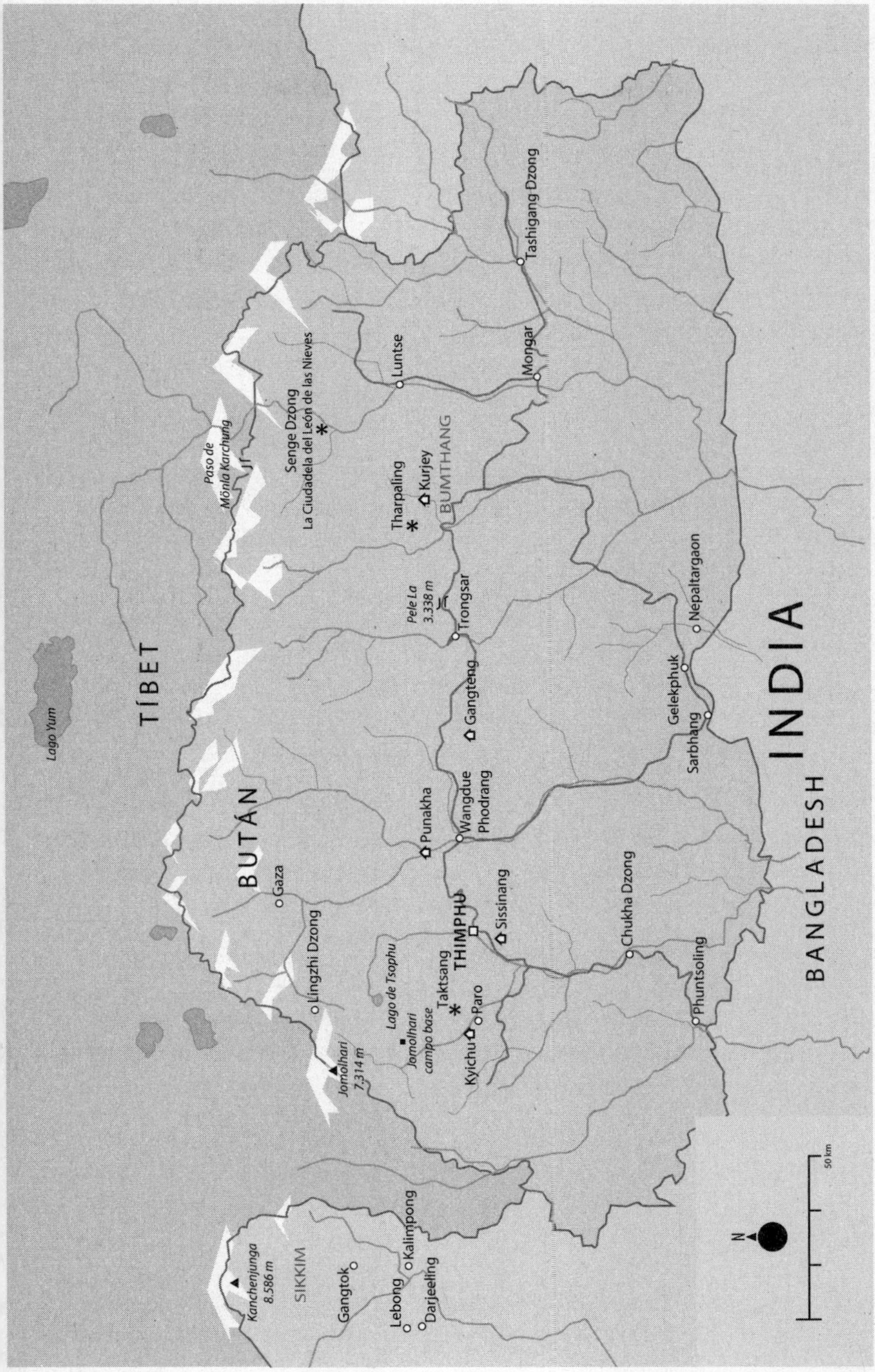
TÍBET
Lago Yum
BUTÁN
INDIA
BANGLADESH
SIKKIM
Kanchenjunga
8.586 m
Gangtok
Lebong
Darjeeling
Kalimpong
Jomolhari
7.314 m
Jomolhari
campo base
Lago de Tsophu
Lingzhi Dzong
Gaza
Taktsang
Paro
Kyichu
THIMPHU
Sissinang
Chukha Dzong
Phuntsoling
Punakha
Wangdue
Phodrang
Gangteng
Sarbhang
Gelekphuk
Nepaltargaon
Pele La
3.338 m
Trongsar
Tharpaling
Kurjey
BUMTHANG
Senge Dzong
La Ciudadela del León de las Nieves
Paso de
Mönla Karchung
Luntse
Mongar
Tashigang Dzong
N
50 km

AGRADECIMIENTOS

Un agradecimiento sin límite hacia los maestros espirituales cuya memoria evoco en este libro. Inspiran cada instante de mi existencia y le han dado todo su sentido. Esta obra es el modesto testimonio de una vida pasada en su presencia.

Rabjam Rinpoche, Pema Wangyal Rinpoche y Jigme Khyentse Rinpoche me habían sugerido en varias ocasiones poner un testimonio así por escrito, y me siento muy feliz por haber podido realizar su redacción, por imperfecta que sea, con su bendición.

Doy las gracias de todo corazón a Nicole Lattès por haberme animado durante años a emprender la escritura de este libro. Me siento tranquilizado de haber podido finalmente llevarla a la práctica y de haber podido así ofrecerle el fruto de mis reminiscencias. Sus sugerencias y orientaciones sobre el manuscrito de estas *Memorias* han sido muy valiosas para mí.

Gracias de todo corazón a Raphaële Demandre, que revisó los capítulos sobre las aventuras que compartimos en el Tíbet, refrescó mi memoria sobre muchos pasajes y me impulsó a describir con más detalle algunos hechos.

Mi más ferviente agradecimiento a Witty Wahida Léon, Anne y Gérard Tardy, así como a Cécile y Jean-Pierre Devorsine, quienes conocieron a mis maestros y compartieron algunas de mis aventuras, ya fuera en Dordoña o en Asia, por haber tenido la bondad de leer el manuscrito y ofrecer sugerencias muy pertinentes. Gracias finalmente a Patricia Christin, Christophe André y Jean Timsit por haber leído el libro de tirón y haberme dado valiosos consejos sobre su orientación general.

Gracias también a mis queridos amigos, que tan buenos títulos me han propuesto, tales como «Nunca sin mi cuenco», «Bye-bye *samsara*», «Una abeja en el jardín de los budas», «El sol de la devoción» y «Un monje giróvago», por citar solo algunos. Testarudo como buen bretón que soy, he preferido mantener el título que me vino a la mente cuando concebí la idea de redactar este testimonio, ya que un monje puede ir errante, es decir en camino, sin ataduras particulares, sin por ello extraviarse, gracias a las instrucciones de sus maestros bien amados. Es aquel que, como dice un texto tibetano, «al partir no deja tras él sino las huellas de sus pasos».

Como con el resto de mis obras, la integridad de los derechos de autor de este libro está destinada exclusivamente a Karuna-Shechen, que cofundé hace veinticinco años para auxiliar a los más desfavorecidos de la India, Nepal, Tíbet y, desde hace poco, Europa.

NOTAS

PARTE I. AL ENCUENTRO DEL MAESTRO

Capítulo 1: 12 de junio de 1967

1. Kanchenjunga o Kangchenjunga. La ortografía usada en la India es una deformación de las palabras tibetanas Khang Chen Dzö Nga (en transliteración Wylie: *khangs chen mdzod lnga*).

2. «Mantra» es una palabra del sánscrito que significa «lo que protege al espíritu». Así es, la recitación de un mantra protege al espíritu de distraerse y extraviarse, y le permite reposar en la presencia despierta a la Iluminación que está siempre presente detrás del torbellino de los pensamientos.

Capítulo 2: De Benarés a Cachemira

1. Hubo cinco documentales en total: «*El mensaje de los tibetanos*», en dos partes; «*El lago de los yoguis consagrados*», «*Los hijos de la sabiduría*», y una película rodada en Bután, titulada «*En el reino de Bután*».

2. El equivalente a setenta y cinco dólares de la época, unos cuatrocientos euros de hoy.

3. Un ghat es una escalinata o graderío construido a la orilla de un río, que permite descender hasta el agua. Se trata con frecuencia de un río sagrado, como el Ganges a su paso por Haridwar o Varanasi (Benarés).

4. En la tradición hindú, la palabra *darshan*, término sánscrito que significa «vista», «visión», tiene dos sentidos diferentes. En el primer sentido, alude a que el fiel busca «ver» el rostro de un sabio o de una divinidad con el fin de impregnarse de sus cualidades y de su santidad. En el segundo sentido, designa una corriente filosófica del hinduismo.

5. L. Silburn, *Le Vijnana Bhairava,* Éditions E. de Boccard, 1961.

6. El Vedanta, término que significa «fin» o «conclusión de los Vedas», es una escuela filosófica hindú que comprende diferentes corrientes, una de las cuales es la *Advaita Vedanta*, que expone la no-dualidad del yo individual (*atman*) y de la realidad última indiferenciada (*Brahman*).

7. En inglés, es fácil la confusión a causa de la homonimia entre la palabra inglesa *sick* («enfermo») y sij, nombre de una comunidad de la India del Norte cuya religión monoteísta, el sijismo, fue fundada en el siglo XV por Gurú Nanak. Entre otros signos distintivos, los miembros de esta comunidad se dejan crecer la barba y el cabello largos.

Capítulo 4: Una infancia nómada

1. La «maleta mexicana» contenía los cuatro mil quinientos negativos fotográficos tomados por Robert Capa, David Seymour y Gerda Taro, y que cubrían toda la Guerra Civil española. La salvó por tanto Chiki Weisz, quien, antes de huir a México, la había confiado a un empleado de la embajada de Chile. Considerados perdidos desde 1939, los preciados negativos reaparecieron en México en 2007 en la casa del heredero de un general mexicano que había sido embajador en Vichy.

2. Éditions de La Martinière. París, 2001.

Capítulo 6: Siete billetes de ida y vuelta, y uno de ida

1. Entre los tratados sobre la vía gradual traducidos al francés, citemos *Le Trésor de précieuses qualités* («Tesoro de preciosas cualidades»), en dos volúmenes, y *L'Essence de la sagesse primordiale* («La esencia de la sabiduría primordial»), en cuatro volúmenes, en ediciones Padmakara.

2. La noción de naturaleza de buda (*tathagatagarbha* en sánscrito) designa el hecho de que todos los seres vivos tienen el potencial, o la capacidad, de alcanzar el pleno despertar a la Iluminación.

3. Jedrung Rinpoche, del monasterio de Riwoche, conocido también con el nombre de Trinle Jampa Jungne (1856-1922).

4. Entre estos discípulos figuraban Trogawa Rinpoche, un lama médico que fundó posteriormente un centro de medicina tradicional tibetana en Darjeeling; Khenpo Palden Sherab, un erudito procedente también de Riwoche, profesor en el Instituto de Altos Estudios Tibetanos de Sarnath, y que llegó acompañado por su padre y su hermano; Lama Gyurdrak, un yogui al que Kangyur Rinpoche estimaba particularmente; la familia de Kangyur Rinpoche, y Anne Benson.

5. Entre ellos, Frédérick Leboyer, Olivier y Varenka Marc, Gyurme Dorje, mi madre Yahne Le Toumelin, Laurent y Sylvie Tremblay, Étienne y Georgina de Swarte, Pema Yeshey (Michal Abrams), Martin Watten, Dharmadipo, Keith

Downman, Bernard Benson, su mujer Maryse, así como algunos de sus diez hijos que visitaron Darjeeling —Peter, Anne, Juanita, Kit y Jenny—, Helena Blankleder, Jill Heald, John Canti, Charles Hastings, Steve y Larry Gethin, Ronald Crossley, Loren y Ziska Stanlee, Sabina y Gerald von Minden, John Giorno, Craig Musser, Kim y Mary-Ann Hegan, Christophe Bureau, Vivian Kurz, Patrice Collet y Patrick Planquette.

6. El profesor Gérard Buttin formaba parte también del tribunal.

PARTE II. SIETE AÑOS EN DARJEELING

Capítulo 7: En permanencia junto al maestro

1. A diferencia de las camas a las que estamos acostumbrados, en el Himalaya las «camas» son por lo general unas colchonetas sin somier, compuestas por dos grandes cojines planos, duros y cuadrados, rellenos de salvado (que pueden plegarse uno sobre el otro para poder transportarlos) y recubiertos por una esterilla de lana. Los cobertores se dejan doblados en la cabecera de la cama, o enrollados contra la pared a la que la «cama-colchoneta» está generalmente adosada.

Capítulo 8: Vida de Kangyur Rinpoche

1. El movimiento no sectario, llamado *Rimé* en tibetano (*ris med*), estuvo presente a lo largo de toda la historia del Tíbet, pero adquirió su mayor dimensión durante el siglo XIX, en el Tíbet. Bajo la égida de grandes maestros espirituales como Jamgön Kongtrul Lodrö Thaye y Jamyang Khyentse Wangpo, tenía por finalidad combatir el sectarismo que asolaba las grandes escuelas filosóficas e inaugurar una renovación espiritual. Véase: «Jam gon Kong sprul and the Nonsectarian Movement», capítulo 17, págs. 235-270, en SMITH, E. G.: *Among Tibetan Texts: History and Literature of the Himalayan Plateau.* Wisdom Publications, 2001.
2. Los términos sánscritos *siddha* o *mahasiddha* (literalmente, «gran adepto») designan a maestros que han alcanzado una gran realización, y que en el pasado fueron ascetas, a veces monjes, yoguis o también incluso laicos practicantes de diferentes oficios. El término se aplica igualmente a los ascetas de ciertas escuelas filosóficas del hinduismo, el jainismo y el budismo tibetano.

Capítulo 9: ¿Qué es un maestro auténtico?

1. Dudjom Rinpoche y Pawo Rinpoche, así como, al año siguiente, el XIV Karmapa, Dodrupchen Rinpoche, Nono Rinpoche y Kalu Rinpoche.

2. *Tesoro de cualidades preciosas*, vol. 1, cap. 5. En lo que respecta a los extractos condensados presentes en esta obra, me he inspirado en las traducciones inglesa y francesa, así como en el texto tibetano.

3. «Tiempos de decadencia» se refiere a las «cinco degeneraciones» o «edad de los cinco residuos» (en tibetano, *snyigs ma lnga*): 1) de la longevidad; 2) de los estados mentales aflictivos (en que se desarrollan los cinco venenos); 3) de los seres (es difícil ayudarlos); 4) de los tiempos (guerras y hambrunas se multiplican); 5) de las creencias erróneas (las falsas creencias se propagan).

4. Jamgön Kongtrul Lodrö Thaye (1813-1899). Extracto de Ricard, M.: Chemins *spirituels: Petite anthologie des plus beaux textes tibétains*. NiL, 2001. Traducido de *bla med nang rgyud sde gsum gyi rgyab chos padma'i zhal gdams lam rim ye snying 'grel pa ye shes snang ba* (publicado íntegramente en francés con el título *L'Essence de la sagesse primordiale*).

5. Drigung Kyopa, Jigten Gonpo (1143-1217). Citado en numerosas obras, entre ellas *rdzogs pa chen po klong chen snying thig gi sngon 'gro'i khrid yig kun bzang bla ma'i zhal lung* de Patrul Rinpoche, traducida en francés con el título: *Le Chemin de la Grande Perfection*. Éditions Padmakara, 1997 (segunda edición).

6. Este comentario de Khenpo Yönten Gyatso (*mkhan po yon tan rgya mtsho*), gran erudito del monasterio de Guemang, en el este del Tíbet (que vivió entre la segunda mitad del siglo xix y principios del siglo xx, y fue discípulo de Patrul Rinpoche), fue escrito en dos volúmenes: *yon tan rin po che mdzod kyi 'grel ba zla ba'i sgron me* (para la sección sobre los sutras) y *nyi ma'i 'od zer* (para la sección sobre el Vajrayana); lo enseñaron Dilgo Khyentse Rinpoche en Bután, y Rabjam Rinpoche y Khenpo Pema Sherab en Francia, durante trece años consecutivos. El pasaje que presentamos es una paráfrasis resumida.

Capítulo 10: Desde mi ermita

1. Bruckner, P.: *L'Euphorie perpétuelle*. Librairie Générale Française, 2002, pág. 107.

2. Fue el filósofo inglés Herbert Spencer quien escribió en *Definiciones*: «Time: that which man is always trying to kill, but which ends in killing him».

3. Cousin, Victor: *Œuvres complètes*, 1841.

4. Cousin, Victor: *Nouvelle revue encyclopédique*. Firmin-Didot Frères Libraires, 1847, pág. 33.

5. Sobre este tema, véase Csikszentmihalyi, M.: *Vivre, la psychologie du bonheur*. Robert Lafont, 2004.

Capítulo 11: Impresor en Delhi

1. Aunque se considera que estas tres corrientes mayores del budismo no constituyen más que una sola (*Ekayana*), existen diferencias sensibles entre ellas. El

Theravada, o Vía de los Antiguos, se define como representante ortodoxo del budismo original, tal como lo enseñó Buda Shakyamuni en los siglos V y IV a. de C. En él, se pone énfasis en la estricta observancia de la disciplina (*vinaya*) y la liberación individual (*pratimoksha*) del sufrimiento. El Mahayana, o Gran Vehículo, insiste en la noción de compasión. Basándose en las palabras de Buda (*sutra*), el *bodhisattva*, o «protagonista de la Iluminación», realiza el voto de alcanzar el estado de buda con la finalidad de adquirir la capacidad de liberar a todos los seres del sufrimiento. Finalmente, el Vajrayana, o Vehículo de Diamante, que tuvo su desarrollo en la India y de manera más amplia en el Tíbet durante los siglos VIII y IX bajo la égida del gran maestro Gurú Padmasambhava, integra las concepciones filosóficas y los textos sagrados de las dos corrientes precedentes, añadiendo una multiplicidad de métodos meditativos que permiten recorrer rápidamente el camino hacia la Iluminación. El Theravada se fundamenta en la renuncia, el Mahayana en la compasión y el Vajrayana en la visión pura.

2. Para ser más precisos, según el budismo tibetano, la visión pura (*dag snang*, en tibetano) consiste esencialmente en reconocer que todos los fenómenos aparecen, pero están desprovistos de existencia propia, y que ello se aplica a todos los fenómenos sin excepción. Se trata por tanto de reconocer la unión entre las apariencias y la vacuidad, para percibir todas las formas, los sonidos y los pensamientos como la manifestación del cuerpo de Buda o del maestro, de su voz, o del sonido de mantras; y los pensamientos además, como movimientos del *dharmata*, la naturaleza última de la mente. Finalmente, se trata de reconocer la naturaleza de buda en cada ser y de percibir los agregados del cuerpo como los cinco *dhyani budas*, los cinco elementos como los cinco budas femeninos, los ocho aspectos de la conciencia como los ocho *bodhisattvas* y sus objetos como las ocho diosas de ofrendas.

3. Los *termas* de Ratna Lingpa, en 19 volúmenes; los 13 volúmenes del *Nyingthig Yashi*, de Gyalwa Longchen Rabjam; las obras completas de Jedrung Trinle, en 8 volúmenes; los 7 volúmenes de los *termas* y textos anexos de Rigdzin Jatshön Nyingpo, y media docena de otros volúmenes.

Capítulo 12: En el valle de Katmandú

1. Uno de los tres budas que precedieron al cuarto, el Buda Shakyamuni. Según la cosmología budista del Gran Vehículo, y especialmente según el *bhadra kalpika sutra*, vivimos en una «era afortunada», es decir, un *kalpa* durante el cual un buda ha venido y ha enseñado. Un *kalpa*, o eón, abarca la duración de formación, existencia y destrucción o desaparición de un universo particular. El budismo habla de una sucesión de innumerables *kalpas*. Se dice además que durante este *kalpa* en el que nos encontramos ahora, aparecerán mil y dos budas, que alcanzarán la Iluminación perfecta y harán girar la Rueda de la Ley. Shakyamuni es el cuarto Buda de nuestra era; el precedente fue Kassapa y el que vendrá, Maitreya.

2. Dowman, K.: *The Legend of the Great Stupa and The Life Story of the Lotus Born Guru*. Dharma Publishing, 1973, pág. 24.

3. Es más, en el caso de las enseñanzas de Dudjom Lingpa y de Dudjom Rinpoche, la mayor parte de estos ciclos son *termas* que, como ya hemos visto, son enseñanzas impartidas por Gurú Padmasambahva a sus discípulos cercanos, disimuladas posteriormente de diferentes maneras para ser más tarde redescubiertas a lo largo de los siglos por lamas *tertöns* (lamas «descubridores» de estas enseñanzas) en el momento en que estas prácticas sean lo más útiles posible para los seres. Estos *termas* (tesoros de enseñanza) se centran en diversas deidades de sabiduría: Gurú Padmasambhava, Amitayus (buda de la vida infinita), Vajra Kilaya (una deidad cuya práctica permite, entre otras cosas, hacer desaparecer todos los obstáculos exteriores, interiores y secretos de la vía de la Iluminación), Manjushri, el buda del conocimiento, Yeshe Tsogyal, que simboliza el aspecto femenino de la sabiduría, y bastantes más.

4. PADMASAMBHAVA y comentarios de JAMGÖN KONGTRUL LODRÖ THAYE: *L'Essence de la sagesse primordiale*, 4 volúmenes. Éditions Padmakara, 2011.

5. Khyentse Rinpoche dispensó igualmente la transmisión de las iniciaciones asociadas a la Gran Perfección, de los trece volúmenes del *Nyingthig Yashi* (*snying thig ya bzhi*) de Gyalwa Longchen Rabjam Drime Öser (*rgyal ba klong chen rab 'byams dri med 'od zer*, 1308-1364).

PARTE III. UN SEGUNDO SOL

Capítulo 13: Enseñanzas y profesión de los votos monásticos

1. Durante la década de 1960, en el monasterio de Bhutia Basti, en Darjeeling, Dilgo Khyentse Rinpoche había recibido de Kangyur Rinpoche la transmisión del Nyingma Gyubum (los *Cien mil tantras de la tradición Nyingma*), así como dos volúmenes de los tesoros espirituales revelados por Taksham Nuden Dorje (*stag sham nus ldan rdo rje*), también conocido como Samten Lingpa (*bsam gtan gling pa*), nacido en el siglo XVII. A cambio, le pidió a Khyentse Rinpoche la transmisión del *Nyingthig Yazhi*, de Gyalwa Longchen Rabjam (*rgyal ba klong chen rab 'byams dri med 'od zer*, 1308-1364).

2. Gurú Padmasambhava fue, entre los siglos VIII y IX, el gran maestro indio que, junto con el abad Shantarakshita, introdujo el budismo en el Tíbet.

3. El lago de Leche de Oro de Gyalgyam se encuentra al pie de la montaña de Dothi Kangkar, en el Tíbet oriental, a seis horas por carretera del valle de Patang, cerca de Yushu. Es un lugar sagrado para las prácticas de longevidad. Mientras rezaba con fervor por la larga vida de su maestro Khyentse Chökyi Lodrö y realizaba una ceremonia de ofrenda centrada en el buda de la vida infinita, Amitayus, su mandala apareció con toda claridad en la superficie del lago. Poco después, en un sueño, vio un texto escrito de puño y letra por el primer Khyentse, Jamyang Khyentse Wangpo. Este texto se le apareció como un «tesoro visionario» y lo reprodujo por escrito.

Capítulo 14: Dilgo Khyentse Rinpoche, maestro entre los maestros

1. Estas cinco regiones son el Tíbet central (la actual «Región Autónoma del Tíbet»), Kham, Qinghai, Gansu y Yunnan.

2. Jamyang Khyentse Wangpo (*'jam dbyangs mkhyen brtse'i dbang po, padma 'od gsal mdo sngags gling pa, rdo rje gzi brjid*, 1820-1892) fue un gran erudito y descubridor de tesoros (*tertön*). Fue igualmente uno de los principales impulsores del movimiento «no sectario» (*Rimé*), que propugnaba el respeto a las principales escuelas del budismo tibetano.

3. *Le Précieux Trésor des Instructions* (*gdams ngag rin po che'i mdzod*), en 18 volúmenes. Shechen Publications, 1999.

4. Este último tuvo en efecto cinco emanaciones que se correspondían respectivamente con su cuerpo, su palabra, su mente, sus cualidades y su actividad en bien de los demás. La noción misma de reencarnación es desconcertante para la cultura occidental, de modo que por fuerza lo será más aún la idea de que pueda haber varias encarnaciones o emanaciones de una misma «persona». La idea de reencarnación evoca en efecto la perpetuación de una «entidad individual», mientras que, desde el punto de vista del budismo, se trata de la continuidad de un flujo de conciencia, desprovisto de toda forma de entidad unitaria y autónoma. Cuando, tal y como ha sucedido en diversas ocasiones a lo largo de la historia del Tíbet, se identifican varias encarnaciones, lo que se da es aún menos una entidad individual que se diversificará en cinco subentidades, sino más bien la continuación de aspectos diversos de la Iluminación y de la manifestación de formas diferentes de propagar el bien de los seres, a la manera de la existencia de una única luna —en este caso, la conciencia iluminada de un maestro espiritual que ha trascendido la noción de individualidad— que se refleja en un gran número de superficies de agua, espontáneamente y sin esfuerzo. Con ocasión de esta ceremonia de entronización, Shechen Gyaltsap Rinpoche adjudicó a Rabsel Dawa un nombre suplementario: Gyurme Thekchog Tenpai Gyaltsen («Inmutable Estandarte de Victoria de la Vía Suprema»).

5. La mayor parte de las enseñanzas de Gurú Padmasambhava, ocultadas como «tesoros espirituales» para que fueran redescubiertas en siglos venideros, en el momento de más utilidad para los seres, fueron casi todas camufladas por parte de Yeshe Tsogyal, la principal discípula y esposa espiritual de Padmasambhava. Es por tanto para establecer los vínculos de buen augurio que permiten al *tertön* revelar el tesoro que le incumbe, de acuerdo con la profecía de Gurú Padmasambhava, por lo que se supone que debe tomar una compañera espiritual. En algunos casos, el solo hecho de verla, incluso a distancia y sin el más mínimo contacto físico, es suficiente para establecer dichos vínculos de buen augurio; por ello ciertos *tertöns* como Jatshön Nyingpo y Jamyang Khyentse Wangpo han seguido siendo monjes.

6. El budismo tibetano cuenta con diversos «linajes» de maestros, que son los depositarios de los principales textos de las diferentes escuelas del budismo tibetano. Históricamente, el linaje de los Khyentse se inicia con Rigzin Jigme Lingpa

(*rig 'dzin 'jigs med gling pa*, 1730-1798), quien reveló, como texto más destacado, el *Longchen Nyingthig* (*klong chen snying thig*), la *Esfera del corazón de extenso espacio*.

7. «Selga» es contracción familiar de Rabsel Dawa, formada al añadir el sufijo «ga» a una parte del nombre de la persona, tipo de abreviación corriente entre los Khampa.

Capítulo 15: Viaje a Francia

1. Se trata del Centro de Estudios de Chanteloube, fundado por Tulku Pema Wangyal; el centro Urgyen Samye Chöling, fundado bajo la inspiración de Dudjom Rinpoche; el Dagpo Kagyur Ling, fundado por el XIV Karmapa y por Lama Guendun; y el Nehnang Samten Chöling, fundado por Pawo Rinpoche.

2. Dilgo Khyentse Rinpoche: *Au cœur de la compassion.* Padmakara, 2008. Yo realicé la traducción inicial al inglés (Shechen Publications en la India y Shambhala Publications para el resto del mundo anglófono), con el título *The Heart of Compassion*, 2007.

Capítulo 17: En el país del Dragón del Trueno

1. 

2. En el budismo tibetano, las formas que reciben el calificativo de «terribles», o incluso «coléricas», asumidas por ciertas representaciones o deidades de sabiduría, no indican en modo alguno ira o malevolencia, sino una forma exacerbada de compasión, así como el poder que aparta los obstáculos exteriores e interiores que podrían presentarse en el camino de la liberación del sufrimiento y la ignorancia.

3. Machig Labdrön (*ma gcig lab sgron*, 1055-1153) está considerada como una *daikini*, una mujer plenamente realizada espiritualmente. Está en los orígenes de la práctica del Chöd, que significa literalmente «cortar», en el sentido de cortar el apego al ego y a la solidez de los fenómenos, con el fin de escindir el sufrimiento de raíz y realizar la verdadera naturaleza de la mente, unión de la vacuidad y de la luminosidad. Esta tradición y sus enseñanzas se encuentran en todas las escuelas del budismo tibetano.

4. La tradición Drukpa Kagyu es una rama de la escula Kagyupa, una de las principales corrientes del budismo tibetano. Se considera que esta tradición fue fundada por el gran yogui y poeta Milarepa en el siglo XI. La rama Drukpa fue fundada por Tsangpa Gyare (*gtsang pa rgya ras ye shes rdo rje*, 1161-1211), discípulo de Lingchen Repa (*gling rje ras pa, padma rdo rje*, 1128-1188) y maestro de Gyalwa Götsangpa Gönpo Dorje (*rgyal ba rgod tshang pa mgon po rdo rje*, 1189-1258).

5. Un *mala* es un rosario tibetano, constituido tradicionalmente por ciento ocho cuentas talladas de diferentes tipos de árboles (semillas de rudraksha o *Elaeocarpus angustifolius*, de sándalo, de longuián), o bien de perlas de cristal u otras piedras semi preciosas.

Capítulo 18: Retiro con Dilgo Khyentse Rinpoche

1. Las cuatro ramas principales del linaje Kagyu del budismo tibetano son las que establecieron los discípulos de Gampopa (1079-1153), discípulo a su vez de Milarepa. El linaje Drigung Kagyu es una de las ocho «ramificaciones» fundadas por los discípulos de Phagmo Drupa (1110-1170). El fundador de este linaje fue Kyobpa Jigten Sumgön Rinchen Pal (1143-1217), quien hizo erigir, en 1179, el monasterio de Drikung Thil, a un centenar de kilómetros de Lhasa. El VII Drikung Kyabgön Chetsang (*'bri gung skyabs mgon*, nacido en 1946) es el actual patriarca de este linaje.

2. *Los ocho grandes carros del linaje de la práctica* designan las ocho tradiciones principales de las escuelas antiguas y modernas que han transmitido las enseñanzas budistas de la India en el Tíbet. Incluyen en especial las tradiciones Nyingmapa, Kadam, Sakya, Kagyu, Shangpa Kagyu, Kalachakra, Chö+Shije y Orgyen Nyengyu.

Capítulo 19: Una corta separación

1. Consejo extraído del volumen 3 (GA) de *The collected writings of skyabs rje dil mgo mkhyen brtse rin po che*, 25 volúmenes. Shechen Publications, 1994, pág. 192.

2. Barraux, Roland: *Histoire des Dalaï-lamas. Quatorze reflets sur le Lac des Visions*. Albin Michel, 1993.

Capítulo 20: La transmisión de las Tres Cestas

1. Las *Tres Cestas* están constituidas respectivamente por sutras (sermones de Buda), por el *Vinaya* (las reglas de la disciplina monástica) y por el *Abhidharma* (categorización de los hechos mentales, la constitución del universo, la cosmología, etc.).

Capítulo 21: La vida cotidiana con el maestro

1. Se trata de un volumen de setecientas páginas en torno a las prácticas fundamentales del Vajrayana, *rdo rje thegs pa'i thun mong gi sngon 'gro spyi la sbyar chog pa'i khrid kyi rgyab yig kun mkhyen zhal lung rnam grol shing rta*, vol. 6, *The Collected Works of Ze chen Rgyal tshab Padma rnam rgyal*. Shechen Publications, 1975-1994. Traducido al inglés con el título: *A Chariot to Freedom, Oral instructions of the omniscient ones, a universally applicable guide to the common preliminaries of the Diamond Vehicle*, Shechen Gyaltsap Pema Gyurme Namgyal, Padmakara Translation Group, Shambhala Publications, 2021. Ediciones Padmakara publicará también este volumen en francés.
2. Dilgo Khyentse Rinpoche: *El tesoro del corazón de los seres iluminados*. Traducción de Matthieu Ricard. «Points Sagesses», Le Seuil, 1996.

Capítulo 22: Algunas manifestaciones de la Iluminación

1. El instituto Mind and Life, asociación fundada en 1990 por el neurocientífico Francisco Varela, asume como objetivo favorecer los encuentros e intercambios entre el budismo y la ciencia. De este diálogo nace una mejor comprensión de la naturaleza de la realidad y de la mente, con la finalidad de iniciar un cambio positivo del mundo.
2. Su Santidad el Dalai Lama y Paul Ekman: *La Voie des émotions*. City Éditions, 2008.
3. Por lo que respecta a los budistas chinos y vietnamitas, son estrictamente vegetarianos. Si bien es verdad que los textos budistas no condenan de forma unánime el consumo de carne, ciertos sutras del Gran Vehículo, el Mahayana, son inequívocos. En el sutra del Gran Parinirvana en especial, Buda dice: «Comer carne destruye la gran compasión»; y aconseja a sus discípulos «alejarse del consumo de carne como si se rehuyeran la carne de sus propios hijos». Numerosos maestros tibetanos han condenado igualmente el consumo de carne animal.
4. La actividad de la amígdala y de la corteza insular anterior es netamente más débil entre los practicantes habituales de la meditación que entre los novicios.
5. Lutz, A.; McFarlin, D. R.; Perlman, D. M.; Salomons, T. V.; Davidson, R. J. (2012): «Altered anterior insula activation during anticipation and experience of painful stimuli in expert meditators», *NeuroImage*. Perlman, D. M.; Salomons, T. V.; Davidson, R. J.; Lutz, A. (2010): «Differential effects on pain intensity and unpleasantness of two meditation practices», *Emotion*, 10 (1), 65.

Capítulo 24: Primer viaje al Tíbet

1. La Región Autónoma del Tíbet, creada en 1965 por el gobierno de Pekín, y que no constituye más que una tercera parte del territorio del Tíbet con anterioridad a la invasión china de 1959, comprende actualmente las regiones

centrales y occidentales de Ü-Tsang y Ngari, incluida la capital, Lhasa. El Gran Tíbet, o Tíbet histórico, ha quedado por tanto amputado de las provincias de Amdo (integrada en Qinghai), de Kham (integrada en Sichuan) y de una parte de Yunnan y de Gansu.

2. Está en curso una nueva traducción al francés, a cargo de Éditions Padmakara.

Capítulo 25: El Tíbet oriental

1. Hemos modificado el nombre para proteger a la persona, aún con vida.
2. Las biografías de estos dos maestros están traducidas al francés: *Le Vagabond de l'Éveil, la vie et les enseignements de Patrul Rinpoche* («El vagabundo de la Iluminación, vida y enseñanzas de Patrul Rinpoche») y *Le Lion de la parole* («El león de la palabra»), que relata la vida de Lama Mipham. Éditions Padmakara, 2019.
3. Khyentse Rinpoche escribió una breve biografía de Kunga Palden, que figura en el volumen I de sus *Obras completas*. Fue discípulo de Patrul Rinpoche, de Jamyang Khyentse Wangpo y, principalmente, de Onpo Tendzin Norbu (1851-1900).
4. El cuervo grande (*Corvus corax*) está muy extendido en el Tíbet, cuando se ha convertido en una especie muy rara en Francia, donde lo que se observa generalmente son grajos o cornejas, de talla más pequeña.
5. Este libro se publicó primero en Estados Unidos en 1966, en Éditions Aperture, con el título *Journey to Enlightenment* («El viaje hacia la Iluminación»).

Capítulo 26: La Rueda del Tiempo

1. El emperador Ashoka reinó entre 265 y 238 a. C. o 273 y 232 a. C.
2. *Shabkar, Autobiographie d'un yogi tibétain*, traducción de Matthieu Ricard y Carisse Busquet. Albin Michel, 1999, y Éditions Padmakara, 2013, pág. 321.

Capítulo 27: Segundo viaje al Tíbet oriental

1. El linaje de los panchen lamas se remonta al siglo XVII y fue instituida por el V Dalai Lama (1617-1682). Se trata de un título otorgado a las encarnaciones sucesivas de los abades del gran monasterio de Tashilhunpo, perteneciente a la escuela Gelugpa.
2. A diferencia del Dalai Lama, que consiguió huir a la India y escapó a la prisión, el panchen lama permaneció en el Tíbet. En 1960, después del saqueo de su monasterio de Tashilhunpo, la muerte infligida a varios monjes y el encarcelamiento de un número mayor de ellos, declaró su lealtad al Dalai Lama, y en 1962 dirigió al primer ministro chino Zhou Enlai su famosa *Petición en 70.000 caracteres*, en la que ponía de manifiesto «la miseria y la desolación» creadas por la invasión china.

En 1966 fue raptado con toda su familia por la guardia roja, llevado a Pekín y sometido a golpes. Durante su proceso, sufrió durante todo el día azotes con un cinturón, pero mantuvo en todo momento los labios sellados. Fue encarcelado de 1968 a 1977 en una prisión no lejos de Pekín. Recluido en confinamiento solitario en una minúscula celda, desde ella escribió todos los días una carta al gobierno para protestar contra las exacciones cometidas en el Tíbet. A intervalos regulares, lo sacaban de la prisión para someterlo a humillaciones públicas en diferentes estadios de Pekín, delante de miles de espectadores.

Durante el último año de su vida, el panchen lama intentó restablecer el uso de la lengua tibetana en la administración y las escuelas. Con motivo de un viaje a Australia, en calidad de miembro de una delegación oficial china, con ayuda de algunas personas entregadas a la causa del Tíbet y a espaldas de sus guardianes, pudo conversar por teléfono durante más de una hora con el Dalai Lama, primera vez que hablaban de viva voz desde 1959. En el discurso pronunciado unos días antes de su muerte, había declarado que «el progreso aportado al Tíbet por parte de China es incapaz de compensar la cantidad de destrucción y sufrimiento infligidos al pueblo tibetano». En el Tíbet, el panchen lama sigue siendo un poderoso símbolo de las aspiraciones de los tibetanos, y su retrato, cuya presencia se tolera a diferencia de las fotografías del Dalai Lama, ocupa un lugar destacado en la mayor parte de los hogares tibetanos.

3. *Las Tres Secciones del la Gran Perfección* (*rdzogs chen sde gsum*) constituye el volumen 62 de la nueva edición del *Tesoro de las enseñanzas reveladas*, el *Rinchen Terdzö*, publicado con el título *The Great Treasury of Rediscovered Teachings, rin chen gter mdzod chen mo*, Shechen Publications, 2007-2018.

Capítulo 28: Exilio en Darjeeling

1. Este poema forma parte de las Œuvres *Complètes* («Obras completas») de Khyentse Rinpoche, volumen 3 (GA), páginas 192b a 193b 2 y 195a.
2. Por «maestro» se refiere aquí a Kangyur Rinpoche; Orgyen Kunsang Chökhorling es el nombre de su monasterio. Kunsang hace referencia al buda primordial, Kuntuzangpo (Samantabhadra en sánscrito).
3. Por aquella época traducía la biografía de Shabkar.
4. Uno de los principales nombres de Khyentse Rinpoche.

Capítulo 29: Reencuentros y despedidas

1. Algunos de estos textos están ya traducidos. De entre ellos citaremos los siguientes:
   — Shechen Gyaltsap, *Zurchungpa's Testament: A Commentary on Zurchung Sherab Trakpa's Eighty Pieces of Advice, with commentary by Dilgo Khyentse.* Padmakara Translation Group, Shambhala Publications, 2007.

— Shechen Gyaltsap, *Vajra Wisdom: Deity Practice in Tibetan Buddhism*. Dharmachakra Translation Committee, Snow Lion, 2013.
— She chen, con un comentario de Shechen Rabjam Rinpoche: «El poderoso remedio que erradica el apego al yo: etapas de la meditación sobre el espíritu de iluminación». Padmakara, 2018.
— Shechen Gyaltsap, *Practicing the Great Perfection: Instructions on the Crucial Points*. Padmakara Translation Group, Shambhala, 2020.

A petición del joven Khamtrul Rinpoche, encarnación de un maestro que había sido muy allegado de Khyentse Rinpoche, este último impartió también la transmisión de los seis volúmenes de Jatshön Nyingpo, *Esencia del arco iris*; se trata de un maestro eminente de los siglos XVI y XVII, cuyos siete volúmenes de enseñanzas imprimí en Delhi a finales de la década de 1970.

2. Las ceremonias de larga vida, propias del Vajrayana, están destinadas a aumentar la longevidad del maestro o de cualquier otra persona amenazada por la enfermedad u otras dificultades. En estos rituales se invoca en particular a diferentes deidades, y de forma preferente a Amitayus, el buda de la vida infinita, y a la Tara blanca.

PARTE IV. PRESERVAR EL PATRIMONIO ESPIRITUAL

Capítulo 30: Archivero

1. Entre estos volúmenes, figuran los *Cinco grandes tesoros*, constituidos por más de noventa volúmenes que Jamgön Kongtrul Lodrö Thaye, en el siglo XIX, reunió y editó a lo largo de su vida, así como los *Tantras de la tradición Nyingma* (treinta y dos volúmenes), el corpus del *Lama Gongdu* de Sangye Lingpa (trece volúmenes), los tres principales ciclos del *Kagye* (diecisiete volúmenes), las *Obras completas* de Rigzin Jigme Lingpa en trece volúmenes, las obras de Lama Mipham en veintisiete volúmenes, Shechen Gyaltsap en trece volúmenes, de Shabkar en catorce volúmenes, y muchos otros más.

2. <https://rtz.tsadra.org/index.php/Main_Page> y <https://www.tbrc.org/#!footer/about/newhome>

3. Jamgön Kongtrul llevó a cabo la redacción del *Rinchen Terdzö* en el monasterio-ermita de Dzongshö Deshek Dupa, retiro de montaña situado entre Dzongsar y Kathok, en el este del Tíbet. A continuación se gravaron planchas de madera (xilografías) en el monasterio de Palpung, en sesenta volúmenes. Más tarde, un nuevo conjunto de xilografías en sesenta y cuatro volúmenes se grabó en el monasterio de Tsurpu bajo la dirección del XV Karmapa, Khakhyap Dorje. Finalmente, nosotros hemos publicado dos ediciones en Shechen. La de fecha más reciente, versión definitiva en setenta y un volúmenes, se titula *The Great Treasury of Rediscovered Teachings (rin chen gter mdzod chen mo)*, Shechen

Publications, 2005-2018, y fue realizada con la generosa ayuda de la Fundación Tsadra.

4. Csikszentmihalyi, M.: *Vivre*. Réponses Robert Laffont, Pocket, 2006.

5. Para más de cien *yantras* (diagramas sagrados) y *chakras* (diagramas circulares en forma de rueda, *chakra* en sánscrito), destinados a cumplir diversas funciones para el bien de los seres: alivio de enfermedades, reducción de obstáculos, pacificación de conflictos, aumento de la prosperidad y las cualidades espirituales, atracción de condiciones favorables para la vida cotidiana, pero sobre todo para el progreso hacia la Iluminación, y dominio de los obstáculos interiores y exteriores.

6. <www.himalayanart.org>

Capítulo 31: Perpetuación de las artes sagradas

1. Ricard, M.: *Moines danseurs du Tibet*. Albin Michel, 1999.

2. *Moines danseurs du Tibet* («Monjes danzantes del Tíbet»), película de 52 min de Jean-Pierre y Cécile Devorsine. Via Découvertes Films.

Capítulo 32: En busca de la reencarnación de Dilgo Khyentse Rinpoche

1. Entre ellos, Penor Rinpoche y Mindrolling Trichen Rinpoche, patriarcas del linaje Nyingma; Chogye Trichen Rinpoche, eminente lama Sakyapa; Drigung Khyabgön, patriarca del linaje Drigung Kagyu, así como las reencarnaciones de los dos principales maestros de Dilgo Khyentse Rinpoche, Shechen Gyaltsap Rinpoche (procedente del monasterio de Shechen del Tíbet) y Dzongsar Khyentse Rinpoche (encarnación de Jamyang Khyentse Chökyi Lodrö).

2. Trulshik Rinpoche impartió todas las iniciaciones y explicaciones, mientras que la transmisión a través de la lectura corrió a cargo de Dzongsar Khyentse Rinpoche y Rabjam Rinpoche.

3. En Bodh Gaya, en el corazón del mundo budista, se eleva el «Trono de Diamante de la India», donde el príncipe Siddharta alcanzó la Iluminación bajo el árbol de la *bodhi*, convirtiéndose en Buda Shakyamuni. Hay otros tres lugares también considerados destinos capitales para los peregrinos: Lumbini, donde nació Buda, en Nepal; Sarnath, cerca de Varanasi, donde impartió su primera enseñanza, y Kushinagar, donde expiró, para entrar en el *maha-parinirvana*, la «gran trascendencia, cesación completa del sufrimiento».

   Los otros cuatro importantes lugares considerados santos serían: Shravasti, Rajgir, Sankasya y Vaishali. En Shravasti es donde Buda vivió más tiempo. Destaca el hecho de haber dirigido allí veintidós veces el retiro anual de la estación de las lluvias. También en este lugar realizó una serie de milagros para convencer a los escépticos. En Rajgir, Buda enseñó la *Perfección de la sabiduría trascendente* (la *Prajnaparamita*), que demuestra que todos los fenómenos están vacíos de existencia propia. En Sankasya, Buda volvió a bajar del paraíso de Tushita después de haberle impartido en él enseñanzas a su madre difunta, durante los tres meses del retiro de verano. En Vaishidi, Buda ordenó a la primera monja, Mahaprajapati Gautami, su tía y madre adoptiva, así como a numerosas mujeres más. Fue en este lugar donde un mono le dio miel a modo de ofrenda.

Capítulo 34: Un corazón inmenso: el Dalai Lama

1. Paul Ekman, comunicación personal. También puede consultarse, en francés, Dalai Lama y Daniel Goleman: *Émotions destructrices*. Robert Laffont, 2003.
2. Disponible en YouTube: <https://www.youtube.com/watch?v=ZZiQ2dGNVgE>
3. *Le Monde*, 31 de octubre, «La visite du Dalaï-lama en France — Un moine tibétain chez les Chartreux».
4. Dalai Lama, Desmond Tutu y Douglas Abrams (2006): *Le Livre de la joie*. Flammarion, pág. 86.
5. Con ocasión de un diálogo-entrevista conducido en París por Claudine Vernier-Palliez para un artículo publicado en *Paris Match* en 2017, Henri Cartier-Bresson nos hizo algunos retratos. Vi una vez más a Pierre Ceyrac en casa de Henri Cartier-Bresson y Martine Franck, también con Claudine.

PARTE V. VEINTIUNA VECES EN LA MORADA DE LAS NIEVES

Capítulo 35: Aventuras en el Techo del Mundo

1. Es también conocido con el nombre de Barjung Khenpo, es decir: «maestro en filosofía del monasterio de Barjung».

Capítulo 36: La Montaña de Plata y el Lago del Eterno Frescor

1. El nombre de este lago en tibetano es *lag ngar mtsho*, literalmente el «lago en forma de antebrazo», por su forma alargada.
2. Shabkar (T. R.): *Autobiographie d'un yogi tibétain*. Traducción al francés de M. Ricard y C. Busquet. Albin Michel, 1999, y Éditions Padmakara, 2013.
3. He traducido algunos de estos textos, que se encuentran en curso de publicación (Shambhala Publications y Éditions Padmakara).
4. Los parsis son una comunidad cuyos miembros practican el zoroastrismo, o mazdeísmo, que propugna un dualismo entre el bien encarnado por Ahura Mazda y el mal, o Ahriman. Establecidos originariamente en Persia (Irán),

tuvieron que emigrar a consecuencia de la conquista árabe de los siglos VI a VIII. Están establecidos principalmente en la India, en el estado de Guyarat y en Mumbai (Bombay).

Capítulo 37: Tras las huellas de Shabkar

1. Constance Wilkinson editó con gran elegancia el texto inglés y contribuyó de modo considerable a su calidad poética, mientras que Carisse Busquet tradujo la versión inglesa al francés.
2. Ricard, M. *et al.*: *The Life of Shabkar, The Autobiography of a Tibetan Yogi.* State University of New York Press, 1994.
3. Existe traducción francesa (*Le Vol du Garuda*), con comentario de Dilgo Khyentse Rinpoche, publicada por Éditions Padmakara (2021).
4. No es este su verdadero nombre, pues por su seguridad debemos proteger la identidad de las personas con las que llevamos a cabo proyectos en el Tíbet.
5. Extractos resumidos de: *Shabkar, autobiographie d'un yogi tibétain*, *op. cit.*, pág. 144.
6. Shabkar escribió varias apologías vibrantes del vegetarianismo, dos de las cuales se han traducido al inglés —*The Wonderous Emanated Scripture* (SH 54, *rmad byung sprul pa'i glegs bam*) en *Collected Writings of Shabkar Tsogdruk Rangdrol*, Shechen Publications, vol. 8 (Nya), y «The Nectar of Immortality» (SH 65, *legs bshad bdud rtsi'i chu rgyum*), vol. 12 (Na)— y al francés dentro de *Les Larmes du bodhisattva*, en Éditions Padmakara, 2006.
7. *The Collected Works of Zhabs dkar thsogs drug rang drol*, 14 vol., Shechen Publications, Nueva Delhi, 2003. Preparé igualmente un catálogo razonado del conjunto de las obras de Shabkar: Ricard, M.: *The Writings of Shabkar, A Descriptive Catalogue*, Shechen Publications, 2003.

Capítulo 38: ¿Más alto que el Everest?

1. Este canto y los dos siguientes son versiones abreviadas de los que se encuentran en la versión inglesa íntegra de la autobiografía de Shabkar. Richard, M. et al.: *The Life of Shabkar*, *op. cit.*, págs. 166-167.
2. En aras de la seguridad, es preferible no mencionar el nombre de estos dos monjes.

Capítulo 40: Regreso de un maestro al Valle del Renacimiento

1. Dzongsar Jamyang Khyentse: *N'est pas bouddhiste qui veut*. NiL, 2008. (Publicado en español como *Tú también puedes ser budista*, Editorial Kairós, 2008).
2. Dzongsar Jamyang Khyentse: *Pas pour le bonheur*. Padmakara, 2004.

Capítulo 41: El vagabundo de la Iluminación

1. Estas historias, relatadas en RICARD, M. y BUSQUET, C.: *Le Vagabond de l'Éveil: la vie et les enseignements de Patrul Rinpoche* (Padmakara, 2018), han sido abreviadas un poco.

PARTE VI. EN PLENO TORBELLINO

Capítulo 44: De un libro a otro...

1. El tiempo de Planck es el tiempo que necesitaría un fotón en el vacío para recorrer una distancia igual a la «longitud de Planck», unidad de longitud determinada con ayuda de las constantes fundamentales de la relatividad, de la gravitación y de la mecánica cuántica.
2. Sobre esta noción de «hecho primero», que sería muy largo desarrollar aquí, puede consultarse BITBOL, M. (2008): «Is Consciousness Primary?», *NeuroQuantology*, vol. 6, nº 1, págs. 53-72; BITBOL, M. (2014): *La conscience a-t-elle une origine?* Flammarion; así como el capítulo 6 del diálogo con Wolg Singer, *Cerveau et méditation* (Allary, 2017), que está dedicado a este tema.
3. GISIN, N.: *L'Impensable Hasard: non-localité, téléportation et autres merveilles quantiques*. Odile Jacob, 2012.
4. Véase por ejemplo PETTIT, J. W.: *Mipham's Beacon of Certainty*. Shambhala Publications, Boston, 1999.
5. André COMTE-SPONVILLE: *Le Bonheur, désespérément*. Pleins Feux, Nantes, 2000.
6. Pascal BRUCKNER, en *L'Express Magazine* (número del 23 de mayo de 2002), y en *L'Euphorie perpétuelle* (Gasset, París, 2000).
7. BERGSON, H.: «Las dos fuentes de la moral y de la religión», en *Remarques finales*. PUF, 7ª ed., 1997, pág. 319.
8. ARISTÓTELES: *Ética a Nicómaco*, I, 4.
9. Esta cita suele atribuirse a Barbey d'Aurevilly y está extraída de su *Diario* (*Journal*, pág. 127), pero el caballero de Boufflers algo casi igual unos decenios antes, en un poema: «Placer es felicidad de locos, felicidad es placer de sabios».
10. Matthieu RICARD: *Le Vagabond de l'Éveil*. Padmakara, 2018.
11. La epigenética es la disciplina de la biología que estudia la naturaleza de los mecanismos que modifican de manera reversible, transmisible y adaptativa la expresión de los genes sin cambiar la secuencia de los nucleótidos.
12. Steven FORBES, declaración con ocasión de un debate en Fox News, el 18 de octubre de 2009.

13. Christian Bruyat, Marie Haeling y Carisse Busquet, así como Françoise Delivet, quien realizó el trabajo de puesta a punto para el editor.

14. Sylvie Gilman y Thierry de l'Estrade. El documental, producido por Via Découvertes, se emitió por Arte en 2015, y posteriormente por otras cadenas.

15. La última bruja ardió en la hoguera en Francia en el departamento de Lot-et-Garonne en 1826. En Arabia Saudí se ha ejecutado recientemente a presuntos brujos y brujas.

16. *Le Figaro*, 6 de noviembre de 2014.

17. Traducido al francés por parte del autor, a partir de un artículo y de una entrevista de *National Geographic*: «The Woman Who Redefined Mankind»: <https://www.bbc.com/future/article/20140331-the-woman-who-redefined-mankind>

18. Christophe André: *Vivre heureux: psychologie du bonheur*. Odile Jacob, 2003.

19. Hermann Hesse (1877-1962), novelista, poeta, pintor y ensayista alemán, nacionalizado suizo. Su novela filosófica *Siddharta*, tras ser publicada en Estados Unidos en 1951, conoció una fama mundial, en particular con motivo de la exploración de las espiritualidades orientales en la década de 1960.

Capítulo 45: Un inesperado retorno a la ciencia

1. *Pouvoir et altruisme,* bajo la dirección de Ricard, M. y Singer, T.; Allary Éditions, 2018.

2. Las actas de estos encuentros dieron lugar a un libro de Daniel Goleman, titulado *Destructive Emotions: A Scientific Dialogue with the Dalai Lama* (Bantam Books, 2003).

3. Véase en especial Varela, F. J. (1996): «Neurophenomenology: A Methodological Remedy for the Hard Problem», *Journal of Consciousness Studies*, 3(4), págs. 330-349.

   Lutz, A., Thompson, E. (2003): «Neurophenomenology Integrating Subjective Experience and Brain Dynamics in the Neuroscience of Consciousness», *Journal of Consciousness Studies*, 10, 9(10), págs. 31-52.

   thompson, E. (2004): «Life and Mind: From Autopoiesis to Neurophenomenology. A Tribute to Francisco Varela», *Phenomenology and the Cognitive Sciences*, 3(4), págs. 381-398.

4. Levenson, R. W.; Ekman, P.; Ricard, M. (1998): «Meditation and the Startle Response: A Case Study», *Emotion*, 12(3), pág. 650.

5. Ekman, P.; Davidson, R. J.; Ricard, M.; Wallace, B. A. (2005): «Buddhist and Psychological Perspectives on Emotions and Well-Being», *Current Directions in Psychological Science*, 14(2), págs. 59-63.

6. Felton, J. S. (1998): «Burnout as a Clinical Entity — its Importance in Health Care Workers», *Occupational Medicine*, 48(4), págs. 237-250.

7. Para ser más precisos, dos zonas del cerebro, la ínsula anterior y el córtex del cíngulo, se activan fuertemente con motivo de esta reacción empática y su actividad es correlativa a una experiencia afectiva negativa del dolor. Para una síntesis de los treinta y dos estudios centrados en la empatía con respecto al dolor, véase LAMM, C., DECETY, J., SINGER, T. (2011): «Meta-Analytic Evidence for Common and Distinct Neural Networks Associated with Directly Experienced Pain and Empathy for Pain», en *Neuroimage*, 54(3), págs. 2492-2502.

8. El aumento de una reacción positiva apelando a la compasión está asociado con la activación de una red cerebral que incluye las áreas del córtex orbitofrontal mediano, del cuerpo estriado ventral, del área tegmental ventral, del núcleo del tronco cerebral, del núcleo accumbens, de la ínsula media, del globo pálido y del putamen, áreas cerebrales todas ellas que ya habían sido asociadas anteriormente con el amor (en especial el amor materno) y con los sentimientos de afiliación y de gratificación. En el caso de la empatía, son la ínsula anterior y el córtex del cíngulo medio los implicados. KLIMECKI, O. M., LEIBERG, S., LAMM, C., SINGER, T. (2012): «Functional Neural Plasticity and Associated Changes in Positive Affect After Compassion Training», *Cerebral Cortex*, 23(7), págs. 1552-1561; KLIMECKI, O., RICARD, M., SINGER, T. (2013), *op. cit.*; KLIMECKI, O. M., LEIBERG, S., RICARD, M., SINGER, T. (2013), «Differential Pattern of Functional Brain Plasticity after Compassion and Empathy Training», *Social Cognitive and Affective Neuroscience*. Para una distinción neuronal entre la compasión y la fatiga de la empatía, véase KLIMECKI, O., SINGER, T. (2011): «Empathic Distress Fatigue Rather than Compassion Fatigue? Integrating Findings from Empathy Research in Psychology and Social Neuroscience», en OAKLEY, B., KNAFO, A., MADHAVAN, G., WILSON, D. S. (2011): *Pathological Altruism*, Oxford University Press, págs. 368-383.

9. BORNEMANN, B.; SINGER, T. (2013): «The ReSource Study Training Protocol», en T. Singer y M. Bolz (editores): *Compassion: Bridging Practice and Science – A Multimedia Book* [E-Book].

10. KLIMECKI, O. M., *et al.* (2012), *op. cit.*

11. A nivel neuronal, los investigadores han observado que el entrenamiento en la afinidad empática aumenta la actividad en una red que está implicada tanto en la empatía con respecto al dolor ajeno, como en la experiencia del dolor personal. Esta red comprende la ínsula anterior y el córtex del cíngulo anterior medio (MCC). SINGER, T. Y BOLZ, M. (ed., 2013), *op. cit.*

12. De forma más precisa, estas regiones comprenden el córtex orbitofrontal, el cuerpo estriado ventral y el córtex del cíngulo anterior. En cuanto al entrenamiento, nuestros participantes recibieron cursos sobre la noción de *metta*, palabra que significa «amor altruista» en pali. Las instrucciones recibidas por los participantes se centraban sobre todo en el aspecto de la benevolencia y de los deseos benevolentes («que estéis bien», «que disfrutéis de buena salud», etc.). El entrenamiento incluía pasar un día entero con un enseñante, a lo que seguían prácticas diarias en grupo, de una hora al día. Se animó también a los participantes a que practicaran en casa.

13. Klimecki, O. M., *et al.* (2012), *op. cit.*

14. Las siglas PET corresponden a las iniciales en inglés de las que en español serían TEP (Tomografía por Emisión de Positrones). Para realizar una prueba PET se pone en un primer momento una inyección intravenosa de un producto ligeramente radioactivo.

15. Bodart, O., Fecchio, M., Massimini, M., Wannez, S., Virgillito, A., Casarotto, S., Rosanova, M., Lutz, A., Ricard, M., Laureys, S., Grosseries, O. (2018): «Meditation-Induced Modulation of Brain Response to Transcranial Magnetic Stimulation», *Brain Stimulation: Basic, Translational, and Clinical Research in Neuromodulation*, 11(6), págs. 1397-1400.

16. Chételat, G., Mézenge, F., Tomadesso, C., Landeau, B., Arenaza-Urquijo, E., Rauchs, G., André, C., Flores, R. de, Egret, J.-G., Ricard, M., Lutz, A. (2017): «Reduced Age-Associated Brain Changes in Expert Meditators: A Multimodal Neuroimaging Pilot Study», *Scientific Reports*, 7(1).

17. MBSR, *Mindfulness-Based Stress Reduction*, es un entrenamiento secular para la meditación de plena conciencia, fundado en una meditación budista, que ha sido desarrollado en el sistema hospitalario de Estados Unidos a lo largo de los últimos treinta años por Jon Kabat-Zinn, y que es utilizado ahora con éxito en centenares de hospitales para disminuir los dolores postoperatorios y los asociados con el cáncer y otras enfermedades graves. Véase Kabat-Zinn, J. *et al.* (1985): «The Clinical Use of Mindfulness Meditation for the Self-Regulation of Chronic Pain», en *Journal of Behavioral Medicine*, 8, págs. 163-190.

18. Segal, Z., Williams, M., Teasdale, J., Michaux, C. (n.d.): *La Thérapie cognitive basée sur la pleine conscience pour la dépression: Prévenir la rechute.* Deboeck, 2019.

19. Lutz, A., Dunne, J. D., Davidson, R. J.: «Meditation and the Neuroscience of Consciousness: An Introduction», en *The Cambridge Handbook of Consciousness*, cap. 19, págs. 497-549, 2007.

20. Yongey Mingyur Rinpoche: *Le bonheur de la méditation.* Fayard, 2008.

Capítulo 46: Al servicio de los más desfavorecidos

1. Karuna USA fue fundada por Vivian Kurz y está hoy presidida por Alexander Lippens. Karuna Asia está presidida por Ingrid Kwok. Karuna Canadá fue fundada por Charles-Mathieu Brunelle y Pascale Demers. Karuna Mónaco fue dirigida un tiempo por Barend Von der Vorn, quien vive actualmente en Canadá y forma parte de nuestro consejo internacional. Anne y Gérard Tardy se ocuparon de los proyectos de Karuna-Shechen en Inglaterra. En Suiza, los proyectos de Karuna-Shechen se llevaron en un principio bajo la égida de la Fundación Tashi Paljor, creada por Ursula y Daniel Vollenweider con Rabjam Rinpoche, y en 2016 creamos allí una nueva filial de Karuna-Shechen presidida por Delphine Oltramare. La asociación Émergences es nuestra aliada en Bélgica.

2. Después de Patricia Christin, Marc Jelenspereer se puso al mando, y luego yo mismo de nuevo. Karuna-Shechen cuenta en la actualidad con un consejo internacional, un presidente, Jean Timsit, y un director ejecutivo, Quentin Durand, que son reelegidos todos los años.

3. Los miembros activos a día de hoy en el seno de las diferentes filiales de Karuna-Shechen pueden encontrarse en nuestra página de internet, y les pido perdón por no poder citarlos a todos aquí. Mencionemos simplemente a algunos de los agentes principales en la actualidad, además de los ya citados: Sébastien Pais de Figueredo, Philippe Ricard, Pauline Bechet, Catherine Lalive, Javed Miri, Christophe Grigri, Manon Le Signor, así como, para Suiza, Delphine Oltramare y Jon Schmidt, y para la sección internacional Barend Von der Vorn y Anne Tardy. En Hong Kong, Ingrid Kwok y David Baverez, sin olvidar al malogrado Jean-Pierre Brun.

4. Seminario organizado conjuntamente por Tania Singer, Diego Hangartner y yo. Las transcripciones editadas del encuentro se publicaron en forma de libro. T. Singer y M. Ricard: *Vers une société plus altruiste* («Hacia una sociedad más altruista»). Allary Éditions, 2015.

Capítulo 48: Los clarines de la fama

1. El budismo Theravada, llamado también budismo del vehículo fundamental, se define como el budismo original, ortodoxo, y preconiza la liberación personal del practicante, por oposición a la corriente Mahayana, la cual, profundamente imbuida de las nociones de amor y de compasión, insiste en el hecho de liberarse del sufrimiento con el objetivo de permitir que todos los seres alcancen el cese del sufrimiento.

Capítulo 49: Dordoña, cuarenta años después

1. En los años subsiguientes, enseñó igualmente textos fundamentales de Gyalwa Longchenpa, *El precioso tesoro semejante a la Gema de los Deseos* durante cuatro años, y, durante dos años más a partir de 2018, el *Tesoro de las instrucciones esenciales*, también de Gyalwa Longchenpa, con ayuda de un comentario de 750 páginas.

2. Entre estos traductores cabe citar a Anne Benson, Helena Blankleder, Christian Bruyat (fallecido en 2018), Christophe Bureau, John Canti, Patrick Carré, Étienne Horeau, Luciana Chiaravalli-Benson, Drupchen (Hélios Hildt), Wulstan Fletcher, Steve y Christine Gethin, Charles Hastings, Witty Léon, Sabina von Minden y a un servidor. Hay jóvenes traductores en formación para tomar el relevo, Ananda, Coralie, Pem, Rigzin ¡y algunos más!

3. El catálogo de las excelentes traducciones ofrecidas por Éditions Padmakara puede consultarse en https://www.padmakara.com/fr/

4. Ève Ricard: *Parkinson Blues*, Éditions Arléa, 2004. Ève ha publicado también *La Dame des mots* («La dama de las palabras»), NiL Éditions, 2012, en que rememora su carrera de logopeda; *Une étoile qui danse sur le chaos* («Una estrella que baila sobre el caos»), Albin Michel, 2015; así como una colección de poemas, *Éclats de vie* («Destellos de vida»), Éditions Jouvence, 2021, con prefacio de Christian Bobin.

PARTE VII. RETORNO A LAS FUENTES

Capítulo 50: La Ciudadela del León de las Nieves

1. Ricard, M.: *La Citadelle des Neiges*. NiL Éditions, 2005.

Capítulo 51: Pemako – El lugar en forma de flor de loto

1. Véase Baker, I.: *The Heart of the World*. Penguin Press, 2004.

Capítulo 52: La ermita de las mañanas en calma

1. Cacioppo, S.; Cacioppo, J. T. (2020): *Introduction to Social Neuroscience,* capítulo 2: «Social Connections Matter», Princeton University Press. Hawkley, L. C.; Cacioppo, J. T. (2010): «Loneliness Matters: A Theoretical and Empirical Review of Consequences and Mechanisms», *Annals of Behavioral Medicine,* 40(2), págs. 218-227.
2. Traducido al francés del tibetano, de una enseñanza oral de Dilgo Khyentse Rinpoche.
3. Henry David Thoreau (1817-1862) fue un filósofo, artista, escritor, ensayista y poeta estadounidense. Le gustaba caminar todos los días tres o cuatro horas en medio de la naturaleza. Puede leerse su obra más conocida, sobre la vida sencilla, *Walden, o la vida en los bosques*, de 1854.